böhlau

Heidrun Edelmann

Die Adenauers und die Universität zu Köln

Böhlau Verlag Wien Köln Weimar

Gefördert aus Mitteln der Universität zu Köln

Bibliografische Information der Deutschen Nationalbibliothek:
Die Deutsche Nationalbibliothek verzeichnet diese Publikation in der
Deutschen Nationalbibliografie; detaillierte bibliografische Daten sind
im Internet über http://dnb.de abrufbar.

© 2019 by Böhlau Verlag GmbH & Cie, Lindenstraße 14, D-50674 Köln
Alle Rechte vorbehalten. Das Werk und seine Teile sind urheberrechtlich
geschützt. Jede Verwertung in anderen als den gesetzlich zugelassenen Fällen
bedarf der vorherigen schriftlichen Einwilligung des Rechteinhaber.

Umschlagabbildung: Grundsteinlegung für den Neubau der Kölner Universität, 1929 (Foto:
Historisches Archiv der Stadt Köln)

Korrektorat: Patricia Simon, Langerwehe
Satz und Layout: Bettina Waringer, Wien
Druck und Bindung: Hubert & Co., Göttingen
Printed in the EU

Vandenhoeck & Ruprecht Verlage | www.vandenhoeck-ruprecht-verlage.com

ISBN 978-3-412-51524-9

INHALT

EINLEITUNG 7

1 VORGESCHICHTEN 11
   1.1 Familie Adenauer in einer Stadt ohne Universität 11
   1.2 Mevissen, Eckert und die Kölner Handelshochschule 19
   1.3 Zwei Forschungsinstitute 27

2 GRÜNDUNG 41
   2.1 Genehmigung 41
   2.2 Überzeugungsarbeiten 53
   2.3 Die Entscheidung der Stadtverordneten 66
   2.4 Vorbereitung 73
   2.5 Eröffnung 81

3 AUFBAU 95
   3.1 Oberbürgermeister, Kuratorium und Staatskommissar 95
   3.2 Die Juristische Fakultät 102
   3.3 Philosophische Fakultät 113

4 KONFLIKTE 127
   4.1 Universitätsdebatte 127
   4.2 Adenauer, Eckert und Becker 134
   4.3 Ein neuer „Fall" Spahn 144
   4.4 Max Scheler 156
   4.5 Rückkehr des Kommissars 167

5 FUNDRAISING 179
   5.1 Freunde und Förderer 179
   5.2 Das Vorklinikum 191
   5.3 Der Neubau 199

6 ZUSPITZUNGEN 225
6.1 Coerper 225
6.2 „Se connaître" 232
6.3 Zwischen den Fronten 242
6.4 Abfuhr 252
6.5 Machtergreifung 261

7 GENERALPAUSE 281

8 NACHKRIEGSZEIT 289
8.1 Das Jahr 1945 289
8.2 Interventionen 300
8.3 Statusstreit 311

9 LANDESUNIVERSITÄT 331
9.1 Vernunftlösung 331
9.2 Mittelstandsinstitut 339
9.3 Stadt und Landesuniversität 343
9.4 Abschluss 348

SCHLUSS 367

ANHANG 375
Abkürzungen 375
Quellen- und Literaturverzeichnis 376
Abbildungsnachweis 387
Personenregister 388

EINLEITUNG

Die neue Universität zu Köln feiert 2019 ihr einhundertjähriges Bestehen. Gut 40 Jahre davon nahm sie als „städtische" Universität eine Sonderstellung im deutschen Universitätssystem ein. Ihre Gründung als eine von der Stadt Köln finanzierte Hochschule wie auch deren schrittweise Übernahme als Landesuniversität durch Nordrhein-Westfalen in den 1950er und 1960er Jahren verdankt sich maßgeblich – mindestens – zwei Mitgliedern der Familie Adenauer. Aber nicht nur der Anfang und das Ende der „stadtkölner" Universität sind mit dem Namen Adenauer verbunden. Als Oberbürgermeister und damit zugleich als Vorsitzender des Kuratoriums der Universität in der Weimarer Republik konnte Konrad Adenauer sich in die Berufung von Professoren einschalten und Einfluss auf das wissenschaftliche Profil der Universität nehmen. Ebenso kümmerte sich Max Adenauer als Kölner Oberstadtdirektor, Mitglied des Kuratoriums sowie des seit 1954 bestehenden Verwaltungsausschusses der Universität um deren Gedeihen. Konrads älterer Bruder August unterrichtete und examinierte über ein Vierteljahrhundert lang als Honorarprofessor Generationen von Diplomkaufleuten. Weitere „Rollen" in einer Geschichte der „Familie Adenauer und der Universität zu Köln" spielen August Adenauers Töchter Resi und Hanna sowie seine Söhne Ludwig, Kurt, Hans und Ernst, die an der Kölner Universität als „Dozentenkinder" zu ermäßigten Gebühren studierten. Aus Konrad Adenauers erster Ehe absolvierten außer dem prominenten Sohn Max auch dessen älterer Bruder Konrad und die jüngere Schwester Ria mehrere Semester an der Universität ihrer Heimatstadt; nicht zuletzt wurden Konrad und Max hier promoviert. Zur „Familie" im weiteren Sinne gehören der Schwiegervater des Oberbürgermeisters, der Dermatologe Professor Ferdinand Zinsser, sowie entfernt verschwägert die Professoren Benedikt Schmittmann und Heinrich Lehmann, gehören aber auch die vielen Enkel und Urenkel von August und Konrad Adenauer als Studierende an der Universität zu Köln.

Die Vielzahl an Veröffentlichungen, die über den Oberbürgermeister und Bundeskanzler Adenauer vorliegen, lässt sich kaum überblicken. Die beiden großen wissenschaftlichen Biografien über ihn messen der Kölner Universität in seinem Lebenswerk unterschiedlich viel Bedeutung bei. Während Hans-Peter Schwarz[1] diesem Thema kein Wort widmet, behandelt Henning Köhler die Gründung und Entwicklung der neuen Kölner Universität vergleichsweise ausführlich und arbeitet heraus, wie der Kölner Oberbürgermeister an der Jahreswende 1918/19 die Gunst der Stunde nutzte, um dem preußischen Staatsministerium in den Revolutionswirren die Konzession für eine Universität zu entlocken. Auch beschreibt er, wie Adenauer die chronisch unzureichenden Zuschüsse der Stadt mit einer großangelegten Spendenaktion auszugleichen suchte, um den dringend benötigten Neubau eines Universitätsgebäudes in den späten zwanziger Jahren zu finanzieren.[2] Adenauers Anteil an der Profilierung der Kölner Universität in der Weimarer Zeit kommt in Bernd Heimbüchels Studie über „Die neue Universität"[3] zwar immer wieder in den Blick, steht aber nicht im Zentrum seiner Arbeit. Mit Max Adenauer, dem zweiten Protagonisten unserer Geschichte, hat sich die Wissenschaft bisher so gut wie gar nicht beschäftigt. Lediglich Winfried Herbers[4] geht in seiner Untersuchung über den „Verlust der Hegemonie" der Kölner CDU zwischen 1945/46 und 1964 auch auf die Rolle Max Adenauers im Allgemeinen ein.

Diese Studie setzt zu einer Zeit ein, als Köln noch eine „Stadt ohne Universität" war und die erste Generation zukünftiger Akademiker in der Familie Adenauer zum Studium nach auswärts zog. Seit Beginn des Jahrhunderts existierte in Köln eine städtische Handelshochschule, und es wird zu untersuchen sein, wie zwangsläufig ihrem erfolgreichen Wirken die Gründung einer Universität folgen musste. Ein besonderes Augenmerk gilt der politischen Konstellation unmittelbar nach dem Ersten Weltkrieg, als es Konrad Adenauer im Spannungsfeld kommunaler, nationaler und internationaler Politik in einer höchst unübersichtlichen Situation gelang, „Berlin" zur Genehmigung einer Universität und das Stadtparlament zu deren Finanzierung aus der Stadtkasse zu bewegen. Ferner geht es um die Frage, ob und wie Konrad Adenauer als Oberbürgermeister und Vorsitzender des Universitätskuratoriums auf die Berufung von Professoren Einfluss nahm und dadurch das wissenschaftliche Profil der Universität mitprägte. Wir werden betrachten, wie schwer es Adenauer fiel, den sachverständigen und allgegenwärtigen Christian Eckert, den Geschäftsführer des Universitätskuratoriums, neben sich zu dulden, und wie er sich schließlich mit diesem bis zu seiner Amtsenthebung durch die Nationalsozialisten 1933 arrangierte. Auch ist zu fragen, wie Adenauer einen Ausbau der Universität möglich machte, ohne die Bereitschaft des Stadtparlaments zu überdehnen, Mittel aus der kommunalen Kasse zu genehmigen. Welche Rolle spielte der Oberbürgermeister, als die Universität Ende der zwanziger Jahre politisch und wirtschaftlich in die Krise geriet? Was unternahm er, um den Staatsvertrag von 1919 zu revidieren, der die Universität zu einem „Klotz am Bein" für die Stadt hatte werden lassen? Welcher Vision folgte Konrad Adenauer zunächst als kurzzeitiger Oberbürgermeister 1945, dann als Landespolitiker, und welche Lehren zog er aus der Schreckensherrschaft des Nationalsozialismus für die Universität zu Köln? Konrad Adenauers Sohn Max agierte seit 1953 in der kommunalen „Doppelspitze" als Verwaltungschef. Wie unterschied sich sein Handlungsspielraum von dem seines Vaters und wie nutzte er diesen? Wirkte der in den zwanziger Jahren etablierte Nimbus der Kölner Universität nach, als Max sich bemühte, den vom Vater 1919 abgeschlossenen Staatsvertrag vor allem gegen Widerstände aus den eigenen Reihen zu revidieren und die Universität von der Stadt Köln auf das Land Nordrhein-Westfalen zu übertragen?

Dieses Buch entstand auf Initiative des Rektorats der Universität zu Köln. Es enthält weder eine Biografie der Familie Adenauer noch eine Geschichte der Universität zu Köln. In den Blick kommen vielmehr Ereignisse und Entwicklungen, bei denen Angehörige der Familie Adenauer mit der Alma Mater ihrer Heimatstadt zu tun hatten. Während die Untersuchung fortschritt, erwies sich die gestellte Aufgabe als höchst instruktiv. Es entstand eine ganz eigene Geschichte, die neues Licht auf beide „Akteure" wirft, auf die beteiligten Adenauers wie auf die Kölner Universität.

Bei dieser Untersuchung habe ich viel Unterstützung erfahren, für die ich herzlich dankbar bin. Thomas Deres, M. A., Mitarbeiter des Kölner Stadtarchivs, beriet mich gründlich, las das Manuskript und korrigierte Irrtümer. Er verhalf mir auch zu dem Bild auf dem Umschlag. Dr. Daniela Wagner vom Restaurierungszentrum des Kölner Stadtarchivs veranlasste eine schnelle Bereitstellung von Digitalisaten für mehrere Abbildungen. Universitätsarchivar Dr. Andreas Freitäger gab mir Hinweise auf einschlägige Dokumente; ohne ihn als tatkräftigen Lotsen wäre ich im Dschungel des Historischen Archivs der Universität Köln verloren gewesen. Dr. Uwe Zuber im Landesarchiv NRW ließ eine Vorauswahl von Akten zum Wirken von Max und Ludwig Adenauer in Zusammenhang mit der Universität zu Köln bereitlegen, was mir in Duisburg eine ertragreiche Recherche ohne Umwege erlaubte. Dr. Holger Löttel in der Stiftung Bundeskanzler-Adenauer-Haus wies mich auf Akten im Bundesarchiv Koblenz hin. Im Archiv der Stiftung half mir Frau Melanie Eckert, M. A., bei der Recherche, und nicht zuletzt stellte Frau Gabriele Büsch zuvorkommend Fotografien für diese Publikation bereit. Archivdirektor Dr. Ulrich Helbach gab mir gute Ratschläge für eine ergiebige Nutzung des Archivs der Erzdiözese Köln, in dem mir Frau Diplom-Archivarin Britt Pesch das Arbeiten sehr angenehm machte. Zu den wenigen aber für meine Untersuchung relevanten Dokumenten im Leverkusener Bayer-Unternehmensarchiv leiteten mich auf kürzestem Wege Frau Raffaela Berger und Herr Hans-Hermann Pogarell. Von den Professoren Ralph Jessen und Habbo Knoch stammen Anstöße, die zur besseren Lesbarkeit des Buches beitragen. Georg Wamhof besorgte Abbildungen und kümmerte sich um Bildrechte. Aus der Familie Adenauer zeigte besonders Konrad Adenauer, der Enkel des Bundeskanzlers, großes Interesse an meiner Arbeit und versorgte mich mit Informationen. Bettina Adenauer-Biberstein und Ursula Adenauer steuerten ein Foto ihres Vaters Max Adenauer bei. Patricia Simon korrigierte und verbesserte das Manuskript mit sicherer Hand. Nicht zuletzt werde ich gern an die gute Zusammenarbeit mit Julia Beenken vom Böhlau Verlag zurückdenken.

ANMERKUNGEN

1 Schwarz 1986.
2 Köhler 1994, bes. S. 127–138 u. S. 216–227.
3 Heimbüchel 1988.
4 Herbers 2003.

1 VORGESCHICHTEN

1.1 FAMILIE ADENAUER IN EINER STADT OHNE UNIVERSITÄT

Als die Geschwister August, Johannes, Konrad und Emilie Adenauer aufwuchsen, gab es in ihrer Heimatstadt Köln keine Universität. Die „alte", im Mittelalter gegründete Hochschule war im Frühjahr 1798 von den Franzosen aufgehoben worden. Da sie „wissenschaftlich auf dem Vorrang der Theologie und wirtschaftlich auf Pfründen und Privilegien" gründete, ließ sie sich mit den Ideen der Französischen Revolution nicht vereinbaren.[1] Nachdem die Rheinlande 1815 an Preußen gefallen waren, sollte die Rheinprovinz eine größere akademische Ausbildungsstätte erhalten. Doch wollten die neuen Herren weder die Kurkölnische Universität in Bonn noch die städtische in Köln wiederbeleben, sondern ein deutliches Zeichen für einen Neuanfang setzen. Ihr Vorbild war die 1809 gegründete Universität zu Berlin, die nach dem Reformkonzept Wilhelm von Humboldts auf der Einheit von Lehre und Forschung beruhte. Die Professoren sollten sowohl lehren als auch forschen, um auf hohem Niveau unterrichten und den Studenten wissenschaftliches Arbeiten vermitteln zu können. Als Standort für die Rheinische Friedrich-Wilhelms-Universität wurde Bonn gewählt. Die „aufgeklärte Tradition" der einstigen Universität begünstigte hier den Aufbau einer konfessionell paritätischen Hochschule.[2] Auch bot sich das leerstehende, weiträumige kurfürstliche Palais als Räumlichkeit an. Das benachbarte Köln musste sich damit abfinden, auf absehbare Zeit keine Universitätsstadt zu werden, was später gern als gezielte „Vernachlässigung" durch die preußische Regierung gedeutet wurde.

Um sich in der zweiten Hälfte des 19. Jahrhunderts, insbesondere unter ihrem seit 1886 amtierenden Oberbürgermeister Friedrich Wilhelm Becker rasch zu einer modernen Großstadt zu entwickeln, benötigte Köln keine Universität. Zwischen 1870 und 1900 wuchs die Zahl der Einwohner, nicht zuletzt durch die Eingemeindungen des Jahres 1888, von knapp 130.000 auf über 372.000 an, verdreifachte sich also in etwa. Die Kölner sahen in der „Modernisierung" ihrer Stadt die „große Aufgabe des Tages".[3] In dieser Atmosphäre des „Aufwärts" wuchsen die Kinder von Kanzleirat Johann Conrad Adenauer und seiner Frau Helena auf. Der Vater war in Bonn auf die Welt gekommen und erst in den 1860er

Jahren als Berufssoldat in einer Kölner Kaserne gelandet. Als Feldwebel hatte man ihn wegen besonderer Tapferkeit in der Schlacht von Königgrätz zum Seconde-Leutnant ernannt. Am Frankreichfeldzug nahm er noch als „Oeconomie-Offizier" teil. Danach trat er in die Justizverwaltung ein und heiratete. 1873 wurde Johann Conrad Adenauer Sekretär am Appellationsgericht in Köln, später zum Obersekretär befördert und 1883 zum Kanzleirat ernannt. Er versah hier bis zu seinem Tod „einen glanzlosen, aber durch alltägliche Pflichterfüllung ausgezeichneten Dienst als mittlerer Beamter".[4] Die Vorfahren der in Köln geborenen Helena Adenauer stammten aus dem Harz.[5] Es handelte sich bei den Adenauers also weder um eine „alte" Kölner Familie, noch zählte diese vom Status her zur Kölner „Gesellschaft". Doch Johann Conrad und Helena erzogen ihre Kinder streng und zugleich mit dem Anspruch, dass einmal „etwas Besseres" aus ihnen würde. Sozialer Aufstieg war den Söhnen August, Johannes und Konrad durch Bildung möglich, wenn sie ein Gymnasium besuchten und die Hochschulreife erwarben, um anschließend an der Universität zu studieren. Da beides erhebliche Kosten verursachte, bildete es für die Söhne eines mittleren Beamten eher die Ausnahme. Für Emilie, genannt „Lilli", die Jüngste, lag der Besuch eines Gymnasiums außerhalb des Vorstellbaren, denn erst 1900 gelang es der Kölner Frauenrechtlerin Mathilde von Mevissen nach jahrelangem Kampf und gegen erhebliche Widerstände gerade des katholischen Milieus, in ihrer Heimatstadt ein Mädchengymnasium ins Leben zu rufen.[6]

August, Johannes und Konrad besuchten das Königliche Katholische Gymnasium an der Apostelkirche, an dem Latein und Griechisch, aber auch Französisch unterrichtet wurde. Vom Vater mit Nachdruck dazu angehalten, lernten sie fleißig und erhielten im Abitur gute Noten. Als Studienfächer kamen Rechtswissenschaft und katholische Theologie infrage; erstere, weil sie sowohl für eine Karriere in der Politik wie in der Verwaltung, aber auch im Rechtswesen und sogar in der Wirtschaft qualifizierte; letztere als das klassische Fach für wirtschaftlich „Minderbemittelte", waren doch hier Stipendien und Freitische am leichtesten zu erlangen.[7]

1891 bewarb sich Johann Conrad Adenauer für seinen ältesten Sohn August um ein Stipendium bei der Studienstiftung des Appellationsgerichtsrats Dietrich Cremer in Cöln, die nur Studenten der Jurisprudenz förderte. Die Eingabe des Kanzleirats stach „in der Logik und Nüchternheit der Argumente gegenüber den anderen"[8] hervor: Greife er, um August studieren zu lassen, sein bescheidenes Kapital an, das einige Hundert Mark an Zinsen ertrage, bleibe nichts für die jüngeren Kinder übrig, was seinem Gerechtigkeitssinn zuwiderlaufe. Gewichtige Empfehlungen lagen dem Antrag bei. Die zuständige Kommission befürwortete ein Stipendium, und die Versammlung der Stadtverordneten, die zustimmen musste, folgte ihr im April 1891. Damit setzte sich August Adenauer, der bereits an der Universität Heidelberg immatrikuliert war, gegen zehn Mitbewerber durch. Für das zweite und dritte Semester in Bonn, das vierte in Berlin und die letzten beiden nochmals in Bonn wurde sein Stipendium jeweils auf Antrag und wiederum gegen starke Konkurrenz verlängert. Johannes, der zweite Sohn, nahm ein Theologiestudium auf, das die Eltern wohl weitgehend selbst finanzierten, und trat 1896 in ein Priesterseminar ein. Als im Frühjahr 1894 Konrad die Reifeprüfung ablegte, stand noch nicht fest, ob auch er ein Stipendium erhalten würde. Er begann daher eine Lehre beim Kölner Bankhaus Seligmann.[9] Weil Konrad sich dabei „unglücklich" fühlte, beantragte der Vater auch für seinen Jüngsten ein Stipendium der Cremer-Stiftung. In seinem Gesuch vom April 1894 hieß es, Konrad habe „wiederholt und gestern sogar kniefällig gebeten, ihn doch dem Drange seines Herzens folgen zu lassen und ihm zu gestatten, sich dem wissenschaftlichen Studium zu widmen"; nur darin werde er „innere Befriedigung finden". Als die Stiftung auch dem jüngsten Adenauer, wiederum gegen beträchtliche Konkurrenz, immerhin ein Teilstipendium gewährte, brach dieser die Banklehre ab.[10]

Wie viele Rheinländer[11] zog es Konrad zum Jurastudium zunächst nach Freiburg, wo er sich noch zum Sommersemester 1894 immatrikulieren konnte; dann ging er an die Universität in München. Zum vierten Semester wechselte er nach Bonn, wo er bei Verwandten väterlicherseits wohnte. Hatte der jüngste Adenauer-Sohn in Freiburg und München den katholischen Studentenvereinen Brisgovia und Saxonia angehört, trat er in Bonn der Arminia bei.[12] Vom Vater zur Eile angehalten, legte Konrad im Mai 1897, nach sechs Semestern, sein erstes juristisches Staatsexamen ab.[13]

August, als Jurist der Begabtere, wurde 1899 an der Tübinger Universität promoviert. Beide leisteten ihr – unbesoldetes – Referendariat am Königlichen Landgericht Köln ab. August trat 1898 in die Kanzlei des Kölner Justizrates Schniewind ein. Während August in seiner Heimatstadt als Rechtsanwalt reüssierte,[14] fand Konrad hier 1901 als Assessor einen Posten bei der Staatsanwaltschaft.[15] Ob Lilli einen Beruf erlernen durfte, ist ungewiss. Sie war bis zu ihrer Heirat unter derselben Adresse wie ihr Bruder Konrad in der Max-Bruch-Straße gemeldet. Als sie und der Gerichtsassessor Wilhelm Suth im April 1918 das Aufgebot bestellten, enthielt es für Emilie Helene Maria Louise Adenauer die Angabe „ohne Beruf".[16]

Ob die Eltern Adenauer das Fehlen einer Universität in Köln als Mangel empfunden haben, wissen wir nicht. Denn selbst wenn die Stadt über eine Universität verfügt hätte, wäre es unüblich gewesen, hier zu studieren. Es gehörte sich vielmehr für einen Akademiker, die „Welt" kennenzulernen und den Studienort mehrmals zu wechseln, bevor er ins Berufsleben eintrat. Doch in dem Maße, wie immer mehr Söhne und bald auch Töchter aus mittleren Gesellschaftsschichten eine akademische Ausbildung anstrebten, wäre es deren Familien durchaus gelegen gekommen, sie auf eine Universität in der Heimatstadt zu schicken. Die Nähe zum Elternhaus hätte es den „Pantoffelstudenten" erlaubt, zu Hause zu wohnen, was mit „bedeutende(n) Ersparnisse(n)" verbunden gewesen wäre.[17]

Das abgeschlossene Jurastudium, ein erfolgreicher Start ins Berufsleben und der Anschluss an das Milieu des katholischen Bürgertums ermöglichten es zwei Söhnen Johann Conrad Adenauers, in die Kölner „Gesellschaft" einzuheiraten. August schloss im Februar 1900 die Ehe mit Maria Greven, einer Tochter des Kaufmanns Johann Josef und seiner Frau Caroline Greven, geb. Clasen. Marias Bruder, der promovierte Jurist Wilhelm Greven, wurde im Frühjahr 1905 zum Beigeordneten der Stadt Köln gewählt. Er war zunächst zuständig für die Armen- und Waisenpflege, seit 1914 auch für das Wohnungsamt sowie Häfen und Werften.[18] August und Maria Adenauer bekamen vier Söhne und drei Töchter.

Konrad Adenauer vertrat von 1903 bis 1905 den renommierten Kölner Rechtsanwalt Hermann Kausen, der auch der Fraktion der katholischen Zentrumspartei im Kölner Stadtrat vorsaß. So „wuchs Adenauer in die Tradition ... der Kölner Zentrumspartei hinein", der ein „demokratisch-föderalistischer Grundzug" eignete, verbunden mit „bemerkenswerter Distanz zur Hohenzollern-Dynastie, zu Borussianismus, Militarismus und Junkertum".[19] Solange das Kaiserreich bestand, galt in Köln mit dem Dreiklassen- ein Zensuswahlrecht, sodass der Stadtverordnetenversammlung ausschließlich Abgeordnete der Liberalen und des Zentrums angehörten.

1904 heiratete auch Konrad in eine „alte", ebenso wohlhabende wie einflussreiche Kölner Familie ein. Seine Braut Emma Weyer, die er in einem „katholischen" Tennisclub[20] kennengelernt hatte, war die Enkelin des Stadtbaumeisters Johann Peter Weyer, dessen vorausblickende und ideenreiche Stadtplanung die bauliche Entwicklung Kölns nachhaltig geprägt hatte.[21] Emmas Mutter Emilie war eine geborene Wallraf, stammte jedoch nicht von dem bedeutenden Kölner Kunstsammler Ferdinand Franz Wallraf ab. Dieser war 1793 zum letzten Rektor der „alten" Universität erhoben worden, nachdem er im Auftrag des Rates noch Pläne zu deren Reform vorgelegt hatte. Emmas verstorbener Vater Emanuel Weyer hatte der Kölnischen Rückversicherungs-Gesellschaft vorgestanden. Emma war Lehrerin. Sie hatte durch ein sechssemestriges Sprachstudium die „Befähigung zur Erteilung von Englisch- und Französisch-Unterricht an mittleren und höheren Mädchenschulen" erworben.[22] Dem Tennisclub gehörte auch die Grund- und Ziegeleibesitzerstochter Ella Wahlen an, eine Cousine Emma Weyers, die 1903 den Juristen und späteren Sozialpolitiker Benedikt Schmittmann geheiratet hatte. Die Familien Schmittmann und Adenauer verband fortan eine enge Freundschaft.[23]

1906 bewarb sich Konrad bei der Stadt Köln um eine Stelle als besoldeter Beigeordneter und wurde von der Stadtverordnetenversammlung einstimmig gewählt – wenige Tage, bevor der „wegen seines selten biederen und rechtschaffenen Charakters allgemein beliebt(e) und geachtet(e) Vater" Johann Conrad Adenauer im 73. Lebensjahr einem Herzschlag erlag.[24] Nach der Bestätigung durch den preußischen König leitete Konrad Adenauer in der Kölner Stadtverwaltung das Steuerdezernat; außerdem oblagen ihm die Vorbereitung der Verwaltungsberichte sowie die Marktverwaltung – durchweg begehrte, weil einflussreiche Zuständigkeiten. In der Rede, die der neue Dezernent bei seiner feierlichen Amtseinführung im Sommer 1906 hielt, betonte er, dass in der gegenwärtigen Situation zu den wirtschaftlichen Aufgaben der Kommune solche „ethischer, kultureller und sozialer Natur" hinzugetreten seien. Er schätze die Arbeit in der kommunalen Selbstverwaltung sehr hoch, sei sie doch „unmittelbar darauf gerichtet, das Allgemeinwohl, das allgemeine Beste zu fördern". Nicht zuletzt verschaffe ihm der Dienst für seine Stadt besondere Genugtuung, da er Kölner sei und der Kölner mit „ganz besonderer Liebe und Pietät an seiner Vaterstadt" hänge.[25]

Zu Adenauers Kollegen gehörte als Dezernent für Armenwesen und Krankenanstalten Philipp Brugger. Der Jurist hatte 1904 maßgeblich an der Einrichtung einer Akademie für praktische Medizin in Köln mitgewirkt.[26] Mit der Tochter eines Kölner Bankiers verheiratet, blieb Brugger der Stadt und insbesondere Konrad Adenauer verbunden, auch als er im April 1907 ins preußische Kultusministerium wechselte.

Nachdem die Liberalen in einer Nachwahl zur Stadtverordnetenversammlung ihre bisherige Mehrheit verloren hatten, trat Oberbürgermeister Wilhelm Becker 1907 nach zwanzigjähriger Amtszeit zurück. Mit Max Wallraf wurde ein Kompromisskandidat gewählt, der weder den Liberalen noch dem Zentrum angehörte. Wallraf war der Onkel von Konrad Adenauers Frau Emma, der jüngere Bruder seiner Schwiegermutter. Der Beigeordnete Adenauer geriet schon bald in die Räder fraktioneller Animositäten. Die RHEINISCHE ZEITUNG, das Blatt der noch auf Jahre hinaus nicht im Stadtparlament vertretenen Sozialdemokratie, berichtete genüsslich, Adenauer sei vom scheidenden Oberbürgermeister Becker noch am Tage seiner feierlichen Verabschiedung im Gürzenich gemaßregelt worden, weil er „die liberale Hintertreppenpolitik im Einwohnerkontrollamt aufgedeckt" hätte. Daraufhin habe Becker „den Klerikale(n)" ins Tiefbauamt versetzt und dessen bisheriges Ressort einem neu gewählten liberalen Beigeordneten übertragen.[27] Konrad Adenauer wäre fortan hauptsächlich mit „Straßenbau- und Hochwasserangelegenheiten" beschäftigt gewesen, was seinem beruflichen Fortkommen wenig genutzt hätte.[28] Da der Beigeordnete durch seine Heirat ein Verwandter des neuen Oberbürgermeisters Wallraf geworden sei, fand die RHEINISCHE ZEITUNG, treffe „der Streich ... also auch den neuen Herrn".[29] Zum Glück für den Gemaßregelten hob „Onkel Max" den Geschäftsverteilungsplan einstweilig auf und übertrug seinem angeheirateten Neffen sogar die Leitung und Aufsicht über das Einwohner-Kontrollamt. Hier bemühte sich Konrad Adenauer künftig auch darum, das komplizierte Dreiklassenwahlrecht zugunsten bis dahin nicht wahlberechtigter Personenkreise auszulegen.[30]

Emma und Konrad Adenauer gaben ihrem ersten Sohn, der 1906 zur Welt gekommen war, den Vornamen des Vaters sowie des Großvaters und begründeten damit eine Familientradition. Indem sie ihren Zweitgeborenen auf den Namen des Bruders der Mutter taufen ließen, erwiesen sie zugleich dem Oberbürgermeister der Stadt die Ehre. Im Jahr darauf bezogen die Adenauers ihr neues Haus in der Max-Bruch-Straße. 1912 gebar Emma Adenauer als drittes Kind die Tochter Maria. Seit der Geburt ihres ersten Kindes litt sie unter einer Funktionsstörung der Nieren, die sich im Laufe der Jahre verschlimmerte.

1909 wurde Konrad Adenauer zum Ersten Beigeordneten gewählt, damit Stellvertreter des Oberbürgermeisters und zugleich zuständig für die Schlüsselressorts Personalangelegenheiten sowie Finanzen und Steuern. Er machte sich zunächst mit einem ausgeglichenen Etat und einem langfristigen Finanzplan um die städtischen Finanzen verdient. Während des Ersten Weltkriegs saß er der höchst wichtigen Lebensmittelkommission vor und kümmerte sich um die Versorgung der Stadt.[31] Dabei lernte er Wilhelm Suth und Ernst Schwering schätzen, die seinem Dezernat als „juristische Hilfsarbeiter"[32] zugeordnet waren.[33] Nicht zuletzt seine beachtlichen Erfolge bei der Beschaffung und Verteilung von Lebensmitteln sicherten Adenauer über Parteigrenzen hinweg die Anerkennung der Stadtbevölkerung, denn im Vergleich zu anderen rheinischen Großstädten stand Köln günstig da, sowohl was die Versorgung mit Fleisch und Milch als auch mit Kartoffeln und Brotgetreide anging.[34] Sogar im „Kohlrübenwinter" 1916/17 konnte die Verwaltung die fehlenden Kartoffeln durch andere Nahrungsmittel ersetzen.[35] Der Leiter des Statistischen Amts schätzte die Zahl derer, die in Köln an Krankheiten oder Mangelernährung gestorben waren, 1921 auf 4100. Das lag deutlich unter dem Reichsdurchschnitt von etwa einem Prozent an zivilen Toten. „Die Versorgungspolitik der Stadt hatte also ihre Früchte getragen."[36]

Konrads älterer Bruder August, inzwischen 43 Jahre alt, als Anwalt etabliert und zum Justizrat ernannt,[37] übernahm im August 1915 einen Lehrauftrag an der Kölner Handelshochschule. Hier berief man im Fach Privatrecht ausdrücklich keine Ordinarien, war vielmehr davon überzeugt, dass „die Rechtslehre für den Kaufmann am besten durch praktische Juristen, Rechtsanwälte und Richter" unterrichtet werde. Eugen Schmalenbach hielt 1925 rückblickend fest, die Hochschule habe „das große Glück (gehabt), daß aus dem Kreise der Kölner Juristen sich immer genug hervorragende Richter und Anwälte, die auch literarisch einen Namen hatten, in den Dienst der Handelshochschule" gestellt hätten. Für den „zukünftigen Kaufmann" sei es nicht darauf angekommen, „schwierige Rechtsfälle juristisch einwandfrei zu entknoten", sondern „Geschäfte und Verträge so zu gestalten, daß sie sich ohne Störung zum guten Ende führen lassen". August Adenauer und andere erfahrene Juristen der Stadt entwickelten ein Vorlesungsprogramm, das die Stoffgruppen „ohne Rücksicht auf die Rechtsquellen" nach dem materiellen Inhalt und damit anders ordnete als an den juristischen Fakultäten der Universitäten üblich.[38]

Im Oktober 1916 verstarb mit 36 Jahren nach langem Nierenleiden Emma Adenauer. Konrad und Max waren inzwischen zehn bzw. sechs Jahre alt. Maria, Ria genannt, hatte am Tag vor dem Tod der Mutter das vierte Lebensjahr vollendet. Es folgten für die mutterlose Familie trostlose Wochen und Monate; der junge Witwer versank in tiefe Trauer.[39] Im März 1917 erlitt er zudem einen schweren Autounfall, der ihn für mehrere Monate dienstunfähig machte.

Als sich abzeichnete, dass Oberbürgermeister Wallraf im August 1917 zum Staatssekretär ins Reichsamt des Innern berufen werden sollte, galt es, rasch einen Nachfolger zu wählen. Obwohl es unüblich war, diesen aus der eigenen Verwaltung zu nehmen,[40] konnte Konrad Adenauer davon ausgehen, dass, würde er kandidieren, die Wahl auf ihn fiele. Diese Überzeugung gewann er selbstbewusst aus den Fähigkeiten, die er in seinen elf Jahren als Beigeordneter erworben hatte, und dem hohen Ansehen, das er in der Stadt bereits genoss. Auch hatte Adenauer in den Monaten Mai bis August 1916, als ein Jagdunfall Max Wallraf daran gehindert hatte, sein Amt wahrzunehmen, den Oberbürgermeister bereits vertreten. Zudem unterstützten ihn Hugo Mönnig, der Vorsitzende der Zentrumsfraktion, und der einflussreiche Lokalpolitiker und Parteivorsitzende der Zentrumspartei, Johannes Rings.[41] Die Mehrheitsverhältnisse in der

Stadtverordnetenversammlung erlaubten es dem Zentrum, seinen Kandidaten durchzusetzen. Auch die Liberalen unter ihrem Vorsitzenden Bernhard Falk entschieden sich für Adenauer. Louis Hagen, seit 1909 Stadtverordneter und seit 1915 Präsident der Kölner Handelskammer, hatte dessen Aufstieg bereits seit Längerem gefördert.[42] Am 18. September erfolgte die einstimmige Wahl. Es sollte die letzte Wahl eines Bürgermeisters durch ein Stadtparlament sein, das sich nach dem Dreiklassenwahlrecht zusammensetzte.[43]

Bald nach der Kür des Stadtoberhaupts der „Metropole des Rheinlandes"[44] fanden Nachwahlen zur Stadtverordnetenversammlung statt. Dabei einigten sich Zentrum und Liberale wohlbedacht darauf, den Sozialdemokraten im sechzigköpfigen Rat drei Sitze zu überlassen, indem sie darauf verzichteten, eigene Kandidaten aufzustellen. Am 10. Januar 1918 wurden der Kaufmann Heinrich Erkes, der Gewerkschafter August Haas und der Journalist Wilhelm Sollmann in ihre Ämter eingeführt.[45] Der Oberbürgermeister benötigte nicht zuletzt die Unterstützung der RHEINISCHEN ZEITUNG,[46] „um Maßnahmen im Bereich der Lebensmittelversorgung auch denjenigen Bevölkerungsgruppen zu vermitteln, die man nicht über das übrige Pressespektrum erreichte".[47] Von nun an bestimmten Vertreter der Arbeiterbewegung, die einen beträchtlichen Teil der Stadtbevölkerung repräsentierten, auch offiziell die Politik der Stadt mit. Die Sozialdemokraten erkannten unumwunden an, dass es Adenauer gewesen sei, der während des Krieges anders als sein Vorgänger die „Verständigung mit den sozialistischen Arbeitern" gesucht und „bis zum möglichen Ziele" gefunden hätte.[48] Ihm kam ferner zugute, dass er nicht als Exponent einer Parteipolitik galt, „die Zugehörigkeit zu einer Partei ... vielmehr die gesellschaftliche und politische Voraussetzung" gewesen war, um gewählt zu werden.[49] Nie wurde er „ausschließlich als Parteimann gehandelt und mißachtet".[50]

Mit gerade einmal 41 Jahren stand Konrad Adenauer als jüngster Oberbürgermeister in Preußen an der Spitze der zweitgrößten Stadt des Landes und drittgrößten des Deutschen Reiches. Das Amt zeichnete sich im Kaiserreich, aber auch noch in der Weimarer Republik durch eine vergleichsweise „hohe Gestaltungsfreiheit" aus, zog „ausgeprägte Charaktere" an und eröffnete ihnen beträchtliche „Entfaltungsmöglichkeiten".[51] Als Oberbürgermeister repräsentierte Adenauer die Stadt nicht nur politisch, sondern leitete auch einen ausgedehnten Verwaltungsapparat. Das sicherte ihm sowohl gegenüber dem Regierungspräsidenten als auch gegenüber den Stadtverordneten einige Unabhängigkeit.[52] Dass er zunächst als „präsentiertes" Mitglied dem preußischen Herrenhaus[53] und seit 1921 dem neuen preußischen Staatsrat angehörte und diesem bis 1933 vorsaß, erhöhte noch seinen Einfluss. Außer in der Urlaubszeit hielt sich der Oberbürgermeister deshalb jeden Monat für zwei bis fünf Tage in Berlin auf.[54] Als Nachfolger Max Wallrafs gelangte er im Dezember 1917 zudem in den Rheinischen Provinziallandtag, im März 1918 obendrein in den Provinzialausschuss, dessen Vorsitz er 1920 übernahm.[55] Diese Kumulation von Ämtern enthielt ein beträchtliches Synergiepotential.

1.2 MEVISSEN, ECKERT UND DIE KÖLNER HANDELSHOCHSCHULE

Im September 1917, noch vor der offiziellen Einführung in das Amt des Oberbürgermeisters, ließ Christian Eckert, der Studiendirektor der Kölner Handelshochschule, Konrad Adenauer zwei mühsam zu lesende Schriftstücke zukommen. Es handelte sich um Durchschläge von Memoranden, die er bereits in den Jahren 1913 und 1915 Max Wallraf vorgelegt hatte. In beiden Denkschriften ging es um die Zukunft der 1901 in Köln errichteten städtischen Handelshochschule. Diese ging auf eine Initiative Gustav von Mevissens zurück. Der liberale Politiker, erfolgreiche Unternehmer sowie Pionier des deutschen Kredit- und Versicherungswesens, Zeitungsverleger und Förderer sozialer wie karitativer Einrichtungen hatte 1856 als Präsident der Kölner Handelskammer vor deren Mitgliedern erklärt, er halte es für „höchst bedenklich, dass eine Stadt wie Köln zwar eine außerordentliche merkantile und industrielle Tätigkeit entfalte, aber kein geistiges Zentrum mehr besitze". Lage und Geschichte der Stadt, die sich zum führenden Bankplatz Deutschlands entwickelt hatte, sprächen dafür, sie zum „Zentrum von Bestrebungen" zu erheben, die „das geistige mit dem materiellen Leben in Einklang bringen" müssten.[56] Zugleich kam es Mevissen darauf an, die künftigen Führungskräfte der sich entwickelnden Industriegesellschaft solide auszubilden. Universitäten, die dem humboldtschen Modell der allgemeinen und zweckfreien Persönlichkeitsbildung folgten, eigneten sich dafür nicht. Er wollte vielmehr in Köln eine staatliche polytechnische Schule für das Rheinland ansiedeln. Abweichend vom universitären Fächerkanon sollten hier parallel zum sich ausbreitenden Realschulwesen die Fächer Bergbau, gewerbliche und industrielle Technik sowie das Fach Handel unterrichtet werden. Doch gegen Köln, das Mevissen als Standort vorgesehen hatte, sprach nicht nur, dass Aachen und sein Umland als gewerbliches und industrielles Zentrum des Rheinlandes galten, sondern auch, dass Preußen der Stadt seit 1842 bereits erhebliche Mittel für den Weiterbau des Doms, 1855 zur Errichtung eines monumentalen Denkmals für Friedrich Wilhelm III. auf dem Heumarkt und nicht zuletzt 1859 für eine Eisenbahnbrücke über den Rhein gewährt hatte.[57] Dieser obrigkeitlichen Logik folgte Berlin und entschied 1863, eine „Königlich rheinisch-westfälische polytechnische Hochschule" in Aachen zu errichten.

Da die neue Hochschule das Fach Handelswissenschaften nicht anbot, das Mevissen für die Ausbildung von Führungskräften für unentbehrlich hielt, schlug er vor, in Köln eine Handelsakademie zu gründen. Diese sollte zugeschnitten sein auf die Bedürfnisse der Stadt als Zentrum des rheinischen Handels, wo neben Banken bereits auch Versicherungen prosperierten. Im Sommer 1879 legte Mevissen seine Überlegungen in einer ausführlichen Denkschrift nieder, in der er leidenschaftlich für eine Handelsakademie eintrat.[58] Es gelte, „Bildung und Besitz harmonisch zu verbinden und die in dem Besitze schlummernden Kräfte in einem höheren Grade als bisher dem Gemeinwohl dienstbar zu machen und zugleich das Leben der Besitzenden zu veredeln und zu verschönern". Doch stünde „der auf unsern Universitäten herrschende Geist ungebundener akademischer Freiheit ... mit den Grundsätzen und Anschauungen, wie sie in den kaufmännischen Kreisen herrschen, nicht im Einklange, in manchen Beziehungen selbst in voller Dissonanz". Die technischen Hochschulen wiederum hätten zwar „eine große Zahl tüchtiger specieller technischer Kräfte" ausgebildet, nicht aber die „Kenntnis der Bedingungen des Verkehrslebens, des Großhandels und der nationalen sowohl wie der speciellen Ökonomie". Folglich gebe es, konstatierte Mevissen, im „System der Unterrichtsanstalten eine Lücke". Um diese zu schließen, bedürfe es einer Einrichtung, die „neben einer gründlichen Fachbildung zugleich die allgemeine menschliche Bildung nach wissenschaftlicher Methode fördert und im Manne des Faches zugleich den fest in sich ruhenden Charakter, den sittlichen selbstbewussten Menschen erzieht". Eine solche Anstalt müsse sowohl „geistig" als auch, was ihre Unterrichtsmethoden angehe, „auf gleicher Höhe mit den Universitäten stehen". Ihr werde es an Schülern aus dem Deutschen Reich nicht fehlen, würden doch hauptsächlich „die Inhaber der Bankhäuser und Großhandlungen, die Importeure, Spediteure und Rheder der Seestädte" ihre Söhne dorthin schicken. Auch die zukünftigen Leiter der zahlreichen Aktiengesellschaften im Banken- wie im Verkehrsbereich und nicht zuletzt im expandierenden Versicherungswesen bedürften dringend einer „ernste(n) kaufmännische(n) Fachbildung". Ein „Jahreskurs auf der Handels-Akademie" nütze außerdem „dem künftigen Chef eines großen industriellen Etablissements", dem Großgrundbesitzer sowie zukünftigen Beamten etlicher staatlicher Behörden und Ministerien. Nicht zuletzt könnten die Lehrer für kaufmännische Fachschulen hier ausgebildet werden. Die Kölner „akademische Handels-Hochschule" sollte der Universität Bonn und dem Aachener Polytechnikum „ergänzend zur Seite treten" und „speciell für die Stadt Cöln einen Mittelpunkt wissenschaftlichen Lebens und Strebens bilden". Abschließend listete die Denkschrift ein Curriculum auf, das außer etlichen interdisziplinären volks- und betriebswirtschaftlichen Themen das Bank- und Kredit- sowie das Verkehrs- und Versicherungswesen, schließlich Handelsgeografie und -geschichte, aber auch mit Physik und Mathematik sowie Philosophie, Literatur und Kunstgeschichte „allgemeinbildende" Fächer umfasste.[59]

Mevissen beließ es nicht bei der Denkschrift, sondern errichtete 1879 gemeinsam mit seiner Frau Elise eine Stiftung mit einem Kapital von fast 200.000 Mark als Grundstock für die Finanzierung der von ihm konzipierten Handelsakademie.[60] Dabei ging es ihm weniger darum, sein Ansehen oder das seiner Nachfahren zu mehren. Vielmehr bewies er bürgerschaftliches Engagement im besten Sinne, wollte er doch einen von ihm genau definierten Bildungszweck erfüllt wissen. Als der Rheinische Provinziallandtag 1894 jede finanzielle Beteiligung an einer in Köln zu errichtenden Handelshochschule für die Rheinprovinz ablehnte, wurde klar, dass die Initiative dazu von der Stadt ausgehen musste.

Der wirtschaftliche Aufschwung, die Einbindung in den Welthandel und nicht zuletzt ein „soziales Statusbedürfnis der leitenden Kaufmannschaft" brachten die Handelshochschulbewegung im Deutschen Reich voran und führten zu Gründungen in mehreren deutschen Großstädten. Als Träger fanden sich in der Regel Kommunen und Handelskammern, Vereine oder private Stiftungen. Aachen, wo die Einrichtung nur für ein Jahrzehnt bestand, und Leipzig, wo die Handelshochschule der Universität angegliedert war, hatten 1898 den Anfang gemacht. Die 1901 in Frankfurt gegründete Akademie für Sozial- und Handelswissenschaften, die ebenfalls als Handelshochschule galt, peilte hingegen von vornherein den Status einer Universität an.[61] Franz Adickes, der Oberbürgermeister der Stadt, strebte eine bürgerliche Stiftungsuniversität an, durfte er doch „angesichts der festgeschriebenen deutschen Universitätslandschaft" ebenso wenig wie Köln mit staatlicher Hilfe für Hochschulpläne welcher Art auch immer rechnen.[62]

Gustav von Mevissen starb 1899. Im Sommer 1900 legte der Nationalökonom Eberhard Gothein, der ihm nahegestanden und sich mit dessen Tochter Mathilde beraten hatte, Pläne vor, wie eine Kölner Handelshochschule auszugestalten sei.[63] Doch um diese zu verwirklichen, bedurfte es noch einiger Überzeugungsarbeit. Denn nach wie vor lehnten viele Unternehmer jede akademische Ausbildung für Kaufleute ab, und konjunkturelle wie fiskalische Unsicherheiten ließen die Verantwortlichen zögern.[64] Schließlich stockte die Stadtverordnetenversammlung das inzwischen angewachsene Stiftungskapital um ein Drittel auf und beschloss, eine „Städtische Handelshochschule zu Cöln" einzurichten. Bei dieser handele es sich – wie in der Sitzung des Stadtparlaments betont wurde – weder „um eine Universität im eigentlichen Sinne des Wortes", noch könne es darum gehen, „der Universität nachzulaufen".[65]

Die zuständigen preußischen Ministerien genehmigten das Vorhaben, und im Frühjahr 1901 feierte Köln die Eröffnung seiner Handelshochschule. Ein Kuratorium, dem der Oberbürgermeister vorstand, sicherte den Einfluss der Stadt und des Staates, der Privatwirtschaft und der Stifterfamilie. Max Wallraf ließ sich dort regelmäßig von dem Beigeordneten Walter Laué[66] vertreten, der in der Kölner Verwaltung für „Wissenschaft und Kunst" und daher auch für die neue Hochschule zuständig war.[67] Als Vertreter der Stiftung saß Mevissens Schwiegersohn, der Bankier Johann Heinrich von Stein III., im Kuratorium; ihm folgte 1909 sein Sohn Johann Heinrich von Stein IV. Den Unterrichtsbetrieb leitete ein Studiendirektor, seit 1904 der Staatswissenschaftler Christian Eckert, der zugleich eine Lehrtätigkeit als außerordentlicher Professor an der Universität Bonn aufnahm.[68]

Das Lehrangebot der neuen Handelshochschule stieß auf eine rege Nachfrage. Im Wintersemester 1905/06 zählte sie bereits 304, im letzten Semester vor dem Ersten Weltkrieg 628 Immatrikulierte.[69] Zu den herausragenden Professoren gehörte Eugen Schmalenbach, der seit 1903 „Privatwirtschaftslehre" unterrichtete, später „Betriebswirtschaftslehre" genannt, und diese „in einem fast fachrevolutionären Sinn" weiterentwickelte.[70] Die Handelshochschule besaß kein Promotionsrecht. Doch war es möglich, sich an ihr zu habilitieren, was etwa Schmalenbach 1903 ohne vorherige Promotion und der in Leipzig promovierte Wirtschaftshistoriker Bruno Kuske 1908/09 auch taten. Das preußische Kultusministerium gestand allen ordentlichen Mitgliedern des Lehrkörpers zu, den Titel „Professor" zu führen.[71] Die von der Stadt bezahlten Gehälter der Professoren entsprachen denen staatlich besoldeter Hochschullehrer.[72] Selbstbewusst schrieb Christian Eckert 1906 im Jahresbericht: „Nicht zum Ersatz der Universitäten, nicht im Wettbewerb zu ihnen, sondern in deren Ergänzung suchen die Cölner Hochschulen ihre Aufgabe zu erfüllen."[73]

1904 entstand neben der Handelshochschule eine Akademie für praktische Medizin. Hier immatrikulierten sich vor allem junge Mediziner, die nach einer Reform der Approbationsordnung im Anschluss an die Staatsprüfung ein „Praktisches Jahr" ableisten mussten, bevor sie in die Praxis eintraten. Medizinisches Grundwissen wurde an der Akademie nicht vermittelt; ihre „vorklinische" und „klinische" Ausbildung hatten die angehenden Ärzte an einer Universität absolviert.[74] Mit der Einrichtung der Akademie ging der Aus- und Umbau der städtischen Kliniken einher, wodurch Köln sich in Preußen bald den Spitzenplatz bei der medizinischen Versorgung sicherte.⁷⁵ Dies verdankte sich nicht zuletzt dem Einsatz Peter Krautwigs, des Dezernenten für das städtische Gesundheitswesen. Mit ihm besetzte die Stadt 1905 als erste im Deutschen Reich diese Position nicht mit einem Juristen, sondern mit einem Mediziner. Gemeinsam mit dem Architekten Johannes Kleefisch verantwortete Krautwig 1906 den Bau der Krankenanstalten im Bereich der Lindenburg. Der Pionier eines städtischen öffentlichen Gesundheitsdienstes mit sozialhygienischer Ausrichtung genoss hohes Ansehen weit über die Grenzen der Stadt hinaus. Seit 1911 unterrichtete Krautwig auch an der Akademie für praktische Medizin.⁷⁶ Diese verfügte zwar über eine staatliche Konzession, doch wurde sie, wie schon die Handelshochschule, weitgehend von der Stadt finanziert. Ihrem Kuratorium saß satzungsgemäß ebenfalls der Oberbürgermeister vor. Zu den Dozenten gehörte von Anbeginn an Ferdinand Zinsser. Seit 1903 leitete er die Kölner Hautklinik, eine der modernsten im Deutschen Reich. Dereinst sollte er Konrad Adenauers Schwiegervater werden.

Während die technischen Hochschulen ihre formelle Gleichstellung mit den Universitäten gegen deren Widerstand durchgesetzt hatten, als sie 1899 das Recht auf Erteilung der akademischen Grade „Dipl. Ing." und „Dr.-Ing." erhielten,⁷⁷ durften die Absolventen der preußischen Handelshochschulen keinen akademischen Grad führen.⁷⁸ Sie galten als „gebildete, nicht gelehrte Kaufleute".⁷⁹ Als sich 1910 abzeichnete, dass die Frankfurter Handelshochschule über kurz oder lang in einer Universität aufgehen und damit das Promotionsrecht erhalten würde, war Christian Eckert beunruhigt. Er entwarf für Oberbürgermeister Max Wallraf Eingaben beim preußischen Kultusminister und zusätzlich beim Handelsminister, dem die Handelshochschulen unterstanden. Wenn für die Kölner Hochschule, deren Gleichrangigkeit mit der Frankfurter Eckert betonte, auch „nicht die Ausbildung zu einer Voll-Universität in erster Linie in Frage" komme, sei es doch dringend erforderlich, ihr das Promotionsrecht zu gewähren. Avanciere Frankfurt erst zur Universität, würde nämlich „gerade der beste und strebsamste Teil der jetzigen Handels-Hochschul-Studierenden dorthin abziehen". Damit wäre in Köln „die Fortentwicklung des mühsam Geschaffenen ... ernstlich gefährdet", hätte die Stadt ihre „großen finanziellen Opfer" umsonst gebracht.⁸⁰ Das Kultusministerium erklärte jedoch, dass der Kölner Handelshochschule ein Promotionsrecht „nicht in Aussicht gestellt werden" könne.⁸¹

Bereits 1906 war in Köln neben die Handelshochschule und die Akademie für praktische Medizin die Vereinigung für staats- und rechtswissenschaftliche

Fortbildung getreten, die Juristen und höhere Verwaltungsbeamte vor allem für eine Tätigkeit in der Wirtschaft vorbereiten sollte.[82] Zur Ergänzung der Handelshochschule, die mit der Ausbildung von Kaufleuten und Handelslehrern ausgelastet war, beschloss die Stadtverordnetenversammlung 1911 die Einrichtung einer Hochschule für kommunale und soziale Verwaltung, die 1912 eröffnete.[83] Ihr Leiter, der Nationalökonom Adolf Weber, hob bei der ersten Immatrikulationsfeier hervor, die neue Einrichtung solle „mehr sein als eine Fachschule", vielmehr „eine Fortentwicklung und Ergänzung der alten Universitäten", zumal die von ihm zum Vergleich herangezogenen Universitäten Bonn und Berlin in den Fächern Soziales Recht und Soziale Praxis so gut wie nichts zu bieten hätten.[84]

In Frankfurt kamen derweil die Vorbereitungen für die Gründung einer Universität voran. 1913 ließ sich absehen, dass ihre Wirtschafts- und Sozialwissenschaftliche Fakultät – „selbstverständlich" mit Promotionsrecht – Trägerin der Frankfurter Akademie für Sozial- und Handelswissenschaften werden und deren Aufnahmebedingungen beibehalten würde. Von dieser Entwicklung alarmiert, verfasste Christian Eckert eine weitere Denkschrift, die er mit „Cölns Universitätsfrage" überschrieb. Zunächst untermauerte er mit unterschiedlichen Argumenten den Anspruch der Stadt auf eine Universität. Obwohl viertgrößte Stadt des Deutschen Reiches und zweitgrößte Preußens, besitze Köln im Gegensatz zu vergleichbaren Städten keine Universität, noch sei eine solche hier geplant. Dabei habe Köln doch „am frühesten unter diesen Städten aus eigener Kraft sich eine neuartige Hochschule zu schaffen verstanden". Nun aber stehe die Stadt zurück, was die „Berechtigungen" betreffe, die sie ihren Studenten zu geben vermöge. Eckert bemühte auch die Geschichte und verwies darauf, dass Köln jahrhundertelang eine „hochberühmte Universität" besessen habe. Die glänzende Entwicklung der aus eigenen Mitteln errichteten Handelshochschule, die höhere Besucherzahlen aufweise als jene in Berlin, Leipzig oder München, legitimiere ebenfalls den Anspruch der Stadt auf eine Universität. Das Argument, Köln bedürfe als Nachbarstadt Bonns keiner eigenen Universität, zähle insofern nicht, als etliche andere deutsche Universitätsstädte weniger weit voneinander entfernt lägen. Zudem seien Bonn als „idyllische rheinische Mittelstadt" und das „mächtig pulsierende moderne" Köln von so unterschiedlicher Wesensart, dass sie sich wechselseitig gewiss nicht beeinträchtigten. Ferner besitze Westdeutschland bisher keine „wirklich großstädtische, in die Ferne wirkende Universität", während Kenner der Materie inzwischen verträten, dass kleinere und auch mittlere Universitätsstädte – er zitierte den „Großstadtapostel" Carl Sonnenschein, einen Vordenker des sozialen Katholizismus[85] – völlig ungeeignet wären, „soziales Bewusstsein aufzuwecken". Als „wirklich großstädtische Universität" komme in Preußen für Studierende der Rheinprovinz nur das ferne Berlin infrage.

Nachdem er den Anspruch Kölns begründet hatte, legte Eckert dem Oberbürgermeister die Taktik nahe, die es zu wählen gelte. Zwar sei eine „Zusammenfassung der Cölner Hochschuleinrichtungen unter dem Titel ‚Universität'" für eine „gedeihliche Fortentwicklung des begonnenen sachlich nicht unmittelbar geboten"; doch empfehle sich eine entsprechende Forderung insbesondere dann, „wenn der Regierungsbureaukratismus, der wiederholt lähmend und hemmend die bisherige Entwicklung behindert" habe, fortgesetzt nicht zu überwinden sei. Man müsse daher von Berlin eine „Ausgestaltung des Cölner Hochschulwesens zur Universität" fordern. Für den „Universitätsgedanken" sei auch der Lokalpatriotismus der Kölner Bürger leichter zu entflammen als für alles andere, was „unserer Forderung" – also der nach dem Promotionsrecht – Nachdruck verleihen werde. „Nicht sehr lockend" fand Eckert „allerdings" den Gedanken, mit dem Namen „Universität" zugleich „mehr oder minder überlebte Formen und unzeitgemäße Einrichtungen in Kauf nehmen zu müssen". Dringend geboten sei lediglich „die baldige Erringung des Promotionsrechtes … namentlich für die ältere Handels-Hochschule".[86] Wie Eckert später berichtete, stieß seine Denkschrift bei Oberbürgermeister Max Wallraf zwar auf „lebhaftes Interesse", wurde aber nur innerhalb der Stadtverwaltung erörtert.[87] Im April 1914 schloss das preußische Kultusministerium ein Promotionsrecht für Handelshochschulen grundsätzlich aus. Jedem, der die Voraussetzungen erfülle, stehe die Promotion an einer juristischen oder staatswissenschaftlichen Fakultät offen.[88] Christian Eckert war mit seinen Bemühungen, für die Kölner Handelshochschule das Promotionsrecht zu erwirken, in einer Sackgasse gelandet.

Dass ein Handelshochschulstudium vergleichsweise wenig Renommee einbrachte, geht aus einer Korrespondenz hervor, die Eckert über mehrere Jahre mit Greven's Adreßbuch-Verlag führte. So weigerte sich der Verlagsinhaber 1914, den Namen von Absolventen der Kölner Handelshochschule im Adressbuch die Bezeichnung „Diplom-Kaufmann" oder „Inhaber des D. H. H. C."[89] hinzuzufügen. Es handele sich dabei, wie er meinte, nicht um „öffentlich-rechtlich geschützte Titel" wie „Dr., Professor, Justizrat etc.".[90] Eckert erklärte, dass es „öffentlich-rechtlich geschützte Titel" überhaupt nicht gebe, der Verleger sich außerdem irre, wenn er staatlich verliehene Titel mit erworbenen akademischen Graden gleichsetze. Der „Diplom-Kaufmann" entspreche in jeder Hinsicht dem akademischen Grad des „Diplom-Ingenieurs", den das Adressbuch ja aufnehme. Es sei „bedauerlich, daß das Adreßbuch Cölns, d. h. der Stadt der ersten selbständigen und größten Handels-Hochschule Deutschlands … sich dem Neuen entgegenstellt und dabei noch von irrigen Voraussetzungen ausgeht". Erst Ende 1917 erklärte sich der Verlag bereit, die Bezeichnung „Dipl.-Kfm." oder „Dipl.-Handelslehrer" probeweise ins nächste Adressbuch aufzunehmen,[91] wobei auch diese Bezeichnung in der streng hierarchisch gegliederten wilhelminischen Gesellschaft nicht viel galt.[92]

Als zum Wintersemester 1914/15 in Frankfurt am Main eine Volluniversität mit fünf klassischen Fakultäten den Lehrbetrieb aufnahm – zugleich die Krönung des Lebenswerks des hochgeachteten Oberbürgermeisters Franz Adickes –, läuteten bei Eckert die Alarmglocken. Im März 1915, ein gutes halbes Jahr nach Kriegsbeginn, legte er Oberbürgermeister Wallraf eine weitere Denkschrift vor. Habe er 1913 angenommen, dass zwar der Name „Universität" durchaus „Propagandakraft" aufweise, aber „für die nächsten Ziele der Cölner Hochschulen nicht unbedingt notwendig" sei, so glaube er nun, dass der Krieg „die Voraussetzungen für die Cölner Hochschulentwicklung verschoben" habe. Denn „nach siegreichem Krieg" werde Köln „schlagendere" als die von ihm bereits 1913 aufgeführten Argumente für sich geltend machen können. Köln müsse als Festungsstadt während des Krieges große Opfer bringen. Darum dürfe es „einen Ausgleich solcher Lasten gerade auch auf geistig-kulturellem Gebiet anstreben". Nach einer „Einverleibung" von Gebieten „jenseits der heutigen Westgrenze" werde nämlich „eine Ausgestaltung des wissenschaftlichen Betriebes" dieser westlichen Großstadt, die „reichstreu und urdeutsch" sei, unabdingbar sein. Von keinem anderen Ort aus lasse sich „die Verschmelzung neuer Landesteile in geistig-kultureller Beziehung" besser bewerkstelligen. Auch werde der „Volkswille" nach dem Krieg „kräftiger einsetzen können" und über „wirksamere Hebel gegen bürokratische Bevormundung" verfügen. Wenn man das große „Universitätsziel" erstrebe, werde sich auch das Kultusministerium umgehen lassen, das in Sachen Promotionsrecht das letzte Wort hätte. Der Aufwand zur Einrichtung einer Universität sei „im Verhältnis zu dem bereits vorhandenen und erreichten nicht sehr umfangreich und kostspielig". Eckert rechnete vor, was die Stadt für die vorhandenen „blühenden" Kölner Hochschuleinrichtungen bereits regelmäßig ausgebe. Diese Mittel ließen sich problemlos aufstocken, um eine „Volluniversität mit vier oder fünf Fakultäten" zu errichten, und würden jene, die ohnehin bereits für die Kölner Institute und Kliniken aufzuwenden seien, nicht allzu sehr übersteigen.[93]

Einen Sommer lang diskutierten die Dozenten der Handelshochschule über den von Eckert empfohlenen „Ausbau der Kölner Hochschuleinrichtungen zu einer neuzeitlichen Anforderungen entsprechenden Universität". Sie ließen sich für dieses Ziel aber nicht wirklich begeistern, sondern wären mit dem Promotionsrecht zufrieden gewesen. Der Germanist Friedrich von der Leyen bemerkte rückblickend, dass sich die Dozenten an der Handelshochschule wie „Alleinherrscher" fühlen durften, während sie die Zugehörigkeit zu einer von mehreren universitären Fakultäten als „Degradierung" hätten empfinden müssen.[94] Im November 1915 kam das Hochschulkollegium überein, dass zwar die „Ausgestaltung" der Kölner Hochschule zu einer Universität zu erstreben sei, dies jedoch „unter Wahrung der Selbständigkeit der Handelshochschule" zu geschehen habe. Wie auf der Basis eines solchen Kompromisses fortan zu verfahren wäre, blieb ein Rätsel.

1.3 ZWEI FORSCHUNGSINSTITUTE

Als Konrad Adenauer Eckerts Denkschriften im Herbst 1917 erhielt, dürften ihm die Sorgen bekannt gewesen sein, die der Studiendirektor der Handelshochschule seinem Vorgänger Max Wallraf seit 1910 vorgetragen hatte. Vermutlich lagen die beiden Memoranden 1917 nicht zum ersten Mal auf seinem Schreibtisch. Auch mit seinem ältesten Bruder August, der ja seit 1915 einen Lehrauftrag an der Handelshochschule besaß,[95] oder mit Ferdinand Zinsser, dem Leiter der Hautklinik und Professor an der Akademie für praktische Medizin und unmittelbarem Nachbarn in der Max-Bruch-Straße, dürfte Adenauer als Erster Beigeordneter gelegentlich über die Lage der Kölner Hochschulen gesprochen haben. Nicht zuletzt machte sich sein Freund Benedikt Schmittmann, der 1915 zum hauptamtlichen Dozenten für Sozialpolitik an der Hochschule für kommunale und soziale Verwaltung ernannt worden war und seit dem Sommersemester 1917 als Professor Sozialpolitik an der Handelshochschule lehrte,[96] Gedanken über die Zukunft der Kölner Hochschulen. Er legte im Herbst 1917 ein Exposé zum „Ausbau der in Köln vorhandenen Institute – Handels-Hochschule, Verwaltungshochschule, Med. Akademie etc. zu einer modernen Real-Universität" vor, in dem es ihm nicht zuletzt darum ging, „die geistig politische Bedeutung Köln's" zu heben.[97]

Wie Eckert später berichtete, habe er, offenbar nachdem der Oberbürgermeister seine beiden Denkschriften studiert hatte, mit diesem „die geplante Fortentwicklung der Kölner Hochschuleinrichtungen" besprochen und Adenauer daraufhin „den Universitätsplan zielsicher aufgegriffen und sich energisch für seine Verwirklichung eingesetzt".[98] Auch Adenauer behauptete im Vorfeld der Eröffnung der neuen Kölner Universität mehrfach, es sei seit seinem

Amtsantritt sein „fester Entschluss" gewesen, „die Universitätsfrage für Köln zur Lösung zu bringen".[99] In seiner Antrittsrede in Gegenwart des Regierungspräsidenten, der ihn am 18. Oktober 1917 offiziell in sein Amt einführte und verpflichtete,[100] verlor er dazu jedoch kein Wort. Er sprach vielmehr über die Ordnung der Kölner Finanzen, die Erhaltung der „stolzen Stellung" der Stadt im deutschen und internationalen Wirtschaftsleben sowie die Erfüllung sozialer Pflichten, für die der Krieg „die Augen geöffnet" habe. Patriotische Bekenntnisse, mit denen seine Vor- und Nachredner nicht sparten, fielen bei ihm eher moderat aus.[101] Gleichwohl könnte der ambitionierte junge Oberbürgermeister, als er etwa im Dezember 1917 in einem Brief an den befreundeten Industriellen Johann Hamspohn davon sprach, „Cöln zum Mittelpunkt der Bestrebungen zu machen, die nach Friedensschluß auf eine Wiederanknüpfung der kulturellen und wirtschaftlichen Lage mit unseren Nachbarländern hinzielen",[102] auch mitgedacht haben, dass Köln wieder „Universitätsstadt" werden sollte. Wenn Carl Heinrich Becker, Hochschulreferent im preußischen Kultusministerium, später bemerkte, es habe „der Ruhm von Adickes", der als Frankfurter Oberbürgermeister nicht zuletzt die Gründung der dortigen Stiftungsuniversität erreicht hatte, „Herrn Adenauer nicht schlafen lassen", enthält diese Deutung ebenfalls ein Korn Wahrheit.[103]

Auch zu Beginn des vierten Kriegsjahres sorgte sich der neugewählte Oberbürgermeister vor allem um die Ernährung der Kölner Bevölkerung. Vom Leiden der Kinder im Hungerwinter 1916/17 berührt, bot ihm Ende 1917 der Kölner Fabrikant Max Meirowsky an, „seinen gesamten Gewinn aus dem Kriege"[104] für Forschungen über die menschliche, vor allem die kindliche Ernährung in Form einer Stiftung zur Verfügung zu stellen.[105] Meirowsky wünschte damit, „Schäden des Krieges heilen zu helfen oder vorsorgend Mittel zu finden oder Wege zu weisen, um unserem Volke ähnliche Prüfungen zu ersparen, wie sie ihm zum Beispiel durch die unzureichende Ernährung auferlegt worden sind".[106]

Adenauer, dessen „Verhältnis zur Wissenschaft … stark von der Erwartung praktischen Nutzens bestimmt" war,[107] ließ sich auf dieses Angebot gern ein. Aufgrund seiner Kontakte in Berlin hielt er es für möglich, die von Meirowsky offerierte Summe einzusetzen, um ein physiologisches Institut der Kaiser-Wilhelm-Gesellschaft in Köln anzusiedeln. Von Friedrich Moritz, dem leitenden Internisten an der Akademie für praktische Medizin, ließ er noch im Dezember 1917 ein Gutachten anfertigen. Der Arzt sprach sich „rückhaltlos" dafür aus, eine solche Forschungsanstalt für Köln anzustreben. Das liege sowohl „im Interesse der Allgemeinheit, insbesondere der breiten Masse des Volkes", bedeute aber auch „einen wichtigen Schritt nach den Zielen hin …, die mit der Entwicklung der Cölner wissenschaftlichen Einrichtungen angestrebt werden".[108] Ob Moritz mit den „Zielen" eine Universität meinte, geht aus seinem Gutachten nicht hervor. Mitte Februar diskutierte die Professorenschaft der Akademie für praktische Medizin die Angelegenheit. Ihr Akademischer Rat begrüßte die Ansiedlung des Instituts in der Stadt, nicht zuletzt, weil es womöglich einmal der Akademie angegliedert werden könnte. Das Protokoll der Sitzung hält zudem fest, dass die Verleihung des Professorentitels an den Kölner Dermatologen Emil Meirowsky, den Bruder des Stifters, erörtert und auch beschlossen worden sei. Ein Gutachten Ferdinand Zinssers hatte dies befürwortet.[109]

Adenauer stellte den Kontakt zwischen Meirowsky und dem an der Universität Halle lehrenden Biochemiker Emil Abderhalden her, dessen ernährungswissenschaftliche Forschungen bereits von der Kaiser-Wilhelm-Gesellschaft gefördert wurden. Abderhalden galt als Autorität auf seinem Gebiet, fühlte sich aber nicht an den Standort Halle gebunden, um seine bekanntermaßen praxisorientierten Forschungen fortzusetzen. Nachdem Meirowsky im April 1918 mit Abderhalden gesprochen hatte, wandte sich der Oberbürgermeister an den einflussreichen Chemiker und Nobelpreisträger Emil Fischer, dessen Schüler und zugleich Freund Abderhalden war. In einem Schreiben erläuterte er Meirowskys Angebot, der Kaiser-Wilhelm-Gesellschaft 1,2 Mio. Mark zur Verfügung zu stellen, wenn ein von dieser in Aussicht genommenes Institut für Physiologie nicht wie geplant in Berlin-Dahlem, sondern in Köln angesiedelt werden würde. Abderhalden begrüße die Errichtung des Instituts in Köln und die „Vermehrung seiner Betriebsmittel" durch die Stiftung außerordentlich. Auch käme das Institut dem „Ansehen Cölns und seiner wissenschaftlichen Anstalten" zugute und würde dem „stark materiellen Zuge der Großstadt" entgegenwirken. Der Oberbürgermeister bat Fischer, sich für die Errichtung des Instituts in Köln einzusetzen, und fügte hinzu, Meirowsky habe ausdrücklich erklärt, dass seine Schenkung für wissenschaftliche Zwecke verloren gehe, wenn dieses nicht hier angesiedelt werde.[110]

Gegenüber Abderhalden erklärte Fischer allerdings, dass der Stadt Köln für ein reguläres Kaiser-Wilhelm-Institut das universitäre Umfeld fehle, zumal nicht einmal die Akademie für praktische Medizin über einen vorklinischen „Unterbau" verfüge, der Institutsdirektor in Köln also „auf dem Isolierschemel" säße.[111] In seiner Antwort an Adenauer gab Fischer zu bedenken, dass das Institut, wenn es „aus der örtlichen Zusammengehörigkeit mit den übrigen in Dahlem bestehenden Anstalten herausgerissen würde", in Köln in eine „Isolierung" geriete. Es fehle eine „Unterstützung der Vertreter der verwandten Wissenschaften", wofür die „medizinische Akademie" keinen Ersatz biete. Mit der zwar nahegelegenen Universität Bonn gebe es keine „Möglichkeit des täglichen Verkehrs". Zudem hätten die „jüngeren Gelehrten", die das Institut benötige, keinen Anschluss an eine Universität. Fischer wies jedoch darauf hin, dass einzelnen Kaiser-Wilhelm-Instituten, die bisher „in Städte ohne Hochschule gelegt oder dafür geplant wurden ..., spezielle praktische Aufgaben" übertragen worden seien. Köln wäre der geeignete Ort für ein solches Institut, wenn es Aufgaben übernähme, die „über den engen Rahmen der wissenschaftlichen Forschung" hinausgingen, was aber voraussetze, dass die Stadt „erheblich grössere Mittel" zur Verfügung stelle.[112]

Bereits kurz darauf beschloss der Senat der Kaiser-Wilhelm-Gesellschaft, das Institut für Physiologie „nach Cöln zu geben", und knüpfte daran die Bedingung, es um eine praxisnahe Abteilung für Ernährungslehre zu erweitern. Außerdem sollte die Stadt für die nötigen Betriebsmittel von jährlich 200.000 Mark aufkommen, also die vorhandenen Mittel jedes Jahr um 70–80.000 Mark aufstocken. Man trat in Verhandlungen ein, einigte sich auf 153.000 Mark, die jährlich von der Stadt für diese Lösung aufzubringen wären, und Mitte August 1918 ließ Konrad Adenauer Emil Fischer wissen, dass der Stifter sich inzwischen bereit erklärt habe, die Mittel auch den geänderten Zwecken zur Verfügung zu stellen. Er, Adenauer, freue sich sehr, „daß wir das schöne Institut nach Cöln doch wohl sicher bekommen werden", und wolle sein Möglichstes tun, um Abderhalden ein „gutes Arbeiten zu ermöglichen".[113] Doch als das Kaiserreich im November 1918 zusammenbrach, verliefen die Pläne im Sande. Der Gedanke, dass nicht zuletzt ein fehlendes universitäres Umfeld die Errichtung eines Kaiser-Wilhelm-Instituts in Köln erschwert hatte, dürfte dem Oberbürgermeister zu denken gegeben haben.[114]

Parallel zu den Bemühungen, ein Kaiser-Wilhelm-Institut anzusiedeln, setzte sich Konrad Adenauer seit 1917 für die Einrichtung eines Forschungsinstituts für Sozialwissenschaften ein. Wie die Fachhochschulen der Stadt sollte es aus kommunalen Mitteln finanziert werden, daher keiner staatlichen Bewilligung bedürfen und im Gegensatz zu den bestehenden Kölner Hochschulen vorrangig der Forschung dienen. Christian Eckert hatte ein Konzept für das Forschungsinstitut erarbeitet, das eine Dreiteilung nach Sachgebieten vorsah. So sollten eine soziologische, eine sozialpolitische und eine sozialrechtliche Abteilung „neben und miteinander" arbeiten. Eckert ging davon aus, dass es „eine vollkommene Voraussetzungslosigkeit im Forschen" nicht gebe, war aber zuversichtlich, dass an dem geplanten Institut „im mündlichen Austausch über Forschungsmethoden und Forschungsziele ... Fehler sich ausgleichen" würden.[115] Adenauer aber, dem wissenschaftstheoretische Erwägungen fernlagen, hielt es für wichtig, dass Gelehrte verschiedener weltanschaulicher Positionen das Institut trügen, ausgewiesen durch ihre Nähe zu einer der drei im Stadtparlament vertretenen politischen Parteien. Das geht bereits aus einem Schreiben hervor, das er im Dezember 1917 vertraulich an Albert Südekum richtete, einen führenden Mehrheitssozialdemokraten, der seit 1900 dem Reichstag angehörte. Er bat Südekum, ihm einen sozialdemokratischen Forscher zu nennen, keinen „ausgesprochenen Parteimann", wie er betonte, doch eine „erste Kraft", die man an das zu errichtende Institut berufen könnte. Adenauer ließ Südekum auch wissen, ihm schwebe vor, das „Nebeneinanderarbeiten zweier Herren, die an sich auf verschiedenem Boden stehen", zu gewährleisten. So beabsichtige er, Benedikt Schmittmann zu berufen, der seit dem Sommersemester 1917 an der Handelshochschule das Fach Sozialpolitik vertrat.[116] Als Verfechter der katholischen Soziallehre sollte dieser den christlichen Part übernehmen.

Dass mit kommunalen Mitteln ein Forschungsinstitut für Sozialwissenschaften eingerichtet werden sollte, kommentierte die Lokalpresse durchweg zustimmend. Der KÖLNER STADT-ANZEIGER sah in dem zukünftigen Institut sogar einen Baustein für die „Wiedergründung" der „verlorenen Universität".[117] Das KÖLNER TAGEBLATT bescheinigte dem Oberbürgermeister, er schreite mit diesem Vorhaben „konsequent auf dem Wege weiter, der mit genau vorgefaßtem Ziel für den Aufbau des Kölner Hochschulwesens angebahnt" wurde. Das geplante Institut solle „ein weiteres und sehr bedeutsames Glied in dem planvollen System bilden, für das mit der Handelshochschule die stabile Grundlage geschaffen" worden sei.[118] Kritik kam indessen von der KÖLNISCHEN ZEITUNG. Ein solches Forschungsinstitut könne nur an einer Universität, und zwar jener im benachbarten Bonn, errichtet werden. Es „mit einer Fachschule zur Ausbildung von Geschäftsleuten für die Praxis" zu verbinden, verspreche wenig Erfolg.[119] Den Vorwurf aber, der Zeitpunkt für die Neugründung eines Forschungsinstituts sei angesichts der unsicheren politischen und wirtschaftlichen Lage schlecht gewählt, konterte die KÖLNISCHE VOLKSZEITUNG, indem sie Wilhelm von Humboldt zitierte, der vor der Gründung der Berliner Universität in einer vergleichbar prekären Situation argumentiert habe, dass ein Staat wie ein Privatmann immer „gut und politisch zugleich" handele, wenn er zu einer Zeit, in der „ungünstige Ereignisse ihn betroffen" hätten, seine Kräfte anstrenge, „irgend etwas bedeutend Wohltätiges dauernd für die Zukunft zu stiften, und es an seinen Namen anzuknüpfen".[120] Das Humboldt-Zitat in dem katholisch ausgerichteten Blatt dürfte dem ambitionierten Kölner Oberbürgermeister gefallen haben.

Am 6. März 1918 erläuterte Adenauer den Stadtverordneten das Projekt. Er betonte, dass die „soziale Frage" durch den Krieg „an Umfang, an Tiefe und Schärfe der Gegensätze in ungeheurer Weise zugenommen" habe; „für eine nicht zu kurz zu bemessende Zeit" werde sie „die wichtigste Frage des deutschen Volkes sein". Zuversichtlich ging er davon aus, dass diese sich nach „wissenschaftlich-rationaler Klärung mittels ausgleichsfähiger Politik" lösen lasse.[121] Doch gebe es auf deutschem Boden keinen einzigen Lehrstuhl für Soziologie. Das in Eckerts Denkschrift ausgearbeitete Konzept präsentierte Adenauer den Stadtverordneten in schlichten Worten:

> Drei Richtungen unterscheiden wir heute in der Hauptsache bei den Arbeiten auf sozialem Gebiete: eine auf christlichem, eine auf sozialistischem Boden stehende und eine, die sich dem verfeinerten kapitalistischen und Unternehmerstandpunkte nähert. Alle drei Richtungen müssen durch erste Gelehrte gleichberechtigt in dem Institut vertreten sein.

Die „großen sozial interessierten Parteien" sollten einen gleichmäßig starken Einfluss auf das Institut ausüben; so werde gewährleistet, dass dieses „vollständig frei und tendenzlos" arbeite. Wenn der Oberbürgermeister hier wissenschaftstheoretisch dilettierte beziehungsweise seine „Fähigkeit zur gedanklichen Vereinfachung"[122] bewies, ging es ihm weniger um Pluralismus als vielmehr pragmatisch um Proporz. Er wollte, dass alle in der Stadtverordnetenversammlung vertretenen Fraktionen das aus städtischen Mitteln zu finanzierende Forschungsinstitut billigten. Das Gremium votierte ohne Gegenstimme dafür.[123] Dass es Adenauer mit der Errichtung des Forschungsinstituts für Sozialwissenschaften darum gegangen sein sollte, die Gründung einer Universität anzubahnen, ist recht unwahrscheinlich.

Ehe es nach mehreren vergeblichen Anläufen im Frühjahr 1919 gelang, mit Hugo Lindemann als Direktor der sozialpolitischen Abteilung des zu gründenden Instituts einen Vertreter der Sozialdemokratie zu gewinnen, standen bereits im Spätherbst 1918 zwei Wissenschaftler als Direktoren für die Abteilung Soziologie bereit: Leopold von Wiese, der seit 1915 Staatswissenschaft an der Handelshochschule lehrte, sollte die liberale Weltanschauung vertreten, Max Scheler die katholische Seite. Von Benedikt Schmittmann, den Adenauer einst favorisiert hatte, war nicht mehr die Rede. Christian Eckert übernahm das Amt des geschäftsführenden Institutsdirektors.[124] Von Wiese sprach aus, was er als Wissenschaftler vom Parteienproporz im Direktorium hielt; dieser sei „für die Forschungsarbeit irrelevant".[125] In die Satzung des Instituts ging das Proporzgebot nicht ein; hier war lediglich von einer Dreigliederung in eine soziologische, eine sozialpolitische und eine sozialrechtliche Abteilung die Rede.[126] Christian Eckert

betonte rückblickend, dass „trotz der verschiedenen im Direktorium vertretenen Weltanschauungen" in der Arbeit des Instituts „ein parteipolitischer oder konfessioneller Gegensatz ... niemals irgendwelche Rolle gespielt" habe.[127]
Für Max Scheler als Vertreter der katholischen Weltanschauung dürfte aus Sicht des Oberbürgermeisters zum einen gesprochen haben, dass er sich seit 1916 „für eine europ(äische) Friedensordnung im Geiste des an der kath(olischen) Kirche orientierten Solidaritätsprinzips" einsetzte.[128] Ebenfalls 1916 war in der Zeitschrift HOCHLAND Schelers Artikel „Soziologische Neuorientierung und die Aufgabe der deutschen Katholiken nach dem Kriege" erschienen, mit dem er „missionierend für die katholische Kirche" aufgetreten war und in dem er versucht hatte, „Leitlinien zu geben, nach denen die in der katholischen Kirche latenten Kräfte des Glaubens, des Geistes und Gemütes zum Wiederaufbau der europäischen Ordnung und zur Heilung unseres todkranken Vaterlandes entbunden werden könnten".[129] Den Kölner Oberbürgermeister, von dem Scheler offenbar „vereinfacht als ‚katholischer Denker' eingestuft wurde",[130] dürfte weniger die komplexe schelersche Philosophie interessiert haben als vielmehr die Tatsache, dass dieser seinerzeit als „einer der einflußreichsten katholischen Publizisten" galt.[131]

Es dauerte eine geraume Zeit, ehe Eckert Kontakt zu Scheler herstellen konnte.[132] Der hielt sich in Holland auf, wo er im Auftrag des Auswärtigen Amtes deutsche Kriegsinternierte betreute und, wie ihm die deutsche Gesandtschaft in Den Haag attestierte, „deutschfreundliche" Propaganda „in den katholischen Kreisen Hollands" betrieb.[133] Nachdem Scheler 1910 in München einen von ihm angestrengten Beleidigungsprozess verloren hatte, in dem ein „höchst zweifelhaftes Bild von der ‚Würde des Hochschulprofessors'" zutage getreten sein soll, war ihm seine Privatdozentur entzogen worden. Noch 1912, im Jahr der Scheidung von seiner ersten Frau,[134] hatte er Märit Furtwängler – auch kirchlich – geheiratet und München gemeinsam mit ihr verlassen. Seit 1910 publizierte er als freier Schriftsteller und entfaltete eine rege Vortragstätigkeit.[135] Als ihm im Spätherbst 1918 durch das preußische Kultusministerium in Berlin der Titel eines Honorarprofessors verliehen wurde, konnten die Auswirkungen des Münchner Skandals als behoben gelten. Scheler war wieder „berufbar" geworden.[136]

Am 8. Oktober 1918 kam Scheler nach Köln, um mit dem Oberbürgermeister und Eckert zu verhandeln. Man bot ihm eine Direktorenstelle am geplanten Forschungsinstitut für Sozialwissenschaften an.[137] Scheler reiste weiter nach Berlin, um dies mit Carl Heinrich Becker zu besprechen, dem zuständigen Referenten im preußischen Kultusministerium, den er aus anderen Zusammenhängen her kannte.[138] Er informierte Eckert umgehend über den Inhalt seiner Unterredung. Becker habe ihm vorgeschlagen, bei Annahme der Direktorenstelle in Köln zugleich Honorarprofessor an der Universität Bonn zu werden und nicht in Berlin, wie zunächst vom Ministerium vorgesehen.[139]

Angesichts seiner ungesicherten wirtschaftlichen Situation zeigte Scheler großes Interesse an einer festen Stelle in Köln. So wählte er in seinem Lebenslauf die Formulierung, „nachdem ich auf mein Ersuchen von der akademischen Tätigkeit an der Universität in München enthoben wurde",[140] und an den Oberbürgermeister schrieb er im November 1918 aus Den Haag, dass er bereit sei, „schon jetzt" und nicht erst „wie ausgemacht" am 1. Februar 1919 nach Köln zu kommen. Er machte Adenauer darauf aufmerksam, „in wie hohem Masse insbesondere die katholische gebildete Jugend der Rheinlande z. Zt. geistiger Führung und bestimmter Leitlinien ihres Denkens und Handelns bedürfe". Er sei „vermöge der Stellungnahme, die ich in Fragen Christentum-Sozialismus-Kapitalismus etc. stets eingenommen habe, und vermöge der aufrichtigen Aufmerksamkeit, die mein Wort in diesen Kreisen findet", geeignet, „mitzuhelfen, dass der Jugend diese Führung zuteilwerde". Da er vor der Entscheidung stehe, von der Haager Gesandtschaft eine neue Aufgabe bei der „Gegenpropaganda" zu übernehmen, bat er, das Kölner Angebot öffentlich bekannt und auf diese Weise verbindlich zu machen, damit er sich definitiv für dieses entscheiden könne. Scheler war bereit, noch im Dezember nach Köln zu übersiedeln, und ersuchte Adenauer „ergebenst", dieses Vorhaben zu unterstützen.[141]

In seinem Brief vom 11. Oktober hatte Scheler Eckert wissen lassen, dass Beckers Plan für eine rheinische Großuniversität Köln-Bonn nunmehr Gestalt annehme. Er bat aber darum, diese wichtige Information vertraulich zu behandeln, denn er wolle demnächst selbst mit Adenauer darüber sprechen.[142] Doch der kannte Beckers Vorhaben längst. Denn im Zusammenhang mit der Ansiedelung des Kaiser-Wilhelm-Instituts in Köln war im Frühjahr bereits „über die Zukunft der Kölner Handelshochschule" und ein mögliches Promotionsrecht gesprochen worden. Becker sah den einzigen gangbaren Weg darin, „die Handelshochschule als handels- und sozialwissenschaftliche Fakultät nach Frankfurter Muster der Universität Bonn anzugliedern". Wie er sich im Oktober des Jahres erinnerte, schien Adenauer „diesem Plan grundsätzlich geneigt", habe ihn sogar „mit einer gewissen Wärme" begrüßt.[143]

Ende Oktober kam Becker auf die Frage des Promotionsrechts für die Handelshochschule sowie deren Eingliederung in die Bonner Universität zurück. Er schrieb Adenauer, dass man bei einer Umwandlung der Handelshochschule in eine Fakultät zwar „nicht in allen Einzelheiten nach Frankfurter Muster" verfahren müsse, aber der Grundsatz gelte, „daß eine Universität eine Staatsanstalt ist und auch eine auf anderer finanzieller Grundlage sich aufbauende sozial- und handelswissenschaftliche Fakultät, wenn sie wirklich der Universität völlig eingegliedert und den anderen Fakultäten gleichberechtigt werden soll, in der Grundfrage der Unterrichtsorganisation und der Berufung der Professoren den anderen Fakultäten gleichgestellt sein müßte". Um das zu organisieren, bedürfe es keines Gesetzes, da keine staatlichen Mittel benötigt würden. Auch die Frankfurter Universität sei lediglich „durch königliche Verordnung ins Leben gerufen worden". Gleichwohl werde es „eingehender Beratungen" bedürfen, und auch Rektor und Senat der Bonner Universität seien zuerst anzuhören, wobei es „mancherlei Bedenklichkeiten wegzuräumen" gebe. Doch bevor er diesen Plan dem Minister empfehle, müsse er „sicher sein", dass Adenauer „mit dem großen Grundgedanken der Schaffung einer ‚Rheinischen Universität Bonn-Cöln' ... einverstanden" sei. Wenn er von Adenauer auch „persönlich keine bindende Zusage" erwarten könne, wäre es ihm doch wichtig zu wissen, ob dieser sich gegebenenfalls einer Zustimmung der „städtischen Körperschaften" sicher zu sein glaube. Becker bekannte dem Oberbürgermeister, dass ihm dieser Plan „inzwischen sehr an's Herz gewachsen" sei. Gelänge es zudem, die Landwirtschaftliche Akademie in Poppelsdorf in eine landwirtschaftliche Fakultät umzuwandeln, entstünde „eine rheinische Universität im höchsten Sinne und von ganz moderner Prägung". Becker trug dem Oberbürgermeister auch seine bildungspolitischen Grundsätze vor. Er halte „nichts für verhängnisvoller als das Auseinanderfallen unserer Wissenschaft in sich einkapselnde Sondergebiete und die Auflösung unserer höchsten Wissenschaftsorganisation in Fachhochschulen". Nun warte er auf eine „vertrauliche" Antwort Adenauers, um dann zu versuchen, „die Sache amtlich in Fluß zu bringen". Den letzten Satz unterstrich der Oberbürgermeister kräftig.[144]

Hätte man Beckers Vorschlag in Köln aufgegriffen, die Handelshochschule zu einer promotionsberechtigten Fakultät einer Großuniversität Bonn-Köln zu erheben, wäre auch der von Eckert regelmäßig beschworenen, aber nie mit Zahlen untermauerten Gefahr, die besten Kölner Studenten könnten nach Frankfurt abwandern, erfolgreich begegnet worden, hätten alle Sorgen um die Zukunft der Kölner Handelshochschule ein Ende gehabt. Zwar lag die Bonner Universität von der Kölner Handelshochschule doppelt so weit entfernt wie die Berliner Universität von den Dahlemer Instituten. Doch die „Rheinuferbahn", eine elektrische Schnellbahn, hätte die Studierenden geradezu von Haustür zu Haustür befördern können.

Christian Eckert, dem Adenauer den Brief Beckers zu lesen gab, nahm am 5. November dazu Stellung. Er riet dem Oberbürgermeister, „im Prinzip zustimmend zu antworten, ohne Einzelheiten vorweg festzulegen und auf die mündliche Besprechung in der nächsten Woche zu verweisen". Eckert und Adenauer hatten die Absicht, am Abend des 13. November mit dem Nachtzug in die Reichshauptstadt zu fahren, um diese Besprechung zu führen – „wenn nicht etwas militärisch ganz unvorhergesehenes" einträte.[145]

ANMERKUNGEN

1. Pabst 1988, S. 1.
2. Mergel 1994, S. 56.
3. Schwarz 1986, S. 17; Mergel 1994, S. 391.
4. Schwarz 1986, S. 63.
5. Deters 1976, S. 21 f.
6. Mergel 1994, S. 309.
7. Ebd., S. 55.
8. Kleinertz 2002, S. 118.
9. Konrad blieb nur „ein oder zwei Wochen" als Lehrling im Bankhaus Seligmann, wie er 1956 in einem Brief an einen angeheirateten Verwandten der Familie Seligmann schrieb (Offerhaus 2016, S. 209 f.).
10. Kleinertz 2002, S. 117–129.
11. Schwarz 1986, S. 93.
12. Die Zeit bei der Arminia habe lebenslang auf ihn eingewirkt, bekannte Konrad Adenauer 1963 in seiner Rede zu deren 100. Stiftungsfest (Mensing 2006, S. 7 f.).
13. Adenauer als Student, unter: https://www.konrad-adenauer.de/biographie/lebensstationen/adenauer-als-student (abgerufen am 6.3.2017).
14. Soénius u. Wilhelm 2008, S. 14.
15. Kleinertz 1976, S. 647.
16. Aufgebot vom 25.4.1918, HAStK Best. 542/3434.
17. Köhler 1994, S. 25.
18. Kleinertz u. Pabst 1976, S. 626.
19. Morsey 1979, S. 83.
20. Köhler 1994, S. 42.
21. Weyer 1993, S. 115–136.
22. Https://www.konrad-adenauer.de/wegbegleiter/a/adenauer-emma (abgerufen am 25.4.2018).
23. Köhler 1994, S. 41.
24. Kölner Stadtanzeiger vom 11.3.1906.
25. Zit. n. Kleinertz 1976, S. 34.
26. Kleinertz u. Pabst 1976, S. 622.
27. Rheinische Zeitung vom 21.9.1907.
28. Kleinertz 1976, S. 38.
29. Rheinische Zeitung vom 21.9.1907.
30. Kleinertz 1976, S. 39 f.
31. Ebd., S. 62.

32 „Hilfsarbeiter" war die Amtsbezeichnung für einen Verwaltungsbeamten im Höheren Dienst, der einem Dezernenten assistierte.
33 Kleinertz u. Pabst 1976, S. 637 f. u. S. 640.
34 Kleinertz 1976, S. 68.
35 Ebd., S. 76.
36 Thomas Mergel, http://www.rheinische-geschichte.lvr.de/Epochen-und-Themen/Themen/koeln-im-ersten-weltkrieg/DE-2086/lido/57d1365e54c212.59206620 (abgerufen am 10.1.2019).
37 Soénius u. Wilhelm 2008, S. 14.
38 Schmalenbach 1924, S. 12.
39 Schwarz 1986, S. 168.
40 Wegener 1976, S. 83.
41 Müller 2008, S. 14.
42 Https://www.rheinische-geschichte.lvr.de/Persoenlichkeiten/louis-hagen-/DE-2086/lido/57c825706614f3.63630629 (abgerufen am 1.5.2018).
43 Zum Dreiklassenwahlrecht in Köln s. Wegener 1976, S. 80 f.
44 Romeyk 1985, S. 35.
45 Pabst 1976, S. 711.
46 Chefredakteur bis 1920 Johannes Meerfeld, danach Wilhelm Sollmann.
47 Ebert 2014, S. 114.
48 RHEINISCHE ZEITUNG vom 28.12.1929.
49 Romeyk 1985, S. 324 f.
50 Schwarz 1986, S. 143.
51 Hofmann 1981, S. 19.
52 Ebd., S. 31.
53 Berufung durch „allerhöchsten Erlass" am 25.1.1919; erste Teilnahme an einer Sitzung am 8.3.1919. Schulz 2007, S. 330.
54 Schwarz 1986, S. 213.
55 Romeyk 1976, S. 295 ff.
56 Mevissen 1856.
57 Düwell 1970, S. 37.
58 Mevissen 1879.
59 Horlebein 1991, S. 408.
60 Meuthen 1988, S. 5.
61 Jarausch 1991, S. 321.
62 Klötzer 1981, S. 54.
63 Heimbüchel 1988, S. 140 f.
64 Kops u. a. 1988, S. 381.
65 SV am 12.7.1900.
66 Hayashima 1982, S. 79.
67 Kleinertz u. Pabst 1976, S. 631.
68 Stadtarchivar an Oberbürgermeister vom 29.9.1926, HAStK Best. 902/138, S. 301–307.
69 Hayashima 1981, S. 208 f.
70 Hasenack 1956, S. 619.
71 Heimbüchel 1988, S. 187.
72 Kops u. a. 1988, S. 347.

73 Heimbüchel 1988, S. 233 u. S. 628.
74 Freitäger 2004, S. 27.
75 Hochhaus 1915, S. 31.
76 Http://www.100-jahre-sozialmedizin.de/CD_DGSMP/PdfFiles/Biografien/Krautwig. pdf (abgerufen am 28.12.2017).
77 Jarausch 1991, S. 320.
78 Hayashima 2004, S. 35.
79 Bonn 1911, S. 23.
80 Entwurf einer Eingabe vom 20.1.1910, UAK 10/10, Bl. 167–169.
81 Kultusminister an Wallraf am 11.5.1910, UAK 10/10, Bl. 172.
82 Meuthen 1988, S. 7.
83 Heimbüchel 1988, S. 231.
84 Weber 1912, 46 f.
85 Steimel 1958, S. 390.
86 Durchschlag der Denkschrift für Oberbürgermeister Wallraf vom 2.6.1913, HAStK Best. 902/137/1, S. 51–67.
87 Eckert 1929, S. 58.
88 Heimbüchel 1988, S. 249.
89 „Inhaber des Diploms der Handels-Hochschule Cöln".
90 Hayashima 2004, S. 35.
91 Ders. 1982, S. 53–55.
92 Ders. 2004, S. 35.
93 Durchschlag der Denkschrift für Oberbürgermeister Wallraf vom 16.3.1915, HAStK Best. 902/137/1, S. 69–79.
94 Von der Leyen 1960, S. 162.
95 Soénius u. Wilhelm 2008, S. 14.
96 Heimbüchel 1988, S. 164; Köhler 1996, S. 42.
97 HAStK Best. 902/138, S. 333–363.
98 Eckert 1929, S. 59.
99 U. a. Adenauer an Brugger am 14.1.1919, HAStK Best. 902/137/1, S. 111–115.
100 Wegener 1976, S. 95.
101 Schulz 2007, S. 64–66.
102 Adenauer an Hamspohn am 11.12.1917, in: Schulz 2007, S. 69. Schwarz (1986, S. 244) spricht von Adenauers „Entschlossenheit", Köln zum „konkurrenzlosen kulturellen Zentrum des deutschen Westens zu machen".
103 Hayashima 1984, S. 124.
104 Aktennotiz „Stiftung Meirowsky" o. D. (Herbst 1919), HAStK Best. 902/204/4, S. 1 f.
105 Jaenicke u. Lichtenthaler 2003, S. 747.
106 Meirowsky an Moritz am 13.3.1918, zit. n. Heimbüchel 1988, S. 281.
107 Schwarz 1986, S. 244.
108 Heimbüchel 1988, S. 281 f.
109 Protokoll der akademischen Ratssitzung am 15.2.1918, zit. n. Heimbüchel 1988, S. 283.
110 Adenauer an Fischer am 23.5.1918, HAStK Best. 902/204/4, S. 569–571.
111 Fischer an Abderhalden am 28.5.1918, zit. n. Jaenicke u. Lichtenthaler 2003, S. 749.
112 Fischer an Adenauer am 3.6.1918, HAStK Best. 902/204/4, S. 581–584.
113 Adenauer an Fischer am 14.8.1918, ebd., S. 655.

114 Jaenicke u. Lichtenthaler 2003, S. 749.
115 Eckert 1919, S. 25 u. S. 32. Eckerts 1919 in Druck gegangener Aufsatz enthält die an der Jahreswende 1917/18 von ihm vorgelegte Konzeption.
116 Heimbüchel 1988, S. 300 f.
117 KÖLNER STADT-ANZEIGER vom 21.2.1918, zit. n. Heimbüchel 1988, S. 299.
118 KÖLNER TAGEBLATT vom 23.2.1918.
119 KÖLNISCHE ZEITUNG vom 22.2.1918.
120 KÖLNISCHE VOLKSZEITUNG vom 26.2.1918.
121 Zit. n. Schwarz 1986, S. 179.
122 Morsey 1997 b, S. 610.
123 VS am 6.3.1918; Eckert 1930, S. 290.
124 Ebd., S. 291.
125 Von Wiese 1957, S. 52.
126 Satzungen des Forschungsinstituts für Sozialwissenschaften vom Juni 1919, HAStK Best. 902/145/1, S. 41–45.
127 Eckert 1930, S. 292.
128 Henckmann 2005.
129 Ders. 1998, S. 27.
130 Mader 1980, S. 92.
131 Henckmann 1998, S. 28.
132 S. div. Briefwechsel in UAK 17/5149, Bd. 1.
133 Heimbüchel 1988, S. 303.
134 Der gemeinsame Sohn Wolfgang Heinrich Scheler starb 1940 im Konzentrationslager Oranienburg (Henckmann 1998, S. 253).
135 Ebd., S. 22 ff.
136 Ebd. S. 28 u. S. 254.
137 Ebd. S. 29 u. S. 254.
138 Heimbüchel 1988, S. 304.
139 Scheler an Eckert am 11.10.1918, UAK 17/5149, Bd. 2, Bl. 34.
140 Handschriftlicher Lebenslauf Schelers vom 27.3.1919, ebd., Bl. 5 ff.
141 Scheler an Adenauer am 21.11.1918, ebd., Bl. 45 ff.
142 Scheler an Eckert am 11.10.1918, ebd., Bl. 34.
143 Becker an Adenauer am 26.10.1918, HAStK Best. 902/137/1, S. 81–83. Becker hatte auch zugesagt, dass bei der „geplanten Universität Bonn-Köln der Rektor auch aus der neuen Fakultät im Turnus gewählt werden" sollte (Eckert an Schneider am 26.1.1927, UAK 96/6).
144 Becker an Adenauer am 26.10.1918, HAStK Best. 902/137/1, S. 81–83.
145 Eckert an Adenauer am 5.11.1918, ebd., S. 85.

2 GRÜNDUNG

2.1 GENEHMIGUNG

Am 9. November 1918 wurde in Berlin die Republik ausgerufen. Die geplante Reise des Oberbürgermeisters und des Studiendirektors der Handelshochschule in die Reichshauptstadt fiel ins Wasser, auch weil beide sich in Köln ungewohnten Aufgaben zu widmen hatten. Anders als in Berlin oder München gelang Konrad Adenauer gemeinsam mit dem Mehrheitssozialdemokraten Wilhelm Sollmann, dem geistigen Kopf des Kölner Arbeiter- und Soldatenrats, in der Domstadt ein „sanfter" Systemwechsel. Dass, von Adenauer angeregt, seit dem Herbst 1917 auch Vertreter der Arbeiterbewegung im Stadtparlament mitreden durften, hatte sich „als eine Versicherung gegen das Chaos" erwiesen.¹ Denn, wie es einem „echten Deutschen" auch in einer „großen Revolution" gezieme, galt Sollmanns „erste Sorge" – wie er selbstironisch bekannte – „der Wiederherstellung und Aufrechterhaltung der Ordnung".² Sollmann, der sprachgewandte Lokalredakteur der RHEINISCHEN ZEITUNG, avancierte bei den revolutionären Ereignissen zur Führungsfigur der rheinischen Sozialdemokratie und gehörte bis 1933 zunächst der Weimarer Nationalversammlung und dann dem Reichstag an. Als Vorsitzender der SPD-Fraktion in der Kölner Stadtverordnetenversammlung von 1918 bis 1924 arbeitete er bei vielen Entscheidungen mit Adenauer zusammen. Die beiden Politiker blieben, ehe es 1931 – „in aufgewühlter Zeit" – zu einem Bruch kam, „faire Gegner und stille Freunde".³

Wichtige Entscheidungen traf jedoch nicht der Arbeiter- und Soldatenrat unter Sollmann, sondern ein vom Oberbürgermeister geleiteter Wohlfahrtsausschuss, in dem Stadtverordnete aller Fraktionen mit Vertretern der Staatsbehörden und der Kölner Wirtschaft, der Christlichen Gewerkschaften sowie des Arbeiter- und Soldatenrats zusammenarbeiteten. Eine am 12. November vom Wohlfahrtsausschuss aufgestellte Bürgerwehr kommandierte Christian Eckert, der einzige uniformierte Offizier, der sich in der Stadt noch auftreiben ließ. Als „der letzte Gouverneur von Köln" sorgte er in der Stadt bis zum Einmarsch der Briten am 6. Dezember für Ruhe und Ordnung.⁴

Nach der militärischen Niederlage entstanden im Rheinland autonomistische und separatistische Bewegungen. In Köln forderten am 4. Dezember führende Zentrumspolitiker auf einer Großkundgebung ihrer Partei unter der Parole „Los von Berlin" die Gründung einer eigenständigen, von Preußen abgetrennten „Rheinischen Republik" – an deren Spitze sie gern Konrad Adenauer gesehen hätten.[5] Doch erhielt der Oberbürgermeister am Tag vor der anberaumten „Los von Berlin"-Kundgebung den Hinweis,[6] dass die preußische Staatsregierung die Rheinstaat-Pläne missbilligte. Adenauer blieb der Versammlung fern und erklärte später, davon erst aus der Zeitung erfahren zu haben. Damit distanzierte er sich demonstrativ von den Separatisten, behielt „in Berlin seinen Kredit" und konnte „mit diesem Pfund wuchern"[7] – auch wenn es darum gehen sollte, die „Universitätsfrage" zum Vorteil der Domstadt zu entscheiden.

Das politische System in Berlin, dem man in Köln zuschrieb, es habe die Rheinmetropole stets zurückgesetzt und ihr nicht zuletzt eine Universität verweigert, existierte nicht mehr. Auf Beschluss der Arbeiter- und Soldatenräte waren praktisch alle preußischen Regierungsämter paritätisch mit Mehrheits- und unabhängigen Sozialdemokraten besetzt worden.[8] So leiteten seit dem 12. November Konrad Haenisch (MSPD) und Adolf Hoffmann (USPD) das Kultusministerium. Die Grundsätze, die in Köln für das Forschungsinstitut für Sozialwissenschaften aufgestellt worden waren, stimmten teilweise mit Maximen überein, die Haenisch und Hoffmann zu ihrem bildungspolitischen Programm erhoben hatten. Im Rahmen einer Universitätsreform forderten sie etwa die Berufung „hervorragender wissenschaftlicher Vertreter des Sozialismus und anderer bisher systematisch ferngehaltener Lehrrichtungen" an die Universitäten sowie nicht zuletzt Lehrstühle und Forschungseinrichtungen für Soziologie.[9] Hoffmann schaffte in seiner nur wenige Wochen dauernden Amtszeit die kirchliche Schulaufsicht ab. Anders als sein Hochschulreferent Becker begrüßte Haenisch – wie er später zu Papier brachte – „die Gründung neuer Universitäten in Großstädten wie Hamburg, Frankfurt am Main und Köln … mit lebhafter Freude". Die Genehmigung einer Kölner Universität begriff er als „eine nicht nur wissenschaftlich, sondern gerade auch politisch und national außerordentlich bedeutsame Betätigung unseres deutschen Kulturwillens". Nehme Frankreich die deutsche Universität Straßburg, „so errichten wir statt ihrer inmitten Eurer Besatzungsheere zur gleichen Stunde in der Hochschule Köln ein neues nur umso festeres Bollwerk deutschen Geistes und deutscher Wissenschaft".[10] Als hilfreich erwies sich zudem, dass Albert Südekum, an den Adenauer sich bereits ein Jahr zuvor vertrauensvoll wegen des Forschungsinstituts für Sozialwissenschaften gewandt hatte, der neuen Regierung als Finanzminister angehörte. Rudolf Breitscheid, ein gebürtiger Kölner und unabhängiger Sozialdemokrat, war preußischer Innenminister geworden. Im Kultusministerium saß seit 1907 auch Philipp Brugger, „einer der Adenauerschen Mittelsmänner in Berlin", der inzwischen die katholische Abteilung leitete.[11] Am 16. Dezember traf der Oberbürgermeister mit Eckert zusammen, um Hochschulangelegenheiten zu erörtern. Man besprach auch die veränderte politische Lage, und da Adenauer in Köln unabkömmlich war, bat er Christian Eckert, in Begleitung des sozialdemokratischen Kölner Publizisten Johannes Meerfeld, eines Freundes Wilhelm Sollmanns,[12] nach Berlin zu reisen und dort weiter über die Universitätsfrage zu verhandeln. Meerfeld, der dem letzten Reichstag des Kaiserreichs angehört hatte, war, wie Adenauer wusste, „mit mehreren preußischen Ministern und Staatsmännern befreundet" und die geeignete Persönlichkeit, Eckert „bei den nunmehrigen Machthabern in Berlin einzuführen und seine Hilfe unserem Vorhaben zu leihen".[13] Am 19. Dezember sprachen Eckert und Meerfeld im Kultusministerium vor. Carl Heinrich Becker erinnerte sich, es seien „in den trüben Dezembertagen ... plötzlich Abgeordnete der Stadt Köln und Vertreter der Sozialdemokratischen Partei dortselbst bei Herrn Minister Haenisch" eingetroffen, um einen sofortigen Beschluss zur Überführung der Kölner Hochschulen in eine Universität zu verlangen.[14] Während Becker noch ein Zusammengehen mit Bonn ansteuerte, brachte Eckert im Kultusministerium unter anderem vor, dass der Plan einer „selbständigen Kölner Universität nach dem völligen Wandel der Verhältnisse" und nicht zuletzt dem Verlust der Universität Straßburg „den gesamtdeutschen akademischen Bedürfnissen mehr noch als früher" entgegenkomme.[15]

Eckert rannte offene Türen ein. Haenisch und auch Finanzminister Südekum ließen sich – wie Eckert es 1929 formulierte – leicht für „die Kölner Belange interessieren".[16] Alles, was bis dahin aus „preußischer" Sicht gegen und aus Kölner Sicht für eine Universität in der Stadt gesprochen hatte, schien plötzlich an Bedeutung zu verlieren; jetzt fielen neue, der aktuellen politischen Situation geschuldete Argumente ins Gewicht. Als langjähriger Bearbeiter der Angelegenheit gewann Becker allerdings den Eindruck, „daß hier unter Ausnutzung der Revolutionswirren ein Projekt im Laufschritt vorangetrieben werden sollte, das in der Zeit ruhiger Prüfung von ihm nicht akzeptiert worden war".[17]

Als Adenauer vom „Interesse" der sozialdemokratischen Minister erfuhr, setzte er nach. Er beriet sich mit Eckert und ließ ihn ein Memorandum formulieren, das Briefen an den Kultusminister und den Finanzminister sowie an Innenminister Breitscheid und auch an Becker beigefügt werden sollte.[18] In Preußen gut vernetzt und als Kölner Oberbürgermeister regelmäßig dienstlich in Berlin, waren ihm die politischen Einstellungen der Adressaten hinlänglich bekannt. So wusste man von Kultusminister Haenisch, dass er während des

Weltkriegs „mit Überraschung die unerwartet starke Kraft des nationalen Staatsgedankens" erkannt sowie „mit einigen anderen Linksradikalen eine weite Schwenkung in eine Position rechts vom Parteizentrum" vollzogen hatte.[19] Auch Südekum war während des Krieges „nationaler Verblendung" erlegen und hatte „die nationale Integration der Sozialdemokratie durch ihre Unterstützung des kaiserlichen Krieges" erhofft.[20]

In der auf den 20. Dezember 1918 datierten Denkschrift heißt es zuoberst, es erfüllten „die ausserordentlich ernsten Zustände im Westen ... alle politisch denkenden, deutsch gesinnten Männer mit tiefer Sorge". Denn „Loslösungsbestrebungen" seien „in unerwarteter Stärke und Nachhaltigkeit zutage getreten". Täglich wachse die Gefahr, dass die kaum mehr verhüllten französischen Absichten, die Rheinlande zu annektieren, „Entgegenkommen in breiten Schichten der Bevölkerung" fänden. Eine „Loslösung" der Rheinlande vom Reich würde den verbleibenden Landesteilen aber „fast unerträgliche" wirtschaftliche Folgen bringen. Solche „Loslösungsforderungen", wenn auch „zunächst noch unter Betonung der gesamtdeutschen Interessen", seien vor allem in Köln formuliert und „unter Beifall von Tausenden verfochten" worden, und zwar, weil Berlin die „alte Metropole der Rheinlande ... stiefmütterlich behandelt und durch ein Jahrhundert mit Absicht in ihrer kulturellen und politischen Bedeutung herabgedrückt" habe. Nun wären die „auf dem Boden der Reichseinheit stehenden politisch führenden Männer Kölns" davon überzeugt, dass die neue preußische Regierung durch eine „weithin sichtbare Tat ... zugunsten Cölns" Hoffnung auf Besserung der bisherigen Zustände wecken und Loslösungsbestrebungen wirksam begegnen könne. Eine solche „Tat" bestehe darin, die Hochschuleinrichtungen der Stadt zusammenzufassen und „zu einer neuen Anforderungen entsprechenden Universität auszubauen". Das preußische Gesamtministerium möge der Stadt „endlich das geben, was Frankfurt vor einer Reihe von Jahren gewährt" worden sei. Das könne „ohne Finanzopfer des Staates und unter voller Sicherung seines Einflusses und Aufsichtsrechtes" erfolgen. Da es sich „im wesentlichen" darum handele, „die vorhandenen ... blühenden Hochschuleinrichtungen unter tunlichster Schonung ihrer Eigenart und unter Berücksichtigung neuzeitlicher Lebensanforderungen" zusammenzufassen, wären „notwendige Ergänzungen" nämlich „nicht allzu umfangreich und kostspielig". Dann übernahm die Denkschrift – weitgehend wörtlich – die von Eckert bereits 1913 und 1915 vorgebrachten Argumente, dass Köln sowohl aus historischen Gründen als auch wegen der außerordentlich erfolgreichen Entwicklung der Handelshochschule und der vielen „Opfer", die es während des Krieges als Frontstadt gebracht habe, das Anrecht auf eine Universität besitze. Dass Westdeutschland „eine wirklich großstädtische, in die Ferne wirkende" Universität benötige, hatte Eckert ebenfalls bereits 1913 erklärt und 1915 schon vorgerechnet, dass der Aufwand, eine Kölner Universität einzurichten, wegen der vorhandenen Hochschulen „nicht sehr umfangreich und kostspielig" wäre. Die Nähe zu Bonn schmälere den Anspruch Kölns auf eine Universität nicht, seien die beiden Städte doch von unterschiedlicher „Wesensart" und träten nicht in Konkurrenz zueinander. Da aber nach wie vor Carl Wilhelm Beckers Plan einer rheinischen Großuniversität Bonn-Köln im Raum stand, musste die Eingabe Gesichtspunkte aufbieten, die es für Köln unzumutbar erscheinen ließen, seine Handelshochschule als eine fünfte Fakultät der Universität in der Nachbarstadt anzugliedern. Eckert zählte die Unzulänglichkeiten der Bonner Universität auf und kam zu dem Schluss, dass „lokalpatriotische Einwürfe zugunsten der zwar ‚Rheinische Universität' genannten, in ihrer schwer wandelbaren Eigenart den gesamtrheinischen Bedürfnissen doch nur teilweise" genügenden Hochschule „heute mehr denn je" zurückgestellt werden müssten. Dann entwarf er das Profil einer künftigen Kölner Universität. Diese werde „keine Universität alten Stils" sein, sondern „eine Art Realhochschule". Auch die „Unterrichtsmethode" mit den in Köln besonders gepflegten „Übungen" biete „viel neues". Die Wirtschafts- und Sozialwissenschaftliche Fakultät werde als Erbin der Kölner Handelshochschule einen Kanon an Lehre und Forschung aufbieten können, wie er sich „kaum an den grössten deutschen Universitäten" fände. Unter anderem träte an die Stelle einer philosophischen, zu der die traditionell kostspieligen naturwissenschaftlichen Fächer gehört hätten, eine kulturwissenschaftliche Fakultät, an der vor allem Philosophie, Pädagogik und moderne Sprachen zu unterrichten wären, während alte Sprachen, alte Geschichte, „reine Mathematik, Astronomie u. dergl." ja weiterhin Bonn anbieten könnte. Entsprechend sollte sich die Medizinische Fakultät in Köln auf den klinischen Ausbildungsabschnitt beschränken, während für die „medizinisch-propädeutischen Fächer" die Kapazitäten im benachbarten Bonn ausreichten. Dass von einer theologischen Fakultät nicht die Rede war, musste der Kultusminister der Revolutionsregierung ebenso begrüßen wie die Ankündigung, die „neuartige" Kölner Universität werde dem Tüchtigen „wirklich freie Bahn" schaffen und eine „Volksbildungsstätte" sein. Wie bereits in seinen früheren Denkschriften konzedierte Eckert auch jetzt am Ende, dass es weniger auf eine Universität ankomme, deren Errichtung sich vermutlich lange hinzöge, als vielmehr darauf, dass die Handelshochschule umgehend das Promotionsrecht erhielte. Ein Aspekt allerdings war weder in Eckerts Vorkriegs- noch in seiner Kriegsdenkschrift angeklungen. Ihn mag der Oberbürgermeister beigetragen haben, denn es hieß in der Eingabe: „Cöln als der alte

Verkehrsknotenpunkt zwischen Berlin, London und Paris werde aber künftig auch der Gedankenvermittler zwischen den heute in Hass getrennten Völkern sein können, bei strengster Wahrung seiner deutschen Eigenart und beim Festhalten an Gesamt-Deutschland dem nötigen Gedanken der Wiederversöhnung der europäischen Kulturvölker Wegbahnerin sein können".[21] Hatte sich Adenauer Köln bereits während des Krieges als Zentrum gewünscht, von dem aus „nach Friedensschluß" eine kulturelle und wirtschaftliche Wiederannäherung an die Nachbarländer erfolgen könne,[22] war er diesem Gedanken treu geblieben.

Am 21. Dezember schrieb Adenauer Briefe an Haenisch und Südekum, Breitscheid und Becker,[23] denen er jeweils ein Exemplar der Denkschrift beilegte. Wie Becker es später gegenüber dem für Handelshochschulen zuständigen Handelsminister Otto Fischbeck darstellte, der sich übergangen fühlte, erbat Adenauer „bei allen ihm bekannten Staatsministern ... eine sofortige definitive Erledigung der Angelegenheit ... von heute auf morgen".[24] Haenisch ersuchte er unumwunden, „bald tunlichst einen Beschluß des Gesamtministeriums über den Ausbau der Cölner Hochschuleinrichtungen zu einer Universität und die sofortige Verleihung des Promotionsrechts an die ... Handelshochschule erwirken zu wollen". Einzelheiten der geplanten Universitätseinrichtungen könnten „späterer Regelung vorbehalten" bleiben. Indem er einen Gedanken Beckers aufgriff, den dieser im Oktober allerdings mit Blick auf eine Angliederung der Kölner Handelshochschule an die Bonner Universität formuliert hatte, erklärte Adenauer dem Kultusminister, der Frankfurter Universitätsplan müsse nicht „mechanisch kopiert werden", könne aber „in vielem Vorbild sein". Der Oberbürgermeister bemühte den Mythos von der durchgehend antipreußischen Grundeinstellung des Kölner Katholizismus,[25] wenn er es als „von höchster politischer Bedeutung" bezeichnete, dass das Ministerium „durch eine weithin wirkende Tat dem Mißtrauen" begegne, „das in der alten rheinischen Metropole durch die fast ein Jahrhundert währende Vernachlässigung groß geworden" sei. Er verwies auf die Ungerechtigkeit, die in der Zurückstellung Kölns gegenüber Frankfurt liege, und bat darum, das Staatsministerium möge „mit tunlichster Beschleunigung" Folgendes beschließen:

1. Das Staatsministerium genehmigt den Plan der Stadt Cöln, ihre Hochschuleinrichtungen (Handelshochschule, Hochschule für kommunale und soziale Verwaltung, Akademie für praktische Medizin, Forschungsinstitute) zu einer neuzeitlichen Anforderungen entsprechenden Universität auszubauen.

2. Das Staatsministerium verleiht der Handelshochschule Cöln als der ältesten selbständigen Handelshochschule Preussens wie Deutschlands und ersten Fakultät der neuen Universität das Promotionsrecht.[26]

Adenauer brachte in seinen vier Briefen wörtlich dieselbe Forderung vor, stimmte die Details aber auf den jeweiligen Empfänger ab. So bescheinigte er Albert Südekum, stets großes Interesse für „unsere Cölner Hochschuleinrichtungen" bekundet zu haben. Dem einflussreichen Finanzminister werde es „gewiß gelingen, den schnellen Entscheid im Sinne unseres Antrags herbeizuführen", wobei er nicht zu betonen bräuchte, „daß jeder Tag für uns Gewinn bedeutet". „Wenn nicht mehr als Weihnachtsgeschenk, so wird doch als Neujahrsgabe der erbetene Beschluss des Gesamtministeriums nicht nur für Cöln sondern für weite Cöln zuneigende Kreise der Rheinprovinz von größtem Einfluß sein."[27]

Adenauer umwarb Innenminister Rudolf Breitscheid, indem er diesem „als altem Cölner" schrieb. Die Stadt bedürfe „als wirtschaftliche Vormacht Westdeutschlands ... zum Gegengewicht gegen materielle Interessen einer großen und wahrhaft demokratischen Universität". Während der weitere Text weitgehend dem Brief an Haenisch folgte, sprach Adenauer am Ende erneut den gebürtigen Kölner im Innenminister an. „Bei dem tiefen Mißtrauen und der Verstimmung, die die lange Vernachlässigung Cölns in den Herzen der hiesigen Bewohner hervorgerufen hat und bei dem Ansehen, das die alte Metropole der Rheinlande in weiten ihr zuneigenden Kreisen der Rheinprovinz noch heute genießt, wäre die schnelle Gewährung des Antrages von höchster politischer Bedeutung."[28]

Sich seiner Sache anscheinend ziemlich sicher, ersuchte Adenauer sogar Carl Heinrich Becker, seinen „maßgeblichen Einfluß" spielen zu lassen, damit die Staatsregierung den Kölner Forderungen zustimme. Beckers Bedenken gegen eine Kölner Universität lagen nicht zuletzt darin begründet, dass er – zumal Adenauer auch Meerfeld als Emissär gesandt hatte – hinter den Kölner Universitätsplänen überwiegend „sozialdemokratische Kreise" vermutete. Diesen Verdacht suchte Adenauer auszuräumen, indem er ein Schreiben Josef Frobergers[29] beilegte, der zu dieser Zeit für die KÖLNISCHE VOLKSZEITUNG arbeitete und „dessen maßgeblicher Einfluß in den führenden Zentrumskreisen" ja bekannt sei.[30]

Gleichgültig, ob die Empfänger den Hinweis auf die autonomistischen und separatistischen Aktivitäten in Köln und im Rheinland als Warnung oder eher als Drohung begriffen – Adenauers Briefe zeitigten Wirkung. Carl Heinrich Becker, dessen Pläne für eine „wissenschaftliche Arbeitsgemeinschaft" der benachbarten Hochschulen in Bonn und Köln im Dezember 1918 weit gediehen waren, lernte jetzt „die Dynamik der eben erst freigewordenen innerpolitischen Kräfte im Widerstreit mit wohlbegründeten kulturpolitischen Ideen" kennen.[31] Denn schon am 28. Dezember telegrafierte Haenisch nach Köln, er sei grundsätzlich bereit, der Handelshochschule ein Promotionsrecht „nach Frankfurter Muster" zu verleihen.[32]

Doch zunächst forderte der Kultusminister „organisatorische und finanzielle Unterlagen" an und bat, bevollmächtigte Unterhändler zu entsenden, um die „Überführung in eine staatliche Anstalt nach Frankfurter Muster" zu beraten.[33] Adenauer schickte erneut Eckert und Meerfeld, deren Ausreise der britischen Besatzungsmacht „mühsam abgerungen" werden musste.[34] Am 2. Januar 1919 fuhren beide nach Berlin, wo der Kultusminister sie am Tag darauf zu weiteren Verhandlungen an Ministerialdirektor Otto Naumann, einen Juristen, und Becker verwies. Auch Regierungsrat Brugger nahm teil. Becker zog noch Max Scheler hinzu, von dem er sich Unterstützung für seine Position erhofft haben mochte.[35] Doch zu seiner Überraschung bekannte Scheler sich zu den „Kölner Universitätsplänen".[36] An einer Kölner Universität erwartete den Soziologen über kurz oder lang ein Ordinariat. Dass der „Universitätsplan" wenig ausgereift war, schien ihn nicht zu stören. Schelers Seitenwechsel gab womöglich den Ausschlag, dass nun auch Becker fürs Erste dem Projekt zustimmte. Er habe „wie ein Löwe gegen die Kölner Universitäts-Pläne gekämpft", berichtete Carl Heinrich Becker im Februar dem Bonner Romanistikprofessor Ernst Robert Curtius. „Aber gegenüber politischen Feuerwaffen unterliegt auch der Herr der Steppe."[37]

Noch am selben Nachmittag billigte das Staatsministerium eine Vorlage des Kultusministeriums. Das Protokoll der Sitzung hielt fest:

1) Die preußische Regierung genehmigt den Plan der Stadt Cöln, ihre wissenschaftlichen Anstalten zu einer neuartigen Universität auszubauen.

2) Dabei wird nach Frankfurter Muster die Überführung in eine Staatsanstalt unerlässlich sein.

3) Die Handelshochschule Cöln wird alsbald in eine vorläufig isolierte wirtschafts- und sozialwissenschaftliche Fakultät umgewandelt und als solche das Promotionsrecht erhalten.

4) In Erwartung der weiteren Entwicklung der Dinge soll sofort bei der Reichsregierung beantragt werden, dass der Cölner Akademie für praktische Medizin schon jetzt Semesteranrechnung für klinische Semester zugestanden wird.[38]

Dieser Beschluss ging sogar über das hinaus, was Adenauer vor Weihnachten gefordert hatte. Er dürfte den Verantwortlichen aber nicht allzu schwergefallen sein, da auf den preußischen Staat mit einer Genehmigung von „Ausbau", „Überführung" und „Umwandlung" der von der Stadt finanzierten Einrichtungen keine Kosten zukamen. Doch verständlich wird die Entscheidung erst im Kontext einer preußischen Politik, die „seit Anfang 1919 eine ausgesprochen Köln-freundliche" war. Die „Bereitschaft der Berliner Regierung, für viele Kölner Wünsche ein offenes Ohr zu haben, spiegelt zweifellos die Einsicht wider, dass die außenpolitisch exponierte Lage der besetzten Stadt besondere Anstrengungen zur weiteren engen Verklammerung mit Preußen und dem Reich erforderte".[39] Auf diese grundstürzende Wende hatte Adenauer gesetzt, als er die Universitätsfrage im Dezember 1918 mit der von Eckert formulierten Denkschrift zu einer „politischen" erklärt hatte. Wilhelm Sollmann betonte 1929 auf einer Wahlversammlung, es sei

> die Universität – wer weiß das denn heute noch in Köln – ... nur möglich geworden durch die Revolution. Die Kölner Universität ist das Geschenk eines sozialdemokratischen Kulturministers an die Stadt Köln. Köln wäre niemals in der Monarchie eine Universitätsstadt geworden. Jahre und Jahrzehntelang hat Köln petitioniert und stets in Berlin die kalte Schulter bekommen. In den Tagen der Revolution haben wir mit Dr. Adenauer überlegt, wie wir Köln zu einer Universitätsstadt machen können, und da war (sic!) es Haenisch, unser Parteigenosse, und Dr. Meerfeld, die den Plan Adenauers zum Erfolg geführt haben.[40]

Eckert und Meerfeld informierten den Oberbürgermeister telegrafisch von der Entscheidung des Staatsministeriums und wiesen ihn darauf hin, dass vor einer Bekanntgabe die „Provinzialbehörden" in Düsseldorf zu informieren seien. Dort solle am 10. Januar eine von Minister Haenisch geleitete Sitzung stattfinden, an der Adenauers Teilnahme „unentbehrlich" sei.[41] Der Kultusminister konnte wegen der am nächsten Tag in Berlin einsetzenden gewaltsamen Kämpfe jedoch nicht anreisen und der Rektor wie der Kurator der Bonner Universität erhielten keine Erlaubnis, ihre französisch besetzte Stadt zu verlassen. Am 11. Januar begaben sich Adenauer und Eckert daher nach Bonn, um die Universitätsspitze der Nachbarstadt von der bevorstehenden Gründung einer Kölner Universität zu unterrichten. In der Aktennotiz, die Adenauer über die Unterredung erst fünf Tage später anfertigte, hieß es, er habe gegenüber den Bonnern erklärt, daß es gelingen würde, die Universität Cöln so zu gestalten, daß ein Hand-in-Hand-Arbeiten mit der Universität Bonn stattfinden könnte. Beide Herren waren der Ansicht, dass auf dem Gebiete des Studiums der Medizin und zwar bezüglich der klinischen Semester wohl Differenzpunkte eintreten würden. Die medizinischen Professoren würden jedenfalls Schwierigkeiten machen. Ich habe erwidert, daß ich das allerdings für möglich hielte, daß aber andererseits die Zahl der medizinischen Studenten in Bonn (1700) so groß sei, dass an eine zweckdienliche Ausübung des medizinischen Unterrichts wohl kaum zu denken sei.[42]

Am Tag nach diesem Gespräch telegrafierte der Kölner Oberbürgermeister dem preußischen Kultusministerium, er habe den Oberpräsidenten sowie den Kurator und den Rektor in Bonn „auftragsgemäß" vom Beschluss des Staatsministeriums vom 4. Januar „und den Gründen für diesen Beschluss verständigt".[43]

Konrad Adenauer fürchtete, dass Becker einen Rückzieher machen könnte. In einem Brief, den dieser Anfang Februar an Max Weber schrieb, hieß es in der Tat, die Gründung der Kölner Universität entspringe „ausschließlich ... einem skrupellosen kommunalen Egoismus".[44] Adenauer wandte sich daher noch einmal an Philipp Brugger und schwor ihn auf die Kölner Sache ein. Er schrieb dem Anwalt katholischer Interessen im Kultusministerium am 14. Januar, dass man Köln, der zweitgrößten Stadt Preußens, „eine Universität bis jetzt verweigert" habe, und zwar „lediglich aus Animosität gegen Cöln und speziell gegen das katholische Cöln". Indessen seien die existierenden Hochschulen der Stadt „nichts ganzes und nichts halbes", könnten „nicht leben und können nicht sterben". Seit seinem Amtsantritt sei es daher sein „fester Entschluß gewesen, die Universitätsfrage für Cöln zur Lösung zu bringen". Darum hätte er sich bemüht, in der Stadt Forschungsinstitute anzusiedeln. Die von Becker vorgeschlagene und von ihm zunächst akzeptierte Universität Bonn-Köln habe er lediglich „als Etappe auf unserem Wege" verstehen wollen. Als „der Zusammenbruch und die Revolution" kamen, sei die Stadt „der Verwelschung im höchsten Maße ausgesetzt" gewesen, weil Frankreich hier und nicht in der „abgelegenen Mittelstadt" Bonn „seine Hauptagitation" entfaltet habe. Er begreife es als seine „Pflicht gegen das Deutschtum, alles irgendwie mögliche zu tun, um der Verwelschung entgegenzuarbeiten". Adenauer bat Brugger „dringend, sich auf den Boden der Verhältnisse nunmehr zu stellen und aus aller Kraft mitzuarbeiten, dass diese Universität auch wirklich das wird, was ich wünsche, eine Hochburg der Wissenschaft und des Deutschtums". Die Gefahren, in denen man in der Stadt schwebe, seien „viel größer als man sich in Berlin träumen" lasse. Der Oberbürgermeister ersuchte Brugger auch, seinen Brief Becker zu lesen zu geben, auf dessen Urteil und Unterstützung er „denkbar größten Wert" lege, und zu helfen, dessen „Befürchtungen für Bonn" zu entkräften.⁴⁵ Da Brugger mit einer Tochter des Kölner Bankiers Johann Bürger verheiratet war, der Zentrumspolitikerin und Repräsentantin des Katholischen Deutschen Frauenbundes Emily Brugger, mochte Adenauer hoffen, dass dieser nicht nur in Berlin gegenüber Becker, sondern auch gegenüber seinem Schwiegervater in Köln für den Universitätsplan eintreten würde.

Adenauer hatte bei Brugger offenbar die richtigen Saiten zum Klingen gebracht, denn dieser reagierte umgehend. Er zögere nicht, sich „voll auf den Boden der Verhältnisse" zu stellen und „mit aller Kraft daran mitzuarbeiten, daß die Alma mater Coloniensis eine stolze Burg der Wissenschaft und des Deutschtums" werde. Mit „besonderer Freude" begrüße er den Ausbau der Akademie für praktische Medizin – an deren Zustandekommen er 1904 maßgeblich beteiligt gewesen war – zu einer medizinischen Fakultät. Als langjähriger Referent für Staats- und Universitätsbibliotheken werde er sich besonders um diese „wissenschaftliche Zentralstelle" kümmern. Nach allem, was man bisher „der Stadt Cöln von Staatswegen vorenthalten" habe, wolle er freudig daran mitwirken, das Versäumte nachzuholen. Es erfüllte Brugger anscheinend mit besonderer Genugtuung, dass in Köln „eine stiftische Universität" entstehen würde, der es freistünde, eine theologische Fakultät einzurichten. Zu diesem Zeitpunkt musste er nämlich noch befürchten, dass diese an den staatlichen Universitäten demnächst wegfallen sollten.⁴⁶

Unterdessen hatte Christian Eckert versucht, die Bonner Universitätsspitze zu beschwichtigen.⁴⁷ Er bemühte sich redlich, den Verdacht zu entkräften, die Kölner Universität wollte zur Bonner in Konkurrenz treten. In seinem Text hieß es unter anderem, dass jene dem herkömmlichen deutschen Universitätssystem lediglich insofern gleichen werde, als sie den „republikanisch-demokratischen Charakter der Verfassung" hochhalten, ansonsten aber „nicht eine Universität ganz im Stile der bisherigen Hochschulen sein" wolle. Er teilte mit, welche Fakultäten man zu errichten gedenke, und dass an der Wirtschafts- und Sozialwissenschaftlichen Fakultät neben Wirtschaftswissenschaft „im weitesten Sinne" das Fach Soziologie stehen sollte, das deutsche Universitäten bisher vernachlässigt hätten. An der Rechtswissenschaftlichen Fakultät werde man einen Akzent auf das bisher ebenfalls „zurückgesetzte" Fach Öffentliches Recht legen und daneben kommunalrechtliche Probleme, internationale Rechtsbeziehungen und Arbeitsrecht in den Vordergrund rücken. Es mochte die Bonner beruhigen, dass man bei den Medizinern vorerst auf propädeutische Fächer wie Zoologie und Botanik verzichten wollte und in den „Kulturwissenschaften" allein Bonn weiterhin Fächer wie „alte Philologie, alte Geschichte und Archäologie, reine Mathematik, Astronomie und dergleichen mehr" anbieten sollte.[48]

Am 13. Januar erklärte sich Haenisch – „falls kein energischer Protest von Coblenz und Bonn" erfolge – telegrafisch damit einverstanden, die Beschlüsse vom 4. Januar öffentlich zu machen.[49] Sicherheitshalber telegrafierte Adenauer dem preußischen Kultusminister, er habe „in Sachen Universität Cöln" mit dem Oberpräsidenten wie auch dem Rektor und dem Kurator der Universität Bonn verhandelt. Widersprüche seien „nicht erfolgt".[50] Am selben Tag erschien in der RHEINISCHEN ZEITUNG bereits die Meldung, dass es in Köln demnächst wieder eine Universität geben werde. Offenbar verfügte das Blatt über den Text der „Begründung", die Eckert den Bonnern geliefert hatte; denn der Bericht gleicht dieser passagenweise wörtlich. Einleitend betonte der Artikel, dass „erst die Revolutionsregierung ... für die Kölner Wünsche das nötige Verständnis" aufgebracht habe.[51] Am 15. Januar brachten auch die RHEINISCHE VOLKSWACHT, das jüngst gegründete Organ der stadtkölnischen Zentrumspartei, und das KÖLNER TAGEBLATT die Neuigkeit.[52] In der KÖLNISCHEN ZEITUNG erschien Eckerts „Begründung" in einem namentlich von ihm gezeichneten Artikel, in dem er vor allem die „Neuartigkeit" der geplanten Universität betonte. Abschließend hieß es unter Hinweis auf die geografisch-politische Lage der Stadt:

> In dem Berührungspunkt deutscher und ausländischer Kultur soll die Kölner Universität ein festes Bollwerk deutscher Art und Wissenschaft werden. Köln wird aber als alter Verkehrsknotenpunkt zwischen Berlin, London und Paris künftig auch der Gedankenvermittler der heute in Haß getrennten Völker sein können.[53]

In die Genugtuung über die Erlaubnis, eine Universität zu gründen, mischte sich in Köln keine Häme gegenüber der düpierten Nachbarstadt Bonn, die 1918 bereits ihr einhundertjähriges Bestehen feiern konnte. Um jeden Gedanken an einen bevorstehenden Konkurrenzkampf unbegründet erscheinen zu lassen, wurde immer wieder die „Neuartigkeit" der geplanten Kölner Universität beschworen. Fritz Stier-Somlo, der seit 1912 an der Hochschule für kommunale und soziale Verwaltung, seit 1916 an der Handelshochschule unterrichtete und innerhalb der Kölner Dozentenschaft schon seit 1915 für eine Universitätsgründung eingetreten war, hatte seinerzeit bereits bemerkt, dass, „je verschiedenartiger die Lehreinrichtungen der Cölner Hochschule von denen aller bisherigen Universitäten, insbesondere der Universität Bonn, sind, desto weniger wird der Vorwand einer Schädigung der Nachbaruniversität Bonn als stichhaltig anerkannt werden".[54] An „Neuartigem" schwebte Eckert inzwischen auch vor, die Kolleggelder abzuschaffen, was sowohl für die Hierarchie in der Dozentenschaft als auch für die soziale Struktur der Studenten bedeutsam gewesen wäre. So werde sich die zukünftige Kölner Universität nicht zuletzt um die notwendige Reform des universitären Bildungswesens im Deutschen Reich verdient machen. Wie um Becker zu besänftigen, schrieb Eckert am 2. März in der KÖLNISCHEN ZEITUNG, es handele sich bei den Reformen, welche die „neue universitas" in Köln von traditionellen Universitäten unterscheiden werde, um Maßnahmen gerade „in dem Umfang, wie sie der ehemalige Bonner Professor und jetzige Unterstaatssekretär im Kultusministerium, Geheimrat Becker, in seinen allbeachteten Aufsätzen über Hochschulpolitik ... gefordert" habe.[55] Über ein schlüssiges bildungspolitisches Konzept, welches das Schlagwort von der „Neuartigkeit" programmatisch gefüllt hätte, verfügte Eckert allerdings nicht.

Der Oberbürgermeister vermied es konsequent, im Zusammenhang mit der geplanten Universität das Wörtchen „neuartig" in den Mund zu nehmen. Er hatte Brugger Mitte Januar sogar versichert, dieser könne sich, was „persönliche Neigungen und Wünsche des Herrn Eckert" angehe, darauf verlassen, dass „nur sachliche Momente maßgebend bleiben sollen". Adenauer kündigte an, er werde mehrere Kommissionen mit Fachleuten einsetzen, um alles beraten zu lassen.[56] Eine Kommission „für den Ausbau der Universität Köln" bestellte das Stadtparlament Ende des Monats. Ihr gehörten von der Zentrumsfraktion der Studienrat Albert Maier, Sanitätsrat Maximilian Schulte, Hugo Mönnig und Louis Hagen an, von den Liberalen der Kaufmann Theodor Kirschbaum und der Großkaufmann Gustav von Mallinckrodt sowie von den Professoren Christian Eckert und Friedrich Moritz.[57]

2.2 ÜBERZEUGUNGSARBEITEN

Bis Mitte Januar 1919 hatte außer denjenigen, die in die Berliner Verhandlungen involviert gewesen waren, niemand gewusst, dass Köln schon bald „Universitätsstadt" werden sollte. Das brachte dem Oberbürgermeister harsche Kritik ein. Die „Heimlichkeit", mit der die Verwaltung „auch jetzt wieder" vorgegangen sei, passe nicht mehr in das „Zeitalter der Demokratie", wo vor solchen wichtigen Entscheidungen „jeder einzelne" Gelegenheit bekommen müsse, „sich eine Ansicht zu bilden", bemerkte die Redaktion der KÖLNISCHEN ZEITUNG in einem Kasten, den sie am 15. Januar in Eckerts Artikel einrückte. Insbesondere Neuerungen, die den Steuerzahler Geld kosteten, und Pläne, die das Gemeinwohl beträfen, seien in aller Öffentlichkeit zu klären. Bürger und Presse erwarteten eine Verurteilung durch das Stadtparlament, wenn die Verwaltung die Öffentlichkeit „vor vollendete Tatsachen" stelle.[58] Die Stadtverordneten nahmen den Ball auf und monierten, dass sie lange nicht informiert, vielmehr „überrumpelt" worden seien, hätten sie doch von dem Universitätsplan erst aus der Presse erfahren.[59]

Nun wäre die „Heimlichkeit" des Oberbürgermeisters kaum auf Kritik gestoßen, wenn es sich um die überraschende Genehmigung eines Projekts gehandelt hätte, das von maßgeblichen Teilen der Stadtbevölkerung einhellig verlangt oder zumindest begrüßt worden wäre. Doch davon konnte vorerst nicht die Rede sein. Die von der preußischen Regierung geforderte und von ihr gewährte „große Tat" erntete keineswegs Jubel, denn Not regierte die Stadt, und die Mittel, welche die Errichtung einer Universität verschlingen würde, schienen manchem besser in dringlichere Projekte investiert.

Nachdem „in Berlin die Hauptschranken weggeräumt" worden waren, sei es darauf angekommen, „die Kölner Öffentlichkeit zu interessieren und zu gewinnen", erinnerte sich Eckert 1929.[60] Die einmaligen und auch die laufenden Kosten, die bei einer Realisierung des Universitätsplans entstünden, musste das Stadtparlament bewilligen. Hier standen sich unvereinbare Interessen gegenüber. Führende Männer der Zentrumspartei sprachen sich gegen den Plan aus, weil sie – „abgesehen von den großen Geldausgaben" – an der neuen Kölner Universität „eine einseitige und planmäßige Bevorzugung akatholischer bzw. antikatholischer Professoren, Assistenten und Dozenten" erwarteten, was sie „vom Standpunkte ihrer Weltanschauung nicht glaubten verantworten zu können". Demgegenüber lehnten Liberale den Universitätsplan ab, weil sie in der Domstadt bei dessen Realisierung „eine Kräftigung katholischen Geisteslebens" befürchteten. Sie setzten sich für ein Zusammengehen mit der Bonner Universität ein, die aber der KÖLNISCHEN VOLKSZEITUNG als ein „Hort protestantischer Bestrebungen" galt.[61] Am sichersten war die Zustimmung der Sozialdemokraten, verdankte sich die Konzession für die Einrichtung der Universität doch ihren Vertretern in der preußischen Revolutionsregierung. Da Eckerts Konzept, ganz im Sinne Adolf Hoffmanns, keine theologische Fakultät vorsah, hofften die Sozialdemokraten, die Universität werde als „Kind der Revolution" reformpädagogische und weltliche Erziehungs- und Volksbildungskonzepte verwirklichen, zur Chancengleichheit im Schul- und Hochschulbereich beitragen und Klassenschranken beseitigen.

Die Stadtverordneten aller Fraktionen hatten in diesen Monaten mehr denn je die öffentliche und die veröffentlichte Meinung in der Stadt zu berücksichtigen.[62] Noch gehörten dem Stadtparlament zwar nur drei Sozialdemokraten an, doch deren Stimmen hatten Gewicht. Bei der nächsten Wahl zum Stadtparlament, die nach einem neuen Wahlrecht zu erfolgen hatte, würden Zentrum und Liberale ihre angestammten Positionen auch in der Kommune gegen die sozialdemokratische Konkurrenz zu verteidigen haben. Um in der Stadtverordnetenversammlung die Vorbehalte gegen das Universitätsprojekt auszuräumen, mussten dessen Protagonisten Argumente finden, um die sich eine Koalition von Befürwortern scharen ließ.

War zunächst der Eindruck entstanden, die überrumpelte Bonner Universitätsleitung könnte sich mit den Kölner Universitätsplänen abfinden, protestierten Rektor, Senat und der gesamte Lehrkörper am 18. Januar offiziell gegen die Art und Weise, wie die Staatsregierung die Errichtung einer Universität in der Nachbarstadt genehmigt hatte. Selbst eine politische Ausnahmesituation rechtfertige es ihrer Ansicht nach nicht, vollendete Tatsachen zu schaffen. Bei „beiderseitigem Entgegenkommen" hätte es vielmehr möglich sein müssen, den von Becker geplanten „Zweckverband" der wissenschaftlichen Einrichtungen beider Städte zu verwirklichen.[63] Auch die Bonner Stadtverordnetenversammlung protestierte und beklagte die „schwere wirtschaftliche Schädigung", die der Bonner Bürgerschaft drohe. Ohne Großindustrie und keine Handelsmetropole wie Köln, hänge die Entwicklung Bonns als Mittelstadt ungleich stärker von der Universität ab, als dies in der Domstadt je der Fall sein werde. Der Gemeinderat von Godesberg schloss sich dem Protest an. Die RHEINISCHE VOLKSWACHT[64] berichtete am 20. Januar, es sei in Bonner „liberalen Kreisen" auf die „merkwürdige Erscheinung" hingewiesen worden, „daß der Zentrumsmann und Oberbürgermeister Adenauer eine Universität von Adolf Hoffmanns Gnaden von der Reichsregierung erbeten habe".[65]

Die Bonner Einsprüche blieben ungehört; soweit aus den Akten ersichtlich, reagierte das preußische Kultusministerium darauf nicht.[66] Doch erhielt der Kölner Oberbürgermeister bereits am 16. Januar ein überschwängliches Gratulationstelegramm von Kultusminister Haenisch.[67]

Das Telegramm musste alle Bedenken, die von Bonner Seite gegen eine Universitätsgründung in der Nachbarstadt noch vorgebracht wurden, als aussichtslose Nachhutgefechte erscheinen lassen. Adenauer übergab Abschriften sogleich der Presse.[68] Den Kommentar der KÖLNISCHEN VOLKSZEITUNG dazu strich er dick an: „Wie man sieht, haben die jetzigen Inhaber der provisorischen Regierung sich die von ihnen vordem so sehr verurteilten alldeutschen Phrasen rasch angewöhnt."[69]

Am 17. Januar erläuterte auch Fritz Stier-Somlo in einem langen Artikel in der KÖLNISCHEN VOLKSZEITUNG, dass zu der „nationalen, allgemeinkulturellen und mittelbar politischen" Bedeutung einer Kölner Universität deren „Neuar-

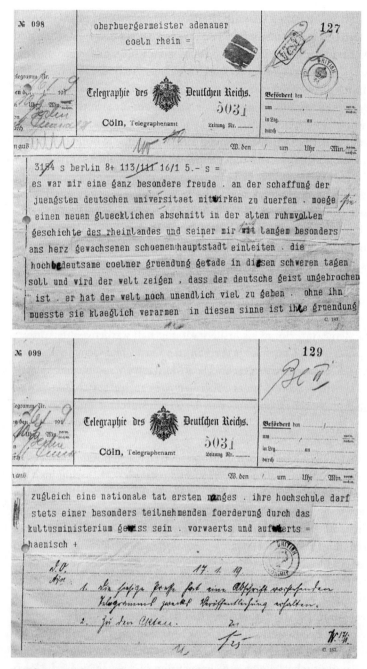

1 Telegramm des preußischen Kultusministers Haenisch an den Kölner Oberbürgermeister Adenauer vom 16. Januar 1919.

tigkeit" trete. Es werde der „Geist der Demokratie" herrschen, das Verhältnis von Professoren und Studenten „durch den Gedanken weitestgehender Solidarität, Hilfsbereitschaft und Unmittelbarkeit" bestimmt sein. Die neue Universität müsse jedes „akademisch zopfige Wesen" ablehnen, sich vielmehr durch ein „allen geistigen Regungen offenes Wesen" auszeichnen. Neu würden im Vergleich zu anderen Universitäten nicht zuletzt „die Lehrmethode, die Stoffbehandlung und -übermittlung, sowie der Geist der Lebensunmittelbarkeit" sein.[70] Stier-Somlos Zeitungsartikel richtete sich nicht zuletzt an seine Kollegen, die rund 60 Dozenten der Kölner Handelshochschule und der Akademie für praktische Medizin. Denn mancher von ihnen musste sich erst noch mit dem Gedanken anfreunden, künftig einer Universität anzugehören. Eugen Schmalenbach etwa, dem die Handelshochschule ihre Profilierung im Fach Betriebswirtschaftslehre verdankte, der diese aber nicht als Wissenschaft, sondern als eine „auf betriebliche Praxis ausgerichtete Kunstlehre"[71] begriff, bezweifelte zunächst, dass eine Universität die von ihm gepflegte Praxisorientierung zugestehen könnte.

Am Abend des 17. Januar versammelte der Kölner Oberbürgermeister die Dozenten der Kölner Hochschulen im Hansasaal des Rathauses. In den Reden, die er, Eckert und Moritz hielten, schälten sich die Leitgedanken heraus, um die herum eine Mehrheit für den Universitätsplan geschart werden sollte. Adenauer betonte, dass die Konzession zur Errichtung einer Universität „nicht vom Himmel gefallen", sondern „das Ergebnis langwieriger Verhandlungen auch mit den früheren maßgebenden Instanzen" gewesen sei, rechnete sich also als Verdienst an, was eigentlich außerhalb seiner Handlungsmacht gelegen hatte.[72] Es hätten sich „führende Männer" bereits im 19. Jahrhundert darüber Gedanken gemacht, wie ein „geistiges Gegengewicht gegen das Überwiegen materieller Interessen in der Kölner Bürgerschaft" hergestellt werden könnte. Auf solchen Erwägungen hätte die Errichtung der Handelshochschule 1901 beruht, und bei der Eröffnung der Akademie für praktische Medizin sei bereits besprochen worden, dass sie als „Vorstufe für die medizinische Fakultät einer Kölner Universität" dienen könnte. Die 1906 gegründete Vereinigung für Rechts- und Staatswissenschaft sollte – wenn auch „nicht offen ausgesprochenen" – den „Kern" einer juristischen Fakultät abgeben. Schließlich hätte die 1912 errichtete Hochschule für kommunale und soziale Verwaltung eine „Etappe" sein sollen „auf dem Wege zur Errichtung einer Universität in Köln". Dieses Ziel habe bei seinem Amtsantritt „mit die erste Stelle" eingenommen, machte Adenauer seinen Zuhörern weis. Das von den Stadtverordneten bewilligte „Institut für Sozialwissenschaft" gehöre ebenfalls in diesen Zusammenhang. Durch den Plan, auch ein Kaiser-Wilhelm-Institut in Köln anzusiedeln, habe indessen die Revolution „wohl einen Strich gemacht". Gegenüber dem Kultusministerium habe man sich lange bedeckt gehalten, weil der Universitätsplan „noch nicht genügend ausgereift" war, und wegen der zu erwartenden „Widerstände in Berlin und in den Nachbarstädten" das Projekt mit „Heimlichkeit" verfolgen müssen. Lediglich die Vorsitzenden der Rathausfraktionen hätten von seiner Absicht gewusst, die Sache in Berlin „schnellstens zur Entscheidung zu bringen". Adenauer gab sich zuversichtlich, dass die Stadtverordneten auch die „nationale Bedeutung" seines Plans erkennen und sich „trotz der Ungunst der Zeit" für die „finanziellen Opfer" entscheiden würden, die „nun einmal mit der Errichtung einer Universität unvermeidlich verbunden" seien. Am Ende seiner Rede verlas er Haenischs Telegramm, das am Vormittag eingetroffen war. Ein „Lebhaftes Bravo!" der Dozenten bewies, dass es seine Wirkung nicht verfehlte.

Christian Eckert schrieb Köln eine besondere Mission zu. Im „Grenzstreifen unseres alten Vaterlandes" werde es „die Hauptwalstatt" sein, auf dem „westeuropäischer mit deutschem Geist" zu ringen hätte. Die Universität solle „eine feste Barrikade deutscher Art und Wissenschaft" werden, zugleich „Sammel- und Haltepunkt" gegenüber dem im Innern drohenden „asiatischen Bazillus". Doch werde die „eindringende Erforschung der wirtschaftlichen und sozialen Zustände unserer Zeit den Wahn zerstören", dass „nur eine Art Götterdämmerung die Wiedergeburt der Welt bringen könne". Eckert verwies darauf, dass 1388 kein „Landesherr" die alte Kölner Universität gegründet habe, diese vielmehr eine „Bürgerschöpfung" gewesen sei, und mochte hoffen, es würden sich die Kölner Bürger des Jahres 1919 das Patriziat des Spätmittelalters, mit dem sie nichts gemein hatten, zum Vorbild nehmen.[73]

Weit ausführlicher als Eckert bemühte Friedrich Moritz die Geschichte der 1798 aufgehobenen Kölner Universität und schwelgte mit blumigen Worten von deren Herrlichkeit und dem „Zauber", der sich mit dem Begriff „Universität" verbinde. Nach einem „Dornröschenschlaf von mehr als hundert Jahren" werde die Kölner Universität „wieder eintreten in den Reigen ihrer Schwestern".

> Farbenprächtige Bilder mittelalterlichen Universitätslebens entrollen sich vor unseren Augen. Sie zeigen uns die Scholaren, die Baccalaureen und Lizentiaten, die Magister und Doktoren in ihren malerischen Trachten; sie berichten uns von prächtigen Aufzügen der Doktoranden zu Pferd und Wagen, von öffentlichen Disputationen, von Festlichkeiten und Schmausereien.

Mancher mag diese aus der Zeit gefallene Beschreibung belächelt haben. Andere könnte sie gerade dafür erwärmt haben, nüchternen Vorbehalten zum Trotz einer „Wiedergründung" der Kölner Universität zuzustimmen.[74]

Anschließend umrissen Leopold von Wiese, der Mediziner Hermann Preysing und Fritz Stier-Somlo ihre Gedanken zur Ausgestaltung der ersten drei Fakultäten. Die Wirtschafts- und Sozialwissenschaftliche Fakultät sei „in erster Linie die gradlinige Fortsetzung der Handelshochschule", betonte von Wiese. Habe der Hauptakzent bisher auf der beruflichen Ausbildung gelegen, wolle man sich fortan stärker der persönlichen Bildung der Studenten widmen – womit erst das Testament Mevissens erfüllt werde. In Zukunft werde man aber auch „Wissenschaft betreiben ... um der Wissenschaft willen". Begeistert von den Möglichkeiten, die eine Universität böte, kündigte Stier-Somlo für die Juristische Fakultät an, diese werde besonders das Fach Soziales Recht fördern, und Bürgerliches Recht wolle man als „volkstümliches Recht" begreifen. Weitere Schwerpunkte seien Handels- und Industrierecht, Internationales Recht sowie Recht der Landwirtschaft und des Handwerks. Intensiv sollten an der Juristischen Fakultät die Zusammenhänge von praktischer Politik mit Recht und Wirtschaft, Religion und Ethik, Gesellschaft und Beruf erforscht werden, womit man 1917 an der Handelshochschule mit der Einrichtung eines Lehrstuhls für Praktische Politik begonnen habe. Selbstbewusst kündigte Stier-Somlo an: „In all diesen Bereichen weichen wir von den bisherigen juristischen Fakultäten ab ... Neuartig wie unsere ganze Universität soll auch unsere juristische Fakultät sein." Preysing, der sich um den Ausbau einer leistungsfähigen HNO-Klinik in der Stadt verdient gemacht hatte, gestand, dass die Mediziner den Wunsch nach einer Universität „wahrscheinlich kritischer beurteilt" hätten „als in den begeisterten Reden", die man heute gehört habe. Wie seine Kollegen begrüßte er die Gründung der Universität dann aber als „endlich einmal eine deutsche Tat" und versicherte, es werde aus der Akademie für praktische Medizin eine Fakultät hervorgehen, die umgehend „ohne große neue Aufwendungen und Kosten" arbeitsfähig sei.[75] Was die Professoren auf die Schnelle vorbrachten, glich eher einem Wunschzettel als einem ausgereiften Konzept, denn für sie war die Konzession für eine Kölner Universität sehr wohl „vom Himmel gefallen".

Interessierten Kölnern standen die sechs im Hansasaal gehaltenen Reden umgehend als Broschüre zur Verfügung, und die Presse berichtete am nächsten Tag ausführlich über die Versammlung der Dozentenschaft. In der KÖLNISCHEN VOLKSZEITUNG hieß es bereits, es werde die Errichtung der Universität „einen neuen glücklichen Abschnitt in der alten ruhmvollen Geschichte Kölns" einleiten.[76] Im Rathaus traf ein schmeichelhaftes Telegramm Christian Eckerts mit einer Loyalitätserklärung der Dozentenschaft ein:

> Das Hochschul-Kollegium hat in seiner heutigen Sitzung einstimmig beschlossen, Ihnen, sehr verehrter Herr Oberbürgermeister herzlichst zu danken für Ihre erfolgreichen Bemühungen, die Cölner Hochschul-Einrichtungen zu einer neuartigen Universität auszubauen. Es hat mich beauftragt, Ihnen für die Energie und Weitsicht zu danken, mit der Sie in der Zeit tiefer Not verstanden haben, unserm Cöln und damit auch dem Vaterlande durch die geplante Universität ein neues Bollwerk deutscher Wissenschaft und deutscher Kultur zu schaffen.[77]

Hier war der Leitgedanke artikuliert, dem sich, wie die Protagonisten des Universitätsplans annehmen durften, in diesen Tagen der politischen und wirtschaftlichen Unübersichtlichkeit jeder Stadtverordnete ungeachtet seiner parteipolitischen Bindung anschließen müsste, wenn keine Zweifel an seiner Vaterlandsliebe aufkommen sollten.

Unmittelbar nach dem Bekanntwerden des Universitätsplans landete ein Brief Mathilde von Mevissens auf dem Schreibtisch des Oberbürgermeisters. „So viele Jahre hindurch" habe sie mit ihrem Vater, später auch mit Professor Gothein und nicht zuletzt mit Oberbürgermeister von Becker „den Gedanken und die Ziele einer Handelshochschule besprochen", dass sie ihn „in der Angelegenheit der Eröffnung einer Kölner Universität" gern „einen kurzen Augenblick" aufsuchen würde.[78] Mathilde von Mevissen dürfte den Universitätsplan gebilligt haben, denn in ihrer Antwort auf die Gratulation des Rektors Arnold Schröer zu ihrem 75. Geburtstag am 30. Juli 1923 schrieb sie: „Daß es mir gegönnt war, die Entwicklung des geistigen Kölner Lebens in der Vollendung der Universität zu erleben, gehört zu dem Reichsten und Schönsten, was mir das Leben geschenkt hat."[79] Auf ihre Anregung ging der „Mevissentag" zurück, den die neue Kölner Universität in den nächsten Jahren jeweils am 24. Mai festlich beging.[80] Christian Eckert hielt sich zugute, „Bedenken in Kreisen der Familie Mevissen wegen Erfüllung des Stifterwillens" gemeinsam mit dem Bankier Heinrich von Stein IV, der die Stiftung in Nachfolge seines Vaters seit 1909 im Kuratorium der Handelshochschule vertrat, ausgeräumt zu haben.[81] Dass Eckert mit „Heini" befreundet und entfernt verschwägert war, dürfte die Sache erleichtert haben.[82]

Auch der Oberbürgermeister stand in Kontakt zu dem Bankier. Nachdem ein nicht genannter Autor bereits am 17. Januar in der KÖLNISCHEN VOLKSZEITUNG unter der Überschrift „Kölner Universitätsverein" appelliert hatte, „das Bürgertum zu einer großzügigen Organisation aufzurufen, die dem Ausbau und der gedeihlichen Pflege der neuen Universität dienen soll",[83] traf Konrad Adenauer am 18. Januar, dem Tag vor den Wahlen zur Nationalversammlung, mit von Stein in dessen Privathaus zusammen. Man beriet, wie der „Universitätsplan" zu realisieren sei, und der Bankier unterbreitete Vorschläge, wie maßgebliche Kreise der Stadtgesellschaft dafür mobilisiert werden könnten. Sein bizarr anmutender Plan lässt den politischen Kontext erkennen, in dem der Kölner Oberbürgermeister im Frühjahr 1919 agierte. Für den Fall, dass die Wahlen zur Nationalversammlung mit „einem größeren Sieg der bürgerlichen Parteien" enden sollten, müsse man umgehend beginnen, Spenden zu sammeln. Dann nämlich würde „die Begeisterung weiter Volksmassen" die „Gebefreundlichkeit" wesentlich fördern, und es wachse auch „das jetzt noch fehlende Vertrauen in Deutschlands Zukunft als Republik", was „unsere(n) Bemühungen" ebenfalls zugutekäme. Sollte es in der Nationalversammlung keine bürgerliche Mehrheit geben, empfahl er, mit der Sammlung noch zu warten. Doch schon jetzt könnte man „grössere(n) Volksmassen" erklären, was die Eröffnung der Universität, insbesondere angesichts der Schließung der Straßburger Hochschule, „für Köln, die Rheinlande und schließlich auch ganz Deutschland" bedeute. Der Bankier vertrat aber auch die Interessen seiner Kunden, wenn er vorbrachte, dass eine Sammlung nur dann „ergiebig" sein werde, wenn zuvor die „Stiftungsgelder vom Vermögensstand vom 31. Dezember 1918 des betreffenden Gebers in Abzug, als nicht mehr vorhanden, gebracht werden können" – die Spender also einen Nachlass bei der Versteuerung ihrer Kriegsgewinne erwarten durften. Mit den „massgebenden Persönlichkeiten", die eine entsprechende Steuergesetzgebung zu verabschieden hätten, wenn die „westdeutsche Republik" demnächst ins Leben träte, könnte vorab Einschlägiges vereinbart werden. Ohne solche Abmachungen hätte es „mit Rücksicht auf die bevorstehende Konfiskation von Vermögen" keinen Sinn, eine Sammlung zu veranstalten. Seien diese „Vorbedingungen" aber erfüllt, empfehle er folgendes Vorgehen: Adenauer, unterstützt von Eckert und einer weiteren Persönlichkeit, besucht „eine Reihe von Damen und Herren", um sie zu bitten, einen größeren Betrag persönlich zu zeichnen. In einem zweiten Schritt sollte der Oberbürgermeister im Rathaus eine Versammlung einberufen, aus der eine „kleine Kommission" hervorginge. Spätestens zu dieser Versammlung müssten auch „die sozialdemokratischen Führer" eingeladen werden. Dies nicht etwa, weil er, von Stein, glaube, es könnten mit deren Hilfe nennenswerte Geldmittel für den Zweck „flüssig gemacht" werden, vielmehr, damit „diese Herren merken, dass es nicht gut angänglich ist, solche Pläne in's Leben zu rufen ohne Mitwirkung von begüterten Kreisen, die bereit sind, sich für die Sache ... zu interessieren". Als dritte Aktion könnte, wiederum auf Einladung des Oberbürgermeisters, eine größere Versammlung im Gürzenich stattfinden, auf der sich alle Interessierten in einer „Institution" zusammenschlössen. Diese müsste einen einprägsamen Namen erhalten und Statuten bekommen, vielleicht ähnlich denen der Kaiser-Wilhelm-Gesellschaft in Berlin. Den Spendern müsste „ein gewisses Äquivalent" geboten werden, etwa indem sie offizielle Einladungen zu allen Feierlichkeiten der Universität erhielten, berechtigt wären, „ein besonderes Abzeichen zu tragen", oder andere Privilegien genössen. An die Spitze dieser Institution gehöre ein bekannter Mann mit einer „guten Position". Er müsse „ein gewisses Alter" haben, „um durch die Macht seiner Persönlichkeit zu wirken", dürfe aber nicht als „Parteimann" hervorgetreten, auch geschäftlich nicht mehr aktiv und kein Beamter des Staates oder der Stadt sein. Größter Wert sei auf die Mitwirkung der Presse zu legen. Täglich müssten in dem einen oder anderen Blatt Artikel über die kommende Universität erscheinen, „um das Publikum immer wieder an … ihre Notwendigkeit und ihre Bedeutung zu erinnern".[84]

Wenn von Stein dem Oberbürgermeister detaillierte Ideen für eine Kampagne zur Realisierung des „Universitätsplans" andiente, dürfte es ihm womöglich auch darum gegangen sein, diesen stärker der Sache der Separatisten zu verpflichten, denen der Bankier sich verbunden fühlte.[85] Die Gesetzgebung einer von ihm erhofften – konservativ regierten – „westdeutschen Republik" hätte Kriegsgewinne schonender besteuern können als „Berlin" und auch befürchtete „Sozialisierungen" verhindert. Eine steuerliche „Abzugsfähigkeit" hätte die Bereitschaft gefördert, hohe Beträge zu spenden, und gleichzeitig einen Prestigegewinn gebracht.

Obwohl der Stimmenanteil des Zentrums bei den Wahlen zur Nationalversammlung nirgendwo im Deutschen Reich auch nur annähernd so hoch lag wie in Wahlkreisen, die auf dem Gebiet einer „Westdeutschen Republik" gelegen hätten,[86] kam die von dem Bankier angeregte Spendenkampagne nicht zustande. Nachdem auch die Errichtung eines Kaiser-Wilhelm-Instituts gescheitert war, bemühte sich Adenauer, die von Meirowsky zugesagte Stiftung für die neue Universität zu retten. Bereits am 23. Januar erhielt er aus dem Finanzministerium, dem nach wie vor Südekum vorstand, die Auskunft, dass dieser sich wegen der „Schenkungssache" an den Staatssekretär des Reichsschatzamts wenden wolle. Es wurde empfohlen, die Stiftung umgehend zu errichten und sie erst nachträglich von der zu erwartenden Steuer zu befreien. Außerdem sei es ratsam, Bernhard Falk, den linksliberalen Stadtverordneten und Mitglied der Nationalversammlung, zu veranlassen, sich in Berlin in der Angelegenheit zu verwenden. Auch Kultusminister Haenisch habe versprochen, „alles zu tun, um die Interessen der neugeschaffenen Universität Köln zu fördern".[87] Beider Bemühungen führten nicht zum Erfolg.

Mag Konrad Adenauer die Frage, wie in der Stadt eine Universität auf den Weg zu bringen wäre, auch für wichtig gehalten haben, im Mittelpunkt seiner Sorgen stand sie Ende Januar 1919 nicht. Am 10. d. M. hatte Ferdinand Foch, der französische Oberbefehlshaber der alliierten Truppen, das linke Rheinufer als französische Militärgrenze gefordert. Vom 6. Februar an sollte in Weimar die Nationalversammlung über die Verfassung des Deutschen Reiches und dessen zukünftige Gliederung beraten. Vor diesem Hintergrund bereitete Adenauer Ende Januar 1919 die „erste außenpolitische, sehr sorgfältig ausgefeilte Rede seines Lebens" vor, mit der er ein Konzept zur Lösung der gärenden „Rheinlandfrage" vorlegte.[88] Auf den 1. Februar lud der Kölner Oberbürgermeister, der „als führender Repräsentant des besetzten linksrheinischen Gebiets", ja, als „Kanzler des Westens" galt,[89] die in die Nationalversammlung gewählten Abgeordneten, die linksrheinischen Vertreter in der preußischen Landesversammlung sowie die Oberbürgermeister der besetzten rheinischen Städte nach Köln ein. Er brachte vor, dass Preußen in den Augen seiner Gegner als „der böse Geist Europas" gelte und darum geteilt werden müsse. Seine linksrheinischen Gebiete wie auch die angrenzenden rechtsrheinischen Landesteile sollten in einer „Westdeutschen Republik" aufgehen. Nur so lasse sich verhindern, dass man „direkt oder als Pufferstaat an Frankreich" komme. Die „Westdeutsche Republik" müsse groß genug, um wirtschaftlich lebensfähig zu sein, andernfalls sie „der Gefahr der Verwelschung" ausgeliefert wäre. Mit der Beteuerung, diese Republik solle Teil des Reiches bleiben, stellte Adenauer sich gleichwohl auf den Boden der von der Nationalversammlung noch zu verabschiedenden Reichsverfassung. Er wies in seiner Rede auch auf die im Westen existierende „separatistische Strömung" hin, die auf einer „Loslösung von Preußen" bestehe und „deren Stärke man unter keinen Umständen unterschätzen" dürfe.[90]

Vom Kölner Oberbürgermeister erwartete man in Berlin, dass er mäßigend auf die Separatisten einwirkte. Ihm entgegenzukommen erschien daher geboten – auch wenn es um die zügige Verwirklichung des Plans ging, in Köln eine Universität einzurichten. Obwohl diese in etlichen Reden und Briefen als „Bollwerk" gegen eine drohende „Verwelschung" gefordert wurde, erwähnte Konrad Adenauer sie in seiner „sensationelle(n) Rede"[91] vom 1. Februar 1919 mit keinem Wort. Mitte Februar lehnte die Weimarer Nationalversammlung jede territoriale Veränderung Preußens ab. Die Frage einer „Westdeutschen Republik" galt damit als erledigt.

Anders als es von Stein vorgeschwebt hatte, kümmerte sich die Kölner Presse nach der ersten Welle der Berichterstattung kaum mehr um das Universitätsprojekt. Doch am 29. Januar legte der Unternehmer Alfred Schmidt[92] in der

KÖLNISCHEN ZEITUNG seine Bedenken dagegen dar. Das Vorstandsmitglied des Verbandes Kölner Großfirmen und des Zentralverbandes des Deutschen Großhandels sowie eines von 38 Mitgliedern der Kölner Handelskammer[93] referierte die Gründe, die seinerzeit Gustav von Mevissen veranlasst hatten, das Konzept der Handelshochschule zu entwickeln. Werde diese in die zu gründende Universität einbezogen, verlasse man den Weg, den Mevissen ausdrücklich bezeichnet habe. Es erscheine nicht angängig, dass „eine die Kölner Kaufmannschaft so nahe berührende Frage ohne Anhörung derselben endgültig entschieden" werde.[94]

Schmidts Artikel brachte die Bedenken des Kölner Wirtschaftsbürgertums auf den Punkt. Es fürchtete um den Fortbestand der bewährten Handelshochschule, der gut zu erreichenden Ausbildungsstätte für seine Söhne als Nachfolger in der Unternehmensführung. Die Kaufmannschaft diskutierte den „Universitätsplan" kontrovers. Folgt man der Darstellung Eckerts, gefährdeten die Bedenken dieser einflussreichen Bürger das Projekt sogar.[95] So habe Louis Hagen in der ersten Kommissionssitzung der Stadtverordneten betont, es seien „mehr als neun Zehntel der Kölner Bevölkerung gegen das Projekt", was Eckert sogar „noch zu optimistisch ausgedrückt" erschien.[96] Hagen, als Kammerpräsident ein mittelbarer Nachfolger Gustav von Mevissens und wie dieser ein gesuchter und geschätzter Mäzen,[97] der seit 1913 dem Kuratorium der Handelshochschule angehörte, galt als führender Vertreter der rheinischen Wirtschaft sowohl gegenüber den Behörden des Reiches als auch bei den Stellen der Besatzungsmächte.[98] Manche nannten ihn wegen seines großen Einflusses auf die Stadtpolitik auch „den zweiten Oberbürgermeister Kölns".[99] Neben anderen Stadtverordneten von Gewicht wie Johannes Rings und Hugo Mönnig, Heinrich Maus und Wilhelm Sollmann gehörte Louis Hagen auch der Finanzkommission des Stadtparlaments an, die über wichtige Etatfragen vorab beriet und Empfehlungen aussprach.[100]

Am 10. März trat der Oberbürgermeister persönlich, begleitet von Christian Eckert und Fritz Moritz, zu einer Aussprache in der Handelskammer an. Ihm kam zugute, dass er zu den Kölner Industrie- und Handelskreisen ein ausgesprochen enges Verhältnis pflegte und führenden Vertretern wie Louis Hagen, Robert Pferdmenges und Paul Silverberg freundschaftlich verbunden war.[101] Man sicherte den Versammelten zu, dass die Handelshochschule an der neuen Wirtschafts- und Sozialwissenschaftlichen Fakultät fortbestehen, ja, sich weiterentwickeln werde. Louis Hagen stand dem Universitätsprojekt – laut Eckert – „von da an" nicht nur wohlwollend gegenüber, sondern gehörte zu dessen wichtigsten Förderern.[102] Die von der Staatsregierung im Juni 1919 erlassene

Universitätssatzung enthielt denn auch als § 2 folgende Zusage: „Als Nachfolgerin der früheren Handels-Hochschule, der Akademie für Praktische Medizin und der Hochschule für kommunale und soziale Verwaltung hat die Universität auch die Aufgabe dieser Hochschulen zu erfüllen."[103] Offen blieb, wie das auf Dauer gelingen sollte.

Die Kölner Öffentlichkeit konnte sich ausführlicher über den Universitätsplan erst anhand einer fünfzehnseitigen, von Christian Eckert verfassten Denkschrift informieren. Sie erschien am 11. März, gut eine Woche vor der alles entscheidenden Sitzung der Stadtverordneten. Ohne die Option einer Hochschulgemeinschaft mit Bonn auch nur zu erwähnen, begründete Eckert darin im ersten Teil noch einmal die „Notwendigkeit der Fortentwicklung der Kölner Hochschuleinrichtungen", beklagte im zweiten die „Versagte(n) Berechtigungen" und rechtfertigte im dritten „Das Universitätsbedürfnis der Metropole am Rhein". Er legte im vierten Kapitel die Implikationen der erfolgten „Genehmigung der Universitätseinrichtung" dar und führte im fünften „Die geplanten Fakultäten" auf, wobei aus der von ihm erstrebten „kulturwissenschaftlichen" nach Verhandlungen in Berlin inzwischen eine „philosophische" Fakultät geworden war.[104] Im sechsten und siebten Kapitel fand der Leser Zahlen zu den einmaligen und den wiederkehrenden „Aufwendungen", die auf die Stadt zukämen. Im letzten Kapitel – „Kölns Universitätsziel" – formulierte Eckert den hohen Anspruch, unter dem die neue Universität antreten und mit dem sie ihre Gründung rechtfertigen sollte. Dabei ging es ihm vor allem darum, den Verdacht zu entkräften, die geplante Universität wäre angesichts ihrer unorthodoxen Kombination von Fakultäten keine „vollgültige". Köln strebe nicht nach einer „nie zu erreichenden Allseitigkeit der Darbietungen", sondern wolle „qualitativ" das „Bestmögliche" erreichen. Forschung und Lehre sollten „unlöslich verknüpft" sein. Die Kölner Universität werde so „eine echte Heimstätte der Gelehrsamkeit sein, gleich und ebenbürtig ihren ältesten und berühmtesten Schwestern unter Deutschlands Universitäten".[105]

Nach dem Terminplan, den Eckert vorlegte, stand die Eröffnung der Wirtschafts- und Sozialwissenschaftlichen Fakultät in wenigen Wochen bevor. Aber die erforderliche Visitation durch eine Kommission des Kultusministeriums hatte noch nicht stattfinden können. Unruhen, Streiks und Aufstände in vielen Teilen des Reiches beeinträchtigten den Verkehr. Zudem war der Kultusminister erkrankt.[106] Doch als Haenisch am 14. März telegrafisch mitteilte, dass man „das Eintreffen von Kommissaren in Köln" nicht mehr abwarten, sondern „eine grundsätzliche Beschlussfassung der Stadtverordneten" herbeiführen solle,[107] wurden die Sitzungen für die erforderlichen Entscheidungen anberaumt. Bereits am 18. März stimmte die Finanzkommission mit einer Gegenstimme – vermutlich von Johannes Rings, dem einflussreichen Kölner Zentrumsmann und Berater Konrad Adenauers – der Errichtung einer Universität und dem Abschluss eines entsprechenden Vertrags mit der preußischen Staatsregierung zu.[108] Die Kommission einigte sich sogar auf die Empfehlung, dass die Stadt unbegrenzt alle Kosten tragen solle, die sich nicht aus Stiftungen oder eigenen Einnahmen der Hochschule decken ließen.[109]

2.3 DIE ENTSCHEIDUNG DER STADTVERORDNETEN

Im Frühjahr 1919 begrüßte die Presse, darunter die KÖLNISCHE VOLKSZEITUNG und die RHEINISCHE ZEITUNG, mehrheitlich den Ausbau der Kölner Hochschulen zu einer Universität. Lediglich die KÖLNISCHE ZEITUNG, das auflagenstärkste Blatt mit überregionaler Bedeutung, brachte noch am 20. März, dem Tag der entscheidenden Sitzung der Stadtverordneten, massive Kritik vor.[110] Auf der ersten Seite der Morgenausgabe und fortgesetzt an ebenso exponiertem Platz in der Mittagsausgabe erklärte das Blatt, die „Kostenfrage" bedürfe einer „eingehenden Nachprüfung", denn es bestehe, auch wenn Deutschland aus den „Wirren der Gegenwart" wieder zu einer „regelmäßigen wirtschaftlichen Arbeit" zurückkehre, „die Notwendigkeit höchster Sparsamkeit". Die Öffentlichkeit hätte weder genug Zeit gehabt noch ausreichende Informationen bekommen, um sich ein Urteil bilden zu können, das „auf erschöpfender Untersuchung der in Zukunft entstehenden Anforderungen an den städtischen Haushalt und damit der Steuerkraft der Bürger" beruhe. Ausführlich legte die KÖLNISCHE ZEITUNG dar, warum sich die geplante Kölner Universitätsgründung von der in Berlin 1810 wie auch von jener in Frankfurt 1914 grundsätzlich unterscheide. In Berlin habe eine Anzahl wissenschaftlicher Institutionen bestanden, „die als Grundstock für die neue Hochschule dienen konnten", sodass weder für Bauten noch für Personal besondere Kosten angefallen seien. Auch Frankfurt habe über etliche wissenschaftliche Einrichtungen verfügt, die teilweise aus der Mitte des 18. Jahrhunderts gestammt hätten. Die Stadt sei auch nicht gezwungen gewesen, ihre Bürgerschaft steuerlich zu belasten, um „größere Zuschüsse" zur Erhaltung ihrer Universität zu leisten, vielmehr verdanke sich deren Finanzierung „dem Opfersinn der wohlhabenden Kreise". Das Blatt bezweifelte, ob in Köln überhaupt eine Universität „im Sinne der *Universitas literarum*" entstehen solle, denn die Medizinische Fakultät werde sich auf die klinischen Semester beschränken, von einer Theologischen Fakultät sei keine Rede, und der Philosophischen fehlten „verschiedene Zweige", nicht zuletzt die kostenintensiven naturwissenschaftlichen Fächer, die traditionell noch zu dieser Fakultät gehörten. Nach dem Urteil eines Fachmannes würde allein der Ausbau der Kölner Bibliothek „zu einem den Bedürfnissen einer Universität entsprechenden Umfang … mehrere Millionen kosten". Angesichts der vielen offenen Fragen könne unmöglich im Rahmen einer Sitzung der Stadtverordneten über die Errichtung dieser Universität entschieden werden.[111]

Am Abend behandelte das Stadtparlament die „Vorlage über die Kölner Universität und Abschluss eines Vertrages mit dem Staat betreffend Überführung der Handels-Hochschule und der Hochschule für soziale Verwaltung in eine wirtschaftswissenschaftliche Fakultät" als zentralen Tagesordnungspunkt. Von den 60 Stadtverordneten erschienen 45; 13 fehlten entschuldigt; mindestens ein Vertreter blieb der Sitzung fern, weil er den Universitätsplan ablehnte, aber nicht als Quertreiber auftreten mochte.[112]

Der Oberbürgermeister leitete die Debatte mit einer ausführlichen Stellungnahme ein, vermutlich weil er sich der Zustimmung des Stadtparlaments noch nicht sicher war. Selbstkritisch nahm er eingangs zu dem Vorwurf Stellung, die Verhandlungen mit Berlin zu lange geheim gehalten zu haben. Doch hätte eine öffentliche Diskussion nur den Gegnern des Plans genutzt. Dabei wäre der Vorwurf der Geheimnistuerei leicht zu entkräften gewesen, hätte Adenauer eingestanden, dass zwischen dem Antrag, die Kölner Hochschuleinrichtungen zu einer Universität „ausbauen" zu dürfen, und dessen Genehmigung gerade einmal zwei Wochen gelegen hatten. Adenauer rührte dann an den Lokalpatriotismus der Stadtverordneten. Die „Abneigung Berlins gegen die katholische Atmosphäre Kölns" habe die preußische Regierung 1818 veranlasst, eine Universität in Bonn und nicht in Köln zu errichten, was die „geistig interessierten Kölner Kreise niemals verschmerzt" hätten. Der Oberbürgermeister vereinnahmte Gustav von Mevissen, dem es angeblich darum gegangen sei, „der Stadt Köln wieder eine Universität zu geben", der sich aber damit hätte „begnügen müssen", eine Handelsakademie zu planen. Als die Frankfurter Handelshochschule als Fakultät einer neuen Universität 1914 das Promotionsrecht erlangte, hätten es „gerade die befähigtsten Studenten" vorgezogen, ihre letzten Semester in Frankfurt zu absolvieren. Christian Eckert habe ihm bei seinem Amtsantritt daher erklärt: „Entweder es muß für unsere Handelshochschule etwas durchgreifend Neues geschehen, oder wir kommen auf den absteigenden Ast." Das „durchgreifend Neue" hätte nur in der „Gründung einer Universität" liegen können, und zwar in der „Zusammenfassung aller bei uns vorhandenen Einrichtungen zu einer vollständigen universitas literarum". Um dieses Ziel gegen den

Widerstand in Berlin zu erreichen, wollte er den Vorsitzenden der drei im Stadtparlament vertretenen Fraktionen im Herbst 1918 den „Plan" entwickelt haben, „durch die Errichtung einer Reihe von wissenschaftlichen Instituten den Kranz der wissenschaftlichen Anstalten in Köln derart zu vervollständigen", dass der preußischen Regierung schließlich nichts übrig bliebe, als „durch Verleihung des Universitätscharakters den letzten Strich unter die schon abgeschlossene Entwicklung zu setzen". Sogar der Referent des Kultusministeriums für Universitätsfragen habe eingesehen, dass die Kölner„Hochschulverhälnisse", so wie sie waren, „unter keinen Umständen bleiben konnten", und vorgeschlagen, die Handelshochschule und die Verwaltungshochschule als eine „neue 5. Fakultät" einer „Universität Bonn-Köln" einzugliedern. Man musste zufrieden sein, „zunächst wenigstens einen Teil zu bekommen, um später mehr zu erhalten", und habe daher diesen Vorschlag vorläufig akzeptiert. Doch sei der Versuch, zugleich eine Anerkennung der Kölner Akademie für praktische Medizin als Fakultät zu erreichen, vom preußischen Kultusministerium noch im Frühjahr 1918 strikt abgelehnt worden. Dann habe der Ausbruch der Revolution die Verhandlungen unterbrochen. Als die Waffenstillstandsbedingungen eine „auf Jahre hinaus feindliche Besatzung" erwarten ließen, sei klargeworden, „daß die Länder am Rhein in Zukunft auf einem national und völkisch gefährdeten Posten stehen würden". Damit habe die „Universitätsfrage" über die lokale hinaus eine „wesentlich größere", nämlich eine „nationale" Bedeutung gewonnen. Sei es ihm 1917 noch darum gegangen, mit der Kölner Universität „die Verbindung zwischen deutscher Kultur und der Kultur unserer westlichen Nachbarn" herzustellen, gelte es nunmehr, „in erster Linie dafür zu sorgen, gegenüber der westländischen Kultur, deren Vordringen nach dem Rheine im Anschluß an die politischen Erfolge der Westmächte mit Sicherheit zu erwarten gewesen war, dem deutschen Wesen am Rheine eine neue Klammer, einen neuen Hort, eine neue Wurzel zu geben". Zu seiner Freude hätte, „gegenüber diesem neuen Gesichtspunkte – dem nationalen Gesichtspunkte – im Kultusministerium eine andere Auffassung über die Kölner Universitätsfrage Platz gegriffen". Nach „langwierigen und mühsamen Verhandlungen" habe man vom „preußischen Ministerium" schließlich die Genehmigung erhalten, in Köln eine Universität zu gründen.

Hatte Adenauer die politischen Argumente für die Errichtung einer Universität in Köln dargelegt und erläutert, warum die Handelshochschule vor einer höchst prekären Zukunft bewahrt bliebe, galt es noch, die Bedenken auszuräumen, die in der Kölner Öffentlichkeit vor allem aus Kostengründen gegen den Plan erhoben wurden. Da lediglich bestehende Institutionen „zusammengefaßt" und „umgewandelt" würden, entstünden „keine Mehrkosten gegenüber der bisherigen Belastung des Haushaltsplanes". Für „einige Kosten", die man gleichwohl aufzubringen habe, läge den Stadtverordneten eine detaillierte Aufstellung vor. Doch würden höhere einmalige Ausgaben „wohl mit ziemlicher Sicherheit" nicht anfallen. An laufenden Kosten werde die Medizinische Fakultät einen jährlichen Zuschuss von 70–80.000 M benötigen. Die Juristische und die Philosophische Fakultät bräuchten „zunächst" keine weiteren Gebäude, weil die Handelshochschule 2400 Studenten Platz biete. Insgesamt reichten die Räumlichkeiten für 3000 Studenten. Angesichts des hehren Ziels und da sie ihren Oberbürgermeister aus seiner Zeit als Erster Beigeordneter als einen Mann kannten, der die Finanzen der Stadt stets verantwortungsvoll und sorgfältig geführt hatte, nahmen die Stadtverordneten Adenauer die „treuherzige"[113] Berechnung der Kosten ab – auch wenn mancher beklagte, er könne die Kalkulationen bei dem Zeitdruck, unter dem er sie hatte studieren müssen, nicht nachvollziehen.

Um letzte Zweifel gegenüber dem Universitätsplan auszuräumen, schwang Adenauer sich zu einer Generalabrechnung mit dem Zeitgeist auf. „Ich weiß wohl, daß wir in einer sehr schweren Zeit leben und ich weiß auch, daß wir noch schwereren Zeiten aller Wahrscheinlichkeit nach entgegengehen". Der „materielle Geist" sei eine der Hauptursachen des Krieges, sei auch „der Vater der Revolution".

> Im Vertrauen auf eine glücklichere Zukunft des deutschen Volkes wollen wir heute ein Samenkorn in deutsche Erde legen, das, will's Gott, mit dazu beitragen wird, idealen Sinn in der Westmark des Deutschen Reiches zu hegen und zu pflegen, das dazu beitragen wird, das deutsche Volk einem neuen Frühling entgegenzuführen.

Anschließend hielt Christian Eckert eine pathetisch aufgeblähte Rede. Bei der „Durchkämpfung" des Kölner Universitätsplans sei „die Lage des Vaterlandes" – die er in dunkelsten Tönen beschrieb – „von entscheidender Bedeutung" gewesen. Der Beschluss des preußischen Staatsministeriums „mitten in den trübsten Tagen" habe geholfen, „den gebrochenen Mut zu beleben" und könne „als erste praktische Tat auf dem neuen Wege" verstanden worden. Erst recht handele es sich aber um eine „Tat", wenn die Stadtverordnetenversammlung „möglichst einmütig die Durchführung des Universitätsplans" beschließe. Das werde „den Entwurzelten wieder Halt" geben, sei den „Kriegsbeschädigten, der beste Ausgleich für die Opfer, die sie uns allen gebracht haben". Eckert berichtete dann von einer Begegnung, die er am Vortag mit einem Studenten gehabt haben wollte, „der dreimal schwer verwundet" gewesen sei und sich „nur in Binden und Bandagen" bewegen konnte. Als der junge Mann von der geplanten Universität erfuhr, hätte Eckert sehen können, wie „der Blick sich ihm belebte, wie die Farbe ihm wiederkehrte, wie er von Hoffnung trotz des Leidens, das er lebenslang tragen muss, erfüllt wurde". Abschließend ging Eckert auf die Kosten ein. Bei der Gegenrechnung der KÖLNISCHEN ZEITUNG, die bisher „mit offenem Visier gegen den Universitätsplan gekämpft" habe, handele es sich um „falsche Zahlen". Doch müsste die Universität sogar dann geschaffen werden, „wenn damit ganz außerordentliche finanzielle Aufwendungen verbunden" wären. Es sei dafür „das Letzte aus dem Volk heraus(zu)holen, um ihm zu neuer geistiger Blüte zu verhelfen". Eckert beschwor die Stadtverordneten, dem Universitätsplan zuzustimmen, sei dessen Verwirklichung doch „ein Ehrenmal in diesen Tagen des Drucks und der Schmach, ein Denkmal der Hoffnung auf unser wiederkehrendes Glück, ein Bollwerk des deutschen Geistes in kommenden Stürmen, ein sprudelnder Born versöhnender Menschheitsgedanken im Wettstreit der Völker".

Hugo Mönnig, Verleger der KÖLNISCHEN VOLKSZEITUNG und Vertrauter des Oberbürgermeisters, begrüßte die mehrfach kritisierte „Eile" des Vorgehens; denn wie Adenauer sage, müssten „große Projekte ... schnell gelöst werden". Mönnig wies des Weiteren auf die „wirtschaftlichen Vorteile" hin, welche der Stadt durch den Zuzug von Studierenden entstünden. Der Liberale Viktor Schnitzler kündigte an, seine Fraktion werde der Vorlage zustimmen, und betonte, es sei ein „großer Gewinn für unsere Bürger", wenn sie ihre Söhne und Töchter zum Studieren nicht mehr in die Nachbarstadt Bonn schicken müssten. Wie später Louis Hagen schloss er sich Adenauers Lesart an, dass bereits Mevissen in der Mitte des 19. Jahrhunderts eine Universität gefordert hätte. Schließlich betonte auch Schnitzler, dass „unsere Universität" ein „Zwing Uri"[114] werden müsse gegen „Verwelschungsbestrebungen aller Art", der „Zusammenstrom begeisterungsfähiger vaterlandsliebender Jugend ... ein Bollwerk gegen feindliche Einflüsse".

Lediglich der Stadtverordnete Albert Maier,[115] ein Mitglied der Universitätskommission, ermahnte seine Kollegen, dass jene, welche die neue Universität zur „Phalanx und Wacht am Rhein" machen wollten, sich hüten müssten, den Eindruck entstehen zu lassen, „als ob unser Bestreben sich identifizierte mit jenen chauvinistischen und alldeutschen Tendenzen, die den katastrophalen Zusammenbruch dieses Krieges verschuldet und den Haß der ganzen Welt gegen uns entzündet haben". Für die neue Universität forderte Maier „Austauschprofessuren" um der „wechselseitige(n) Befruchtung" willen, „vergleichende Religionswissenschaft" sowie eine Wertschätzung des Faches Philosophie, wie es in Paris bereits im „College de France" vorbildlich der Fall sei. Doch als Maier bezweifelte, dass die für die Räumlichkeiten der zukünftigen Philosophischen Fakultät veranschlagte Summe ausreiche, um „das Schwergewicht des Unterrichts in die Seminarien, in die Diskutierklubs verlegen" zu können, und in diesem Zusammenhang die Ausführungen der KÖLNISCHEN ZEITUNG für „bedenkenswert" hielt, quittierte der Liberale Bernhard Falk das mit einem Totschlagargument: „Sind Sie denn gegen die Universität?"

Als Einziger der Anwesenden stimmte Konrad Adenauer Maiers antichauvinistischem Plädoyer zu. Maiers Ausführungen über die „internationale Bedeutung" der geplanten Universität hätten ihn „außerordentlich interessiert" und er teile dessen Position. Wenn er der Universität Köln „auch eine große nationale Bedeutung" beimesse, sei er bekanntlich aus Überzeugung „von alldeutschem Chauvinismus absolut frei". Seiner Ansicht nach solle die Universität Köln „das Berechtigte in der deutschnationalen Kultur verteidigen und es auch gegenüber anderen Kulturen zur Geltung bringen", nicht jedoch „das deutsche Wesen schlechthin". Schon als er vor anderthalb Jahren zum ersten Mal mit Eckert über die Angelegenheit gesprochen habe, sei er der Meinung gewesen, dass,

> wenn einmal wieder der Friede ins Land gezogen sei und die Nationen wieder in kommerziellen und geistigen Austausch miteinander getreten sein werden, die Kölner Universität auf die von Herrn Maier skizzierte Weise mitberufen sein würde, durch Heranziehung ausländischer Professoren usw. eine Verständigung und einen Austausch der verschiedenen europäischen Kulturen untereinander herbeizuführen.

Louis Hagen, der anschließend die erwartete Zustimmung der Handelskammer bekundete und noch einige wirtschaftliche Gesichtspunkte anführte, die für die Gründung einer Universität sprachen, ging auf Adenauers Bemerkungen nicht ein. Er ließ sich lediglich zu der Hoffnung anregen, die Kölner Universität möge sich mit dem „internationalen Wesen" beschäftigen; denn „gerade in der Unterschätzung des Auslandes und in der Überhebung unserer eigenen Männer und Einrichtungen" habe „die Hauptursache für die schweren Folgen des fürchterlichen Krieges" gelegen.

Für die sozialdemokratische Fraktion erklärte Heinrich Erkes, dass sie den Vorschlag der Verwaltung „grundsätzlich" annehmen werde, obwohl die zunächst gehegte Hoffnung getrogen habe, es werde mit der neuen Universität „ein ganz lebensfrisches Gebilde voll neuzeitlichen, sozialistisch durchtränkten Geistes entstehen". Die Stadt könne „das geistige Wesen der neuen Hochschule" nämlich durch das Kuratorium nur wenig beeinflussen. Es sei daher Sache der Bürgerschaft, solche Männer und Frauen zu ihren Vertretern zu wählen, die „selbst innerhalb dieser enggezogenen Grenzen ... im modernen Geiste im Kuratorium der Universität ihre Pflicht erfüllen" würden. Die sozialdemokratische Fraktion stimme dem Universitätsplan auch wegen seiner „allgemeinen kulturellen Bedeutung" zu, denn er biete die Chance, „in Zukunft die zur idealen Einheitsschule strebende Schulreform innerhalb unserer Stadt von der untersten bis zur höchsten Stufe praktisch durchzuführen und alle Vorbedingungen zu schaffen, um ... dem Begabten ... den lückenlosen Aufstieg von der Volksschule bis zu den Höhen der Wissenschaft an Ort und Stelle zu erleichtern".

Einzig und allein Johannes Rings, Sprecher der Zentrumsfraktion im Kölner Stadtparlament und lokalpolitisches Schwergewicht, kündigte an, gegen die Vorlage zu stimmen. Die Angelegenheit sei mit einem derartigen „Hochdruck" behandelt worden, dass nicht einmal die Mitglieder der Universitätskommission in der Lage gewesen seien, „alles das zu prüfen, was hätte geprüft werden müssen". Wenn es um die Finanzierung eines Vorhabens gehe, müssten die Stadtverordneten aber stets abwägen, ob dieses „nützlich oder wünschenswert oder notwendig" sei, und niemand könne behaupten, „daß die Universität notwendig ist". Weil in der Debatte aber „nationale" Argumente dominiert hatten, klang Rings Frage nach der sachlichen Berechtigung des Vorhabens geradezu ketzerisch. Dass die Universität seiner Ansicht nach „ein Schmerzenskind der Katholiken und ein Kreuz des erzbischöflichen Stuhles werden würde",[116] brachte er in der öffentlichen Versammlung nicht vor. Vermutlich verließen er und andere Stadtverordnete die Versammlung vor der Abstimmung. Jedenfalls enthält das Sitzungsprotokoll, nach Adenauers Ermahnung, sich kurzzufassen – weil „ein Teil der Herren uns bald verlassen" müsse, da „die Bahnen nicht mehr lange" führen – noch etliche lange Beiträge, dann aber den einstimmig gefassten Beschluss:

> Die Versammlung stimmt der Gründung einer staatlichen Universität Köln zu. Sie erklärt sich mit der Überführung der Handelshochschule und der Hochschule für kommunale und soziale Verwaltung in eine wirtschaftswissenschaftliche Fakultät und dem vorgelegten Vertragsentwurf einverstanden. Sie genehmigt die für die notwendigen Erweiterungen und Umbauten der Krankenhäuser aufgestellten Pläne und bewilligt die laut Anschlägen erforderlichen Kosten mit 1 030 000 M, von denen 650 000 M auf die Universität und 380 000 M auf die

Krankenanstalten entfallen, zunächst aus der Kasse der außerordentlichen Bedürfnisse und endgültig aus späterer Anleihe. Die laufenden Betriebskosten sind im Haushaltsplan der Stadtkasse für 1919 vorgesehen. Mit der Durchführung der Bau- usw. Arbeiten soll ungesäumt begonnen werden.[117]

Wie viele Stadtverordnete ihre Stimme abgaben, ist ungewiss. Doch hieß es am nächsten Tag in der RHEINISCHEN VOLKSWACHT: „Man hätte als Freund der Sache allerdings wünschen können, daß das Kollegium etwas vollzähliger vertreten gewesen wäre."[118]

Es lässt sich nicht rekonstruieren, welcher Fassung des Vertragsentwurfs das Stadtparlament zustimmte. Sicher ist, dass die Verordneten einen Paragrafen billigten, der lautete: „Die Stadt Köln übernimmt die Verpflichtung, die für den Betrieb und die Erhaltung der Universität erforderlichen Mittel bereitzustellen."[119] Es war aber offengeblieben, welche Rechte die Stadt gegenüber „ihren" Krankenanstalten noch behielte, wenn diese erst der neuen Universität als Ausbildungsorte zuständen. Doch von der grundsätzlichen Zustimmung des Stadtparlaments zum Universitätsplan ging bereits ein wichtiges Signal nach Berlin aus; denn als feststand, dass „nicht nur die Sozialdemokratie", sondern anscheinend „auch das Zentrum" geschlossen hinter dem Plan stand, gab Carl Heinrich Becker seinen Widerstand gegen die Überführung der Kölner Hochschulen in eine Universität auf.[120]

Die Sozialdemokratie einerseits und das Zentrum andererseits verbanden mit ihrer Zustimmung zum „Universitätsplan" Hoffnungen, die unterschiedlicher nicht hätten sein können. Es oblag am Ende dem Oberbürgermeister als Vorsitzendem des Universitätskuratoriums, in den Auseinandersetzungen der nächsten Jahre Ausgleiche herbeizuführen.

2.4 VORBEREITUNG

Noch ehe der Universitätsplan den Stadtverordneten im März zur Billigung vorlag, wurde damit begonnen, ihn zu realisieren. In den Wochen nach ihrer Zusammenkunft am 17. Januar im Hansasaal berieten die Dozenten das Universitätsstatut, planten die Ausgestaltung der Fakultäten und klärten organisatorische sowie technische Fragen. Christian Eckert machte sich kundig, wie ein „Universitätsvertrag" auszusehen hätte, der zwischen der Stadt Köln und dem preußischen Staat geschlossen werden musste. Er orientierte sich dabei, vor allem was die Befugnisse und die Zusammensetzung eines Kuratoriums anging, an den umfangreichen Vereinbarungen, die der Frankfurter Magistrat 1912 mit den an der Universität beteiligten Hochschulen, Instituten und Stiftungen der Stadt getroffen hatte.[121]

Als Anfang Februar eine Reise Christian Eckerts nach Berlin bevorstand, wo er über Einzelheiten der Universitätsgründung verhandeln sollte, versäumte es der Oberbürgermeister nicht, vorab den in der Reichshauptstadt ansässigen einflussreichen Industriellen Johann Hamspohn telegrafisch zu bitten, seinem Abgesandten „nach Möglichkeit behilflich zu sein". Zu dem gebürtigen Kölner Hamspohn, hier einst Stadtverordneter und engagiert in Schulangelegenheiten, ehemals Mitglied des preußischen Abgeordnetenhauses und des Deutschen Reichstages, schließlich Mitglied des Vorstands und am Ende des Aufsichtsrates der AEG, stand der Kölner Oberbürgermeister seit zwei Jahrzehnten in enger, vertrauensvoller Beziehung.[122] Hamspohn sagte umgehend Unterstützung zu[123] – wie stets, wenn es um Kölner Belange ging.[124]

Am 7. und 8. Februar verhandelte Eckert im Beisein von Philipp Brugger und dem Staatsrechtler Hans Helfritz mit Becker. Helfritz war 1918 an der Einrichtung der deutschen Universität in Dorpat maßgeblich beteiligt gewesen, in Sachen Universitätsgründung also erfahren.[125] Es ging darum, den Staatsvertrag vorzubereiten, d. h. Zeitpunkte für die Eröffnung der einzelnen Fakultäten festzulegen, Fragen der „Etatisierung", also der Finanzierung des Unternehmens durch die Stadt Köln, zu klären, ferner die Befugnisse des Ministeriums und des Kuratoriums der Universität zu definieren.[126]

Wie Eckert berichtete, sah der Zeitplan vor, die Handelshochschule gemeinsam mit der Hochschule für kommunale und soziale Verwaltung zum 1. April in eine „vorläufig isolierte" Wirtschaftswissenschaftliche Fakultät mit Promotionsrecht umzuwandeln. Im Laufe des Sommers sollte die Akademie für praktische Medizin in eine Medizinische Fakultät „für alle klinischen Semester" überführt werden und bis zum Herbst des Jahres ausgebaut sein. Für den 1. April 1920 war die Errichtung der „Kulturwissenschaftlichen", für den 1. Oktober jene der Juristischen Fakultät vorgesehen. Über den Aufbau einer Theologischen Fakultät entschied man vorerst nicht. Doch werde dies möglich und sei wünschenswert, sobald „nach Trennung von Staat und Kirche" die theologischen Fakultäten der Staatsuniversitäten – wie man zu diesem Zeitpunkt noch erwartete – „eingehen" würden. Als Stiftungsuniversität könnte Köln dann eine Theologische Fakultät einrichten. Eckert riet dazu, von der Genehmigung der Regierung zum Ausbau der Universität „baldtunlichst" Gebrauch zu machen.[127] Den gemeinsam mit Helfritz erarbeiteten Vertragsentwurf fügte er seinem Bericht bei.[128]

Die für den 1. April geplante Eröffnung der Wirtschafts- und Sozialwissenschaftlichen Fakultät musste verschoben werden. Becker und Helfritz konnten nicht wie geplant nach Köln reisen, weil das preußische Staatsministerium wegen der „Märzkämpfe" über die Reichshauptstadt den Belagerungszustand verhängt hatte. Doch Becker beruhigte den Kölner Oberbürgermeister. Die „Angelegenheit der Universität" gelte in Berlin als entschieden, auch wenn das Staatsministerium nach Protesten, die bei ihm eingelaufen seien, den Oberpräsidenten und den Provinzialausschuss nochmals um eine schriftliche Stellungnahme ersucht habe. Es sei „ganz gleichgültig ..., ob die Rheinlande später eine eigene Republik werden oder mit Preußen vereinigt bleiben". Die preußische Staatsregierung werde deren Interessen in jedem Fall „bis zum letzten Moment" vertreten, als ob sie „sich nie von Preußen lösen könnten". Das Kultusministerium behandele die Gründung der Kölner Universität „mit vollster Loyalität", lediglich die sorgfältige Bearbeitung „einzelne(r) Anrechnungsfragen", bei denen der Reichsrat zu befragen sei, erfordere noch einige Zeit. Doch liege eine „sorgfältige Durchberatung der schwierigen Materie" ja im Interesse aller Beteiligten.[129]

Am 1. April nahm das Forschungsinstitut für Sozialwissenschaften mit den Direktoren Hugo Lindemann, Leopold von Wiese und Max Scheler offiziell seine Arbeit auf. Durch Ministerialerlass vom 18. Juli wurde Scheler auch „zum ordentlichen Professor – persönlicher Ordinarius, ohne Gehalt als solcher" der Universität ernannt.[130] Rechtlich gesehen bestand das Forschungsinstitut selbständig neben der Universität, war jedoch „durch persönliche, sachliche und räumliche Verbindungen mit ihr und besonders mit der Wirtschafts- und Sozialwissenschaftlichen Fakultät verknüpft" und kam daher „seiner tatsächlichen Wirkung nach einem Institute der Fakultät gleich". Die Geschäfte führte Christian Eckert.[131]

Der anhängige Besuch einer Kommission des Kultusministeriums in Köln wurde auch wegen des schlechten Gesundheitszustandes des Ministers mehrfach hinausgeschoben. Brugger versicherte dem Kölner Oberbürgermeister, Helfritz nahegelegt zu haben, die Reise nach Köln nicht länger zu vertagen, da sich die Verkehrsverhältnisse nur verschlechtern könnten; bis zu seiner „Wiederherstellung" dürfe nicht gewartet werden.[132] Schon am Tag darauf informierte Brugger Adenauer auch darüber, dass der Gedanke eines „Zweckverbands" Bonn-Köln im Rahmen eines Gesamtkonzeptes der Medizinerausbildung in der Rheinprovinz noch nicht aus der Welt sei, und empfahl dem Oberbürgermeister, „in dieser Hinsicht Fühlung (zu) nehmen". Für den 8. und 9. April kündigte Brugger einen Besuch von Haenisch und Becker, Helfritz und sich selbst in Köln an. Unter der Leitung von Carl Heinrich Becker, inzwischen zum Unterstaatssekretär befördert, aber ohne den noch nicht genesenen Kultusminister wurden die Gebäude und Einrichtungen, die in Zukunft der Universität zur Verfügung stehen sollten, an diesen Tagen visitiert sowie der Gründungsvertrag und das Universitätsstatut erörtert.

Erleichtert bedankte sich Adenauer bei Becker.

> Sie haben erkannt, daß wir unsere Befugnisse nicht überschritten haben und andererseits hat Ihre Reise uns den Beweis geliefert, daß Sie … die Durchführung der Kölner Pläne nicht verzögern wollen, sondern selbst alles daran setzen, um hier wirklich Gutes und Nutzbringendes baldigst entstehen zu lassen.[133]

Auch Becker reagierte gelöst. Adenauers „gütiger Brief" spreche aus, was als „Hauptresultat" des Besuchs anzusehen sei: Man arbeite nun wirklich vertrauensvoll zusammen. Becker versicherte dem Oberbürgermeister, er stehe „voll und ganz" hinter der „Kölner Universitätsidee". Sei er bisher für „eine einzige große rheinische Universität" eingetreten, sehe er jetzt ein, dass dieses Ziel, „wenn überhaupt", nur erreicht werden könne, indem man zunächst „zwei gesonderte Universitäten" schaffe und es dann der „natürlichen Entwicklung der Dinge" überlasse, ob diese auf Dauer „Sonderexistenzen" blieben oder sich im Laufe der Jahre „zu einer nicht nur inneren, sondern auch äußeren Einheit" zusammenfänden. Helfritz habe bereits „einen fertigen Vertrag mit ausführlicher Begründung" vorgelegt, und es herrsche „bei uns allen der feste Wille, Ihnen das abschließende Material so bald als möglich zugehen zu lassen". Minister Haenisch lasse ausrichten, dass er zur Eröffnung der Universität gern selbst nach Köln kommen werde, denn es liege ihm an der „neuen wissenschaftlichen Gründung" besonders viel.[134]

Doch die Vorbereitungen gerieten ins Stocken. Politische Unruhen in vielen Teilen des Reiches und nicht zuletzt die Frage, was die in Paris von den Siegermächten zu vereinbarenden Friedensbedingungen der Rheinprovinz und damit der Stadt Köln bringen würden, zogen alle Aufmerksamkeit auf sich. Hatte Adenauer sich von den Aktivisten der separatistischen Bewegung nach seiner Rede am 1. Februar zunehmend entfremdet und war es Anfang März zum endgültigen Bruch gekommen, versuchte er gleichwohl weiterhin gegenüber den Briten wie den Franzosen auf eigne Faust, für die Sache der Rheinlande, insbesondere für eine rheinische „Friedensrepublik" einzutreten, an deren Spitze kein anderer als er selbst hätte stehen können.[135] Am 7. Mai wurden die Bedingungen des von den Siegern entworfenen Friedensvertrags zur Beendigung des Ersten Weltkriegs bekannt. Sie riefen in Deutschland „ungeheure Empörung"[136] hervor und galten als „unannehmbar".[137]

Am 13. Mai reiste der Oberbürgermeister nach Berlin, wo er in den nächsten Tagen wahrscheinlich auch die endgültige Fassung des Universitätsvertrags aushandelte und paraphierte. Dieser unterschied sich in mehreren Punkten von dem Entwurf, dem die Stadtverordneten bereits zugestimmt hatten, und enthielt auch jene Paragrafen, die das Verhältnis zwischen den städtischen Krankenanstalten und der zukünftigen Medizinischen Fakultät der Universität regelten. § 1 des Vertrags listete im Gegensatz zum Entwurf die „Gebäulichkeiten" und „Institute" im Einzelnen auf, welche die Stadt „samt den dazugehörigen Lehrmitteln der Universität Köln zur dauernden Nutznießung für ihre Zwecke" übergeben musste. Darunter fiel die Handelshochschule am Römerpark mit der darin beheimateten Bibliothek, dem Archiv sowie den wissenschaftlichen Sammlungen und Apparaten. Ferner hatte die Stadt der Universität sämtliche Kliniken der Lindenburg, des Augusta-Hospitals und des Bürgerhospitals, das Pathologische und das Pathologisch-physiologische Institut sowie das hygienisch-bakteriologische Museum für Volkshygiene „für Lehrzwecke" zur Verfügung zu stellen, der Oberbürgermeister nach Ermächtigung durch den Provinzialausschuss und den Landeshauptmann außerdem die „Provinzial-Hebammenlehranstalt". Die Stadt verpflichtete sich, in der Lindenburg Umbauten für die Unterbringung der Augenklinik und der HNO-Klinik vorzunehmen sowie dort einen weiteren Hörsaal sowie ein Institut für Pharmakologie und ein Hygienisches Institut zu errichten.

Für die Universität als „Veranstaltung des Staates" schrieb § 3 vor, sie werde durch „Satzung der Staatsregierung" geregelt, nicht durch „Ministerialsatzung", wie es im Entwurf geheißen hatte – wobei diese Satzung noch nicht vorlag. Auf die Bezeichnung „kulturwissenschaftliche" Fakultät musste Eckert verzichten; neben der Wirtschaftswissenschaftlichen, der Medizinischen und der Juristischen sollte es nun auch in Köln, ganz traditionell, eine Philosophische Fakultät geben. Hatte Eckert noch vorgeschlagen, dass die Dozenten „nach Maßgabe der Stunden- und Besucherzahl" ein Drittel der von den Studenten zu entrichtenden Kolleggelder erhalten sollten, hieß es nun, dass der Bezug der „Vorlesungshonorare" nach den in Preußen üblichen Grundsätzen zu bemessen sei. Anders als im Zeitplan des Entwurfs vorgesehen, bestimmte § 4 des Vertrags, „unverzüglich" sowohl die seitherige Handelshochschule sowie die Hochschule für kommunale und soziale Verwaltung in eine Wirtschafts- und Sozialwissenschaftliche als auch die Akademie für praktische Medizin in eine Medizinische Fakultät umzuwandeln. § 5 billigte beiden Fakultäten das Promotionsrecht gemäß den vom Kultusministerium noch zu erlassenden Ordnungen zu. Zur Verwaltung der Universität legte § 6 fest, sei „neben den sonstigen bei Universitäten vorhandenen Organen das Kuratorium der Universität zu berufen". Sollte dieses ursprünglich aus dem Oberbürgermeister oder dessen Stellvertreter als erstem Vorsitzenden, einem zweiten, vom Oberbürgermeister selbst zu ernennenden geschäftsführenden Vorsitzenden, ferner fünf vom Stadtparlament gewählten Mitgliedern und drei vom Oberbürgermeister zu ernennenden Vertretern der Stifter sowie dem Rektor und dem Prorektor und „bei Angelegenheiten, die einzelne Fakultäten betreffen" – außer bei Berufungen –, den jeweiligen Dekanen „mit vollem Stimmrecht" bestehen, wurden in den Verhandlungen auch hier noch Änderungen vorgenommen. Nun sollte der Oberbürgermeister den geschäftsführenden Vorsitzenden erst „nach Anhörung der Stadtverordnetenversammlung" ernennen können. Statt fünf durften die Stadtverordneten sieben Kuratoriumsmitglieder auf jeweils drei Jahre wählen, was deren Einfluss stärkte. Als Aufgaben des Gremiums sah § 8 die „Verwaltung der Universität in Vermögensangelegenheiten", die Zustimmung zu An- und Verkäufen von Grundeigentum, die Einstellung des Verwaltungspersonals, die Führung der „sonstigen ihm überwiesenen Universitätsgeschäfte" sowie die Erstattung von Gutachten und Erteilung von Anregungen zur „Gestaltung des Universitätsunterrichts" vor. Was die Besetzung von Professuren anging, wichen der Kölner Entwurf und die Endfassung des § 9 nur unwesentlich voneinander ab. Personalvorschläge der Fakultäten „in der Regel in der üblichen Dreizahl" waren demnach „zur Vorlage an den Minister" rechtzeitig dem Kuratorium einzureichen, das etwaige Bedenken vorbringen konnte. „Auf Wunsch" seien „Minderheitsäußerungen" der Fakultät oder des Kuratoriums beizufügen. § 10 betraf die Rechte und Pflichten des Kuratoriumsvorsitzenden. Er vertrat das Gremium „gerichtlich und außergerichtlich, insbesondere bei Abgabe und Entgegennahme von Erklärungen für die Universität". „Öffentliche Ausfertigungen von Urkunden" konnte er unterschreiben und mit dem Siegel des Kuratoriums versehen. Vom Entwurf abweichend hatte nicht mehr der Vorsitzende, sondern der „geschäftsführende" Vorsitzende „die Beschlüsse des Kuratoriums vorzubereiten und auszuführen". Dieser sollte auch „im Namen des Kuratoriums mit Behörden und Privatpersonen" verhandeln und den Schriftverkehr führen – jedenfalls „soweit der erste Vorsitzende sich nicht die Entscheidung vorbehält". Die Gehälter und Wohngeldzuschüsse für Professoren legte laut § 11 der Minister nach der allgemein gültigen Gehaltsordnung für preußische Universitäten fest. Eine Überschreitung des Gehaltsmaximums sollte nur möglich sein, wenn das Kuratorium die dafür erforderlichen Mittel bereitstellte.

Traditionell lagen bei preußischen Universitäten Aufsicht wie Verwaltung in der Hand eines staatlichen Kurators. Die Satzungen der Stiftungsuniversitäten in Köln und in Frankfurt wiesen die Besonderheit auf, dass ein Staatskommissar die Aufsicht führte, während die Verwaltung einem städtischen Kuratorium oblag. Das Kuratorium trug dem Stiftungscharakter der Universität und dem entscheidenden Anteil der Kommune an ihrer Gründung wie an ihrem Unterhalt Rechnung.[138] Während dem Frankfurter Kuratorium ein Beamter des Ministeriums vorsaß, fiel diese Funktion in Köln dem jeweiligen Oberbürgermeister zu.

Die „Genehmigung des Vertrags mit der preußischen Regierung über die Errichtung der Universität Köln" war einziger Tagesordnungspunkt einer außerordentlichen Sitzung, zu der sich die Stadtverordneten bereits am 26. Mai versammelten. Obwohl der Entwurf vom März nicht unwesentlich geändert und ergänzt worden war, kamen in der vom Oberbürgermeister straff geleiteten Sitzung nur die §§ 2 und 13 bis 15 zur Sprache. Im Entwurf hatte § 2 die Stadt lediglich verpflichtet, „die für den Betrieb und die Erhaltung der Universität erforderlichen Mittel bereitzustellen". Der vom Oberbürgermeister bereits paraphierte und jetzt zu verabschiedende Vertrag ging erheblich weiter, schloss er „die Inanspruchnahme staatlicher Mittel für die Zwecke der Universität" doch „grundsätzlich" aus. Über diesen folgenschweren Zusatz, der überhaupt erst die Genehmigung der Universität als einer Staatsanstalt ermöglicht haben dürfte,[139] vermied Adenauer eine Aussprache. Er bemerkte lediglich, der jetzige Wortlaut sei „etwas klarer", enthalte aber „irgendwelche sachliche Änderung" nicht. Dann leitete er zu einer kurzen Behandlung jener Paragrafen über, welche die städtischen Kliniken betrafen.

Die „gesamte Verwaltung und Betriebsführung" der klinischen Anstalten und medizinischen Institute sollte in der Hand der Stadt als deren Eigentümerin bleiben, die auch weiterhin Ausgaben und Einnahmen sowie die Pflegesätze festlegen konnte. Die Kommune behielt sich auch „die Bestimmung über die Erweiterung des Umfangs der Universität zur Mitbenutzung zu überweisenden Anstalten und Institute sowie die für alle Beteiligten bindende Regelung und Handhabung der Geschäftsführung, der Hausordnung, der Wirtschaftskontrolle und des Aufnahmedienstes vor". Zugunsten der Stadt schrieb der Staatsvertrag sogar fest, dass der Lehrbetrieb „mit aller erforderlichen Rücksicht auf die Kranken" durchzuführen sei; insbesondere dürfe gegen deren Willen keine „Vorstellung ... zu Demonstrationszwecken" stattfinden. Bei der Aufnahme und Entlassung von Kranken sollten „die Interessen des städtischen Krankendienstes und die Rücksichtnahme auf die Finanzen der Stadt massgebend" bleiben. Erkrankte Kölner seien „in erster Linie nach dem Grade ihrer ärztlichen und sozialen Bedürftigkeit" aufzunehmen. Ausnahmen „aus wissenschaftlichen

Gründen" bedurften „eines besonderen Antrages an den Vorsitzenden der Krankenhausdeputation". Von großer Bedeutung war die in § 14 enthaltene Klausel, dass die Leitung der Kliniken und Institute, in denen die Studenten ihre praktische Ausbildung erhielten, „nur mit Zustimmung des Oberbürgermeisters" übertragen beziehungsweise widerrufen werden durfte. Professoren und Privatdozenten der Medizinischen Fakultät, die nicht zugleich in städtischen Diensten standen, mussten die „Benutzung der wissenschaftlichen Einrichtungen der Universität" von der Fakultät genehmigen lassen. Eine Inanspruchnahme „der sonstigen Krankenhauseinrichtungen oder Kranken" bedurfte wiederum einer Zustimmung der Krankenhausdeputation.

Adenauer erklärte den Versammelten, § 14 enthalte „äußerlich eine nicht unbedeutende Einschränkung Ihrer und meiner bisherigen Rechte", denn bisher wurden die Klinikchefs vom Oberbürgermeister nach Anhörung der Stadtverordnetenversammlung bestimmt. Nach dem Staatsvertrag sollte dies fortan dem Kultusminister obliegen, allerdings, wie Adenauer unterstrich, „nur mit Zustimmung des Oberbürgermeisters, der sich, wie auch bei dem bisherigen Modus, solange die jetzige Städteordnung besteht, vorher Ihre (der Stadtverordneten, H. E.) Äußerung beschaffen muss". Ohne die Zustimmung der Stadt könne der Minister also niemandem die Leitung einer Klinik übertragen. Damit würden die bisherigen Rechte auch im Staatsvertrag gewahrt bleiben. Peter Krautwig, seit 1905 ärztlicher Beigeordneter und Dezernent des städtischen Gesundheitswesens, pflichtete dem Oberbürgermeister bei: Auch wenn der Minister die Klinikchefs ernenne, hätten sie doch „allen Forderungen des Oberbürgermeisters und der Krankenhausdeputation" zu folgen. Da die Klinikchefs in der Regel zugleich Ordinarien der Medizinischen Fakultät waren, hatte ein Kölner Oberbürgermeister de facto das letzte Wort bei deren Berufung. Konflikte zwischen der Stadt und ihrem Oberbürgermeister auf der einen Seite und der Universität auf der anderen waren damit „strukturell angelegt".[140] Immerhin sollten der Medizinischen Fakultät mit den „Gehaltserstattungen" für Professoren – sofern diese zugleich eine Klinik leiteten – von der Stadt beträchtliche Einnahmen zufließen.[141]

Nach kurzer Debatte schloss Adenauer die öffentliche Beratung. In geheimer Sitzung genehmigten die Stadtverordneten „den hierzu paraphierten Entwurf des Vertrags mit dem preußischen Staate über Errichtung der Universität Köln". Dies geschah, wie bereits die Beschlussfassung am 20. März, unter Zeitdruck. Das Ultimatum zur Annahme des Friedensvertrages lief, und die Universität sollte gegründet sein, bevor womöglich unvorhersehbare Ereignisse dieses nicht mehr zuließen.[142]

Am 27. Mai 1919 genehmigte das preußische Staatsministerium, das inzwischen aus den drei Koalitionsparteien SPD, DDP und Zentrum bestand, den Vertrag. Der Beschluss lautete:

> Der Minister für Wissenschaft, Kunst und Volksbildung wird hiermit … ermächtigt, den im beiliegenden Entwurf vorgelegten Vertrag über die Errichtung einer Universität in Köln namens der preußischen Staatsregierung mit der Stadt Köln abzuschließen.
> Mit dem Zeitpunkt des Vertragsschlusses ist die Universität Köln errichtet und tritt in den Genuß der ihr zustehenden Rechte.[143]

Zwei Tage später traf der von Kultusminister Haenisch unterschriebene Vertrag im Kölner Rathaus ein. In Gegenwart von Hugo Mönnig, Bernhard Falk und Wilhelm Sollmann, den Vorsitzenden der drei im Stadtparlament vertretenen Fraktionen, unterzeichnete Oberbürgermeister Adenauer. Damit galt der Universitätsvertrag als vollzogen. Köln war Universitätsstadt geworden.

2.5 ERÖFFNUNG

Der Universitätsvertrag zwischen dem Staat Preußen und der Stadt Köln war nur wenige Wochen vor der Unterzeichnung des Versailler Friedensvertrages geschlossen worden, als viele meinten, der Untergang Deutschlands stünde bevor. Noch am 5./6. Juni reiste der Kölner Oberbürgermeister als Mitglied einer Gruppe von Sachverständigen, der auch Louis Hagen und Wilhelm Sollmann angehörten, zur deutschen Friedensdelegation nach Paris, ohne dort allerdings irgendetwas ausrichten zu können.[144] Die Eröffnung der neuen Universität fand kurz darauf am späten Vormittag des 12. Juni statt. Aus diesem Anlass fiel in Köln der gesamte Schulunterricht aus.[145]

Die KÖLNISCHE ZEITUNG, die sich inzwischen mit der Universitätsgründung abgefunden hatte, berichtete noch in ihrer Abendausgabe von der Feier im großen Saal des Gürzenich, die außer von Behördenvertretern, Professoren und Studenten von „zahlreichen Bürgern und Bürgerinnen" besucht worden sei. „Der Festsaal prangte in Grün und Fahnenschmuck, und zwischen den Festansprachen wickelte sich das musikalische Programm ab." Der Chor der Konzert-Gesellschaft und der Kölner Männergesangverein traten an, ebenfalls das Städtische Orchester und der Domknabenchor sowie ein bekannter Organist. Nachdem die Ouvertüre zu den „Meistersingern" verklungen war, ergriff Konrad Adenauer das Wort.

Der Oberbürgermeister zog eine direkte Traditionslinie von der „ehrwürdige(n)" mittelalterlichen zur neuen Universität. Bei den Zuhörern kam das vermutlich besser an, als wenn er auf die von Eckert oder Stier-Somlo immer wieder reklamierte „Neuartigkeit" eingegangen wäre. Vor allem aber hatte für ihn das Gerede vom „Bollwerk" und von der drohenden „Verwelschung" seine Schuldigkeit getan. „Mitten in den Aufeinanderprall der verschiedenen Kulturen hineingestellt" sei es nämlich die „besondere Aufgabe" der Universität Köln, „das hohe Werk dauernder Völkerversöhnung und Völkergemeinschaft zum Heile Europas zu fördern". Sie solle zeigen, dass „zwischen allen europäischen Völkern schließlich doch viel mehr des Gemeinsamen als des Trennenden" sei. „Dem wirklichen Völkerbunde, dem Fortschritte der Völker zu einer höheren Stufe der Entwicklung zu dienen, sei ihr heiliger Beruf!"[146] Nicht auszuschließen ist, dass sich diese Eröffnungsrede, indem sie die Völkerverständigung beschwor, zugleich als Botschaft an die französischen Unterhändler richtete, mit denen Adenauer zwei Tage zuvor noch geheim zusammengetroffen war, um ihnen seinen Plan einer „Friedensrepublik" zu erläutern.[147]

Nachdem sich auch Sanitätsrat Schulte als Mitglied der Vorbereitungskommission in festlichen Floskeln ergangen hatte,[148] verlas Carl Heinrich Becker ein Grußtelegramm des Kultusministers. Die „neue und neuartige Kölner Hochschule" beweise, „daß der deutsche Geist ... ungebrochen und mitten im nationalen Trümmerfeld kraftvoll" wirke. Doch sei Wissenschaft international, und gerade der Kölner Universität komme es zu, „über das Blut und die Tränen" der letzten Jahre hinweg „neue Brücken nach Westen schlagen zu helfen". Der Kultusminister schmeichelte der Festgemeinde: Ohne das Rheinland sei Preußen „eine Edeltanne ohne Krone", das Rheinland ohne Preußen „ein zum Verdorren und Verkümmern verurteilter Ast". Als er beteuerte „Wir gehören zusammen, und wir bleiben zusammen", applaudierten die Versammelten.[149] Die Kölner Universität, versprach Haenisch erneut, dürfe sich stets „der warmherzigen Förderung" des preußischen Kultusministeriums sicher sein.[150]

Becker pries es in seiner Ansprache als „ein gutes Stück deutscher Glaube", dass eine „Kaufmannschaft" sich trotz der zu erwartenden „drückenden Lasten ... aus freier Initiative" entschieden habe, „der Wissenschaft ein neues würdiges Heim" zu erbauen. „Deutschen Glauben" habe auch die Staatsregierung bewiesen, „auf Sicherung durch Kapitalien und Stiftungen" verzichtet und die neue Hochschule „lieber auf das feste Fundament der Opferbereitschaft und des Kulturwillens einer hochgesinnten Bevölkerung" gegründet. Doch schien Becker das Scheitern seines Planes von der Großuniversität Bonn-Köln nicht verwunden zu haben. Köln werde immer „den Glanz und die geistige Arbeit" der Universität Bonn als Ansporn vor Augen haben und möge „nicht in kleinlicher Rivalität, sondern in edlem geistigen Wetteifer seiner rheinischen Nachbarin gegenübertreten". Daraus werde beiden „ein Segen erwachsen". Mit dem Wunsch, die Professoren sollten „dem Staate und der Regierung gegenüber den echten deutschen Protestgeist deutscher Wissenschaft" erhalten, erklärte Becker die „Universität Köln" für eröffnet.

Abschließend kam Christian Eckert zu Wort und fasste seine Vision von der „neuartigen" Universität knapp in fünf Punkten zusammen. Es gehe um „das Verhältnis von Forschung und Lehre, die Zusammenarbeit von Gelehrten mit Praktikern, die Verbindung von Vortrag mit Aussprache, die Einfügung des Fachwissens in den Rahmen der Allgemeinbildung und die Zulassung der Begabten zum Studium". Wahre Demokratie verlange, dass „den wirklich Befähigten, aber auch nur diesen, der Zugang zu den reichsten und reinsten Bildungsquellen erschlossen" werde. Einen „Einfluß der Studierenden auf die Universitätsaufgaben, selbst ein Mitbestimmungsrecht der Studenten in manchen Fragen" hielt er für „durchaus erwägenswert". Eckert schloss mit dem Gedanken und näherte sich damit Adenauers Position an, dass die Kölner Universität „ein Brückenkopf ... im geistigen Sinne" werden könnte, „ein Stützpunkt für die von den Besten ersehnte Annäherung der Nationen".

Die RHEINISCHE ZEITUNG attestierte den Festrednern, sie hätten „alle Psalter akademischer Zünfteleien und Formalismen gar zu getreulich wiederholt", und kritisierte, dass dabei zwar wichtige außenpolitische, aber „keine innerpolitischen und umstrittenen sozialen Probleme" berührt worden seien. Es müsse aber „die große politische und soziale Umwälzung ... notwendig eine völlige Erneuerung unseres gesamten Bildungswesens mit seiner obersten Spitze, der Universität, nach sich ziehen". Doch werde sich die Kölner Universität, der „Revolutionssprößling", von den anderen „preußischen Anstalten" nicht grundsätzlich unterscheiden und auch die Fundamente des „alten Bildungsprivilegs der Besitzenden nicht wesentlich" angreifen. Das Banner des freien wissenschaftlichen Geistes und der voraussetzungslosen Forschung flattere zwar „fröhlich im Winde", aber man wisse, dass es in Köln nicht an Strömungen fehle, die sich dem entgegenstellen würden – was Wachsamkeit erfordere.[151] Die RHEINISCHE ZEITUNG zitierte aus der Ansprache des Oberbürgermeisters merklich knapper als die KÖLNISCHE ZEITUNG, räumte aber den Passagen, welche die Völkerverständigung betrafen, breiten Raum ein. Auf uneingeschränkte Begeisterung stieß die Rede Konrad Adenauers dagegen bei Ildefons Herwegen, dem befreundeten Abt des Klosters Maria Laach. In dessen Glückwunschschreiben hieß es: „Ihr Gedanke, daß die Kölner Universität versöhnend im Leben der westlichen Völker wirken soll, ist herrlich und hat allgemeinen Beifall gefunden. Sie haben Kölns Beruf im Schicksal der Völker klar dargelegt."[152]

Carl Heinrich Becker hatte aus Berlin auch die vom Kultusminister „im Namen der preußischen Staatsregierung" unterfertigte Satzung der – wie es im Untertitel heißt – „neubegründeten" Universität mitgebracht. Diese übernahm etwa mit den Bestimmungen über die Zusammensetzung und Zuständigkeiten sowie die Rechte und Pflichten des Kuratoriums oder das Prozedere bei Berufungen einige der Vorgaben des Staatsvertrages. Einleitend führte sie die allgemeinen Grundsätze auf, denen die Kölner Universität wie alle „Landesuniversitäten" genügen musste. So waren die Wissenschaften „frei von Einseitigkeiten und unabhängig von Parteien" zu halten. Eine ungewöhnliche Verpflichtung legte der neuen Universität indessen der § 2 auf, wonach diese „als Nachfolgerin der früheren Handels-Hochschule, der Akademie für praktische Medizin und der Hochschule für kommunale und soziale Verwaltung" auch deren Aufgaben erfüllen sollte. Das war ein Zugeständnis an Teile der Dozentenschaft und an das Kölner Wirtschaftsbürgertum. § 6 hielt fest, dass Hochschullehrer „unabhängig von der religiösen und politischen Überzeugung und Betätigung" zu berufen seien und „dem lehramtlichen Wirken ... aus solchen Gründen Schranken nicht gesetzt" werden dürfe.

Das Kultusministerium hatte die Zeit seit Ende Mai offenbar genutzt, um mit dem Statut zu klären, was im Staatsvertrag noch vage geblieben war. Das Kuratorium sollte demnach zwar „zur Verwaltung der Universität ... neben den sonstigen bei Universitäten vorhandenen Organen ... berufen" sein (§ 8), gehörte aber nicht zu den Organen, aus denen die Universität „besteht", nämlich aus den Lehrenden und dem Universitätsrichter sowie den an der Universität angestellten „Beamten" und den immatrikulierten „Studierenden" (§ 4). Nicht zuletzt beschrieb die Satzung den Dienstweg, auf dem „Berichte oder Vorstellungen" aus Köln an den Minister gingen. Der führte fortan notwendig über den Staatskommissar, außer wenn es um Beschwerden über diesen selbst ging.

Hatte Eckert regelmäßig die „Neuartigkeit" der geplanten Universität hervorgehoben, um ihre Gründung zu rechtfertigen, und dies auch auf der Eröffnungsfeier noch unterstrichen, bekannte er später, es hätten sich die „Kölner Bestimmungen" im Laufe der Verhandlungen den „für andere deutsche Universitäten geltenden Satzungen" angleichen müssen und das Kultusministerium hätte auch keine Sonderbezeichnungen, wie etwa „kulturwissenschaftliche" statt „philosophische" Fakultät, und keine Sonderbestimmungen über die Gehälter und die Kolleggelder akzeptiert. „Das Neuartige" sei daher „nicht im formalen Aufbau, sondern in geistiger Zielsetzung" angestrebt worden.[153] Nach vollzogener Gründung der Universität war die Floskel von ihrer „Neuartigkeit", mit der sie sich nicht zuletzt von Bonn abheben sollte, ohnehin obsolet.

Am 16. Juni, demselben Tag, an dem das Ultimatum der Alliierten zur Annahme des Friedensvertrages auslief, konstituierten sich die Wirtschafts- und Sozialwissenschaftliche sowie die Medizinische Fakultät, sodass am 17. Juni auch der Senat zu seiner ersten Sitzung zusammentreten konnte. Die beiden ersten Fakultäten beschlossen unter anderem, dem Oberbürgermeister die Ehrendoktorwürde zu verleihen. Der zum Gründungsrektor gewählte Christian Eckert unterrichtete daraufhin „streng vertraulich" dessen Bruder August von diesem Vorhaben. Der Anwalt möge entscheiden, ob auch die „nahen Verwandten des Herrn Oberbürgermeisters" zu der feierlichen Verleihung eingeladen werden sollten.[154]

Der akademische Festakt zur Universitätsgründung fand am 20. Juni im Gebäude der ehemaligen Handelshochschule am Römerpark statt. „Der enge Raum der stimmungsvollen Aula war bis auf den letzten Platz gefüllt. Das Weiß der Damenkleider mischte sich mit dem gemessenen Schwarz der Herrenröcke, dazwischen leuchteten die Studentenmützen und die reiche Tracht der Chargierten der Korporationen", berichtete die KÖLNISCHE ZEITUNG. Christian Eckerts Rede habe die „Ziele der neuen Universität" erläutert, nämlich „der Erkenntnis zu dienen, die Wahrheit zu suchen, die Studenten in wissenschaftlicher Weise vertraut zu machen mit der Gedankenwelt der großen Menschheitsführer, sie zugleich vorzubereiten für die Berufsarbeit, die sie als Glieder des Volksganzen künftig übernehmen wollen." Eckert habe dann die „Probleme der Hochschulbildung skizziert" und die Gelegenheit benutzt, „das Deutschtum der Rheinlande kräftig zu unterstreichen". Im „deutschen Wesen" lägen die „Wurzeln Kölns, deutsch seien Stadt und Universität, deutsch sollen sie bleiben, nicht mehr aber auch gewiß nicht weniger". Abschließend habe er das „Gelöbnis" abgelegt, ein „Hüter der Reinheit und Heiligkeit des Wissens gegen fremde Einflüsse sein zu wollen, ein Verteidiger der Rechte der Universität, ein Schützer der akademischen Freiheit gegen jede Gewalt". Von den drei Vertretern der Studentenschaft, die nacheinander das Wort ergriffen, erntete vor allem derjenige „lebhaften Beifall", der gelobte, „das Teuerste zu wahren, was die Studenten Kölns als Deutsche hätten: das deutsche Wort, den deutschen Sinn, die deutsche Treue".[155]

Am Ende der Feier wurde der Oberbürgermeister zum Ehrendoktor der beiden ersten Fakultäten promoviert. Die Wirtschafts- und Sozialwissenschaftliche Fakultät würdigte ihn als den „tatkräftigen Förderer der Neugründung der Kölner Universität..., den schöpferischen und weitschauenden Sozialpolitiker und Verwaltungsbeamten, dessen Verwaltung der Universitätsstadt Köln ...

2   Festakt in der Aula der ehemaligen Handelshochschule am 20. Juni 1919. Adenauer zwischen Johannes Meerfeld (links) und Christian Eckert.

einen wertvollen Anschauungsunterricht für das Wirtschafts- und Verwaltungsstudium" biete.[156] Zugleich mit dem Oberbürgermeister erhielt Johannes Meerfeld die Ehrendoktorwürde der ersten Fakultät der neuen Universität, weil er sich „aus eigener Kraft zu hoher geistiger Bildung durchgerungen und auf dem Gebiete der Volkswirtschaft und des Soziallebens als ideenreicher Schriftsteller von wissenschaftlicher Objektivität" bewährt habe.[157] Im Sommer 1920 übertrug der Oberbürgermeister Meerfeld das Dezernat für Kunst und Volksbildung, ernannte mit ihm den ersten sozialdemokratischen Beigeordneten der Kölner Stadtverwaltung und schuf damit ein Gegengewicht zu dem konservativ-katholischen Dezernenten Wilhelm Kahl, der für das Schulwesen zuständig war.[158]

Im Begleitschreiben der Medizinischen Fakultät zur Ehrenpromotion des Oberbürgermeisters hieß es unter anderem: Ohne Adenauers „festen Willen" und „geschickte Führung" wäre „der Weg zu dem alten Kleinod der Stadt verschlossen geblieben". Er habe aber auch tatkräftig an Fragen mitgearbeitet, welche die „medizinische Wissenschaft" berühren, nämlich solchen „der Volksgesundheit und insbesondere der Volksernährung im Krieg".[159] Im Sommer 1922 folgte die Ehrenpromotion der Rechtswissenschaftlichen,[160] 1923 jene der Philosophischen Fakultät.[161] Als „überzeugter Republikaner" trug Adenauer von allen Auszeichnungen, die ihm zuteilwurden, nur die Ehrendoktorate der Universität seiner Heimatstadt.[162]

Zum Schluss ergriff der Oberbürgermeister das Wort und erinnerte daran, dass es nicht an Warnungen gefehlt habe, Köln könne die finanzielle Last nicht tragen, die es sich mit der neuen Hochschule aufbürde. Er und die Stadtverordnetenversammlung seien sich aber der Tragweite der Entscheidung „vollauf bewußt gewesen und beide seien entschlossen, der Universität jederzeit zu geben, wessen sie bedürfe". Dann versicherte Adenauer, die Universität solle „so frei sein ..., wie nur irgendeine der alten deutschen Universitäten".[163] Die RHEINISCHE ZEITUNG zitierte den Oberbürgermeister, er wolle „jeder Beeinträchtigung, von woher sie auch kommen möge", soweit es an ihm liege, „mit voller Entschiedenheit entgegentreten". Er „verbürge sich dafür, dass die Freiheit der Universität gegen Eingriffe von oben wie von unten gesichert" werde.[164]

Unmittelbar unter dem Bericht über den akademischen Festakt in der Universität brachte die KÖLNISCHE ZEITUNG in der Rubrik „Neueste Nachrichten" die Meldung, dass die Reichsregierung unter Scheidemann zurückgetreten sei. Nun mussten sich Politiker finden, die bereit waren, am 28. Juni in Versailles den Friedensvertrag zwischen dem Deutschen Reich und den Alliierten zu unterzeichnen. Dieses Geschehen dürfte auch in Köln mehr Aufmerksamkeit gefunden haben als die Eröffnung der Universität.

Während das Stadtparlament die Finanzierung der prächtigen Eröffnungsfeier im Gürzenich nachträglich ohne Aussprache aus der Stadtkasse bewilligte,[165] gab es zur Feier in der Universität ein kleines Nachspiel. Weil Christian Eckert der Betrag, den die Musiker und der Dirigent des Städtischen Orchesters für ihren Auftritt in der Aula in Rechnung gestellt hatten, „außerordentlich hoch" erschien, wandte er sich an Max Albermann, den zuständigen Dezernenten. Man habe die Mitwirkung der Musiker erbeten, damit die Ehrenpromotion des Oberbürgermeisters „tunlichst feierlich" vollzogen werde, und bitte daher, „die Honorarsätze entsprechend (zu) ermäßigen".[166] Eckerts Schreiben landete beim Generalmusikdirektor, und der leitete es sogleich an den Oberbürgermeister weiter. Im Anschreiben erklärte er, die Mitwirkung der Musiker an der akademischen Feier sei „keine städtische Angelegenheit" gewesen, sondern nach einer „privaten Besprechung" zwischen Eckert und Fritz Moritz erfolgt; die Forderungen der Musiker und des Dirigenten entsprächen dem „ortsüblichen Tarif". Adenauer wies Eckerts Ansuchen zurück.[167] Die Stadt Köln gewährte „ihrer" Universität keine Vorzugspreise, auch oder gerade dann nicht, wenn es darum ging, dem Oberbürgermeister eine Freude zu bereiten.

3 Hochzeit Konrad Adenauers mit Gussie Zinsser im September 1919.

Knapp zwei Monate nach der Feier in der Aula der ehemaligen Handelshochschule trat am 11. August 1919 die Weimarer Reichsverfassung in Kraft, und es bestand Hoffnung, dass sich die politische Lage weiter beruhigen werde. Am 24. September heiratete Konrad Adenauer auf dem Lindenthaler Standesamt Auguste („Gussie") Zinsser, Tochter des Dermatologen Ferdinand Zinsser. Zinsser gehörte an der Kölner Universität zu den 13 Ordinarien der ersten Stunde.[168] Schon zu Lebzeiten Emma Adenauers war zwischen den beiden Familien ein „freundnachbarlicher Verkehr"[169] gepflegt worden. Als Emma 1916 verstarb und sich bald darauf – neben der Großmutter Adenauer – ein „Fräulein" um

Konrad, Max und Ria kümmerte, hatte es die Kinder oft zur Familie Zinsser ins Nachbarhaus gezogen. Konrad Adenauers und Gussie Zinssers Sympathie zueinander wuchs gewissermaßen über den Gartenzaun, denn beide interessierten sich für „Gartenbau und Blumenzucht". Darüber hinaus teilten sie ihre Liebe zur Musik. Johannes Adenauer, der Bruder des Bräutigams, vollzog die Trauung in der Kapelle des Dreifaltigkeits-Krankenhauses.[170] Anschließend feierte man im kleinsten Familienkreis.[171] Indem Konrad Adenauer eine „Professorentochter" heiratete, verband ihn mit der Universität künftig auch sein Schwiegervater, der 1928/29 zum Rektor gewählt wurde.

Die zweite Ehefrau des Kölner Oberbürgermeisters, 19 Jahre jünger als er und in vielem ein Gegensatz zu ihm, war „heiter, liebenswürdig, schön". Es kostete die Protestantin Gussie Zinsser keine Überwindung, vor der Heirat zum katholischen Glauben überzutreten.[172] Sie teilte die Auffassung ihres Ehemannes von der zentralen Bedeutung der christlichen Familie, blieb dabei liberal und tolerant. Die weltoffene und repräsentationsfähige Professorentochter begleitete ihren Mann fortan bei offiziellen Anlässen. Sie gehörte zu den Initiatorinnen des Kölner Frauenkunstvereins und engagierte sich als Bezirksvorsitzende im Katholischen Deutschen Frauenbund.[173] Über den KDF dürfte sie auch in Kontakt zu den Ehefrauen zweier Universitätskommissare gestanden haben. Die Zentrumspolitikerin Emily Brugger war führend im KDF tätig; Hedwig Fuchs, die Ehefrau von Bruggers Nachfolger, saß später dem rheinischen Provinzialausschuss des KDF vor.[174]

ANMERKUNGEN

1. Thomas Mergel, Köln im Ersten Weltkrieg, http://www.rheinische-geschichte.lvr.de/Epochen-und-Themen/Themen/koeln-im-ersten-weltkrieg/DE-2086/lido/57d1365e54c212.59206620 (abgerufen am 10.1.2019).
2. Ebert 2014, S. 143.
3. Häussermann 1976, S. 243 f.
4. Schwarz 1986, S. 192; von Wiese 1949, S. 19–25.
5. Köhler 1994, S. 99.
6. Der Überbringer der Nachricht war Götz Briefs, der katholische Sozialethiker, Sozialphilosoph und Nationalökonom (Briefs an Adenauer am 4.12.1918, HAStK Best. 902/253/1, S. 17 f.).
7. Köhler 1994, S. 130.
8. Als einziger Nichtsozialist gehörte der preußischen Regierung bis 1921 Handelsminister Otto Fischbeck an.

90 Gründung

9 Heimbüchel 1988, S. 308.
10 Haenisch 1920, S. 20 u. S. 16.
11 Romeyk 1976, S. 314.
12 Schwarz 1986, S. 156.
13 Reden 1919, S. 5.
14 Zit. n. Hayashima 1982, S. 72 f.
15 Eckert 1929, S. 60.
16 Ebd.
17 Hofmann 1974, S. 124.
18 Diese Denkschrift bewahrt weder das Kölner Universitäts- noch das Stadtarchiv auf. Die Universitätshistoriografie fußt auf einer von Eckert 1929 kolportierten – fälschlich auf den 21.12.1918 datierten – Version, die einen wesentlichen Inhalt unterschlägt: den Verweis auf eine „unter dem Beifall von Tausenden" geforderte „Loslösung" der Rheinlande *vom Reich*. Eckert hingegen spricht in Zusammenhang mit der „Loslösung" lediglich von einer „Absicht" der Franzosen, die auf „Entgegenkommen bei den andern Alliierten" zu stoßen drohte. Nur Kurt Düwell (1976, S. 172) zitiert Otto Boelitz (1924, S. 148), der als Kultusminister diese Denkschrift kannte. Boelitz berichtete, dass Adenauer die Universität gefordert habe, damit „Loslösungsbestrebungen im Rheinland" wirksam begegnet werden könne. Dass Eckerts Kolportage dazu im Widerspruch steht, thematisiert Düwell nicht.
19 Wolfgang Hofmann, „Haenisch, Konrad", in: Neue Deutsche Biographie 7 (1966), S. 442-444.
20 Berger, Stefan, Rezension zu: Max Bloch, Albert Suedekum 1871-1944. Ein deutscher Sozialdemokrat zwischen Kaiserreich und Diktatur, Düsseldorf 2009 (http://www.hsozkult.de/publicationreview/id/rezbuecher-12767 [abgerufen am 21.6.2018]).
21 Die Cölner Universität, Ministerialeingabe vom 20.12.1918, GStPK I HA Rep. 77 Tit. 46, Nr. 41, Bl. 3-14.
22 Adenauer an Hamspohn am 11.12.1917, in: Schulz 2007, S. 69.
23 Handschriftliche Vermerke auf den Durchschlägen der Briefe, die sich im Best. 902 des HAStK befinden, legen nahe, dass diese von Eckert ausgearbeitet worden sind.
24 Becker an Fischbeck am 7.6.1919, zit. nach Hayashima 1982, S. 72-74.
25 S. dazu Schwarz 1986, S. 25 ff.
26 Adenauer an Haenisch am 21.12.1918, HAStK, Best. 902/137/1, S. 95-96.
27 Adenauer an Südekum am 21.12.1918, ebd., S. 91-92.
28 Adenauer an Breitscheid am 21.12.1918, ebd., S. 89-90 u. GStPK I HA Rep. 77 Tit. 46, Nr. 41, Bl. 1 f.
29 Köhler 1994, S. 91; ders. 1986, S. 76 ff.
30 Adenauer an Becker am 21.12.1918, HAStK Best. 902/317/1, S. 97-98.
31 Wende 1959, S. 135.
32 Heimbüchel 1988, S. 309.
33 Eckert 1929, S. 61 f.
34 Ebd., S. 62.
35 Heimbüchel 1988, S. 312.
36 Eckert 1929, S. 62.
37 Becker an Curtius am 11.2.1919, http://carl-heinrich-becker.de/ernst-robert-curtius-professor-fuer-romanistik-und-literaturwissenschaften-1916-1933 (abgerufen am 1.11.2017).

38 HAStK Best. 902/137/1, S. 99 (undatiert). Breitscheids Antwort, in der es heißt, dass er Adenauers Plan „im Hinblick auf seine hohe politische Bedeutung" besonderes Interesse entgegenbringe, kam „z. d. A.", weil sie sich „durch die Verhandlungen mit den Vertretern von Cöln" überholt hatte. Breitscheid an Adenauer mit handschriftlichem Vermerk am 3.1.1919, GStPK I HA Rep. 77 Tit. 46, Nr. 41, Bl. 15.
39 Schwarz 1986, S. 227.
40 Rede Sollmanns am 15.11.1929, HAStK Best. 902/258/3, S. 25–67, Zitat S. 31.
41 Ebd. Best. 902/137/1, S. 101.
42 Aktennotiz Adenauers am 16.1.1919, ebd., S. 125.
43 Adenauer an Kultusminister am 12.1.1919, ebd., S. 105.
44 Becker an Max Weber, den er im Frühjahr 1919 für eine Professur an der Bonner Universität gewinnen wollte, am 6.2.1919. Zit. n. Heimbüchel 1988, S. 324.
45 Adenauer an Brugger am 14.1.1919, HAStK Best. 902/137/1, S. 111–115.
46 Brugger an Adenauer am 21.1.1919, ebd., S. 149–150.
47 Heimbüchel 1988, S. 319.
48 Ebd., S. 318 f.
49 Haenisch an Adenauer am 13.1.1919, HAStK Best. 902/137/1, S. 107.
50 Adenauer an Haenisch am 14.1.1919, ebd., S. 109.
51 RHEINISCHE ZEITUNG vom 14.1.1919.
52 RHEINISCHE VOLKSWACHT vom 15.1.1919; KÖLNER TAGEBLATT vom 15.1.1919.
53 KÖLNISCHE ZEITUNG vom 14.1.1919.
54 Heimbüchel 1988, S. 179.
55 Ebd., S. 319.
56 Adenauer an Brugger am 14.1.1919, HAStK Best. 902/137/1, S. 111–115.
57 VS am 30.1.1919.
58 HAStK Best. 902/137/1, S. 119–120.
59 Hofmann 1974, S. 126.
60 Eckert 1929, S. 65.
61 KÖLNISCHE VOLKSZEITUNG vom 8.4.1922.
62 Hofmann 1974, S. 125.
63 Heimbüchel 1988, S. 319 f.
64 Http://www.rheinische-geschichte.lvr.de/themen/Epochen%C3%BCbergreifend/Seiten/KoelnischeVolkszeitung.aspx#6 (abgerufen am 6.9.2017).
65 RHEINISCHE VOLKSWACHT vom 20.1.1919.
66 Höroldt 1969, S. 209.
67 Haenisch an Adenauer am 17.1.1919, HAStK Best. 902/137/1, S. 128 f.
68 Notiz auf ebd. S. 129.
69 KÖLNISCHE VOLKSZEITUNG vom 19.1.1919; markierter Ausschnitt in HAStK Best. 902/137/1, S. 133.
70 KÖLNISCHE VOLKSZEITUNG vom 17.1.1919.
71 Schanz 2009, S. 100.
72 Lübbe 1977, S. 149.
73 Reden 1919, S. 7–13.
74 Ebd., S. 13–17.
75 Reden 1919, S. 17–24.
76 KÖLNISCHE VOLKSZEITUNG vom 18.2.1919.

77 Telegramm Eckert an Adenauer o. D. (17.1.1919), Stiftung Bundeskanzler-Adenauer-Haus I/01.18 – dieses Telegramm ließ Adenauer nicht in den Akten des Oberbürgermeisters (HAStK Best. 902) ablegen. Es befindet sich in seinem persönlichen Nachlass.
78 HAStK Best. 902/137/1, S. 131.
79 KÖLNISCHE ZEITUNG vom 25.3.1924.
80 Thieß 1924, S. 19.
81 Universität Köln 1929, S. 67.
82 Freitäger 2013, S. 37.
83 KÖLNISCHE VOLKSZEITUNG vom 17.1.1919.
84 Niederschrift über die Unterredung am 18.1.1919, HAStK Best. 902/137/1, S. 142–148.
85 Im Hause Stein wurden in diesen Wochen „offenbar sehr separationsfreundliche Gedanken" ausgetauscht (Häussermann 1976, S. 220).
86 Während das Zentrum im Deutschen Reich 19,7 % der Stimmen erhielt, kam es in den fünf Wahlkreisen Westfalen-Nord und -Süd, Düsseldorf-Ost und -West sowie Köln-Aachen durchweg auf einen deutlich höheren Stimmenanteil, wobei der Wahlkreis Köln-Aachen mit 59,7 % an der Spitze stand (Statistisches Landesamt Nordrhein-Westfalen [Hg.], 50 Jahre Wahlen in Nordrhein-Westfalen 1919–1968, *Düsseldorf* 1969, https://www.destatis.de/GPStatistik/servlets/MCRFileNodeServlet/NWMonografie_derivate_00000002/50%20Jahre%20Wahlen%20in%20NRW%201919%20bis%201968.pdf;jsessionid=BC0FB5CF84CC5D535AEA7B42C5A33F1A [abgerufen am 28.5.2018]).
87 Zentralrat der deutschen sozialistischen Republik an Adenauer am 23.1.1919, HAStK Best. 902/137/1, S. 151 u. S. 153.
88 Köhler 1986, S. 56.
89 Morsey 1981, S. 92.
90 Ansprache Adenauers am 1.2.1919, in: Schulz 2007, S. 203–218.
91 Uexküll 1976, S. 43.
92 Vierhaus 2008, S. 32.
93 Rheinisch-Westfälisches Wirtschaftsarchiv (Hg.) 1997, Anhang.
94 KÖLNISCHE ZEITUNG vom 29.1.1919.
95 Eckert 1929, S. 66.
96 Ebd., S. 65.
97 Kellenbenz 1974, S. 193.
98 Ebd., S. 143 ff.
99 Schwarz 1986, S. 14.
100 Kölner Adressbuch 1919, Teil 1, S. 23.
101 Morsey 1997a, S. 601 f.; ders. 1979, S. 88.
102 Eckert 1929, S. 66.
103 Satzung der Universität zu Köln vom 25.5.1919, HAStK Best. 902/137/1, S. 29–46.
104 Wobei in Versatzstücken älterer eckertscher Texte, die in die Denkschrift vom 11. März eingingen, gelegentlich noch der Begriff „kulturwissenschaftlich" steht.
105 Universität Köln, Denkschrift Christian Eckerts vom 11.3.1919, HAStK Best. 902/137/1, S. 3–17.
106 Brugger an Adenauer am 28.3.1919, ebd. Best. 902/137/2, S. 275.
107 Eckert 1929, S. 66.
108 Meuthen 1988, S. 10.

109 Eckert 1929, S. 67.
110 Ebd.
111 Kölnische Zeitung vom 20.3.1919 (Morgenausgabe und Mittagsausgabe).
112 Das erwähnte der Stadtverordnete Rings in seinem Beitrag (SV am 20.3.1919).
113 Köhler 1994, S. 132 f.
114 In Friedrich Schillers Wilhelm Tell, 1. Aufzug, 3. Szene, V. 369–371 heißt es: „Fronvogt, wie wird die Veste denn sich nennen, / Die wir da bau'n? – Zwing Uri soll sie heißen, / Denn unter dieses Joch wird man euch beugen."
115 Gemeinsam mit Ludwig Schirrmeyer verfasste Maier 1924 das *Lehrbuch der Geschichte für höhere Schulen* (Diesterweg 1924 u. ö.), eines der wenigen republikfreundlichen Schulgeschichtsbücher.
116 Nahen an Schulte am 22.12.1928, AEK C R 9 A, 4. Die Entwicklung habe „diesem weitschauenden Politiker recht gegeben"(ebd.).
117 VS am 20.3.1919.
118 Rheinische Volkswacht vom 21.3.1919.
119 VS am 26.5.1919.
120 Becker an Fischbeck am 7.6.1919, zit. n. Hayashima 1982, S. 72 f.
121 Vertrag über die Gründung einer Universität in Frankfurt a. M. vom 28.9.1912, HAStK Best. 902/137/1, S. 177–235.
122 Köhler 1994, S. 65.
123 HAStK Best. 902/137/1, S. 173 u. S. 175.
124 Schwarz 1986, S. 241–243, S. 279.
125 http://kulturportal-west-ost.eu/biographien/helfritz-hans-2 Munzinger online/Personen – Internationales Biographisches Archiv, http://www.munzinger.de/document/00000003988 (abgerufen am 8.5.2017).
126 Eckert 1929, S. 66.
127 „Universität zu Köln" vom 17.2.1919, HAStK Best. 902/137/1, S. 237–241.
128 Eckert 1929, S. 66.
129 Becker an Adenauer am 14.3.1919, zit. n. http://carl-heinrich-becker.de/chb-u-k-adenauer-1919-30 (abgerufen am 1.11.2017).
130 Kuratorium an Berndorff am 8.10.1921, UAK 17/5149/1, S. 112.
131 Schmalenbach 1924, S. 19 f.
132 Brugger an Adenauer am 28.3.1919, HAStK Best. 902/137/1, S. 275–277.
133 Adenauer an Becker am 12.4.1919, zit. n. http://carl-heinrich-becker.de/chb-u-k-adenauer-1919-30 (abgerufen am 1.11.2017).
134 Becker an Adenauer am 23.4.1919, zit. n. ebd.
135 Köhler 1994, S. 106 f., S. 116.
136 Ebd., S. 108.
137 Erdmann 1966, S. 53.
138 Universität Köln 1929, S. 75.
139 Köhler 1994, S. 133.
140 Pabst 1976, S. 278.
141 Kops u. a. 1988, S. 394.
142 VS am 26.5.1919.
143 Eckert 1929, S. 69.
144 Schwarz 1986, S. 224 f.

145 Fuchs 1991, S. 194.
146 Eröffnungsfeier 1919, S. 53–55.
147 Köhler 1994, S. 112.
148 Kölnische Zeitung vom 12.6.1919.
149 Rheinische Zeitung vom 13.6.1919.
150 Kölnische Zeitung vom 12.6.1919.
151 Rheinische Zeitung vom 13.6.1919.
152 HAStK Best. 902/137/1, S. 379.
153 Eckert 1929, S. 69.
154 Eckert an August Adenauer am 18.6.1919, UAK 28/130a, Bl. 139.
155 Kölnische Zeitung vom 20.6.1919.
156 Geldmacher 1929, S. 95.
157 Ebd., S. 95 f.
158 Heimbüchel 1988, S. 478; Pabst 1976, S. 262.
159 Müller, Reiner, 1929, S. 194.
160 Lehmann 1929, S. 146.
161 Wintgen 1929, S. 201.
162 Morsey 1997a, S. 603.
163 Kölnische Zeitung und Rheinische Zeitung vom 20.6.1919.
164 Rheinische Zeitung vom 21.6.1919.
165 VS am 3.7.1919.
166 Eckert an Albermann am 24.6.1919, UAK 28/130 a.
167 Generalmusikdirektor an Adenauer am 1.7.1919, ebd.
168 Müller, Reiner, 1929, S. 149.
169 Schwarz 1986, S. 230; Weymar 1955, S. 82.
170 Auskunft Konrad Adenauer am 25.6.2018.
171 Weymar 1955, S. 82 ff.
172 Schwarz 1986, S. 231.
173 Https://www.konrad-adenauer.de/wegbegleiter/a/adenauer-gussie (abgerufen am 8.7.2017).
174 Sack 1998, S. 183.

3 AUFBAU

3.1 OBERBÜRGERMEISTER, KURATORIUM UND STAATSKOMMISSAR

Hatte § 7 des Staatsvertrags als Vorsitzenden des Kuratoriums der Universität noch den Oberbürgermeister der Stadt Köln *oder* dessen Vertreter vorgesehen, behielt § 9 der Satzung diese Position dem Oberbürgermeister vor. Damit war Konrad Adenauer der „geborene" Vorsitzende des Kuratoriums. In dieses Gremium wählte die Stadtverordnetenversammlung noch am Abend des 20. Juni 1919 sieben Männer aus ihren Reihen, mit Hugo Mönnig, Louis Hagen und Sanitätsrat Maximilian Schulte drei Angehörige der Zentrumsfraktion, die beiden Sozialdemokraten Wilhelm Sollmann und Heinrich Erkes sowie den Kaufmann Theodor Kirschbaum und den Sanitätsrat Ludger Nockher von der liberalen Fraktion.[1] Wann immer es um Angelegenheiten der Medizinischen Fakultät ging, kamen – jeweils mit Stimmrecht – der Vorsitzende der Krankenhausdeputation und ein von der Deputation zu wählendes weiteres Mitglied hinzu, bis 1926 der dem Zentrum angehörende „Medizinalbeigeordnete" Peter Krautwig. Die „Stifter von Vermögenswerten", denen drei Sitze zustanden, vertrat bis 1929 allein Heinrich von Stein. Damit gehörten dem ersten Kuratorium Männer an, mit denen der Oberbürgermeister in anderen Bereichen der Stadtpolitik einvernehmlich zusammenarbeitete.

Das Kuratorium tagte anfangs bis zu siebenmal, seit 1923/24 drei- bis viermal jährlich, um vorwiegend Finanzfragen und Personalangelegenheiten zu erörtern. Zusätzlich fanden regelmäßige Sitzungen der Besoldungskommission statt.[2] Alle drei Jahre bestätigte die Stadtverordnetenversammlung die Kuratoriumsmitglieder oder wählte neue. Seit die KPD bei der Kommunalwahl im Frühjahr 1924 zweitstärkste Fraktion des Stadtparlaments geworden war, hatte sie das Recht, ebenfalls im Gremium vertreten zu sein. Der Stadtverordnete Lohmer vom Zentrum, seine Kollegen Kaiser, Heimsoeth und Grundschöttel von den Liberalen sowie Beyer und Görlinger von der SPD gehörten dem Kuratorium jeweils über mehrere Wahlperioden an. Hugo Mönnig, enger Mitstreiter des Oberbürgermeisters bei vielen kommunalen Projekten, war ununterbrochen bis 1933 dabei und Louis Hagen bis zu seinem Tod im Jahre 1932.

Das Kuratorium trat in der Regel im Rathaus zusammen. Denn obwohl ihm der Rektor und der Prorektor angehörten und Dekane fallweise zu den Sitzungen hinzugezogen wurden, handelte es sich, folgt man den Buchstaben der Satzung, um ein Kontrollorgan der finanzierenden Stadt gegenüber „ihrer" Universität. Das Gremium hatte den Haushalt der Universität zu beschließen, deren „Vermögensangelegenheiten" zu verwalten sowie den An- und Verkauf von Grundstücken zu genehmigen. Es stellte außer dem Universitätssekretär und dem für die Universitätskasse zuständigen Quästor die Verwaltungsbeamten und -angestellten ein und besorgte „die sonstigen ihm überwiesenen Universitätsgeschäfte". Es ist nicht überliefert, dass das Kuratorium jemals von seinem Recht Gebrauch gemacht hätte, Gutachten über die Gestaltung des Universitätsunterrichts zu erstatten oder Anregungen dafür zu geben.

Dass Christian Eckert der „zweite geschäftsführende Vorsitzende" des Kuratoriums werden sollte, war bei der Gründung der Universität unter allen Beteiligten ausgemachte Sache. Er kannte die Kölner Verhältnisse wie kein anderer und schien wie zuvor mit der Handelshochschule auch bereits mit der Universität „verwachsen" zu sein.[3] Für Adenauer gab es – zumal in der schwierigen Aufbauphase der neuen Alma Mater – keine personelle Alternative zu Eckert. Bereits am 14. Juni 1919, als das Kuratorium zu seiner konstituierenden Sitzung zusammentrat, ernannte er ihn zu dessen Geschäftsführer. Bis zum Ende des Sommersemesters 1920, wenn sein Rektorat ausliefe, sollte er das Amt kommissarisch verwalten.[4]

Während seiner einjährigen Amtszeit als Gründungsrektor der neuen Universität erwies Eckert dem Oberbürgermeister manchen Gefallen. So setzte er durch, dass Adenauers Freund und Bundesbruder Benedikt Schmittmann, der mit dem Oberbürgermeister zugleich entfernt verschwägert war,[5] an der Wirtschafts- und Sozialwissenschaftlichen Fakultät ein Ordinariat erhielt.[6] Der einstige Kulturbeamte hatte den Einstieg in eine akademische Karriere über die Verwaltungshochschule gefunden, und seine Professorenkollegen blickten auf den „Zunftfremden ... bisweilen geringschätzig herab".[7] Mit der Übernahme der Leitung des 1923 gegründeten Seminars für Sozialpolitik und Wohlfahrtspflege, dessen Forschungsschwerpunkt die Sozialversicherung bildete,[8] dürfte Schmittmann ein Betätigungsfeld gefunden haben, auf dem er wertvolle Arbeit leisten konnte. Womöglich wollte Adenauer wiedergutmachen, dass er von seinem ursprünglichen Vorhaben, ihn zu einem der Direktoren des Forschungsinstituts für Sozialwissenschaften zu ernennen, zugunsten Max Schelers abgewichen war, der als Wissenschaftler ein ungleich höheres Ansehen genoss.

Christian Eckert erfüllte dem Oberbürgermeister einen weiteren persönlichen Wunsch. Seit dem 28. Juli 1919, als das Kuratorium eine Vereinigung der Stadt- mit der Universitätsbibliothek beschlossen hatte, gab es in Köln eine „Stadt- und Universitätsbibliothek".[9] Am 1. April 1920 wurde der sozialdemokratische Stadtverordnete Heinrich Erkes zum Bibliotheksrat ernannt. Der hochgebildete und vielseitig interessierte Erkes, der von 1921 bis 1924 dem preußischen Landtag angehörte, hatte in Köln bis zum Ersten Weltkrieg ein Importunternehmen geführt, das kriegsbedingt unterging. Schon während seiner Schulzeit auf dem Kölner Marzellengymnasium interessierte er sich leidenschaftlich für Island, insbesondere für die Sprache und die Geologie der Insel. Erkes war auf diesen Gebieten „publizistisch ungeheuer aktiv" und erwarb sich, obwohl akademisch nicht zertifiziert, als Privatgelehrter in Fachkreisen hohe Anerkennung. Neben wissenschaftlichen Aufsätzen veröffentlichte er, vorwiegend in der RHEINISCHEN ZEITUNG, eine Reihe von „Reisebildern". Erkes sammelte systematisch mehrere Tausend Bücher und Zeitungen, Zeitschriften und Karten aus und über Island. 1913 hatte er die Kölner „Vereinigung der Islandfreunde" mitbegründet. Hier fanden alle zusammen, die sich für das Land begeisterten – darunter der Erste Beigeordnete Konrad Adenauer. Auch dessen Sohn Max entflammte für die sagenumwobene Insel im Nordmeer, und es wurde verabredet, dass Heinrich Erkes ihn später einmal auf eine seiner vielen Reisen dorthin mitnähme.[10]

Die bevorstehende Ernennung Heinrich Erkes' zum Bibliotheksrat, zuständig für die Bearbeitung der außerdeutschen Sprachen und Literatur,[11] war jedoch in der Fachwelt wie in der Öffentlichkeit heftig umstritten. Zwar verfügte Erkes über praktische Erfahrung bei der Organisation seiner eigenen, umfangreichen Bibliothek und war auch an der Neuordnung und Katalogisierung der Bücherei der Freien Gewerkschaften in Köln beteiligt gewesen, doch als Voraussetzung für eine Stelle, wie er sie bekleiden sollte, galten in Preußen die Promotion und eine staatliche Prüfung. Darum empörte sich der Verband der deutschen wissenschaftlichen Beamten, und der Kölner Akademikerbund protestierte bei Konrad Adenauer als Vorsitzendem des Kuratoriums. Sogar das Kultusministerium wurde um Intervention ersucht. Die Presse vermutete, Erkes regelwidrige Einstellung als Beamter in den höheren Dienst wäre ein Ergebnis des „kölschen Klüngels". Die KÖLNISCHE ZEITUNG schimpfte im Februar 1920, so gut wie Erkes zum Universitätsbibliothekar ernannt worden sei, könnte man den „verdienstvollen Besitzer einer reichhaltigen Mineraliensammlung zum Stadtbaumeister" machen, da dieser „ja auch mit Steinen" zu tun habe, oder „den Vater einer tüchtigen Käfersammlung zum Oberförster". Nur die RHEINISCHE

ZEITUNG ergriff Partei für den Sozialdemokraten Heinrich Erkes und dessen Gewährsmann Konrad Adenauer. In ihrer Replik hieß es:

> Wir könnten mit Engelszungen reden und dennoch nicht die KÖLNISCHE ZEITUNG von der Berechtigung des Adenauerschen Standpunktes überzeugen, dass der Nicht-Zunftmann, der ein gediegenes Wissen, auf vielen Gebieten reiche Erfahrung besitzt und nicht durch allzu vielen Aktenstaub dem lebendigen Leben entfremdet wurde, besonders geeignet ist, auf solch einem Posten Tüchtiges zu leisten.

Als sich am Ende sogar der Verband deutscher Hochschulen mit der Angelegenheit befasste, erklärte Christian Eckert dessen Vorsitzendem im Frühjahr 1920 in einem ausführlichen Brief, dass abgesehen von einer Ausnahme die gesamte Stadtverordnetenversammlung Heinrich Erkes Einstellung als Universitätsbibliothekar gebilligt habe. Es gelang dem Gründungsrektor, die Wogen zu glätten. Erkes trat das Amt an und versah es bis zu seiner Pensionierung im Jahr 1930, als er mit Max Adenauer die versprochene Islandreise antrat.[12] Er übereignete der Kölner Universitäts- und Stadtbibliothek nach und nach seine gesamte Islandica-Sammlung.[13] Dass er dem Oberbürgermeister in den heiklen Fällen „Schmittmann" und „Erkes" Gefälligkeiten erwiesen hatte, vergaß Christian Eckert nicht.

Seit dem Wintersemester 1920, als Friedrich Moritz das Rektorat übernahm, stand Eckert dem Kuratorium als Geschäftsführer mit ganzer Kraft zur Verfügung. Er hatte nach § 11 des Statuts „die Beschlüsse des Kuratoriums vorzubereiten und auszuführen" und, „soweit der erste Vorsitzende sich nicht die Entscheidung vorbehält, ... im Namen des Kuratoriums mit Behörden und Privatpersonen zu verhandeln" sowie den Schriftwechsel zu führen. Er bereitete die Sitzungen des Kuratoriums vor und stimmte mit dem Oberbürgermeister die Termine ab, auf die das Gremium einzuberufen war. Die Einladungsschreiben, die Eckert den Mitgliedern des Kuratoriums schickte, enthielten als ersten Tagesordnungspunkt regelmäßig die „Mitteilungen des Vorsitzenden".

Die Satzung definierte das Kuratorium als letzte Kölner Instanz bei Berufungen. Sie schrieb vor, dass Berufungsvorschläge der Fakultät an das Kuratorium gingen, welches sie dann „mit einem Begleitberichte" an den Minister schickte.[14] Es stand diesem zu, gegenüber den Vorschlägen der Fakultät „etwaige Bedenken zur Geltung zu bringen".[15] Doch in seiner Gesamtheit dürfte es die Zusammensetzung des Lehrkörpers kaum beeinflusst haben, ja, Adenauer und Eckert bemühten sich, das Gremium aus solchen Personalentscheidungen herauszu-

4 Gründungsrektor
Christian Eckert, 1919/1920.

halten. Im Sommer 1921 teilte Eckert auf einer Senatssitzung mit, es sei „die ausgesprochene Absicht des Kuratoriums …, bei Einreichung der Berufungsvorschläge der Fakultäten an das Ministerium keine Abänderungsvorschläge zu machen".[16] Auch Adenauer erwähnte im Frühjahr 1922 in einem Schreiben an Becker, das Kuratorium habe von seinem Recht, sich zu Berufungslisten der Fakultäten zu äußern, „bisher fast niemals Gebrauch gemacht".[17] In einem offiziellen Bericht hieß es 1925, die „Stadtverordnetenmitglieder" hätten die Vertreter der „Universitätsinteressen" nie überstimmt, und die allermeisten Beschlüsse seien „einstimmig oder fast einstimmig" gefasst worden.[18] Da nur ein Beschlussbuch geführt wurde, liegen über mögliche Auseinandersetzungen innerhalb des Gremiums keine Protokolle vor. Wenn Konrad Adenauers Stimme bei der Besetzung von Ordinariaten gleichwohl ins Gewicht fiel, lag das zum wenigsten an seiner Position als Vorsitzendem des Kuratoriums. Dass sich dieses bei Berufungsfragen zurückhielt, konnte ihm sogar nur recht sein.

Das Universitätsstatut schrieb vor, dass ein planmäßiger Professor, der zum geschäftsführenden Vorsitzenden des Kuratoriums ernannt wurde, seine Senats- und Fakultätsgeschäfte ruhen zu lassen hatte. Da die Stadtverordnetenversammlung Eckerts Ernennung durch den Oberbürgermeister in Dreijahresabständen immer wieder billigte, genoss dieser in der Universität lediglich die Rechte eines Honorarprofessors. Der Einfluss, der ihm aus seiner Rolle als Mittler zum Oberbürgermeister zuwuchs, wog dies jedoch auf. Eckert ließ es sich nicht nehmen, als Lenker der Universität zu gelten. Bei allen Verdiensten, die er als Wissenschaftler und akademischer Lehrer erworben hatte, und dem Ansehen, das er unter Fachkollegen genoss, ging Eckerts „eigentliche Bedeutung" jedoch über sein Fachgebiet hinaus. Sie lag „in den Ergebnissen seiner hochschulpolitischen Aktivitäten": zunächst dem Aufbau der Kölner Handelshochschule und dann seinem Einsatz für die Gründung der Universität Köln.[19] Eckert dürfte es auch genossen haben, dass sein Name und der des Oberbürgermeisters in den nächsten Jahren stets in einem Atemzug genannt wurden, wenn man sich daran erinnerte, wie Köln im Jahre 1919 wieder zur Universitätsstadt geworden war. Doch wenn es um das öffentliche Erscheinungsbild des Kuratoriums ging, achtete Adenauer peinlich darauf, dass Eckert in der zweiten Reihe blieb. Der konnte damit leben.

Die Satzung legte auch fest, dass die Universität „unter Aufsicht des Ministers für Wissenschaft, Kunst und Volksbildung" stand. Dieser bestellte einen Kommissar, der in seinem Auftrag am Ort „die dem Staate zustehenden Befugnisse" gegenüber der Universität ausübte. Dem Kommissar oder seinem Vertreter war in Kuratoriumssitzungen „auf Wunsch ... jederzeit das Wort zu erteilen". Hatte der von Kölner Seite vorgelegte Entwurf für den Staatsvertrag das Kuratorium außer zur Planung des Haushalts auch zu dessen jährlicher Entlastung befugen wollen, übertrug die endgültige Fassung diese Aufgabe einer „Kommission, die aus dem Kommissar des Ministers als Vorsitzendem und drei von der Stadtverordnetenversammlung gewählten Mitgliedern besteht", versagte es dem Kuratorium also, sich selbst zu kontrollieren.

Drei Monate nachdem die Universität eröffnet worden war, setzte das Kultusministerium am 16. September 1919 Philipp Brugger als Staatskommissar ein. Dieser Tag lag zwischen der Ernennung Bruggers zum Präsidenten des Regierungsbezirks Köln am 31. August und seiner Einführung in dieses Amt am 23. September. Es ist anzunehmen, dass Adenauer als Mitglied des Provinzialausschusses diese Personalie hatte beeinflussen können, sodass mit Brugger, der ihn ja Anfang des Jahres vertraulich hatte wissen lassen, er wolle sich angesichts der „Umwälzungen" im Kultusministerium „nach einem anderen Tätigkeitsfeld umsehe(n)",[20] zugleich der Wunschkandidat des Oberbürgermeisters zum Zuge kam.

Brugger nahm das Amt mit Elan und Akribie wahr.[21] Am 5. Mai 1921 verlieh ihm die Medizinische Fakultät als Zweitem nach dem Oberbürgermeister in „Anerkennung seiner großen Verdienste um die Hebung und Förderung der medizinischen Wissenschaft in Köln" die Ehrendoktorwürde.[22] Vermutlich hatte Adenauer auf Bruggers „frühere Wirksamkeit als Dezernent der Akademie der praktischen Medizin" hingewiesen und die Entscheidung der Fakultät damit „wirksam" gefördert.[23] Die Ehrung erfolgte zu einem Zeitpunkt, als Brugger bereits als Staatssekretär im Reichsinnenministerium für die besetzten rheinischen Gebiete im Gespräch war. Er trat dieses Amt vorläufig an und blieb weiterhin Staatskommissar, ehe er sich Ende des Jahres endgültig für die Übernahme entschied.[24]

Den neuen Staatskommissar hatte Carl Heinrich Becker zu ernennen, der von April bis November 1921 als Kultusminister dem Kabinett Stegerwald angehörte. Bruggers Nachfolger im Amt des Kölner Regierungspräsidenten lehnte Adenauer als Kommissar ab; er zog den Oberpräsidenten der Rheinprovinz vor. Dabei bleibt offen, ob ihm der neue Regierungspräsident, der aus Württemberg stammende Sigmund Maria Graf Adelmann von Adelmannsfelden, als Person weniger behagte als Oberpräsident Rudolf von Groote, der aus einer alten Kölner Familie kam. Gegenüber Becker erklärte der Oberbürgermeister jedenfalls, es hätten bei Bruggers Ernennung „persönliche" Gründe den Ausschlag gegeben, sei dieser doch seinerzeit an der „Neugründung" der Kölner Universität sehr interessiert gewesen und habe „an ihrem Ausbau besonders lebhaften Anteil" gehabt. Mit Bruggers Rückkehr nach Berlin fielen diese Gesichtspunkte weg. Da man in Frankfurt von Anfang an den Oberpräsidenten von Nassau mit dem Amt des Staatskommissars betraut habe, sei es „bedeutungsvoll", dass auch in Köln „der höchste Beamte der Provinz" Kommissar für die Universität werde. Andernfalls stünde diese „im Ansehen hinter der Frankfurter Universität" zurück.[25] Am selben Tag unterrichtete Adenauer den Oberpräsidenten von seinem „Antrag" an den Kultusminister, um diesen als neuen Staatskommissar zu gewinnen. Er hoffe, dass Groote dieses Amt „nicht ungern" annähme, „zumal ja Ihre Familie und Ihr Name mit der alten Universität eng verbunden gewesen sind und unsere neue Universität die Tradition des Vergangenen in einer für unsere Zeit notwendigen Weise fortzuführen sucht".[26] Von Groote bekannte, es sei ihm bei seiner engen Beziehung zur Stadt Köln eine „besondere Freude", das Amt des Kommissars anzutreten.[27]

Als das Kultusministerium im November 1921 von Becker auf Otto Boelitz überging, verzögerte sich die Wiederbesetzung des Kommissariats. Noch im November 1921 sprach Adenauer mit Becker, nun als Staatssekretär für die

Angelegenheit zuständig, über die Bestellung von Grootes. Becker zögerte. Er befürchtete offenbar, dass sich die staatlichen Interessen vom Dienstsitz des Oberpräsidenten im fernen Koblenz aus nicht angemessen vertreten ließen.[28] Da es Adenauer in der nächsten Zeit nicht gelang, persönlich im Kultusministerium vorzusprechen, um von Grootes Ernennung zu forcieren, sandte er Anfang März 1922 einen Brief desselben Inhalts, wie er ihn im Herbst des Vorjahres an Becker gerichtet hatte, an dessen Nachfolger.[29] Als wiederum nichts geschah, wandte er sich Ende des Monats erneut an Becker mit der Bitte um „baldgefl[issentliche] Erledigung in unserem Sinne".[30] Schließlich wurde von Groote zum Staatskommissar ernannt. Doch bevor er das Amt antrat, erlag er im Mai 1922 einem Schlaganfall.

An der Neubesetzung des Amtes des Oberpräsidenten beteiligte sich der Kölner Oberbürgermeister, der seit 1920 dem Provinzialausschuss vorsaß,[31] als „Anreger, Vermittler und Dirigent".[32] Im Juli 1922 schlug der preußische Innenminister dem Staatsministerium Hans Fuchs vor,[33] einen Freund und Bundesbruder Konrad Adenauers.[34] Im Oktober 1922 wurde dieser in sein Amt eingeführt. Adenauer, der Fuchs nach eigenem Bekunden „zum Oberpräsidenten gemacht"[35] hatte, verständigte sich mit diesem und bat den im Kultusministerium inzwischen zuständigen Erich Wende im November 1922, den höchsten Beamten der Rheinprovinz auch zum Staatskommissar für die Kölner Universität zu ernennen.[36] Dies geschah – nach mehr als einjähriger Vakanz – am 2. Februar 1923.[37] Da die französischen Besatzungsbehörden den Oberpräsidenten bereits „wegen seiner öffentlich bekundeten Treue zum Reich" aus dem Rheinland ausgewiesen hatten,[38] führte Fuchs seine Amtsgeschäfte bis zum September 1924 vom mittelhessischen Wetzlar aus. Daher konnte er weder an den Zusammenkünften des Kuratoriums teilnehmen, noch diente er als Station auf dem vorschriftsmäßigen Dienstweg zum Berliner Kultusministerium. Im Oktober 1923 bat der Senat die Fakultäten sogar ausdrücklich, ihre Berichte an das Ministerium nicht über das Oberpräsidium zu leiten, da auch der Rektor dies nicht tue.[39]

3.2 DIE JURISTISCHE FAKULTÄT

Die Lehrkörper der Wirtschafts- und Sozialwissenschaftlichen sowie der Medizinischen Fakultät rekrutierten sich überwiegend aus übernommenen Professoren der Vorgängereinrichtungen. Dagegen fand die im Frühjahr 1920 gegründete Rechtswissenschaftliche Fakultät „wenig, auf dem sie aufbauen konnte".[40]

Nur Fritz Stier-Somlos Professur für Öffentliches Recht und Politik sowie die für Öffentliches Recht von Godehard Josef Ebers sollten von der Handelshochschule auf die Universität übergehen. Das Hochschulkollegium beauftragte eine Kommission unter der Leitung Stier-Somlos, die Fakultät personell aufzubauen. Adenauer schätzte den Professor, der ihn als Oberbürgermeister gelegentlich kompetent beriet.[41] Die Konstituierung der Juristischen Fakultät liefert anschauliche Beispiele, welche Bedeutung Konrad Adenauer der „Konfession" oder der „Partei" beimaß, wenn er sich für einen Anwärter auf ein Ordinariat einsetzte.

Kaum hatte sich die Nachricht von der bevorstehenden Gründung einer Universität in Köln herumgesprochen, erreichte den Oberbürgermeister im Januar 1919 ein Brief des Juristen Franz Schollen, eines Bundesbruders Adenauers und Mitglieds der Zentrumspartei. Dass „Cöln seine Universität" bekommen werde, habe in ihm „eine alte Sehnsucht wieder wachgerufen …, die Sehnsucht nach der Professur". „Früher" sei eine solche für ihn aus wirtschaftlichen und politischen Gründen „unerreichbar" gewesen; dann hätten ihn ein „gerütteltes Maß an Arbeit" in seinem derzeitigen Amt und „die Entfernung zu einer Universitätsstadt" daran gehindert, diesen Weg zu beschreiten. Aus Vorlesungen an der Kölner Handelshochschule, zu denen Adenauer ihn „angeregt" und die er „gern übernommen" hätte, sei ja „leider auch nichts geworden". Nunmehr aber möchte er sich der „Cölner Universität" zur Verfügung stellen und bitte Adenauer, ihm mitzuteilen, wie seine „Aussichten" stünden. Die „Liebe und Neigung zum Lehrfach" habe er glücklicherweise während der Jahre im Staatsdienst nicht verloren.[42] Schollen hätte wissen müssen, dass die „Sehnsucht nach der Professur" ihn nicht bereits für eine solche qualifizierte. Dennoch erbat er ziemlich unverhohlen die Protektion des Oberbürgermeisters. Dass die Einrichtung einer juristischen Fakultät in Köln nicht unmittelbar bevorstand, sondern bis dahin „mindestens" ein Jahr ins Land gehen würde, schien Adenauer in dieser Situation gelegen zu kommen. So musste er den Bundesbruder nicht offen abweisen, sondern bat ihn lapidar, zu gegebener Zeit wieder vorstellig zu werden.[43] 1922 wurde Franz Schollen Präsident des Oberlandesgerichts Düsseldorf und blieb es bis 1933. Das konnte Adenauer nicht vorhersehen. Doch wenn er es verstand, sich „durch personalpolitische Fürsprache manchen Freund zu schaffen oder zu erhalten", der sich einmal als „nützlicher Verbündeter bei der Vertretung Kölner Interessen" erweisen sollte,[44] galt es ebenso, einen Bundesbruder, dem eine Karriere bevorstand, nicht vor den Kopf zu stoßen.

Noch 1919 bat das Kuratorium Heinrich Lehmann, der als „Gastprofessor aus Straßburg" in Bonn lehrte, an den Berufungen für die zu gründende Juristische Fakultät mitzuwirken und auch sogleich eine Gastvorlesung in Köln zu übernehmen.⁴⁵ Lehmann galt zu dieser Zeit bereits als Kapazität im Wirtschaftsrecht. Seine 1913 veröffentlichte Arbeit über „Die Grundlagen des deutschen Industrierechts" hatte Maßstäbe gesetzt. Lehmann und Adenauer, beide Jahrgang 1876, kannten sich von Kindheit an, hatten beide das Apostelgymnasium besucht, an denselben Universitäten studiert, waren als Brisgoven Bundesbrüder und „schätzten sich zeitlebens".⁴⁶ Nicht zuletzt gehörte Heinrich Lehmann „zur Familie", denn seine Frau war eine Schwägerin von Adenauers Schwager Max Weyer, dem Bruder seiner verstorbenen Frau Emma.⁴⁷ In Lehmann fand der Oberbürgermeister einen Vertrauten unter den Ordinarien der Juristischen Fakultät, dessen Rat er unter vier Augen suchte und beherzigte.

Es ist nicht übertrieben zu sagen, dass Adenauer und sein Freund Lehmann die Rechtswissenschaftliche Fakultät entscheidend prägten. Lehmann wurde für das Studienjahr 1921/22 als erster Jurist zum Rektor der Kölner Universität gewählt. Er begriff sich zu dieser Zeit als „in der Vollkraft des Mannesalters" stehend und konnte daher, wie er später festhielt, neben den Rektoratsgeschäften 14 bis 15 Wochenstunden Vorlesungen und Übungen „ohne Einbuße an Frische und Leistungskraft" bewältigen. Nirgendwo habe man „so bewußt auf die Züchtung eines neuen Typs des Wirtschafts- und Verwaltungsjuristen" gesetzt wie an den neuen Großstadtuniversitäten Frankfurt, Köln und Hamburg, urteilte Lehmann 1929. Köln verdanke diese Entwicklung seiner vorteilhaften Lage im rheinisch-westfälischen Wirtschaftsraum und „der verständnisvolle(n) Unterstützung durch die Stadtverwaltung"⁴⁸ – mit Konrad Adenauer an der Spitze.

Hatte Adenauer 1919 die Bitte seines Bundesbruders und Parteifreundes Schollen um Protektion abgelehnt, erwärmte er sich Ende 1921 für die Berufung des hochangesehenen Rechtsphilosophen Gustav Radbruch, eines Sozialdemokraten, der an der Kieler Universität lehrte und zu dieser Zeit im Kabinett Wirth als Reichsjustizminister amtierte. Radbruch hatte bereits bei der Einrichtung der Fakultät auf Platz eins einer Berufungsliste gestanden, den Ruf aber abgelehnt. Adenauer ließ Eckert die Sache eruieren. Der erkundigte sich zunächst bei Lehmann, der „weder wissenschaftliche, noch persönliche Bedenken" hegte, Radbruchs Mitgliedschaft in der Fakultät vielmehr „sehr begrüßen" würde – doch nur unter der Bedingung, dass dieser auf sein Ministeramt wie auf sein Mandat als Abgeordneter des Reichstags verzichtete. Christian Eckert erklärte dem Oberbürgermeister, es könnte wohl die „in sich gefestigte Wirtschaftswissenschaftliche Fakultät" ertragen, dass der Reichstagsabgeordnete Franz Moldenhauer nur zu seinen Vorlesungen von Berlin nach Köln käme. Doch der Juristischen Fakultät sei „mit solch halber Kraft nicht gedient". Daher müsse man herausfinden, ob Radbruch, wenn er einem Ruf nach Köln folgte, sich bereitfände, „seine parlamentarische Tätigkeit zum mindesten weitgehend einzuschränken". Andernfalls würde die Fakultät nämlich beantragen, ihr ein zusätzliches Ordinariat zu bewilligen.[49] Adenauer schickte daraufhin einen von Eckert entworfenen Brief an Wilhelm Sollmann, der inzwischen ebenfalls dem Reichstag angehörte, und bat ihn „vertraulich, aber ganz offen" zu ermitteln, ob sein Parteifreund Radbruch einen Ruf an die Kölner Universität überhaupt annehmen würde und sich auch bereitfände, dafür „seine parlamentarische Tätigkeit zum mindesten stark einzuschränken".[50] Radbruch kam nicht nach Köln.

Die Zahl der Studierenden an der Kölner Universität stieg schneller und stärker an als erwartet. Ende 1921 teilte Christian Eckert dem Oberbürgermeister mit, dass die Besucherzahl der Juristischen Fakultät in Bonn gesunken, die in Köln indessen „wesentlich gestiegen" sei und „wahrscheinlich die Bonner juristische Fakultät in diesem Semester überholt" habe.[51] Das rasche Wachstum bis 1923 brachte es mit sich, dass der Universität neben ihrer wichtigsten Einnahmequelle, den Zuschüssen der Stadt Köln, kontinuierlich real steigende „Einnahmen aus eigenem Erwerb", vornehmlich aus Aufnahme-, Studien- und Gasthörergebühren zuflossen. Da das Reich im Jahr 1923 wegen der galoppierenden Inflation auch der städtischen Kölner Universität den „Besoldungsmehraufwand" erstattete, verfügte die junge Hochschule vorerst über eine recht gut gefüllte Kasse, um renommierte Professoren zum Wechsel in die Domstadt zu bewegen oder hier zu halten.[52]

Als Hans Planitz, der Sohn eines evangelischen Pfarrers und seit 1920 in Köln Ordinarius für Deutsches Recht, Ende 1922 einen Ruf an die Bonner Universität erhielt, begnügte Adenauer sich nicht damit, wie es ihm als Vorsitzendem des Kuratoriums zugestanden hätte, zu gegebener Zeit die Liste für eine Neubesetzung der Stelle mit einem „Begleitbericht" und erforderlichenfalls „abweichenden Minderheitsäußerungen" an das Ministerium weiterzuleiten. Da die Position des Staatskommissars nach Philipp Bruggers Weggang vorerst vakant blieb, wandte er sich umgehend und direkt an den zuständigen Ministerialrat Erich Wende, einen engen Mitarbeiter Carl Heinrich Beckers. Wie er sich habe überzeugen können, ließ Adenauer Wende wissen, sei die Juristische Fakultät durch Planitz' Berufung an die Nachbaruniversität „sehr betroffen" und wünsche, dass alles versucht werde, den Kollegen zu halten. Zwar obliege „die Gestaltung der persönlichen Bezüge" eines Professors dem Kultusministerium. Sollte Wende aber Planitz „für Köln" eine Gehaltszulage bewilligen, würde das Kuratorium sofort zustimmen. Bei einem bevorstehenden Besuch Wendes in Köln lasse sich die Angelegenheit vielleicht „mündlich weiter behandeln".[53]

Doch bevor eine Antwort von Wende in Köln eintraf, erreichte den Oberbürgermeister ein Brief Ildefons Herwegens, Abt des Klosters Maria Laach. Wie er erfahren habe, schrieb Adenauers Bundesbruder, werde durch Planitz' Berufung in Köln ein Lehrstuhl frei. Er erlaube sich, „für das deutschrechtliche Fach bei der Cölner Fakultät auf den Privatdozenten Dr. jur. et phil. Nottarp"[54] hinzuweisen. Dieser sei ein „tüchtiger und strebsamer" Wissenschaftler, „durch die Not der Zeit" aber gezwungen, hauptamtlich als Landrichter tätig zu sein, wobei er weiterhin Vorlesungen an der Bonner Universität halte. Er habe Nottarp als „vorzüglichen Charakter" kennengelernt, über seine „wissenschaftlichen Qualitäten" könnten zwei Ordinarien Auskunft geben. Dass Nottarp in letzter Zeit wenig publiziert habe, liege an seiner Berufstätigkeit. Herwegen zeigte sich überzeugt, dass Nottarp „sein Fach gut vertreten" werde. „Sollte es dir möglich sein, ... etwas für ihn zu tun, so wäre ich dir sehr dankbar."[55] Adenauer antwortete dem Abt umgehend, noch bevor er in der Angelegenheit überhaupt hätte aktiv werden können, dankte für dessen Schreiben mit der „wertvolle(n) Empfehlung", gab vor, auch von anderer Seite bereits auf Nottarp aufmerksam gemacht worden zu sein, und versprach, in nächster Zeit auf die Sache zurückzukommen.

Adenauer bat Lehmann, sich zu dem Begehren des Abtes zu äußern. „Streng vertraulich" schrieb dieser, Nottarp sei „ein in jeder Hinsicht einwandfreier Mensch, auch strebsam und nicht untüchtig", doch könne er „die Bedeutung seiner Schriften ... als Nichtfachmann nicht entscheidend beurteilen". „Ersten Ranges" aber seien Nottarps „Produktionen sicher nicht". Diese lägen – „viel hat er nicht geschrieben" – auf kirchenrechtlichem Gebiet. Nottarp sei „nicht in erster Linie Germanist", woran aber Bedarf bestehe. Für Kirchenrecht habe man Ebers und einen Privatdozenten. Ob Nottarp ein „guter Dozent" sei, wisse man nicht. „Wenn er schon kein Schriftsteller von besonderer Eigenkraft ist, müßte er wenigstens als Dozent irgendwie hervorragen, um für uns in Betracht zu kommen." Dann wäre nicht auszuschließen, dass er „auf zweite oder dritte Plazierung" auf die Liste käme, „obwohl es natürlich für unser Ansehen nicht gerade mehrend wäre, wenn wir einen anerkannten Ordinarius nach Bonn abgäben und dafür den Privatdozenten bekämen, den Bonn nicht haben wollte". Auch würde es die „ruhige Entwicklung" der Fakultät sehr stören, wenn noch ein dritter Lehrstuhl besetzt werden müsste. Planitz sei als Wissenschaftler „der beste unter den jüngeren Germanisten" und nicht zuletzt eine „sehr sachliche Persönlichkeit", was dem Arbeitsklima an der Fakultät zugutekomme. „Deshalb wäre ich Dir sehr dankbar, wenn Du alles aufbieten würdest, ihn zu halten."[56]

Lehmanns ausführliche Stellungnahme lieferte dem Vorsitzenden des Kuratoriums die Argumente, um sich mit Nachdruck für Planitz' Verbleib in Köln einzusetzen. Adenauer hatte seine Meinung bereits gebildet, als er abermals gebeten wurde, sich für Nottarp zu verwenden; jetzt von dem renommierten Münchner Rechtshistoriker Konrad Beyerle. Dieser saß für das Zentrum im Reichstag, hatte als Mitglied der Nationalversammlung am Abschnitt „Grundrechte" der Weimarer Reichsverfassung mitgearbeitet und war Vorsitzender der Sektion für Rechts- und Sozialwissenschaft in der Görres-Gesellschaft zur Pflege der Wissenschaft im katholischen Deutschland.[57] Durch Planitz' Berufung nach Bonn, die Beyerle anscheinend für ausgemacht hielt, werde doch in Köln „die germanistische Professur" frei. Als Nachfolger werde ihm „in 1. Linie" Nottarp benannt. Beyerle bat Adenauer „dringend, sich für Nottarp einzusetzen: einen tüchtigen katholischen Dozenten, der endlich ins Brot kommen muß, wenn er nicht durch die Last des praktischen juristischen Berufs ... von der Fortsetzung seiner wissenschaftlichen Arbeit fern gehalten werden soll". Adenauer möge „mit Prof. Ebers darüber konferieren". Bei „geschicktem Handeln" müsste es gelingen, Nottarp zu einer akademischen Stellung zu verhelfen.[58]

Doch mancher, der Planitz' Erbe bereits verteilen wollte, vergaß, dass der Professor selbst noch ein Wort mitzureden hatte. Am 16. Januar unterrichtete Eckert Adenauer, unter welchen Bedingungen der Umworbene, der zuvor im Kultusministerium verhandelt hatte, bereit wäre, den Ruf nach Bonn abzulehnen. Für Bonn werde ihm – es herrschte Hyperinflation – ein Monatsgrundgehalt von 68.000 M geboten gegenüber bisher 62.000 M in Köln, eine Renumeration[59] von 50.000 M jährlich statt 47.000 M sowie für zwei Jahre ein Lehrauftrag für Patentrecht mit 75.000 M jährlich. Planitz sei unentschlossen, ob er den Ruf annehme, habe aber die Frage verneint, ob er unter den gleichen Bedingungen, die das Ministerium ihm für Bonn biete, in Köln bleiben würde. Nach Bonn lockten ihn die „besseren Bibliotheksverhältnisse und die geringere Belastung mit Vorlesungen". In Köln halte ihn sein Haus in der „Kolonie".

Bei der „Kolonie" handelte es sich um ein Ensemble von Doppelhäusern im Stadtteil Marienburg, wo 14 Professorenfamilien wohnten. Um dem Mangel an geeigneten Wohnungen für Ordinarien der neuen Universität abzuhelfen, hatte sich Heinrich Lehmann gemeinsam mit Max Scheler an die Kommune gewendet, um Bauplätze zu „erträglichen Bedingungen" zu erwerben. Man stieß auf großes Entgegenkommen, gründete die „Baugenossenschaft Kölner Universität" und errichtete die „kleine Kolonie".[60] Hier entwickelte sich ein „lebhafter gesellschaftlicher Verkehr", und alle Professoren waren bemüht, „auch außerberufliche Beziehungen anzuknüpfen und zu vertiefen". Die Großzügigkeit der Stadtverwaltung, in der August Adenauers Schwager Wilhelm Greven als Beigeordneter seit 1914 für den Wohnungsbau zuständig war und, wie mancher andere Kölner, in der Tradition der Handelshochschule an der Wirtschafts- und Sozialwissenschaftlichen Fakultät der neuen Universität einen Lehrauftrag wahrnahm,[61] erwies sich als gute Investition, um Köln für einen umworbenen Ordinarius attraktiv zu machen.[62]

Eckert berichtete weiter, dass Planitz „möglicherweise in Köln bleiben würde", wenn man ihm an zwei Tagen in der Woche eine Schreibkraft zur Verfügung stellte. Der Lehrauftrag für zwei Jahre, den ihm Bonn mit 75.000 M jährlich honorieren wolle, sei gedacht, um für diese Summe „zeitweise Schreibhülfe" zu beschaffen. Eckert hatte Planitz bereits erklärt, dass das Kuratorium voraussichtlich einen solchen honorierten Lehrauftrag akzeptieren und „möglicherweise dafür sogar eine höhere Summe als Bonn" bewilligen werde. Gegen die Verpflichtung der „Schreibhülfe" für mehrere Jahre hegte Eckert allerdings „prinzipielle Bedenken", da er „Konsequenzen aus solchen Zugeständnissen bei anderen Berufungen" fürchtete. Dürfe er Planitz zusichern, dass Adenauer „die zeitweise Gestellung einer Schreibkraft beim Kuratorium befürworten" werde? Als Postscript fügte Eckert an, Planitz habe ihm „soeben" mitgeteilt, er werde „voraussichtlich in Köln bleiben, wenn das Kuratorium mit einem Lehrauftrag für 5 Jahre und einer Renumeration von 75.000 M jährlich einverstanden sei, mit der Massgabe, dass diese 75.000 M entsprechend fortschreitender Geldentwertung im Laufe dieser fünf Jahre erhöht würden".[63] Noch am selben Tag wandte Adenauer sich erneut an Wende. Planitz wisse nicht, ob er in Köln bleiben oder nach Bonn gehen solle, doch lege die Juristische Fakultät großen Wert darauf, dass er bleibe. Das Kuratorium werde die „Anerbietungen", die Wende für Bonn gemacht habe, „gewiss auch für Köln akzeptieren". Wende möge bitte „recht bald" mitteilen, ob das Kuratorium, falls Planitz sich für Köln entscheide, diesem dieselben Bezüge bewilligen dürfe, die Wende ihm „für Bonn" angeboten habe. Planitz zöge es vor, den Lehrauftrag für Patentrecht für fünf statt für zwei Jahre zu übernehmen – was Köln ihm gern gewähre, lasse sich doch für diese Zeit mit der bewilligten Summe eine Schreibkraft für den Professor einstellen.[64]

Wende antwortete postwendend und sichtlich unwirsch, adressierte sein Schreiben vom 18. Januar auch nicht an Adenauer, den Vorsitzenden, sondern an Eckert, den Geschäftsführer des Kuratoriums. Er unterstrich, dass es dem Ministerium „mit der Berufung von Herrn Planitz nach Bonn ernst" sei. Man wünsche, dass Planitz diesen Ruf annehme, was sich aus der „sehr schwierigen Lage" erkläre, in der sich die Bonner „Schwester-Fakultät" seit dem Weggang

Martin Wolffs nach Berlin befinde. Es hätten bereits zwei Professoren „trotz anfänglich aussichtsvollen Verhandlungen ... den Ruf nach Bonn abgelehnt". Die Bonner Fakultät lege daher „mit größtem Recht" Wert darauf, die Nachfolge Wolff zum Sommersemester zu regeln. Planitz sei „in voller Würdigung der in Bonn jetzt bestehenden Notlage" in die Verhandlungen über seine Berufung nach Bonn eingetreten und habe dabei nicht verhehlt, dass ihn persönlich manches an Köln fessle. Er wisse aber, wie wichtig dem Ministerium „die Sanierung der Bonner Verhältnisse" sei, auch wenn Köln einen erheblichen Verlust erleide. Bevor der Ruf ergangen sei, habe man im Ministerium das „Für und Wider ... eingehend geprüft". Wenn Eckerts „Fürsorge für Köln" diesem durchaus zur Ehre gereiche, erwarte man doch Verständnis für einen wohlbegründeten Entschluss des Ministeriums. Daher werde das Ministerium Planitz für Köln nicht dieselben Bezüge zubilligen, die ihm Bonn angeboten habe. Eckert reichte Wendes Brief umgehend an den Oberbürgermeister weiter.[65]

Konrad Adenauer, der am 16. Januar in seinem Amt als Präsident des preußischen Staatsrats wie selbstverständlich bestätigt worden war,[66] besprach sich in Berlin noch im Laufe derselben Woche mit Carl Heinrich Becker, Wendes Vorgesetztem. Diese Unterredung brachte eine überraschende Wende. Der Staatssekretär erklärte, es sei zwar ausgeschlossen, dass das Ministerium Planitz in Köln ließe, wenn die dortige Universität ihm „mehr böte", weil sich die Universitäten sonst „gegenseitig in die Höhe treiben" würden. Die Angelegenheit lasse sich also „wohl nur auf dem Wege der Schreibhülfe machen", die im Etat freilich „bei einem anderen Titel" zu verrechnen sei. „Herr Planitz müsste dann dem Minister erklären, dass er sich überhaupt anders besonnen habe und in Köln bleiben wolle". Adenauer teilte Eckert lapidar mit, dass er diese Lösung begrüße, vorausgesetzt, die Fakultät erstrebe sie.[67]

Nachdem der Staatssekretär im Kultusminister dem alten und neuen Präsidenten des preußischen Staatsrats zu dieser geradezu „kölschen" Lösung geraten, dabei sogar allen Vorurteilen zum Trotz eine Entscheidung zum Nachteil Bonns gefällt und sich auch gegenüber seinem Minister nicht eben loyal verhalten hatte, entschied Planitz sich, in Köln zu bleiben. Mitte März setzte Adenauer Herwegen und Beyerle fast gleichlautend von Planitz' Entscheidung in Kenntnis, zweifellos erleichtert, dass er den katholischen Privatdozenten Nottarp nicht protegieren musste. Da Planitz Köln nicht verlasse, komme eine „Heranziehung" des Empfohlenen „zurzeit" nicht infrage.[68] Herwegen bekundete höflich seine Freude über das Bleiben von Planitz – vielleicht biete sich „später einmal" Gelegenheit, seinen Kandidaten in Köln „für eine Professur in Vorschlag zu bringen".[69]

Diese Gelegenheit schien bereits nach einem Jahr gegeben, als Hans Planitz einen Ruf nach Heidelberg erhielt. Wiederum wurde Beyerle bei Adenauer vorstellig, nun ausdrücklich „als Vorsitzender der juristischen Sektion der Görres-Gesellschaft, an deren Arbeiten Prof. Nottarp lebhaftes Interesse" nehme. Er habe Nottarp bereits auf dessen Nachfrage seinem „Freund" Ebers empfohlen und fühle sich „verpflichtet, nachdrücklich dafür einzutreten, dass Nottarp endlich eine volle Lehrstelle" bekomme, damit er nicht länger „mit Rücksicht auf seine Familie eine Richterstelle neben der Lehrtätigkeit versehen" müsse, „was ihn über Gebühr von seinen wissenschaftlichen Arbeiten" abhalte. „Die Kölner Fakultät gewänne in Nottarp eine frische rheinische Dozentenpersönlichkeit, zugleich einen katholischen Gelehrten, woran wahrlich kein Überfluss ist".[70]

Beyerle hatte auf Godehard Ebers, den Dekan der Juristischen Fakultät und einen der wenigen praktizierenden Katholiken unter den Professoren der Kölner Universität,[71] als Fürsprecher für Nottarp verwiesen. Adenauer leitete Beyerles Schreiben „unter Umschlag" an Ebers weiter und erbat dessen Meinung – mit „Frist 8 Tage", als handele es sich bei dem Dekan um einen seiner Untergebenen in der Stadtverwaltung.[72] Ebers antwortete umgehend, ausführlich und unverblümt. Nachdem seine der Vertraulichkeit halber handschriftliche und daher schwer lesbare Stellungnahme im Büro des Oberbürgermeisters transkribiert worden war, wusste dieser, wie er Beyerles erneute Empfehlung zu bewerten hatte. Berufe man Nottarp, so Ebers, würden sich in der Fakultät „gewisse Widerstände" geltend machen. Denn dieser habe „nur ganz wenig publiziert" und sei „insbesondere auf germanistischem Gebiete so gut wie gar nicht hervorgetreten". Ferner weise seine Lehrtätigkeit „durchaus nicht die Lebendigkeit und Frische" auf, die „Herr Beyerle" ihm zuspreche. Zwar seien Nottarps Aussichten „bei dem notorischen Mangel an Germanisten" jetzt besser als vor einem Jahr, doch müsste seine Kandidatur „sehr vorsichtig behandelt werden, um gegenüber einzelnen Kollegen den Anschein zu vermeiden, dass N. um seines religiösen Bekenntnisses willen vorgeschlagen werde". In einem anderen Fall habe er damit „üble Erfahrungen" gemacht; auch der „Widerstand gegen Coenders",[73] den Strafrechtler, erkläre sich vielleicht daraus, und erfahre nun „durch eine gewisse Ungeschicklichkeit beim Lehren" anscheinend „eine objektive Rechtfertigung".[74]

Vom nunmehr gut informierten Oberbürgermeister erhielt Beyerle daraufhin eine im Ton höchst verbindliche Antwort. Adenauer beteuerte, er wolle dem Bewerber besondere Aufmerksamkeit zuteilwerden lassen, und verwies beiläufig darauf, dass, soweit er wisse, „Herr Professor Planitz über die Annahme oder Ablehnung des Rufes nach Heidelberg bis jetzt noch nicht entschieden habe".⁷⁵ Nachdem Planitz den Ruf abgelehnt hatte, konnte sich der erleichterte Oberbürgermeister gegenüber Beyerle zerknirscht geben und versichern, dass man bei sich bietender Gelegenheit die Frage einer „eventuellen Heranziehung" Nottarps gern „erneut prüfen" werde.⁷⁶

Auch als Nachfolger von Heinrich Mitteis, der zum Sommersemester 1924 einen Ruf nach Heidelberg annahm, kam Nottarp nicht infrage. Sich offenbar nicht sicher, ob Adenauer diesen protegieren wollte, schrieb Ebers dem Oberbürgermeister an dessen Privatadresse, dass der „von Beyerle so warm empfohlene" Kandidat von vornherein eine geringe Chance gehabt hätte, auf die „Liste" zu kommen. Denn ihm fehle „einmal die dozentische Lebhaftigkeit"; vor allem habe er aber „im wesentlichen nur auf kirchenrechtlichem Gebiete" gearbeitet und lediglich „einen kleinen bürgerlichrechtlichen Aufsatz" geschrieben. Man habe sich aber bemüht, auf die Liste, die nun dem Kuratorium zugehe, nur „erste Kräfte" zu setzen, um einen „sowohl wissenschaftlich wie als Dozent qualifizierten Ersatz" zu gewinnen. Ihm persönlich tue es ja leid, dass Nottarps Kandidatur „so aussichtslos" gewesen sei, aber „Sonderinteressen" müsse auch er „das Interesse der Fakultät" voranstellen.⁷⁷

Es nützte Nottarp ebenfalls nichts, dass er sich Anfang 1923 mit der Bitte um „Unterstützung und Beförderung ... in geeigneter Weise" direkt an den Kölner Erzbischof gewandt hatte.⁷⁸ Das Problem Nottarp kam erst aus der Welt, als dieser 1925 zunächst in Bonn nicht beamteter außerordentlicher Professor wurde und dann noch im selben Jahr einem Ruf als Ordinarius an die Königsberger Universität folgte.⁷⁹ Diejenigen, die den katholischen Privatdozenten ungeachtet seiner fachlichen Reputation protegiert wissen wollten, hatten Konrad Adenauer ebenso falsch eingeschätzt wie seine politischen Gegner, die ihm eine entsprechende Bereitschaft unterstellten.

Auch August Adenauer dürfte einer Unterstützung seines jüngeren Bruders kaum bedurft haben, als ihn der Minister für Wissenschaft, Kunst und Volksbildung Ende des Sommersemesters 1924 auf Antrag der Fakultät zum Honorarprofessor ernannte, was dem Status eines heutigen „außerplanmäßigen Professors" entsprach.⁸⁰ Der angesehene Kölner Anwalt hatte bereits an der Handelshochschule unterrichtet, seine Lehrtätigkeit an der Universität fortgesetzt und sollte nun die Nachfolge von Julius Flechtheim antreten,⁸¹ der als Syndikus der I. G. Farben in die Industrie wechselte. Doch als der Brief des Kultusministers mit der Ernennungsurkunde für den Bruder des Oberbürgermeisters tatsächlich oder vermeintlich verzögert zugestellt wurde, verursachte dies im Kölner Rathaus einigen Wirbel. Nach dem Vermerk des Nachtwächters war der

Brief in der Nacht vom 20. auf den 21. September dem Briefkasten des Rathauses entnommen und am Sonntagmorgen in das Vorzimmer des Oberbürgermeisters gebracht worden. Auf dem Umschlag stand als Eingangsdatum in der Botenstube des Rathauses aber der 19. September. Da zwischen diesem Datum und dem Eintreffen des Umschlags in seinem Amtszimmer eine allzu lange Frist zu liegen schien, ließ Konrad Adenauer streng nach dem Schuldigen für diese Verzögerung forschen. Der Pedell Luckenbach, den Christian Eckert den Umschlag hatte überbringen lassen, der diensthabende „Hausinspektor" und ein „Hülfsbote" sowie der „Versandinspektor" und auch Eckert selbst mussten sich zur Sache äußern. Zu einer Aufklärung reichte es nicht. Der Beteuerung des Boten, der Kalender in der Botenstube des Rathauses sei irrtümlich noch auf den 19. gestellt gewesen, als der Umschlag hier am Nachmittag des 20. September eintraf, stand sowohl die Aussage Eckerts gegenüber, er habe den Brief am Abend des 18. versandfertig gemacht, als auch jene Luckenbachs, der Brief sei von ihm bereits am Vormittag des 19. September im Rathaus abgegeben worden.[82] Die verzögerte Zustellung des Dienstbriefes für seinen Bruder veranlasste den Oberbürgermeister, für die Stadtverwaltung einen Briefeingangsstempel einzuführen.[83]

Zum Wintersemester konnte August Adenauer mit seinen Vorlesungen beginnen. Er unterrichtete zunächst Bürgerliches Recht und Handelsrecht für das Handelshochschulstudium, seit dem Wintersemester 1927/28 Bürgerliches Recht sowie Handelsrecht für das kaufmännische und Handelslehrerstudium;[84] auch gehörte er dem Prüfungsausschuss für Diplom-Kaufleute und Diplom-Handelslehrer an.[85] Als Prüfer sei es ihm niemals darum gegangen, „schöne Examina herauszuholen", vielmehr habe er die Aufgaben immer so gestellt, dass sich die Kandidaten nicht darauf vorbereiten konnten, sondern „ihr Eigenes geben" mussten. Auf diese Weise habe er selbst „viel gelernt".[86] Als Mitinhaber der Kanzlei Schniewind & Adenauer vertrat August Adenauer die Universität gelegentlich auch anwaltlich.[87]

In den zwanziger Jahren kamen erste Mitglieder der Familie Adenauer als Studenten an die Kölner Universität. Augusts 1902 geborener Sohn Ludwig, der sein Studium der Rechts- und Staatswissenschaft in Bonn begonnen hatte, immatrikulierte sich für das Wintersemester 1920/21 in Köln, verbrachte dann offenbar zwei Semester in Freiburg und eines in München, um sein Studium nach drei weiteren Semestern in seiner Geburtsstadt Köln abzuschließen. Auch Ludwigs jüngere, 1904 geborene Schwester Hanna, die sich für das Fach Kunstgeschichte entschieden hatte, studierte hier im Sommersemester 1924 und im Wintersemester 1925. Sie absolvierte dann Semester in Berlin, Wien sowie Paris und wurde 1932 in Bonn mit einer Arbeit über die Architektur der Kathedrale von Laon promoviert. In den Sommersemestern der Jahre 1926 und 1929 war auch Augusts 1908 geborener Sohn Kurt in Köln immatrikuliert. Hatte er zunächst die Wirtschafts- und Sozialwissenschaftliche Fakultät gewählt, studierte er am Ende wie seine Brüder Jura. Im Sommersemester 1928 fand sich Hans, gerade einmal 17 Jahre alt, zum Jurastudium an der Kölner Universität ein, wo er auch das Sommersemester 1931 verbrachte. Nachdem der Vater zum Honorarprofessor ernannt worden war, bekamen die Matrikelkarten seiner studierenden Kinder den Stempel „Dozentenkinder". Für sie galten reduzierte Gebührensätze.[88]

Die heranwachsenden Kinder des Oberbürgermeisters kamen mit der Universität zunächst nur über einen „Universitätsturnlehrer" in Berührung, der sonntags im Haus der Familie in der Max-Bruch-Straße erschien, um sie bei Leibesübungen anzuleiten.[89] Konrad jun., genannt „Koko", begann nach dem Abitur ein Jurastudium in Berlin und wechselte zum Sommersemester 1927 nach Köln. Max nahm sein Jurastudium im Sommersemester 1929 in seiner Heimatstadt auf.[90] Waren August und Konrad Adenauer Ende des 19. Jahrhunderts noch auf ein Stipendium angewiesen gewesen, um studieren zu können, finanzierten „Koko" und Max sich „durch regelmäßigen Wechsel des Vaters".[91]

3.3 PHILOSOPHISCHE FAKULTÄT

Bei ihrer Gründung am 1. April 1920 übernahm die Philosophische Fakultät, der bis in die Mitte der fünfziger Jahre auch die mathematisch-naturwissenschaftlichen Fächer angehörten, sechs ordentliche Professoren von der ehemaligen Handelshochschule. Bis zur Mitte der zwanziger Jahre kam es zu zwölf weiteren Berufungen.[92] Wichtig war der Fakultät eine „starke Vertretung der Philosophie".[93] Professoren wie der 1922 berufene Max Scheler, seit dem Frühjahr 1919 bereits Mitdirektor der Soziologischen Abteilung des Kölner Forschungsinstituts für Sozialwissenschaften, und der Naturphilosoph Hans Driesch, die beide international hohes Ansehen genossen, machten ihr alle Ehre. Dekan Martin Spahn lobte das Kuratorium, das sich gezielt bemüht habe, die Fakultät „aus der wirtschafts- und sozialwissenschaftlichen Fakultät als Erbin der alten Handelshochschule zu lösen und zu selbständigem Leben zu befähigen". Mit Scheler und Driesch seien in der Philosophie zwei „grundverschiedene Persönlichkeiten ... nebeneinander" gesetzt worden. Doch „als Lehrer inmitten eines zahlreichen und geistig lebendigen Schülerkreises" ergänzten sie sich offenbar ausgezeichnet. Beide stächen auf je eigene Weise unter den deutschen Philosophen der Gegenwart hervor und würden der „besonderen Färbung des geistigen Wesens Kölns einen helleren Glanz" verleihen.[94] Doch hielt es Driesch nicht an der jungen Universität. Er folgte bereits 1921 einem Ruf nach Leipzig, und die Suche nach einem Nachfolger begann.

Bei allem Lob benannte der Dekan aber auch Mängel, die es zu beheben gelte. Zum einen habe die Fakultät keinen „auskömmlichen Raum", der Unterricht sei auf verschiedene Gebäude verteilt und daher „zersplittert". Es bleibe zu hoffen, dass die Stadt, sobald es ihre finanzielle Lage erlaube, einen Neubau erstelle. Zum anderen und vor allem fehle es „an einer guten Bibliothek als Rückhalt des ganzen Unterrichts". Keine Fakultät sei so stark wie die Philosophische auf eine reichhaltige Bibliothek angewiesen, mit der jedoch in Köln vorerst nicht zu rechnen sei.[95] Noch Anfang 1929 musste Werner Richter, der als Ministerialrat im preußischen Kultusministerium die Hochschulabteilung leitete, konstatieren, es genügten „Organisation und Bestände der Universitäts- und Stadtbibliothek in Köln … nicht den Bedürfnissen des wissenschaftlichen Betriebes der Universität".[96] Beides, die unzureichende Bibliothek und die Raumnot der Philosophischen Fakultät, wirkten sich auch beim Anwerben neuer Ordinarien negativ aus.

Anders als in der Juristischen Fakultät, wo der angesehene und einflussreiche Heinrich Lehmann den Oberbürgermeister bei Berufungen freundschaftlich beriet, verfügte Adenauer in der Philosophischen Fakultät über keinen Gewährsmann. Umso mehr kam hier Staatskommissar Philipp Brugger mit seinem Netzwerk zum Zuge, das er in der Reichshauptstadt als Regierungsrat im Kultusministerium geknüpft hatte. Er holte Auskünfte über Anwärter für Lehrstühle ein, die in Köln bereits gehandelt wurden, und brachte zusätzlich „eigene" Kandidaten ins Spiel. Brugger, der strikt auf der Einhaltung des Dienstweges in beiden Richtungen bestand, war dem Kölner Oberbürgermeister höchst wohlgesonnen. Seine Ratschläge zeugen jedoch von einer starken konfessionellen Bindung, und auch das „Vaterländische" fand in ihm fortgesetzt einen entschiedenen Fürsprecher. Seine Interventionen führten allerdings selten zum Erfolg.[97]

Als Nachfolger für Hans Driesch empfahl Brugger zuerst den konservativen Katholiken Artur Schneider. Die Fakultät schloss sich dem mehrheitlich jedoch nicht an, sondern zog den Reformpädagogen und Kulturphilosophen Theodor Litt vor, der an der Universität Leipzig lehrte. Man schätzte an ihm besonders, dass er sein pädagogisches Konzept noch als Oberlehrer am Friedrich-Wilhelm-Gymnasium in Köln entwickelt hatte.[98] Da die Fakultät ihren kontinuierlich starken Zulauf vor allem den Lehramtsstudenten verdankte, erschien ihr Litt als der geeignetste Kandidat.[99] Für Schneider, der an anderen Universitäten auch bereits Pädagogik unterrichtet hatte, votierte eine Minderheit.[100] Dieser schloss sich das Kuratorium an, und das Ministerium berief Schneider. Von Frankfurt kommend, trat er zum Wintersemester 1921/22 seine Professur an und blieb bis zu seiner Emeritierung 1942 Mitglied der Fakultät.

Die liberale wie die sozialdemokratische Presse der Stadt verfolgten die Berufungspolitik an der Philosophischen Fakultät mit einigem Argwohn. Ende August 1921 hieß es in der KÖLNISCHEN ZEITUNG unter der Überschrift „Gefahren für die Kölner Universität?", es sei „schon bei der Gründung der Universität" befürchtet worden, „ob nicht das Unkraut engherzigen Konfessionsgeistes, das in Köln manchmal üppig wuchert, auf das Gehege der Wissenschaft übergreifen werde". Eigentlich beuge § 6 der Universitätssatzung dem vor, denn dort lese man, dass „die Berufung zu einem Lehramt unabhängig von der religiösen und politischen Überzeugung oder Betätigung" eines Kandidaten zu geschehen habe. Um nun aber „von Anfang an den Wünschen katholischer Kreise entgegenzukommen und konfessionellem Hader vorzubeugen", habe man bei der Gründung der Philosophischen Fakultät beschlossen, in den Fächern Mittlere und Neuere Geschichte sowie Philosophie „neben je einem Vertreter der ‚katholischen Weltanschauung' je einen Vertreter ohne jede konfessionelle Bindung" nur aufgrund seiner Qualifikation zu berufen. Dementsprechend sei die Wahl auf die Historiker Martin Spahn und Justus Hashagen sowie die Philosophen Max Scheler, den „geistvollen katholischen Propagandisten", und Hans Driesch gefallen. Nach dessen Weggang sei, wie man aus zuverlässiger Quelle erfahren habe, die große Mehrheit der Fakultät dafür gewesen, Theodor Litt zu berufen, was durchaus im Sinne der Universitätssatzung gewesen wäre. Doch sei dieser Vorschlag „höheren Orts" auf „taube Ohren" gestoßen. Das preußische Unterrichtsministerium habe sich „vermutlich auf das Drängen einflußreicher Vertreter des Zentrums" für Artur Schneider als einen „Vertreter der katholischen Philosophie" entschieden. Für die Kölner Universität seien dies „trübe Aussichten". Wahrscheinlich dauere es nicht mehr lange, bis die Fakultät „unter der unbedingten Herrschaft einer einseitigen Geistesrichtung" stehe, nämlich der des Zentrums. Die Öffentlichkeit erwarte Aufklärung über diesen Vorgang.[101]

Die RHEINISCHE ZEITUNG druckte den Artikel der KÖLNISCHEN ZEITUNG zwei Tage später im Wortlaut ab und fügte hinzu, dass hinter dem Vorschlag, Schneider zu berufen, eine Minderheit „freilich von recht einflußreichen Persönlichkeiten" der Fakultät gestanden und dann „im Kultusministerium sehr nachdrückliche Unterstützung" gefunden habe. Es seien an der Kölner Universität „Kräfte am Werk, die ihr den freiern Atem rauben wollen, der sie in ihren revolutionären Geburtsstunden beseelte". Was hier vor sich gehe, werde „in der wissenschaftlichen Welt viel Staub aufwirbeln – eine Mahnung mehr an die führenden Persönlichkeiten der Kölner Universität, die geistige Freiheit für alle Richtungen hochzuhalten". Am Kultusministerium unter der Leitung Carl Heinrich Beckers habe die Kölner Universität „in vielen Dingen nur geringe Freude". Es scheine, argwöhnte die RHEINISCHE ZEITUNG sogar, als ob Becker, dessen Herz „von altersher ... an Bonn gehangen" habe, „dem Werk der Kölner" schaden wolle, indem er dem Zentrum „breite Wege zur Beherrschung der Kölner Universität" ebne. Aber auch, wer Becker „eine solche Bosheit" nicht zutraue, erkenne, dass die Kölner Universität auf diese Weise kein wissenschaftliches Ansehen gewinnen könne.[102] Den Vorsitzenden des Kuratoriums der Universität nannte das Blatt zwar nicht beim Namen. Doch dürfte es in Köln kein Geheimnis gewesen sein, dass Konrad Adenauer in gutem Einvernehmen mit Staatskommissar Philipp Brugger handelte und sich als Präsident des preußischen Staatsrats regelmäßig in Berlin aufhielt, wo er auch Kontakte zu den Ministerien pflegte.

Christian Eckert empörte sich über den „unerhörten Angriff" der Presse, der sich „ja in erster Linie gegen die Regierung selbst" richte. Er verwies darauf, dass die Annahmen über die „paritätische" Besetzung von Ordinariaten falsch seien. Doch wolle er in eine „Zeitungspolemik" erst eintreten, nachdem sich das „Gesamtkuratorium" mit den Artikeln befasst hätte. Bevor es dazu kam, löste die Besetzung der beiden an der Philosophischen Fakultät neu einzurichtenden Lehrstühle für Germanistik, die sich seit Längerem hinzog, die nächste Kontroverse aus.

Bereits seit dem Sommer 1919 lag dem Kultusministerium eine Liste mit Berufungsvorschlägen für die Ältere Germanistik vor; eine Entscheidung fiel aber vorerst nicht. Anfang 1920 erfuhr die Kommission der Wirtschafts- und Sozialwissenschaftlichen Fakultät, die mit dem Aufbau der Philosophischen Fakultät betraut war, dass der seit Kurzem in Heidelberg lehrende Friedrich Panzer bereit sei, sofort einen Ruf nach Köln anzunehmen. Anfang März übersandte Brugger dem Oberbürgermeister „das Ergebnis der Ihrem Wunsche gemäß eingeholten Auskunft über Panzer" sowie Informationen über drei weitere Kandidaten. Da diese Mitteilungen „sehr sekreter Natur" seien, bat er Adenauer, ihm den Eingang des „durch besonderen Boten" übersandten Schreibens zu bestätigen.[103] Man nominierte Panzer nach und erklärte gegenüber Berlin, dass man ihn „als literarisch und akademisch wohlbewährten Fachmann" bereits im vergangenen Jahr an die erste Stelle gesetzt hätte, wenn seine Neigung, nach Köln zu wechseln, bekannt gewesen wäre.[104]

Schon bald konnte Konrad Adenauer dem Staatskommissar berichten, dass das Kultusministerium mit Panzer in Verhandlungen stehe. Die zögen sich zwar länger hin als erwartet, doch sei zu hoffen, dass Panzer den Ruf demnächst annehmen werde. Dieser habe angeregt, mit der Besetzung des literaturgeschichtlichen Ordinariats, die nach wie vor anhing, zu warten, bis er selbst sich entschieden hätte. Falls Panzer für Köln gewonnen werde, so Adenauer, solle die Liste dann „nochmals überprüft werden".[105] Panzer sagte zu, kam nach Köln, entschloss sich aber schon kurz darauf, nach Heidelberg zurückzugehen. Christian Eckert, bemüht, dies abzuwenden, schrieb an den zuständigen Ministerialbeamten in Baden, dass Panzers Weggang für die Kölner Universität einen besonders schweren Verlust darstelle, könne dieser doch „als Persönlichkeit wie als Wissenschaftler für die Verteidigung des Deutschtums im besetzten Gebiet von ausschlaggebendem Wert sein".[106] Aber Panzer ließ sich nicht halten. Mit seiner Berufung war das Ordinariat jedoch darauf festgelegt worden, „die deutsche Philologie, insbesondere die ältere Germanistik, Altnordisch und deutsche Volkskunde" zu vertreten.[107] Nachfolger Panzers wurde Franz Schultz, der aber schon bald nach Frankfurt wechselte. Die Fakultät griff auf die ursprüngliche, noch von der Kommission der Wirtschafts- und Sozialwissenschaftlichen Fakultät aufgestellte Liste zurück, deren zweit- und drittplatzierte Kandidaten inzwischen aber nicht mehr zur Verfügung standen, und ergänzte sie u. a. um Friedrich von der Leyen auf Platz drei. Mit ihm konnte das Ordinariat im Dezember 1920 dauerhaft besetzt werden.[108]

Auch die Erstbesetzung des Lehrstuhls für Neuere Germanistik stand noch aus. Ende Januar 1920 hatte die Fakultät eine zweite Vorschlagsliste aufgestellt.[109] Daraufhin wandte sich Staatskommissar Philipp Brugger vertraulich an Konrad Adenauer. Er habe „die von der Universität für die Besetzung der Professur gemachten Vorschläge unserer Besprechung gemäß zurückgehalten und zwischenzeitlich Auskünfte über die in Betracht kommenden Personen eingezogen". Demnach erscheine ihm „keiner der drei Kandidaten für Cöln in besonderem Maße geeignet". Doch fragten sich Kenner der Materie, warum nicht der im schweizerischen Fribourg lehrende Josef Nadler auf Platz eins gesetzt worden sei, der „Verfasser einer Aufsehen erregenden Literaturgeschichte der deutschen Stämme und Landschaften …, ein hervorragend gescheiter Mann", der als Erster den Versuch unternehme, „die Literaturgeschichte nach Stämmen aufzubauen". Brugger riet dazu, entweder die Liste für die literaturgeschichtliche Professur neu aufzustellen oder aber sie nach Berlin weiterzuleiten und dort „unter der Hand die diesseitige Stellungnahme" zur Kenntnis zu bringen. Er könne sich vorstellen, dass der Kultusminister in diesem Falle keine Bedenken trüge, einen nicht auf der Liste stehenden Gelehrten zu berufen, da ja die Vorschläge noch nicht von einer Fakultät, sondern von einer eingesetzten Kommission ausgingen. Auch Max Scheler, mit dem er „neulich zufällig" gesprochen habe, hätte Nadler als einen „außerordentlich hervorragenden Mann" bezeichnet. Die literaturgeschichtliche Professur besitze eine so große Bedeutung, dass man hier „den besten Mann" wählen müsse. Auf einer neuen Liste würde er Nadler und Schultz „aequo loco" setzen und an dritter Stelle einen Kandidaten, der für das Ministerium nicht ernsthaft in Betracht käme.[110]

Im August 1921 stellte die Fakultät eine weitere Liste auf, mit Rudolf Unger auf dem ersten und dem Bonner Privatdozenten Ernst Bertram auf dem zweiten Platz; die dritte Position war dreifach besetzt.[111] Zugunsten des von Adenauer wie von Brugger favorisierten Josef Nadler, von dem Adenauer inzwischen wusste, dass er sich öffentlich nicht mehr zum Katholizismus bekannte,[112] hatte eine Minderheit von drei Professoren vorab ein Sondervotum abgegeben.[113]

Mitte September 1921 brachte die RHEINISCHE ZEITUNG eine vierzehnzeilige Notiz unter der Überschrift „Scholastikerschule?", was zweifellos polemisch gemeint war und weder eine Epoche noch eine wissenschaftliche Methode bezeichnen sollte.

> Wie wir von wohlunterrichteter Seite erfahren, ist die Gefahr für die *Universität Köln*, auf die wir anläßlich der Berufung des Philosophen Prof. Schneider hinwiesen, aufs neue im Verzug. Diesmal handelt es sich um die Nachfolgerschaft des Literaturhistorikers *Prof. Schultz*, der bekanntlich nach *Frankfurt* ging. Wieder sind zwei Kandidaten vorgeschlagen, von klerikaler Seite *Prof. Nadler* von der anderen der hochbegabte Privatdozent *Dr. Bertram* aus Bonn.

Es frage sich, ob die Kölner Universität „eine Stätte der *freien* Wissenschaft oder eine *Versorgungsanstalt für das Zentrum*" werden solle. Da die Entscheidung noch ausstehe, „können wir die philosophische Fakultät noch warnen". Man möge den Bogen nicht überspannen, sonst erlebe man „auch mal den Protest der nichtkatholischen Studenten".[114]

Wer diese Notiz in der RHEINISCHEN ZEITUNG schrieb, ist nicht überliefert. Chefredakteur Georg Beyer weilte jener Tage auf dem Görlitzer Parteitag der SPD. Er gehörte als Stadtverordneter dem Kuratorium an und unterhielt seit Langem „nähere wissenschaftliche und persönliche Beziehungen" zu Christian Eckert, der, parteilos, nach keiner politischen Seite hin Berührungsängste kannte. Der Geschäftsführer des Kuratoriums pflegte sich mit Beyer „über wichtige Universitätsfragen und andere Dinge" regelmäßig gründlich auszusprechen.[115]

Aus Leipzig zurück setzte Beyer sich mit Eckert zusammen, und man erörterte, wie sich die Wogen glätten ließen. Der Chefredakteur schlug vor, dass Eckert ihm einen Brief schreibe, der die Sachverhalte um die Causa Nadler richtigstellen und zur Weitergabe an Personen geeignet sein sollte, die mit der Angelegenheit zu tun hätten.

Detailliert erläuterte Eckert in dem „Brief" den Stand der Kandidatensuche für die Nachfolge Schultz und die Grundsätze, denen man dabei gefolgt sei. Die Sache befinde sich „noch im ersten Vorstadium ihrer Erledigung". Der in der RHEINISCHEN ZEITUNG als „hervorragend" gelobte Privatdozent Bertram habe zwar ein geistvolles Buch über Nietzsche geschrieben, gelte aber unter Sachkundigen als jemand, der es weder verstehe, „in den Vorlesungen die Studenten zu fesseln, noch anregende Übungen zu veranstalten". Dann zitierte Eckert etliche Fachkollegen, die sich lobend über Nadler geäußert hätten. Selbst die MÜNCHENER NEUESTEN NACHRICHTEN, ein Blatt, das „auf dem Boden anderer Weltanschauung wie Nadler" stehe, habe diesem kürzlich attestiert, seine Literaturgeschichte bedeute „einen gewaltigen Vorstoss gegen eingebürgerte Oberflächlichkeit", welche gewöhnlich „die Mundart als wesentliches" begreife, während es sich bei dieser doch nur um den „Ausdruck eines Tieferen" handle, nämlich „der Stammeseigenart". Zwar sei Nadler nicht die einzige oder beste Persönlichkeit, die für Köln infrage käme, doch hätten die „ernsten Erwägungen", die in Zusammenhang mit dieser Berufung angestellt worden seien, „in Ihrem geschätzten Blatt nicht in der Weise charakterisiert werden dürfen", wie es geschehen sei. Wäre der Vorwurf berechtigt, die Universität solle „eine Versorgungsanstalt für das Zentrum" werden, müsste dies in der Tat den „Protest der nichtkatholischen Studenten" herausfordern. Tatsächlich aber fänden die zu fast 80 Prozent katholischen Studenten unter ihren Lehrern nur „wenige Männer ihrer Weltanschauung". Von den 41 etatmäßigen Ordinariaten, die es an der Kölner Universität inzwischen gebe, seien 28 mit Nichtkatholiken besetzt; von den 13 Katholiken sei zwar eine größere Zahl katholisch getauft, könne aber „gewiss nicht als ‚klerikal' oder als ‚Scholastiker' bezeichnet werden". Zwei, höchstens drei Ordinarien stünden dem Zentrum nahe, betätigten sich aber in keiner Weise parteipolitisch. Indessen setzten sich andere Professoren der Kölner Universität „sehr lebhaft" für die sozialdemokratische und die demokratische Partei, für die Deutsch-Nationalen oder die Deutsche Volkspartei ein. Eckert unterstrich, wie wichtig es sei, dass Berufungen gemäß der Satzung unabhängig von der politischen oder religiösen Überzeugung oder Betätigung erfolgten. Berufungen „tüchtiger Persönlichkeiten" würden allerdings außerordentlich erschwert, wenn man ihre Namen vorzeitig in der Öffentlichkeit nenne und sie politisch „abstempele". „Wenn wir den unheilvollen Weg der Konfessionsstatistik einmal betreten", davon war Eckert überzeugt, wäre bei Berufungen nicht der Protest der 20 Prozent nichtkatholischen Studenten, sondern jener der fast 80 Prozent katholischen Studenten zu befürchten. Dann aber werde „unser Versuch, hier im besetzten Gebiet eine Hochschule deutscher Art auszubauen, für die die besten aus allen Lagern und Anschauungen gerade gut genug sind, gewiss zuschanden werden".[116]

Eckert hatte seine Worte auf die Goldwaage gelegt, jedwede Polemik vermieden und lange an diesem Brief gefeilt. Den überlieferten, mehrfach überarbeiteten Entwurf mit zahlreichen Korrekturen dürfte am Ende auch Konrad Adenauer als Vorsitzender des Kuratoriums abgesegnet haben. Die RHEINISCHE ZEITUNG brachte am 8. Oktober eine Erklärung, in der es hieß, dass man, was die Nachfolge Schultz angehe, „von maßgebender Seite" eine Richtigstellung erhalten habe. Da sich das Verfahren „noch im ersten Vorstadium der Erledigung" befinde, erübrige sich ein Abdruck dieser „Zuschrift". Das Blatt räumte ein, es gehe „in der Tat" nicht an, „bei jeder Neubesetzung eines akademischen Lehrstuhls die gerade für Köln so heikle Konfessionsfrage aufzuwerfen". Die Redaktion erkläre daher, dass sie die Auffassung des Verfassers der Notiz unter der Überschrift „Scholastikerschule?" nicht teile.[117]

Mehr Demut konnten weder Eckert noch Adenauer von der RHEINISCHEN ZEITUNG erwarten. Beyer vervielfältigte Eckerts Brief und brachte ihn ausgewählten Personen in und außerhalb seiner Partei zur Kenntnis.[118] Als Konrad Adenauer Anfang 1922 erfuhr, dass der Dekan der Philosophischen Fakultät Carl Heinrich Becker aufgesucht hatte, um mit ihm „die Verhältnisse an der Kölner Universität" zu besprechen, wobei auch „Weltanschauungsfragen" und solche „politisch-konfessioneller Natur" berührt worden seien, hielt er Eckerts Brief für geeignet, auch den Staatssekretär „vollständig ins Bild zu setzen", und ließ diesem eine Abschrift zusenden.[119]

Josef Nadler, den die RHEINISCHE ZEITUNG als „von klerikaler Seite" empfohlen abgestempelt hatte, blieb gleichwohl Konrad Adenauers Favorit.[120] Auch wenn die Fakultät mehrheitlich nicht für ihn votierte, hielt der Oberbürgermeister an der warmen Empfehlung Bruggers fest und hoffte auf ein Entgegenkommen des Kultusministeriums. Für den 14. November 1921 arrangierte Eckert einen Besuch Nadlers beim Oberbürgermeister. Dieser wünsche ihn im „Vorstadium der Besetzung" zu treffen, um festzustellen, ob er sich für die Kölner Aufgabe interessiere und hier einen „Wirkungskreis" verspreche. Gegebenenfalls würde der Oberbürgermeister ihn dann gegenüber dem Kultusminister in Vorschlag bringen.[121] Drei Tage bevor das Kuratorium tagte, um die Besetzung der Professur für Literaturgeschichte zu behandeln, lernte Adenauer Nadler kennen und war von ihm angetan.

Während man sich in der Domstadt den Kopf darüber zerbrach, wie „katholisch" Nadler wäre, hatte bei diesem bereits eine neue Entwicklung eingesetzt. Im Vorwort seiner 1921 erschienenen Arbeit „Die Berliner Romantik" verunglimpfte Nadler den jüdischen Literaturhistoriker Joseph Körner als „Schofarbläser" und „Splitterrichter", der „mit kaninchenhafter Fruchtbarkeit in allen erreichbaren deutschen Journalen seine monatliche Niederkunft" verrichte.[122] Als Adenauer sich um Josef Nadlers Berufung bemühte, etablierte sich die „Germanische Philologie" an der Kölner Universität erst. Dass Nadler ins Völkische abdriftete, hatte sich offenbar noch nicht bis hierher herumgesprochen.

Obwohl zumindest Adenauer und Eckert weiter zu dem Minderheitsvotum der Fakultät zugunsten Nadlers standen, beließ es das Kuratorium diplomatisch bei der Bitte an den Minister, auf das Ordinariat für Neuere Deutsche Literaturgeschichte den von der Fakultätsmehrheit an erster Stelle vorgeschlagenen Rudolf Unger zu berufen und für den Fall, dass es dazu nicht käme, dem Gremium Gelegenheit zu einer weiteren Stellungnahme zu geben.[123] Überraschenderweise[124] ging der Ruf an den auf der Mehrheitsliste zweitplatzierten Bonner Privatdozenten Ernst Bertram, der die Professur zum Sommersemester 1922 antrat.[125] Wie Eckert später erfuhr, war dem Ministerium „gerade die Auffassung Nadlers, wie er sie in der ‚Berliner Romantik' vertreten" hatte, bereits aufgefallen und dieser „vermutlich auch deshalb für Köln abgelehnt" worden.[126]

Als im Februar 1922 wieder ein Aufenthalt Adenauers in Berlin bevorstand, instruierte Eckert ihn schriftlich für eine „evtl. Besprechung im Kultusministerium". Er riet ihm, Carl Heinrich Becker darauf anzusprechen, dass Wünsche des Kuratoriums „in letzter Zeit" nicht angemessen beachtet worden seien, hätte doch das Kuratorium darum gebeten, „Gelegenheit zu erneuter Stellungnahme" zu erhalten, falls der erstplatzierte Kandidat Rudolf Unger nicht berufen werde. Vor der Berufung Bertrams wäre „eine nochmalige Überlegung ... wünschenswert" gewesen. Dass nämlich Josef Nadler „eine sehr beachtenswerte wissenschaftliche Persönlichkeit" sei, belege „erst jetzt wieder" ein Aufsatz des evangelischen Theologen und anerkannten Philosophieprofessors Ernst Troeltsch, der Nadlers „wissenschaftliche Eigenart und darstellerische Kraft" lobe.[127] Abgesehen von der Personalie Nadler fürchteten Eckert und Adenauer zweifellos um den Einfluss des Kuratoriums als „letzter Instanz" bei der Berufung von Professoren an die junge Universität.

Offenbar konnte Adenauer die von Eckert notierten Argumente nicht ausführlich vorbringen. Jedenfalls erkannte Staatssekretär Becker nicht an, dass die Rechte des Kuratoriums verletzt worden seien. Um „eine Klarstellung vorzunehmen", setzte Adenauer Becker den Sachverhalt noch einmal in einem vermutlich von Eckert entworfenen Brief akribisch auseinander. Nach den Statuten dürfe sich das Kuratorium zu den Vorschlägen der Fakultäten äußern. Von diesem Recht sei bisher aber nur Gebrauch gemacht worden, wenn, wie im Falle der Nachfolge Drieschs, die Fakultät sich nicht einigen konnte und weil auch Driesch selbst das Mehrheitsvotum der Fakultät nicht gebilligt habe. Im Falle der Professur für Neuere Literaturgeschichte habe das Kuratorium darum gebeten, ihm für den Fall, dass der von der Fakultät favorisierte Kandidat nicht berufen werde, Gelegenheit zu einer Stellungnahme zu den übrigen Vorschlägen zu geben. Es sei doch im Interesse einer guten Zusammenarbeit innerhalb des Kuratoriums wie des Kuratoriums mit der Fakultät und nicht zuletzt mit dem Ministerium „durchaus erfreulich", wenn sich das Kuratorium nicht von vornherein zu allen von der Fakultät vorgeschlagenen Kandidaten äußere. Wäre „eine solche teilweise Ausübung des Rechts des Kuratoriums unter Vorbehalt der späteren Ausübung des vollen Rechts" nach Ansicht des Ministeriums nicht zulässig gewesen, hätte das Ministerium dies dem Kuratorium mitteilen müssen, bevor es selbst eine Entscheidung traf. Alsdann hätte das Kuratorium sich äußern und damit „von seinem Rechte in ganzem Umfange" Gebrauch machen können.[128]

Der Oberbürgermeister hoffte, dass das Ministerium die Rechte des Kuratoriums nach dieser „Klarstellung" in Zukunft beachten würde. Ein weitaus heftigerer Streit über Berufungen an die Philosophische Fakultät sollte jedoch bald auf einer anderen Bühne entbrennen, denn bei der Besetzung von Professuren in den geisteswissenschaftlichen Fächer wurden „Fragen der konfessionellen Parität" offen an die Fakultät herangetragen.[129] Erregte Debatten über die „Weltanschauung" von Hochschullehrern fanden sogar in der Stadtöffentlichkeit statt.

ANMERKUNGEN

1 VS am 30.1.1919, S. 215.
2 Einladungen zu den Sitzungen des Kuratoriums der Universität, HAStK Best. 902/138.
3 Köhler 1994, S. 138.
4 Meuthen 1988, S. 13.
5 1903 hatte Schmittmann die Kölnerin Helene („Ella") Wahlen geheiratet, eine Kusine Emma Weyers, der ersten Frau Konrad Adenauers.
6 Bis zur Gründung der Universität war Fritz Stier-Somlo als Abteilungsdirektor der Hochschule für soziale und kommunale Verwaltung für deren organisatorische Leitung zuständig. Dann trat Benedikt Schmittmann an seine Stelle (Heimbüchel 1988, S. 205).
7 Stehkämper 1984, S. 41.
8 Heimbüchel 1988, S. 427.
9 Meuthen 1988, S. 13.
10 Jucknies 2007, S. 6 ff.
11 Löffler 1929, S. 291.
12 Personalakte Max Adenauer, LANW AR, BR-PE Nr. 10133.
13 Jucknies 2007, S. 6 ff.
14 Satzung vom 12.6.1919, HAStK Best. 902/137/1, S. 29–46.
15 Staatsvertrag vom 27./29.5.1919, ebd., S. 19–28.
16 Senatsprotokolle, UAK 331, Bl. 228.
17 Adenauer an Becker am 23.4.1922, HAStK Best. 902/141/1, S. 101 f.
18 Die Universität Köln im ersten Jahrfünft nach ihrer Wiederaufrichtung 1919 bis 1924, Köln 1925, S. 18.
19 Henning 1988a, S. 5.
20 Brugger an Adenauer am 21.1.1919, HAStK Best. 902/137/1, S. 149–150; Romeyk 1976, S. 305.
21 Brugger an Adenauer am 24.2.1920, UAK 9/78, Bl. 206 ff.
22 Müller 1929, S. 194.
23 Dankschreiben Bruggers an Adenauer am 10.6.1921, HAStK Best. 902/143/1, S. 15.
24 Meuthen 1988, S. 14.
25 Adenauer an Becker am 5.10.1921, HAStK Best. 902/137/1, S. 383 f.
26 Adenauer an von Groote am 5.10.1921, ebd., S. 387 f. Everhard von Groote, ein „katholischer Romantiker", setzte sich, bevor Bonn 1818 den Zuschlag erhielt, mit schwachen Argumenten dafür ein, dass die geplante Universität im preußischen Rheinland in Köln angesiedelt würde (Pabst 1988, S. 69 ff.).
27 Von Groote an Adenauer am 12.10.1921, HAStK Best. 902/137/1, S. 391.
28 Adenauer an Becker am 24.3.1922, ebd., S. 415.
29 Adenauer an Boelitz am 20.2.1922, ebd., S. 405.
30 Adenauer an Becker am 24.3.1922, ebd., S. 415.
31 Romeyk 1976, S. 295 ff.
32 Ebd., S. 305.
33 Ebd., S. 166.
34 Köhler 1994, S. 178.

35 Schwarz 1986, S. 436.
36 Adenauer an Wende am 20.11.1922, HAStK Best. 902/137/1, S. 423.
37 Ebd., S. 425; Meuthen 1988, S. 14 u. S. 21.
38 Http://www.eifelzeitung.de/redaktion/kinder-der-eifel/johannes-fuchs-14323/ (abgerufen am 4.9.2017).
39 Meuthen 1988, S. 22.
40 Lehmann 1929, S. 129.
41 Meyer 1982, S. 140.
42 Schollen an Adenauer am 14.1.1919, HAStK Best. 902/142/1, S. 5–8.
43 Adenauer an Schollen am 16.1.1919, ebd., S. 9.
44 Pabst 1976, S. 280.
45 Kegel 1976, S. 110 f.
46 Schwarz 1986, S. 90.
47 Adenauer 1976, S. 759.
48 Kegel 1976, S. 117.
49 Eckert an Adenauer am 31.12.1921, HAStK Best. 902/142/1, S. 37 f.
50 Adenauer an Sollmann am 1.2.1922, UAK 9/78, Bl. 274 f.
51 Eckert an Adenauer am 29.12.1921, HAStK Best. 902/142/1, S. 35.
52 Kops u. a. 1988, S. 391 ff.
53 Adenauer an Wende am 28.12.1922, HAStK Best. 902/142/1, S. 39.
54 Nach einem Studium der Rechtswissenschaft und der Promotion in Münster hatte sich Hermann Nottarp 1918 an der Bonner Universität habilitiert. Danach wirkte er als Richter zunächst in Bielefeld, dann in Bonn (http://www.koeblergerhard.de/juristen2/web/juristen/list/54 [abgerufen am 20.7.2017]).
55 Herwegen an Adenauer am 6.1.1923, HAStK Best. 902/142/1, S. 41 f.
56 Lehmann an Adenauer am 16.1.1923, ebd., S. 49–52.
57 Http://www.reichstag-abgeordnetendatenbank.de/select.html?pnd=118510533 (abgerufen am 20.7.2017).
58 Bayerle an Adenauer am 16.1.1923, HAStK Best. 902/142/1, S. 53.
59 Eine über das Grundgehalt hinausgehende Belohnung, eine Gratifikation.
60 Kegel 1976, S. 118 f.
61 Greven unterrichtete „Wohnungswesen" (Heimbüchel 1988, S. 410).
62 Kegel 1976, S. 118.
63 Eckert an Adenauer am 16.1.1923, HAStK Best. 902/142/1, S. 45 f.
64 Adenauer an Wende am 16.1.1923, ebd., S. 55.
65 Wende an Eckert am 18.1.1923 mit handschriftlichem Vermerk Eckerts „Dem Ersten Vorsitzenden Herrn Oberbürgermeister Dr. Adenauer ergebenst vorgelegt", ebd., S. 59.
66 Adenauer 1976, S. 368 u. S. 756.
67 Adenauer an Eckert am 20.1.1923, HAStK Best. 902/142/1, S. 61.
68 Adenauer an Beyerle und Herwegen am 14.3.1923, ebd., S. 63 u. S. 64.
69 Herwegen an Adenauer am 17.3.1923, ebd., S. 57. Als Planitz erkrankte, vertrat Nottarp ihn eine Zeitlang (HAStK Best. 902/138, S. 129).
70 Beyerle an Adenauer am 14.2.1924, HAStK Best. 902/142/1, S. 69.
71 Golczewski 1988, S. 208.
72 Adenauer an Ebers am 19.2.1924, HAStK Best. 902/142/1, S. 70.
73 Albert Coenders lehrte seit 1923 Strafrecht an der Kölner Rechtswissenschaftlichen Fakultät.

74 Ebers an Adenauer am 19.2.1924, HAStK Best. 902/142/1, S. 70 f. u. S. 73 f.
75 Adenauer an Beyerle am 25.1.1924, ebd., S. 72.
76 Adenauer an Beyerle am 16.4.1924, ebd., S. 75.
77 Ebers an Adenauer am 5.7.1924, ebd., S. 83 f.
78 Nottarp an Schulte am 7.1.1923, AEK CR 9 A, 4.
79 Http://www.koeblergerhard.de/juristen2/web/juristen/list/54 (abgerufen am 20.7.2017).
80 Golczewski 1988, S. 308.
81 Autobiophonischer Bericht August Adenauers o. D. (1951), StBKAH.
82 Bericht vom 22.9.1924, HAStK Best. 902/138, S. 179–181.
83 Pabst 1976, S. 282.
84 Neuhausen 1988, S. 281.
85 KÖLNISCHE ZEITUNG vom 9.5.1932.
86 Autobiophonischer Bericht August Adenauers o. D. (1951), StBKAH.
87 UAK 9/33.
88 UAK Matrikelkarten.
89 Trampe-Interview mit Max Adenauer vom 27.5.1998.
90 UAK Matrikelkarten.
91 Personalakte Max Adenauer, LNWAR, BR-PE Nr. 10133.
92 Wintgen 1929, S. 198.
93 Ebd., S. 205.
94 KÖLNER TAGBLATT vom 19.4.1921.
95 Ebd.
96 Richter an Adenauer am 25.2.1929, UAK 9/2735.
97 UAK 17/4245, passim.
98 Heimbüchel 1988, S. 472 f.
99 Ebd., S. 477.
100 Protokoll über eine Besprechung zwischen Eckert und Beyer am 13.4.1922, HAStK Best. 902/141/1, S. 105–113.
101 KÖLNISCHE ZEITUNG vom 27.8.1921.
102 RHEINISCHE ZEITUNG vom 29.8.1921.
103 Brugger an Adenauer am 4.3.1920, UAK 9/27, Bl. 209.
104 Wirtschafts- und Sozialwissenschaftliche Fakultät an Kultusministerium am 13.2.1920, ebd. 17/425, Bl. 6.
105 Adenauer an Brugger am 24.3.1920, ebd. 9/78, Bl. 210 f.
106 Eckert an Schwörer am 30.6.1920, ebd. 17/4245, Bl. 43.
107 Ebd. 17/3419, Bl. 12.
108 Heimbüchel 1988, S. 490 f.
109 Ebd., S. 492 f.
110 Brugger an Adenauer am 24.2.1920, UAK 9/78, Bl. 206.
111 Heimbüchel 1988, S. 495.
112 Protokoll über eine Besprechung zwischen Eckert und Beyer am 13.4.1922, HAStK Best. 902/141/1, S. 105–113.
113 Ebd. S. 494.
114 RHEINISCHE ZEITUNG vom 17.9.1921.
115 VS am 6.4.1922.
116 Eckert an Beyer am 3.10.1921, UAK 9/78, Bl. 337–341.

117 RHEINISCHE ZEITUNG vom 8.10.1921.
118 RHEINISCHE VOLKSWACHT vom 7.4.1922.
119 Adenauer an Becker am 10.1.1922, HAStK Best. 902/141/1, S. 101 f.
120 Heimbüchel 1988, S. 493.
121 Eckert an Nadler am 29.10.1921, UAK 9/78, Bl. 300 f.
122 Füllenbach 2004, S. 29.
123 Protokoll über eine Besprechung zwischen Eckert und Beyer am 13.4.1922, HAStK Best. 902/141/1, S. 105–113.
124 Notiz Eckerts für Adenauer vom 20.2.1922, ebd. 902/137/1, S. 397 f.
125 Heimbüchel 1988, S. 495; Golczewski 1988, S. 395 ff.
126 Protokoll über eine Besprechung zwischen Eckert und Beyer am 13.4.1922, HAStK Best. 902/141/1, S. 105–113. Unter Literaturhistorikern gilt, dass „die Selbstindienstnahme der Literaturgeschichte für das Dritte Reich" bei Nadler ihren Höhepunkt erreichte (Füllenbach 2004, S. 26).
127 Notiz Eckerts für Adenauer vom 20.2.1922, HAStK Best. 902/137/1, S. 397 f.
128 Adenauer an Becker am 24.3.1922, ebd. Best. 902/141/1, S. 101 f.
129 HAStK (Hg.) 1976, S. 98.

4 KONFLIKTE

4.1 UNIVERSITÄTSDEBATTE

Als am 5. April 1922 in der Stadtverordnetenversammlung der Haushaltsplan auf der Tagesordnung stand, bemerkte Wilhelm Hölken, Sprecher der SPD-Fraktion, man beobachte an der Kölner Universität „das Vordringen bestimmter weltanschaulicher Einflüsse". Einst von Sozialdemokraten „aus der Taufe gehoben", stehe sie inzwischen „in dem Geruch, klerikalen Machtgelüsten besonders zu unterliegen", was ihr erheblich schade. Damit müsse man sich bei der Beratung des Universitätsetats gründlich auseinandersetzen, wende doch die Kölner Bevölkerung „große Summen" für die Hochschule auf.[1]

Hölkens Bemerkung überraschte den Oberbürgermeister. Seit der großen Debatte im Vorfeld ihrer Gründung im März 1919 war im Stadtparlament nicht mehr kontrovers über die Universität diskutiert worden. Adenauer mag die Worte des Sozialdemokraten nicht nur als Angriff auf die Berufungspolitik der Universität empfunden haben, sondern auch als Bruch einer Zusage der RHEINISCHEN ZEITUNG im Herbst 1921, sich nicht zu laufenden Verfahren zu äußern. Darum ließ er eine Abschrift des Briefes, den Eckert für Georg Beyer geschrieben hatte, in den Saal holen und machte Gebrauch von seinem Recht, als Oberbürgermeister jederzeit das Wort zu ergreifen.

Adenauer warf Hölken vor, er habe seine „Angriffe" vorgebracht, obwohl im Herbst des Vorjahres ein sozialdemokratisches Mitglied des Kuratoriums über diese Angelegenheit „durch ein ausführliches Schreiben des Herrn Geheimrat Eckert bis ins kleinste aufgeklärt" worden sei und daraufhin die Kritik, die unter der Überschrift „Scholastikerschule?" in der RHEINISCHEN ZEITUNG geäußert worden war, als „unzutreffend" anerkannt habe. Dann zitierte der Oberbürgermeister aus dem Brief, der auch die von Eckert ermittelten Zahlen zum Verhältnis von nichtkatholischen zu katholischen Studenten und den entsprechenden Relationen bei den Professoren enthielt. Zu der Auseinandersetzung im Herbst 1921 sei es gekommen, weil seinerzeit als Nachfolger für Professor Driesch – hier irrte Adenauer, es handelte sich um die Nachfolge Schultz[2] – „von einigen Herren der Fakultät" ein Herr favorisiert worden sei, der „katholisch getauft" war. Dann lieferte der Oberbürgermeister der Versammlung genüsslich eine

Pointe, die laut Protokoll beim Zentrum „Heiterkeit" auslöste: Der Kandidat, „in dessen Berufung man Gott weiß was für eine klerikale Machenschaft" erblickt hätte, sei „überzeugter Sozialdemokrat und Mitglied einer sozialdemokratischen Stadtverordnetenfraktion". Dies sei „anscheinend damals bei gewissen Stellen nicht bekannt gewesen", spottete er, „vielleicht nehmen Sie nachträglich Notiz davon".[3] Abschließend erklärte Adenauer, dass ihm Erörterungen dieser Art „äußerst widerwärtig und peinlich" seien, er aber „im Interesse der Universität" habe Stellung nehmen müssen. Die Sozialdemokraten kündigten an, am nächsten Abend, wenn die Sitzung fortgesetzt werden sollte, Beweise für Hölkens Vorwurf vorzulegen.[4]

Obwohl er viele Lacher auf seiner Seite gehabt hatte, fühlte Adenauer sich seiner Sache offenbar nicht sicher. Christian Eckert aber, mit der Materie besser vertraut und normalerweise für die Öffentlichkeitsarbeit des Kuratoriums zuständig, hielt sich dieser Tage privat in Berlin auf. In seiner Not versuchte Adenauer, ihn nach der Sitzung telefonisch zu erreichen und hinterließ im Hotel Adlon die Nachricht, er möge sofort nach Köln zurückkommen. Zur Sicherheit schickte er ein „Staatstelegramm" hinterher:

WEGEN SCHWERER ANGRIFFE GEGEN UNIVERSITÄT IST IHR HIERSEIN AM SECHSTEN APRIL MÖGLICHST FRÜH SPÄTESTENS ACHT UHR ABENDS IN STADTVERORDNETENSITZUNG UNBEDINGT ERFORDERLICH.[5]

Das klang dramatisch. Eckert zögerte nicht, dem Hilferuf des Oberbürgermeisters zu folgen, und telegrafierte noch in der Nacht, er werde den „ersten Zug" nehmen und zur Sitzung erscheinen.[6]

Die Presse heizte den Disput noch an. Die RHEINISCHE ZEITUNG berichtete, Adenauer habe „in einem sehr gereizten, persönlich zugespitzten Tone" gegen Mitglieder der sozialdemokratischen Fraktion polemisiert, nachdem Hölken „von *wachsenden klerikalen Einflüssen bei der Kölner Universität* gesprochen" hätte. In einem Kommentar hieß es, der Oberbürgermeister habe mit seiner Bemerkung, dass ein im Vorjahr von der Sozialdemokratie bekämpfter Kandidat für ein Ordinariat an der Philosophischen Fakultät selbst Sozialdemokrat sei, zwar die Lachmuskeln gereizt, aber gleichzeitig die Schwäche seiner Argumente bewiesen. Auch lasse es jeden „Willen zur Sachlichkeit vermissen", dass er aus einem unveröffentlichten Brief zitiert habe.[7]

Am Abend stand nach dem Ende der Haushaltsdebatte die Universität auf der Tagesordnung. Nachdem Adenauer am Vortag ins Detail gegangen war, tat

Georg Beyer es ihm heute gleich. Er wies darauf hin, dass er die irrige Notiz „Scholastikerschule?", die in seiner Abwesenheit in der RHEINISCHEN ZEITUNG erschienen sei, seinerzeit „persönlich bedauert" habe. Umso weniger begreife er, warum Adenauer eine „längst erledigte" Angelegenheit benutze, um Hölkens Ausführungen „abzuwehren". Allerdings bestünden Zweifel an den von Eckert angeführten und von Adenauer am Vorabend zitierten Zahlen, denn der Anteil der evangelischen Studenten sei sicherlich „bedeutend größer", was von „der sozialen Lage der Angehörigen der einzelnen Konfessionen im Rheinland" herrühre. Das starke Übergewicht der evangelischen Professoren an der Kölner Universität wiederum erkläre sich daraus, dass die Wirtschafts- und Sozialwissenschaftliche Fakultät aus der Handelshochschule hervorgegangen sei. Bei den hier unterrichteten „rein realen Fächern" spielten Fragen der „Weltanschauung" oder der Konfessionszugehörigkeit nämlich so gut wie keine Rolle. An der Philosophischen Fakultät lägen die Dinge aber „grundsätzlich anders". Allein hier sei der „Kampf um die Weltanschauungsfrage" entbrannt, und die Statistik ergebe ein anderes Bild. Auf Hans Driesch, einen „hervorragenden" Mann „von durchaus geistig fortschrittlicher Prägung und einer wirklich schöpferischen Gelehrsamkeit", sei Artur Schneider, ein Mann mit „katholischer Weltanschauung", gefolgt. Für Scheler, über dessen „Weltanschauung in diesem Saale wohl kein Zweifel" bestehe, sei – da irrte Beyer – „ein besonderer Lehrstuhl geschaffen" worden. Zwar könnten weder die Fakultäten noch das Kuratorium dem Kultusminister vorschreiben, wen er berufe. Doch seien nicht die Vorschläge der Fakultätsmehrheit durchgekommen, sondern jene einer Minderheit, für die sich auch der Oberbürgermeister „mit größter und leidenschaftlicher Energie" eingesetzt habe. Vermutlich verfüge Adenauer „über ganz ungewöhnlich gute Beziehungen zum Kultusministerium". Sein Einfluss scheine „alle Minister, die wir in Preußen kommen und gehen sehen, zu überdauern". Aber gerade bei der Ausbildung zukünftiger Lehrer dürfe der Unterrichtsgegenstand nicht „einer einzigen bestimmten Weltanschauung ausgeliefert" werden. Vielmehr komme es darauf an, die Lehrer „mit allen Weltanschauungsrichtungen" vertraut zu machen. Gern habe man mitgeholfen, in Köln eine Universität zu errichten, habe die „Freunde in Berlin beauftragt, diesen Gedanken mit aller Energie zu unterstützen". Der sozialdemokratische Kultusminister Haenisch habe gefordert, „dem deutschen Geist eine Stätte unbeeinflusster Forschung" zu schaffen. Die Stadt Köln finanziere nun die Universität, doch stünden „weite Teile der Bürgerschaft" ihr misstrauisch gegenüber, während die Arbeiterschaft in ihr vielfach sogar „ein Privileg der Besitzenden" sehe. Die „große Universitätsreform" sei ja ausgeblieben, und die Kölner Universität werde „durchaus im

Fahrwasser der übrigen deutschen Universitäten" geführt. Die Sozialdemokraten seien bereit, „unserer Kölner Universität" alles zu geben, was deren Ausbau erfordere. Dazu brauche man aber „geistige Freiheit". Adenauers gestrige Art, die Kritik zurückzuweisen, habe in der sozialdemokratischen Fraktion „außerordentlich starke Erbitterung" erzeugt.

> Wir mahnen Sie an dieser Stelle, Herr Oberbürgermeister, als Vorsitzenden des Kuratoriums der Universität, wenn Sie wollen, daß die Kölner Universität auf der bisherigen Höhe bleiben soll, wenn die Universität allen uns noch bevorstehenden Zeitstürmen trotzen soll, wenn sie ein unentbehrliches Kulturelement unserer Vaterstadt werden soll –, dann wehren Sie sich mit aller Energie gegen bestimmte Beeinflussungsversuche!

Beyers Rede, die trotz mehrerer bissiger Seitenhiebe von aufrichtiger Sorge geprägt war, kam beim Oberbürgermeister als ein Rundumschlag an. Er schickte seiner Antwort voraus, dass die Aussprache „nicht sorgfältig genug" geführt werden könne, denn sie werde „weit über die Mauern Kölns hinaus" verfolgt. Er bekannte, nicht gewusst zu haben, dass Beyer im Herbst des Vorjahres in der RHEINISCHEN ZEITUNG zugesagt habe „weitere Angriffe ein(zu)stellen". Er jedenfalls habe sich „zum Prinzip" gesetzt, „tüchtige Leute" an die Kölner Universität zu ziehen, und sich darum, obwohl der Kandidat nicht auf dem Boden seiner Weltanschauung stehe, für „den Herrn" eingesetzt.

Doch nachdem Adenauer bereits die Hand zur Versöhnung ausgestreckt hatte, bot er eine neue Angriffsfläche, indem er dem Stadtverordnetenkollegium das Recht absprach, überhaupt Kritik an der Universität zu üben. Es handele sich nämlich um eine „staatliche Anstalt". Die Stadt Köln habe sich gegenüber dem preußischen Staat zwar zur Übernahme der Kosten verpflichtet, jedoch „kein Recht, Professoren anzustellen oder sich zur Anstellung von Professoren zu äußern". Letzteres stehe allein dem Kuratorium zu, in dem die Stadt Köln vertreten sei. Daraufhin verlas er Eckerts Brief an Beyer vom vergangenen Herbst – in voller Länge – und verlor sich in etlichen weiteren Details. Überzeugend wirkte er nicht.

Christian Eckert war rechtzeitig in Köln eingetroffen und in die Universität geeilt.[8] Endlich kam er zu Wort und lieferte ein diplomatisches Meisterstück, bemüht, alle Beteiligten zurück ins Boot des Einvernehmens zu holen. Zuerst dankte er Adenauer als dem Ersten Vorsitzenden des Kuratoriums für dessen zähe Energie bei der „Wiedererrichtung der Universität im kritischen Augenblick" sowie dafür, bisher „niemals irgendwelchen klerikalen Einflüssen" nachgegeben zu haben. Adenauer sei es stets darum gegangen, „die Besten aller Weltanschauungen hierherzuziehen und im freien Kampf der Geister ihre Meinungen austragen zu lassen". Anschließend dankte Eckert der „alte(n) Stadtverordnetenversammlung", die seinerzeit die Universität bewilligt habe. Auch nach der Kommunalwahl vom Herbst 1919 brächten alle Parteien der Universität viel Wohlwollen entgegen und stellten ihr in vorbildlicher Weise „reiche Mittel" zur Verfügung. Sein Dank galt auch Beyer. Zu dem stehe er in regelmäßigem Kontakt, sodass etliche Beschwerden über die Universität, welche die Redaktion der Rheinischen Zeitung erhalten hätte, als „unhaltbar" erkannt und darum nicht veröffentlicht worden seien. Sein von Adenauer verlesener Brief an Beyer enthalte die Ergebnisse eines klärenden Gesprächs zwischen ihm und dem Redakteur. Eckert versuchte dann, die Relativierung der prozentualen Anteile der Konfessionen bei Studenten und Professoren durch Beyer zurechtzurücken, wobei er auf seine langjährigen Beobachtungen als Studiendirektor der Handelshochschule verwies. Er würde, beteuerte Eckert, seine Mitarbeit „unter allen Umständen" einstellen, sobald „eine Klerikalisierung unserer Universität auch nur im entferntesten" zu befürchten stehe. Abschließend pries er die Kölner Universität, an der es der „Hingabe" der Professoren aller Fakultäten zu verdanken sei, dass man es mit bescheidenen Mitteln schaffe, über 4000 Studenten zu immatrikulieren, und sogar dem Wettbewerb mit der „alten" Berliner Universität standhalte. Wenn die Universität sich so weiterentwickele wie bisher „unter Ihrer Fürsorge, … unter der Obhut des Kuratoriums, in dem Sie ja die Majorität haben, dann wird sie den Aufgaben gerecht werden, denen sie hier im besetzten Gebiet dienen soll". „Kulturkampfdebatten" sollten darum der Vergangenheit angehören.

Beyer bescheinigte Eckert, dessen Ausführungen hätten „viel versöhnlicher" geklungen als das was man heute und gestern „leider" vom Oberbürgermeister habe hören müssen. Er räumte ein, dass die Mitglieder der Zentrumsfraktion im Kuratorium „niemals eine aktive klerikale Politik gespielt hätten". Allerdings habe das Zentrum angesichts „der Aktivität des Herrn Oberbürgermeisters selber" eine solche „aktive Politik" auch gar nicht nötig. Adenauers Ansicht, dass die „Aussprache" über die Kölner Universität dieser „zu Schaden" gereiche, wies Beyer zurück. Vielmehr wirke sie „luftreinigend". Beyer widersprach Adenauer auch entschieden, dass die Universität nicht Gegenstand einer Debatte des Stadtparlaments sein dürfe, denn zu seinem Bedauern wachse die „Stimmung" an, die eine Ablehnung des Universitätsetats fordere. Bevor es so weit komme, nehme er lieber die kleinere Gefahr in Kauf, dass wir uns „aussprechen und uns etwas heftig in die Haare geraten". Beyer bekannte abschließend, die Universität müsse „für alle Geistesrichtungen" offen sein, „für alle schöpferischen Persönlichkeiten, die unserer jungen Generation Führer und Lehrer sein können". Dann könne man endlich „gemeinsam am Aufbau Deutschlands arbeiten". Eckert drückte die Hoffnung aus, eine Debatte wie diese möge sich nicht wiederholen, denn sie könne „nur Schaden stiften". „Glauben Sie mir, draußen herrscht heute schon die Überzeugung, wir hätten hier fast nur katholische Professoren; man müsse sich als evangelischer oder jüdischer Professor hüten, nach Köln zu kommen, weil dort absoluter Klerikalismus herrsche." Eckert pflichtete Adenauer bei, dass Kontroversen ins Kuratorium gehörten; der Universitätsvertrag sehe dies vor, gerade um Polemiken wie heute zu vermeiden. Mit ihrer absoluten Majorität in diesem Gremium könnten die Stadtverordneten entscheidend Einfluss nehmen. Abschließend würdigte Eckert, dass der Oberbürgermeister als der „Vertreter der Universität" nicht nur ihn „herbeizitiert und zum Abbruch wichtiger Verhandlungen in Berlin" veranlasst, sondern selbst den Angriff auf die Universität als Vorsitzender des Kuratoriums unverzüglich abgewehrt habe.[9] Eckert hatte sein Möglichstes getan, um die Wogen zu glätten und zwischen den streitenden Parteien zu vermitteln.

Die Presse zitierte die Debattenbeiträge am nächsten Tag ausführlich und kommentierte sie – je nach politischem Standort – genüsslich oder entrüstet. Die Berichterstattung spiegelte zugleich wider, welches Gewicht die Kölner Stadtgesellschaft oder zumindest ihre politischen Vertreter und die parteinahen Blätter der Konfessionalität beimaßen, wie unversöhnlich sich die Fraktionen gegenüberstanden und dem politischen Gegner verbalgewaltig nicht selten niedrigste Absichten unterstellten. Unter der Schlagzeile „Gestern noch auf stolzen Rossen ... Blamable Niederlage der Kölner Sozialdemokratie" attestierte die Abendausgabe der KÖLNISCHEN VOLKSZEITUNG den Sozialdemokraten „Haßinstinkte gegen die christliche Weltanschauung" sowie „leichtfertige Verdächtigungssucht" und „herausfordernde Anmaßlichkeit". Die „heuchlerischen Versicherungen von Toleranz für *alle* Geistesrichtungen" hätten „das wahre Endziel, die Unterdrückung der christlichen Weltanschauung an der Kölner Universität, keineswegs verhüllen" können. Adenauer und Eckert hätten „die völlige Haltlosigkeit der leichtfertigen Vorwürfe des sozialdemokratischen Sprechers" nachgewiesen.[10] Der KÖLNER STADT-ANZEIGER berichtete, dass der „wohlvorbereitete Angriff" des sozialdemokratischen Stadtverordneten Beyer zunächst von Adenauer selbst und dann von Christian Eckert „in allen Einzelheiten mit der Wucht unanfechtbaren Aktenstoffes ... schlagend widerlegt" worden sei. Doch Adenauers Ansicht, die Stadtverordneten hätten „in Universitätssachen ‚nix tau seggen'", während das Kuratorium „allein zuständig" sei, wies das Blatt angesichts der „Reihe von Millionen", welche die Stadt jährlich für die Universität aufbringe, entschieden zurück.[11] Am Tag darauf erinnerte die KÖLNISCHE VOLKSZEITUNG daran, dass schon nach dreijährigem Bestand der Universität an der Philosophischen Fakultät „sage und schreibe" nur zwei Professuren mit Katholiken besetzt seien. Wie werde es erst in zwanzig Jahren aussehen?[12] Die RHEINISCHE ZEITUNG berichtete, die Atmosphäre der Sitzung sei „mit Elektrizität geladen" gewesen. Es sei um „grundlegende Fragen deutscher Kultur und geistiger Freiheit" gegangen. Dabei hätten Zentrum und Sozialdemokratie „geschliffene Waffen" aufeinander gerichtet, die sie „sonst aus harter politischer Notwendigkeit gesenkt" hielten.[13]

Die „Universitätsdebatte" hatte Adenauer erneut vor Augen geführt, wie unentbehrlich Christian Eckert als bester Kenner und Vertreter sämtlicher Universitätsbelange war. Bei Eckert lag es nun auch, den eigentlichen „Schaden", den die heftige Auseinandersetzung angerichtet hatte, möglichst schnell zu beheben. So besprach er die im Stadtparlament angeschnittenen Fragen ausführlich mit Georg Beyer, um das vor der „Universitätsdebatte" gepflegte vertrauensvolle Verhältnis wiederherzustellen. Eckert verwies, um seine Glaubwürdigkeit zu unterstreichen, auf den jüngst erhobenen Vorwurf in der KÖLNISCHEN VOLKSZEITUNG, er habe sich bei der Universitätsgründung von Anfang an der Unterstützung gerade der Sozialdemokratie vergewissert und sei „deren Forderungen weitgehend entgegengekommen". Man vereinbarte, Beyer solle eine Niederschrift über die Unterredung anfertigen, die er an ausgewählte Personen weitergeben dürfe, „die sich zu Stillschweigen verpflichten müssten".[14] Die Eintracht zwischen Christian Eckert und Georg Beyer war wiederhergestellt. Auch der Oberbürgermeister erhielt einen Durchschlag der Niederschrift, die dies bezeugte.[15]

Als das Kuratorium sich im Juli 1922 über die „Universitätsdebatte" vom April aussprach, sah Eckert seine Bemühungen belohnt. Übereinstimmend beteuerten die Mitglieder aus allen Fraktionen, man werde „nach Kräften" versuchen, „Erörterungen über Universitätsangelegenheiten in der Stadtverordneten-Versammlung künftig zu vermeiden".[16] Konrad Adenauer konnte aufatmen. Als die Wirtschafts- und Sozialwissenschaftliche Fakultät 1924 forderte, die Position der Universität im Kuratorium durch ein größeres Mitspracherecht der Dekane zu stärken, hielt Eckert überzeugend dagegen. Stadt und Stadtverwaltung hätten, als die städtischen Hochschulen in die neue „Staatsuniversität" überführt worden seien, auf viele Rechte verzichten müssen. Das Kuratorium sei „das einzige Universitätsorgan", in dem die Stadtverwaltung ihre Interessen gegenüber der Universität vorbringen könne. Seine Zusammensetzung sei das

Ergebis „langer Überlegungen und schwieriger Verhandlungen" gewesen. Eckerts Hinweis, im Falle einer Stärkung der Position der Fakultäten im Kuratorium würden die Stadtverordneten ihrerseits Foderungen erheben, klang wie eine Drohung. Er malte den Teufel an die Wand, indem er zu bedenken gab, dass die Stadtverordneten dann womöglich die Berufungslisten der Fakultäten „aus stadtpolitischen Interessen" um eigene Vorschläge ergänzen wollten – „ein im Interesse der Wissenschaft gefährliches Verlangen".[17] In der Stadtverordnetenversammlung fanden Auseinandersetzungen über die Kölner Universität in den nächsten Jahren nicht mehr statt, und das Kuratorium blieb ein beherrschbares Gremium, das den Entscheidungen seines Vorsitzenden eine hohe Legitimität verlieh.

4.2 ADENAUER, ECKERT UND BECKER

Solange Eckert zunächst als Gründungsrektor, dann bis zum Ende des Sommersemesters 1921 als Prorektor amtierte, war er kommissarisch mit der Geschäftsführung des Kuratoriums betraut. Im September 1921 bat er den Oberbürgermeister, ihn nunmehr gemäß § 9 des Statuts der Universität nach Anhörung durch die Stadtverordnetenversammlung offiziell zu ernennen. Doch Adenauer holte lediglich das Einverständnis des Kuratoriums ein. Eckert ließ ihm daraufhin ein Exemplar der Satzung zukommen, die das korrekte Prozedere vorgab. Am 15. Dezember genehmigte die Stadtverordnetenversammlung vorschriftsmäßig Eckerts Ernennung zum „geschäftsführenden Vorsitzenden des Kuratoriums der Universität auf die Dauer von 3 Jahren". Daraufhin ernannte Adenauer ihn zum „zweiten, geschäftsführenden Vorsitzenden des Kuratoriums", wobei er sich nun streng an den Wortlaut der Satzung hielt.[18] Im Kopf des Schreibens, mit dem Eckert sich umgehend für diese Mitteilung bedankte, stand wie stets „Der Vorsitzende des Kuratoriums der Universität Köln". Dabei blieb es bis zum Herbst 1922, ohne dass jemand daran Anstoß genommen hätte.

Doch Konrad Adenauer ließ der Nimbus des in der Stadt allseits beliebten, geselligen wie nonchalanten Christian Eckert offenbar keine Ruhe. Ende Mai 1922 wandte er sich vertraulich an Staatssekretär Carl Heinrich Becker mit der Bitte, „im Interesse der historischen Wahrheit die Vorgänge bei Gründung der Kölner Universität festzulegen". Die „besondere(n) Umstände", welche dies erforderlich machten, wolle er Becker bei seinem nächsten Besuch in der Hauptstadt gern „auseinanderlegen". Doch für den Fall, „dass man von anderer Seite demnächst etwa dieserhalb an Sie herantreten sollte", schreibe er Becker schon jetzt.[19]

Dass dem Oberbürgermeister die „historische Wahrheit" um die Gründung der Kölner Universität außerordentlich wichtig war, legt auch ein „Bericht" nahe, den ihm sein Bürodirektor Hans Wolfgarten wenige Tage später präsentierte. Demnach hatte Adenauer Wolfgarten zum Kuratoriumsbüro in die Claudiusstraße geschickt, um jene „dorthin abgegebenen Schriftstücke in Universitäts-Angelegenheiten" zurück ins Rathaus zu holen, die das preußische Kultusministerium an der Jahreswende 1918/19 veranlasst hatten, Köln die Konzession zur Gründung einer Universität zu erteilen. Der Bericht, den Wolfgarten anfertigte, erweckt den Eindruck, als hätte er einen Durchsuchungsbefehl zu vollstrecken gehabt. Wolfgarten hatte dem Kuratorialsekretär Wersdörfer in Eckerts Vorzimmer erklärt, der Oberbürgermeister habe inzwischen „selbst eine Registratur angelegt" und benötige „die fraglichen Verhandlungen zur Vervollständigung seiner eigenen Akten". Doch sei die Durchsicht „sämtlicher im Büro befindlicher Akten" erfolglos geblieben. Von Wersdörfer über Wolfgartens Auftrag informiert, habe Eckert diesen zu sich gerufen und nach „kurzem, vergeblichen Suchen" in anderen Schränken das von Wolfgarten nunmehr „ins Rathaus verbrachte Aktenheft" aus seinem „Schreibtischschränkchen" herausgezogen und es mit der Bitte übergeben, gelegentlich von einigen der enthaltenen Schriftstücke Abschriften zur Vervollständigung der Universitätsakten anfertigen zu dürfen. Zurück auf dem Rathaus prüfte Wolfgarten den Inhalt des Aktenheftes. Auf den Schriftstücken habe „Diktiert von Eckert" und „Alle Schreiben vom 21.12. diktiert auf Rathaus in die Maschine (Frau K.), Eckert" sowie „Entworfen von Eckert" gestanden. Ihm seien diese „im amtlichen Verkehr durchaus ungewöhnlich(en)" Vermerke sofort aufgefallen, berichtete Wolfgarten, und er habe sich die Vorgänge vom Dezember 1918 „ins Gedächtnis zurückgerufen". Er halte es „für ganz ausgeschlossen, dass die betreffenden Vermerke ursprünglich oder bei Abgabe der Akten an die Universität auf den Schriftstücken gestanden" hätten. Weiter erinnere er sich, dass „gelegentlich der Verhandlungen über die Universitäts-Gründung zur Zeit der Revolution Herr Geheimrat Eckert häufig bei Herrn Oberbürgermeister war und mit diesem über die in der Universitätsfrage zu unternehmenden Schritte gesprochen hat". Es sei vorgekommen, dass die Sekretärin „zu diesen Besprechungen ... mit ihrer Schreibmaschine in das Amtszimmer des Herrn Oberbürgermeister gerufen wurde und dass dann Herr Geheimrat Eckert sich erbot, die vorher von Herrn Oberbürgermeister mit ihm besprochenen Schreiben im Beisein des Herrn Oberbürgermeisters in die Maschine zu diktieren". Er glaube „bestimmt, dass dies auch bei der Abfassung der in Rede stehenden Schreiben geschehen" sei, und habe immer den Eindruck gehabt, dass die damals in der Angelegenheit unternommenen Schritte von Herrn Oberbürgermeister selbst ausgingen und dass Herr Geheimrat Eckert das ausführende Organ" gewesen sei. Wolfgarten und die erwähnte Sekretärin bestätigten dieses Protokoll mit ihren Unterschriften.[20] Die Beflissenheit, die aus Wolfgartens Worten spricht, lässt vermuten, dass der getreue Bürodirektor seinem Chef gefällig sein wollte.

Adenauer selbst hatte Eckert am 10. Juli 1919 gebeten, den fraglichen Schriftwechsel sowie „die Akten über die vorbereitenden Schritte zur Universitätsgründung" ins Kuratoriumsbüro zu übernehmen.[21] Die überlieferten Durchschläge der Briefe, die der Oberbürgermeister am 21. Dezember 1918 an Südekum und Breitscheid, Haenisch und Becker gesandt hatte, enthalten neben Adenauers Paraphe in der Tat die Anmerkungen „erledigt Eckert", „entworfen von Eckert" sowie „alle Schreiben am 21. XII. diktiert auf Rathaus in die Maschine (Frau K.)/Eckert".[22]

Einen Monat, nachdem die Akten ins Rathaus zurückgeholt worden waren, bat Adenauer Carl Heinrich Becker in einem weiteren Brief, mit ihm „über die Gestaltung der inneren Universitätsverhältnisse in Köln" sprechen zu dürfen. Im Senat der Universität – als deren Rektor Adenauers Freund Heinrich Lehmann amtierte – sei es „zu sehr lebhaften Auseinandersetzungen gekommen über die Stellung des geschäftsführenden Vorsitzenden des Kuratoriums, Herrn Geheimrat Eckert". Dort sei, soviel er wisse, „unter Zustimmung sämtlicher Anwesender erklärt worden, dass es in der Kölner Universität ein starkes Hausmaiertum in Gestalt des Herrn Geheimrat Eckert und ein schwaches Scheinkönigtum in Gestalt des Rektors gebe". Adenauer erinnerte Becker daran, ihm gegenüber einmal geäußert zu haben, es könne sich in Köln „das notwendige Eigenleben der Fakultäten an der Universität nicht genügend entwickeln". Er wüsste nun gern, wie sich die Verhältnisse so ändern ließen, „dass die Interessen der Universität nicht gefährdet" würden. Er habe die Angelegenheit bisher nicht im Kuratorium zur Sprache gebracht, doch glaube er, dessen Mitglieder teilten mehrheitlich seine Ansicht, dass „das Kuratorium und naturgemäss auch sein Geschäftsführer sich peinlich innerhalb der Grenzen halten sollen, die ihnen durch das Universitätsstatut gezogen sind, und dass einer weiteren inneren Entwicklung der Universität keinesfalls zu nahe getreten" werden dürfe. Abschließend bat Adenauer den Staatssekretär erneut um eine „kurze Aufzeichnung" darüber, wie „die Gründung der Universität Köln zustande gekommen ist und welche Rolle insbesondere die verschiedenen dabei in Betracht kommenden Personen" gespielt hätten.[23]

Becker antwortete Adenauer, dass er das „Problem Eckert" durchaus gern mit ihm persönlich erörtern würde, denn „so etwas" lasse sich schriftlich nur schwer behandeln und sei letztlich „auch mehr eine Frage der Person als der Organisation". In Frankfurt führe ein „reiner Verwaltungsbeamter", der „ausserhalb des Lehrkörpers" stehe, die Geschäfte des Kuratoriums. Er werde sich bemühen, einen Ausweg vorzuschlagen, sehe aber derzeit noch keinen. Doch ehe er Adenauer eine „Aufzeichnung über die Gründung der Universität" überlasse, wolle er doch gern wissen, „welche Fragestellung" zugrunde liegen solle. Man könne den Akzent verschieben, „ohne unwahr zu sein"; ihm läge daran, Adenauer „loyal zu unterstützen". Er habe seinerzeit im Staatsministerium eine Denkschrift vorgelegt, von der er allerdings nicht wisse, ob deren Publikation Adenauer „jetzt genehm" wäre. Wie Adenauer wisse, sei er anfänglich ein Gegner der Kölner Gründung gewesen, habe sich aber, „nachdem die Würfel einmal gefallen waren", persönlich für den Ausbau von Köln eingesetzt. Inzwischen behandele er Bonn und Köln „durchaus gleich" und versuche, „Reibungen zwischen beiden zu vermeiden und beide im Rheinland wirklich Wurzeln schlagen zu lassen". Vor diesem Hintergrund möchte er, bevor er eine „Aufzeichnung über die Vorgeschichte" herausgebe, persönlich mit Adenauer gesprochen haben.[24]

Becker bewies seine Loyalität gegenüber der Kölner Universität, indem er es strikt ablehnte, minderqualifizierte Professoren zu berufen. Da die Stelle des Staatskommissars inzwischen vakant war, gingen die Kölner Berufungsvorschläge direkt an das Ministerium. Forsch bat Adenauer Becker im Sommer 1922, die Anträge möglichst schnell bearbeiten zu lassen, „damit die neu zu berufenden Herren im Wintersemester schon lesen können".[25] Bei einem der Kandidaten handelte es sich um den in Köln umstrittenen Schuldezernenten Wilhelm Kahl, einen Honorarprofessor, der nach seiner bevorstehenden Pensionierung ein persönliches Ordinariat[26] erhalten sollte. Für ihn sprach aus Kölner Sicht nicht zuletzt, dass seine Ruhestandsbezüge ein Professorengehalt überstiegen und er daher den Universitätsetat nicht belasten würde.[27] Doch Becker winkte diese Personalie nicht durch, sondern erläuterte Adenauer bemerkenswert offen, warum ein Mann wie Kahl unmöglich zu berufen sei. Seine Ernennung „würde alle Grundsätze über den Haufen werfen, die bisher bei persönlichen Ordinarien üblich waren". Nichts hindere Kahl daran, als Honorarprofessor eine „volle akademische Tätigkeit" zu entwickeln. Bei allen Verdiensten, die sich Kahl als Beigeordneter um das Kölner Schulwesen erworben habe, argumentierte Becker, dürfe er „doch wohl auch an den Begründer der Universität Köln appellieren und ihn fragen, ob es der Rangstellung Kölns im Kreise ihrer Schwestern entspricht, wenn die neuzuschaffenden Lehrstühle der zukunftsreichen Wissenschaft der Pädagogik in Berlin durch Spranger, in Leipzig durch Litt in Göttingen durch Nohl und in Köln durch – Kahl vertreten" würden. Kürzlich habe er eine Ansprache Kahls gehört, und er dürfe „vertraulich sagen", dass diese „geradezu erschreckend abfiel gegenüber der geistigen Höhenlage des Litt-schen Vortrags". Kahl spiele in der Pädagogik „doch eben überhaupt keine Rolle" und er, Becker, hätte sich „so gern Köln führend gedacht". Er schreibe dies, weil er wirklich „das Beste der Universität Köln" wolle und in jedem einzelnen Fall sehr sorgfältig überlege, inwieweit er „lokalen personellen Wünschen dieser Art" entgegenkommen dürfe.[28] Kultusminister Otto Boelitz, selbst ein „Praktiker", der aus dem höheren Schuldienst stammte, berief Wilhelm Kahl dennoch.[29] Ob Adenauer entgegen Beckers Rat beim Minister für Kahl interveniert hatte, ist nicht bekannt.[30] Dieser stand neben Artur Schneider, dem mit einem Lehrauftrag für Pädagogik betrauten Philosophieprofessor, bis zu seinem Tod 1929 dem Pädagogischen Seminar als Direktor vor.[31]

Während Adenauer sich um ein Vertrauensverhältnis zu Becker in Berlin und dessen Rückendeckung bemühte, versuchte er in Köln, Eckert in die Hierarchie der städtischen Verwaltung einzubinden. Ende Juli 1922 ermahnte er die Beigeordneten und städtischen Dienststellen, dass „bei allen ... wichtigen Eingängen, die nicht von mir mit einem blauen Strich im Eingangsstempel oder einem blauen ∤ oder ≠ oder einem entsprechenden Zeichen meines Vertreters versehen sind, nachzuprüfen ist, ob ich davon Kenntnis erhalten muss". Und weiter hieß es:

> Diese Verfügung wird hiermit auch auf die beim Universitäts-Kuratorium direkt oder durch A 28[32] eingehenden Eingänge ausgedehnt. Ich ersuche demgemäß Herrn Geheimrat Prof. Dr. Eckert, für jeweilige Vorlage der wichtigeren Eingänge an mich Sorge zu tragen. Auch ersuche ich für die Folge, soweit dies nicht schon bisher geschehen sein sollte, die für die städtische Verwaltung bestehenden Bestimmungen über die Vorlage der Schriftstücke zur Mitunterzeichnung der Vollziehung durch mich, auf die Angelegenheiten des Universitätskuratoriums anzuwenden.

Eine Abschrift dieser Anweisung ging an das „Büro des Universitätskuratoriums".[33] In einem Anschreiben Adenauers hieß es dazu, die Anwendung dieses „bei der städtischen Verwaltung üblichen" Verfahrens sei erforderlich, um „über alle wichtigeren Angelegenheiten des Universitäts-Kuratoriums möglichst schnell von vornherein und laufend" unterrichtet zu sein.[34] Wie im internen

Verkehr einer Behörde üblich, verzichtete der Oberbürgermeister darauf, den Brief an Eckert mit der bis dahin stets verwendeten Anrede „Sehr geehrter Herr Geheimrat!" zu beginnen und mit einer höflichen Schlussformel zu beenden. Als Professor der Universität stand Eckert zum Oberbürgermeister in keinem Dienstverhältnis. Adenauer wollte den geschäftsführenden Vorsitzenden des Kuratoriums aber als einen „informellen Beigeordneten für die Angelegenheiten der Universität" behandeln und das Kuratorium, bei dem es sich um eine selbständige Körperschaft handelte, fortan „so weit wie möglich in die Verwaltung der Stadt" einbeziehen.[35] Ende 1922 nahm er eine Formalie zum Vorwand, um Christian Eckert Grenzen zu setzen. Er ersehe aus verschiedenen ihm „zu Gesicht gekommenen Schriftstücken", dass dieser als „Der Vorsitzende des Kuratoriums der Universität Köln" firmiere. Solches finde im Universitätsstatut und in seiner Ernennungsurkunde „keine Stütze". Eckerts Vorgehen habe nachweislich „schon mehrfach zu missverständlichen Auffassungen" geführt. Adenauer forderte Eckert auf, in Zukunft entweder als „Der Vorsitzende usw. im Auftrage" oder als „Der zweite geschäftsführende Vorsitzende usw." zu firmieren.[36] Nachdem der Oberbürgermeister erneut die Form eines innerbehördlichen Schreibens gewählt hatte, verzichtete Eckert in seiner Antwort ebenfalls auf das bis dahin übliche „Sehr verehrter Herr Oberbürgermeister!", fügte im Briefkopf aber maschinenschriftlich das Wort „geschäftsführende" ein.

Eckert erklärte dem Oberbürgermeister, er habe den Briefkopf „Der Vorsitzende des Kuratoriums" benutzt, um die Einheit des Kuratoriums nach außen zu wahren, denn als geschäftsführender Vorsitzender führe er den Schriftwechsel nicht „im Auftrag des Vorsitzenden, sondern im Namen des Kuratoriums". Adenauers Ersuchen, er solle in Zukunft als „der Vorsitzende des Kuratoriums – im Auftrag" firmieren, finde im Universitätsstatut „keine Stütze".[37]

Lange werkelte der Oberbürgermeister an einer Replik. Die erste Version schickte er nicht ab, nahm sie aber zu den Akten.[38] Ein zweiter Entwurf vom 21. Dezember trägt etliche handschriftliche Korrekturen, die den Inhalt präzisierten und den Ton verschärften.[39] Womöglich zog er über die Feiertage seinen Freund Heinrich Lehmann, den als Rektor inzwischen der Philologe Arnold Schröer abgelöst hatte, oder seinen juristisch versierten älteren Bruder August zu Rate. In dem am Ende dreiseitigen Schreiben, das unter dem 2. Januar 1923 schließlich an Eckert ging, holte Adenauer weit aus und teilte diesem eingangs mit, dass seine bisherige Firmierung wohl kaum dazu dienen könne, die „Einheit des Kuratoriums nach außen" zu wahren. Er habe, hieß es weiter, „euer Hochwohlgeboren" nicht ersucht, „Der Vorsitzende des Kuratoriums im Auftrage" zu firmieren, sondern ihm anheimgestellt, im Briefkopf diese oder die Formulierung „Der zweite geschäftsführende Vorsitzende des Kuratoriums" zu verwenden.

> Falls Sie, wie es den Anschein hat, durch den Satz: ‚Der geschäftsführende Vorsitzende führt den Schriftwechsel nicht im Auftrage des Vorsitzenden, sondern im Namen des Kuratoriums' sagen wollen, dass der geschäftsführende Vorsitzende nach dem Statut eine von dem ersten Vorsitzenden losgelöste völlig selbständige Stellung, insbesondere eine selbständige Vertretungsbefugnis nach außen habe, so würde diese Auffassung unzutreffend sein. Nach § 11 der Satzung der Universität Köln vertritt der erste Vorsitzende das Kuratorium gerichtlich und außergerichtlich. Die Bestimmung ist in § 11 an die Sitze (sic! Muss „Spitze" heißen.) gestellt; sie regelt die Vertretung des Kuratoriums ohne jeden Vorbehalt und ohne jede Einschränkung. Im letzten Satz des Abs. 1 § 11 ist zur Erleichterung des ersten Vorsitzenden dann die Möglichkeit zugelassen, dass, soweit der erste Vorsitzende sich nicht die Entscheidung vorbehält, der geschäftsführende Vorsitzende im Rahmen des Kuratoriums mit Behörden und Privatpersonen verhandeln und den Schriftwechsel führen kann.

Es sei also lediglich in das Ermessen des ersten Vorsitzenden gestellt, „ob und inwieweit" er von dieser Entlastungsmöglichkeit Gebrauch machen wolle. Er dürfe gemäß dem ersten Satz des § 11 den gesamten Schriftwechsel jederzeit übernehmen. Das Verhältnis zwischen dem ersten und dem zweiten geschäftsführenden Vorsitzenden des Kuratoriums sei „ganz analog gestaltet dem zwischen Oberbürgermeister und Beigeordneten". Auch dieser habe eine Vertretungsbefugnis (für die Kommune, H. E.) „nicht aus eigenem Recht, sondern nur soweit der Oberbürgermeister sich nicht die Entscheidung vorbehält". Adenauer schloss dann so, als habe er es bei Eckert tatsächlich mit einem seiner Beigeordneten zu tun: „Ich bitte von dieser Auffassung der Stellung des ersten Vorsitzenden und des geschäftsführenden Vorsitzenden Kenntnis zu nehmen."[40] Eckert antwortete ungebrochen selbstbewusst.

> Nach der Fülle von Arbeit, die ich seit 1904 bei Leitung der Kölner Hochschulen geleistet habe, nach dem Übermass an Mühen, das ich in den Jahren der Vorbereitung und Durchführung der Universitätsgründung auf mich genommen habe, hätte ich erwarten dürfen,[41] dass die Ihnen jetzt nötig erscheinende Einengung meiner Bewegungsfreiheit anders vorgenommen worden wäre, als es durch die Schreiben vom 9. Dez. und 2. Jan. geschehen ist.

Das Schreiben trug bereits den neuen Briefkopf „Kuratorium der Universität". Diese Bögen gedenke er zu benutzen, wenn er im Namen des Kuratoriums Schriftstücke unterzeichne. Als „geschäftsführender Vorsitzender" wolle er firmieren, wenn er „mit eigener Initiative in den Geschäftsgang einzugreifen habe".

Eckert ließ es sich nicht nehmen, Adenauer dreimal als „Euer Hochwohlgeboren" zu titulieren, als er ihm seine Vorstellung von der Rolle des geschäftsführenden Vorsitzenden erläuterte und dazu ausführlich aus dem Statut zitierte. Gegen Adenauers Ansicht, das Verhältnis des ersten Vorsitzenden zum geschäftsführenden Vorsitzenden des Kuratoriums verhalte sich analog dem eines Oberbürgermeisters zu einem Beigeordneten, wandte Eckert ein, dass die geltende Gemeindeordnung diese Interpretation nicht zulasse; allenfalls die Magistratsverfassung könne zum Vergleich herangezogen werden. Sodann verwies Eckert darauf, dass er „den Intentionen Euer Hochwohlgeboren stets weitgehend gerecht" geworden sei und dadurch „von manchen Seiten Angriffe erfahren" habe, beispielsweise bei der „Ernennung des Herrn Erkes zum Universitätsbibliothekar" oder der „Ernennung des Prof. Schmittmann zum Leiter des Verwaltungs-Hochschulstudiums". Indem er fast beiläufig die beiden Leichen erwähnte, die er 1919 mit Schmittmann und 1920 mit Erkes im Keller des Oberbürgermeisters deponiert hatte, traf Eckert anscheinend ins Schwarze. Adenauer unterstrich diese Passagen dick. Schließlich erinnerte Eckert den Oberbürgermeister auch an die „Universitätsdebatte" im Stadtparlament. Im April 1922 habe er „auf Telefonanruf" seine Ferien (sic!) in Berlin unterbrochen, um „nach zwölfstündiger Bahnfahrt, ohne einen Blick in die Akten zu werfen, vor einer erregten Versammlung die verworrenen Verhältnisse" klarzulegen.[42]

Adenauers Versuch, Eckert zu erniedrigen, indem er ihn disziplinierte, scheiterte. Nicht zuletzt befand sich in dessen Köcher nun sogar ein weiterer Pfeil, der sich auf den Oberbürgermeister abschießen ließ. Hätte Eckert die Korrespondenz über den Briefkopf publik gemacht, wäre der Vorsitzende des Kuratoriums der Lächerlichkeit preisgegeben worden. „Bis auf weiteres zu den Akten", vermerkte Adenauer auf Eckerts Schreiben. Der hielt es nicht für nötig, einen Briefkopf anfertigen zu lassen, in dem er sich als zweiter geschäftsführender Vorsitzender des Kuratoriums tituliert hätte, sondern kam dem Oberbürgermeister lediglich ein kleines Stück entgegen. Über Schreiben, die Eckert versandte, stand fortan: „Der geschäftsführende Vorsitzende des Kuratoriums der Universität Köln".

Während der Oberbürgermeister im Schriftverkehr mit Eckert, der eigentlich kein „interner" war, auf eine Anrede verzichtete, begann Eckert seine Schreiben wieder mit einer Anrede und endete mit einer Schlussformel.[43] Er mag die enge Sehweise des Oberbürgermeisters belächelt haben und erlaubte sich die Ironie, fortan regelmäßig als „Mit vorzüglicher Hochachtung Ihr ergebenster" zu unterfertigen.[44]

Da er bei Eckert auf Granit gebissen hatte, bat Adenauer Carl Heinrich Becker im April 1923 zum vierten Mal, ihm die „gütigst in Aussicht gestellten Aufzeichnungen" zugehen zu lassen; ihm liege viel an einer baldigen Erledigung der Angelegenheit.[45] Doch auch weitere Bemühungen, mit einem von Becker zu liefernden Dokument eine ihm genehme Gründungslegende der Kölner Universität „festzulegen", führten nicht zum Erfolg.[46] Ende 1924 bat Adenauer Becker schließlich „auf das allerdringlichste", ihm nunmehr wenigstens eine Nachricht darüber zugehen zu lassen, ob er mit einer Übersendung der Aufzeichnungen überhaupt noch rechnen dürfe, und bemerkte, dass ihm „nach wie vor außerordentlich daran gelegen" sei, „authentisches Material über die aufgeworfene Frage zu erhalten".[47] Doch wem hätte der Oberbürgermeister solche Dokumente präsentieren können, ohne sich zum Gespött zu machen? Beckers Brief an den Handelsminister, in dem von den „trüben Dezembertagen" die Rede war, als „plötzlich Abgeordnete der Stadt Köln ... einen sofortigen Beschluß einer Überführung der Kölner Hochschulen in eine Universität" verlangt hätten,[48] oder seine schriftliche Bemerkung gegenüber Max Weber, die Gründung der Kölner Universität entspringe „ausschließlich ... einem skrupellosen kommunalen Egoismus",[49] konnten Adenauer wenig nützen.

Nicht auszuschließen ist, dass es dem Kölner Oberbürgermeister vor allem darauf ankam, Becker, der nach wie vor als ministrabel galt, seine Distanz zum „zweiten geschäftsführenden Vorsitzenden" des Kuratoriums zu demonstrieren, um ihn als Verbündeten gegen Eckert zu gewinnen. Denn eigentlich war es Christian Eckert gewesen, der Becker in jenen „trüben Dezembertagen" des Jahres 1918 mit seinem überraschend erfolgreichen Vorstoß beim damaligen Minister Haenisch den unmittelbar vor der Verwirklichung stehenden Plan für eine rheinische Großuniversität Bonn-Köln zunichtegemacht hatte – dem der Kölner Oberbürgermeister ja zunächst nicht abgeneigt erschienen war. Und empfahl es sich nicht auch für Becker, zum Kölner Oberbürgermeister, einem der „recht allmächtigen rheinischen Granden",[50] der „aus seiner republikanischen Grundhaltung kein Hehl machte" und den die Zentrumsfraktion 1921 erstmals als Reichskanzler-Kandidaten in Betracht gezogen hatte[51], ein gutes Verhältnis zu pflegen?

Adenauers Beziehung zu Eckert blieb gespannt. Der Kuratoriumsvorsitzende hielt streng auf die Hierarchie, zumal wenn es um öffentliche Auftritte ging. Im Mai 1925 teilte Eckert Adenauer mit, dass er – „Ihr Einverständnis voraussetzend" – zugesagt habe, auf der Feier zum 70. Geburtstag von Louis Hagen im Anschluss an den Rektor „namens des Kuratoriums ein paar Worte an Herrn Hagen" zu richten. Doch nun, erklärte Eckert anscheinend dienstfertig, erfahre er durch Zufall, dass Adenauer „nicht nur im Namen des Staatsrates, der Stadt und der Lokalbehörden, sondern auch als Vorsitzender des Kuratoriums in dessen Namen" zu sprechen beabsichtige. Er bat Adenauer, ihm mitzuteilen, ob er an dieser Absicht festhalte – dann würde seine „kurze Ansprache" entfallen.[52] Der Oberbürgermeister antwortete postwendend. Wenn er auf einer Feier anwesend sei, müsse doch wohl er, „wenn für das Kuratorium der Universität gesprochen werden soll, als dessen Vorsitzender das Wort ergreifen." Er werde dies aber in einer Weise tun, dass Eckert die Möglichkeit bleibe, „noch einige Worte hinzuzufügen".[53]

Als im Herbst 1926 Eckerts 25-jähriges „Professorenjubiläum" anstand, ließ der Oberbürgermeister den Stadtarchivar eine Laudation über den Jubilar entwerfen. Der Archivar zählte in aller Ausführlichkeit sämtliche Verdienste des zu Ehrenden auf. Unter anderem beschrieb er, was Eckert in den letzten 25 Jahren für die Handelshochschule „und seit 1919 in ihrer erweiterten Gestalt als Universitas literarum und damit für den Ruhm und den Nutzen unserer aufstrebenden alten Stadt in nie ermüdender Sorgfalt geleistet" habe. Unter ihm als erstem Rektor sei die Universität feierlich eröffnet worden. Als „geschäftsführender Vorsitzender des Kuratoriums" habe er auch nach seinem Rektorat „den weitgehendsten (sic!) Einfluß auf die Entwicklung der Hochschule" ausgeübt. Erwähnt wurden ebenso Eckerts Mitgliedschaft in der Immediatkommission zur Vorbereitung der Verwaltungsreform in Preußen, seine Ernennung zum Geheimen Regierungsrat und die 1922 verliehene Ehrendoktorwürde durch die eigene Fakultät. Abschließend hieß es in dem Entwurf, es dränge die städtische Verwaltung sowie die Stadtverordnetenversammlung, Eckert

> den wärmsten Ausdruck ihrer Wertschätzung für Ihre so erfolgreiche Tätigkeit im Interesse des Gemeinwohls … zum Ausdruck zu bringen und mit ihrem Glückwunsch die zuversichtliche Hoffnung auszusprechen, daß Ihre wertvolle Kraft der Stadt Köln noch lange Jahre erhalten bleiben möge, vor allem auch der Förderung der unter Ihrer tatkräftigen Mitwirkung in neuem Glanze wieder entstanden Hochschule.[54]

Der Stadtarchivar nahm an, dass Eckert öffentlich geehrt werden sollte. Dies wie auch der Tenor des vorgelegten Entwurfs erschienen dem Oberbürgermeister jedoch als zu viel des Guten. Er wischte die Vorlage vom Tisch und begnügte sich damit, Eckert von Berlin aus, wo er seines Amtes als Präsident des preußischen Staatsrates waltete, ein Glückwunschtelegramm zu senden, veranlasste, ein „schönes Blumenarrangement" in Eckerts Privatwohnung zu liefern und die Kosten seinem „Dispositionsfonds" zu entnehmen.[55] Eckert bedankte sich telegrafisch für das ihn „hocherfreuende" Glückwunschtelegramm und die „wundervolle Blumenspende"; es sei auch sein „Jubiläumswunsch", mit Adenauer „am Fortbau unserer Universität noch weiter arbeiten zu können".[56]

Adenauer, für den die Universität nicht im Mittelpunkt seines Interesses und seiner Verantwortung als Oberbürgermeister der Großstadt Köln stehen konnte, blieb auf Eckert angewiesen, wenn es um deren Angelegenheiten ging. Er war sich dieser Abhängigkeit bewusst, vergleichbar durchaus jener, in der er sich gegenüber jedem fachkundigen Beigeordneten befand. Eckert verstand es, dem Oberbürgermeister „geschickt nahezubringen", was ihm selbst wichtig erschien.[57] Dieser bestätigte Eckert nach Anhörung der Stadtverordnetenversammlung im Dreijahresrhythmus, also Ende 1924, 1927 und 1930 als Geschäftsführer des Kuratoriums.[58]

4.3 EIN NEUER „FALL" SPAHN

Im Advent des Jahres 1920 erhielt Konrad Adenauer einen Brief des Kölner Erzbischofs. Karl Joseph Schulte[59], erst seit Anfang des Jahres im Amt, teilte dem Oberbürgermeister mit, dass ihm „die katholischen Interessen an der Kölner Universität ... seit einigen Wochen nicht geringe Sorgen" bereiteten. Aus zuverlässiger Quelle habe er erfahren, dass „ausgerechnet" ein „Gegner des Katholizismus" auf den religionswissenschaftlichen Lehrstuhl berufen werden solle. Erführe die Öffentlichkeit davon, wäre es „um den guten Ruf der Kölner Universität im katholischen Deutschland einfach dahin". Der Erzbischof schloss mit dem Wunsch, Adenauer möge den geistlichen Oberlehrer Eichen „baldmöglichst" zu sich bitten, denn dieser könne dem Oberbürgermeister „über die gegenwärtige Situation an der Universität vertraulich Auskunft" geben.[60]

Der Bitte des Erzbischofs nicht zu willfahren, verbot sich einem Kölner Oberbürgermeister. So empfing er Eichen, der an einem Kölner Gymnasium unterrichtete, noch vor Weihnachten.[61] Den eifrigen Oberlehrer, der wie ein Gesandter des Erzbischofs auftrat, trieb jedoch weniger die Sorge um den religionswissenschaftlichen Lehrstuhl um. Ihm erschien vielmehr das Verhalten Martin Spahns „im letzten Jahre in parteipolitischer Hinsicht ... nicht der politischen Einigkeit, nicht der politischen Geschlossenheit des rheinischen Katholizismus förderlich zu sein". Der katholische Professor scheine der Zentrumspartei gegenüber nämlich „mehr kritisch" eingestellt zu sein. Außerdem wäre er „durch seine Assistentin ins Gerede gekommen", und das berge „stets die Gefahr in sich, daß Verlegenheiten entstehen können".[62]

Martin Spahn, der Professor in Straßburg gewesen war, hatte Christian Eckert nach der Gründung der Kölner Universität gebeten, ihn an die neue Hochschule zu vermitteln. Eckert bemühte sich, seinem einstigen Kommilitonen und Kollegen als Privatdozent, dem er nach gemeinsamer Arbeit in der Görres-Gesellschaft[63] freundschaftlich verbunden blieb, in Köln den Weg zu ebnen.[64] Doch Adenauer sah in Spahn einen allzu „pro-preußischen Katholiken" und lehnte diese Personalie zunächst ab.[65] Er lenkte erst ein, als Adam Stegerwald[66], der Führer der christlichen Gewerkschaften, mit dem Spahn sich seit 1917 gemeinsam bemühte, der „Linksorientierung" des Zentrums entgegenzuwirken, nachdrücklich für den Historiker eintrat.[67] Spahn erhielt eines der beiden Ordinariate für Mittlere und Neuere Geschichte.[68]

Martin Spahn genoss in der deutschen Gelehrtenwelt einige Bekanntheit. Um die Jahrhundertwende hatte er als Reformkatholik gegolten und, anders als die „Ultramontanen", nach dem Kulturkampf auf wissenschaftlichem und kulturellem Gebiet darauf hingearbeitet, die Katholiken in das protestantisch geprägte Reich zu integrieren. Als Kaiser Wilhelm II. Spahn 1901 an die Universität Straßburg berief, brach im nationalprotestantischen Lager ein Sturm der Entrüstung los. Die monatelangen Auseinandersetzungen über die „Voraussetzungslosigkeit" und die „Objektivität" von Wissenschaft gingen als „Fall Spahn" in die Geschichte ein. Nach dem Ersten Weltkrieg wandelte Spahn sich vom Reform- zum nationalkonservativen Rechtskatholiken.

In Köln bezog Spahn mit seiner Familie eine Wohnung und richtete noch im Sommersemester 1920 neben dem Historischen Seminar das Institut für Zeitungskunde und öffentliche Meinung ein.[69] Während die Professorenkollegen ihn im Spätsommer 1920 zum Dekan der Philosophischen Fakultät wählten, versuchten rechtskonservative Kreise, die auf Spahn als Kopf ihrer Bewegung setzten, ihn als Hochschullehrer nach Berlin zu verpflichten, damit er dort seine politischen Ziele wirksamer verfolgen könnte. Doch alle Möglichkeiten zerschlugen sich, nicht zuletzt, weil Spahn Katholik war. Deshalb nahm er von Köln aus die politische Leitung des am 1. November 1920 in Berlin gegründeten Politischen Kollegs für nationalpolitische Schulungs- und Bildungsarbeit wahr, das als ein nationalkonservatives Gegengewicht zu der zunächst republikanisch orientierten Deutschen Hochschule für Politik gedacht war. Die Arbeit des Kollegs galt ihm als „ein Mittel zur geistigen Vorbereitung für die zukünftige Befreiung des deutschen Volkes von den Versailler Fesseln und zur Durchsetzung des Reichsgedankens".[70]

Die von dem Abgesandten des Erzbischofs beanstandeten politischen Aktivitäten Spahns dürften Adenauer bekannt gewesen sein. Verwerflicher noch erschien es dem geistlichen Oberlehrer aber offenbar, dass der Gelehrte es zu „Verlegenheiten" hätte kommen lassen, die sich mit der in Köln herrschenden oder zumindest von maßgeblichen Autoritäten eingeforderten Moral schwer vereinbaren ließen. Was Eichen kolportierte, bewog den Vorsitzenden des Kuratoriums, ihn dem bezichtigten Professor gegenüberzustellen, wohl auch, um sich einer unliebsamen Angelegenheit zu entledigen, für die er sich nicht zuständig fühlte.

In Begleitung Fritz Tillmanns, eines Bonner Professors für katholische Moraltheologie, ging Spahn Ende April zu Eichen. Eine von Adenauer erbetene, von Spahn verfasste und von Tillmann als korrekt bestätigte Niederschrift über das stattgefundene Gespräch hielt fest, dass Eichen den Oberbürgermeister aufgesucht hätte, weil „in den führenden katholischen Kreisen Kölns ... die ursprünglichen Bedenken gegen die Errichtung der Universität ... wieder neu und verstärkt aufgelebt seien und eine öffentliche Erörterung gedroht habe". Adenauer habe im Laufe des Gesprächs die Hoffnung ausgedrückt, dass die „berechtigten Wünsche der Katholiken" durch Spahns Berufung erfüllt worden seien, und erwogen, dass Spahn mit diesen in Kontakt trete. Da habe Eichen Adenauer jedoch darauf aufmerksam machen müssen, dass „die Herren" Spahn keineswegs vertrauten, weil dieser „im Verdachte stünde, sowohl zur Christlichen Volkspartei[71] wie zu dem Freiherrn von Lüninck[72] in nahen Beziehungen zu stehen". Außerdem gingen Gerüchte über Spahns „Verhalten der Dame gegenüber" um, die im Sommersemester 1920 seine Assistentin war. Eichen könne „nur mit grösster Zurückhaltung sagen, was er selbst beobachtet habe". Allerdings wisse er, dass „Unvorsichtigkeiten" vorgekommen seien, die verständlicherweise zu „Geschwätz" hätten führen müssen.[73]

Durch die Konfrontation mit Spahn geriet der Oberlehrer seinerseits in arge Verlegenheit. Er beklagte heftig, dass die von Spahn auch ihm überlassene Niederschrift „Formulierungen" enthalte, die „nicht korrekt" und geeignet seien, auf „Außenstehende, welche die Zusammenhänge nicht kennen, nicht ganz klar u. präzis zu wirken".[74] Darüber beschwerte er sich in seitenlangen Briefen beim Oberbürgermeister, worauf dieser aber nicht einging, sondern „die Sache" für erledigt erklärte.[75] Sich länger den moralinsauren Dünsten der kölnischen Gerüchteküche auszusetzen, lag ihm fern, zumal Spahns begangene oder unterstellte „Unvorsichtigkeiten" vor dem Hintergrund seiner Entwicklung zu einem führenden Kopf der nationalkonservativen Bewegung als Petitessen erscheinen mussten. Nach mehreren gescheiterten Versuchen, als Politiker der Zentrumspartei Karriere zu machen, verließ Spahn diese noch im selben Jahr und trat der DNVP bei,[76] als deren „bedeutendster katholischer Programmatiker" er fortan galt.[77]

Am 19. September 1922 schrieb Spahn einen privaten Brief an Christian Eckert. Er wollte wissen, ob ihm Schwierigkeiten entstünden, wenn er seinen Haushalt nach Berlin verlege, wo er gerade „unverhältnismäßig günstig" ein Haus habe erwerben können. Seiner Frau sei die Wohnung in Köln nicht länger zuzumuten. Er gedenke, hier ein Zimmer zu behalten, das ihm an Vorlesungs- und Prüfungstagen als „Absteigequartier" dienen solle. Zwar müsse er während des Semesters viel hin- und herfahren, doch komme er dafür in den Ferien zur Ruhe, was für seine Familie, seine Gesundheit und auch für seine Arbeit von größtem Wert sei. Seine Aufgaben im Untersuchungsausschuss des Reichstags[78] könne er nur in Berlin erledigen, wo ihm die Akten des Auswärtigen Amtes zur Verfügung stünden.

Obwohl Spahn Eckert bat, „in alter Freundschaft etwa entstehende Schwierigkeiten ausgleichen zu helfen",[79] brachte dieser nicht das geringste Verständnis auf, sondern bat ihn, sich gegenüber dem Kuratorium offiziell zu erklären.[80] Als Spahn in einem weiteren Schreiben lediglich erläuterte, wie er sich seine Doppeltätigkeit vorstellte, fühlte Eckert sich „genötigt", Adenauer über den noch für den Monat September geplanten Umzug Spahns nach Berlin zu informieren. Eckert, der Spahns Gründe nicht stichhaltig fand, versicherte Adenauer, der Kollege sei von ihm ernsthaft auf die Schwierigkeiten hingewiesen worden, die ihm bei einem Umzug nach Berlin entstünden. Doch habe dieser die Universität vor vollendete Tatsachen gestellt.[81] Pflichtgemäß ging Adenauer der Sache nach. „Dem Vernehmen nach sollen Sie Ihren Wohnsitz nach Berlin verlegt haben", schrieb er, adressiert an Spahns Kölner Dienstadresse, und fragte in aller Form, ob das zutreffe. „Bejahendenfalls" möge Spahn ihm mitteilen, wie er seine „Pflicht, als Professor der hiesigen Universität in Köln zu wohnen, damit in Einklang zu bringen" gedenke.[82]

In seiner Antwort auf einem offiziellen Briefbogen des von ihm geleiteten Politischen Kollegs beklagte Spahn erneut die Wohnungssituation in Köln, wies abermals auf seine Verpflichtungen im Untersuchungsausschuss sowie im Politischen Kolleg hin und teilte mit, dass er seinen Wohnsitz in der Stadt ja „unverändert aufrecht" erhalte. Vorlesungen und Prüfungen werde er, „wie es sich von selbst versteht", weiterhin anbieten.[83] Eckert teilte Adenauer mit, Spahn habe in einem privaten Gespräch vorgeschlagen, ihm nach dem Umzug nur „die

Hälfte seines Gehaltes" sowie den darauf entfallenden Teuerungszuschlag zu zahlen.[84] Spitzfindig erklärte Spahn dem Kuratoriumsvorsitzenden in einem weiteren Schreiben, er habe doch nicht seinen, sondern den Wohnsitz seiner Familie nach Berlin verlegt.[85] Bevor Adenauer reagierte, erkundigte er sich bei Eckert, ob Spahn wegen seiner „Wohnungsverhältnisse" schon einmal vorstellig geworden und was daraufhin gegebenenfalls veranlasst worden sei. Außerdem wollte er wissen, inwieweit die Verlegung des Wohnsitzes durch Spahn „die Interessen der Universität" beeinträchtige.[86] Eckert legte ihm seine Einschätzung ausführlich dar, wobei er Spahns Klagen über die Wohnsituation in Köln als unberechtigt zurückwies. Adenauer machte sich Eckerts Argumente zu eigen und brachte sie in einem Brief an das Ministerium vor. Spahns Verhalten sei unvereinbar mit den Interessen der Universität Köln, er bitte um eine ministerielle Entscheidung.[87]

Nachdem Spahn im November 1922 die Leitung der Hochschule für Nationale Politik, wie sich das Politische Kolleg inzwischen nannte, übernommen hatte, meldete die Presse seine Übersiedlung nach Berlin und auch, dass er an zwei Tagen in der Woche seinen Lehrverpflichtungen in Köln zu genügen gedenke. Da Spahns Verhalten damit öffentlich geworden war, sprach Adenauer dieses im Kuratorium an. Die Mitglieder befanden einmütig, Kölner Professoren seien gehalten, „ihre ganze Persönlichkeit für das Amt einzusetzen", und hielten Spahns Vorgehen, „insbesondere eine Leitung der Hochschule für Politik in Berlin mit den Interessen der Universität nicht vereinbar". Spahn möge sich entscheiden, „entweder mit seiner Familie nach Köln zurückzukehren oder auf seinen Lehrstuhl an der Universität Köln zu verzichten".[88]

Mitte Dezember reagierte Spahn auf die Vorwürfe aus Köln. Er gab sich ungehalten und warf dem Oberbürgermeister vor, die Grenzen zu überschreiten, innerhalb derer er sich als Vorsitzender des Kuratoriums im Verkehr mit den Professoren zu bewegen habe. Er verweigere daher „ausdrücklich" die Annahme des letzten Schreibens. Die deutschen Universitäten, belehrte er den Oberbürgermeister, seien „Selbstverwaltungskörperschaften", und der Kurator, der für preußische Universitäten bestellt werde, habe „dem Professorenkollegium seiner Universität gegenüber … nicht die Stellung einer vorgesetzten Behörde". Dementsprechend komme eine solche Stellung „gewiss auch nicht dem Kuratorium der Stadt Köln" zu. Es gebe in der Universitätssatzung „nicht die geringste Stütze" dafür, dass der Vorsitzende des Kuratoriums „allein und auf eigene Faust einem Professor seine Missbilligung ausdrücken" dürfe. Da er seinen Wohnsitz in Köln habe, bitte er darum, amtliche Mitteilungen an ihn „künftig nicht nach auswärts" zu senden.[89]

Als dem Kultusministerium die Forderung des Kuratoriums vorlag, versuchte Ministerialrat Richter im Januar 1923, zwischen dem Gremium und Spahn zu vermitteln. Dieser sei bereit, sich für ein Jahr beurlauben zu lassen und derweil auf sein Gehalt zu verzichten. Richter schlug vor, auf das Angebot einzugehen und Spahn für ein Jahr „vollwertig" vertreten zu lassen. Sein Vermittlungsversuch misslang, weil die Fakultät das Angebot Anfang 1923 ablehnte. Stattdessen forderte sie Spahn auf, bis zum 31. März verbindlich zu erklären, dass er vom Sommersemester an seinen Wohnsitz wieder dauernd nach Köln verlegen und hier seine Lehrtätigkeit unter Aufgabe der Berliner Tätigkeit in vollem Umfang aufnehmen werde. Andernfalls möge er am 1. April um seine Entlassung nachsuchen.[90]

Als die Öffentlichkeit von dem Ultimatum der Fakultät erfuhr, das in der Tat „einen recht ungewöhnlichen Vorgang" darstellte,[91] protestierten die Anhänger Spahns unter den Kölner Studenten im Februar 1923 beim Kuratorium schriftlich gegen die Entscheidung.[92] Eckert ließ die Aktion untersuchen und spielte sie gegenüber Adenauer herunter. Unter den Unterzeichnern befänden sich „fast die Hälfte Damen", denen Eckert – ihren „Fleiß und Eifer in Ehren" – absprach, die „Sachlage" beurteilen zu können. Einer der Erstunterzeichner sei übrigens im ganzen Semester nur drei Tage in Köln gewesen, um sein Examen abzulegen. Eckert ließ den Oberbürgermeister auch wissen, dass „unter der Studentenschaft das Gerücht herumgetragen werde, das Kuratorium wolle Professor Spahn wegen seiner ausgesprochen nationalen Gesinnung von seinem Amte durch das Ministerium entfernen lassen, während unser Streben in erster Linie dahin ging, Professor Spahn zu veranlassen, sich seinen nationalen Aufgaben am Rhein mit voller Hingabe zu widmen und nicht sein Kölner Ordinariat von Berlin aus nebenbei an 2 Wochentagen zu verwalten".[93] Obwohl das „Gerücht" der Wahrheit durchaus nahekam, beteuerte Eckert auch künftig, dass Spahn ausschließlich wegen seiner Pflichtverletzungen als Ordinarius der Kölner Universität angegriffen werde.[94] Solange Spahn öffentlich weiter nichts vorgeworfen wurde, stand eine breite Front gegen den pflichtvergessenen Kollegen. Offene Angriffe gegen Spahn wegen dessen politischer Gesinnung aber hätten eher die Solidarität Gleichgesinnter geweckt, deren Zahl im Laufe der zwanziger Jahre stetig wuchs.

Am 3. Februar schrieb Adenauer an Richter, Spahn beabsichtige offensichtlich, sich während des einjährigen Urlaubs ein Abgeordnetenmandat zu verschaffen und als Kölner Ordinarius dauerhaft vertreten zu lassen. Damit würde die im besetzten Gebiet zur Pflege der deutschen Geschichte besonders berufene Kölner Universität einen ihrer beiden Historiker auf unabsehbare Zeit verlieren, ohne den Lehrstuhl neu besetzen und vollwertigen Ersatz gewinnen zu können. Das erscheine gerade mit Rücksicht auf die nationale Gefährdung des Rheinlands unerträglich.[95] Damit zog Adenauer in der Auseinandersetzung mit Spahn die „nationale" Karte. Dies bot sich an, weil französische und belgische Truppen im Januar das Ruhrgebiet besetzt hatten und der passive Widerstand des sogenannten „Ruhrkampfes" mit ungewissem Ausgang begann. Am 7. Februar beschloss das Kuratorium, die Gehaltszahlungen an Spahn einstweilen einzustellen und die Einleitung eines Disziplinarverfahrens gegen ihn zu beantragen.[96]

Da Spahns regelmäßige Aufenthalte in der Reichshauptstadt kaum ausgereicht haben dürften, ihn als Beamten zu belangen, setzte Adenauer auch in seinem Schreiben an den Kultusminister, in dem er den Beschluss des Kuratoriums mitteilte, ganz auf „nationale" Argumente. Spahn sei 1918 „der erste der Straßburger Professoren gewesen, der s. Zt. mit seiner Familie den dortigen Posten vor Einzug der Franzosen verlassen" hätte.[97] Auch jetzt, als Ordinarius der Universität Köln, habe er bereits im September des vergangenen Jahres den Wohnsitz seiner Familie nach Berlin verlegt. In einer Zeit, die „von jedem der im Rheinland angestellten Staatsbeamten vollen Einsatz der Persönlichkeit" verlange, verbringe Spahn „den größten Teil des Jahres fern vom Sitz seiner Universität". Wenn dieses Verhalten „ungerügt" bliebe, entstünden daraus die „schlimmsten Folgen für die nationale Einheitsfront". Das Kuratorium bitte daher, „das Disziplinarverfahren ... baldtunlichst in die Wege leiten zu wollen".[98]

Da vom Ministerium fortgesetzt nichts verlautete, brachte das Kuratorium seinen Antrag am 19. April erneut vor und bat darum, das Verfahren zu beschleunigen. Als im Mai 1923 der nächste Aufenthalt Adenauers in der Reichshauptstadt bevorstand, legte Eckert ihm nahe, „die Angelegenheit Spahn im Auge zu behalten".[99] Erst Anfang Juni erreichte den Oberbürgermeister Richters Bitte, bei seinem nächsten Aufenthalt in Berlin „im Interesse einer endgültigen Entschließung des Herrn Ministers" persönlich „in der Angelegenheit des Professors Spahn" vorzusprechen.[100] Spahn selbst ließ wochenlang nichts von sich hören. Eckert vermutete, dieser wolle abwarten, wie das „Ruhrabenteuer" weitergehe, um „je nach dessen Ausgang seine Haltung gegenüber unserer Universität zu regeln".[101]

Am 7. Juli tagte das Kuratorium ohne Adenauer, der seine Ferien im Schwarzwald verbrachte.[102] Auf der Tagesordnung stand erneut die Angelegenheit Spahn. Man beschloss, den Antrag an das Ministerium zu erneuern, und es wurde auch erwogen, „die Sache einmal öffentlich zu behandeln".[103] Auf Bitten des Chefredakteurs der RHEINISCHEN ZEITUNG überließ Eckert Georg Beyer leichtfertig

– handelte es sich doch um amtliche Schriftstücke – am 9. Juli 1923 ein fünf Seiten umfassendes Dossier über Spahn und die Abschriften mehrerer Schreiben des Kuratoriums und der Philosophischen Fakultät an den Kultusminister bzw. an Spahn.[104]

Als Erstes machte die Kölner Sozialdemokratie Gebrauch von dem Dossier, indem drei ihrer Landtagsabgeordneten eine „Kleine Anfrage" an den Kultusminister richteten, was er gegen Spahn zu tun gedenke und ob er geneigt wäre, das vom Kölner Universitätskuratorium beantragte Disziplinarverfahren schnellstens einzuleiten und durchzuführen.[105] Auf Bitten der KÖLNISCHEN ZEITUNG, die ihre liberale Haltung zunehmend aufgab, reichte Beyer – „nach üblicher journalistischer Methode"[106] – das Dossier samt Anlagen an deren Redaktion weiter.[107] Am 17. Juli brachten sowohl die RHEINISCHE ZEITUNG als auch die KÖLNISCHE ZEITUNG ihre Berichte.

Der Artikel in der RHEINISCHEN ZEITUNG – „Martin Spahns Flucht aus Köln" – war vergleichsweise knapp gehalten. Beyer bezog sich auf die von Eckert überlassenen Unterlagen, zitierte aus vertraulichen Notizen sowie Schreiben Adenauers und griff Spahn scharf an. Dabei stellte er die „patriotischen" Argumente heraus, die der Oberbürgermeister gegenüber dem Ministerium vorgebracht hatte. Ironisch beschied Beyer dem Kölner Professor, am Ende des Krieges, als der Einmarsch der Franzosen in Straßburg „in bedrohliche Nähe" gerückt sei, die „Treue zu seinem kaiserlichen Herrn durch eine überstürzte Flucht" aus der elsässischen Hauptstadt „bekräftigt" zu haben. Diese „Straßburger Fluchtstimmung" scheine Spahn nicht überwunden zu haben, obwohl er sich inzwischen zur Deutschnationalen Volkspartei bekenne und im Umherreisen die „Politik der ‚nationalen Erhebung' betreibe". Dabei sähe man den Kölner Geschichtsprofessor in Berlin, München und Königsberg „beinahe häufiger" als in Köln. Hier habe er „bei Annahme des vollen Gehalts" begonnen, seinen Verpflichtungen „im Nebenamte" nachzukommen. Nun sei er „gänzlich aus Köln geflohen". „Die Umstände dieses Abschieds werfen ein so grelles Licht auf die Amtstreue eines ‚Führers' deutscher Jugend und Vorkämpfers der völkischen Erneuerung, daß der neue ‚Fall Spahn' schleuniger Klärung bedarf." Die im November 1922 eröffnete „Hochschule für nationale Politik", die Spahn leite, solle nach dem Willen ihrer Geldgeber „die Politik des Hakenkreuzlertums wissenschaftlich fundieren".[108]

Die Redaktion der KÖLNISCHEN ZEITUNG unterzog sich nicht der Mühe, die von Eckert überlassenen Unterlagen zu einem eigenen Bericht zu verarbeiten. Unter der neutralen Überschrift „Professor Martin Spahn" und eingeleitet mit dem Hinweis „Von seiten des Kuratoriums sind uns eine Reihe Unterlagen zugeschickt worden ..." gab der Artikel Inhalte daraus weitgehend wörtlich wieder. Abschließend hieß es, dass „selbstverständlich ... die Mitarbeit an dem Aufbau der Universität Köln gerade für die neueingerichteten Fächer und Institute die volle Hingabe der Persönlichkeit und die Einwirkung auf die Studierenden besonders hier im besetzten Gebiet" erfordere. Man bedaure daher außerordentlich, „daß Professor Spahn, der zu den fähigsten Köpfen unsrer Universität gehört und sich in der Wissenschaft einen gesicherten Namen gemacht hat, seine Hauptkräfte für die Hochschule für nationale Politik in Berlin" einsetze. „Vom allgemein-nationalen Standpunkt aus dürfte seine hiesige Lehrtätigkeit weit ersprießlicher sein als die in Berlin. Wir hoffen, daß Professor Spahn sich dieser Einsicht nicht verschließt und alles tut, um seine Kölner Lehrtätigkeit wieder im vollen Umfange aufnehmen zu können."[109]

Beyer begriff die Kalamität, welche durch die Veröffentlichung der Unterlagen entstanden war. Ihn entsetze am Artikel der KÖLNISCHEN ZEITUNG, wie er Eckert schrieb, dass diese es sich mit dem Abdruck der Materialsammlung „sehr leicht gemacht" habe und der Eindruck entstanden sein müsse, es handele es sich um eine „unmittelbar für die Öffentlichkeit bestimmte Darstellung des Kuratoriums".[110] In einem zweiten Schreiben beanstandete Beyer den „eigentümlich zurückhaltenden" Ton des Konkurrenzblattes.[111] Christian Eckert zeigte sich bestürzt über die Stellungnahme der KÖLNISCHEN ZEITUNG. Die Leser des Blattes müssten annehmen, „der Vorsitzende" – also Adenauer selbst – habe der Redaktion den Artikel im Namen des Kuratoriums „überschickt". Beyer könne sich denken, „welcher Sturm der Entrüstung nun wieder über mich herzieht".[112]

In der Tat schoss sich die von Eckert intern so bezeichnete „Rechtspresse" umgehend auf den Vorsitzenden des Kuratoriums ein. Flugs mutierte der „Fall Spahn" zu einem „Fall Adenauer". Regelmäßig hieß es, dass man „mit Verleumdern ... nur vor dem Richter sprechen" könne. Mehrfach fand sich auch ein Hinweis „auf merkwürdige Beziehungen Adenauers zur englischen Besatzungsbehörde",[113] was Gerüchte anheizte, es handele sich bei dem Kölner Oberbürgermeister um einen Separatisten. Dagegen bekannte die RHEINISCHE ZEITUNG am 31. Juli 1923 zufrieden, mit ihrer Kritik am Verhalten Spahns „in ein Wespennest gegriffen" zu haben. Zwar versuchten „seine Schüler, die deutschnationale Presse und er selbst" den „üblen Eindruck", den seine „Flucht aus Köln" überall erweckt habe, „zu verwischen". Doch würden diese Versuche „herzlich wenig beachtet". Auch falle auf, dass weder Spahns Professorenkollegen noch das Rektorat der Universität Köln sich vor ihn stellten.

Spahns Retourkutsche ließ nicht lange auf sich warten. Am 7. August veröffentlichte der KÖLNER STADT-ANZEIGER eine „Erklärung" des Angegriffenen.

Darin hieß es, er und der Oberbürgermeister als Vorsitzender des Kuratoriums der Universität Köln verträten eine unterschiedliche Rechtsauffassung darüber, „ob das Beamtengesetz mit der Vorschrift des ständigen Wohnsitzes" von einem Beamten nur verlange, dass er „persönlich" seinen Wohn- an seinem Amtssitz nehme, oder ob seine Familie ebenfalls dort wohnen müsse. Die Wohnung, die man ihm 1920 bei seinem Amtsantritt in Köln zur Verfügung gestellt habe, sei „im Laufe der folgenden Jahre derart in Verfall" geraten, dass er mit Rücksicht auf die Gesundheit seiner Frau und seiner Kinder dort nicht länger habe wohnen können. Wenn er wissenschaftlich arbeiten wolle, zwinge ihn zudem „der völlige Mangel einer Bibliothek in Köln, die für einen Historiker der neuesten Geschichte brauchbar" sei, „außerhalb Kölns zu arbeiten". Auch seine leitende Mitarbeit am Politischen Kolleg habe ihn immer wieder in die Reichshauptstadt geführt. Obwohl die Übersiedlung seiner Familie nach Berlin, wie er meine, keiner Genehmigung bedürfe, habe er den Wohnungswechsel dem Kuratorium angezeigt, wobei ihm lediglich der Empfang seines Schreibens bestätigt worden sei. Ohne dass man ihn unterrichtet hätte, sei ihm Anfang November zunächst das Gehalt gesperrt, dieses dann als „bloßes Mißverständnis" dargestellt, schließlich aber Anfang Februar 1923 erneut eine Sperre verfügt worden. Weil das Ministerium sich noch um „die Ordnung der Angelegenheit" bemühte, habe er es unterlassen, den Oberbürgermeister wegen der Überschreitung seiner Befugnisse gerichtlich zu belangen. Doch nunmehr habe Adenauer „unter verleumderischer Verschiebung der Tatsachen die Öffentlichkeit beschäftigt", sodass er ihn jetzt verklagen werde. Er verzichte darauf, sich mit Adenauer, „der sich nicht scheut, amtliche Schriftstücke zum Zwecke der Verleumdung an die Öffentlichkeit zu zerren", an dieser Stelle über seine „nationale Gesinnung und Haltung" auseinanderzusetzen. Mit Verleumdern spreche man eben „nur vor dem Richter".[114]

Obwohl Spahn mit dieser „Erklärung" im KÖLNER STADT-ANZEIGER den Kölner Oberbürgermeister vorgeführt hatte, fiel dessen Antwort im selben Blatt bescheiden aus. Adenauer wies darauf hin, dass es sich, anders als Spahn es darstelle, nicht um Differenzen zwischen diesem und ihm, sondern zwischen der Fakultät und dem Kuratorium auf der einen sowie Spahn auf der anderen Seite handele. Er habe in der ganzen Angelegenheit nur im Auftrage des Kuratoriums und als dessen Vorsitzender gehandelt sowie dessen einstimmigen Beschlüsse ausgeführt. Zu Spahns Vorwürfen, denen am Ende doch keine Klage folgte, äußerte Adenauer sich nicht. Er stellte lediglich fest, es seien die „amtlichen Vorgänge" während seiner Abwesenheit von Köln ohne sein Wissen und seinen Willen veröffentlicht worden.[115]

Hatten die Sozialdemokraten Spahns „Verfehlungen" im Juli zum Gegenstand einer „Kleinen Anfrage" im preußischen Landtag gemacht, setzten im September 1923 dessen Parteifreunde von der DNVP dieses Instrument der parlamentarischen Kontrolle ein, um ihn als ein Opfer „ungerechter Behandlung" hinzustellen. „Zwischen dem Kuratorium der Universität Köln und dem Professor Dr. Spahn" hieß es, bestünden auch dem Ministerium bekannte Meinungsverschiedenheiten über „die Ausübung seiner Lehrtätigkeit an der Universität Köln". Nicht nur seien aus dem amtlichen Schriftwechsel Auszüge veröffentlicht worden, die „nur durch das Kuratorium oder unter dessen Duldung" hätten bekannt werden können und bestimmt seien, „den Professor Dr. Spahn in der öffentlichen Meinung herabzusetzen und in seiner nationalen Arbeit zu schädigen"; der Vorsitzende des Kuratoriums habe Spahn auch die Gehaltszahlungen gesperrt und ihm „dadurch einen schweren wirtschaftlichen Nachteil zugefügt". Was unternehme das Staatsministerium, „um diese ungerechte Behandlung des Mannes, der im Kampf für das Deutschtum im Elsaß und im Rheinland bestens bewährt" sei, zu verhindern? Besitze das Ministerium gegenüber der Universität Köln genügend Aufsichtsrechte, um zu gewährleisten, dass die Geschäftsführung des Kuratoriums der Universität Köln „den Gesetzen und der Übung an den anderen deutschen Universitäten" folge? Sei „die dem deutschen Universitätsprofessor gesetzlich und gewohnheitsmäßig zustehende Bewegungsfreiheit im öffentlichen Leben im Fall Spahn hergestellt?"[116] Wer den Hergang der Angelegenheit nicht kannte, musste glauben, Martin Spahn geschähe gerade unerhörtes Unrecht. Zwar fiel der Name Konrad Adenauer nicht, doch lag der Schwarze Peter bei ihm als dem Vorsitzenden des Kuratoriums.

Ende September reiste Ministerialrat Richter nach Köln, um den Fall zu untersuchen. Er kam nicht umhin zu verlangen, dass die Gehaltszahlungen an Spahn wieder aufgenommen würden. Dem fügte sich das Kuratorium am 10. Oktober.[117] Die Antwort des Kultusministers auf die „Kleine Anfrage" der DNVP lautete, dass „eine Veröffentlichung von Eingaben des Kuratoriums an das Ministerium ohne Genehmigung nicht zulässig" sei. Die „Stockungen" bei der Auszahlung des Gehalts an Spahn seien beseitigt worden. Es habe bisher aber keine Seite die Frage einer „dem deutschen Universitätsprofessor gesetzlich und gewohnheitsmäßig zustehenden Bewegungsfreiheit im öffentlichen Leben" erörtert; vielmehr sei es bei den gegen Spahn erhobenen Vorwürfen um „die Erfüllung amtlicher Verpflichtungen" gegangen.[118] Immerhin machte Kultusminister Boelitz per Erlass klar, dass er Spahns Tätigkeit in Berlin „während des Semesters" nicht für „angängig" halte.[119] Spahn interpretierte dies so, dass ihm die „Leitung der sich um das Politische Kolleg gruppierenden Einrichtungen" grundsätzlich erlaubt worden sei. Das rügte der Minister und untersagte Spahn förmlich die Tätigkeit an der Hochschule für Nationale Politik, die er ohne ministerielle Genehmigung aufgenommen habe.[120]

Da Spahn sich inzwischen auch mit der Philosophischen Fakultät sowie dem Senat der Universität angelegt und die Kölner Professoren fehlender Loyalität zum Staat Preußen bezichtigt hatte, beschlossen Fakultät und Senat am 7. Mai, die Einleitung eines Disziplinarverfahrens gegen ihn beim Kultusministerium zu beantragen. Er möge von der Universität Köln entfernt und von seinem Amt suspendiert werden; eine Zusammenarbeit mit Spahn sei dem Lehrkörper nicht länger zuzumuten.[121] Ende des Monats wies Eckert in einem Schreiben an Richter erneut auf den „Fall Spahn" hin und bat, diese „Imponderabilie" Staatssekretär Becker zu übermitteln.[122]

Doch Anfang Mai 1924 hatte bereits die Reichstagswahl stattgefunden und der DNVP beträchtliche Stimmengewinne beschert. Auch Martin Spahn erhielt ein Mandat. Das Kultusministerium reagierte nicht mehr auf die Kölner Anträge gegen ihn, da er demnächst als Abgeordneter Immunität genießen würde. Im Sommer 1925 berichtete Adenauer dem Bonner Moraltheologen und gut vernetzten Zentrumspolitiker Albert Lauscher, Spahn halte in Köln jeden Montag eine Vorlesung und sei während der übrigen Zeit „in Berlin oder sonstwo". Auf die Dauer sei das „natürlich ein ganz unhaltbarer Zustand". Könnte Lauscher ihn „an die Berliner Universität befördern", täte er „allen einen großen Gefallen".[123]

Da Spahn seinen Amtspflichten nur unzureichend nachkam, zugleich aber seine Stelle blockierte, sodass sie nicht neu besetzt werden konnte, befand sich die Fakultät in einer Sackgasse. Gegenüber deren Dekan und Eckert bekannte Konrad Adenauer, dass ihm an der Geschichtsprofessur besonderes liege, denn er wolle „auch gerne die Stadtgeschichte und den geschichtlichen Sinn der Bevölkerung durch diese Professur mitgepflegt" wissen.[124] Als Spahns Historikerkollege Justus Hashagen 1925 einem Ruf nach Hamburg folgte, stellte das Kuratorium daher noch im selben Jahr Mittel zu einer „Aufteilung" der vakanten Professur bereit. Fortan sollte es eine Stelle für Mittelalterliche und eine für Neuere Geschichte geben.

Die Suche nach geeigneten Kandidaten zog sich hin.[125] Eckert und Adenauer holten reichsweit Auskünfte ein. Zum einen legte man nach wie vor großen Wert auf die Wahrung des Prinzips ausgewogener Konfessionalität. Zum andern galt es, keine „Doublette Spahns" zu berufen, was man etwa im Fall von Karl Alexander von Müller befürchtete, der nach Eckerts Ansicht „die gleiche rechtsradikale politische Einstellung" hatte wie Spahn und daher für den katholischen

Part nicht infrage käme.[126] Als Nachfolger Hashagens wurde der Mittelalterhistoriker Gerhard Kallen berufen, ein „deutschnational geprägter konservativer Katholik". Kallen erreichte „mit Zähigkeit und persönlichen Briefen an Adenauer", dass das Kuratorium für Exkursionen mit Studenten und zum Ausbau der historischen Seminarbibliothek erstmals einen festen Etat bewilligte. Seit 1927 saß er der Gesellschaft für Rheinische Geschichtskunde vor und bestimmte die rheinische Landes- und Heimatgeschichtsforschung wesentlich mit.[127] Adenauer brachte Kallen Vertrauen und Sympathie entgegen. Er suchte häufig dessen Rat, und der Historiker gewann einigen Einfluss auf den Oberbürgermeister.[128]

Kurz nach Gerhard Kallen kam 1927 der Linksliberale Johannes Ziekursch nach Köln. Adenauer hatte die Berufung des Neuzeitlers mit Nachdruck gefördert, nicht zuletzt, um einen Ausgleich zu Martin Spahn zu schaffen. Ausgerechnet Spahn brachte in einem Sondervotum gegen Ziekursch jedoch unter anderem vor, es bestehe die Gefahr, dass dieser „Politik und Wissenschaft im Unterricht ... in eine unerwünscht nahe Verbindung" bringe; man dürfe dem Minister keinen „kritiklosen Lobredner des Staates" empfehlen, zumal Ziekursch über „erhebliche rednerische Schilderungskunst" verfüge, was dazu führe, dass „seinen unreifen Hörern das brüchige seiner Geschichtskonstruktion nicht zum Bewußtsein" komme.[129] Es wurde seinerzeit kolportiert, Oberbürgermeister Adenauer habe geltend gemacht, dass die Universität „mit Hilfe der Linksparteien gegründet" worden sei, er diese daher „durch die Berufung Ziekurschs befriedigen" müsse, „wie er das Zentrum durch Kallen befriedigt habe".[130]

Spahn blieb unter seinen Kölner Professorenkollegen weitgehend isoliert, weniger wegen seiner nationalkonservativen, gegen die Republik gerichteten politischen Ziele, mit denen er nicht „abseits des allgemeinen Trends lag", sondern weil er seine Pflichten vernachlässigte, was als unkollegial empfunden wurde.[131] Als Rektor der Universität warf Bruno Kuske Spahn 1932 vor, er verkenne den „Beruf des Universitätsprofessors", wenn er glaube, dieser lasse sich an zwei Wochentagen erledigen.[132]

4.4 MAX SCHELER

1918 waren alle Fraktionen der Stadtverordnetenversammlung damit einverstanden gewesen, ein Forschungsinstitut für Sozialwissenschaften aus der Stadtkasse zu finanzieren, nicht zuletzt, weil der Oberbürgermeister ein dreiköpfiges

Direktorium mit Repräsentanten der „drei großen sozial interessierten Parteien"[133] vorgeschlagen hatte. In diesem sollte Max Scheler die katholische „Weltanschauung" vertreten. Der ließ sich in Köln sogar für die Zentrumspartei ins Stadtparlament wählen, legte sein Mandat aber schon Ende 1920 nieder.[134] Da hatte er bereits begonnen, sich kritisch mit dem Katholizismus auseinanderzusetzen, was ihm in Köln das Leben schwer machen sollte.

1920 wäre Scheler gern einer Einladung der Bonner Universität gefolgt, dort Gastvorlesungen zu halten. Er versprach sich davon auch Zulauf für die Philosophische Fakultät in Köln, deren Gründung noch bevorstand.[135] Doch Adenauer, obwohl einem Austauschprogramm mit Bonn im Grundsatz nicht abgeneigt,[136] lehnte Schelers Wunsch ab.[137] Am 31. März 1920, einen Tag vor der offiziellen Eröffnung der Philosophischen Fakultät in Köln, an der Scheler ein persönliches Ordinariat erhielt, beantwortete er die entsprechende Anfrage des Bonner Kurators: „Wiewohl unser Kuratorium den Wunsch hegt, daß die beiden Universitäten sich freundschaftlich tunlichst ergänzen und helfen, glaubt es die Erfüllung der Anregung von Professor Scheler doch im Augenblick zurückstellen zu müssen." Man habe Scheler in erster Linie als Direktor des Forschungsinstituts für Sozialwissenschaften nach Köln berufen; an der Philosophischen Fakultät sei für ihn ohnehin nur eine eingeschränkte Lehrtätigkeit vorgesehen; daher wünsche man, dass Scheler ausschließlich in Köln unterrichte. Wenn die Fakultät erst einmal aufgebaut sei, stünde Vorlesungen Schelers in Bonn aber nichts mehr entgegen.[138] Die im Juli 1921 beantragte Ernennung Schelers zum etatmäßigen Professor auf ein vom Kuratorium neu in den Universitätsetat eingestelltes Ordinariat an der Philosophischen Fakultät verzögerte sich, weil die Angelegenheit im Kultusministerium nach der Ablösung Beckers durch Boelitz liegen blieb. Erst im April 1923 ernannte das Ministerium Scheler zum Ordinarius.[139]

Scheler hatte im Frühjahr 1920 einen Herzanfall erlitten, von dem er sich nur schwer erholte.[140] Seine Absicht, Urlaub zu beantragen, ließ er im Sommer 1922 auf Drängen Eckerts noch fallen, bat aber, als Ordinarius inzwischen wirtschaftlich besser abgesichert, für das Sommersemester 1923 beim Ministerium um Urlaub.[141] Doch obwohl er ein hausärztliches Attest vorlegte, fand er in Eckert keinen Fürsprecher, ja, es schien, als habe er dem Geschäftsführer des Kuratoriums einen Vorwand geliefert, ihn bei Adenauer schlechtzumachen. Schelers Antrag sei „sehr bedauerlich", erklärte Eckert dem Oberbürgermeister. Auch andere Mitglieder der Philosophischen Fakultät zeigten „wenig Interesse an ihren Lehrverpflichtungen", wobei diese gerade „in den ersten Jahren nach der Universitätsgründung im besetzten Gebiet" besonders wichtig seien. Doch werde der Minister, „selbst wenn wir uns sträuben", Schelers Gesuch „wohl willfahren".[142] Als Boelitz Schelers Beurlaubung genehmigte, wies Adenauer Eckert darauf hin, dass der Ordinarius damit nicht zugleich als Direktor des Forschungsinstituts freigestellt sei.[143] So wie Eckert Schelers Urlaubswunsch beurteilte hatte, konnte dieser bei dem Pflichtmenschen Konrad Adenauer nur Unmut hervorrufen.

Kurz nach seinem Antritt in Köln hatte Scheler eine „junge Studentin" kennengelernt, „zu der ihn eine schnell entflammende Leidenschaft hinzog" und die, nachdem er sie als Hilfsassistentin am Forschungsinstitut angestellt hatte, dort eng mit ihm zusammenarbeitete. Scheler gab seine Geliebte zunächst als Freundin seiner Ehefrau aus, doch lehnte Märit Furtwängler eine „Liebe zu dritt" ab und Max Scheler wurde 1923 zum zweiten Mal geschieden.[144] Im November d. J. schrieb Eckert ihm, dass „dem Vernehmen nach" seine Ehe im Laufe des Sommers aufgelöst worden sei, und erbat das Datum des Scheidungsurteils, da er von diesem Tag an Schelers „Frauenzulage" absetzen müsse, die sich auf sieben Goldmark pro Monat belief.[145] Woher rührte Eckerts Pedanterie gegenüber seinem Kollegen? Als ein Sozialdemokrat Scheler im Frühjahr 1922 bei der „Universitätsdebatte" als Katholik eingeordnet hatte, merkte Eckert bereits an, Scheler sei „nicht so scharf katholisch umrissen", wie ein Teil der Stadtverordneten das vermute.[146] Zu dieser Andeutung sah er sich offenbar durch Schelers „Affäre" veranlasst. Später findet sich in Schelers Personalakte, die Eckert führte, ein maschinenschriftlicher Textauszug aus der Vorrede zu den beiden Halbbänden „Christentum und Gesellschaft". Der Text vom Dezember 1923 enthält die vielzitierte Passage, dass sich der Verfasser „stets klar bewußt" gewesen sei, „daß er nach den strengen Maßen der Theologie der römischen Kirche sich einen ‚gläubigen Katholiken' zu keiner Zeit seines Lebens und seiner Entwicklung nennen durfte". Doch frage man ihn, „welcher von den religiösen und geistigen Kollektivmächten ... er am meisten wertvolle praktische und erzieherische *Kraft und Heilsamkeit* zugleich zuschreibe", so würde er nach wie vor antworten: „der christlichen Kirche in der Form, die sie im römischen Katholizismus angenommen" habe. Wer hierin einen „sog. ‚Widerspruch'" sähe, unterschätze „die Kompliziertheit dieser Welt".[147] Den letzten Satz ließ Eckert weg. Es ist anzunehmen, dass er die von ihm ausgewählten Zeilen auch Adenauer unterbreitet hat, der sich offenbar Eckerts Urteil anvertraute. In der Domstadt nahmen viele Schelers Worte als eine Distanzierung von der katholischen Kirche wahr, „was seine Stellung in Köln stark erschütterte".[148] Nicht zuletzt erregten seine erneute Scheidung und seine dritte Ehe Anstoß, und sein Lebenswandel schien zu belegen, dass seine Berufung als „Vertreter der katholischen Weltanschauung" ein Irrtum gewesen war, den es zu korrigieren galt.

Max Scheler gehörte zu diesem Zeitpunkt längst „zu den dominierenden Persönlichkeiten des deutschen Geisteslebens"[149] und genoss international höchstes Ansehen. Er erhielt etliche Einladungen zu Vorträgen im Ausland und erwog, eine Weltreise anzutreten, die ihn vor allem nach Japan, aber auch nach China, Russland und in die USA führen sollte. Die 1907 gegründete Universität Tōhoku in der Stadt Sendai, eine der angesehenen kaiserlichen japanischen Universitäten, hatte ihn zu einem zweijährigen Aufenthalt eingeladen. Scheler sollte dort Vorlesungen über deutsche Philosophie sowie in den Semesterferien in Tokio und Kioto Vorträge halten. In Sendai wollte er ein Buch über das japanische Lebensideal „Bushido" schreiben und von hier aus auch Einladungen zu Gastvorträgen in Peking und Moskau sowie in Chicago und anderen amerikanischen Städten nachkommen.[150] Das Kultusministerium unterstützte Schelers Vorhaben begeistert und forderte das Kölner Kuratorium auf, Scheler bei Fortzahlung seines Gehalts „im kulturpolitischen Interesse" zu beurlauben.[151] Eckert gab den Inhalt des Schreibens, das viel Lob über Scheler enthielt, nur unvollständig an Adenauer weiter. Scheler habe ja schon einmal beurlaubt werden wollen; eine zweijährige Gehaltsfortzahlung komme die Kölner Universität aber zu teuer; bei der Universität in der japanischen Stadt Sendai handele es sich nur um eine „Provinzhochschule" vergleichbar der Universität Greifswald. Die anderen von Ministerialrat Werner Richter aufgeführten hochprestigiösen Einladungen erwähnte Eckert erst gar nicht.[152]

Von Adenauer beauftragt, sich weiter um die Angelegenheit zu kümmern, kündigte Eckert Ministerialrat Richter an, dass das Kuratorium Schelers Antrag wohl ablehnen werde, und ließ sich zu einer abgeschmackten Erklärung dafür hinreißen: Nachdem Scheler „nach Verlauf des Münchner Skandalprozesses aus der akademischen Laufbahn ausgeschieden war", sei er „im Krieg an das Forschungsinstitut für Sozialwissenschaften vertrauensvoll berufen worden, weil wir der Meinung waren, einem so ungewöhnlich begabten Mann ein Feld der Wirkungsmöglichkeit eröffnen zu sollen". Scheler habe sich seinerzeit als überzeugter Katholik gegeben, propagandistisch für den Katholizismus geworben und betont, mehr als jede Lehrtätigkeit liege ihm an ruhiger Forschungsarbeit. Nach Gründung der Kölner Universität habe er versucht, zunächst als Honorarprofessor, dann als persönlicher und schließlich als etatisierter Ordinarius an die Universität übernommen zu werden. Das Kuratorium sei ihm stets entgegengekommen. Im vorigen Sommersemester, unmittelbar nach seiner Berufung zum Ordinarius, habe Scheler „Urlaub" genommen. Jetzt versuche er „schon wieder, einen längeren Urlaub zu erhalten, in dem Augenblick, in dem er durch Scheidung von seiner allgemein, nicht nur in Kollegenkreisen beliebten Frau, durch schnelle Wiederverheiratung im Mittelpunkt vieler Diskussionen" stehe und zugleich, nachdem er in einer jüngsten Publikation betont habe, dass er „nach den strengen Massen (sic!) der Theologie der römischen Kirche sich einen ‚gläubigen Katholiken' zu keiner Zeit seines Lebens und seiner Entwicklung" habe nennen dürfen. „Mag er innerliche Entwicklungen durchmachen, wie immer er will, hier klafft ein Widerspruch zwischen dem heutigen Bekenntnis und der Haltung bei der Übersiedlung nach Köln, die er vor Jahren eingenommen hat." Eventuell könnte die Universität Scheler ohne Gehalt beurlauben und das Ministerium ihm „aus Mitteln des preußischen Staates oder des Reiches ... ein besonderes Äquivalent" gewähren. Die Stadt Köln trage „als einzige der preußischen Siedlungen die ganzen finanziellen Lasten für die Universität, die doch nicht nur im stadtkölnischen Interesse, sondern auch im preußischen und deutschen Interesse" arbeite. Eine längere Beurlaubung Schelers „mit Gehalt" sei daher schwer zu vertreten.[153]

Kurz darauf traf im Kölner Rathaus ein an Adenauer gerichtetes Schreiben des deutschen Botschafters in Japan, Wilhelm Solf, ein. Der sah Max Scheler in einem ganz anderen Licht als der Oberbürgermeister. Er habe „mehrere Werke" von ihm gelesen, kenne ihn persönlich und schätze ihn hoch. Der Japanaufenthalt des Gelehrten sei für die auswärtige Kulturpolitik, aber auch indirekt für den wirtschaftlichen und politischen Einfluss Deutschlands in dem Kaiserreich von größtem Wert. Solf empfahl Adenauer und dem Kuratorium daher „aufs wärmste", es Scheler zu ermöglichen, „dem ehrenvollen Rufe zu folgen". Kaum jemand sei besser geeignet, „die japanischen gebildeten Kreise für deutsche, geistige Dinge zu gewinnen" als Max Scheler, den man schon vor dem Krieg in Japan „sehr beachtet" habe. „Auch für die Stadt Köln und ihre Universität" wäre es eine Auszeichnung, wenn Scheler, der seit Langem „Weltgeltung" besitze, dem Ruf nach Japan folgte. Die „lebendige und unpedantische Art", mit der Scheler seine Gegenstände behandele, seine „Originalität und erhebliche Vielseitigkeit im Denken, sein langjähriges warmes Interesse für die ostasiatische Welt, sein völkerpsychologischer Spürsinn und seine liebenswürdige Lebensform" machten ihn für „deutsche Kulturpolitik in Ostasien" besonders geeignet. Weil Schelers Entscheidung für Japan wohl davon abhänge, dass er sein Gehalt fortbezahlt bekomme, bat Solf den Oberbürgermeister, dafür zu sorgen, dass Schelers Reise nicht an der „Gehaltsfrage" scheitere.[154]

Da Adenauer eine mehrwöchige Kur im fränkischen Bad Mergentheim angetreten hatte, wurde Solfs Schreiben in Köln „in den Geschäftsgang gegeben",[155] also vermutlich Eckert zugestellt. Der Oberbürgermeister erfuhr lediglich, dass Scheler um Gehaltsfortzahlung während eines geplanten Japanaufenthaltes nachgesucht hatte. Adenauer antwortete Solf knapp, er erwarte zwar, dass das Ministerium Schelers Urlaubsgesuch genehmige, doch „befürchte" er, „dass das Kuratorium sich mit der Weiterzahlung des Gehalts ... im Hinblick auf die Konsequenzen und die schwierige finanzielle Lage kaum einverstanden erklären" werde. Er gab abschließend zu erwägen, ob nicht „mit Rücksicht auf die erhebliche politische Bedeutung ... Herrn Scheler aus Reichsmitteln ein entsprechender Zuschuss zu gewähren" sei.[156]

Noch während Adenauers Abwesenheit tagte am 17. Juni 1924 in Köln das beschlussfähige Kuratorium. Es nahm den Brief des Botschafters zur Kenntnis, mochte aber die erbetene Entscheidung nicht fällen. Stattdessen sollte Schelers Antrag dem Minister mit einem Begleitschreiben zugestellt werden, das „die erheblichen Gründe" enthielte, „die nach der einstimmigen Ansicht des Kuratoriums im Interesse der Universität gegen die Beurlaubung" sprächen. Sollte das Ministerium Schelers Gesuch dennoch zustimmen, wolle man dessen Gehaltszahlung für die Zeit seiner Abwesenheit einstellen, um einen Vertreter finanzieren zu können.[157] Nachdem das Kuratorium ohne seinen Ersten Vorsitzenden entschieden hatte, setzte dieser den Botschafter ins Bild. Das Gremium vertrete die Ansicht, dass Schelers Lehrtätigkeit „namentlich in den nächsten Jahren an der Universität Köln zur Förderung ihrer bedeutenden Aufgabe im bedrohten Rheingebiet im deutschen Interesse von ganz besonderer Wichtigkeit" sei und überdies die noch im Aufbau befindliche Universität eine zweijährige Abwesenheit Schelers „nicht leicht ertragen" könne. Sollte der Minister Schelers Beurlaubung „trotz dieser erheblichen Bedenken" bewilligen, benötige die Universität Köln das „ersparte Gehalt" für einen möglichst guten Vertreter. Gegebenenfalls müssten „Staat und Reich" finanziell einspringen. Doch erscheine es dem Kuratorium „im Interesse des Deutschtums ... wünschenswert, dass die japanische Regierung bei der Gewinnung eines hervorragenden Gelehrten für diesen die Mittel in weit größerem Umfange, als im vorliegenden Falle geschehen, selbst zur Verfügung stellt".[158] Hatte Christian Eckert Ministerialrat Richter Vorwürfe gegen Scheler wegen dessen „Weltanschauung", Scheidung und Wiederverheiratung zugemutet, lehnte der Oberbürgermeister Schelers „Urlaub" mit demselben Argument ab, das bereits den Ausschlag für die Gründung der Kölner Universität gegeben hatte: ihre politische Mission im Westen des Reiches.

Scheler gab nicht auf. Anfang Juli trug er dem Oberbürgermeister seine Gründe für die erbetene Freistellung noch einmal persönlich vor und brachte diese, wie von Adenauer zur Information des Kuratoriums erbeten, auch zu Papier. Wiederholt hätten seine japanischen Freunde versucht, ihn für Vorlesungen an der Universität Kyoto zu gewinnen, erklärte Scheler. Wegen seiner Hitzeempfindlichkeit habe er darum gebeten, in eine Universitätsstadt gehen zu dürfen, in der ein kühles Klima herrsche, die außerdem moskitofrei sei und nicht in einer erdbebengefährdeten Zone liege. Darum habe er sich für Sendai entschieden, wohin ihm die fortgeschrittenen deutschsprechenden japanischen Studenten folgen wollten. Die dortige Universität sei zwar klein, im Rang aber der Heidelbergs vergleichbar, und an ihr lehrten Naturwissenschaftler von Weltruf. Das für zwei Jahre angebotene Gehalt und die Reisegelder seien „durchaus würdig", und es wäre unbillig, mehr zu fordern. Doch benötige er, weil er „Beiträge zum Lebensunterhalt" ihm „Nahestehender" zu leisten habe, fortgesetzt mindestens die Hälfte seines Kölner Gehalts. An anderen deutschen Universitäten sei es üblich, „in Fällen solcher kulturpolitisch wichtigen Berufungen nach dem Auslande" den Professoren – Scheler erwähnte u. a. Driesch und Einstein – das volle Gehalt weiter zu bezahlen. Scheler befürchtete, dass dem sachkundigen Urteil des deutschen Botschafters in Japan – wenn dessen Brief dem Kuratorium überhaupt vorgelegen habe – „die ihm zukommende Bedeutung nicht zugemessen" worden sei. Er erklärte, die gegenwärtige personelle Situation in seinem Fach reiche aus, um den Studienbetrieb während seiner Abwesenheit „nicht wesentlich leiden" zu lassen. Da er in Japan nur wenige Stunden zu unterrichten habe, wäre er dort auch „ganz frei, zwei größere systematische Werke" abzuschließen, die er „seit Jahren unter der Feder habe", was seinem Wirken in Köln nach seiner Rückkehr „in jeder Hinsicht nur zu gute" käme. Um den Ruf nach Japan nicht „durch puren materiellen Zwang genötigt" ablehnen zu müssen, bat Scheler den Oberbürgermeister, dem Kuratorium sein Anliegen erneut vorzulegen, damit es ihm wenigstens die Fortzahlung der Hälfte seines Gehalts bewillige.[159]

Adenauer ließ sich weder vom Brief des Botschafters noch von Schelers Argumenten beeindrucken. Das Beschlussbuch des Kuratoriums vermerkt für die Sitzung von 9. Juli 1924, es sei „der erneute Antrag des Professor Scheler, ihm während seines eventuellen Urlaubs nach Japan das Gehalt nunmehr zur Hälfte fortzuzahlen", abgelehnt worden.[160] Diese Entscheidung fiel vor dem Hintergrund, dass bereits Martin Spahn, der gerade ein Reichstagsmandat errungen hatte, bei fortgesetztem Bezug seines Gehalts als Lehrer an der Philosophischen Fakultät ausfallen würde. Adenauer teilte Scheler noch am selben Tage – zu seinem „Bedauern" – mit, das Kuratorium halte mit Stimmenmehrheit an seiner bisherigen Stellungnahme fest.[161] Scheler trat die Gastprofessur in Japan nicht an.

Schelers Persönlichkeit blieb Gegenstand von Gesprächen zwischen Adenauer und Eckert. Zumindest Eckert, der sich auch nachträglich in einem Aufsatz über die Entwicklung des Forschungsinstituts für Sozialwissenschaften

5 Otto Dix:
Bildnis Max Scheler, 1926.

noch an Scheler abarbeitete,[162] zögerte, sich im Urteil über den Gelehrten festzulegen. An seinen durchaus als widersprüchlich empfundenen Eindrücken ließ er Adenauer teilhaben. Im Sommer 1925 schickte Eckert dem Oberbürgermeister eine Ausgabe der ACADEMIA, der Monatsschrift des Cartellverbandes der katholischen deutschen Studentenverbindungen, aus der, wie Eckert schrieb, zu ersehen sei, welchen „Widerhall" Schelers Religionsphilosophie finde. So bedauerlich es sei, dass Scheler „bei der Berufung an das Forschungsinstitut nach Köln irrige Vorstellungen erweckt oder zumindest nicht ausgeräumt" habe, und „so wenig angenehm" seine Ausführungen im Vorwort zum ersten Halbband seines Buches „Christentum und Gesellschaft" gewesen seien, könne doch nicht verkannt werden, „welch starke, anregende Kraft" noch immer von ihm ausgehe. Mag sich „charakterlich" viel gegen ihn einwenden lassen, sei doch nicht zu übersehen, dass „mehr als die anderen philosophischen Systeme der jüngsten Zeit Schelers Forschungsarbeit der Vertiefung der katholischen Weltanschauung" diene.[163]

Bereits 1924 hatte der Klerus katholischen Studenten, insbesondere angehenden Priestern, verboten, Schelers Vorlesungen und Seminare zu besuchen. In seiner Rede auf dem Deutschen Soziologentag im Herbst des Jahres warf Scheler der Kirche die Unterdrückung freien Denkens vor.[164] In den nächsten Jahren bemühte er sich, von Köln wegzukommen.[165] Als er Anfang 1928 einen Ruf an die Frankfurter Universität erhielt, sprach er darüber mit Christian Eckert. Der berichtete Adenauer vertraulich, Scheler erklärt zu haben, dass nach den „Schwierigkeiten", welche durch „die Art, in der sein Weltanschauungswechsel zum Ausdruck gekommen" sei, ihm das Kuratorium in Köln keine Besserstellung anbieten werde.[166] Da Scheler sich in Berlin anscheinend abweichend davon äußerte, fragte Ministerialrat Richter bei Adenauer nach, ob es zutreffe, dass Scheler für den Fall seines Verbleibens in Köln eine Erhöhung der Honorargarantie angeboten worden sei, denn soweit er wisse, liege ein Verbleiben Schelers in Köln nicht in Adenauers Interesse.[167] Der Oberbürgermeister beteuerte umgehend, man habe Scheler kein Angebot gemacht. Wenn er auch „die Bedeutung des Herrn Scheler für unsere Universität nach mancher Richtung hin durchaus anerkenne", so glaube er doch, dass „im Ganzen genommen sein Scheiden von Köln ein Gewinn für die Universität" wäre.[168] Der Oberbürgermeister schien erleichtert zu sein; der „Fall" Scheler würde sich bald erledigt haben.

Nicht jeder sah Max Schelers Weggang als einen „Gewinn" an. Aus einem Kommentar des liberalen KÖLNER STADT-ANZEIGERS sprach, dass der Gelehrte in der Stadtöffentlichkeit sehr wohl Ansehen genoss: Der Weggang eines der „ideenreichsten unter den deutschen Philosophen" wäre für die Universität „ein großer Verlust". Scheler habe „dauernd zahlreiche Schüler aus dem ganzen deutschen Sprachgebiet" nach Köln gezogen, und seine öffentlichen Vorlesungen seien stets so gut besucht gewesen, dass man leicht habe erkennen können, hier werde „etwas Außerordentliches" geboten.[169] Auch Schelers Kollegen an der Philosophischen Fakultät teilten die Ansicht des Oberbürgermeisters nicht. Unisono wünschten sie, dass der Philosoph in Köln bleibe. Dekan Albert Erich Brinckmann, ein Kunsthistoriker, schrieb an Christian Eckert, Scheler sei „eine wissenschaftliche Kraft ersten Ranges". Der Ruf der jungen Universität Köln sei mit seinem Namen eng verbunden, sodass sie viel Prestige verliere, wenn Scheler nach Frankfurt gehe.[170] Adenauer vermerkte auf dem Schreiben, das Eckert ihm vorgelegt hatte, er verspreche sich „von irgendwelchen Verhandlungen keinen Erfolg", da das Ministerium Schelers Weggang nach Frankfurt wünsche und auch überzeugt sei, dass dieser den Ruf annehmen werde, wovon das Kuratorium benachrichtigt werden solle,[171] was Eckert auf der nächsten Sitzung informell erledigte.¹⁷² Eine Diskussion fand nicht mehr statt. Adenauer hatte seine Entscheidung bereits getroffen.

Scheler nahm den Ruf nach Frankfurt an.¹⁷³ Hier starb er bereits am 19. Mai 1928 an den Folgen eines Herzanfalls. Auf Vermittlung seines Beichtvaters Robert Grosche, des Studentenpfarrers der Universität, und seiner zweiten Frau erhielt er in Köln ein kirchliches Begräbnis.¹⁷⁴ Die KÖLNISCHE ZEITUNG berichtete, es habe sich „ein Trauergefolge, wie es der Südfriedhof wohl noch selten, wenn überhaupt je gesehen, versammelt", um dem Gelehrten die letzte Ehre zu erweisen.¹⁷⁵

Ob Schelers Ordinariat an der Philosophischen Fakultät wiederbesetzt werden sollte, blieb lange ungewiss. Fundamentalistische katholische Kreise traten nachdrücklich dafür ein, als dritten Philosophen den Gießener Moraltheologen, Sozialethiker und Priester Theodor Steinbüchel zu berufen. Der Kirchenrechtler Godehard Ebers, der engen Kontakt zur „katholischen Hierarchie" pflegte¹⁷⁶ und leichten Zugang zu Erzbischof Karl Joseph Schulte hatte, nahm sich im Sommer 1928 eines Wunsches der „katholischen Jungakademiker" an. Weil die Gefahr bestehe, dass die Philosophische Fakultät die Angelegenheit „im Sinne der liberalen Mehrheit zu lösen" suche, empfahl er dem Erzbischof, mit dem Oberbürgermeister Fühlung zu nehmen, damit dieser der Fakultät nahelege, „bei der Aufstellung der Liste die kathol. Belange durch Aufnahme des Namens Steinbüchel zu berücksichtigen".¹⁷⁷

Im Direktorium des Forschungsinstituts für Sozialwissenschaften trat zum 1. Oktober 1928 der Sozialethiker und Theoretiker der Katholischen Gewerkschaftsbewegung Theodor Brauer Schelers Nachfolge an. Er sollte die noch fehlende Arbeitsrechtliche Abteilung des Instituts einrichten. An der Philosophischen Fakultät erhielt Brauer nur eine Honorarprofessur. Da Schelers Ordinariat fortgesetzt vakant blieb, wandte sich Ende des Jahres auch der Sprecher der Kölner Katholischen Jungakademiker, der als Student beurlaubte Heinrich Nahen, an den Erzbischof, damit dieser beim Oberbürgermeister zugunsten von Theodor Steinbüchel interveniere. In Köln fehle „katholischerseits" ein Philosoph, der Hartmann¹⁷⁸ fachlich begegne und Hörer um sich schare, wie dieser es verstehe. Hinzu komme ein weiterer Gesichtspunkt. Würden die Berufungen „in der bisherigen Weise so weiter getätigt", sei wohl „die Chance für die Katholiken", die jetzt noch einmal bestehe, „ein für allemal verpasst". Dies sei „besonders wichtig für die philosophische Fakultät", wo sich die weltanschaulichen Gegensätze „so stark und verhängnisvoll" auswirkten wie in keiner anderen Fakultät. Bei ihrer jetzigen Zusammensetzung sei „nie" damit zu rechnen, dass katholischen Belangen und Forderungen Rechnung getragen werde.

Zudem zeige sich, dass den katholischen Professoren an dieser Fakultät „das notwendige Rückgrat" und der „weitschauende Führer" fehlten. Von den zurzeit 27 Ordinarien seien sieben katholisch. Von diesen hielten Spahn und Kroll, Kahl und Kallen meist zur „‚liberalen' Mehrheit" der Fakultät, seien „zum mindesten unzuverlässig" und kämen für eine „Vertretung katholischer Belange innerhalb der Fakultät nicht in Frage". Darapsky, Schneider und Sierp stünden somit „allein". „Kurzum", es fehle eine „jüngere katholische Kraft, die sich energisch und zielbewusst in allen Lagen der Fakultät" durchzusetzen vermöge. Das sei „die schwere Aufgabe, die Prof. Steinbüchel zu erfüllen" hätte, „wenn er berufen würde". Es gelte auch, „endlich die fragwürdigen Methoden Eckert's lahmzulegen und den liberalen Tendenzen gebieterisch entgegenzutreten". Nach „vielfachen Besprechungen" sei er sich einig mit „Justizrat Dr. Mönnig, Stadtrat Rings, Pfarrer Bremer, Prof. Dr. Ebers, Reichsrat Dr. Hamacher",[179] die alle wünschten, dass „endlich eine gründliche Aenderung an der Kölner Universität im Allgemeininteresse der Katholiken eintrete". Darauf hätten die Katholiken Kölns und des Rheinlandes ein „gutes Recht", denn sie waren „bei der Gründung wie auch später die Hauptträger der neuen Universität". Darum bitte er den Erzbischof, „nunmehr mit der ganzen Autorität und Verantwortung des bischöflichen Amtes beim Herrn Oberbürgermeister Dr. Adenauer dahin vorstellig zu werden, dass man den Forderungen der Katholiken bezüglich der Kölner Universität bei Besetzung von Ordinariaten ... endlich gerecht" werde und ihnen nicht mehr länger die „leichtfertige Antwort" gebe, es seien „keine katholischen Dozenten bzw. Anwärter vorhanden".[180]

Doch bereits in der ersten Januarwoche beschloss die Philosophische Fakultät unter ihrem Dekan Robert Wintgen, „die Frage der Neubesetzung des Scheler'schen Lehrstuhls ruhen zu lassen", und entschied am 7. Januar 1929 endgültig, dass dieser nicht wiederbesetzt werden sollte. „Vertraulich" informierte Adenauer umgehend Hugo Mönnig von diesem Schritt, der – vom Erzbischof oder der Gruppe um Ebers beauftragt – den Kuratoriumsvorsitzenden ebenfalls ersucht hatte, sich für Theodor Steinbüchel zu verwenden.[181]

Zwei Jahre nach Schelers Tod schien Eckert dessen Weggang von Köln, den er maßgeblich forciert hatte, zu bedauern. „Daß er sich im April 1928 zu neuen Aufgaben weglocken ließ und darüber zu früh ... gestorben ist, war ein schwerer ... Verlust für die deutsche Soziologie und Philosophie mehr noch als für die Aufgaben des Kölner Instituts."[182] Um was es ihm gegangen war, als er den Oberbürgermeister förmlich vor sich hergetrieben hatte, Schelers Wünsche unerbittlich zurückzuweisen, und welchen Forderungen aus der Stadt Adenauer sich womöglich beugte, bleibt ungewiss.

4.5 RÜCKKEHR DES KOMMISSARS

Im September 1924 nahm Oberpräsident Hans Fuchs seinen Dienstsitz wieder in Koblenz.[183] Nach annähernd drei Jahren ohne Kontrolle durch einen Staatskommissar hatten sich die Gremien und Organe der Kölner Universität daran gewöhnt, ihre Angelegenheiten direkt mit dem preußischen Kultusministerium abzuwickeln. Daran wollte man zunächst hartnäckig festhalten. Doch Anfang Januar 1925 kam es erneut zu einem Wechsel an der Spitze des Kultusministeriums. An die Stelle von Otto Boelitz trat im Kabinett Braun jetzt wieder Carl Heinrich Becker. Mit dem Staatsvertrag und dem Statut der Kölner Universität von 1919 besser vertraut als jeder andere, stellte Becker bereits wenige Tage nach seinem Amtsantritt fest, dass es den Vereinbarungen zuwiderlief, wenn Berichte der Universität unter Umgehung des Staatskommissars unmittelbar an das Kultusministerium gelangten. Er forderte die Universität Köln im Februar 1925 auf, den § 7 der Universitätssatzung zu beachten, und ersuchte den Oberpräsidenten, Schriftstücke, welche die Universität über ihn an das Kultusministerium richtete, mit einem Sichtvermerk zu versehen.[184] Doch es änderte sich nichts. Ein Erlass vom 23. November wies den Rektor der Universität daher „erneut darauf hin ..., daß alle Berichte der Universität und der Fakultäten sowie der Prüfungsausschüsse und der Prüfungsämter durch die Hand des Oberpräsidenten geleitet werden müssen".[185]

Mitte Dezember 1925 informierte Rektor Fritz Stier-Somlo Konrad Adenauer von einem Gespräch mit Hans Fuchs, der sich bei ihm darüber beschwert habe, dass der Amtsverkehr des Kuratoriums mit dem Kultusministerium nicht durch seine Hände gehe. Der Wunsch des Oberpräsidenten, das zu ändern, resultiere aus den Bestimmungen des 1919 abgeschlossenen Vertrags zwischen der Stadt Köln und dem Staatsministerium. Fuchs sei entschlossen, sein Amt als Kommissar für die Universität niederzulegen, ehe er zulasse, dass diese Regelung nicht befolgt werde. Er, Stier-Somlo, habe erwidert, dass inzwischen sämtliche an den Minister gerichteten Schreiben des Rektors, der Dekane und der Prüfungskommissionen durch die Hände des Kommissars gingen, während das Kuratorium, soweit er wisse, „einen unmittelbaren Geschäftsverkehr mit dem Minister" verabredet hätte. Stier-Somlo betonte, dass er „größtes Gewicht auf das Verbleiben des Herrn Oberpräsidenten in seiner Stellung als Kommissar für die Universität Köln" lege, und bat Adenauer, die Angelegenheit doch „unmittelbar mit dem Herrn Oberpräsidenten" zu regeln, denn das Ministerium fasse die Rechtslage anders auf als der Vorsitzende des Kuratoriums. Erfahrungsgemäß verhielten sich „die wechselnden Dezernate im

Ministerium in der Auslegung von vorhandenen Bestimmungen nicht ganz gleichmäßig".[186]

Fuchs, der die Tradition des „peinlich korrekten, vorbildlich objektiven preußischen Beamten" verkörperte und „mit strenger Pflichtauffassung stets große Liebenswürdigkeit zu verbinden" verstand,[187] übersandte dem Rektor der Universität im Anschluss an diese Unterredung einen Auszug aus der Universitätssatzung. Er hoffe, dass verbliebene Meinungsverschiedenheiten sich auf diese Weise klären ließen.[188] Stier-Somlo leitete das Schreiben des Oberpräsidenten samt Anlagen sogleich an den Oberbürgermeister weiter, der – mit der Satzung offenbar kaum mehr vertraut – Eckert umgehend um eine Stellungnahme bat und in den nächsten Tagen auch eine – trotz aller Freundschaft – ergebnislose Unterredung mit Fuchs führte.[189]

Christian Eckert, um dessen Befugnisse es ja nicht zuletzt ging, beriet sich mit Rektor Stier-Somlo und erklärte Adenauer beflissen, dass die Forderung des Oberpräsidenten in den Vorgaben von Staatsvertrag und Statut „keine Stütze" finde. An anderen preußischen Universitäten seien die Funktionen des staatlichen Kurators „zwischen dem Kuratorium und dem Staatskommissar aufgeteilt". Das Kuratorium gehöre nicht „zu den akademischen Behörden im engeren Sinn", sei vielmehr „zur Verwaltung der Universität neben den sonstigen an der Universität vorhandenen Organen" berufen. Es erscheine ihm „für künftige Fälle keineswegs unbedenklich", den Verkehr des Kuratoriums mit dem Ministerium durch den Staatskommissar „kontrollieren" zu lassen. Der Oberpräsident bearbeite diese Vorgänge für gewöhnlich nämlich nicht selbst, sondern diese liefen „durch die Hand seiner Räte und Assessoren". Dabei entstünden „mancherlei Gefahren ...", wie sie vornehmlich im Bekanntwerden von Bestrebungen Kölns für seine Universität im Wettbewerb mit Bonn immer wieder auftreten". Das Kuratorium müsse daher „mit dem größten Teil seiner Aufgaben auch künftig ausserhalb der Einflussnahme des Staatskommissars bleiben"; es sei diesem „viel mehr neben- als untergeordnet". Da Fuchs bisher von seinem Recht, gemäß § 11 des Statuts den Sitzungen des Kuratoriums beizuwohnen, noch keinen Gebrauch gemacht hätte, gab Eckert zu erwägen, ob man ihn in Zukunft nicht zu den „Plenarsitzungen" dieses Gremiums einladen sollte. Dagegen trage er keine Bedenken.[190]

Fuchs berichtete dem preußischen Kultusminister noch am 30. Dezember 1925 über das Gespräch mit Stier-Somlo. In Köln bestünden „Zweifel darüber", ob auch Berichte des Universitätskuratoriums an das Ministerium über den Kommissar zu leiten wären. Er selbst vertrete die Ansicht, dass das Kuratorium diesen Dienstweg einzuhalten habe. Auch wenn § 4 der Satzung dieses Gremium nicht als „Bestandteil" der Universität aufführe, stehe doch der entscheidende § 7 der Satzung in dem Absatz mit der Überschrift „Die Universität im Allgemeinen". Fuchs erbat von Becker „geneigte Entscheidung der aufgeworfenen Frage". Eine Abschrift sandte er an Adenauer als den Vorsitzenden des Kuratoriums, dem er anheimstellte, dem Minister ebenfalls seine Auffassung darzulegen.[191]

Christian Eckert, vom Oberbürgermeister erneut zu Rate gezogen, empfahl diesem, die Entscheidung des Kultusministers nicht abzuwarten, sondern vorbeugend „gegen die Äußerung des Oberpräsidenten" Stellung zu beziehen. Wenn diese nämlich erst „gegen das Kuratorium" ausfalle, lasse sich daran nur noch schwer rütteln. „Rechte des Kuratoriums dem Staat gegenüber preiszugeben", erscheine ihm aber „mit Rücksicht auf künftige Möglichkeiten nicht leicht tragbar". Eckert fügte den Entwurf eines Briefes an den Minister bei und betonte, dass dessen Inhalt sich auf die „wissenschaftliche Überzeugung" des derzeitigen Rektors Stier-Somlo in dessen Kompetenz als Professor für Öffentliches Recht stütze.[192]

Das Schreiben, welches Adenauer Anfang Januar 1926 an den Kultusminister richtete, folgte vertrauensvoll Eckerts Entwurf. In seinem ureigensten Interesse interpretierte der Geschäftsführer des Kuratoriums das Statut so, dass der Staatskommissar für die Kölner Universität „eine eigenartige und nur aus der Besonderheit der Lage erklärliche Einrichtung" sei. An anderen staatlichen Universitäten Preußens vertrete das Kuratorium den Staat gegenüber der Universität. In Köln sei es eine „gegenüber der Universität stehende, mit ihr weder identische noch ihr eingegliederte Behörde". Eigentlich müsse es „Kuratorium und die Universität", nicht aber „Kuratorium als Teil der Universität" heißen. Aus der Tatsache, dass die Mitglieder des Kuratoriums überwiegend „der Stadtvertretung entnommen" seien, gehe deutlich hervor, dass es sich um eine „für die und gegenüber der Universität, aber getrennt von ihr" eingerichtete Behörde handele. Mit dem Rektor und dem Prorektor gehörten ihr „von der Universität" nur zwei Mitglieder an. Die Dekane würden „nur ausnahmsweise" und „nur für bestimmte Fälle" zu den Sitzungen hinzugezogen. Das Kuratorium sei daher „wesentlich kommunal eingestellt". Demgegenüber wahre der Staatskommissar „in Vertretung des Ministers" die „Staatsautorität". Er habe daher „gewisse Rechte gegenüber der Universität" – gemäß § 7 – und „vereinzelte auch gegenüber dem Kuratorium" – gemäß § 10 Abs. 2 der Satzung – „aber keine Rechte sonst gegenüber dem Kuratorium".[193] Eckert bestritt damit schlichtweg, dass das Kuratorium genau wie „die Universität" nur auf dem Dienstweg mit dem Kultusministerium verkehren dürfe.[194]

Becker antwortete erst im März. Genüsslich fegte er Eckerts windige Argumentation vom Tisch. In seinem Schreiben „An den Herrn Vorsitzenden des Kuratoriums der Universität Köln durch den Herrn Oberpräsidenten in Koblenz", das – ganz geschäftsmäßig – weder eine Anrede noch eine Schlussformel enthält, heißt es:

> Vertrag und Satzung bestimmen die Stellung des Kommissars dahin, daß er die dem Staat zustehenden Befugnisse, insbesondere die Aufsicht über die Universität, in meinem Auftrage an Ort und Stelle ausübt ... Schon aus dieser allgemeinen Bestimmung der Aufgabe des Staatskommissars ergibt sich, dass er aus dem Schriftverkehr zwischen mir und dem Kuratorium nicht ausgeschaltet werden kann, da ihm sonst die Wahrnehmung seines Amtes nicht möglich wäre.

Wenn es in Satzung und Vertrag heiße, „alle Berichte und Vorstellungen ... in Universitätsangelegenheiten" seien „durch Vermittlung des Kommissars zu befördern", müsse der Ausdruck „Universitätsangelegenheiten" aus der Gesamtheit aller Satzungsbestimmungen definiert werden. Das Kuratorium sei, „wenn auch nicht Teil der Universität im Sinne des § 4 der Satzung, so doch Organ der Universität und zu deren Verwaltung ... berufen". Berichte des Kuratoriums an den Minister seien daher „gleicherweise wie die der anderen Universitätsorgane Berichte in Universitätsangelegenheiten ... und an den Weg über den Staatskommissar gebunden". Abschließend bemerkte Becker, es sei „die gleiche Regelung bei der Universität Frankfurt seit dem Jahre 1914 unangefochten in Übung".[195] Den letzten Satz unterstrich Adenauer, dessen Name auf dem Schriftstück, bei dem es sich um einen Erlass handelte, nirgendwo auftauchte. Der Oberbürgermeister gab sich geschlagen. „Nach Lage der Dinge versprechen weitere Schritte keinen Erfolg", ließ er Eckert wissen, und gab den Vorgang „z. d. A.".[196] Fortan hielt man den Dienstweg ein. Doch dürfte Adenauers Vertrauen in Eckerts Kompetenz gelitten haben.

Wie erklärt sich die brüske Reaktion des Kultusministers, der als Minister und Hochschulreferent trotz seiner ursprünglich starken Bedenken gegenüber der Kölner Universitätsgründung die Entwicklung der neuen Hochschule bald wohlwollend begleitet hatte? Das vertrauliche und von hohem Respekt geprägte Verhältnis zwischen ihm und dem Kölner Oberbürgermeister war in den ersten Jahren nach der Universitätsgründung, nicht zuletzt in beiderseitiger Abgrenzung gegenüber Christian Eckert, gewachsen und Adenauer für Beckers Rat stets empfänglich gewesen. Doch als Adenauer 1924 den Antrag Max Schelers auf bezahlte Freisemester für die Gastprofessur in Japan mit gewundenen

6 Hochzeit der Adoptivtochter des Oberpräsidenten Hans Fuchs, 1930. Konrad und Gussie Adenauer zwischen Anton Brüning (links) und dem Großindustriellen Peter Klöckner.

Begründungen rigoros ablehnte, muss Becker von diesem provinziellen Verhalten schwer enttäuscht, womöglich sogar persönlich gekränkt gewesen sein. Das geringe Entgegenkommen des Kuratoriums unter Konrad Adenauer dürfte im Berliner Kultusministerium den Eindruck hinterlassen haben, dass der Kölner Oberbürgermeister „für gewisse übergeordnete Fragen der deutschen auswärtigen Kulturpolitik, für die sich Becker und seine Mitarbeiter immer wieder einsetzten, wenig Interesse" aufbrachte.[197] Auch blieb dem Kultusminister vermutlich nicht verborgen, dass der von ihm nicht eben geschätzte Christian Eckert dem Oberbürgermeister auch diesmal und aus kaum verhohlenem Eigeninteresse die Feder geführt hatte.

Trotz der Auseinandersetzung um den Dienstweg entwickelte sich zwischen den Bundesbrüdern Hans Fuchs und Konrad Adenauer im Laufe der Jahre ein freundschaftliches Verhältnis. Sie duzten sich und redeten sich mit Vornamen an, was bei Adenauer selten vorkam.[198] Die Ehepaare Fuchs[199] und Adenauer verkehrten miteinander. Als die Adoptivtochter des Oberpräsidenten 1930 heiratete, gehörten Konrad und Gussie Adenauer zu den Hochzeitsgästen.

ANMERKUNGEN

1 VS am 5.4.1922.
2 Adenauer erklärte auf der nächsten Sitzung, es sei ein „Zungenfehler" gewesen. VS am 6.4.1922.
3 Adenauer hatte diese Information von dem Prälaten Albert Lauscher erhalten, den er umgehend um nähere Auskünfte bat, um dem politischen Gegner erforderlichenfalls Rede und Antwort stehen zu können (Adenauer an Lauscher am 5.4.1922, HAStK Best. 902/152, S. 73).
4 VS am 5.4.1922.
5 HAStK Best. 902/138, S. 55
6 Eckert an Adenauer am 6.4.1922, ebd., S. 57.
7 RHEINISCHE ZEITUNG vom 6.4.1922.
8 Die Sitzungen des Stadtparlaments fanden seit der Kommunalwahl vom Oktober 1919 in der Aula der Universität statt, weil der Hansasaal die nahezu verdoppelte Zahl der Mandatsträger nicht mehr fassen konnte (KÖLNER LOKAL-ANZEIGER vom 1.4.1927).
9 VS am 6.4.1922.
10 KÖLNISCHE VOLKSZEITUNG vom 7.4.1922.
11 KÖLNER STADT-ANZEIGER vom 7.4.1922.
12 KÖLNISCHE VOLKSZEITUNG vom 8. 4.1922.
13 RHEINISCHE ZEITUNG vom 7.4.1922.
14 Ergebnisse der Unterredung Eckert mit Beyer am 13.4.1922, UAK 9/78, Bl. 254-258.
15 Ergebnisse der Unterredung Eckert mit Beyer am 13.4.1922, HAStK Best. 902/141/1, S. 105-113.
16 Beschluss des Kuratoriums der Universität vom 7.7.1922, UAK 9/78, Bl. 289.
17 Eckert an Kuske am 17.7.1924, ebd. 9/2, Bl. 107-109.
18 Abschrift div. Korrespondenz vom 21.9.1921 bis 20.12.1921, HAStK Best. 902/138/1, S. 49 f.
19 Adenauer an Becker am 29.5.1922, ebd. Best. 902/137/1, S. 501.
20 Notiz Wolfgartens für Adenauer vom 31.5.1922, ebd., S. 419 f.
21 Handschriftliche Anordnung Adenauers vom 10.7.1919, ebd., S. 88.
22 HAStK Best. 902/137/1, S. 89-98.
23 Adenauer an Becker am 28.6.1922, ebd., S. 505 ff. In den Senatsprotokollen findet sich die in der Literatur regelmäßig zitierte „Hausmaiertum ... Scheinkönigtum"-Passage nicht.
24 Becker an Adenauer am 3.7.1922, ebd., S. 509-512.
25 Adenauer an Becker am 28.6.1922, ebd., S. 506.
26 Persönliche Ordinarien hatten dieselben Rechte und Pflichten wie planmäßige, doch war ihre Dotierung nicht regulär etatisiert.
27 Exposé vom 20. Juni 1922, UAK 17/2633, Bl. 32-37, Bl. 34 f.
28 Becker an Adenauer am 3.7.1922, HAStK Best. 902/137/1, S. 509-512.
29 Haupts 2007, S. 176.
30 Becker an Adenauer am 3.7.1922, HAStK Best. 902/137/1, S. 509-512.
31 Meuthen 1988, S. 191.
32 „A 28" war das Kürzel für das Städtische Beschwerdeamt, dem zugleich „die Vertei-

lung der Posteingänge an die einzelnen Dienststellen" oblag (vgl. Verwaltungsbericht über den Stand der Verwaltung der Gemeinde-Angelegenheit der Stadt Köln für das Rechnungsjahr 1922, Köln 1924, S. 12). Diesen Hin- und Nachweis verdanke ich Herrn Thomas Deres, Wiss. Mitarbeiter des HAStK.

33 Verfügung des Oberbürgermeisters vom 28.7.1922, HAStK Best. 902/138/1, S. 73.
34 Adenauer an Eckert am 3.8.1922, ebd., S. 75 f.
35 Pabst 1976, S. 283.
36 Adenauer an Eckert am 9.12.1922, HAStK Best. 902/138, S. 105.
37 Eckert an Adenauer am 15.12.1922, ebd., S. 107.
38 Adenauer an Eckert (1. Version) am 20.12.1922, ebd., S. 109 f.
39 Adenauer an Eckert (2. Version) am 21.12.1922, ebd., S. 111 f.
40 Adenauer an Eckert am 2.1.1923, ebd., S. 113-115.
41 Unterstrichen von Adenauer.
42 Eckert an Adenauer am 5.1.1923, HAStK Best. 902/138, S. 107-110.
43 Siehe den gesamten Schriftverkehr im Zusammenhang mit dem Verein der Freunde und Förderer (ebd. Best. 902/150).
44 Z. B. HAStK Best. 902/138, S. 151 oder S. 161.
45 Adenauer an Becker am 15.4.1923, Best. 902/137/1, S. 252.
46 S. ebd., S. 501-537.
47 Adenauer an Becker am 11.11.1924, ebd., S. 531 f.
48 Becker an Fischbeck am 7.6.1919; zit. n. Hayashima 1982, S. 72 f.
49 Heimbüchel 1988, S. 324.
50 Pünder 1986, S. 66.
51 Morsey 1972, S. 27.
52 Eckert an Adenauer am 11.5.1925, HAStK Best. 902/138, S. 257.
53 Adenauer an Eckert am 11.5.1925, ebd., S. 258.
54 Stadtarchivar an Adenauer am 29.9.1926, ebd., S. 301-307 (Scan 186-188).
55 AN vom 1.10.1926, ebd., S. 379.
56 Eckert an Adenauer am 7.10.1926, ebd., S. 381.
57 Pabst 1976, S. 279.
58 Siehe z. B. Mitteilung Adenauer an Eckert betr. erneute Ernennung am 25.12.1930, HAStK Best. 902/138, S. 805. Ein „Wiedervorlagevermerk" nannte den 1.11.1933.
59 Zu Schulte einschlägig der Aufsatz von Ulrich Helbach: Dienst im tiefen Ernst der Gegenwart. Karl Joseph Schulte 1871-1941 (Köln 2017); der Autorin freundlicherweise vor der Drucklegung als Manuskript überlassen.
60 Schulte an Adenauer am 10.12.1920, HAStK Best. 902/138/1, S. 9.
61 Adenauer an Schulte am 13.12.1920, ebd., S. 11.
62 Eichen an Adenauer am 7.5.1921, ebd., S. 25-27.
63 Clemens 1983, S. 30 f.
64 Eckert an Heimsoeth am 17.2.1925, UAK 17/5032, Bl. 254 f.
65 Clemens 1983, S. 63.
66 Stegerwald, der von Januar 1919 bis Juni 1920 den Wahlkreis 20 (Regierungsbezirke Köln und Aachen) im Reichstag vertreten hatte, war zum Zeitpunkt der Berufung Spahns preußischer Minister für Volkswohlfahrt.
67 Clemens 1983, S. 90 u. S. 63.
68 Eckert an Heimsoeth am 17.2.1925, UAK 17/5032, Bl. 254 f.

69 Clemens 1983, S. 63.
70 Ebd., S. 155.
71 Eichen meinte vermutlich die Ende 1918 gegründete antidemokratische, nationalistische und antisemitische DNVP.
72 Ferdinand Freiherr von Lüninck gehörte zunächst der DNVP, seit 1933 der NSDAP an, amtierte von 1933 bis 1938 als Oberpräsident von Westfalen und wurde 1944 als Beteiligter des Widerstands hingerichtet.
73 Eichen an Adenauer am 7.5.1921, HAStK Best. 902/138/1, S. 25–27.
74 Eichen an Adenauer am 6.5.1921, ebd., S. 17–21.
75 Niederschrift über die Besprechung zwischen Adenauer und Eichen am 15.6.1921, ebd., S. 39.
76 Clemens 1983, S. 169.
77 Mommsen 1989, S. 263.
78 Es handelte sich um den „Untersuchungsausschuss für die Schuldfragen des Weltkrieges", eingesetzt im April 1919, der die Vorgänge aufarbeiten sollte, die zu dessen Ausbruch, Verlängerung und Verlust geführt hatten.
79 Spahn an Eckert am 19.9.1922, UAK 17/5032.
80 Eckert an Spahn am 3.10.1922, ebd.
81 Eckert an Adenauer am 9.10.1922, ebd.
82 Adenauer an Spahn am 7.10.1922, ebd.
83 Spahn an Adenauer am 5.10.1922, ebd., Bl. 2.
84 Eckert an Adenauer am 10.10.1922, ebd., Bl. 7.
85 Spahn an Adenauer am 16.10.1922, ebd., Bl. 9.
86 Notiz Adenauers an Eckert auf Eckert an Adenauer am 10.10.1922, ebd., Bl. 7.
87 Am 7.11.1922 nach „Aktenauszüge betr. Fall Spahn" vom 21.2.1928, UAK 27/87, Bl. 74 ff.
88 Beschluss des Kuratoriums der Universität vom 20.12.1922, UAK 17/5032, Bl. 29.
89 Spahn an Adenauer am 17.12.1922, ebd., Bl. 27.
90 Aktenauszug betr. Fall Spahn vom 21.2.1928, UAK 27/87.
91 Golczewski 1988, S. 339.
92 Eingabe von Studenten vom 1.2.1923, UAK 17/5032, Bl. 52.
93 Eckert an Adenauer am 24.2.1923, ebd., Bl. 55.
94 Eckert an Heimsoeth am 17.2.1925, ebd., Bl. 254 f.
95 Adenauer an Richter am 3.2.1923, UAK 17/5032, Bl. 76 f.
96 „Aktenauszüge betr. Fall Spahn" vom 21.02.1928, UAK 27/87, Bl. 85–89.
97 Dass dieser Vorwurf gerechtfertigt war, geht aus einem plausiblen Bericht über Spahns Aktivitäten während des Ersten Weltkriegs und bei dessen Ende hervor, den Eckert vermutlich 1925 zusammengestellt hat (UAK 17/5032, Bl. 34 f.). Spahns Straßburger Personalakte ist großenteils seiner Kölner Personalakte UAK 17/5032 vorgelegt.
98 Adenauer an Boelitz am 8.2.1923, UAK 17/5032, Bl. 47.
99 Eckert an Adenauer am 12.5.1923, HAStK Best. 902/141/1, S. 243.
100 Richter an Adenauer am 5.6.1923, ebd., S. 245.
101 Eckert an Adenauer am 12.5.1923, ebd., S. 243.
102 Https://www.konrad-adenauer.de/kalendarium/tageskalender/?year=1923 (abgerufen am 31.10.2017).
103 „Aktenauszüge betr. Fall Spahn" vom 21.2.1928, UAK 27/87, Bl. 85–89.

104 Eckert an Beyer am 9.7.1923, UAK 17/5032, Bl. 74 ff.
105 KÖLNER STADT-ANZEIGER vom 17.7.1923.
106 Beyer an Eckert am 21.7.1923, UAK 17/5032, Bl. 91 f.
107 Beyer an Eckert am 18.7.1923, ebd., Bl. 88.
108 RHEINISCHE ZEITUNG vom 17.7.1923.
109 KÖLNISCHE ZEITUNG vom 17.7.1923 u. KÖLNER STADT-ANZEIGER vom 17.7.1923. Der STADT-ANZEIGER übernahm den Artikel der KÖLNISCHEN ZEITUNG.
110 Beyer an Eckert am 20.7.1923, UAK 17/5032, Bl. 88.
111 Beyer an Eckert am 21.7.1923, ebd., Bl. 91 f.
112 Eckert an Beyer am 19.7.1923, ebd., Bl. 87.
113 „Aktenauszüge betr. Fall Spahn" vom 21.02.1928, UAK 27/87, Bl. 85–89.
114 Erklärung Spahns im KÖLNER STADT-ANZEIGER vom 7.8.1923.
115 KÖLNER STADT-ANZEIGER vom 13.8.1923.
116 Drucksachen Nr. 6932 und Kleine Anfrage Nr. 829, UAK 17/5032, Bl. 159.
117 „Aktenauszüge betr. Fall Spahn", 21.02.1928, UAK 27/87, Bl. 86–89.
118 Zitiert nach KÖLNER STADT-ANZEIGER vom 26.10.1923.
119 Kultusminister an Senat der Universität zu Köln am 8.11.1923, mitgeteilt in Senatssitzung vom 28.11.1923, UAK 27/87, Bl. 32.
120 Boelitz an Spahn (nachrichtlich an Rektor und Senat der Kölner Universität) am 29.1.1924, ebd., Bl. 32 f.
121 Senatsbeschluss vom 7.5.1924, ebd., Bl. 51 ff.
122 Eckert an Richter am 30.5.1924, UAK 17/5149/1, Bl. 47.
123 Adenauer an Lauscher am 5.8.1925, HAStK Best. 902/141/1, S. 383 f.
124 Adenauer an Eckert am 14.11.1925, ebd., S. 391.
125 Eckert an Adenauer am 23.6.1926, ebd., S. 421.
126 Eckert an Finke am 4.6.1926, ebd., S. 415 ff.
127 Klaus Pabst, http://www.rheinische-geschichte.lvr.de/persoenlichkeiten/K/Seiten/GerhardKallen.aspx (abgerufen am 16.10.2017).
128 HAStK Best. 902/140/2.
129 Sondergutachten Spahn über Ziekursch (o. D., Juni 1927), UAK 44/41 u. HAStK Best. 902/141/3.
130 Golczewski 1988, S. 361. Johannes Ziekursch konnte in der NS-Zeit nicht mehr publizieren, machte aber auch keine Konzession an die Geschichtsauffassung des Nationalsozialismus. Er bewies damit, dass es einem Kölner Professor trotz täglicher Bedrohung auch nach 1933 möglich war, zu lehren, „was er von je gelehrt hatte" (ebd., S. 362).
131 Ebd., S. 353. 1933 begann Martin Spahn seine eigentliche Karriere in Köln. Seit 1933 NSDAP-Mitglied und bis zum Kriegsende für diese im Reichstag, konnte er sich darauf berufen, dass er „in der Zeit der Kölner Vorherrschaft von Sozialdemokraten und Zentrum nach Möglichkeit hier lahmgelegt und geschädigt" worden sei (Antrag Spahn an Winkelnkemper vom 2.6.1934, UAK 9/617). Die Machtübernahme durch die Nationalsozialisten dürfte „weitgehend seinen politischen Zielen entsprochen" haben (Golczewski 1988, S. 342 f.).
132 Ebd., S. 343.
133 VS am 6.3.1918.
134 VS am 16.12.1920.
135 Scheler an Eckert am 20.3.1920, UAK 17/5149/2, Bl. 70 f.

136 Meuthen 1988, S. 17.
137 Adenauer an Scheler am 31.3.1920, UAK 17/5149/2 Bl. 73 f.
138 Adenauer an Norrenberg am 31.3.1920, ebd., Bl. 75 f.
139 Die Universität Köln 1925, S. 119.
140 Nota 1995, S. 207.
141 Heimbüchel 1988, S. 534.
142 Eckert an Adenauer am 5.1.1923, UAK 17/5149/1, Bl. 27 f.
143 Adenauer an Eckert am 13.1.1923, ebd., Bl. 29.
144 Henckmann 1998, S. 32.
145 Aktennotiz Eckert vom 10.1.1923, UAK 17/5149/1, Bl. 34.
146 VS am 6.4.1922.
147 Schelers Aufsatzsammlung „Christentum und Gesellschaft" erschien 1924 als dritter Band seiner „Schriften zur Soziologie und Weltanschauungslehre". Eckerts maschinenschriftlicher Auszug befindet sich in UAK 17/5149/1, Bl. 36.
148 Wolfhart Henckmann, „Scheler, Max", Neue Deutsche Biographie 22 (2005), S. 644–646.
149 Meuthen 1998, S. 38.
150 Scheler an Kultusministerium am 29.5.1924, UAK 17/5149/1, Bl. 42.
151 Richter an Eckert am 26.5.1924, ebd., Bl. 39.
152 Eckert an Adenauer am 30.5.1924, ebd., Bl. 40.
153 Eckert an Richter am 30.5.1924, ebd., Bl. 46-48.
154 Solf an Adenauer am 29.5.1924, HAStK Best. 902/141/1, S. 289–291.
155 Adenauer an Solf am 28.6.1924, ebd., S. 297–299.
156 Adenauer an Solf am 3.6.1924, ebd., S. 293.
157 Kuratoriumssitzung am 17.6.1924, UAK 332/2, Bl. 173.
158 Adenauer an Solf am 28.6.1924, HAStK Best. 902/141/1, S. 297–299.
159 Scheler an Adenauer am 9.7.1924, ebd., S. 309–311.
160 UAK 332/1, Bl. 180.
161 Adenauer an Scheler am 9.7.1924, HAStK Best. 902/141/1, S. 313.
162 In einem elfseitigen Bericht über das Forschungsinstitut widmete Eckert einer Charakterisierung Schelers zwei Seiten. Unter anderem hieß es dort: „Er war kein Pflichtmensch, der sich Tag für Tag, Semester für Semester gleichmäßig in die Institutsarbeit einspannen ließ. Dafür ist er umso stärker als geistige Kraft beim Aufbau des Instituts, dank seiner Resonanz in der wissenschaftlichen Welt zu werten. Er war und blieb ein Großer unter deutschen Professoren, unter europäischen Gelehrten." (Eckert 1930, S. 294).
163 Eckert an Adenauer am 8.7.1925, UAK 17/5149/1, Bl. 71.
164 Staude 1967, S. 144.
165 Danzer 2011, S. 92.
166 Eckert an Adenauer am 18.1.1928, HAStK Best. 902/141/2, S. 121.
167 Richter an Adenauer am 17.1.1928, ebd., S. 117.
168 Adenauer an Richter am 20.1.1928, ebd., S. 121.
169 KÖLNER STADT-ANZEIGER vom 4.1.1928; UAK 17/5149/1, Bl. 88.
170 Brinckmann an Eckert am 28.1.1928 und Notiz Eckerts, HAStK Best. 902/141/2, S. 29 f.
171 Anmerkung Adenauers auf Brinckmann an Eckert am 28.1.1928, ebd., S. 30.
172 Heimbüchel 1988, S. 539.

173 Eckert an Adenauer am 2.1.1928, UAK 17/149/1, Bl. 96.
174 Nota 1995, S. 159.
175 KÖLNISCHE ZEITUNG vom 24.5.1928.
176 Golczewski 1988, S. 208.
177 Ebers an Schulte am 1.7.1928, AEK CR 9A4.
178 Nicolai Hartmann, seit 1925 an der Kölner Universität, hatte Scheler persönlich wie fachlich nahegestanden und ihn in seiner Grabrede „einen der Größten unter den Philosophen" genannt (KÖLNISCHE ZEITUNG vom 24.5.1928).
179 Hamacher war von 1920–1933 Generalsekretär der Zentrumspartei im Rheinland und von 1926–1933 Vertreter der Rheinprovinz im Reichsrat.
180 Nahen an Schulte am 22.12.1928, AEK CR 9A4.
181 Adenauer an Mönnig am 7.1.1929, HAStK Best. 902/141/2, S. 159.
182 Eckert 1930, S. 294.
183 Http://www.saarland-biografien.de/frontend/php/ergebnis_detail.php?id=186 (abgerufen am 10.1.2019).
184 Becker an Fuchs am 10.2.1925, HAStK Best. 902/137/1, S. 465.
185 Becker an Stier-Somlo am 23.11.1925, ebd., S. 458.
186 Stier-Somlo an Adenauer am 14.12.1925, ebd., S. 445 f.
187 KÖLNISCHE VOLKSZEITUNG vom 13.10.1932.
188 Fuchs an Stier-Somlo am 14.12.1924, HAStK, Best. 902/137/1, S. 449.
189 Notiz auf Eckert an Adenauer am 17.12.1925, ebd., S. 454.
190 Eckert an Adenauer am 17.12.1925, ebd., S. 453 f.
191 Abschrift Fuchs an Kultusministerium am 30.12.1925, ebd., S. 457–459.
192 Eckert an Adenauer am 5.1.1926, ebd., S. 469.
193 Adenauer an Becker am 6.1.1926, ebd., S. 471–474.
194 Romeyk 1976, S. 311.
195 Becker an Adenauer am 12.3.1926, HAStK Best. 902/137/1, S. 477 f.
196 Anweisung Adenauers auf Schriftverkehr Adenauers mit Eckert im April 1926, ebd., S. 479.
197 Düwell 1976, S. 178.
198 Romeyk 1976, S. 310 u. S. 737.
199 Hans Fuchs war seit 1916 mit Hedwig Liertz verheiratet. http://www.eifelzeitung.de/ redaktion/kinder-der-eifel/johannes-fuchs-14323/ (abgerufen am 4.9.2017).

5 FUNDRAISING

5.1 FREUNDE UND FÖRDERER

Eine Antwort auf die Frage, ob die jährlichen Zuschüsse der Stadt für die Universität auf Dauer ausreichten, hielt die Inflation in der Schwebe. Außerdem verdeckte die Geldentwertung, in welchem Ausmaß die von Adenauer entschieden abgelehnte[1] „Erzbergersche Finanzreform" die öffentlichen Mittel zugunsten des Reiches und zulasten der kommunalen Kassen umverteilt hatte.[2] Auch ließ der unerwartet steile Anstieg der Studierendenzahlen in den drei nichtmedizinischen Bereichen, vor allem an der Wirtschafts- und Sozialwissenschaftlichen Fakultät, die „Einnahmen aus eigenem Erwerb" stark wachsen, ohne dass die Ausgaben damit Schritt hielten.[3] Doch 1923 gab es ein Erwachen, weil die Währungsumstellung das Kapital der Stiftungen, die zum Teil schon vor dem Ersten Weltkrieg existiert hatten, drastisch reduzierte. Die Auseinandersetzungen darüber, wie die öffentlichen Schulden „aufzuwerten" seien, zog sich bis 1925 hin.[4] Bei einem Aufwertungssatz zwischen 13 und 15 Prozent kamen aus den „alten" Stiftungen für Dozenten und Studierende der Universität Köln im Jahr 1927 nur noch rund 6400 RM an Zinsen auf.[5]

Nach der Stabilisierung der Währung sank die Zahl der Immatrikulierten jäh ab, stieg dann aber, außer bei der kontinuierlich schrumpfenden Wirtschafts- und Sozialwissenschaftlichen Fakultät, allmählich wieder an. Hatte man 1919 mit maximal 3000 Studenten kalkuliert, betrug deren Zahl 1925 bereits das Anderthalbfache. Zwar belastete die Universität den Gesamthaushalt der Stadt relativ gering. 1925 betrugen deren plan- und außerplanmäßigen Zuschüsse mit zusammen 1,38 Mio. RM nicht einmal 0,7 Prozent des Gesamtetats von 234 Mio. RM, und das änderte sich in den Jahren 1927 und 1928 nur unwesentlich.[6] Absolut gesehen handelte es sich also um vergleichsweise geringe Summen. Doch wenn irgend möglich vermied der Oberbürgermeister Diskussionen über die erforderlichen Zuschüsse für die Universität und versuchte auch, deren Kosten herunterzurechnen. Kritiker warteten nur darauf, „auf den Widersinn einer städtisch finanzierten Universität hinweisen" zu können.[7] Auch hatten die Fraktionen der Stadtverordnetenversammlung an die neue Universität unterschiedliche, sich teilweise ausschließende Erwartungen geknüpft. Ihre Bereitschaft, die Universität fortgesetzt zu bezuschussen, schwand in dem Maße, wie sie den Eindruck gewannen, dass ihre Hoffnungen sich nicht realisierten.

1924 erwog Adenauer erstmals, das Land Preußen um finanzielle Hilfe anzugehen. Doch Christian Eckert riet ihm entschieden davon ab. Es gebe im Kultusministerium Bestrebungen, die Mittel für die Frankfurter Universität stark zu kürzen. Auch außerhalb des Ministeriums würden die „neuen" Universitäten angegriffen. Eckert verwies als Beispiel auf den konservativen Historiker Georg von Below, ein Mitglied der preußischen Akademie der Wissenschaften. Für Below hätte die Gründung der Universitäten Frankfurt, Köln und Hamburg „teils auf Stadteitelkeit, teils auf persönlicher Eitelkeit, teils auf politischer Tendenz" beruht. Hinterher hätte sich herausgestellt, dass die bereitgestellten Mittel „bei weitem nicht ausreichten", sodass diese Universitäten „nur unvollständig ausgestaltet" werden könnten. Sollte es wirklich zu einem Abbau von Universitäten kommen, träfe es „am zweckmäßigsten die neuen Universitäten". Diese seien „ganz abgesehen von der finanziellen Frage, in gewissem Sinne als volksschädlich zu bezeichnen". Eckert empfahl dem Oberbürgermeister daher im Interesse einer „ruhigen Fortentwicklung der Universität Köln", die erforderlichen Aufwendungen außer durch städtische Zuschüsse durch „private Stiftungen" zu decken.[8]

Bald erfuhr Adenauer jedoch, dass der preußische Staat die Frankfurter Universität 1924 sehr wohl mit ungefähr derselben Summe bezuschussen wollte, welche auch die Stadt Frankfurt für ihre Hochschule aufwendete. Er wies Eckert sogleich an, zugunsten Kölns ebenfalls die „erforderlichen Verhandlungen" einzuleiten.[9] Abermals erklärte dieser ihm, wie brisant ein solches Vorgehen sei. Die Staatsregierung hätte gegen die Gründung der Universität immer ins Feld geführt, dass Köln bald außerstande wäre, diese zu finanzieren, und den Staat deshalb um „Finanzhülfe" angehen müsse. Eine solche könne Köln umso weniger erwarten, als seine städtische Universität die Nachbaruniversität Bonn „in ihrer Fortentwicklung gefährde und beeinträchtige", was den preußischen Staat zumindest indirekt belaste. Die Nachbaruniversitäten, mit denen Frankfurt unmittelbar konkurriere, lägen dagegen in anderen Ländern. Deshalb hielt Eckert es für „bedenklich", jetzt die „von der Stadt gewünschten" Verhandlungen einzuleiten. Sie sollten solange unterbleiben, „bis der Ausbau der Universität Köln, namentlich der der medizinischen und philosophischen Fakultät einigermaßen vollzogen" sei.[10] Es mussten daher andere Quellen gefunden werden, um den wachsenden Zuschussbedarf der Universität zu befriedigen.

Der Plan, einen Förderverein für die zu gründende Kölner Universität ins Leben zu rufen, wie ihn Heinrich von Stein Adenauer schon im Frühjahr 1919 unterbreitet hatte, war seinerzeit nicht weiterverfolgt worden. In einer Druckschrift der Universität zu ihrem fünfjährigen Bestehen hieß es dazu, „in den Tagen größter Wirtschaftsnot und Bedrängnis" hätte sich das Vorhaben als „untunlich" erwiesen.[11] Anfang 1923 aber, als die Inflation galoppierte, forderte der Senat das Kuratorium auf, die Gründung eines Fördervereins „ungesäumt" in die Wege zu leiten.[12]

Vorbild und zugleich Herausforderung für den in Köln geplanten Verein war die im Juli 1917 gegründete Gesellschaft von Freunden und Förderern der Rheinischen Friedrich-Wilhelms-Universität Bonn e. V.[13] Mit Carl Duisberg als erstem Vorsitzendem und Louis Hagen als Schatzmeister wurde sie von maßgeblichen Persönlichkeiten der rheinischen Wirtschaft geleitet. Dem Verein gehörten, so Eckert, „neben Firmen, zu denen Geheimrat Duisberg Beziehungen hat", ganz überwiegend Unternehmen an, „denen Geheimrat Hagen nahesteht".[14] Das Protektorat hatte der Kaiser übernommen. Als zweiter Vorsitzender und Vorsitzender eines „Cölner Werbeausschusses" forderte Regierungspräsident Karl von Starck im Januar 1918 anlässlich des einhundertjährigen Jubiläums der Bonner Universität sogar den Kölner Oberbürgermeister auf, Mitglied des Vereins zu werden,[15] was dieser vermutlich ablehnte. Christian Eckert ermittelte seinerzeit, dass „abgesehen von den Beträgen aus Leverkusen", deren Höhe sich dem Engagement Carl Duisbergs verdankte, Köln einen beträchtlichen Teil der gezeichneten Summen, nämlich 306.000 von insgesamt 1,26 Mio. M beigesteuert hatte.[16] Der Bonner Förderverein wilderte mithin in einem Revier, aus dem Spenden auch der Kölner Handels-Hochschule hätten zugutekommen können.

Im Mai 1923 setzten sich Adenauer und Eckert mit Louis Hagen zusammen und listeten die Namen von Personen auf, die als Mitglieder eines Fördervereins für die Kölner Universität vorrangig angesprochen werden sollten. 34 führende Persönlichkeiten aus Verwaltung und Banken sowie aus Handel, Industrie und Verlagswesen nahmen sie als Mitglieder eines „Verwaltungsrates" in Aussicht.[17] Auf den vorderen Rängen dieser Liste, die von den Präsidenten der Oberbehörden angeführt wurde, standen die Namen von Bankiers, Generaldirektoren und Verbandspräsidenten: Richard von Schnitzler (Bankhaus J. H. Stein) und Robert Pferdmenges (Schaaffhausen'scher Bankverein), Adolf Oehme (Seidenfabrikant und Vizepräsident der Kölner IHK) und Jakob van Norden (Einzelhandelsausschuss des DIHT), Arnold Langen (Motorenfabrik Deutz) und Karl Grosse (Vereinigte Stahlwerke), Georg Zapf (Felten & Guillaume Carlswerk), Paul Silverberg (Rheinisches Braunkohlensyndikat) und Alfred Tietz (Leonard Tietz AG) sowie Otto Wolff (Eisengroßhandel), Ottmar Strauss (Eisengroßhandel) und Alfred Neven DuMont (Verleger). Im Sommer 1923 erging ein erster Spendenaufruf an potentielle Mitglieder. In einem Brief an den Erzbischof hieß es, das Kuratorium wende sich an Mitbürger, von denen man glaube, dass ihnen „die Förderung der deutschen geistigen Interessen in Köln" am Herzen liege, und deren finanzielle Lage es gestatte, „Mittel für die Universität bereitzustellen". Ein Verzeichnis bereits gewonnener Spender mit den von ihnen zugesagten Millionen samt aktuellem Dollarstand lag an. Aufgeführt waren u. a. Louis Hagen und Heinrich von Stein, Otto Wolff, Ottmar Strauss und das Rheinische Braunkohlensyndikat. Unterzeichnet hatten außer Adenauer und Eckert die Kuratoriumsmitglieder Louis Hagen und Heinrich von Stein.[18]

Doch erst nach dem Ende des „Ruhrkampfes", der Stabilisierung der Währung und der Annahme des Dawes-Plans konnte man im November 1924 der Gründung des Vereins nähertreten.[19] Eckert entwarf erneut ein Einladungsschreiben an potentielle Mitglieder, das Adenauer unterschrieb, und legte diesem auch eine Liste mit den Namen derjenigen vor, die im Sommer 1923 auf ein „Werbungsschreiben" nicht reagiert hatten.[20] Zur Gründungsversammlung wurden ausgewählte Männer aus Wirtschaft und Behörden, Presse und Klerus eingeladen.[21] Von kurzfristigen Einladungen an weitere Personen riet Louis Hagen ausdrücklich ab; der Kreis der Gründungsmitglieder sollte exklusiv bleiben.[22]

Wie Adenauer seinem Freund und Bundesbruder Landeshauptmann Johannes Horion schrieb, sollte der Verein „die Beziehungen zwischen Wissenschaft und Praxis ... vertiefen und das deutsche Geistesleben in der Rheinprovinz ... pflegen". Er werde „nicht nur durch Bewilligung von Geldmitteln als Beihilfe zur Gründung neuer oder Erhaltung und Vergrößerung bestehender Einrichtungen ... unterstützend eingreifen, sondern ... zugleich Vorträge und Besichtigungen" für seine Mitglieder veranstalten.[23] Der Verein der Freunde und Förderer der Universität Köln e. V. konstituierte sich am 22. November 1924[24] im prunkvollen Muschelsaal des Rathauses. Die Anwesenden genehmigten eine Satzung, wählten einen Vorstand und einen 40-köpfigen Verwaltungsrat mit „hervorragenden Vertretern der Behörden von Handel und Industrie sowie der Wissenschaft"[25] und wechselten anschließend für ein festliches Abendessen in den Schlachtensaal. Das Ereignis stieß auf große Resonanz. So schrieb der Textilgroßhändler Franz Proenen dem Oberbürgermeister umgehend, dessen Aufforderung an die Vertreter der Wirtschaft, „sich als Kölner zu fühlen und mehr stadtkölnische Politik zu treiben", sei ihm „aus der Seele gesprochen" gewesen. Der Unternehmer versicherte Adenauer seiner jederzeitigen Hilfe, wenn es darum gehe, „Pläne, die zur Hebung unserer Vaterstadt dienen, zu verwirklichen".[26]

Es verstand sich von selbst, dass der Oberbürgermeister den Vorsitz des Fördervereins übernahm. Christian Eckert organisierte als sein Stellvertreter die Vereinsarbeit vom Büro des Kuratoriums aus. Dem Vorstand gehörten ferner Louis Hagen als Schatzmeister und Heinrich von Stein als Schriftführer an sowie zunächst die Professoren Karl Thiess und Otto Tilmann,[27] später Hermann Sierp und Herbert von Beckerath.[28] Der Verein setzte den Mindestbeitrag niedrig an, um es „breitesten Kreisen" zu ermöglichen, ihre „Anteilnahme an der Entwicklung der Universität Köln zu erweisen".[29] Nach oben war die Höhe des Mitgliedsbeitrags offen.

Christian Eckert begründete den Antrag, den Verein von der Kapitalertragsteuer zu befreien, gegenüber dem Finanzamt damit, dass „die Kapitalerträge … restlos als Beihilfen bei Errichtung neuer oder zur Erhaltung und Vergrößerung bestehender Institute und Einrichtungen an der Universität Köln verwandt" würden. Damit entlaste der Verein den Universitätsetat, diene also „nur gemeinnützigen Zwecken".[30] Bis zur ersten Generalversammlung am Ende des Sommersemesters 1925 gingen an „Zuwendungen" aus der Wirtschaft knapp 80.000 RM ein.[31] Zusammen mit den Mitgliedsbeiträgen waren damit bereits über 164.000 RM zusammengekommen, von denen etwa 138.000 RM in Effekten bei der Rheinboden-Bank lagen und die Institute der Fakultäten für Anschaffungen rund 14.000 RM erhalten hatten.[32] Adenauer dankte Großspendern persönlich, wie etwa 1928 dem Generaldirektor des Rheinischen Braunkohlensyndikats Friedrich Kruse für „wiederum 10.000 Mark".[33] Er selbst entschied sich für einen Jahresbeitrag von 200 RM.[34]

Anfang 1932 stellte Eckert zufrieden fest, dass sich „ein fester Stamm von Stiftern und Gönnern aus der vaterstädtischen Bürgerschaft wie aus Kreisen der Wirtschaft aus Rheinland und Westfalen" gebildet habe, über 100 Dozenten dem Verein angehörten und auch ehemalige Studenten „in steigendem Maße Interesse am Geschick und Wohlergehen ihrer Universität" nähmen. Bis 1932 wurden aus den Zinsen von Spenden und Mitgliedsbeiträgen mehr als 200.000 RM verteilt. So konnten „manche Seminarbibliothek benutzbar gemacht und manche Zeitschriftenserie durchgehalten" werden, „Apparate, Instrumente, Untersuchungsmaterial und Lehrmittel" beschafft und wichtige Forschungsergebnisse veröffentlicht werden.[35]

Zu den Vortragsveranstaltungen des Vereins, auf denen regelmäßig Professoren der Universität – 1930 vielbeachtet auch Dannie Heineman – zu Themen von allgemeinem Interesse sprachen,[36] waren ausschließlich Mitglieder zugelassen. Deren Verbindung zur Universität stärkte auch, dass sie auf der Jahresversammlung im Einzelnen bewilligten, wie die Mittel verwendet werden sollten. Im Anschluss an die jährliche Mitgliederversammlung fand stets ein Abendessen des Verwaltungsrates und einiger weniger geladener Gäste statt, zu dem der Oberbürgermeister aus seinem Dispositionsfonds generös zuschoss.[37] Die Teilnehmer ließen sich solches zur Ehre gereichen. Im November 1932 lud Konrad Adenauer zum letzten Mal zu einer Mitgliederversammlung des Fördervereines ein.[38]

Zu einem immer wichtigeren Mittel, um Spenden zu akquirieren, entwickelte sich im Laufe der zwanziger Jahre die Vergabe von Ehrenpromotionen. Adenauer und Eckert handhaben dieses Instrument am Ende mit einiger Virtuosität, ja, bauten es zu einem veritablen Geschäft aus. Anfangs würdigten die Ehrenpromotionen – sofern sie nicht außerordentliche wissenschaftliche Leistungen honorierten – wie im Fall von Johann Meerfeld (1919) und Philipp Brugger (1921), Johannes Kleefisch (1923) oder Louis Hagen (1921) persönlichen Einsatz zum Wohle der Universität. Doch schon bald sannen Adenauer und Eckert darauf, wie sie sich nutzen ließen, um private Mittel für den laufenden Betrieb wie den notwendigen Ausbau der Universität einzuwerben oder sich das Wohlwollen einflussreicher Personen zu sichern. Mit der Eitelkeit der Kandidaten konnten sie in den allermeisten Fällen rechnen. Dabei ließ sich Konrad Adenauer auf „Deals" mit unterschiedlich erfolgreichen Abschlüssen ein.

Anfang 1922 bat Johann Hamspohn, der inzwischen im neunten Lebensjahrzehnt stand, seinen Freund Adenauer, den rund 20 Jahre jüngeren Generaldirektor der AEG Felix Deutsch zum Ehrendoktor der Kölner Universität zu promovieren. Hamspohn wollte sowohl Deutsch eine Gunst erweisen als auch Adenauer einen hochpotenten Förderer für die Kölner Universität zuführen.[39] Doch hatte der entsprechende Antrag, den Christian Eckert auf einer Sitzung der Wirtschafts- und Sozialwissenschaftlichen Fakultät stellte, keine Chance angenommen zu werden.[40] Adenauer arrangierte daraufhin einen Besuch des Dekans Leopold von Wiese samt Ehefrau bei Hamspohn in Berlin. Hingerissen von dessen Persönlichkeit kehrte von Wiese zurück, fest entschlossen, Deutsch die Ehrenpromotion zu gewähren, bestand aber auf verbindlichen Zusagen der AEG-Leitung für Spenden an die Fakultät.[41] Diese hegte jedoch weiterhin Bedenken gegenüber der Person wie den Leistungen Deutschs. Als sich Adenauer auf Hamspohns Drängen im Dezember 1922 nach dem Stand der Dinge erkundigte, erklärte ihm von Wieses Nachfolger Willi Prion, Deutsch habe kürzlich eine „kleine Arbeit" vorgelegt, deren wissenschaftliche Methode zu Recht scharf kritisiert worden sei.[42] Adenauer bat Hamspohn daraufhin, Deutsch schon jetzt die Summe beziffern zu lassen, die er „für die Zwecke der Universität zur Verfügung zu stellen bereit wäre", was der alte Freund jedoch für „taktisch" nicht „richtig und opportun" hielt. Deutsch sei für seine „Freigebigkeit" bekannt und engagiere sich dauerhaft für Projekte, die ihn interessierten.⁴³ Adenauer überließ diesen Brief dem Dekan und forderte ihn auf, Deutschs Ehrenpromotion nunmehr befürworten zu lassen,⁴⁴ worauf sich die Fakultät schließlich einließ. Nun beeilte sich Adenauer, die inoffizielle Nachricht „streng vertraulich" an Hamspohn weiterzuleiten mit der Bitte, Deutsch davon „nur ganz vertraulich" zu informieren und ihm die „herzlichsten Glückwünsche" des Kölner Oberbürgermeisters zu übermitteln.⁴⁵ Adenauer war auch der Erste, der dem Unternehmer nach vollzogener Ehrenpromotion gratulierte. Er freue sich, dass ein Mann wie Deutsch nun „mit der wirtschaftswissenschaftlichen Fakultät und damit mit der Universität Köln, die mir ja, wie Sie wissen, ganz besonders am Herzen liegt, eng verbunden wird".⁴⁶ Deutsch bedankte sich höflich.⁴⁷ Adenauer bat Hamspohn um Rat „betr. die Überweisung eines Betrages an die Gesellschaft der Freunde und Förderer der Universität Köln seitens des Herrn Geheimrat Deutsch" und erinnerte ihn auch im Monat darauf an diese Bitte.⁴⁸ Nichts folgte. Im Dezember des Jahres wandte sich der Dekan Bruno Kuske mit einem ausgefeilt höflichen Schreiben an den mächtigen Vorstandsvorsitzenden der AEG. Die Fakultät, deren Mitglied Deutsch sei, befinde sich, „bei der Durchführung ihrer Geschäfte in einer sehr schwierigen Lage". Es fehle ihr „besonders an Büro- und Unterrichtsmaterial wie z. B. Karten und die zu einer geordneten Buchführung nötigen Bücher". Für die „nötigsten Gegenstände" wären 600 Goldmark erforderlich.⁴⁹ Zwei Wochen später traf von der Hauptkasse der AEG ein Betrag von 11,90 Dollar ein, was 50 Goldmark entsprach.⁵⁰ Im Frühjahr 1924 erbat Kuske von Deutsch eine Stiftung über 50–60.000 RM für die Fakultätsbibliothek, die sich wegen karger Mittel in einem zunehmend desolaten Zustand befand. Da keine Reaktion erfolgte, überließ Kuske dem Oberbürgermeister ein Gutachten des Direktors der Universitäts- und Stadtbibliothek, das ihm bei einer Zusammenkunft mit Deutsch als Unterlage dienen sollte.⁵¹ Der Erfolg blieb aus. Anfang 1927 reklamierte Eckert beim Oberbürgermeister, Deutsch sei „der einzige unserer Ehrendoktoren, der bisher … noch keine namentliche Stiftung gemacht" habe, und legte den Entwurf für ein Mahnschreiben bei.⁵² Nachdem Mitglieder der Wirtschafts- und Sozialwissenschaftlichen Fakultät Eckert mehrfach auf Deutschs Säumigkeit angesprochen hatten, wurde Adenauer im Januar 1928 in einem weiteren und längeren – wiederum von Eckert entworfenen – Schreiben direkt. Er klärte Deutsch über die „Gewohnheiten" auf, die sich in Köln im Anschluss an Ehrenpromotionen „entwickelt" hätten. „So sicher es auf der einen Seite ist, dass irgend eine akademische Ehrung durch noch so grosse Stiftungen nicht errungen werden kann, so nahe liegt es doch, dass diejenigen, denen akademische Ehrungen zuteil geworden sind, nach Massgabe ihrer Möglichkeit für den Universitätsfortbau beitragen." Er gestatte sich, zu Deutschs „Orientierung ... vertraulich mitzuteilen", dass Universitäten aus diesem Anlass „schon in der Vorkriegszeit bei erheblich höherer Kaufkraft des Geldes in der Regel 100.000 M zugewendet" worden seien. Alle Ehrendoktoren der Kölner Universität hätten, „soweit es ihnen irgend möglich gewesen ist, in ähnlichem Umfang, zum Teil mit erheblich höheren Summen unseren Fortbau ermöglicht". Man würde es daher begrüßen, wenn auch Deutsch „in diesem Jahr einen höheren Betrag dem Konto des Vereins der Freunde und Förderer unserer Universität beim Bankhaus A. Levy, Köln" überwiese.[53] Es ist nicht überliefert, ob Deutsch dem Drängen des Oberbürgermeisters, der sich die Fakultäten für weitere Ehrenpromotionen gewogen halten musste, nachgegeben hat. Adenauer mag es getröstet haben, dass Dannie Heineman der Universität in diesen Tagen eine Stiftung von 200.000 bis 250.000 RM für Forschung zusicherte, die „Johann-Hamspohn-Stiftung" heißen sollte.[54] Es freute ihn, dass der Name des von ihm „sehr verehrten Freundes" auf diese Weise „mit unserer Universität in Verbindung gebracht" werde.[55]

Immerhin ließ sich aus dem Fehlschlag mit der Ehrenpromotion von Deutsch lernen. Als Reichskanzler Luther 1925 Adenauer bat, den amerikanischen General Henry T. Allen wegen dessen Verdiensten um die Ernährung deutscher Kinder nach dem Krieg eine Ehrendoktorwürde zu verleihen, sträubte sich Adenauer zunächst.[56] Doch als Luther drängte und sich auch der deutsche Botschafter in den USA einschaltete,[57] versuchte man in Köln, die Ehrung an Bedingungen zu knüpfen. Um das „Interesse" der Universität zu wecken, ließ Eckert Botschafter von Maltzan wissen, hoffe man auf Allens „vermittelnde Fürsprache in Kölner Universitätsfragen", konkret: einen Baukredit „für die Errichtung eines Universitätsgebäudes in amerikanischem Stil", das der Oberbürgermeister plane. Zwar habe er von der Rockefeller-Stiftung bereits 750.000 Dollar für einen dringend benötigten Anbau erbeten, doch sei ein weiterer Baukredit von 3–4 Mio. Dollar nötig. Baupläne könne man vorlegen.[58] Adenauer wandte sich auch selbst an den Botschafter und bat ihn um „ein Darlehen in Höhe von mehreren Millionen Dollar zu mäßigem Zinsfuss zwecks Herstellung des dringend nötigen Neubaues der Universität". Würde „Herr General Allen seine sicher sehr einflussreichen Beziehungen zur Verfügung stellen", schwänden „alle Bedenken".[59] Maltzan, dem eine Ehrenpromotion Allens „sehr am Herzen lag", hielt es „nicht für angängig", Allen in dieser Weise zu behelligen, nachdem Handelsminister Herbert Hoover kürzlich – ohne Bedingungen – eine Ehrendoktorwürde der Universität Kiel verliehen worden sei.[60] Adenauer ließ die Angelegenheit Ende 1925 „z. d. A." legen.[61]

Ging es bei der Ehrenpromotion von Allen um Geld für die Universität, wollte Adenauer mit der Ehrenpromotion von Ministerpräsident Otto Braun vor allem das Wohlwollen der preußischen Regierung gewinnen. Da die Kölner Universität über kurz oder lang wohl oder übel um einen staatlichen Zuschuss würde nachsuchen müssen, lag es nahe, sich den „Herrscher aller Preußen" zu verpflichten. Dazu riet auch Kultusminister Becker. Monatelang bearbeitete Eckert die Wirtschafts- und Sozialwissenschaftliche Fakultät, um eine Ehrenpromotion für Braun durchzusetzen, der noch von keiner preußischen Universität einen „Ehrendoktor" erhalten hatte. Paul Moldenhauer, Inhaber des Lehrstuhls für Versicherungswissenschaft und Mitglied des Reichstags, fand die Angelegenheit „sowohl nach der sachlichen wie persönlichen Seite gleich peinlich"; er blieb seinem Kollegen und Duzfreund Christian Eckert zuliebe der entscheidenden Fakultätssitzung fern. Nur „aus persönlicher Gefälligkeit" gegenüber dem Oberbürgermeister kam im Sommer 1927 die erforderliche Mehrheit knapp zustande.[62] Hocherfreut telegrafierte Adenauer Kultusminister Becker, der auf diese Entscheidung gewartet hatte, und bat ihn um „vertrauliche Behandlung" der Neuigkeit.[63] Zugleich und Tage bevor die Fakultät es offiziell verlautbarte, gratulierte Adenauer Otto Braun: Er freue sich „sehr auch über die persönliche Verbindung", die dadurch zwischen der Kölner Universität und dem Ministerpräsidenten hergestellt sei.[64] Am 20. Juli berichtete Eckert dem Oberbürgermeister begeistert von einem Herrenfrühstück im Anschluss an den Vollzug der Ehrenpromotion Brauns durch den Dekan der Fakultät in Berlin, an dem neben Becker, Lammers und Richter aus dem Kultusministerium „auch hervorragende Gelehrte Berlins" teilgenommen hätten. „Hoffentlich wirkt sich diese Ehrenpromotion für unsere Universität nun recht günstig aus."[65]

Nachdem Otto Braun promoviert worden war, wollte Eckert zur Sache gehen. Im Entwurf eines Briefes an den Ministerpräsidenten hieß es: „Da wir von einigermaßen begüterten Privaten in der Regel mindestens 100.000 M erhalten", erwarte er, dass Braun ebenfalls „aus einem seiner Fonds" eine solche Summe bereitstelle. Nahe liege eine Unterstützung der Institute der Wirtschafts- und Sozialwissenschaftlichen Fakultät. Er bitte darum, dass die Spende „in erster Linie dem Forschungsinstitut für Sozialwissenschaften zugute käme, das in seinen Arbeiten durch die knappen Geldmittel vielfach behindert" werde. Der dem Ministerpräsidenten „weltanschaulich nahestehende Professor Lindemann" wäre „durch eine solche Stiftung hochbeglückt". Adenauer riss Eckert aus den Träumen. Der Ministerpräsident verfüge nicht über solche Mittel; Eckert möge „einen Betrag für einen bestimmten Zweck angeben".[66] Schließlich spendete Braun 2000 RM.[67]

Die vom Kölner Rathaus aus gesteuerte Vergabepraxis für Ehrendoktorate trieb bisweilen merkwürdige Blüten, geriet sie doch nicht zuletzt in die Zwänge des politischen Proporzes. Nur so ist zu erklären, dass Alfred Neven DuMont und Hugo Mönnig, die Herausgeber des KÖLNISCHEN ZEITUNG und der KÖLNISCHEN VOLKSZEITUNG, im November 1927 gleichzeitig die Ehrendoktorwürde erhielten. Eine solche hatte Rektor Stier-Somlo, begeistert von Neven DuMonts Persönlichkeit, diesem 1926 spontan in Aussicht gestellt. Christian Eckert hielt es aber für „untragbar", Neven DuMont als „einen der Mitspender für den Universitätsneubau vor allen anderen herauszuheben", ohne diesen unvermeidbaren Schritt durch weitere Ehrenpromotionen „auszubalancieren". So könnte man zumindest Hugo Mönnig am selben Tag promovieren.[68] Eckert bemühte sich in der Fakultät um Unterstützung für diese Lösung und ging zugleich Neven DuMont an, seine bereits für den Neubau zugesicherte um eine weitere Spende zu ergänzen. Im Juli 1927 konnte er Adenauer berichten, dass er nach „wiederholten Verhandlungen zum Ziel gekommen" sei. Neven DuMont werde für einen neuen Assistenten an der Juristischen Fakultät „im Falle der Ehrenpromotion sofort 50.000 M" stiften; mehr könne er außer den 50.000 M für den Neubau „nicht opfern".[69] Der Verleger zahlte den Betrag „zugunsten der juristischen Fakultät" bei der Universitätskasse ein[70] und empfing – gemeinsam mit Hugo Mönnig – die begehrte Auszeichnung der Fakultät.[71] Mönnig, der Verleger der KÖLNISCHEN VOLKSZEITUNG, verdankte seine Ehrung keiner Spende, sondern dem allgegenwärtigen Proporzdenken.[72]

Am selben Tag wie Neven DuMont und Mönnig wurde Robert Pferdmenges im Rahmen der feierlichen Rektoratsübergabe im Gürzenich am 12. November die Ehrendoktorwürde zuteil. Eine lebenslange Freundschaft zwischen Adenauer und dem evangelischen Bankier soll begonnen haben, als Pferdmenges an einem Karfreitag, dem höchsten protestantischen Feiertag, erleben musste, wie auf einem Fußballplatz der Stadt ein Spiel ausgetragen wurde. In seinem religiösen Empfinden verletzt, wandte er sich schriftlich an den Oberbürgermeister. Der antwortete umgehend, bedauerte diesen Vorfall und versprach, dafür zu sorgen, dass den protestantischen Gefühlen in Köln fortan mit mehr Respekt begegnet würde.[73] Der Kontakt zu dem Bankier war für Adenauer von besonderem Wert, weil Pferdmenges als evangelischer Kirchenältester von Köln eine wichtige Brücke zu der überwiegend ebenfalls evangelischen wirtschaftlichen Führungsschicht der Stadt wie des Rheinlands schlug. Für diese Wirtschaftselite standen etwa die Kölner Deichmann-Bank, das Süßwarenunternehmen Stollwerck oder der Verbandsvertreter des Einzelhandels Jakob van Norden. Dank der erfolgreichen Sammelaktion, die Pferdmenges 1926/27 für einen

Neubau der Universität eingeleitet hatte, konnte sich der Oberbürgermeister überhaupt an dieses Großprojekt heranwagen. Pferdmenges Promotion zum Doktor der Staatswissenschaften ehrenhalber hatte die Wirtschafts- und Sozialwissenschaftliche Fakultät auf Drängen Konrad Adenauers beschlossen.[74] In der Laudatio hieß es lapidar, der Bankier habe „im Dienste des Gemeinwohls sich ausgezeichnet und um den Ausbau der Universität verdient gemacht".[75] Adenauer gratulierte Pferdmenges; er hoffe, dass dessen „Beziehungen zu unserer jungen Universität sich durch diese Ehrung noch inniger gestalten mögen".[76] Mit dieser Formel schlossen regelmäßig seine Glückwünsche zu den Ehrenpromotionen.

Während der Amtsjahre Konrad Adenauers als Oberbürgermeister erfolgten die wenigsten Ehrenpromotionen auf Vorschlag der Fakultäten. In rund 60 Fällen ergriff das Rathaus die Initiative. Die mit Abstand meisten Verfahren ließen sich bei der Philosophischen Fakultät durchsetzen. Aber nicht nur dieser, sondern auch den anderen Fakultäten bereitete die Inflation der Auszeichnungen zunehmend Magenschmerzen. Im Sommer 1928, als Adenauer gern den beiden Journalisten Otto Brües, der für die KÖLNISCHE ZEITUNG schrieb, und Max Horndasch, dem Chef vom Dienst der KÖLNISCHEN VOLKSZEITUNG, eine Ehrenpromotion zuteilwerden lassen wollte, schlugen die Wogen über Adenauer und Eckert zusammen, geriet ihr Geschäft in eine Krise. Eckert sprach daher ein offenes Wort mit dem Oberbürgermeister. Was die Ehrenpromotionen angehe, seien die Fakultäten „in letzter Zeit schon sehr stark in Anspruch genommen" worden. Es wirke noch die Ehrenpromotion des preußischen Ministerpräsidenten nach, „die an keiner anderen Universität durchzusetzen gewesen wäre" und auch in Köln nur unter „Einsatz aller Überredungskünste" zustande gekommen sei. Zudem müsse man „für Geldgeber zu Zwecken des Neubaus noch Ehrendoktoren in Reserve" halten. Er habe sich bei Fritz Blüthgen – der sich bei internationalen Banken um eine Anleihe für den Neubau bemühte – inzwischen für die Ehrenpromotion des US-amerikanischen Bankiers James Speyer „stark machen" müssen, und auch Blüthgen selbst erwarte für den Fall, dass seine „Geldaufbringung" gelinge, eine akademische Ehrung.[77] „Brächte uns Curt Sobernheim Geld, so müsste auch er und womöglich noch ein Amerikaner ausgezeichnet werden." Da im Zusammenhang mit dem Neubau bereits die Herren Mönnig, Neven DuMont und Pferdmenges bedacht worden seien, stelle das alles für die Fakultäten, die doch „den Ehrendoktor nur in seltenen Ausnahmefällen verleihen" dürften, eine „hohe Belastung" dar. Mit einer Ehrung der beiden Redakteure müsse man daher „mindestens noch warten", zumal inzwischen Carl Hoeber von der KÖLNISCHEN VOLKSZEITUNG, der stets für die Universität eingetreten sei, ebenfalls als „geeignet für eine Auszeichnung genannt" werde. Würde man aber Brües und Horndasch promovieren, tauche sogleich die Frage der Ehrung eines sozialdemokratischen Redakteurs auf. Vermutlich würde auch Alfred Neven DuMont, „der seinen Ehrendoktor sehr hoch einschätzt", es nicht begrüßen, wenn einem Redakteur „seines Stadtanzeigers" diese Ehre ebenfalls zuteilwürde.[78]

Indem der Oberbürgermeister am laufenden Band Ehrendoktoren kreierte, bot er nicht zuletzt Kritikern aus den Reihen der Zentrumspartei sowie dem politischen Gegner eine Angriffsfläche. Im Sommer 1930 spottete die KÖLNISCHE VOLKSZEITUNG, „wer das Talent eines künftigen Wirtschaftsführers in sich spürt", brauche sich nicht den Mühen eines Doktorexamens zu unterziehen, sichere ihm doch „eine größere Stiftung im späteren Alter für die Förderung der Wissenschaft" einen „Doktorhut h. c.". Das aber schade am Ende der „Charakterbildung" der akademischen Jugend.[79] Im Frühjahr 1931 beantragte die DNVP im Stadtrat, der Oberbürgermeister möge ersucht werden,

> dem Rektor und dem Senat der Universität Köln ... nahezulegen, daß nach dem Vorbild der Bonner Universität auch in Köln anläßlich der demnächstigen Einweihungsfestlichkeiten nach Fertigstellung des Universitätsneubaues auf die Ernennung von Ehrendoktoren verzichtet wird und daß die Verleihung des Ehrendoktortitels nur in Anerkennung unbestreitbarer wissenschaftlicher Verdienste erfolgen sollte."

Durch das Kölner Vorgehen werde dem Ansehen der deutschen Universitäten und der deutschen Wissenschaft „erheblich Abbruch" getan. Auch hielten es „weite Kreise der Kölner Bevölkerung" für angebracht, „in der Verleihung von Ehrendoktortiteln eine Pause eintreten zu lassen".[80] Zwar fand dieser Antrag keine Mehrheit – auf einen Punktgewinn konnten die rechten Populisten indes hoffen.

Weder Adenauer noch Eckert ließen sich davon beeindrucken. Anfang 1931 bat Eckert den Oberbürgermeister, ihm „Wünsche hinsichtlich Ehrenpromotionen, die Sie aus Anlass des Bezugs des Neubaus der Universität etwa hegen", demnächst zu übermitteln, damit er „tunlichst frühzeitig wegen der Verteilung der einzelnen zu Ehrenden auf die verschiedenen Fakultäten" mit diesen Fühlung nehmen könnte. Die Wirtschafts- und Sozialwissenschaftliche Fakultät habe eigene Wünsche zurückgestellt, um Adenauers „Anregungen" nachkommen zu können.[81]

Mochte auch der „Handel" mit Ehrenpromotionen bei manchem einen unangenehmen Geschmack hinterlassen – Projekte wie die Einrichtung des vorklinischen Studiums oder der Neubau des Hauptgebäudes, unverzichtbar für das Gedeihen der Kölner Universität, hätten sich kaum realisieren lassen, ohne die Spendenfreude von Privatleuten anzuregen.

5.2 DAS VORKLINIKUM

Als die Akademie für praktische Medizin 1919 zu einer Fakultät der neuen Universität wurde, wollten die Stadtväter garantiert wissen, dass die städtischen Krankenanstalten auch als Ausbildungsstätten der Universität uneingeschränkt der medizinischen Versorgung der Stadtbevölkerung dienten, ja, das Wohl der Patienten ausdrücklich Vorrang vor den Interessen von Lehre und Forschung genoss. So gesehen reichten die Kapazitäten der Akademie für praktische Medizin aus. Auch aus Kostengründen bot man vorerst nur den klinischen Studienabschnitt an. Doch bereits seit dem Wintersemester 1920/21 nahm die Zahl der Studierenden an der Medizinischen Fakultät kontinuierlich ab und erreichte im Sommersemester 1925 mit 108 Immatrikulierten einen Tiefstand.[82] Bereits im Wintersemester 1922/23 ließ der Schwund an Studenten die Alarmglocken läuten. Dass im Lehrangebot der Fakultät der vorklinische Unterricht fehlte, machte sich immer schädlicher bemerkbar.

Schon im Vorfeld der Universitätsgründung hatte Carl Wilhelm Becker gefordert, die Medizinische Fakultät müsse bald komplettiert werden.[83] Im Sommer 1921 richtete das Kuratorium denn auch eine Unterkommission ein, die den Ausbau des vorklinischen Unterrichts koordinieren sollte. Ihr stand Friedrich Moritz vor, der Leiter der Lindenburg, wo der klinische Unterricht schwerpunktmäßig stattfand. Der Kommission gehörten ferner der Beigeordnete Peter Krautwig als Vorsitzender der städtischen Krankenhausdeputation und die Kuratoriumsmitglieder Bernhard Falk und Theodor Kirschbaum von den Liberalen sowie der Sozialdemokrat Georg Beyer an.[84] Sie tagte erstmals im November des Jahres, um die Frage zu erörtern, wo das „Vorklinikum" unterzubringen sei. Gegen die ehemalige Hebammenlehranstalt, die nach Elberfeld verlegt worden war, gab es Bedenken. Doch wollte man versuchen, das Gefängnis in der Vorgebirgsstraße „freizubekommen", um dort „eine Anatomie mit Physiologie und Zoologischem Institut" einzurichten.[85]

Die Sache kam nicht recht voran. Im Herbst 1923 unterstrich Dekan August Pröbsting in einem Memorandum, dass die Kölner Medizinische Fakultät erst dann „des Charakters eines Torsos entkleidet" werde, wenn sie auch die vorklinische Ausbildung anbiete.[86] Kurz darauf legte die Fakultät einen detaillierten

Plan vor. Mit einem Physikalischen und einem Chemischen, seit Kurzem auch einem Botanischen Institut an der Philosophischen Fakultät seien wichtige Voraussetzungen für einen vorklinischen Unterricht gegeben. Für das Fach Zoologie stünde der Leiter des Naturhistorischen Museums bereit. Die bestehenden Institute für Physiologie und die Abteilung für Topographische Anatomie, die noch dem Pathologischen Institut zugeordnet war, sollten ausgebaut werden; ein Neubau müsste noch warten. Doch spreche nichts dagegen, den vorklinischen Unterricht bereits im Sommersemester 1924 aufzunehmen, teilte Pröbstings Nachfolger, Dekan Ferdinand Zinsser, dem Kuratorium im Oktober 1923 mit[87] – obwohl er wissen musste, dass die Abteilung für Topographische Anatomie, der seit dem Sommer 1919 sein zukünftiger Schwiegersohn Ernst Oertel[88] vorstand, diesen Namen wegen ihrer „mageren Ausstattungsmöglichkeit" kaum verdiente.[89] Der Oberbürgermeister leitete den Plan an das Kultusministerium weiter, denn bei einem bevorstehenden Besuch von Ministerialrat Werner Richter wollte man mit diesem eine endgültige Vereinbarung aushandeln.[90]

Alle Fraktionen der Stadtverordnetenversammlung begrüßten die Einrichtung des Vorklinikums. Als Wilhelm Hölken bei den Haushaltsberatungen im Frühjahr 1922 für die Sozialdemokratie angekündigt hatte, sie werde bei der Beratung der Einzelposten die Finanzierung der Universität – wegen „klerikaler Machtgelüste" – infrage stellen, nahm er „den Ausbau der Medizinischen Klinik, vor allem der vorklinischen Semester" ausdrücklich aus.[91] Doch bereits 1923 ließ sich absehen, dass die Stadtväter für die erforderlichen Baumaßnahmen auf absehbare Zeit keine Mittel bewilligen würden. Die Einrichtung des Vorklinikums, überlebenswichtig für die Medizinische Fakultät, stand und fiel daher mit dem erfolgreichen Einwerben privater Mittel.

Der Oberbürgermeister verfügte über gute Kontakte zu Kreisen, aus denen Spenden zu erwarten waren. Zuerst, wohl weil das den meisten Erfolg versprach, wandte er sich im Oktober 1923 an Dannie Heineman und bat diesen um einen Beitrag zur Einrichtung einer „Proklinik". 1907, als Köln eine elektrische Straßenbahn bauen ließ, hatte Johann Hamspohn den jungen Beigeordneten Konrad Adenauer mit dem Deutsch-Amerikaner bekannt gemacht. Seither verband beide Männer ein freundschaftliches Verhältnis. Heineman war inzwischen zu einer „zentralen Persönlichkeit der europäischen Elektrizitätswirtschaft" aufgestiegen.[92] Souverän leitete Adenauer seine Bitte um eine Spende damit ein, dass er bereits „Aussicht" habe, „rund 50.000 Goldmark durch freiwillige Beiträge zu erhalten". So versicherte er dem Unternehmer, dass dessen Mittel einem Vorhaben dienten, das bereits auf gutem Wege war, und nur noch ein Restbetrag fehlte, um es erfolgreich zu Ende zu bringen.

Darf ich nun mit der Bitte an Sie herantreten, ... durch eigenen Beitrag und durch Sammlung bei Ihren Freunden diese fehlenden 50.000 Goldmark oder, wenn das sich nicht ermöglichen lässt, doch wenigstens einen Teilbetrag davon zu beschaffen? Sie würden damit wissenschaftlichen Zwecken einen Dienst erweisen und mir persönlich eine grosse Freude machen.[93]

Am selben Tag bat Adenauer auch den gut vernetzten Unternehmer Hans Tietje, der u. a. in den Niederlanden die Firma Otto Wolff vertrat und auf Vermittlung Emil Meirowskys bereits eine Summe ohne nähere Zweckbindung für die Kölner Universität in Aussicht gestellt hatte, dieses Geld möglichst bald dem Ausbau der Vorklinik zufließen zu lassen.[94] Da der Oberbürgermeister auf die Spendenbereitschaft weiterer Unternehmer vertraute, wies er Christian Eckert an, in den nächsten Haushaltsplan der Universität Sach- und Personalausgaben für die Einführung der vorklinischen Semester aufzunehmen. Der „Ausbau der Universität auf anderen Gebieten" müsse dann allerdings unterbleiben, damit „die gesamten Mehranforderungen sich im normalen Rahmen" hielten.[95] Diese Rochade blieb die einzige Vorleistung, die Adenauer gegenüber dem Kultusministerium und potentiellen privaten Spendern tatsächlich hätte nachweisen können.

Als Ministerialrat Richter im Oktober 1923 nach Köln kam, hinderte den Oberbürgermeister eine Blinddarmoperation daran, ihn persönlich zu begrüßen. Doch ließ er dem Vertreter des Kultusministeriums und dessen Frau einen beeindruckenden Empfang bereiten. Werner Richter bedankte sich anschließend bei Adenauer für „die gütige und warme Aufnahme". Der „genius loci der Universität Köln" habe ihn stets angezogen, und wenn er seine Aufenthalte an verschiedenen Universitäten „im Geiste vergleiche", bekenne er offen, dass ihm außer dem Aufenthalt in Kiel der in Köln „immer am erfreulichsten vor der Seele gestanden" habe. „Mit besonderem Interesse" habe er „die medizinische Frage einer Prüfung unterziehen dürfen" und hoffe, dass sich ein Weg finden lasse, das vorklinische Studium einzurichten.[96]

Doch zuallererst musste die Finanzierung des Projekts gesichert werden. Ende 1923 schrieb Adenauer einen mit größter Sorgfalt aufgesetzten Brief an den Kölner Eisenindustriellen Otto Wolff. Auf die Einführung des „proklinischen Unterrichts" habe man bei Gründung der Universität verzichten müssen, weil die Staatsregierung seinerzeit „hohe und kostspielige Anforderungen" an die dazu erforderlichen Institute gestellt hätte. Inzwischen sei es aber möglich, diese mit einem relativ geringen einmaligen Betrag von 100.000 Goldmark einzurichten. Auch beim Personal seien Staatsregierung und Fakultät von früheren strengen Bestimmungen abgerückt, sodass sich die jährlichen Kosten nur noch auf 40–50.000 RM beliefen. Da derzeit in der städtischen Verwaltung „auf allen Gebieten" abgebaut werde, ließen sich die Kosten für die Einrichtung der proklinischen Semester den Stadtverordneten und der Bürgerschaft gegenwärtig „nicht gut" auferlegen. Würde man aber warten, bis die Stadtkasse wieder gefüllt sei, wären bis dahin die Anforderungen der Staatsregierung womöglich wieder so hoch, dass eine Einführung der proklinischen Semester erneut gefährdet sei. Dabei leide das Ansehen der Medizinischen Fakultät unter dem Fehlen der vorklinischen Ausbildung „ganz außerordentlich". Würden ihm „für 2–3 Jahre die für die laufenden Ausgaben nötigen Mittel aus freiwilligen Spenden zur Verfügung gestellt", könnte er die einmaligen Ausgaben von der Stadtverordnetenversammlung bewilligen lassen. Adenauer vermittelte dem Unternehmer den Eindruck, ein besonders vorteilhafter Zeitpunkt dürfe nicht ungenutzt verstreichen. Er habe sich „noch an einige andere Herren gewandt", fuhr er fort, „deren Interesse für öffentliche Zwecke ihm bekannt" sei, werde deren Namen aber nur veröffentlichen, wenn diese es ausdrücklich wünschten. Der Oberbürgermeister bat Wolff, 20.000 RM einmalig zu überweisen.[97] Ein gleichlautendes Schreiben ging an dessen Teilhaber Ottmar Strauss. Von dem Textilindustriellen Franz Proenen, dem Generaldirektor der Van der Zypen & Wissener Eisenhütte AG Karl Grosse, dem Textilgroßhändler Dietrich Brügelmann und dem Generaldirektor des Rheinischen Braunkohlensyndikats Friedrich Kruse sowie von Carl Duisberg, dem Generaldirektor der Leverkusener Bayer-Werke, und Heinrich von Stein erbat er jeweils 10.000 RM. Er hofierte von Stein, indem er in den Brief an diesen eigens einfügen ließ: „Bei dem grossen Interesse, das gerade Sie und Ihre Familie der Universität entgegengebracht haben, hoffe ich bestimmt, keine Fehlbitte bei Ihnen zu tun."[98] Mit Louis Hagen pflegte Adenauer offenbar so vertrauten Umgang, dass er ihn gelegentlich persönlich ansprechen konnte. Außer Brügelmann und Duisberg wagte es niemand, sich der Bitte des Oberbürgermeisters zu versperren. Adenauer möge ihn von der „Beisteuer" entbinden, da er in Leverkusen bereits eine von der Stadt gegründete „Notgemeinschaft" unterstütze, brachte Duisberg vor. Im Übrigen, so der Vorsitzende des Fördervereins der Bonner Universität, halte er den Ausbau der Medizinischen Fakultät „in dieser Zeit" nicht für dringlich und würde – „offengestanden" – Stadtverordnete nicht begreifen, die für diesen Zweck Mittel bewilligten.[99] Auch ohne Duisbergs Zutun gingen bis Mitte Mai 1924 Spenden von insgesamt 82.050 RM im Rathaus ein.[100] Hans Tietjes Überweisung in Höhe von 1000 £ entsprachen rund 18 000 RM, sodass der Oberbürgermeister sein Ziel erreichte. Adenauer schickte allen Geldgebern umgehend einen persönlichen Dankesbrief und ließ die eingegangenen Spenden wertbeständig anlegen.[101] Eckert hatte unterdessen den Etat der Universität auf Weisung Adenauers so „umgearbeitet", dass die Beträge, welche die vorklinischen Semester erforderten, „nicht mehr erkennbar" waren. Ihre „sachlichen" Ausgaben steckten jetzt im Posten „Einrichtung von Seminarien und Instituten", über den das Kuratorium verfügte.[102] Am 30. Juni 1924 legte Stadtbaurat Johannes Kleefisch eine letzte Aufstellung vor, in der vor allem die ursprünglich vorgesehenen Aufwendungen für Baumaßnahmen deutlich reduziert worden waren. Die gespendeten 100.000 RM, die eigentlich den laufenden Betrieb der „Vorklinik" finanzieren sollten, flossen zu einem Viertel in Bauten und die Inneneinrichtung des Physiologischen sowie zu drei Vierteln in die des Instituts für „normale" Anatomie. Eckert versprach, noch fehlende „Instrumente usw." aus Etatmitteln anzuschaffen.[103] Das Kuratorium billigte einstimmig die Aufnahme des vorklinischen Unterrichts zum 1. April 1925.[104] Adenauer ordnete an, sofort mit dem Bau zu beginnen. Die Finanzierung habe „endgültig aus den mir zur Verfügung stehenden Geschenkmitteln" zu erfolgen. Vorab stellte sein Schwager Willi Suth, Stadtkämmerer seit 1920, „einen entsprechenden Baukredit von 100.000 Goldmark bei der Kasse der außerordentlichen Bedürfnisse" bereit.[105] Peter Krautwig und Christian Eckert, Ferdinand Zinsser als der amtierende Dekan der Medizinischen Fakultät und der Hochbaudezernent sollten die Arbeiten überwachen.[106] Noch am selben Tag informierte Eckert das Kultusministerium, es seien nunmehr die geforderten Voraussetzungen gegeben, um den vorklinischen Unterricht einzuführen.[107]

Dekan Zinsser dankte seinem Schwiegervater in aller Form namens der Fakultät. Seinen Kollegen habe er mitgeteilt, dass die Zustimmung des Kuratoriums zur Einrichtung der vorklinischen Semester „ganz wesentlich dadurch herbeigeführt" worden sei, „dass Sie einen namhaften Geldbetrag, den Sie durch Sammlung zusammengebracht haben, zur Bestreitung der einmaligen Kosten zur Verfügung gestellt haben".[108] Der Oberbürgermeister durfte sich des Danks der Medizinischen Fakultät sicher sein.

Adenauer verfolgte die Bauarbeiten akribisch. Hatte diese im September 1924 ein Streik der Handwerker verzögert,[109] stockten sie im April 1925, weil die Berufung der Professoren, welche die Räume beziehen sollten, noch ausstand, man deren Wünsche aber bei den verbleibenden Arbeiten berücksichtigen wollte.[110] Die vorhandenen Mittel reichten für beide Institute aus.[111] Begleitet von Eckert und dem Rektor der Universität, dem Chirurgen Otto Tilmann, visitierte Ministerialrat Richter am 1. Mai 1925 die „aufgebauten und bereitgestellten

Institute" und genehmigte daraufhin die Aufnahme des vorklinischen Unterrichts.[112] Werner Richter stieg unter Kultusminister Carl Heinrich Becker zum Ministerialdirektor und Leiter der Hochschulabteilung auf.[113]

Anlässlich der feierlichen Eröffnung des vorklinischen Studiums an der Universität Köln am 21. November 1925 hielt der Oberbürgermeister Hof. Eingeladen waren außer den neun Spendern Oberpräsident Fuchs, Regierungspräsident Adelmann von Adelmannsfelden und Landeshauptmann Horion sowie Carl Duisberg, ferner das Kuratorium[114] und der Rektor der Universität Stier-Somlo, die Dekane, der Senat, der Universitätsrichter Graven sowie die Professoren und Privatdozenten der Medizinischen Fakultät, die Kommission für die Physikumsprüfung und der Vorsitzende der Assistentenschaft. Als vermutlich einzige Frau gehörte Hedwig Hahn-Pohlschröder, die Stadtverordnete im Kuratorium, zu den Gästen. Im Anschluss an die Feier lud der Oberbürgermeister zu einem „einfachen Frühstück" in das Ärztekasino der Lindenburg ein. Tatsächlich gab es hier ein exquisites Menü mit vier Gängen und erlesenen Weinen, finanziert aus dem Dispositionsfonds des Gastgebers.[115]

Als klassisches Ausbildungsfach des vorklinischen Studiums galt inzwischen die Anatomie.[116] Im Kommentar zur Berufungsliste für die Besetzung eines entsprechenden Ordinariats war im Sommer 1925 von der „besondere(n) Eigenart" dieser Professur die Rede gewesen. Für die „schwere Aufgabe ..., mit einfachen und geringen Mitteln viel zu leisten" und die Schwierigkeiten bei der Neueinrichtung des Instituts „unverdrossen" zu bewältigen, suchte man ausdrücklich einen „jüngeren" Fachvertreter.[117] Den Ruf erhielt der zuvor in Marburg lehrende Otto Veit.[118] Das „theoretische" Anatomische Institut unterstand – wie schon die Pharmakologie – nicht der Stadtverwaltung, sondern unmittelbar der Universität.[119] Bis 1930 residierte es in einem Teil des Dachgeschosses im Gebäude des Pathologischen Instituts. Ferner wurden Veit ein kleiner Sammlungsraum im ersten Stock sowie ein kleiner Präpariersaal und ein kleiner Leichenraum im Keller zugestanden.[120] Trotz der räumlichen Enge gelang es dem Gründungsdirektor, „die Vorklinik in Gang zu bringen".[121] Im Wintersemester 1925/26 nahmen bereits 66 Studenten an Veits Präparierkursen teil. An der nunmehr vollwertigen Medizinischen Fakultät stieg die Zahl der Studenten kontinuierlich an und erreichte 1932/33 mit über 900 ihren vorläufigen Höchststand.[122]

Die Universitätskliniken litten unter chronischem Raummangel. Sie verdienten ihren Namen nicht, hieß es, und es kam bereits vor, dass erstklassige Mediziner deswegen eine Berufung nach Köln ablehnten.[123] Man bemühte sich, diese Not durch Verlagerungen innerhalb der verfügbaren Gebäude zu bewältigen. Um Überbelegungen von Kliniken aufzufangen, wurden mehrfach leichte Holzbaracken errichtet.[124] Als die Kritik an diesen Zuständen lauter wurde, beschloss die Stadt im Sommer 1929 den Neubau einer Hals-, Nasen- und Ohrenklinik, eines Pharmakotherapeutischen Instituts und einer Orthopädischen Klinik auf dem Gelände der Lindenburg. Obwohl die Vorbereitungen teilweise weit fortgeschritten waren, kamen die Pläne wegen der sich rapide verschlechternden Finanzlage nicht zur Ausführung.[125] Abermals behalf man sich mit Notlösungen.

Die fortgesetzte Unterbringung des Anatomischen im Dachgeschoss des Pathologischen Instituts musste über kurz oder lang zu einem Eklat mit dem Gastgeber führen. Ein neu zu berufender Pathologe bedang sich Anfang 1930 für seinen Wechsel an die Kölner Universität aus, dass die Anatomie das Gebäude verließe. Hektische Pläne zur Einrichtung von Provisorien lösten einander ab. Die Anatomie stand als Verlierer da. In seiner Not sandte Otto Veit, den Dienstweg missachtend, im Mai 1930 einen ausführlichen Bericht über die Situation direkt an das Berliner Kultusministerium.[126] Die Zwangsräumung aus der Pathologie konnte er damit jedoch nicht mehr verhindern. Das Anatomische Institut fand sich „buchstäblich auf der Straße" wieder. Wie Veit in einem weiteren Bericht an das Ministerium schrieb, war sein Institut nunmehr auf zehn verschiedene Orte in der Stadt verteilt; „Notunterricht" fand sogar in der Aula der Lindenburg statt.[127]

Otto Veits Geradlinigkeit, die er auch bei der Berufung von Ordinarien an die Medizinische Fakultät bewies, beeindruckte den Oberbürgermeister anscheinend. Er galt sogar als „Gönner" Veits,[128] ließ sich von diesem gern die Sammlungen des Anatomischen Instituts zeigen, um zu sehen, wie die vom Kuratorium zusätzlich bewilligten Mittel verwendet worden waren.[129] Doch Adenauers Plan, der Anatomie angemessene Räume im Rahmen eines großen naturwissenschaftlich-biologischen Instituts zu geben, versandete in der einsetzenden Weltwirtschaftskrise.[130] Nach einem Beschluss des Kuratoriums kam es im Herbst 1930 zu einer dürftigen „Lösung" des Problems. An der Gleueler Straße entstanden Baracken für die Sammlung und für Präpariersäle. Zwei Etagen im sogenannten „Theresienhaus" und das „Arzthaus" der ehemaligen städtischen „Irrenanstalt" Lindenburg sollten die immer gewichtigere Forschung des Instituts aufnehmen. Doch kein Gebäude eignete sich für Laborarbeiten weniger als das „Arzthaus" – eine barocke Villa mit Stuckdecken und Parkettböden. Immerhin ließ sich ein provisorischer Institutsbetrieb mit zehn Mitarbeitern und rund 250 Studenten aufrechterhalten. Zu Vorlesungen gingen die Studierenden weiterhin in die Aula der Lindenburg. Die drei Arbeitsstätten des Institutspersonals lagen, etwa ein Dreieck bildend, rund 200 Meter voneinander entfernt, und

198 Fundraising

7 Karikatur in einer Studentenzeitung, 1930. Professor Otto Veit nimmt Behelfsbauten für die Anatomie entgegen.

ihre Ausstattung ließ vieles vermissen. Teerdächer und die fehlende Unterkellerung der Baracken setzten Lehrende und Lernende im Winter übermäßiger Kälte, an manchen Sommertagen unzumutbarer Hitze aus.[131]

Eine studentische Bierzeitung behandelte die Tatsache, dass dem Anatomischen Institut 1930 lediglich Baracken zugestanden wurden, mit beißendem Spott. Auf einer Karikatur nimmt Otto Veit, als „Mansardenkönig" mit einer Krone auf dem Kopf und einem Embryo in der Hand auf dem Dach der Pathologie thronend, vom Oberbürgermeister die Behelfsbauten entgegen. Im Frack, den er zu feierlichen Anlässen zu tragen pflegte, beugt Adenauer sich über die riesigen, 1928 aufwendig erweiterten und umgebauten Messehallen, um dem Direktor des Anatomischen Instituts die bereits zerberstenden Baracken zu überreichen. Auf dem neuen Messeturm steht eine Porträtbüste des Oberbürgermeisters. Deren Doktorhut bringt Otto Veit mit einem Zeigestock ins Rutschen.[132]

5.3 DER NEUBAU

Während sich die Medizinische Fakultät nach der Gründung der Universität notdürftig in Räumen der Krankenanstalt Lindenburg einrichtete, erhielten das Verkehrswissenschaftliche wie das Kunstgeschichtliche Institut neue Gebäude, und die einstige Handelshochschule am Rheinufer, in welche die drei nichtmedizinischen Fakultäten eingezogen waren, wurde um den noch fehlenden Südflügel ergänzt. Naturwissenschaftliche Institute kamen in einer ehemaligen Volksschule am Severinswall unter.[133] Nach dem Abzug der Engländer nutzte man auch das Dachgeschoss der Maschinenbauschule und mietete bald Privathäuser an, um neue Institute unterzubringen. Da die Zahl der Studierenden zwischen 1919 und 1926/27 von 1299 auf 4830 und die der Lehrenden von 87 auf 190 zunahm,[134] reichten die zur Verfügung stehenden Gebäude immer weniger aus. Klagen über die Raumnot füllen einen dicken Ordner.[135] Ende 1925 berichtete der Rektor dem Oberbürgermeister, dass vor allem Studierende der Naturwissenschaften bereits an die Bonner Universität abwanderten.[136] Diese habe 1300 Studenten weniger als die Kölner, lasse zurzeit aber – „natürlich auf Staatskosten" – Erweiterungsbauten herstellen, obwohl ihre Räumlichkeiten bereits „unvergleichbar größer an Zahl und Ausdehnung" seien.[137] Dem Raummangel an der Kölner Universität ließ sich nicht länger durch Notlösungen abhelfen.

Als neuen Stadtbaudirektor hatte Adenauer 1925 Adolf Abel gewinnen können. Der Architekt genoss bei ihm eine Vertrauensstellung, „die ohne Beispiel in der damaligen Stadtverwaltung war".[138] Im Mai 1926 besichtigte Abel die Münchner Universität; er wollte ermitteln, welchen Anforderungen der Neubau eines „Kollegiengebäudes" in Köln genügen müsste.[139] Nach Beratungen von Universitäts- und Stadtverwaltung kam entweder ein Erweiterungsbau in der Nachbarschaft der Handelshochschule am Rheinufer oder ein Neubau in offenem Gelände außerhalb des Stadtkerns infrage. Bereits bei einer Besichtigung des Geländes der Handelshochschule am Römerpark im November 1926 stellte Abel fest, dass ein Neubau unumgänglich sei.

Der Oberbürgermeister dachte offenbar nie an etwas anderes als eine „große" Lösung. Er konzentrierte sich ganz auf dieses Ziel und versuchte, die für einen Neubau aufzuwendenden Summen und damit den städtischen Zuschuss für die Universität möglichst niedrig erscheinen zu lassen. Als Rektor Artur Schneider allen Mitgliedern des Kuratoriums Anfang 1927 eine „Denkschrift über die Schaffung eines außeretatmäßigen Lückenfonds für die Universitätsbibliothek" zukommen ließ, wies er ihn zurecht. Dadurch sei in Kreisen, die

8 Modell des Universitätsneubaus, Juli 1929.

sich für „Universitätsaufgaben" interessierten und „möglicherweise erhebliche Mittel in nächstabsehbarer Zeit für Neubauzwecke zur Verfügung stellen" könnten, eine „gewisse Beunruhigung" entstanden. Die Herren befürchteten nun, der Bedarf der Universität drohe „zu groß" zu werden. Adenauer bat den Rektor, Wünsche des Senats stets nur an ihn als Vorsitzenden heranzutragen; weitere Schritte werde er selbst dann je nach „Wirtschaftslage" veranlassen.[140]

Darüber, welche Größenordnung das Bauvorhaben annehmen und wie hoch es folglich den städtischen Etat belasten dürfte, hatte die Stadtverordnetenversammlung zu entscheiden. Im Frühjahr 1927 legte der Oberbürgermeister eine Denkschrift vor, die eine Paketlösung anbot. Er verknüpfte die Frage des Universitätsneubaus mit der Bereitstellung von Räumen für andere Schulen – sei es aus ehrlicher Sorge auch um deren Nöte, sei es, um die Chance für die Billigung eines Universitätsneubaues zu erhöhen. Die Universität, betonte er stolz, habe „einen derartigen Aufschwung genommen", dass sie an die zweite Stelle in Preußen und an die dritte in Deutschland gerückt sei. Diese erfreuliche Entwicklung könne aber nur „behauptet und gefördert" werden, wenn sie „eine zweckmäßige und hinlängliche Unterkunft" erhielte. Um der Raumnot abzuhelfen, kämen ein Erweiterungsbau oder ein Neubau in Betracht. Beides habe man geprüft. Während es in der Nachbarschaft der ehemaligen Handelshochschule keinen freien Baugrund gebe, erlaube ein Neubau im offenen Gelände, vorzugsweise im Bereich zwischen Bachemer und Zülpicher Straße im neuen Grüngürtel, eine später vielleicht einmal nötige weitere Expansion. Das Gebäude läge auch in der Nähe der medizinischen Einrichtungen der Lindenburg, sodass ein geschlossenes Universitätsviertel entstünde. Die Denkschrift ging dann detailliert auf die Raumnöte etlicher Kölner Schulen aller Stufen und Kategorien ein und bot Vorschläge an, wie diese gelöst werden könnten. Das große Revirement sollte nur Gewinner kennen.

Der Oberbürgermeister stellte den Mitteln für einen Neubau und den Umzug von Schulen in die alte Handelshochschule jene Summen gegenüber, die ein Erweiterungsbau kosten würde, der allerdings den Neubau anderer Schulen unumgänglich machte. Diese Kalkulation ergab, dass ein Neubau mit gut 9 Mio. RM nur unwesentlich teurer würde als eine Erweiterung der alten Handelshochschule für rund 8,3 Mio. Schließlich verkündete Adenauer, dass „eine Reihe von Bürgern und Gesellschaften" bereit sei, insgesamt 2 Mio. RM in zehn gleichen Jahresraten für einen Neubau zu stiften. Darum sei diese Option mit den sich daraus ergebenden Verschiebungen „auch finanziell vorzuziehen".[141]

Die von Adenauer erwähnten 2 Millionen verdankten sich einer Sammelaktion, die Robert Pferdmenges auf Anregung von Louis Hagen in Finanz- und Wirtschaftskreisen unternommen hatte.[142] Der sogenannten „Sammlung Pferdmenges" schlossen sich an die 30 Unternehmen und Einzelpersonen an, von denen die meisten ihre Zusage noch 1927 notariell beurkunden ließen.[143]

Die Finanzierung des Universitätsneubaues zu sichern genoss in den nächsten Monaten Priorität – auch als es um die Frage ging, ob man Johannes Lindworsky, außerordentlicher Professor für Experimentelle Psychologie und zugleich Jesuitenpater, der einen Ruf auf ein Ordinariat an der Universität Prag erhalten hatte, mit einem angemessenen Angebot zum Bleiben bewegen sollte.[144] Johannes Rings forderte den Oberbürgermeister im Oktober 1927 auf, sich für den Professor einzusetzen. Mit einer Beförderung Lindworskys, über dessen Qualifikation „wohl kein Zweifel" bestehe, ließe sich „eine Verbesserung in dem Professoren-Kollegium" herbeiführen. Gemeint war eine stärkere Vertretung katholischer Ordinarien an der Kölner Universität, die Rings für „dringend notwendig" hielt. „Wir dürfen wohl annehmen", schrieb er Adenauer, „daß Sie das Ihrige tun werden, damit Herr Prof. L. uns nicht verloren geht".[145] Doch riet Albert Erich Brinckmann, der Dekan der Philosophischen Fakultät, dem Oberbürgermeister in einer vertraulichen Stellungnahme dringend davon ab, sich erkennbar für Lindworsky zu engagieren.

> Die Schaffung eines psychologischen Ordinariats speziell für einen Angehörigen des Kampfordens S. J. würde die Kölner Fakultät unversöhnlich spalten. In akademischen Kreisen wird sie zur ultramontanen designiert. Schwierigkeiten ent-

stehen für die Berufung erster Lehrkräfte. Die geldgebenden nichtkatholischen Kreise werden sich weiter abwenden (Erfahrungen von Pferdmenges). Unsere großen Stifter kamen häufig aus nichtkatholischen Kreisen... Ein Pressekampf schärfster Art um akademische Freiheit wird entbrennen.[146]

Da Brinckmann sich „wiederholt auf Herrn Pferdmenges berufen" habe, beeilte Eckert sich, diesen „über die Konfessionsverteilung an unserer Universität aufzuklären".[147] Etliche notarielle Beurkundungen für Spenden zugunsten des Universitätsneubaus standen im Dezember 1927 gerade bevor.

Adenauer steckte in einem Dilemma. Er war zwar davon überzeugt, dass die ihm „bekannten Herren sich in ihrer Gebefreudigkeit keinesfalls beeinflussen lassen" würden, räumte aber ein, es werde „wahrscheinlich in weiten Kreisen gegen die Berufung eines Jesuitenpaters als Ordinarius heftig Sturm" gelaufen, dagegen müsse „der katholische Teil Deutschlands die Nichtberufung des Herrn wegen seiner Eigenschaft als Jesuitenpater als eine schreiende Imparität empfinden, so daß auch dann der Universität großer Schaden" erwüchse.[148] Um einen Kompromiss bemüht, bot die Fakultät Lindworsky, der sich um sein Fach zweifellos verdient gemacht hatte, eine hochbesoldete und großzügig ausgestattete ordentliche Honorarprofessur an. Doch der Priester lehnte dieses Angebot als diskriminierend ab und ging nach Prag.[149] Einerlei, in welcher Verlegenheit der Oberbürgermeister gesteckt hatte, als er Lindworsky ziehen ließ – der Kreis um Johannes Rings vergaß es ihm nicht.

Am 17. Juni 1927 behandelte das Stadtparlament, in dem das Zentrum als Teil einer bürgerlichen Mehrheit die größte Fraktion stellte,[150] den abendfüllenden Tagesordnungspunkt „Neubau der Universität, einer Mittelschule für Knaben und Mädchen in Köln-Nippes sowie Umbau der alten Universität und verschiedener Schulen".[151] Zu Beginn gelangten alle zuständigen Fachdezernenten mit weitschweifigen Begründungen zu dem Schluss, dass sich die eklatante Raumnot aller Kölner Schulen am besten beseitigen ließe, wenn die Universität ein neues Gebäude außerhalb des Stadtkerns bekäme. Vor dem Einstieg in die Debatte sprach Christian Eckert. Pathetisch erinnerte er daran, dass 1919, „in Monaten des Zusammenbruchs", eine „von Feinden überflutet(e)" Stadt der „Neuerrichtung der alten, hundert Jahre vorher verlorenen Universität" zugestimmt habe. Nun stehe man vor einer Entscheidung von vergleichbarer Tragweite. Entweder verurteile man die Universität „zur Verkümmerung und zum Niedergang" oder erlaube ihr, das Erreichte „wirksam zu entfalten" – wozu sie ein neues Gebäude benötige. Schließlich gab der Oberbürgermeister bekannt, dass er über die in seiner Denkschrift angekündigte private Stiftung „in acht

Verzeichnis der Spenden für den Neubau der Universität Köln. 259

		Jährliche, jeweils zum 1. Juli zu entrichtende Spende.
1.	Actiengesellschaft Charlottenhütte, Berlin,	RM 5.000.-
2.	Barmer Bank-Verein Hinsberg Fischer & Comp.Köln,	RM 2.000.-
3.	Bankdirektor Dr. Brüning, Köln,	RM 3.000.-
4.	Commerz- und Privat-Bank, Köln,	RM 3.000.-
5.	Darmstädter und Nationalbank, Köln,	RM 2.500.-
6.	Deichmann & Co., Köln,	RM 2.000.-
7.	Deutsche Bank Filiale Köln, Köln,	RM 5.000.-
8.	Dresdner Bank in Köln, Köln,	RM 2.500.-
9.	M. DuMont-Schauberg, Köln,	RM 5.000.-
10.	Gebrüder Stollwerck Aktiengesellschaft, Köln,	RM 5.000.-
11.	Geheimer Kommerzienrat Dr. Louis Hagen, Köln,	RM 10.000.-
12.	Haus Neuerburg, Köln,	RM 20.000.-
13.	J.G. Farbenindustrie, Leverkusen,	RM 10.000.-
14.	M. Lissauer & Co., Köln,	RM 5.000.-
15.	Sal. Oppenheim jr. & Cie, Köln,	RM 5.000.-
16.	Bankdirektor Dr.h.c. Robert Pferdmenges, Köln,	RM 5.000.-
17.	Fabrikant Paul Reifenberg, Köln,	RM 3.000.-
18.	Rheinische Aktiengesellschaft für Braunkohlenbergbau- und Brikettfabrikation, Köln,	RM 20.000.-
19.	Rheinisches Braunkohlen-Syndikat, Köln,	RM 28.000.-
20.	Victor Rolff, Weiden bei Köln,	RM 5.000.-
21.	A. Schaaffhausen'scher Bankverein A.G., Köln,	RM 10.000.-
22.	Bankdirektor Dr.h.c. Oscar Schlitter, Berlin,	RM 10.000.-
23.	J.H. Stein, Köln,	RM 10.000.-
24.	Alfred Leonhard Tietz, Köln,	RM 1.000.-
25.	Leonhard Tietz A.G., Köln,	RM 9.000.-
26.	Vereinigte Glanzstoffabriken, Elberfeld,	RM 5.000.-
27.	Vereinigte Stahlwerke, Düsseldorf,	RM 5.000.-
28.	Firma Otto Wolff, Köln,	RM 15.000.-
		RM 203.000.-
29.	Simon Hirschland, Essen (einmalig)	RM 6.000.-
		RM 209.000.-

16.10.1929.

9 Die Stifter der „Sammlung Pferdmenges", Oktober 1929.

bis vierzehn Tagen" verfügen könne. Diese Zuwendungen seien ausschließlich für einen Neubau bestimmt, was „die finanzielle Seite der Angelegenheit" wesentlich erleichtere.

In der anschließenden Aussprache wurde die Schulpolitik der Stadt scharf kritisiert. Ernst Unger, der Sprecher der kommunistischen Fraktion, inzwischen mit 16 Sitzen die zweitstärkste im Stadtparlament, lehnte Investitionen in Universitätsbauten grundsätzlich ab. Die Verwaltung habe zwar „einige Köder" ausgestreut, um die Vorlage schmackhaft zu machen. Da in Köln aber Tausende Kinder gezwungen seien, „in schwarzen, dunklen, licht- und luftarmen Schulgebäuden tagtäglich fünf und mehr Stunden zu sitzen", billige seine Fraktion nur solche Pläne, die bei den Volksschulen der Stadt ansetzten. Johann Kaiser (DVP) erklärte, dass seine Fraktion keine Mittel für neue Projekte bewillige, bevor nicht das beschlossene Wohnungsbauprogramm finanziert werden könne. Doch bilde die Tatsache, dass 2 Mio. RM ausschließlich für einen Universitäts*neubau* gestiftet würden, ein „gewichtiges Moment" bei der Entscheidung. Bernhard Falk (DDP), der u. a. auch dem preußischen Landtag angehörte, räumte zwar ein, dass die Volksschulen als einzige Bildungsmöglichkeit von über 90 Prozent der Bevölkerung Vorrang genössen. Doch erleichtere es die Spende von 2 Mio. RM seiner Partei, dem Projekt zuzustimmen. Robert Görlinger, seit 1923 Nachfolger Sollmanns als Leiter der SPD-Fraktion, erinnerte erneut daran, dass seine Partei in der Hoffnung, die Universität werde „den von uns vertretenen Schichten auch etwas bringen", deren Errichtung einst freudig bejaht hätte. Inzwischen herrsche dort aber „eine gleichgültige, wenn nicht geradezu gegnerische Einstellung zur Universität".

Hatte das Stadtparlament Großprojekten wie der Neugründung der Universität oder dem Grüngürtel, dem Müngersdorfer Stadion, der Messe oder der Mülheimer Brücke noch leicht zugestimmt, blies dem Oberbürgermeister nun der Wind ins Gesicht. Adenauer beteuerte, dass auch er „die Sorge für die Volksschulen als das Primäre und Wesentliche unsrer ganzen Schulpolitik restlos anerkenne", bedauerte auch, dass so wenige „Kinder aus Arbeiterkreisen" studierten, und versprach, dem abzuhelfen. Schließlich präsentierte er eine abenteuerliche Kalkulation. Da es die private Stiftung von 2 Mio. RM gebe, benötige man für einen Neubau nur noch 1,5 Mio., denn das alte, der Universität einst übereignete Gebäude werde an die Stadt zurückfallen. Außerdem profitiere die Stadt von einem neuen Universitätsgebäude im Grüngürtel, weil sich dort der Wert des umliegenden städtischen Grundbesitzes wesentlich erhöhe. Nicht zuletzt würde die Universität mit ausreichend großen Räumlichkeiten „gerade ... auch auf die Arbeiterschichten unsrer Stadt in stärkerer Weise" einwirken.

Der von Görlinger vorgebrachten Klage, der Staat wende zu wenig für Bildung auf, schloss sich Adenauer ausdrücklich an. Dass Preußen in Köln für Bildungszwecke „fast nichts" leiste, sei ein „wirklich ganz unerträglicher Zustand". Den im Stadtparlament stark vertretenen Kommunisten sagte Adenauer am Ende noch zu, es solle den Stadtverordneten später eine weitere Denkschrift zum „Bedürfnis an Neubauten für die Volksschulen" vorgelegt werden.

Die Zustimmung, die der Oberbürgermeister dem Stadtparlament im Sommer 1927 abverlangte, konnte schmaler nicht sein, denn eine „große Mehrheit" beschloss lediglich, dass die Versammlung „Kenntnis von dem Vortrag der Verwaltung" genommen und „um Vorlage der einzelnen Projekte" ersucht habe.[152] Doch Adenauer wusste nun, welche Forderungen er zu bedienen hatte, um eine solide Mehrheit für sein Projekt zu gewinnen. Der Wohnungsbau durfte nicht zurückgefahren, Studierende aus Arbeiterfamilien mussten effektiv gefördert und die räumlichen Verhältnisse der Volksschulen spürbar verbessert werden. Der Oberbürgermeister bemühte sich vor allem, die SPD ins Boot zu holen. So bat er Rektor Ernst Walb zwei Tage nach der Debatte im Stadtparlament, Robert Görlinger gelegentlich zu sich zu bestellen, um mit diesem über die Verteilung des Stipendienfonds der Universität zu sprechen.[153]

Im März 1928 erinnerte Johann Kaiser den Oberbürgermeister in der Haushaltsdebatte an dessen Bekenntnis, dass er weder mit den Erweiterungsbauten auf dem Messegelände noch mit der Errichtung der Mülheimer Brücke begonnen hätte, wenn ihm die wachsenden Schwierigkeiten bei der kommunalen Verschuldung bekannt gewesen wären. Auch habe er versichert, „nimmermehr ein großes kommunales Werk in Angriff (zu) nehmen", ehe er nicht die nötige Anleihe verbrieft in Händen hielte. Dennoch spreche Adenauer bereits davon, dass mit dem Neubau für die Universität noch 1928 begonnen werden könne. Da „greift man sich an den Kopf und fragt sich, wie eine derartige Waghalsigkeit möglich ist". Der Oberbürgermeister behandele die Verwaltung und die Stadtverordneten „wie eine Herde …, die stur seinem Leitseil folgen" solle. Adenauer, offenbar getroffen, reagierte ungewohnt schroff. Er verbat sich „derartige Ermahnungen", wisse er doch selbst, was er zu tun und zu lassen habe. Zur Sache führte er aus, dass „trotz der Schenkung von 2 Millionen Mark unter keinen Umständen an den Neubau der Universität zu denken sei, solange nicht die übrigen 5 Millionen Mark im Anleihewege auf längere Jahre sichergestellt" wären.[154]

Im Sommer 1928 präsentierte Adolf Abel überarbeitete Baupläne, in denen er die Forderung des Oberbürgermeisters nach einem „Raumzuwachs von mindestens 50 v. H. gegenüber der alten Nutzfläche" umsetzte.[155] Damit stiegen die

Kosten, und die „200.000 M auf 10 Jahre, für die Herr Pferdmenges Ehrendoktor geworden" sei, wie Eckert es ausdrückte, reichten nicht. Adenauer wies Eckert an zu prüfen, ob eine 1925 von Otto Wolff errichtete Stiftung von 100.000 RM „zur Förderung wirtschaftswissenschaftlicher Aufgaben" aufgezehrt werden könne. Sie war seinerzeit zu einem guten Zinssatz beim Bankhaus Levy angelegt worden und mit Zins und Zinseszinsen inzwischen auf rund 125.000 RM angewachsen. Die Stiftung ließ sich umwidmen. Allerdings wurde Otto Wolf nicht eingeweiht, sollte er doch, da die Höhe seiner aktuellen Spende für den Neubau noch ausstand, nicht daran erinnert werden, dass er „schon einmal 100.000 M gegeben" hatte. Robert Pferdmenges wurde gebeten, „sich für weitere je 8000 M auf 10 Jahre stark" zu machen.[156] Gegenüber den Stadtverordneten, resümierte Eckert Ende Juli 1928, könne Adenauer „bei Gelegenheit der Neubaubewilligung mit der Zusicherung von je 225.000 M auf 10 Jahre für den Universitätsbau" operieren.[157] Doch eine Finanzierungsoption, die den städtischen Haushalt nicht allzu sehr belastet hätte, gab es nicht.

Erst kurz vor Weihnachten 1928 brachte ein Schreiben von Bankdirektor Anton Brüning die Wende. Brüning leitete in Köln seit 1926 die Filiale der Deutschen Bank. Er hatte sich bei Adenauer mit einer von ihm vermittelten Spende von „zunächst" 30.000 RM zur „gemeinnützige(n)" Verwendung eingeführt.[158] Brüning, der dem Aufsichtsrat der Görreshaus GmbH angehörte, dem bedeutendsten katholischen Verlagshaus in Deutschland, und in Zentrumskreisen Vertrauen genoss, teilte dem Oberbürgermeister mit, dass es ihm gelungen sei, 10 Mio. RM „für die Ermöglichung eines Neubaues der Kölner Universität" zu beschaffen. Der Betrag liege bereits auf einem Konto bei der Kölner Filiale der Deutschen Bank. Das Darlehen laufe über fünf Jahre und könne um weitere fünf Jahre prolongiert werden. Es sei auch möglich, den für das erste Jahr geltenden Zinssatz von 8,5 Prozent zu ermäßigen. Den Geldgebern habe er Anonymität zugesichert.[159] Nach dem Eintreffen dieses Briefes ließ der Oberbürgermeister einen neuen Akt anlegen: „Universität Neubauangelegenheiten vertraulich".[160] Er leitete das Schreiben, das nicht einmal einen Eingangsstempel bekam, „unter Umschlag" an den für Finanz- und Haushaltsangelegenheiten zuständigen Dezernenten weiter. Bedenken seines Schwagers Willi Suth sind nicht überliefert.

Die Sorge, wie der Universitätsneubau zu finanzieren sei, gehörte der Vergangenheit an. Im März 1929 erklärte Adenauer gegenüber Pferdmenges, er werde den Neubauplan „in den nächsten Wochen ... den Stadtverordneten zur Beschlussfassung unterbreiten", und bat den Bankier „ergebenst um baldgefl[issentliche] Mitteilung, ob alle Stifter nunmehr in rechtsverbindlicher

Form ihre Stiftung erklärt" hätten. Denn wie Pferdmenges wisse, beruhe die Finanzierung „wesentlich" auf der von ihm veranstalteten Sammlung, wobei er handschriftlich hinter „wesentlich" noch ein „mit" einfügte. Adenauer fragte auch, ob es möglich wäre, die Spenden in kürzerer Zeit als den bisher vorgesehenen zehn Jahren, möglichst in „2–3 Jahresraten, von jetzt an gerechnet", zu bekommen.[161] Pferdmenges konnte wohl vermelden, dass die meisten Beiträge bereits notariell beglaubigt worden seien, bezweifelte aber, dass die Stifter die Raten „angesichts der recht trüben Wirtschaftslage" innerhalb eines kürzeren Zeitraumes zahlen würden.[162]

Im Mai legte Adenauer eine weitere Denkschrift vor. Diese behandelte die Frage des Universitätsneubaus wiederum im Zusammenhang mit der Zukunft der Handelsschule und der Höheren Handelsschule für Mädchen, der Oberrealschule mit dem Reformgymnasium Humboldtstraße, der staatlichen Baugewerkschule und dem Berufspädagogischen Institut – durchweg Einrichtungen, die infolge steigender Schülerzahlen expandierten. Für einen Universitätsneubau brachte der Oberbürgermeister noch neue Argumente vor. Dieser liege im „Interesse Kölns, für das ein mehrjähriger Aufenthalt von tausenden von auswärtigen Studenten – die nicht nur Wissen, sondern auch bleibende Beziehungen aufnehmen, die sich wieder in wirtschaftlicher Weise auswirken – eine nicht zu unterschätzende Empfehlung und Werbung" bedeute. Auch die Kölner Bürger, deren Kinder fast ein Viertel aller Studierenden ausmachten, würden davon profitieren. Adenauers aktuelle Berechnung der Gesamtkosten ergab sogar, dass den knapp 8 Mio. RM für einen Erweiterungsbau lediglich 13,3 Mio. für einen Neubau einschließlich der erforderlichen Grundstücke gegenüberstünden. Von diesem Betrag sei der Grund- und Gebäudewert der alten Universität abzuziehen, da diese ja an die Stadt zurückfiele. Dabei ging der Oberbürgermeister kühn davon aus, dass sich der von ihm für das alte Gebäude angesetzte Preis von 3,6 Mio. RM am Markt erzielen ließe. Er rechnete vor, dass sich die für den Neubau gestiftete Summe von inzwischen 2.960.000 RM auf zehn Jahre bei einem Zinssatz von 6,5 Prozent auf einen „Gesamtgegenwartswert" von 2.366.945 RM belaufe. Der Kapitalaufwand für die Stadt betrüge dann 7.362.000 RM und liege damit um rund 590.000 RM unter den Kosten, die ein „unzureichender Erweiterungsbau" beanspruchen würde. Weitere Stiftungen für einen Neubau seien zudem nicht ausgeschlossen. Adenauers Denkschrift erwähnte schließlich, dass „von besonderer Seite ... ein Darlehen von 10.000.000,– RM nach Wunsch für 5 oder 10 Jahre für den Neubau der Universität zur Verfügung gestellt" werde.[163] In einer weiteren Expertise hieß es im Juli, es seien in den nächsten Jahren „mit Sicherheit weitere Stiftungen von mehreren 100.000 RM zu erwarten", sodass der Universitätshaushalt der Stadt voraussichtlich sogar über einen längeren Zeitraum als die nächsten fünf Jahre hinaus nur geringfügig mehr belastet werde.[164]

Adenauer setzte alles daran, die Stadtverordneten noch im Laufe des Sommers über den Neubauplan entscheiden zu lassen. Die Abstimmung in die Zeit nach der Neuwahl des Stadtparlaments im November 1929 zu legen, lehnte er entschieden ab.[165] Er glaubte, dass „die ganze Angelegenheit dann auf eine unbestimmte Reihe von Jahren verschoben" würde, denn „die ungünstige finanzielle Lage wird die nächste Stadtverordnetenversammlung derartig beeinflussen, dass sie für ein solches Projekt überhaupt nicht mehr zu haben" wäre.[166]

Um die Zustimmung der SPD zum Neubau noch in der laufenden Legislaturperiode zu gewinnen, teilte er der Fraktion am 19. Juli mit, wie und zu welchen Kosten er die Situation der Volksschulen und verschiedener Wohlfahrtseinrichtungen zu verbessern gedachte.[167] Er bat Görlinger, dafür einzutreten, dass „der Neubau der Universität mit irgendeiner anderen Einschränkung, über die wir uns noch verständigen könnten, in der nächsten Woche beschlossen" werde. Das sei auch wichtig, weil der preußische Ministerpräsident Otto Braun „sehr gern zur Grundsteinlegung des Universitätsneubaues in der ersten Hälfte Oktober nach Köln kommen" wolle, was er, Adenauer, „außerordentlich begrüßen" würde. Doch fürchte er, dass Braun nicht mehr teilnehmen könnte, wenn das Stadtparlament den Beschluss erst Ende September oder Anfang Oktober fasste.[168] Am selben Tag trat der Finanzausschuss zusammen. Wie Adenauer notierte, regte „eine Seite" an, das Bauprogramm einzuschränken. Eine „andere Seite" erklärte, dass „unbedingt gleichzeitig mit Eröffnung der neuen Universität auch die alten Volksschulen zeitgemäss instand(zu)setzen" seien. Während man sich darauf verständigte, beim Bauprogramm 1,5 Mio. RM einzusparen, scheiterte eine Entscheidung zugunsten der alten Volksschulen an den Ausschussmitgliedern aus der Zentrumspartei.[169] Umgehend erörterte Adenauer die Lage der „alten Volksschulgebäude" mit der Schulverwaltung und bestand darauf, dass dieser Gegenstand auf die Tagesordnung einer Sitzung des Volksschulausschusses käme. Görlinger bat er um eine Aussprache; er sei optimistisch, dass sich wegen der Volksschulen, „eine Übereinstimmung in allen wesentlichen Teilen herbeiführen" ließe.[170]

Als ein Redakteur der RHEINISCHEN ZEITUNG in einem an Adenauer persönlich gerichteten Brief anregte, in Köln eine „geschlossene ‚Universitätsstadt'" zu schaffen und damit die „erste wirklich zeitgemäße Alma Mater",[171] griff Adenauer diesen Vorschlag postwendend auf. Er versprach, sich der Sache anzunehmen, sobald der Bau beschlossen sei, was hoffentlich bald gelinge – und nutzte die Gelegenheit, um bei dem Blatt für eine Zustimmung zum Gesamtprojekt zu werben.[172] Bruno Kuske, Professor für Wirtschaftsgeschichte, der für die SPD im Stadtparlament saß, informierte Adenauer vertraulich am 21. Juli, seine Fraktion könne dem Projekt zustimmen, wenn die Verwaltung ihren schulpolitischen Forderungen soweit entgegenkomme, dass sich „der minderbemittelten Öffentlichkeit gegenüber das Eintreten für die Universität ausreichend rechtfertigen" ließe. Andernfalls sei es der Fraktion „bequemer", auf die Bewilligung zu „verzichten".[173] Der Universitätsneubau war längst zu einem Thema im Kampf um die Sitze im neuen Stadtparlament geraten, das am 17. November gewählt werden sollte.

Adenauer beeilte sich, Görlinger das Ergebnis seiner Besprechung mit dem Schuldezernenten und Abel sowie der Bauverwaltung über die Beseitigung von Baumängeln an alten Volksschulen mitzuteilen. Die „älteren" Gebäude könnten „aufgegeben" werden, sobald die Schule am Severinswall von der Universität geräumt und die Mittelschule in Nippes fertiggestellt sei. In anderen Volksschulen sollte, sofern noch nicht vorhanden, elektrisches Licht installiert werden. Eine Million RM stehe zur Verfügung, um Öfen durch Zentralheizungen zu ersetzen. Weitere drei Millionen sollten für neue Fußböden und sanitäre Anlagen sowie für die Anschaffung moderner „Bänke" verwendet und diese Maßnahmen im Laufe von etwa fünf Jahren jeweils in den Ferien ausgeführt werden. Er wolle sich dafür einsetzen, dass die Ausschüsse diese Vorschläge behandelten.[174]

Wenige Tage vor der entscheidenden Sitzung des Stadtparlaments am 29. Juli 1929 legte die SPD-Fraktion noch einmal ihre Position dar. Man teile die Auffassung der Verwaltung, dass ein Neubau für die Universität eine „zwingende Notwendigkeit" geworden sei, „um ein geordnetes Studium ... zu ermöglichen". Die Parteimitglieder, welche nach der Kommunalwahl die neue Fraktion bilden würden, begrüßten die Errichtung eines solchen Neubaus daher „einhellig". Voraussetzung sei jedoch, die Annahme eines „grosszügigen schul- und kulturpolitischen Programms". Präsentiere die Stadtverwaltung nach den Neuwahlen eine Vorlage, die den Universitätsneubau

> mit einer dauernden verstärkten Fürsorge für die alten Volks- und Berufsschulen verbindet, eine Reihe von Schulen beseitigt, weitere Neubauten sichert und für die städtischen Volksbibliotheken und Lesehallen etwas Durchgreifendes tut, so wird die künftige sozialdemokratische Fraktion, wie wir mit Bestimmtheit annehmen dürfen, eine solche Vorlage geschlossen annehmen. Sie wird von der Kölner Stadtverwaltung aber auch grössere Bemühungen um eine Abänderung des gegenwärtigen Universitätsvertrags und seiner einseitigen finanziellen Belastung fordern müssen.[175]

Da Adenauer sich vergeblich bemüht hatte, das Zentrum zu einem Kompromiss zu bewegen, konnte er auf eine Zustimmung der Sozialdemokratie zum Universitätsneubau kaum mehr hoffen. Von Louis Hagen, dem Präsidenten der IHK, der in Karlsbad kurte, erfuhr Adenauer, dass auch die Kölner Wirtschaft mehrheitlich keineswegs hinter dem Universitätsneubau stand.[176] Deren Mitgliedsverbände wollten am 23. Juli zu dem Projekt Stellung beziehen, und Adenauer bat Hagen telegrafisch, auf seine Vertreter „entsprechend einzuwirken".[177] So konnte Arnold Langen, der Generaldirektor der Gasmotorenfabrik Deutz, zumindest verhindern, dass der Arbeitsausschuss Kölner Wirtschaftsverbände „einen völlig ablehnenden Standpunkt" einnahm, während der Großfirmenverband seine Zustimmung ausdrücklich versagte.[178] Hagen ermahnte Adenauer, das „nicht nur großzügige, sondern ideale Projekt" möglichst schnell durchzuführen, damit „wirkliche Hochschul-Verhältnisse eintreten" könnten. Eile sei auch geboten, weil sich sonst „der eine oder andere Garantiezeichner nach und nach" zurückzöge.[179] Als der Arbeitsausschuss der Kölner Wirtschaftsverbände forderte, dass die Aufwendungen für den Neubau angesichts der schlechten Finanzlage „den Erfordernissen sparsamer Wirtschaftsführung" gerecht werden müssten,[180] antwortete Adenauer umgehend. Er teile die Ansicht, dass das Bauprogramm „auf das unbedingt notwendige zu beschränken sei"; eine Reduzierung sei bereits beschlossen worden.[181]

Am 26. Juli erfuhr Adenauer von Eckert, dass die Stadtverordneten der „Liberalen Arbeitsgemeinschaft",[182] die sich bislang noch nicht mehrheitlich für den Neubau ausgesprochen hatten,[183] jetzt für die Annahme des „kleinsten Projekts" eintraten. Damit aber die Öffentlichkeit ihnen nicht vorwerfen könne, „innerhalb 24 Stunden umgefallen" zu sein, erbaten sie die endgültige Beratung der Angelegenheit im Plenum nicht am 29. Juli, sondern erst eine Woche später.[184] Mit dem „kleinsten Projekt" war außer der Verkleinerung des Kolleggebäudes und der Anlage nur eines Teils der geplanten Universitätsstraße ein ausdrücklicher Verzicht auf ein neues Physikalisches und ein Chemisches Institut in den nächsten fünf Jahren gemeint. Adenauer musste auf das rettende Angebot der Liberalen Arbeitsgemeinschaft eingehen. Nur durften der Rektor der Universität oder dessen Vertreter nichts von diesem Handel wissen, sonst wären auch der Senat und damit die Philosophische Fakultät davon informiert worden. Deren Widerspruch aber, das wusste er, hätte einige Stadtverordnete veranlasst, „die ganze Angelegenheit zu vertagen".[185]

Zwischen dem Donnerstag, an dem die Liberalen sich entschlossen hatten, das „kleinste Projekt" zu genehmigen, und der Stadtverordnetenversammlung am Montag lag ein Wochenende, an dem sich Adenauer vermutlich keine Ent-

spannung gönnte. Doch am Montag ging ihm – unverhofft, aber wie bestellt –
ein Schriftstück zu, das wie ein Geschenk des Himmels erscheinen musste. Dem
Typoskript auf einem Blatt ohne Briefkopf fehlte, als handelte es sich um einen
innerbehördlichen Vorgang, die Anrede, und es gab auch keine Schlussformel.
Dass der Unterzeichner „Brüning" hieß, konnte nur wissen, wer den Schriftzug
des Direktors der Kölner Filiale der Deutschen Bank kannte. Brüning teilte mit,
Adenauer werde durch seine Vermittlung „für den Fall des Neubaues der Universität" 500.000 RM in Jahresraten à 100.000 erhalten – von jemandem, dessen
Name Adenauer bekannt sei, der aber auf keinen Fall öffentlich genannt sein
wolle; ferner gebe es einen Betrag von 1 Mio. RM in fünf Jahresraten à 200.000
von „verschiedenen Stiftern", deren Namen er noch mitteilen wolle; zudem könne Adenauer mit einem Betrag von 250.000 RM rechnen, der ebenfalls in fünf
Jahresraten gestiftet werde und dessen Stifter Adenauer bereits kenne. Als wäre
es damit des Geldsegens nicht genug, drückte Brüning abschließend die Hoffnung aus, dass es ihm gelingen werde, „im Laufe der Zeit weitere Gönner und
Freunde für die Universität mit Stiftungen zu gewinnen".[186] Zur Freude des
Oberbürgermeisters sollten die üppigen Mittel aus Brünings Spendenaktion
sogar schneller fließen als jene aus der „Sammlung Pferdmenges". Das Schreiben Anton Brünings weist formale Ähnlichkeit mit den Notizen zu der neuen
Kalkulation auf, die der Oberbürgermeister am Abend den Stadtverordneten
präsentieren sollte. Es könnte auf derselben Schreibmaschine entstanden sein.

Der Oberbürgermeister wartete am Abend in der Stadtverordnetenversammlung mit einem Beschlussentwurf auf, der rund zwei Drittel der reduzierten
Bausumme von 6,78 Mio. RM als Stiftungsgelder ansetzte, von denen sich ein
beträchtlicher Teil Brünings Ankündigung vom selben Tage verdankte.[187] Die
auf die Stadt zukommenden Kosten lagen damit deutlich unter jenen Summen,
von den man in den letzten Monaten noch ausgegangen war. Bevor das Stadtparlament in die Beratung des Universitätsneubaues eintrat, erklärte der Oberbürgermeister wie von ihm gefordert, es werde mit dem Bau des Kolleggebäudes „den grössten und schwerwiegendsten Mißständen bei unserer Universität
abgeholfen". Hingegen könne die Universität die Trennung vom Chemischen
und Physikalischen Institut noch für eine Reihe von Jahren hinnehmen. Adenauer versprach auch, wie ebenfalls von ihm gefordert, „bei der preußischen
Staatsregierung dahin vorstellig zu werden, daß sie in Zukunft zu den Kosten
der Universität einen Beitrag leiste".[188] Nach einer ausführlichen Debatte, bei
der die Parteien ihre bekannten Argumente noch einmal vortrugen, stimmte
eine Mehrheit der Stadtverordneten dem Bau eines „verkleinerten Kolleggebäudes auf dem Gelände zwischen Bachemerstrasse und Zülpicherstrasse und

dem Bau des dazugehörenden Teiles der Studentenstrasse" zu. Sie bewilligten „den hierzu benötigten Betrag von 6.785.800 RM vorschussweise aus der Kasse der außerordentlichen Bedürfnisse und, soweit nicht der Betrag aus den eingehenden Stiftungen gedeckt ist, endgültig aus zukünftiger Anleihe". Ferner bevollmächtigte die Versammlung den Oberbürgermeister, „die Stiftungen für den Universitätsneubau im Gesamtbetrage von 4.325.000 RM anzunehmen", und beauftragte ihn, „den Stiftern herzlichsten Dank auszusprechen".[189]

Noch in der Nacht telegrafierte Adenauer Louis Hagen: „Neubau des Kolleggebäudes heute mit starker Mehrheit gegen die Linke beschlossen. Neubau der Institute auf 5 Jahre zurückgestellt. Dreiviertelerfolg."[190] Seinem Schwiegervater Ferdinand Zinsser, der gerade Ferien an der Ostsee machte, berichtete er telegrafisch von einem „Erfolg nicht vollständig aber doch in der Hauptsache".[191] Eine ausführliche Erklärung folgte in einem offiziellen Schreiben an Zinsser in dessen Eigenschaft als amtierendem Rektor der Universität. Er habe sich nach „langer und reiflicher Überlegung" bereitgefunden, die beiden naturwissenschaftlichen Institute „noch auf einige Jahre" an ihrer bisherigen Stelle zu belassen, denn andernfalls hätte sich in der Stadtverordnetenversammlung eine Mehrheit „unter keinen Umständen" erzielen lassen. Er versprach dem Rektor, sich darum zu bemühen, dass der Gesamtplan dennoch möglichst bald durchgeführt werde. Das Gelände bleibe reserviert, und er werde versuchen, für den Bau der Institute Geld zu sammeln.[192]

Als „Dreiviertelerfolg" mag Adenauer das Ergebnis der Stadtverordnetenversammlung zum einen empfunden haben, weil das Bauprojekt erheblich hatte verkleinert werden müssen. Doch schwerer wog zum anderen, dass es ihm in dieser wichtigen Frage nicht gelungen war, einen Kompromiss mit der Sozialdemokratie zu erzielen.[193] Die SPD aber konnte einen propagandistischen Erfolg im Vorfeld der Kommunalwahl verbuchen. So erklärte die RHEINISCHE ZEITUNG am nächsten Tag artig, dass die Sozialdemokratie den Neubau gern bewilligt hätte, wenn zugleich ein festes und terminiertes Programm für die Kölner Volksschulbauten vereinbart worden wäre. Trotz der Zusage und des Drucks des Oberbürgermeisters sei aber das Zentrum dazu nicht bereit gewesen. Daher habe die Sozialdemokratie das Projekt ablehnen müssen.[194]

Nachdem der Neubau beschlossen war, dankte Adenauer Anton Brüning für dessen „so ungemein wertvolle" Unterstützung. Um auch den von Brüning gewonnenen Stiftern danken zu können, erbat er deren Namen. Es sei wohl am besten, wenn die ersten Raten von Brüning selbst, die weiteren dann von der Stadt eingefordert würden. Auch ersuchte er den Bankdirektor, „das Nötige einzuleiten, damit die Aufnahme des zugesagten Darlehens … baldmöglichst getätigt werden" könne.¹⁹⁵ Da Brüning nicht reagierte, weil er, wie Adenauer bald erfuhr, mit seiner Familie Urlaub machte, ließ der Oberbürgermeister ihm einen Brief nachsenden, in dem er auf ein „Verzeichnis der Stifter" drängte; er wolle diese zur Grundsteinlegung einladen, die zunächst für den 14. Oktober anberaumt war.¹⁹⁶

Ohne den Eingang der Spendernamen abzuwarten, setzte Adenauer alle Hebel in Bewegung, damit die Wirtschafts- und Sozialwissenschaftliche Fakultät Brüning zum „Dr. h. c." promovierte. Er schickte Eckert und seinen Schwiegervater vor, der inzwischen Prorektor war. Doch zum Tag der Grundsteinlegung ließ sich Brünings Ehrenpromotion nicht mehr realisieren, weil zum einen eine „hochqualifizierte Majorität" der Fakultät zustimmen, zum anderen die Sache auf zwei getrennten Sitzungen behandelt werden musste. Eckert wies auch auf die Gefahr hin, dass einzelne Professoren „Widerstand" leisten könnten, wenn man übereilt vorgehe.¹⁹⁷ Adenauer sandte Dekan Rudolf Seyffert einen Brief, in dem er Brünings Verdienste beschrieb und das hohe Ansehen, das dieser als „sehr angenehmer und bescheidener Mann ... auch weit über Köln hinaus" genieße.¹⁹⁸ Am 11. Oktober beriet die Fakultät die Sache erstmals, und anschließend versicherte Seyffert dem Oberbürgermeister „ergebenst", dass man Brünings Ehrung wie gewünscht am 16. November im Rahmen der feierlichen Rektoratsübergabe vollziehen werde.¹⁹⁹ Ein rasanteres Ehrenpromotionsverfahren dürfte die Kölner Universität niemals erlebt haben. Adenauer ließ es sich nicht nehmen, Brüning noch am 16. November telegrafisch zu gratulieren: „Es freut mich sehr, dass durch diese wohlverdiente Ehrung Ihre außerordentlichen Verdienste um das Zustandekommen des Universitätsneubaues auch seitens der Universität Anerkennung gefunden haben und Ihre Beziehungen zu derselben noch inniger geworden sind."²⁰⁰ Auf eine Liste der Spender ließ Brüning den Oberbürgermeister warten. Dessen Zweckoptimismus verbot es ihm zu realisieren, dass Brünings Zusicherungen ein „großer Bluff"²⁰¹ waren. Als die rheinische Hautevolee 1930 die Hochzeit der Tochter des Oberpräsidenten Fuchs in der Kölner „Bürgergesellschaft" feierte, freundete Adenauer sich mit Brüning an.²⁰²

Am 26. Oktober 1929, dem Tag nach dem „schwarzen Freitag" an der New Yorker Börse, der die Weltwirtschaftskrise auslöste, legte der Oberbürgermeister mit Kelle und Mörtel den Grundstein für das neue Universitätsgebäude. Dem Festakt wohnten außer Ministerpräsident Otto Braun Kultusminister Carl Heinrich Becker und auch Finanzminister Hermann Höpker-Aschoff bei.²⁰³ Der Grundstein enthielt Kölner Zeitungen mit Berichten über die Stadtverordnetenversammlung vom 29. Juli 1929 und das seinerzeit umlaufende Münzgeld

10 Feierliche Grundsteinlegung am 26. Oktober 1929. Prominente Gäste (v. l.): der preußische Ministerpräsident Otto Braun, Konrad Adenauer, Kultusminister Carl Heinrich Becker und Finanzminister Hermann Höpker-Aschoff.

sowie eine goldene „Neubaumünze", ferner eine Denkschrift der Universität, eine Pergamentrolle mit den drei wichtigsten Grundrissen des Gebäudes sowie einer Urkunde aus Anlass des Ereignisses.[204] Deren Text verklärte die Kölner Universität zu einem „wiedererneuerten Werk unserer mittelalterlichen Stadt" und gedachte der „zukunftsgläubigen Tatkraft von Kölner Männern", wobei er namentlich Konrad Adenauer und Christian Eckert nannte. Lobend erwähnt wurden auch die „Stiftungen von Freunden der Hochschule" im Umfang von insgesamt 4,325 Mio. RM und jene von einer „opferbereiten Stadtvertretung" bewilligten insgesamt 6,79 Mio. RM.[205]

Der neugewählte Rektor Hans Planitz dankte Adenauer, der „als kühner Lotse das schwankende Schifflein des Universitätsneubaues in den Hafen gebracht" und es verstanden habe, „eine kleine Gruppe klar blickender und opferfreudiger Bürger der Stadt zu dem großen Ziel zu vereinigen", sodass es gelang, „eine Großtat zu vollbringen". Wie stark das „Schifflein" bis zum Vorabend der alles entscheidenden Stadtverordnetenversammlung tatsächlich geschwankt hatte, dürfte Planitz kaum bekannt gewesen sein. Auch versäumte er es nicht, auf die Berühmtheit der mittelalterlichen Kölner Universität zu rekurrieren, der die Stadt „ein neues Heim" gegeben habe, und schloss mit der Bitte an die preußische Staatsregierung, „ihrem jüngsten Kinde ihre besondere Fürsorge zuteilwerden zu lassen".[206]

11 Adenauer und Carl Heinrich Becker bei der zeremoniellen Grundsteinlegung.

Kultusminister Carl Heinrich Becker beglückwünschte Stadtverwaltung, Universitätskuratorium und „die ganze Bürgerschaft Kölns, des Rheinlandes, ja, unseres gesamten Vaterlandes". In einer Zeit „schwerer wirtschaftlicher Krisen, in der überall die Bautätigkeit wegen des Mangels an Mitteln eingeschränkt" werden müsse, beginne man in Köln „wagemutig mit einem großartigen Neubau", der die Universität „aus unerträglicher Enge" befreie. Als Vertreter der preußischen Staatsregierung begrüße er es „mit aufrichtiger Genugtuung, dass die Kölner Bürgerschaft sich mit Hilfe namhafter Spender, aber doch in eigener Verantwortung" entschlossen habe, „ihrer Universität ein neues Heim zu errichten".[207]

Adenauers Rede glich im Tenor jener von 1919 anlässlich der Gründung der Universität. Hatte er seinerzeit gesagt, es liege „dunkel und schwarz … die Zukunft vor uns", beklagte er nun, dass „auch jetzt noch" das Volk „aus tausend Wunden" blute und sich „nutz- und zwecklos in innerer Zwietracht" zerfleische. Er bejahte die rhetorische Frage, ob es „trotz unserer Sorgen" angemessen sei, „diesen Tag in festlicher Weise zu begehen", und versäumte es nicht einzuflechten, dass der anwesende preußische Ministerpräsident Ehrendoktor der Kölner Universität sei. Salbungsvoll beendete Adenauer seine Rede:

12 Adenauer als Festredner bei der Grundsteinlegung.

Möge das Haus, das wir errichten, eine Stätte ernster Sammlung und Vertiefung, eine Stätte wahrer Weisheit und wahren Fortschritts werden. Möge es werden ein Tempel, ein Heiligtum der Wissenschaft, in dem die Wissenschaft nicht als verkäufliche Ware betrachtet wird, sondern als etwas Heiliges, dem sich zu nahen und dem zu dienen reine Hände und reine Herzen erfordert. Möge das Bauwerk werden ein Hort deutscher Kultur und deutscher Wissenschaft, ein Hort der Erziehung zur Selbstdisziplin geadelter Freiheit, zur Vaterlandsliebe und Volksgemeinschaft, möge es gleichzeitig sein eine Brücke, die hinführt zur Wissenschaft und Kultur unserer Nachbarvölker.[208]

Den Wunsch, als „Brücke" zu den Nachbarvölkern zu wirken, hatte Adenauer der Kölner Universität bereits 1919 ausdrücklich mit auf den Weg gegeben. Am Tag der Grundsteinlegung für deren Neubau griff außer ihm kein Redner diesen Gedanken wieder auf.

Die Bauarbeiten begannen umgehend. Als sich nach der Einrichtung weiterer Universitätsinstitute absehen ließ, dass der erforderliche Raumzuwachs nur mit den ursprünglich vorgesehenen beiden Eckpavillons zu erreichen wäre, genehmigte die Stadtverordnetenversammlung diese am 17. Juni 1930 nachträglich mit einem Kostenvolumen von 1,05 Mio. RM. Wäre bekannt geworden, dass Adenauer der Deutschen Bank dieser Tage infolge von Fehlspekulationen persönlich 1,4 Mio. RM schuldete,[209] hätte dies seinen wirtschaftlichen wie politischen Ruin nach sich gezogen, wenn nicht, um im eigenen Interesse einen Skandal zu vermeiden, die Bank das Konto ihres Aufsichtsratsmitgliedes stillschweigend aus einem jenseits der Reichsgrenzen angelegten „schwarzen Topf" ausgeglichen hätte.[210] Der Universitätsneubau wuchs heran, bis der Oberbürgermeister die Arbeiten am fast vollendeten Rohbau mit seiner „Dritten Verfügung zur Sicherung des Haushaltsausgleichs" vom 3. August 1931[211] drosseln musste. Von den zugesagten Stiftungen in Höhe von rund 4,2 Mio. RM waren bis dahin insgesamt rund 1,7 Mio. „restlos verbaut" worden. Nun ging es eine Zeitlang nur noch darum, das Bauwerk zu sichern und größere Schäden durch Witterungseinflüsse zu verhindern. Doch durch eine weitere Kapitalisierung von Raten, die eigentlich erst in den nächsten Jahren fällig gewesen wären, flossen neue Mittel. Die Arbeiten am Neubau konnten fortgesetzt und kleinere Trakte fertiggestellt werden. Im Januar 1933 bezogen das Forschungsinstitut für Sozialwissenschaften und das Wirtschaftsmuseum ihre neuen Räume. Einen Antrag der Stadt, den Universitätsneubau ins Arbeitsbeschaffungsprogramm des Reiches aufzunehmen, das Ende 1932 verordnet worden war, lehnte die Reichsregierung jedoch ab, da Projekte im Hochbau grundsätzlich nicht gefördert wurden. Im März 1933 kamen die Arbeiten „mangels Mittel(n)" endgültig zum Stillstand.[212]

Während aus der „Sammlung Dr. Pferdmenges" bereits 1929 die ersten Überweisungen erfolgt waren und, abgesehen von kleineren Verzögerungen oder wegen einer konkursbedingten Absage, sämtliche Gelder dem Universitätsneubau, teilweise vorzeitig, zuflossen,[213] beließ es Anton Brüning in den nächsten beiden Jahren dabei, jeweils 150.000 RM einzuzahlen.[214] Auch von der Schenkung über 30.000 RM, die er Adenauer 1926 zugesagte hatte, kam nur ein Bruchteil an.[215] Die Dokumentation eines Fachreferenten der Kölner Stadtverwaltung vermutete im April 1933, es sei „das bei Beschlußfassung über den Neubau in Aussicht gestellte Kapital in Höhe von 10 Mill. RM", also der von Brüning zugesagte Kredit, „wegen der in der Folgezeit sich ungünstig entwickelnden Wirtschafts- und Finanzlage" nicht mehr geflossen.[216]

ANMERKUNGEN

1 Köhler 1994, S. 134.
2 Nicht mehr in eigener Verantwortung erhobene Steuern, sondern Zuweisungen des Reiches machten fortan den entscheidenden Anteil an den Einnahmen der Gemeinden aus (Ullmann 2005, S. 102 ff.).
3 Kops u. a., S. 392.
4 Ullmann 2005, S. 109 f.
5 HAStK Best. 902/138/1, S. 619 f. u. S. 637.
6 Düwell 1976, S. 184 f.; Kops u. a. 1988, S. 392 f.
7 Köhler 1994, S. 216.
8 Eckert an Adenauer am 9.1.1924, HAStK Best. 902/137/1, S. 437 f.
9 Adenauer an Eckert am 21.3.1924, ebd., S. 439.
10 Eckert an Adenauer am 8.4.1924, ebd., S. 441 f.
11 Die Universität Köln, Köln 1925, S. 22.
12 Meuthen 1988, S. 21.
13 Satzung der Gesellschaft von Freunden und Förderern der Rheinischen Friedrich-Wilhelms-Universität zu Bonn, e. V., HAStK Best. 902/152, S. 17–22.
14 Eckert an Adenauer am 17.12.1917, ebd., S. 3.
15 Regierungspräsident an Adenauer am 4.1.1918, ebd., S. 13.
16 Eckert an Adenauer am 22.2.1918, ebd., S. 31 f.
17 Eckert an Adenauer am 8.5.1923, ebd. Best. 902/150, S. 19.
18 Kuratorium an Schulte am 16.5.1923, AEK CR 9A6. 1924 findet sich der Erzbischof auf der Liste jener wieder, die auf das Anschreiben nicht geantwortet oder keinen Betrag überwiesen hatten (HAStK Best. 902/150, S. 23).
19 Die Universität Köln, Köln 1925, S. 22.
20 Eckert an Adenauer am 10.11.1924, HAStK Best. 902/150 S. 21 f.
21 Liste der zur Gründungsversammlung einzuladenden Personen, ebd., S. 23.
22 Hagen an Adenauer am 20.11.1924, HAStK Best. 902/150, S. 31.
23 Adenauer an Horion am 18.11.1924, ebd., S. 28 f.
24 Meuthen 1988, S. 24.
25 KÖLNER UNIVERSITÄTS-NACHRICHTEN vom 11.1.1932, HAStK Best. 902/150, S. 462.
26 Proenen an Adenauer am 24.11.1924, ebd., S. 33 f.
27 Die Universität Köln, Köln 1925, S. 23; Peil 1988, S. 274 f.
28 KÖLNER UNIVERSITÄTS-NACHRICHTEN vom 11.1.1932, HAStK Best. 902/150, S. 462.
29 Die Universität Köln, Köln 1925, S. 23.
30 Universitätsarchiv Köln, Verein der Freunde und Förderer der Universität Köln e. V., S. 3. https://www.portal.uni-koeln.de/sites/uak/PDF/Findbuecher/000/095_VEREIN_DER_FREUNDE_UND_FOERDERER.pdf (abgerufen am 9.5.2018).
31 Zuwendungen 1925, HAStK Best. 902/150, S. 69.
32 Einnahmen seit der Gründung, ebd., S. 72 f.
33 Adenauer an Kruse am 30.1.1928, ebd., S. 143.
34 Ebd., S. 399.
35 KÖLNER UNIVERSITÄTS-NACHRICHTEN vom 11.1.1932, ebd., S. 461 f.
36 Liste der Vortragenden 1934–1931 in Eckert an Adenauer am 6.10.1932, ebd., S. 481.

37 Abendessen 1930: 1214,34 RM aus Dispositionsfonds, ebd., S. 362 f.
38 Einladung, BAL 072-014-001.
39 Deutsch schätzte den Kölner Oberbürgermeister, hatte er diesen doch im Frühjahr 1920 gegenüber Louis Hagen als den geeignetsten Nachfolger für Reichsfinanzminister Erzberger bezeichnet (Schwarz 1986, S. 249).
40 Die Fakultät hatte bisher acht Ehrenpromotionen vorgenommen, davon fünf wegen Verdiensten um Gründung und Ausbau der Universität sowie weitere drei für wissenschaftliche Leistungen (Geldmacher 1929, S. 95 ff.). Die „grundsätzliche(n) Erwägungen" bei der Ablehnung teilte Dekan von Wiese dem Oberbürgermeister unter vier Augen mit (von Wiese an Adenauer am 25.2.1922, HAStK Best. 902/144/1, S. 315 f.).
41 Von Wiese an Adenauer am 31.3.1922 und 6.5.1922, ebd., S. 317 u. S. 327.
42 Prion an Adenauer am 8.12.1922, ebd., S. 339 f.
43 Hamspohn an Adenauer am 22.3.1923, ebd., S. 343.
44 Adenauer an Prion am 29.3.1923, ebd., S. 345.
45 Adenauer an Hamspohn am 19.4.1923, ebd., S. 347.
46 Adenauer an Deutsch am 2.6.1923, ebd., S. 359.
47 Deutsch an Adenauer am 6.6.1923, ebd., S. 361 f.
48 Adenauer an Hamspohn am 15.8.1923, ebd., S. 375.
49 Kuske an Deutsch am 6.12.1923, ebd., S. 377.
50 Überweisung 19.12.1923, ebd., S. 381.
51 Kuske an Adenauer am 8.3.1924, ebd., S. 383.
52 Eckert an Adenauer am 10.1.1927, HAStK Best. 902/150, S. 93. Eine Spende, die Deutsch nach der Gründung der Gesellschaft der Freunde und Förderer „in Aussicht gestellt" hatte, kam offenbar nicht zustande (Zuwendungen 1925, ebd., S. 69).
53 Adenauer an Deutsch am 19.1.1928, ebd., S. 149 f.
54 Eckert an Adenauer am 4.1.1928, ebd. Best. 902/140/2, S. 11 f.
55 Adenauer an Eckert am 7.1.1928, ebd., S. 23. Heineman wollte als Stifter anonym bleiben, weil ihm die Universität seiner Heimatstadt Brüssel eine Stiftung nach Köln verübelt hätte (Eckert an Adenauer am 4.1.1928, ebd., S. 9).
56 Luther an Adenauer am 24.3.1925 und Adenauer an Luther am 26.3.1925, ebd. Best. 902/143/1, S. 95–98.
57 Adenauer an Tilmann am 21.4.1925, ebd., S. 101 f.
58 Eckert an von Maltzan am 25.6.1925, ebd., S. 109–115.
59 Adenauer an von Maltzan am 8.7.1925, ebd., S. 117 f.
60 Von Maltzan an Adenauer am 24.7.1925, ebd., S. 127 f.
61 Ebd., S. 137.
62 Eckert an Adenauer am 1.7.1927, ebd. Best. 902/144/1, S. 659 f.
63 Telegramm Adenauer an Becker am 7.7.1927, ebd., S. 671.
64 Adenauer („Oberbürgermeister, Präsident des Preussischen Staatsrats") an Braun am 7.7.1927, ebd., S. 675 f. In der Laudatio hieß es, Braun habe sich „als Minister für Landwirtschaft und als Ministerpräsident um die Verwaltung des preußischen Staates und den Wiederaufbau seines Wirtschaftslebens ... verdient gemacht" (Geldmacher 1929, S. 98).
65 Eckert an Adenauer am 20.7.1927, HAStK, Best. 902/144/1, S. 683.
66 Eckert an Adenauer am 3.11.1928 und Adenauer an Eckert am 6.11.1928, ebd., S. 1123 ff.

67 Ebd., S. 1129.
68 Eckert an Adenauer am 29.1.1927, HAStK Best. 902/142/1, hinterer Teil S. 3 f. (eigentlich: „Best. 902/142/2, S. 3 f.").
69 Eckert an Adenauer am 13.7.1927, ebd., S. 153.
70 Eckert an Adenauer am 19.10.1927, ebd., S. 7 f.
71 Lehmann 1929, S. 147.
72 Mönnig gefiel die ihm zugedachte Rolle zunächst nicht. Doch Godehard Ebers machte ihm weis, dass er selbst und Heinrich Lehmann die Zustimmung zu einer Ehrenpromotion Neven DuMonts davon abhängig gemacht hätten, dass gleichzeitig Mönnig als „ein Mann der katholischen Konfession" und damit auch „die katholische Presse" geehrt würde (Ebers an Adenauer am 18.7.1927, HAStK Best. 902/142/1, S. 187 f.). Neven DuMont war zwar auch katholisch, gehörte aber als Herausgeber liberaler Blätter und verheiratet mit einer Frauenrechtlerin nicht zum katholischen Establishment. In DuMonts Laudatio wurde dessen „wertvolle Förderung von Wissenschaft und Universität" angeführt, bei Mönnig hieß es u. a., er habe sich „jederzeit mit tiefem Verständnis und warmer Anteilnahme" für die Universität eingesetzt (Lehmann 1929, S. 147).
73 Http://www.zeit.de/1953/42/bankier-robert-pferdmenges (abgerufen am 5.5.2018).
74 Eckert an Adenauer am 28.7.1927, HAStK Best. 902/144/1, S. 685.
75 Geldmacher 1929, S. 99.
76 Adenauer an Pferdmenges am 12.11.1927, HAStK Best. 902/144/1, S. 691.
77 Blüthgen verhandelte vergeblich, kündigte aber eine persönliche Spende von 200.000 RM an (Blüthgen an Adenauer am 15.9.1928, ebd. Best. 902/141/3, S. 223). Noch 1928 promovierte die Philosophische Fakultät ihn als „unermüdlichen Vorkämpfer für nationale und internationale Zusammenarbeit im Wirtschaftsleben" (Wintgen an Adenauer am 18.2.1929 mit dem Text der Laudatio, ebd. Best. 902/141/2, S. 161). Im April 1929 zahlte Blüthgen die erste Hälfte der angekündigten Spende ein; dabei blieb es (Köhler 1994, S. 22).
78 Eckert an Adenauer am 28.7.1928, ebd. Best. 902/141/3, S. 213 f.
79 KÖLNISCHE VOLKSZEITUNG vom 14.7.1930.
80 KÖLNER TAGEBLATT vom 17.3.1931; siehe dazu Häussermann 1976, S. 227.
81 Eckert an Adenauer am 27.2.1931, HAStK Best. 902/137/1, S. 687.
82 Henning u. a. 1988, S. 293.
83 Heimbüchel 1988, S. 438.
84 K am 30.7.1921, UAK 332/1.
85 Eckert an Adenauer am 24.11.1921, HAStK Best. 902/143/1, S. 153.
86 Heimbüchel 1988, S. 436.
87 Zinsser an Kuratorium am 22.10.1923, UAK 169, Bl. 54–57.
88 Oertel heiratete Carlotte Zinsser, die Schwester Gussie Zinssers, gehörte also bald als Konrad Adenauers Schwippschwager im weitesten Sinne zur Familie (Auskunft Konrad Adenauer am 13.6.2018).
89 Ortmann 1986, S. 4.
90 Heimbüchel 1988, S. 435.
91 VS am 5.4.1922.
92 Schwarz 1986, S. 183; Köhler 1994, S. 249.
93 Adenauer an Heineman am 8.10.1923, HAStK Best. 902/143/1, S. 141 f.

94 Adenauer an Tietje am 8.10.1923, ebd., S. 149.
95 Adenauer an Eckert am 9.10.1923, ebd., S. 157.
96 Richter an Adenauer am 13.10.1923, ebd., S. 159.
97 Adenauer an Otto Wolff am 23.12.1923, ebd., S. 167 ff.
98 Anweisung Adenauers auf ebd., S. 169.
99 Duisberg an Adenauer am 28.12.1923, ebd., S. 173 ff.
100 Liste der Spenden für die proklinischen Semester, ebd., S. 257.
101 Anweisung an die Stadthauptkasse am 26.5.1924, ebd., S. 271.
102 Eckert an Adenauer am 3.3.1924, HAStK Best. 902/138, S. 311 f.
103 Eckert an Adenauer am 4.7.1924, HAStK Best. 902/143/1, S. 275 f.
104 K am 9.7.1924, UAK 332/1.
105 Adenauer an Suth am 18.7.1924, HAStK Best. 902/143/1, S. 274.
106 Adenauer an Krautwig am 10.7.1924, ebd., S. 283.
107 Eckert an Kultusminister am 19.7.1924, UAK 9/169, Bl. 91.
108 Zinsser an Adenauer am 25.7.1924, HAStK Best. 902/143/1, S. 297.
109 Vermerk vom 2.10.1924, ebd., S. 311.
110 Vermerk vom 20.4.1925, ebd., S. 315.
111 Vermerk Kleefisch vom 19.3.1925, ebd., S. 320.
112 Eckert an Adenauer am 2.5.1925, ebd., S. 325; Meuthen 1988, S. 25.
113 Reinermann, Lothar, „Richter, Werner", in: Neue Deutsche Biographie 21 (2003), S. 539–540.
114 Einladungsliste, HAStK Best. 902/143/1, S. 341.
115 Aufgabenliste zur Vorbereitung der Einweihungsfeierlichkeiten, ebd., S. 335 ff.
116 Ortmann 1986, S. 1.
117 Heimbüchel 1988, S. 434.
118 Eckert an Adenauer am 2.5.1925, HAStK Best. 902/143/1, S. 325.
119 Ortmann 1986, S. 6.
120 R. Müller 1929, S. 152.
121 Ortmann 1972, 163.
122 Henning u. a. 1988, S. 293.
123 Heimbüchel 1988, S. 439 ff.
124 Gebauer 1979, S. 133.
125 Ebd., S. 135 f.
126 Ortmann 1986, S. 10.
127 Rolf Ortmann, Nachruf auf Otto Veit, Köln 1972, https://www.karger.com/Article/Pdf/144552 (abgerufen am 3.1.2018).
128 Golczewski 1988, S. 139.
129 Rolf Ortmann, Nachruf auf Otto Veit, Köln 1972, https://www.karger.com/Article/Pdf/144552 (abgerufen am 3.1.2018).
130 Ebd.
131 Ortmann 1986, S. 12 f.
132 Ebd.
133 Heimbüchel 1988, S. 523.
134 Henning u. a. 1988, S. 293, S. 334, S. 340, S. 346 u. S. 352.
135 UAK 9/2735.
136 Noch Ende 1929 stellte Richter fest, es seien in Köln „alle naturwissenschaftlichen

Einrichtungen nicht gut, zum Teil minderwertig" (Geheime Aktennotiz Adenauers vom 9.12.1929, HAStK Best. 902/137/2, S. 41-44).
137 Stier-Somlo an Adenauer am 8.12.1925, UAK 9/2735.
138 Pabst 1976, S. 720.
139 Meuthen 1988, S. 27.
140 Adenauer an Schneider am 8.2.1927, HAStK Best. 902/138, S. 391 f.
141 Denkschrift des Oberbürgermeisters vom 23.3.1927, HAStK Best. 902/137/1, S. 497- 500.
142 HAStK Best. 902/140/1, S. 211.
143 Verzeichnis der Spenden für den Neubau der Universität, HAStK Best. 902/140/2, S. 229.
144 Anders als Rings vorgab, hatte Lindworsky den Ruf noch nicht erhalten (Eckert an Adenauer am 5.10.1927, HAStK Best. 902/141/2, S. 97).
145 Rings an Adenauer am 3.10.1927, HAStK Best. 902/141/2, S. 95.
146 Stellungnahme Brinckmanns o. D., ebd., S. 99 f.
147 Eckert an Adenauer am 12.12.1927, ebd., S. 107 f.
148 Aktennotiz Adenauers über Besprechung mit Eckert und Brinckmann am 14.1.1928, ebd., S. 115 f.
149 Zit. nach Heimbüchel 1988, S. 482 f.
150 Zentrum 30, KPD 16, SPD 11, Mieterschutz u. Bodenrecht 9, DVP 8, Wirtschaftspartei 6, DNVP 5, DDP 3 und Völkische 2 Sitze, USPD 1 Sitz (Fuchs 1991, S. 379 f.).
151 VS am 17.6.1927.
152 Ebd.
153 Adenauer an Walb am 19.6.1928, HAStK Best. 902/140/3, S. 402.
154 VS am 9.3.1928.
155 Betr.: Universität, HAStK Best. 902/140/2, S. 33 ff.; Meuthen 1988, S. 29.
156 Eckert an Adenauer am 29.7.1925, ebd., S. 251. Die Stiftung Wolff floss 1928 samt Zinsen in den Neubaufonds (Eckert an Berndorff am 8.11.1932, ebd., S. 257 f.)
157 Eckert an Adenauer am 31.7.1928, HAStK Best. 902/141/3, S. 219.
158 Korrespondenz Brüning mit Adenauer im Sommer 1926, HAStK Best. 902/141/2, S. 377, S. 379 u. S. 381.
159 Ebd., S. 3.
160 Ebd.
161 Adenauer an Pferdmenges am 27.3.1929, ebd., S. 187 f.
162 Pferdmenges an Adenauer am 4.4.1929, ebd., S. 189.
163 Vorschläge zur Beseitigung der Raumnot (Mai 1929), ebd., S. 63-95.
164 „Universitätsneubau" vom 12.7.1929, ebd., S. 25-27.
165 Dokumentation zum Universitätsneubau vom Frühjahr 1933, HAStK Best. 902/140/27, S. 5-15.
166 Adenauer an Zinsser am 31.7.1929, HAStK Best. 902/140/1, S. 167 ff.
167 Adenauer an SPD-Fraktion am 19.7.1929, HAStK Best. 902/140/2, S. 53 f.
168 Adenauer an Görlinger am 19.7.1929, ebd., S. 51 f.
169 Aufzeichnung vom 22.7.1929, ebd., S. 29.
170 Adenauer an Görlinger am 20.7.1929, ebd., S. 57 f.
171 Efferoth an Adenauer am 20.7.1929, ebd., S. 149 f.
172 Adenauer an Efferoth am 22.7.1929, ebd., S. 151.

173 Kuske an Adenauer am 21.7.1929, ebd., S. 157 ff.
174 Adenauer an Görlinger am 22.7.1929, ebd., S. 137–141.
175 „Erklärung (der SPD-Fraktion der Stadtverordnetenversammlung, H. E.) zur Universitätsfrage" o. D., ebd., S. 115–119.
176 Vizepräsident der IHK an Hagen am 23.7.29, HAStK Best. 902/102/1, S. 303 ff.
177 Telegramm Adenauer an Hagen am 22.7.1929, HAStK Best. 902/140/2, S. 163.
178 Langen an Hagen am 23.7.1929, HAStK Best. 902/102/1, S. 307.
179 Hagen an Adenauer am 25.7.1929, ebd., S. 297 ff.
180 Verband Kölner Innungen an Adenauer am 23.7.1929, HAStK Best. 902/140/2, S. 165.
181 Adenauer an Pesch am 24.7.1929, ebd., S. 169.
182 Zusammenschluss der nationalliberalen DVP und der linksliberalen DDP.
183 Brües (Chefredakteur des KÖLNER STADT-ANZEIGERS) an Adenauer am 9.7.1929, HAStK Best. 902/140/1, S. 135 ff.
184 Aktennotiz vom 27.7.1929, HAStK Best. 902/140/2, S. 181.
185 Adenauer an Zinsser am 31.7.1929, HAStK Best. 902/140/1, S. 167 ff.
186 Nachricht für Adenauer ohne Absender (Brüning) am 29.7.1929, HAStK Best. 902/140/2, S. 185.
187 Köhler 1994, S. 223.
188 VS am 29.7.1929.
189 Beschluss der Stadtverordnetenversammlung am 29.7.1929, HAStK Best. 902/140/1, S. 197.
190 Adenauer an Hagen am 29.7.1929, ebd., S. 159.
191 Adenauer an Zinsser am 29.7.1929, ebd., S. 153.
192 Adenauer an Zinsser am 31.7.1929, ebd., S. 167 ff.
193 Deres 2017, S. 70.
194 RHEINISCHE ZEITUNG vom 30.7.1929.
195 Adenauer an Brüning am 1.8.1929, HAStK Best. 902/140/2, S. 219 f.
196 Adenauer an Brüning am 9.8.1929, ebd., S. 221.
197 Eckert an Adenauer am 4.10.1929, HAStK Best. 902/144/1, S. 1041 f.
198 Adenauer an Seyffert am 11.11.1929, ebd., S. 1049 f.
199 Seyffert an Adenauer am 12.11.1929, ebd., S. 1055.
200 Telegramm Adenauer an Brüning am 16.11.1929, ebd., S. 1059.
201 Stadtarchiv Köln (Hg.) 1976, S. 99.
202 Adenauer an Landgerichtsdirektor Fehr am 25.11.1934, Morsey u. Schwarz 1991, S. 234–236.
203 Eckert an Adenauer am 20.1.1931, HAStK Best. 902/137/1, S. 577.
204 Rede Abel am 26.10.1929, HAStK Best. 902/140/1, S. 193.
205 Den Text der Urkunde entwarf der Germanistikprofessor Ernst Bertram (ebd., S. 185 f.; Abbildung der Urkunde siehe Stadtarchiv 1976, Abb. 15).
206 Rede Planitz am 26.10.1929, HAStK Best. 902/140/1, S. 187 ff.
207 Rede Becker am 26.110.1929, ebd., S. 199 ff.
208 Rede Adenauer am 26.10.1929, ebd., S. 373–387; Unterstreichungen wie im Redemanuskript.
209 Schwarz 1986, S. 319.
210 Http://www.spiegel.de/spiegel/print/d-43159949.html (abgerufen am 7.5.2018); Schwarz 1986, S. 317 ff.

211 Verwaltungsblatt vom 18.8.1931, Abschrift in HAStK Best. 902/140/28, S. 59; Henning 1976, S. 147.
212 Dokumentation eines Fachreferenten zum Universitätsneubau vom 18.4.1933, HAStK Best. 902/140/27, S. 5–15.
213 Übersicht über „die zugesagten Stiftungen, Zahlungstermine, bisherigen Eingänge" vom 27.11.1931, HAStK Best. 902/140/21, S. 203–209 u. S. 245 f.
214 Stiftungen für den Universitätsneubau o. D. (3.11.1932), HAStK Best. 902/140/22, S. 1 f.
215 Pferdmenges an Adenauer am 3.6.1933, HAStK Best. 902/140/21, S. 309.
216 Dokumentation eines Fachreferenten zum Universitätsneubau vom 18.4.1933, HAStK Best. 902/140/27, S. 5–15.

6 ZUSPITZUNGEN

6.1 COERPER

Im April 1926 starb Peter Krautwig plötzlich auf einer Dienstreise. Der allseits beliebte Beigeordnete hatte das städtische Gesundheitswesen seit 1905 in vorbildlicher Weise geleitet und war 1919 auch zum ordentlichen Honorarprofessor an der Medizinischen Fakultät ernannt worden.[1] Als seinen Nachfolger wählte die Stadtverordnetenversammlung im Juli 1926 Karl Coerper, der das Amt im September antrat.

Adenauer war auf Coerper verfallen, weil er den konfessionellen Proporz im Kollegium der Beigeordneten verschieben wollte.[2] Im Frühjahr 1925 hatte er den Eindruck gewonnen, als bestünde in der Kölner evangelischen Gemeinde „die Befürchtung einer Benachteiligung des evangelischen Teils der Bevölkerung gegenüber dem katholischen". Er initiierte Gespräche, an denen er selbst neben einigen Dezernenten teilnehmen wollte. Dabei kam zur Sprache, dass „an sämtlichen städt[ischen] Krankenanstalten die leitenden Verwaltungsstellen ... mit ‚katholischen' Beamten besetzt" waren.[3] Eine Berufung Coerpers konnte dieses Ungleichgewicht korrigieren und den guten Willen des Oberbürgermeisters unterstreichen, den Protestanten entgegenzukommen. Weil andere protestantische Beigeordnete konfessionell nicht besonders hervortraten, sahen die „Evangelischen" in Coerper bald ihren Sprecher.[4]

Coerper hatte seit 1923 als Dozent für Konstitutionslehre und ihre sozialhygienischen Anwendungsgebiete an der Sozialhygienischen Akademie in Düsseldorf gewirkt.[5] Im Laufe der zwanziger Jahre bestimmte zunehmend ein rassehygienischer Ansatz seine Einstellung zur Fürsorge. Spätestens mit seinem 1929 erschienenen Aufsatz über „Sozialhygiene und ihr Verhältnis zur Natur und Kultur" trat an die Stelle karitativer Gesundheitsfürsorge die vorrangige Förderung des „Gesunden", und in seiner Abhandlung „Grenzen der Fürsorge" betonte er 1931, dass fürsorgerische Maßnahmen im Erbgut ihre biologische Grenze fänden. Hatte die Medizinische Fakultät es 1928 noch abgelehnt, Coerper einen Lehrauftrag für „Sozialhygiene" und „Sozialhygienische Übungen" zu erteilen,[6] durfte er nach erfolgter Habilitation seit 1932 Vorlesungen über Eugenik und Bevölkerungspolitik halten.[7] In seiner Antrittsvorlesung vertrat er 1932 die These, ein Arzt sei ethisch verpflichtet, sich vorrangig der Pflege des Gesunden zu widmen.[8] Doch dürfte es kaum an Coerpers sich konturierenden rassebiologischen Ansichten gelegen haben, dass sich das ohnehin gespannte Verhältnis von Stadtverwaltung und Medizinischer Fakultät noch verhärtete.

Die Gründung der Universität hatte der Medizinischen Fakultät in personeller Hinsicht wenig Neues gebracht.[9] Bis zur Mitte der zwanziger Jahre gab es keine Berufungen, und das im Staatsvertrag angelegte Konfliktpotential kam nicht zum Ausbruch. Im Oktober 1926 starb unverhofft im Alter von sechzig Jahren Hermann Preysing, der seit 1906 die leistungsfähige HNO-Klinik der Stadt aufgebaut hatte. Nun war an der Medizinischen Fakultät erstmals ein Lehrstuhl neu zu besetzen, dessen Inhaber sich zugleich als Klinikdirektor eignen sollte. Die Medizinische Fakultät, auf ihre Souveränität bedacht, überreichte dem Kuratorium eine Liste mit drei Kandidaten, die Eckert nach § 14 Universitätsvertrag an den Oberbürgermeister weiterleitete. Doch Adenauer monierte diese Vorgehensweise. Dem Dekan Otto Tilmann, der seit 1908 die Chirurgische Klinik Lindenburg leitete, warf er vor, die Vorschläge eingereicht zu haben, „ohne sich vorher Gewißheit zu verschaffen, ob ich der Übertragung der Leitung der Klinik an einen der Vorgeschlagenen dem Minister gegenüber meine Zustimmung erteile". Damit habe die Fakultät zwar „formell richtig" gehandelt, doch halte er es im Interesse der Sache für besser, wenn der Dekan sich bei ihm oder seinem Vertreter über eine etwaige Zustimmung oder Ablehnung vorab rückversichere. Auch sei er als Oberbürgermeister „berechtigt, seine Stellungnahme nicht im Kuratorium, sondern dem Minister unmittelbar" abzugeben. Adenauer wertete das Vorgehen der Fakultät sogar als „eine ernste Unfreundlichkeit" gegen ihn persönlich, was die Zusammenarbeit zwischen Medizinischer Fakultät und Stadtverwaltung erschwere.[10] Nachdrücklich bekannte er am nächsten Tag gegenüber Christian Eckert, dass er „bei einem Konflikt zwischen Universitätsinteressen und Krankenhausinteressen ... den Krankenhausinteressen unbedingt den Vorzug geben" würde.[11]

Eckert vermittelte. Vor allem „taktische Überlegungen" sprächen dafür, dem Oberbürgermeister entgegenzukommen, riet er Tilmann. Er wies auf die „großen Bauaufgaben der medizinischen Fakultät" hin, vor allem für das Anatomische, das Pharmakologische und das Physiologische Institut sowie für die Zahnklinik. Bei diesen Vorhaben sei die Fakultät auf Adenauer nicht nur als dem Vorsitzenden des Kuratoriums, sondern auch als Stadtoberhaupt angewiesen. Eckert erklärte Tilmann, dass Adenauer die Berufungsliste um die Namen von Männern erweitert haben möchte, die „in wissenschaftlicher und pädagogischer

Hinsicht (Interessen der Universität)" wie „als Ärzte und Krankenhausleiter (Interessen der Stadtverwaltung)" uneingeschränkt als Nachfolger Preysings infrage kämen. Im Übrigen sei es schädlich, wenn das Berliner Ministerium von Unstimmigkeiten zwischen Oberbürgermeister und Fakultät erführe, denn das könnte die Position der Universität gegenüber den Berliner Behörden schwächen.[12] Aber Tilmann ließ sich von Eckert nicht beschwichtigen. Er schrieb Adenauer, dass seine Fakultät das „richtige und bei den Universitäten allgemein geübte Verfahren" befolgt habe. Es gehe nicht nur um ein „wichtiges, den Fakultäten der Universität verliehenes Recht", sondern auch um „die Gewähr einer unabhängigen akademischen Urteilsbildung…, wie sie zur Blüte der deutschen Universitäten wesentlich beigetragen" habe.[13]

Im Sommer sprach sich eine Abordnung der Medizinischen Fakultät, bestehend aus Tilmann, Moritz und Veit, mit dem Oberbürgermeister aus. Man einigte sich darauf, dass „Mißverständnisse" zu den Spannungen geführt hätten. Adenauer beteuerte, er wolle die Fakultät keinesfalls in ihrer Entscheidungsfreiheit beschränken, und Dekan Tilmann erklärte sich bereit, die Namen der Kandidaten einer Berufungsliste dem Medizinalbeigeordneten vorab vertraulich mitzuteilen. Die Fakultät bezog diese Zusage aber nur auf das laufende Verfahren, lautete doch der letzte Satz des Gesprächsprotokolls: „Über die Frage, wie in Zukunft die Fakultät bei Berufungsverhandlungen sich verhalten würde, wurde nicht gesprochen."[14]

Nachdem die Fakultät im Sommer 1927 den Anatomen Otto Veit zum Dekan gewählt hatte,[15] legte dieser seinen Kollegen Anfang Oktober eine Resolution vor, die sein Amtsverständnis umriss. Der Text zog Schlüsse aus den Erfahrungen, die sein Vorgänger Tilmann gemacht hatte. Wenn es darum gehe, eine Liste für die Nachfolge des im September zu emeritierenden August Pröbsting aufzustellen, den langjährigen Direktor der Augenklinik und Ordinarius für Augenheilkunde, müssten akademische Gesichtspunkte stärker wiegen als die Interessen der städtischen Kliniken, forderte Veit. Es stehe „die Zukunft der Fakultät, z. T. der Gesamtuniversität auf dem Spiele". Gerade bei jungen Universitäten wie der Kölner werde eifrig beobachtet, ob sie sich zu Recht als „Teile der deutschen ‚Gelehrtenrepublik'" fühlen dürften. Man bemühe sich redlich, bei Berufungen jeweils „die Besten" vorzuschlagen. Doch lägen in Köln die Verhältnisse „besonders schwierig", weil hier „das städtische Kuratorium der Universität und der Oberbürgermeister als solcher noch besonders auf die Berufungen Einfluss ausüben" könnten, wodurch „stadtpolitische Momente" Gewicht bekämen. Die Fakultät müsse gegenüber der Stadt aber „auf ihrem Recht und ihrer Pflicht" bestehen, ihre Vorschlagslisten „ohne irgendwie geartete Vorverhandlungen" auszuarbeiten und einzureichen. Ihr stehe in den nächsten Jahren eine „durchgreifende Verjüngung" bevor, da rund zehn Ordinariate neu zu besetzen seien. Doch werde man keine „ersten Kräfte" gewinnen, wenn Auswärtige es sich „zur Ehre anrechnen(,) in Köln nicht auf eine Berufungsliste zu kommen". Der letzte Passus wurde nach der Aussprache gestrichen; stattdessen hieß es, dass man erste Kräfte nur gewinnen könne, wenn „grundlegend anders vorgegangen" werde als bisher. Elf Professoren der Medizinischen Fakultät waren mit dieser Stellungnahme „im Prinzip einverstanden", zwei unterschrieben mit mehr und weniger „starken Bedenken".[16]

Veit, der sich bei allen Differenzen gut mit Adenauer stand, berichtete diesem von der Diskussion über seine Erklärung in der Fakultät. Selbstverständlich sei man bereit, personelle Anregungen der Stadtverwaltung anzunehmen, jedoch nur als einen „Rat von außerhalb", und die Fakultät werde keine Rechenschaft darüber ablegen, welche Folgerungen sie daraus ziehe. Auch dürften ihr keine Schwierigkeiten entstehen, wenn sie sich nicht an ein Votum des Oberbürgermeisters halte.[17] Adenauer schrieb zurück, die Fakultät sei „vollständig frei" in der Frage, welche Namen sie auf eine Berufungsliste setze; „vollständig frei" stehe es aber auch ihm, den Vorschlag für den Minister zu befürworten oder abzulehnen.[18] Im Vorfeld von Berufungen holte er weiterhin Auskünfte über Kandidaten ein. Dabei entstand stapelweise „vertrauliche" Korrespondenz.[19]

Während Adenauer bei der Regelung der Nachfolge für Pröbsting offenbar den Ausgleich mit der Fakultät suchte, bereiste Coerper im Dezember 1927 deutsche und ausländische Universitäten. Er sammelte Informationen, anhand derer die Stadtverwaltung eigene Vorschläge machen sollte. Diese Reise unternahm er, wie er beteuerte, als „Vertreter des Oberbürgermeisters". Als Otto Veit von Coerpers Aktivitäten erfuhr, platzte ihm der Kragen. Nunmehr erscheine die Medizinische Fakultät der Universität Köln „bei allen auswärtigen Fakultäten erneut als eine Fakultät ohne akademische Freiheit, die wichtigste Grundlage deutscher Universitäten", hieß es in seinem empörten Brief an den Oberbürgermeister – den er allerdings nicht abschickte.[20] Doch die Fakultät beschwerte sich: Es sei untragbar, dass „während der Vorbereitung einer Vorschlagsliste durch die Fakultät seitens der Stadtverwaltung selbständig Kandidaten ausgesucht" würden.[21]

Otto Veit besprach sich daraufhin erneut mit Adenauer. Man kam überein, dass die Stadt auf „Anregungen" für die Neubesetzung des Lehrstuhls für Augenheilkunde verzichten würde. Eine prinzipielle Regelung kam jedoch wieder nicht zustande. Darum erbat Veit im Kultusministerium Rückendeckung für den Fall, dass „wir Schwierigkeiten bekommen, weil wir auf akademische Weise vorgehen". Er unterstrich, dass diese nicht von Adenauer oder Eckert ausgingen, „sondern von bestimmten Beratern des Oberbürgermeisters".[22] Als Adenauer von Veits Schreiben erfuhr, missbilligte er gegenüber Rektor Walb, dass der Dekan hinter seinem Rücken gehandelt habe.[23] Doch wusste er, dass Veits Empörung weniger ihm als vielmehr dem Beigeordneten Coerper galt.

Auch nach dem Ende seines Dekanats stritt Veit dafür, dass akademische Standards eingehalten wurden. In einem Brief an seinen Nachfolger, den Bakteriologen Reiner Müller, warf er Coerper vor, die Verhandlungen mit der Fakultät „in absolut nichtakademischem Geiste" geführt und niemals klare Auskunft gegeben zu haben. Zu den erheblichen Differenzen sei es gekommen, weil Coerper die Aufforderung der Fakultät, den Dienstweg einzuhalten, „als gegen sich persönlich gerichtet" betrachtet habe. Die vorgesetzte Dienststelle der Fakultät sei aber allein der Kultusminister, vermittelt durch das Kuratorium. Mit städtischen Dienststellen trete die Fakultät ausschließlich über das Kuratorium und dessen Vorsitzenden in Kontakt. Veit berichtete auch, dass ein „städtischer" Kandidat für die Leitung der Hals-Nasen-Ohren-Klinik von Coerper sogar einmal als „Baurat" durch die Klinik geführt worden sei, um bei der Fakultät nicht aufzufallen.[24] Dekan Müller sammelte bald eigene Erfahrungen mit Coerper; dieser trete ihm „wie ein Vorgesetzter" gegenüber und begründe dies damit, dass er schließlich „Politik gelernt" habe.[25]

Als die Emeritierung von Friedrich Moritz (Innere Medizin I) bevorstand, kam es bei der Suche nach einem Nachfolger zwischen Adenauer und Karl Coerper zu einem Eklat, wie ihn die Kölner Verwaltung noch nicht gekannt hatte. Adenauer hatte dem Beigeordneten Ende November 1929 zum wiederholten Mal und eindringlich erklärt, dass er dessen Vorschlag ablehne, den Internisten Franz Külbs[26] sowohl als Direktor der Medizinischen Klinik I (Lindenburg) als auch auf den Lehrstuhl Innere Medizin I zu berufen; denn Külbs, der seit 1917 die Medizinische Klinik II (Augusta-Hospital) leitete, habe „wissenschaftlich nicht Genügendes geleistet".[27] Um diese Ansicht zu widerlegen, reichte Coerper dem Oberbürgermeister ein Verzeichnis der Schriften Külbs ein.[28] Unterdessen erfuhr Adenauer in Berlin, dass Coerper auch gegenüber Werner Richter eigenmächtig dafür eingetreten war, Külbs die Nachfolge von Moritz antreten zu lassen. Der Leiter der Hochschulabteilung im Kultusministerium hatte Coerper bei dieser Gelegenheit „ausdrücklich erklärt", dass er Külbs Berufung ausschließe, und auf die „absolut mangelnden wissenschaftlichen Qualitäten" des Kandidaten verwiesen.[29]

Nachdem Adenauer von Richter über die Unterredung informiert worden war, fühlte er sich von Coerper hintergangen. Er forderte den Beigeordneten auf, schriftlich zu erklären, wie er es mit seinen „dienstlichen Pflichten für vereinbar" hielte, ihm zu verschweigen, welche Ansicht Ministerialdirektor Richter vertreten habe.[30] Coerper bestritt, versucht zu haben, „das Ministerium für Übertragung des durch den Abgang von Geheimrat Moritz freiwerdenden Lehrstuhls an Professor Külbs zu gewinnen". Doch sei das Gespräch mit dem Oberbürgermeister am 30. November zu kurz gewesen, um diesem die Unterredung mit Richter „restlos darzulegen".[31] Adenauer nahm Coerpers „Entschuldigung" nicht an und setzte diesem akribisch auseinander, dass die fragliche Unterredung in seinem Dienstzimmer keineswegs wie von Coerper unterstellt 20 Minuten, sondern fast eine ganze Stunde gedauert habe, lange genug also, um ihn gründlich zu informieren. Da Richters Urteil über Külbs für die Entscheidung, die er als Oberbürgermeister zu verantworten habe, von größter Bedeutung sei, hätte Coerper sie ihm „unter keinen Umständen" vorenthalten dürfen, zumal Coerper sich angeboten habe, die wissenschaftliche Qualifikation Külbs zu belegen. Adenauer sprach dem Beigeordneten seine „ernste Mißbilligung" aus und wies ihn darauf hin, dass „derartige Erfahrungen" ihn veranlassen müssten, wichtige Entscheidungen in Zukunft allein zu treffen".[32]

Am 20. Februar erörterte Adenauer in Berlin die Angelegenheit mit Richter. Dieser erklärte, er sei während der fraglichen Unterredung über Coerpers Absicht, „Herrn Professor Külbs nach der Lindenburg zu bringen", derartig entsetzt gewesen, dass er seine Ablehnung „in sehr temperamentvoller Weise, nicht etwa in gelassenem Behördenstil" zum Ausdruck gebracht habe. Coerpers Behauptung, er hätte Külbs als Nachfolger für Moritz in Betracht gezogen, sei „eine glatte Unwahrheit".[33] Adenauer unterrichtete Coerper von dieser Unterredung; der solle sich „binnen 5 Tagen" äußern.[34] Doch zuerst übersandte Coerper dem Ministerialdirektor *seine* Aktennotiz über die Unterredung und bat um „gefl[issentliche] Zustimmung".[35] Die von Adenauer geforderte Stellungnahme verweigerte er und verlangte stattdessen hochgemut, der Oberbürgermeister als sein Vorgesetzter möge ihn gegen den „ehrenrührigen Vorwurf" Richters verteidigen.[36] Doch Richter bestätigte schriftlich, was er Adenauer bereits mündlich erklärt hatte, war aber bereit, den Ausdruck „glatte Unwahrheit", der „etwas hart" klinge, durch „absolute sachliche Unrichtigkeit" zu ersetzen.[37] Coerper, der diese Passage als Abschrift zur Kenntnis erhielt, gab sich damit nicht zufrieden, und nach einigem Hin und Her konnte Richter sich nur noch gegen Coerpers Versuch verwahren, ihm „irgend etwas Vorschriftswidriges" in der „amtlichen Unterhaltung" vom November 1929 nachzusagen.[38] Coerper unternahm weiterhin Reisen, um Auskünfte über Kandidaten einzuholen, die seines Erachtens als Nachfolger von Kölner Klinikdirektoren und

Ordinarien der Medizinischen Fakultät infrage kamen, und berichtete dem Oberbürgermeister darüber in aller Ausführlichkeit schriftlich.[39]

Als Nachfolger für Moritz war inzwischen der Freiburger Ordinarius Hans Eppinger im Gespräch, für Pröbsting der ebenfalls in Freiburg lehrende Ernst Engelking. Werner Richter erklärte dem Oberbürgermeister, dass Eppinger „der bedeutendste Internist in Deutschland" sei, wobei offenbleibe, notierte Adenauer anschließend, ob der Kandidat „nach seiner ganzen Art ein allgemein beliebter Krankenhausleiter" sein werde. Doch könne Eppinger, was dies angehe, sich in Köln ja noch entwickeln, fand Richter. Der Chirurg Hans von Haberer, ein möglicher Nachfolger von Tilmann, sei „ersten Ranges". Er gelte im Fach Magen-Chirurgie so viel wie „Sauerbruch auf dem Gebiet der Lungen-Chirurgie". Auch Adenauer sah eine Berufung Eppingers und von Haberers als die „für die Fakultät und die Krankenhäuser in Köln günstigere Lösung" an.[40]

Einen Tag, bevor das Kuratorium die Berufungsvorschläge der Medizinischen Fakultät zu behandeln hatte, versicherte Adenauer Richter, dafür zu sorgen, dass diese anschließend umgehend dem Ministerium zugehen würden. Er werde ein Schreiben beifügen, aus dem hervorgehe, dass er der Übertragung der Kliniken an Engelking (Nachfolge Pröbsting), Eppinger (Nachfolge Moritz) und von Haberer (Nachfolge Tilmann) zustimme. Adenauer erinnerte den Ministerialdirektor an dessen Zusage, für eine Berufung von Haberers zu sorgen, obwohl die Düsseldorfer Universität, an der dieser derzeit lehrte, seinen Weggang ablehnte. Es sei wichtig, dass alle drei Professoren noch zum Sommersemester berufen würden, da der Lehrbetrieb bereits unter den Vakanzen leide.[41]

Auch bei der Direktorenstelle der Augenklinik setzte sich Adenauer gegen Coerper durch und folgte dem Rat Richters. Der von Coerper favorisierte Alois Meesmann, erklärte Richter dem Kölner Oberbürgermeister Anfang 1930, könne „in keiner Weise den Vergleich mit Herrn Engelking aushalten", der „etwas Besonderes zu werden" verspreche.[42] In Köln übernahm Ernst Engelking das Amt des Direktors der Augenklinik wie das Ordinariat für Augenheilkunde. Da Eppinger in Freiburg als Klinikdirektor ein weit überdurchschnittliches Gehalt bezogen hatte, erbat Richter von Adenauer ein „Opfer", das „im Interesse der Sache gebracht" werden sollte.[43] Der Oberbürgermeister sorgte dafür, dass Eppinger einen Ausgleich für die Bezüge erhielt, die ihm durch seinen Weggang von Freiburg entgingen. Sowohl Coerper als auch der für Personalangelegenheiten zuständige Dezernent Max Berndorff erfuhren nichts von dieser Begünstigung.[44] Eppinger folgte Moritz zum Wintersemester 1930/31 als Ordinarius wie als Klinikdirektor nach. Adenauer und er freundeten sich bald an.[45]

Ende 1930 wurde Coerper eine Stelle in Dresden angeboten. Daraufhin ersuchte das evangelische Presbyterium den Oberbürgermeister, sich für einen Verbleib des Beigeordneten in Köln einzusetzen. Adenauer lehnte jedes Entgegenkommen ab. Coerper blieb dennoch. Aber das Verhältnis zwischen ihm und dem Oberbürgermeister war zerrüttet. Monatelang wechselte Adenauer mit Coerper kein Wort. Er empfand diesen zudem als „weitschweifig und rechthaberisch" und bedauerte die Personalie später als „Fehlgriff". Er warf Coerper vor, „durch Intrigen und falsche Informationen eine eigene Personalpolitik gegen den Willen des Oberbürgermeisters" betrieben zu haben.[46] Anzunehmen ist, dass Adenauer inzwischen auch die rassistischen Ansichten Coerpers kannte. In der Ablehnung dieser Positionen dürfte er sich mit Werner Richter verbunden gefühlt haben. Aber solches zum Thema zu machen, galt – ebenso wie im Fall des nationalkonservativen Martin Spahn – offenbar als Tabu. Beide versuchte man wegen dienstlicher Verfehlungen zu disziplinieren, was sich letztlich als stumpfe Waffe erwies. Doch der außerordentlich schroffe Ton, den Adenauer und Richter am Ende in der Kommunikation mit Coerper anschlugen, spricht dafür, dass es beiden um mehr ging als um das Fehlverhalten Coerpers als einem Untergebenen des Stadtoberhauptes.

6.2 „SE CONNAÎTRE"

Nach der Emeritierung von Etienne Lorck, der seit 1901 die Professur für Romanistik an der Handelshochschule innegehabt hatte, musste die Philosophische Fakultät 1927 einen neuen Leiter für das Romanische Seminar finden. Ende 1925 hatte es in einer Denkschrift über den Ausbau der Philosophischen Fakultät geheißen, die englische und die romanische Philologie verbinde das gemeinsame Ziel einer „modernen Universität", wenn es darum gehe, „möglichst engen Kontakt mit den außerdeutschen Kulturen zu gewinnen".[47] Das passte zu dem Anspruch, den Konrad Adenauer 1919 anlässlich der Gründung der Universität formuliert hatte, die Universität solle am „hohen Werk dauernder Völkerversöhnung und Völkergemeinschaft zum Heile Europas" mitwirken. Deshalb beteiligte sich der Oberbürgermeister intensiv an der Suche nach einem geeigneten Gelehrten als Nachfolger für Lorck.

Im Herbst 1927 waren dafür der Münchner Eugen Lerch, der Innsbrucker Emil Winkler und der Marburger Leo Spitzer im Gespräch. Der Oberbürgermeister prüfte ernsthaft, ob der Katholik Winkler berufbar sei. Der preußische Gesandte in München befürwortete eine Berufung Winklers an eine deutsche

Universität, würde sich diese doch günstig auf das deutsch-österreichische Verhältnis auswirken.⁴⁸ Er überließ Adenauer vertraulich ein Gutachten des Romanisten Ernst Gamillscheg. Dieser beurteilte seinen ehemaligen Kollegen Winkler sachlich und lobte uneingeschränkt dessen wissenschaftliche wie menschliche Qualitäten.⁴⁹ Gamillscheg wandte sich aber auch direkt an Adenauer, allerdings mit ganz anderen Argumenten als in seinem Gutachten:

> Wenn Eure Exzellenz nun die große Liebenswürdigkeit haben wollten, für die tatsächliche Ernennung Winklers sich einzusetzen, würde nicht nur ein ehrliches wissenschaftliches Streben die verdiente Anerkennung finden, sondern auch gleichzeitig den Interessen der Universität Köln aufs beste gedient sein. Die zwei mit Winkler in den Vorschlag aufgenommenen Kandidaten, der Marburger Ordinarius Leo Spitzer und der Münchner Extraordinarius Lerch sind beide getaufte Juden und ich glaube schon deshalb nicht, dass diese Wahl für die katholische Universität Köln eine besonders günstige ist.⁵⁰

Die Fakultät präsentierte eine Liste mit Leo Spitzer an erster, Lerch an zweiter und Winkler an dritter Stelle. Sie begründete die Platzierung Spitzers zum einen mit dessen Qualifikation als Wissenschaftler. Zum andern nützten seine umfangreichen Sprachkenntnisse auch der Wirtschafts- und Sozialwissenschaftlichen Fakultät. Nicht zuletzt sei Spitzer ein „großer Franzosenkenner", der „enge persönliche Kontakte mit führenden Persönlichkeiten Frankreichs und Spaniens" pflege.⁵¹ Das Kuratorium unter dem Vorsitz des Oberbürgermeisters wandte nichts gegen die Liste ein, und diese ging auf dem Dienstweg an das Ministerium.

Adenauer hatte hinterm Berg gehalten, dass Emil Winkler sein Favorit war, und schickte dem vom Kuratorium gebilligten Vorschlag der Fakultät am nächsten Tag ein vertrauliches Schreiben an Aloys Lammers hinterher. Dessen Ernennung zum Staatssekretär im Kultusministerium war 1925 in der katholischen Öffentlichkeit als „Wiedergutmachung eines hundertjährigen Unrechts" gefeiert worden.⁵² Adenauer bat Lammers, „dringend" dafür zu sorgen, dass Winkler berufen werde. Er legte eine Abschrift des Gutachtens von Gamillscheg bei, das den Staatssekretär „über alles Weitere" orientiere. Sollte Lammers noch „irgendwelche Zweifel" hegen, bäte er darum, zwischen dem 9. und 15. Dezember „zum Staatsrat telefonisch Nachricht zu geben".⁵³

Wider Erwarten sah das Ministerium in den eingereichten Vorschlägen keine „geeignete Grundlage", um den romanistischen Lehrstuhl wiederzubesetzen, und erbat im Mai 1928 einen neuen Vorschlag. Die Kölner Philosophische

Fakultät reichte aber im Juli 1928 keine neue Liste ein, sondern ergänzte lediglich die erste um den Freiburger Romanisten Hans Heiss.[54]

Doch schon bald setzte Adenauer nicht mehr auf Winkler, sondern versuchte, das Ministerium für Leo Spitzer einzunehmen. Dieser, so argumentierte er, werde auch gebraucht, um das während der Inflationszeit aufgegebene Deutsch-Iberische-Institut wiederzubeleben, was die Kölner Presse fordere.[55] Wie erklärt sich dieser Sinneswandel? In Köln fand im Sommer 1928 auf Betreiben Adenauers die „Pressa" statt, eine internationale Presseausstellung, deren Eröffnung im Mai rund 200 ausländische Diplomaten aus 43 Staaten mitfeierten. In der Rede des Oberbürgermeisters hieß es, die Landesgrenzen dürften den menschlichen Geist nicht einengen, dieser strebe vielmehr seiner Natur nach über sie hinaus „zur geistigen Gemeinschaft und Verbundenheit aller Kulturvölker". Adenauer knüpfte auf der Ausstellung internationale Kontakte.[56] Als der französische Erziehungsminister Edouard Herriot, den deutsche Nationalisten immer noch als Vertreter einer Besatzungsmacht ansahen,[57] die Messe Anfang August besuchte, bekannte Adenauer in einer Ansprache, es müsse in allen Ländern „mit Ernst, mit Ausdauer, mit Hingabe" dafür gearbeitet werden, dass „der Gedanke des Friedens und der Verständigung" siege, „wenn nicht Europa untergehen soll".[58] Und dem Gastspiel der Comédie Française während Herriots dreitägigen Besuchs bescheinigte er, dazu beigetragen zu haben, „die kulturellen Beziehungen zwischen den beiden Nationen zu fördern und zu stärken", damit das deutsche Volk „keine Schranken zwischen deutscher und französischer Kultur aufgerichtet" sehe.[59] Kultusminister Becker, der zu seinem „lebhaften Bedauern" weder an der Eröffnung noch an der Schlussfeier der Ausstellung hatte teilnehmen können, attestierte dem „großartigen Unternehmen", es habe „dazu beigetragen, die internationale geistige Verständigung zu fördern".[60]

Die „Pressa" gab Adenauers „transnationalem Handlungsehrgeiz" offenbar „neue Impulse".[61] Noch im selben Jahr trat er der Deutsch-Französischen Gesellschaft bei – nachdem ihm das Auswärtige Amt deren Seriosität bestätigt hatte – und wurde sogleich in das Präsidium gewählt. Weitere Mitglieder waren die Oberbürgermeister der Großstädte Frankfurt, Mannheim und Nürnberg, Ludwig Landmann, Hermann Heimerich und Hermann Luppe, sodass sich Adenauer als einziger Repräsentant des Zentrums in der Gesellschaft zweier Sozialdemokraten und eines linksliberalen Politikers befand. Dem Verein gehörten Persönlichkeiten wie Otto Dix und Albert Einstein, André Gide und Thomas Mann an sowie der Adenauer verbundene Kölner Großindustrielle Otto Wolff.[62] Bei aller Unterschiedlichkeit war den Ortsverbänden der Deutsch-Französischen Gesellschaft „die Vorstellung gemeinsam, dass man im deutsch-franzö-

13 Eröffnung der internationalen Presse-Ausstellung in Köln, 1928. Adenauer mit dem preußischen Ministerpräsidenten und dem Innenminister, dem US-Botschafter, dem spanischen Botschafter und dem Generalsekretär des Völkerbundes.

sischen Verhältnis von der aktivbürgerlichen Basis beider Länder her ... einen konstruktiven neuen Anfang der bilateralen Beziehungen erreichen könne". Dem sollte ein Austausch zwischen Vereinen und Institutionen auf kommunaler Ebene dienen. Während die Gesellschaft in Berlin, Frankfurt und Stuttgart viele Mitglieder gewann und regelmäßig Veranstaltungen anbot, blieb Adenauers Bereitschaft, sie in Köln zu etablieren, „ohne nennenswerte Resonanz" – nur 25 Mitglieder lassen sich nachweisen. Zum einen mochte in Köln die Erinnerung an die französische Besatzung „noch zu frisch" gewesen sein, zum andern handelte es sich bei Adenauers Beitritt wohl um einen einsamen Entschluss, charakteristisch für seine Regentschaft als Oberbürgermeister in der zweiten Hälfte der zwanziger Jahre.[63]

Die Nachfolgeregelung für Etienne Lorck zog sich hin. Solange das Ministerium keine Entscheidung traf, hielt Hugo Mönnig nach einem geeigneten katholischen Kandidaten Ausschau. Mit Ämtern überladen[64] und mit universitären Angelegenheiten wenig vertraut, ließ sich der konservative Politiker im Dezember 1928 von Heinrich Nahen beraten, dem Sprecher der katholischen Jungakademiker. Nahen versorgte Mönnig mit Informationen über den Frankfurter Privatdozenten Helmut Hatzfeld und führte die Namen von Personen an, die „freilich nicht primär fachlich", doch „katholischerseits" nähere Auskünfte über Hatzfeld erteilen könnten. Ein weiterer Brief Nahens an Mönnig enthielt die Abschrift eines kurzen Empfehlungsschreibens des Frankfurter Studentenseelsorgers. Dieser hielt Hatzfeld für „außerordentlich geeignet", eine Professur in Köln anzutreten, denn dessen „katholische Überzeugung und sein praktisches katholisches Handeln" seien „über jeden Zweifel erhaben". Zwar sei er „in politischen Dingen nicht führend hervorgetreten", doch wisse er bestimmt, dass Hatzfeld „immer Zentrum gewählt" habe und „politisch zumal kulturpolitisch ganz fest auf dem Boden des Zentrums" stehe. Er selbst zweifle nicht daran, dass Hatzfeld „auch nach seiner Berufung zum Ordinarius ein ganzer Katholik" und „ein energischer Verfechter und Verteidiger unserer katholischen Auffassung" bleiben werde. Nahen fügte eine Tabelle an, die belegte, dass die ganz überwiegend katholischen Sprachstudenten in den letzten Jahren ausschließlich von evangelischen Professoren unterrichtet worden wären. Abschriften seiner Briefe an Mönnig überließ er Erzbischof Schulte.[65]

Eine Reaktion des Erzbischofs ist nicht bekannt, erübrigte sich zunächst auch, da das Ministerium Heiss berief. Als der Freiburger den Ruf im Februar 1929 ablehnte, setzte eine „hektische Suche nach weiteren Kandidaten" ein.[66] Da alles wieder offen zu sein schien, wurde auch der Kölner Oberbürgermeister erneut um Protektion angegangen. Inzwischen hatte Hugo Mönnig den ihm von Nahen angedienten Hatzfeld auch dem Prälaten Albert Lauscher ans Herz gelegt, einem einflussreichen Zentrumspolitiker. Lauscher teilte Adenauer im April mit, er habe mit Richter über die Neubesetzung des Kölner romanistischen Lehrstuhls gesprochen, für die es noch keine Vorschläge gebe. Richter sei grundsätzlich bereit, behauptete Lauscher, Hatzfeld zu berufen. Er lasse Adenauer „aber bitten, es nicht an Bemühungen fehlen zu lassen, um H. auf die Liste zu bringen", denn das würde „die Sache ganz wesentlich erleichtern". Sollte das nicht möglich sein, wäre es Richter „erwünscht", wenn Adenauer brieflich erklärte, dass er auf Hatzfelds Berufung „besonderen Wert" lege. Richter könne dann „prozedieren, ohne daß man genötigt wäre, zu dem rigorosen Mittel der Oktroyierung zu greifen". Gebieterisch erbat Lauscher eine Abschrift des Briefes, den Adenauer an Richter senden würde, „damit wir genau d'accord agieren".[67]

Doch Adenauer ließ sich nicht drängen und ersuchte Lauscher erst einmal, ihm Näheres über „die Persönlichkeit und die fachlichen Qualitäten" Hatzfelds mitzuteilen.[68] Der Prälat musste gestehen, Hatzfeld nicht persönlich zu kennen, habe sich für diesen „auf Veranlassung des Herrn Justizrat Mönnig" bemüht,

14 Die Kölner Zentrumspolitiker Johannes Rings, Konrad Adenauer, Hugo Mönnig und Johannes Dech, 1926.

der gewiss in der Lage sei, Auskunft über Hatzfeld zu geben. Eine Abschrift der Abschrift der Beurteilung des Frankfurter Studentenseelsorgers, deren Verfasser jedoch nicht identifizierbar war, erhielt Adenauer von Hugo Mönnig im Mai 1929.[69]

Adenauer antwortete Lauscher lapidar, dass er „gegenüber Empfehlungen ohne Angabe des Autors ziemlich vorsichtig" sei, und spielte auf Zeit. Vielleicht gelinge es Lauscher ja noch, etwas über Hatzfeld in Erfahrung zu bringen.[70] Lauscher, anscheinend ungehalten über Adenauers Zögern, nannte diesem den Verfasser der Auskunft, die er für „unbedingt zuverlässig" halte, weshalb es „weiterer Erkundigungen" nicht bedürfe. Adenauer könne „unbedenklich den bewußten Brief" an Richter schreiben. Das müsse recht bald geschehen, da andernfalls zu befürchten sei, dass man sich in Berlin womöglich „einfach an die Vorschläge der Fakultät" halte und einen „Nichtkatholischen" beriefe.[71]

Adenauer, der sich längst für Leo Spitzer entschieden hatte, und, was Lauscher offenbar unterschätzte, auf ausgesprochen gutem Fuß mit Richter stand,[72] ließ sich von dem Prälaten nicht einspannen. Vielmehr bat er den Historiker Gerhard Kallen, sich über Hatzfeld zu erkundigen.[73] Kallen konnte dem Oberbürgermeister berichten, dass Hatzfeld „günstigstenfalls als mittelmäßige Kraft" gelte. Obwohl er in Königsberg zwei Semester lang vertreten habe, sei er dort „nicht einmal auf die Liste gekommen". Trotz dieser „wenig verheißungsvollen Auskunft" habe er, Kallen, veranlasst, dass in der Sitzung der Kölner Berufungskommission über Hatzfeld debattiert wurde. Doch die Fachvertreter hätten Hatzfeld „einhellig … als völlig undiskutierbar" abgelehnt. Kallen war dies peinlich, wie er dem Oberbürgermeister bekannte, denn die Fakultät habe schon zum zweiten Mal einen von ihm vorgeschlagenen katholischen Kandidaten „disqualifiziert". Es sei eben so, „dass unsere katholischen Professoren versäumen, für tüchtigen Nachwuchs zu sorgen. Hier liegt der grosse Fehler. Hier muss Wandel geschaffen werden". Das habe er auch gegenüber Hugo Mönnig vertreten, der sich im Kuratorium für Hatzfeld einsetze. „Es nützt nichts, in bestehende Lücken mangelhaft qualifizierte Katholiken hineinzuschieben. Wir stärken dadurch nur den Vorwurf der Inferiorität und verbauen für später jüngeren Kräften den Aufstieg." Bedauerlicherweise fördere die Görres-Gesellschaft keine „tüchtigen Schüler" katholischer Professoren, sondern unterstütze Wissenschaftler erst nach deren Habilitation. Auch ihr sollte man „einmal ins Gewissen reden und sie an ihre Pflicht gemahnen". Ihm selbst sei eine „glatte Abfuhr" erteilt worden, als er darum gebeten habe, einem seiner „äußerst tüchtigen" Schüler die weitere Ausbildung zu ermöglichen.[74]

Kallen hatte den Finger in die Wunde gelegt. Mochten antikatholische Vorbehalte in Teilen des protestantischen Bildungsbürgertums auch das Deutsche Kaiserreich überdauert haben[75] und mitunter zur Benachteiligung katholischer Gelehrter führen, ließ sich deren relativ schwacher Vertretung an den Hochschulen auf Dauer nicht durch die Fürsprache über katholische Netzwerke abhelfen. Was Kallen ansprach, war unter katholischen Funktionsträgern beileibe kein Geheimnis, wurde aber nicht offen diskutiert. So hatte bereits 1924 Adam Stegerwald gegenüber dem Kölner Erzbischof erklärt, „daß auf einer Reihe von Gebieten die Katholiken ähnliche geistige Potenzen" nicht hätten, „wie sie im evangelischen Lager vorhanden" seien.[76] In Debatten um die katholische Unterrepräsentation in Wissenschaft, Kultur und Verwaltung wurde seit Langem eingeräumt, dass die Ursache dafür nicht nur in den „langfristige(n) Folgen der Säkularisation und eine(r) gezielte(n) staatliche(n) Diskriminierungspolitik" zu suchen sei, sondern auch in fortlebenden „generelle(n) Vorbehalten katholischer Kreise gegen höhere Bildung mit Ausnahme des Theologiestudiums".[77]

Adenauer erkundigte sich auch bei Josef Nadler nach Hatzfeld, den er aus einem Vorgespräch bei der Besetzung des Lehrstuhls für Neuere Germanistik kannte. Der Germanist lehrte inzwischen in Königsberg, wo er Hatzfeld als Lehrstuhlvertreter erlebt hatte. Kallens Gedanken aufgreifend schrieb Adenauer:

> So gern ich nun dazu beitrage, den katholischen Privatdozenten, die ja leider bei Berufungen stark zurückgesetzt werden, zu helfen, so kann ich mich dazu doch nur dann entschließen, wenn es sich um einen wirklich qualifizierten Bewerber handelt. Ich bin der Auffassung, dass es viel richtiger ist, wirklich qualifizierte Katholiken auf Lehrstühlen zu sehen, als Katholiken, die in ihrem Fach nicht besonders tüchtig sind.

Adenauer bat Nadler, ihm eine „ausführliche Auskunft über Herrn Hatzfeld zu geben" und sich darüber zu äußern, ob dieser „wirklich ein gut qualifizierter Mann" sei, sowie ihm mitzuteilen, welche „besonderen Bedürfnisse" es der dortigen Fakultät „unmöglich gemacht" hätten, ihn in Königsberg auf die Berufungsliste zu setzen.[78]

Am 4. Juli 1929 reichte die Philosophische Fakultät einen neuen Vorschlag zur Besetzung des Lehrstuhls für romanische Philologie ein. Es handelte sich um Walther Küchler und Gerhard Rohlfs, deren Laudationes auf dem vorgeschriebenen Weg an das Kultusministerium gingen.[79] Adenauer, der inzwischen offenbar Gelegenheit gehabt hatte, mit Richter über Hatzfeld zu sprechen, fragte umgehend bei diesem an, ob Hatzfeld „diesen Herren durchaus ebenbürtig" sei.[80] In lockerem Ton antwortete Richter, dass Küchler wohl kaum bereit wäre, Hamburg zu verlassen. Und da Rohlfs inzwischen „umstrittener geworden" sei, vermöge er „nicht einzusehen, weshalb Hatzfeld, ... dessen schriftstellerische Leichtigkeit doch schließlich ... dem Zusammenhange der geistigen Öffentlichkeit in Köln mit der Universität Dienste leisten könnte, in die Hölle verbannt werden sollte".[81] Doch zu einer Neubesetzung des romanischen Ordinariats kam es vorerst nicht.

Bei der Feier zur Grundsteinlegung für das neue Universitätsgebäude im Oktober 1929 kam Adenauer mit Kultusminister Carl Heinrich Becker ins Gespräch. Im November bat er diesen, mit ihm bei seinem nächsten Berlinaufenthalt – wie er annehme „unter Zuziehung des Herrn Ministerialdirektor Richter" – über „die Zukunft der Kölner Universität" sprechen zu dürfen.[82] Das Treffen mit dem Kultusminister kam Anfang Dezember unter Beteiligung von Staatssekretär Aloys Lammers und Richter zustande. Adenauer hielt das Ergebnis in einer ausführlichen Aktennotiz fest. Demnach hatte er im Kultusministerium vorgebracht, die Kölner Universität sei in den zehn Jahren seit ihrer Neugründung sehr schnell gewachsen, jedoch nicht „planmäßig und organisch".

Je nachdem, ob eine Angelegenheit beim Senat oder im Kuratorium einen „besonders energischen Vertreter" gefunden hätte, seien „hier und dort" anscheinend „überflüssige oder jedenfalls nicht absolut notwendige Dinge" gemacht worden. Doch nun sei es an der Zeit, „die Universität methodisch und nach bestimmten Gesichtspunkten hin auszubauen". Als eine der Großstadtuniversitäten im Westen müsse Köln die Bereiche, die sich aus dieser Lage ergäben, besonders pflegen: nämlich Wirtschaft sowie Geschichte und Kultur. Er hielte es für „unbedingt notwendig, dass bei dem nivellierenden Zuge unserer Zeit gerade die Universität Köln die besonders geartete Kultur des deutschen Westens erhalte und vertiefe". Sie sei „berufen..., namentlich die Beziehungen zum Auslande (Holland, England, Belgien, Frankreich Italien, Schweiz) zu pflegen". Aus verständlichen Gründen hätte sich das Staatsministerium gegenüber der Universität Köln „im allgemeinen eine ausserordentlich starke Zurückhaltung" auferlegt. Darum fehle eine Instanz, welche kontinuierlich die von ihm beschriebenen „allgemeinen Richtlinien" durchsetzen könnte. Bei der Universität selbst sei es nicht möglich, eine derartige Instanz zu schaffen, weil Rektor, Senat und Dekane jährlich wechselten. Adenauer bat daher das Ministerium, den derzeitigen Zustand der Universität zu beurteilen und ihm zu helfen, „ein obigen Richtlinien entsprechendes Programm aufzustellen". Laut Adenauers Notiz hielt Kultusminister Becker die von Adenauer entwickelten „Gesichtspunkte über den organischen Aufbau der Universität" für „durchaus richtig".[83] Der Kuratoriumsvorsitzende hatte die konzeptionellen Erwägungen zur Kölner Universität im Alleingang ersonnen und vorgebracht, ohne sich Christian Eckerts als Vordenker zu bedienen. Er ließ seine Notiz über die Zusammenkunft im Kultusministerium in einer Akte „vertraulich" verwahren.

Adenauer wusste sich mit Becker einig, wenn es um Auslandsstudien und „internationale geistige Verständigung" ging, und durfte auch annehmen, dass die Universität Köln, wenn sie sich hier profilierte, das Wohlwollen des Kultusministers besäße. Dieses war nicht zuletzt unverzichtbar, um der finanziellen Misere abzuhelfen, in welche die Hochschule zunehmend geriet. Adenauer bat Richter, nach Köln zu kommen, um sich ein „genaueres Urteil" über den Zustand der Universität zu bilden. Richter sagte dies für die zweite Januarhälfte des neuen Jahres zu. Doch fand der Besuch nicht statt, weil Carl Heinrich Becker Anfang Januar 1930 demissionierte, enttäuscht darüber, dass sich seine Reformpolitik nicht durchsetzen ließ. Beckers Nachfolger wurde der Sozialdemokrat Adolf Grimme.

Als Adenauer Richter schließlich in der zweiten Fabruarhälfte in Berlin traf, klärte der ihn darüber auf, warum das Kultusministerium „aus bestimmten

Marburger Verhältnissen heraus" Spitzer „seinerzeit", d. h. im Sommer 1927, nicht nach Köln hatte berufen können.[84] Richter bekannte Adenauer auch, dass „ein wirklich hervorragender Mann" unter den Romanisten „nur Vossler"[85] sei. In zweiter Linie aber komme Leo Spitzer infrage, „ein sehr tüchtiger Mann". „Die anderen Herren, insbesondere auch Herr Hatzfeld aus Frankfurt", könnten, wie Adenauer weiter notierte, „mit Spitzer keinen Vergleich aushalten". Da sich die Marburger Verhältnisse inzwischen geändert hätten, sei man jetzt in der Lage, „Spitzer nach Köln zu geben".[86]

Nun kam Bewegung in die Angelegenheit. Schon wenige Tage nach der Unterredung Adenauers mit Richter lag mit Rohlfs, Küchler und Spitzer eine neue Dreierliste der Fakultät zur Besetzung der Romanistik vor. Das Kuratorium akzeptierte sie am 5. März und bat darum, „in Übereinstimmung mit den Wünschen der Fakultät, den Professor Dr. Spitzer, der bereits auf der unterm 28.11.27 vorgelegten Liste an I. Stelle gestanden hat, bei der Berufung zu berücksichtigen".[87] Noch am selben Tag ging die Liste nach Koblenz,[88] wo Oberpräsident Fuchs sie an das Kultusministerium weiterleitete. Am 1. Mai 1930 erhielt Leo Spitzer den Ruf an die Universität Köln.[89]

Handelte es sich bei Adenauers Mitgliedschaft im Präsidium der Deutsch-Französischen Gesellschaft eher um eine Art „symbolischer Schirmherrschaft", fielen seine Bemühungen um die Errichtung eines Deutsch-Französischen Instituts der Stadt Köln auf fruchtbareren Boden. Anfang Januar 1930 wandte er sich an Johannes Ziekursch, den seine Kollegen an der Philosophischen Fakultät 1929 bereits zum Dekan gewählt hatten. Adenauer berichtete dem Historiker, er habe kürzlich von dessen französischem Kollegen Jean de Pange[90] erfahren, dass „Pariser Kreise" in Ergänzung zu einem dort jüngst an der Sorbonne eröffneten „Institut d'études germaniques" ein entsprechendes Frankreich-Institut in Bonn planten. Daraufhin habe er de Pange wissen lassen, „dass wir in Köln und insbesondere an der Universität ein besonderes Interesse für ein solches Institut" hätten, sei doch „eine Hauptaufgabe der Kölner Universität … gerade die Pflege der Beziehungen zu den europäischen Weststaaten, insbesondere zu Frankreich". Überdies glaube er, dass sich ein solches Institut in der „Kölner Atmosphäre" günstiger entwickeln könne als in Bonn. Mit Spitzer stand in Köln auch ein geeigneter Leiter bereit. Der Oberbürgermeister ersuchte den Dekan, sich der Sache anzunehmen, wäre es doch „für unsere Universität und insbesondere für die Philosophische Fakultät ein schwerer Schlag …, wenn dieses Institut nach Bonn" käme. Es gehe bei dem geplanten Institut – hier sprach das Kölner Stadtoberhaupt – „nicht nur um die Erfüllung rein wissenschaftlicher Aufgaben …, sondern auch um die Pflege wirtschaftlicher und allgemein kultureller Dinge". Um weitere Fragen zu klären, möge Ziekursch mit jenen Herren der Stadtverwaltung Kontakt aufnehmen, „die bei uns die wirtschaftlichen Dinge bearbeiten".[91]

Am 12. November fand die feierliche Einweihung des „Deutsch-Französischen Forschungsinstituts (Institut franco-allemand)" statt. Einen besseren Institutsleiter als Leo Spitzer, der im Frühjahr nach Köln berufen worden war, konnte sich Adenauer nicht wünschen. Die neue Einrichtung bezog Räume im „Institut für internationales Pressewesen" in der Alteburgerstraße. Zur Einweihung sprach außer Leo Spitzer auch Henri Lichtenberger. Der Professor für deutsche Literatur an der Sorbonne, der sich ganz in den Dienst „des französischen Verständnisses für das deutsche Nachbarvolk" gestellt hatte,[92] leitete in Paris das „Institut d'études germaniques" und war auch Ehrenpräsident der Dachorganisation „Ligue d'études germaniques", der Partnerorganisation der Deutsch-Französischen Gesellschaft. Spitzer bezog sich in seiner Eröffnungsrede ausdrücklich auf deren Motto „Se connaître" und bezeichnete es als Aufgabe des von ihm geleiteten Instituts, vorrangig der Kenntnis des gegenwärtigen Frankreich zu dienen. Er dankte Adenauer, der „in großzügiger Denkweise" die Einrichtung dieses Instituts ermöglicht habe.[93]

Zwei Wochen später hielt Dannie Heineman im Hansasaal des Kölner Rathauses den Jahresvortrag des Vereins der Freunde und Förderer der Universität Köln, sein Thema: „Die Skizze eines neuen Europa". 1961 bemerkte Konrad Adenauer rückblickend, es sei „in der Tat verblüffend, wie zeitgemäß und geradezu prophetisch sich Ihr Vortrag aus dem Jahre 1930 heute liest".[94]

6.3 ZWISCHEN DEN FRONTEN

Im selben Jahr, in dem Leo Spitzer an die Kölner Universität kam, trat hier im Wintersemester 1930/31 Hans Kelsen sein Amt als Professor für Staatsrecht an. Bereits Anfang 1925 hatte die Rechtswissenschaftliche Fakultät beschlossen, die Einrichtung dieses neuen Ordinariats zu beantragen, um es ausdrücklich mit einem Juristen zu besetzen, der „das Gesamtgebiet des internationalen Rechts" vertreten sollte.[95] Das Kuratorium stimmte dem zu und nahm den neuen Lehrstuhl in den Universitätsetat auf.[96] Noch bevor aus Berlin eine Genehmigung vorlag, schlug die Fakultät einstimmig als künftigen Inhaber des Lehrstuhls unico Loco den Wiener Hans Kelsen vor, einen der „Väter" der Verfassung der Ersten Republik Österreich.[97] Das Kultusministerium befürchtete jedoch, dass andere – staatlich finanzierte – Universitäten ähnliche Wünsche vorbringen könnten, lehnte darum die Einrichtung der Professur ab und verlangte, personelle Mängel an anderen Fakultäten der jungen Kölner Universität zu beseitigen, bevor diese sich „Luxusprofessuren" leiste.[98] Als Kelsen aber einen Ruf an die Berliner Handelshochschule erhielt, für die das Handelsministerium zuständig war, ersuchte die Fakultät den Kultusminister, eine Berufung Kelsens an die Kölner Universität erneut zu erwägen. Heinrich Lehmann, Adenauers Vertrauter in der Fakultät, berichtete, dass Kelsen „in Kreisen der Berliner Universität zum Teil wohl auch aus politischen Gründen – er ist Demokrat – starken Widerständen" begegne. Zwar könne man „gegen die wissenschaftliche Richtung Kelsens erhebliche Einwände geltend machen", dieser sei aber „ein ganz hervorragender Gelehrter, zu dem man in der einen oder anderen Richtung unbedingt Stellung nehmen" müsse. Da die Juristische Fakultät einen „Prestigezuwachs" sehr wohl gebrauchen könne, bat er Adenauer, eine Berufung Kelsens beim Ministerium zu unterstützen.[99]

Obwohl der Oberbürgermeister den Kultusminister mehrfach um Hilfe anging, zeigte das Ministerium lange keine Neigung, den Kölner Wünschen zu entsprechen. Erst Mitte 1928 bewegte sich etwas. Ohne die erste Unico-Loco-Liste mit Kelsen zurückzuziehen, legte die Fakultät – auf Wunsch des Ministers – eine Dreierliste vor, die das Kuratorium nach Berlin weiterleitete. Doch erst nach jahrelangen Bemühungen der Kölner Fakultät und als antisemitische Exzesse ihm die Lehrtätigkeit in Wien bereits verleideten, berief das preußische Kultusministerium Kelsen nach Köln. Im August 1930 erhielt er seine Ernennung zum Ordinarius für Öffentliches Recht, insbesondere Allgemeine Rechtslehre und Rechtsphilosophie. Für seine Antrittsvorlesung im Frühjahr 1931 wählte er das hochaktuelle Thema „Wesen und Wert der Demokratie".[100] Kelsen standen einige wenige angenehme Jahre bevor. Er war einer der höchstbezahlten Professoren und genoss bei Studenten wie Kollegen eine hohe Wertschätzung. Es kam dem Ansehen der Kölner Universität zugute, dass er seine zahlreichen wissenschaftlichen Kontakte hier noch ausbaute. Kelsen erwarb die deutsche Staatsbürgerschaft, und die Stadt Köln sagte zu, die aus seiner Wiener Tätigkeit erworbenen Pensionsansprüche zu bedienen.[101]

Noch bevor Kelsen seinen Ruf erhalten hatte, war die KÖLNISCHE VOLKSZEITUNG zum offenen Angriff auf die Personalpolitik der Universität übergegangen. Am 20. Juni veröffentlichte sie den Artikel „Lehrreiche Zahlen zu der Parität an der Universität Köln". Für alle Semester seit dem Jahre 1926 führte das Blatt für jede Fakultät gesondert die Anzahl der „jüd.", der „ev." und der „kath." Immatrikulierten an und stellte diesen Werten die Zahl der katholischen sowie der Gesamtheit aller ordentlichen Professoren gegenüber. Entsprechende Zahlen wurden für wichtige Fächergruppen wie Philosophie und Pädagogik, Germanistik, Alte und Neue Sprachen, Mathematik und Physik, Geschichte und Geografie sowie Chemie vorgelegt. Abschließend führte der Artikel die Anteile der drei Konfessionen an der Kölner sowie an der Bevölkerung der Rheinlande auf.

Der Verfasser des namentlich nicht gekennzeichneten Artikels kritisierte, dass die Universität Köln katholische Dozenten „bei Berufungen oft sehr ungebührlich ausgeschaltet" habe. Sollte die Universität auf dieser Praxis beharren, müsste deren Verwaltung damit rechnen, dass sie „in Zukunft ihre Rechnung ohne die katholische Bevölkerung des Rheinlandes" mache. Stadtrat Johannes Rings habe die Universität bei den letzten Haushaltsberatungen „in nicht mißzuverstehender Weise" dringend gewarnt. Zwar hätten die Kölner und die rheinischen Katholiken für diese Universität „finanziell und ideell große Opfer gebracht". Sie sei jedoch für die katholische Bevölkerung „keine absolute Notwendigkeit". Man werde sich „künftighin bei Besetzung ordentlicher Lehrstühle eine Zurücksetzung katholischer Dozenten in Köln nicht mehr bieten lassen".[102]

Bald darauf hieß es in der KÖLNISCHEN VOLKSZEITUNG unter der Überschrift „Wissenschaft und Parität", es sei eine „bekannte Erfahrung, daß, sobald der katholische Volksteil aus Gründen der Gerechtigkeit seine Wünsche bei Stellenbesetzungen geltend macht, gleich alle Register der Empfindlichkeit und Entrüstung gezogen" würden. Dabei hätten „die Katholiken Kölns und des Rheinlandes allen Grund, über die systematische Zurückdrängung katholischer Dozenten bei der Besetzung von Lehrstühlen sehr unzufrieden zu sein". Das Blatt versuchte, dies mit einer Statistik zu belegen: Seien im Wintersemester 1922/23 von 43 Ordinariaten nur 13, also gerade ein Drittel, mit Katholiken besetzt gewesen, kam im Wintersemester 1929/30 auf nunmehr 62 Ordinariate mit 19 Katholiken nach wie vor nur knapp ein Drittel. An der Philosophischen Fakultät habe es im Wintersemester 1922/23 unter 14 Ordinarien drei Katholiken gegeben, im letzten Semester sich das Verhältnis auf 25 zu 6 belaufen. Dabei seien 1126 von 1773 Studierenden katholisch. Bei der Besetzung von Lehrstühlen habe sich eine Methode herausgebildet, die „an Raffinement wohl nichts mehr zu wünschen übrig" lasse. Um einen katholischen Kandidaten ablehnen zu können, würden „die entlegensten Gesichtspunkte herangeholt und mit ‚Wichtigkeit' unterbaut". Man wisse fast nicht mehr, „wie hoch man die Anforderungen bei einem katholischen Dozenten schrauben" solle. Die Kölner Universitätsleitung habe dafür gesorgt, „daß es den wenigen katholischen Ordinarien in den Fakultäten unmöglich ist, tüchtige katholische Forscher und Gelehrte bei Neu- und Wiederbesetzungen vorzuschlagen, da sie rein zahlenmäßig überstimmt" würden. Das Blatt führte u. a. die Namen Nadler, Unger sowie Lindworsky an und zitierte abschließend Albert Lauscher, der „ein ausgezeichneter Kenner dieser Zustände" sei. 1928 habe der Prälat im Landtag darauf hingewiesen, dass „die Paritätsverhältnisse innerhalb der akademischen Lehrkörper, übrigens namentlich bei den Hochschulen des Westens, wo der großen katholischen Mehrheit unter den Studierenden eine geradezu kläglich geringe Minderheit bei den Dozenten" gegenüberstehe, „sehr viel zu wünschen übrig" ließen. Dagegen lobte der Artikel das Vorgehen des legendären preußischen Kulturpolitikers Friedrich Althoff, der es sogar richtig gefunden habe, „bei gleichen Leistungen auf das Bekenntnis der die Studierenden stellenden Bevölkerung Rücksicht zu nehmen" und „um der Gerechtigkeit willen ... dann und wann einem Gelehrten katholischen Glaubens vor einem gleichwertigen evangelischen den Vorzug (zu) geben".[103]

Verfasser der beiden namentlich nicht gezeichneten Artikel dürfte der inzwischen exmatrikulierte[104] Heinrich Nahen gewesen sein. Seit dem Weggang Max Schelers hatte er das Zahlenmaterial zusammengetragen, um die Forderung nach einem katholischen Nachfolger zu untermauern.[105] Christian Eckert prüfte die in der KÖLNISCHEN VOLKSZEITUNG veröffentlichten Zahlen akribisch nach. Während, wie er dem Oberbürgermeister berichtete, die Rohdaten weitgehend korrekt seien, beruhten die in den „Schlussfolgerungen" vorgebrachten Relationen auf falschen Berechnungen, welche die von den Katholiken beklagte Ungerechtigkeit größer erscheinen ließen.[106]

Mitte Juli 1930 machte die KÖLNISCHE VOLKSZEITUNG mit der Schlagzeile „Wissenschaft und Charakter / Zur Hochschulpolitik der Universität Köln / Ein Berufungsskandal" auf. Das Blatt berichtete erneut von den „Klagen, welche die katholische Bevölkerung Kölns und des Rheinlandes gegen die systematische Zurücksetzung katholischer Gelehrter und Forscher an der Universität Köln" erhebe. Der „katholische Volksteil" werde sich „diese haarsträubende Ungerechtigkeit und vermeintliche ‚Objektivität' der Universität Köln nicht mehr bieten lassen". Der Autor zitierte den Oberbürgermeister, um ihn beim Wort zu nehmen. Adenauer habe 1928 auf einer Jubiläumsfeier des Augustinus-Vereines[107] gefordert, dass die Katholiken „nirgends zurück- oder beiseitestehen" dürften. Die Entwicklung gehe sonst „über uns hinweg". Die Losung müsse stattdessen lauten: „Mit der festen Zuversicht im Glauben an unsere Sache mitten hinein in das brausende, umstürzende und moderne Leben auf allen Gebieten der Technik, der Wissenschaft und der Wirtschaft!" Sei es da nicht „unverständlich" und wirke es nicht „befremdend", wenn man jetzt höre, dass sich Oberbürgermeister Adenauer für die Berufung Hans Kelsens, die in diesen

Tagen erfolgte, „tatkräftig eingesetzt" hätte? „Ist dem Oberbürgermeister nicht bekannt, daß die Kölner Universität bereits mit Dozenten jüdischen Bekenntnisses überbesetzt ist; eine Tatsache, die auch in Professorenkreisen aus fachlichen Gründen starken Widerspruch findet?"[108] Dies brachte – vermutlich wiederum – Heinrich Nahen zu einem Zeitpunkt vor, als der Nationalsozialistische Deutsche Studentenbund an der Kölner Universität bereits antisemitische Propaganda betrieben hatte und daher bis auf Weiteres verbotenen worden war.[109] Es fällt auf, dass Nahen auch vor Jahrzehnten zum Christentum konvertierte Hochschullehrer jüdischer Herkunft – Kelsen etwa war seit einem Vierteljahrhundert Protestant – durchweg der Kategorie „jüdisch" zuordnete, diese ihm also als „Rassejuden" galten. Eine solche Definition war in der Kölner Gesellschaft nichts Ungewöhnliches.[110] Sogar die RHEINISCHE ZEITUNG hatte 1922 – unter Chefredakteur Wilhelm Sollmann – ein Spottgedicht gegen Louis Hagen veröffentlicht, mit dem Vorwurf, dessen 1886 erfolgte Konversion zum Katholizismus diene dazu, sein wahres, an „Sachwert-Elementen" orientiertes Wesen zu camouflieren.[111]

Doch jetzt stieß die KÖLNISCHE VOLKSZEITUNG auf den entschiedenen Widerspruch der RHEINISCHEN ZEITUNG. Das Blatt sprang dem Oberbürgermeister bei unter der Überschrift „Arm in Arm mit Hitler / Zentrums-Antisemiten rüffeln Adenauer / Jüdische Professoren dürfen an die Kölner Universität nicht berufen werden / Eine scharfe Polemik der Kölner Görres-Haus Blätter gegen Adenauer". Dann hieß es:

> Wenn die Zentrumspresse ihrem hervorragenden, sonst in den Himmel gelobten Parteifreund Adenauer öffentlich bescheinigt, daß seine Handlungsweise ‚unverständlich' und ‚befremdlich' ist, so ist das ganz bestimmt ‚starker Tobak'. Wenn es der Leitung der Universität gelingt oder gelungen ist, eine wissenschaftliche Kapazität wie Professor Kelsen für Köln zu gewinnen, so wäre es geradezu ein Attentat gegen die Geistesfreiheit, diese Berufung deswegen zu bekämpfen, weil Kelsen Jude ist."

In der Tat häuften sich gegen Ende der Weimarer Zeit, als die Berufung jüdischer Gelehrter andernorts bereits abgelehnt wurde, die Berufungen „jüdischer" Kandidaten nach Köln.[112] Und das gereichte der Stadt nach Ansicht der RHEINISCHEN ZEITUNG zur Ehre. Denn „wenn an der Kölner Universität wirklich einige jüdische Professoren mehr amtieren als an anderen deutschen Universitäten – es sind summa summarum nur etwa ein halbes Dutzend", dann sei das „nur ein Zeichen dafür, daß in Köln von vornherein der alte muffige Geist der

Vorkriegszeit, in dem das Daseinsrecht der Juden – gelinde gesagt – stark beschränkt war, sich nicht breitmachen konnte".¹¹³

Die KÖLNISCHE VOLKSZEITUNG verwahrte sich mit einer dürftigen Ausrede gegen die Vorwürfe des sozialdemokratischen Blattes: Wenn „bei der Feststellung der konfessionellen Zahlenbegrenzung der ordentlichen Professoren mit Bezug auf die jüdischen Dozenten von einer Überbesetzung im Verhältnis zur Zahl der jüdischen Bevölkerung" die Rede sei, so liege in dieser Feststellung „nicht das leiseste Motiv von Antisemitismus". Aber „in der zahlenmäßigen Überschau" lasse sich dies nun einmal „nicht ändern".¹¹⁴ Die Zeitung konnte auch mit einem zustimmenden „Leserbrief" aufwarten, dessen Stil dem des Verfassers der Artikelserie stark ähnelte und der Interna aus der Professorenschaft beisteuerte. Die Artikel in der KÖLNISCHEN VOLKSZEITUNG hätten „der Öffentlichkeit endlich einmal die Augen geöffnet über die Zustände an der Universität Köln". Es gehe „wie ein Aufatmen durch die Kreise, die die Entwicklung der Dinge an der Kölner Universität nun schon seit Jahren mit Unmut und Sorge über den Mißbrauch der Wissenschaft verfolgt haben, der in der grundsätzlichen Ausschaltung der Katholiken unter irgendeinem wissenschaftlichen Vorwand betrieben" werde. Umso erfreulicher sei es, dass die KÖLNISCHE VOLKSZEITUNG sich „zum Wortführer … aufgeworfen und den Kampf aufgenommen" habe. „Peinlich" sei es dagegen, dass gerade in dem Augenblick, in dem man – nach Ende der Rheinlandbesetzung – „die Opferwilligkeit und die Vaterlandsliebe der katholischen rheinischen Bevölkerung" feiere, „ausgerechnet von der Kölner Universität eine Ohrfeige nach der anderen diesem selben katholischen Volksteil als Festgabe beschert" werde. Abschließend schlug der Schreiber des Leserbriefs vor zu erwägen, ob nicht „angesichts der Verhältnisse in Köln" am Rhein eine katholische Universität eingerichtet werden sollte. „Wir haben die Persönlichkeiten für die Lehrstühle." Die bevorstehende Kölner Tagung der Görres-Gesellschaft werde es „erneut beweisen".¹¹⁵

Am selben Tag schrieb Konrad Adenauer gleichlautend an die Redaktion und an den Verlag der KÖLNISCHEN VOLKSZEITUNG. Der Artikel „Wissenschaft und Charakter" sei ein „schwerer Missgriff, der unter keinen Umständen hätte vorkommen dürfen". Zwar fände auch er nicht, dass „im deutschen Universitätswesen Parität geübt" werde, und trage „nach der Richtung hin auch bezüglich der Kölner Universität Bedenken", doch „Artikel wie der Ihrige nützen … den berechtigten Bestrebungen auf Parität in keiner Weise; sie schädigen sie, und sie schädigen die katholischen Mitglieder des Lehrkörpers". Er bedaure „aufs tiefste", dass „ein Kölner Blatt, das mir persönlich und parteipolitisch nahesteht, einen derartigen Artikel" bringe. Wenigstens hätte man sich vor dessen Veröffentlichung mit ihm in Verbindung setzen müssen.¹¹⁶

Für die KÖLNISCHE VOLKSZEITUNG reagierte nicht etwa deren Mitverleger Hugo Mönnig, der den „politisch-redaktionellen Teil" verantwortete.[117] Vielmehr erhielt Adenauer postwendend einen Brief von dessen Kollegen Heinrich Maus, der sich zerknirscht gab. Der Verlag bedaure das Erscheinen des Artikels. Weder er selbst noch Justizrat Mönnig oder Konsul Stocky – das „Dreier-Direktorium" des Görreshaus-Verlags[118] – hätten den Text gekannt und seien dann „unangenehm überrascht" worden. Wäre der Artikel vorher bekannt gewesen, hätte der Verlag das Erscheinen verhindert. Dies habe man, noch „ehe von irgendeiner Seite eine Beanstandung beim Verlag einging", gegenüber dem Chefredakteur Karl Hoeber zum Ausdruck gebracht.[119] Auch ohne etwas von dem vertraulichen Zusammenwirken Hugo Mönnigs mit dem Autor des Artikels wissen zu müssen, dürfte Adenauer sich nach dieser Stellungnahme doppelt düpiert vorgekommen sein. Denn am selben Tag ließ die Redaktion in ihrem Blatt verlauten, dass es sich bei den Polemiken gegen die Kölner Universität vom 20. und 28. Juni sowie bei der jüngsten vom 14. Juli um Teile einer „Artikelserie der KV über die Zurücksetzung des Katholizismus an der Kölner Universität" gehandelt habe.[120]

Georg Beyer, der Redakteur der RHEINISCHEN ZEITUNG, der seit Jahren dem Kuratorium der Universität angehörte, wies den Oberbürgermeister darauf hin, es stecke „hinter den Fragen der ‚Kölnischen Volkszeitung' ganz unzweideutig der Vorwurf, dass sowohl die zuständigen Fakultäten der Universität als auch das Kuratorium die Pflicht, für freigewordene oder neugeschaffene Lehrstellen objektiv die tüchtigsten und geeignetsten Gelehrten vorzuschlagen, in wiederholten Fällen verletzt hätten". Es sei aber in den mehr als zehn Jahren, während er die sozialdemokratische Fraktion im Kuratorium vertrete, weder von Adenauer noch von einem Kuratoriumsmitglied der Zentrumsfraktion jemals Beschwerde dagegen geführt worden, „dass die Vorschläge der Fakultät oder eine Berufung durch den Minister berechtigte Ansprüche der katholischen Bevölkerung außer Acht gelassen hätten". Gewiss teile Adenauer die Meinung, dass der Vorwurf, die Kölner Universität verfahre bei Berufungen „bewusst unparitätisch" und berücksichtige „einen grossen, gesinnungsmäßig verbundenen Volksteil" nicht gebührend, „das Ansehen der Kölner Universität auf das schwerste beeinträchtigen" müsse. Ausdrücklich im Einvernehmen mit Robert Görlinger, dem Vorsitzenden der sozialdemokratischen Ratsfraktion, bat Beyer den Oberbürgermeister um die „sofortige Einberufung" einer Kuratoriumssitzung mit Oberpräsident Fuchs als Staatskommissar, um die Behauptungen der KÖLNER VOLKSZEITUNG anhand der Akten des Kuratoriums und der Fakultäten zu prüfen".[121] Auf der nächsten Sitzung stand die „Zeitungspolemik betr. Imparität an der Kölner Universität" oben auf der Tagesordnung.[122]

Die Angriffe gegen die Personalpolitik der Universität nötigten Rektor und Senat im Sommer 1930 zu der Erklärung, es werde der Öffentlichkeit „unrichtig oder falsch beurteiltes, zumeist aus trüben Quellen stammendes Material" unterbreitet. Die Zukunft der Universität erfordere es aber, dass Berufungsfragen „pflichtgemäß mit strengster Objektivität" behandelt würden. Schon im Interesse der beteiligten Kandidaten seien Berufungsverhandlungen vertraulich zu führen. Doch versuche man, „unter billiger Berücksichtigung aller in der Eigenart der Kölner Universität begründeten Umstände den jeweils fähigsten und geeignetsten Gelehrten als Vertreter seines Faches zu gewinnen". Mit dieser Politik stehe und falle die Universität, und sie werde sich durch keinen Angriff, „von welcher Seite er auch komme", beirren lassen. Auf „weitere Erörterungen vor der Öffentlichkeit" werde sich die Universität „bei der Natur der angezogenen Fälle weder jetzt noch in Zukunft einlassen".[123] Der Senat setzte eine Kommission ein, um die Angelegenheit mit den katholischen Mitgliedern des Lehrkörpers zu beraten.[124]

Als die Universität erstmals staatliche Mittel erbat, um die Notlage ihres Haushalts zu mildern, bekam sie zu spüren, dass sich die Verunglimpfungen der KÖLNISCHEN VOLKSZEITUNG bereits jenseits der Stadtgrenze auswirkten. Prälat Lauscher bezweifelte nicht, dass die Vorwürfe zuträfen, welche gegen die Universität Köln und Adenauer persönlich erhoben worden waren. Ja, es schien ihn sogar zu befriedigen, dass die Artikelserie in der KÖLNISCHEN VOLKSZEITUNG den Oberbürgermeister endlich einmal ermahnt hätte, die vermeintlichen Interessen des „katholischen Volksteils" nachdrücklicher zu vertreten. Er zeigte sich in einem Brief an Adenauer überzeugt, „dass gewisse Kreise" an der Kölner Universität „es meisterlich verstehen, in Berufungsfällen katholische Gelehrte als wissenschaftlich unzulänglich zu diskreditieren und ihnen vielleicht auch noch ... diffamierende Noten anderer Art anzuheften". „Diese Methoden werden allerdings auch anderwärts befolgt, aber in Köln, wie es scheint, mit ganz besonderem Eifer und leider auch entsprechendem Erfolge." Bestens über Interna der Kölner Universität informiert, führte Lauscher Beispiele für eine angebliche Zurücksetzung katholischer Bewerber an. Die verschiedenen Ursachen dafür hätten sich aber kaum so ungünstig auswirken können, „wenn ihnen von der Stelle aus, wo Herr Eckert steht, energisch entgegengetreten worden wäre".[125] Lauscher schlug den Sack, dürfte aber den Esel gemeint haben: den Vorsitzenden des Kuratoriums.

Adenauer versuchte, dem einflussreichen Prälaten redlich zu erklären, warum die Angriffe der KÖLNISCHEN VOLKSZEITUNG „weit über das berechtigte Mass (sic!) hinaus" gegangen und auch „in höchstem Maße unklug" gewesen seien, verhinderten sie doch geradezu, „den berechtigten Interessen katholischer Bewerber Befriedigung zu verschaffen". Lauschers Vorwurf, ein katholischer Musikwissenschaftler sei bei der Erstbesetzung des Ordinariats nicht berücksichtigt worden, sei „vollkommen unberechtigt". Adenauer führte u. a. Hugo Mönnig an, der sich gegen den Kandidaten ausgesprochen habe, und dessen katholisches Bekenntnis sei in Kölner Universitätskreisen „jahrelang unbekannt" gewesen. Aus Gesprächen mit ihm wisse Lauscher, wie sehr er, Adenauer, es bedaure, dass „an den Universitäten der katholische Volksteil nicht entsprechend vertreten" sei. Man habe aber auch darüber gesprochen, „dass die Schuld jedenfalls zum Teil an dem Mangel an Nachwuchs liege", und es daher in erster Linie erforderlich sei, „für entsprechenden Nachwuchs zu sorgen". Er ging sodann auf den in der KÖLNISCHEN VOLKSZEITUNG angesprochenen Fall Nadler ein, bei dem man nicht wisse, ob dieser wegen seiner Konfession oder seiner Zugehörigkeit zu einer sozialdemokratischen Gemeinderatsfraktion mehrheitlich von der Fakultät abgelehnt worden sei. Adenauer erklärte Lauscher ferner, dass Theodor Brauers Ernennung zum Ordinarius an der Philosophischen Fakultät in der Nachfolge Schelers nicht an den liberalen Professoren gescheitert sei, vielmehr habe Benedikt Schmittmann,[126] der dasselbe Fach vertrete, „energischen Widerstand" gegen Brauer geleistet. Die Berufung Kelsens sei indessen von Heinrich Lehmann „angeregt und außerordentlich stark protegiert" worden. Adenauer bat den Prälaten abschließend, sich „keine bestimmte Ansicht zu bilden", bevor man sich nicht „ausgesprochen" habe.[127]

Die Generalversammlung der Görres-Gesellschaft bot Adenauer die Gelegenheit, öffentlich Position zu beziehen. In seiner Ansprache, die im Jahresbericht der Gesellschaft publiziert wurde, bekannte er, dass es ihn mit „Sorge für die deutsche Wissenschaft" erfülle, wenn er an den „wissenschaftlichen Nachwuchs" denke. Bemühe man sich, „einen hervorragenden Mann aus der jüngeren Generation zu finden", müsse man „häufig bekennen: vacat!" Einerseits gehörten „zum akademischen Beruf eine hohe ideale Gesinnung und Liebe zur Sache", andererseits zwängen „der Materialismus und die Not der Zeit den jungen Mann ..., daran zu denken, schnell ins Verdienst zu kommen". „Qualität und Quantität des wissenschaftlichen Nachwuchses" seien erschreckend. Das treffe „in besonderem Maße für den katholischen Nachwuchs" zu. Die Gründe lägen auf der Hand. Die „Krise" sei dadurch verstärkt worden, „dass die Katholiken in Deutschland bis vor wenigen Jahren in der Universitätslaufbahn nichts zu suchen" gehabt hätten, und „die Erinnerung daran ... nicht von heute auf morgen verloren gehe". Darum müssten junge Katholiken sich stärker „mit den geistigen Problemen unserer Zeit" beschäftigen, als es heute der Fall sei, und der Klerus müsse dies „in der stärksten und intensivsten Weise" unterstützen. „Das protestantische Pfarrhaus sendet von Jahr zu Jahr viele Gelehrte auf die deutschen Universitäten. Das katholische Pfarrhaus muss die vorhandene Lücke mit ausfüllen helfen."[128]

Adenauer machte es sich nicht leicht und wischte den Vorwurf der „Imparität" nicht einfach vom Tisch. Das zeigt seine Korrespondenz mit Franz Gescher, einem katholischen Priester, der sich 1923 in Köln in Kirchenrecht habilitiert hatte und inzwischen an der Universität Breslau lehrte.[129] Im Vorfeld der Kuratoriumssitzung, auf deren Tagesordnung die von Beyer beantragte Aussprache über „Imparität" an der Kölner Universität stand, bat er Gescher, der jüngst in einem Vortrag in Köln ebenfalls auf diese Frage eingegangen war, ihm mitzuteilen, in welchem Fall „tatsächlich die katholische Religion eines Bewerbers ihm zum Schaden gereicht ... oder eine schärfere Prüfung seiner Fähigkeiten als sonst üblich zur Folge gehabt" hätte.[130] Gescher antwortete umgehend. Ein „schlüssiger Beweis für solche Zurückstellungen" sei „außerordentlich schwer zu führen". Diejenigen, die bei einem katholischen Anwärter „ein schärferes Augenglas zu benutzen geneigt" seien, würden „auf die sog. Wissenschaftlichkeit" pochen. Dieser „Missstand" habe „auch in Köln des öfteren bereits sein verhängnisvolles Unwesen getrieben". Auch Gescher ging auf die Fälle der nichtberufenen Katholiken Lindworsky und Nadler, Steinbüchel sowie Hatzfeld ein und wies darauf hin, dass es junge katholische Wissenschaftler besonders an der Kölner Philosophischen Fakultät schwer hätten voranzukommen. Schließlich hätte sich die Universität Köln „in der Auswahl ihrer Forschungen und Lehrgegenstände gegenüber der großen kirchlichen und katholischen Vergangenheit der Rheinlande schuldig gemacht" und ihre viel zu oft herausgestellte „eigene Art" ihr „ein Antlitz aufgeprägt ..., das in weiten katholischen Kreisen nicht gerade sympathisch empfunden" werde.[131] Die von Gescher angeführten Fälle, in denen katholische Kandidaten in Köln nicht zum Zuge gekommen waren, kannte Adenauer genau. Die Vorwürfe des Breslauer Professors musste er daher nicht akzeptieren.

Als der kunstgeschichtliche Lehrstuhl neu zu besetzen war, plädierte Adenauer dafür, einen katholischen Bewerber zu berufen – allerdings aus ganz praktischen Erwägungen. Denn „mit Rücksicht auf die ganzen Verhältnisse und das Vorhandensein des Schnütgen-Museums und des Rheinischen Museums in Köln", wie er Abt Ildefons Herwegen schrieb,[132] und „weil ja die meisten Kunstwerke sich im Besitz von katholischen Kirchen" befänden, müsse der Kandidat „viel mit katholischen kirchlichen Stellen in Berührung kommen".[133] Vor allem aber solle er einmal „führend in der mittelalterlichen rheinischen Kunstgeschichte" sein.[134] Adenauer interessierte in diesem Fall auch das Urteil des Präsidenten der Görres-Gesellschaft, des Kirchenhistorikers Heinrich Finke. Er habe, beantwortete dieser die Anfrage des Oberbürgermeisters, „von durchaus vertrauenswürdiger geistlicher Seite" die Mitteilung erhalten, dass der betreffende Dozent „uns ... zwar nahe" stehe, auch „positiv gesinnt", aber ein „praktischer Katholik" wohl nicht sei. „Er ist nicht in katholischen Vereinen, lässt sich auch in der Leo-Gesellschaft nicht sehen, auch der Akademiker-Gemeinschaft gehört er nicht an."[135] Adenauer antwortete ungehalten:

> Aus den von Ihnen erwähnten Umständen dürfte wohl hervorgehen, dass Herr Swoboda sich gegenüber ausgesprochen katholischen Bestrebungen eine gewisse Zurückhaltung auferlegt. ... Würden Sie die Liebenswürdigkeit haben, mir auch etwas über seine Fähigkeiten mitzuteilen.[136]

6.4 ABFUHR

Als es 1924 um die Einrichtung des vorklinischen Studiums gegangen war, hatte Eckert Adenauer dringend davon abgeraten, Hilfe des Staates zu beantragen. Das unterließ der Oberbürgermeister aus guten Gründen auch in den folgenden Jahren. Wesentlich höhere Zuschüsse für die Universität aus der Stadtkasse zu fordern, verbot sich ebenfalls, weil die Stadtverordneten die Universität sonst als einen „Klotz am Bein" angesehen hätten.[137] Doch im Sommer 1927, als es um die Finanzierung des Universitätsneubaus ging, kam in der Stadtverordnetenversammlung erstmals die Forderung nach einer staatlichen Finanzhilfe für die Kölner Universität auf den Tisch. Johann Adam Vaterrodt, ein Vertreter der Wirtschaftspartei, fand, dass die „Wiedererrichtung" der Universität die Stadt Köln ungeheuer belaste. Diese sei „an sich Aufgabe des Staates" gewesen. Die Verwaltung müsse sich daher für den Neubau der Universität um einen „erheblichen" Staatszuschuss bemühen.[138] Für die Liberalen fragte Bernhard Falk, ob Köln die durch den Vertrag von 1919 übernommenen Verpflichtungen überhaupt noch erfüllen könne und nicht vielmehr Preußen die Universität mitfinanzieren müsse. Das Land dürfe doch nicht zusehen, wie eine Hochschule „aus Mangel an Mitteln" verkümmere.[139] 1929 forderte die SPD in der Debatte um den Neubau von der Verwaltung „grössere Bemühungen um eine Abänderung des gegenwärtigen Universitätsvertrags", der die Kommune „einseitig" finanziell belaste.[140] Adenauer versprach, bei der preußischen Staatsregierung vorstellig zu werden, damit sie „in Zukunft zu den Kosten der Universität einen Beitrag leiste".[141]

Bei der Kommunalwahl im November 1929 blieb das Zentrum zwar stärkste Partei, doch hatten SPD und KPD in der neuen Stadtverordnetenversammlung zusammen mehr Mandate. Die Wiederwahl Adenauers zum Oberbürgermeister erfolgte einen Monat später mit der knappen Mehrheit von lediglich einer Stimme. Nur die Fraktionen von Zentrum, Deutscher Volkspartei und Deutscher Demokratischer Partei billigten eine weitere Amtsperiode ihres Stadtoberhaupts.[142] Adenauer richtete sich darauf ein, noch einmal für zwölf Jahre zu amtieren. 1941, am Ende seiner zweiten Amtsperiode, wäre er 65 Jahre alt geworden. Für die Zeit danach, erwog er, könnte er als Honorarprofessor an der Kölner Universität lehren.[143]

Adenauers Rückhalt im Stadtparlament war nicht zuletzt im Zuge der Kontroverse geschrumpft, welche Prioritäten der städtische Haushalt bei der Finanzierung der verschiedenen Schularten setzen sollte. In dem Maße wie auch das Zentrum die einst mit der Gründung der Universität verbundenen Hoffnungen enttäuscht sah, drohte gegen Ende der zwanziger Jahre sogar der politische Katholizismus seine Unterstützung aufzukündigen. Johannes Rings, der dem Universitätsprojekt von Anfang an skeptisch gegenübergestanden hatte, erklärte im April 1930 in der Haushaltsdebatte des Stadtparlaments, es biete „die innere Struktur der Universität ... unserer Weltanschauung einen sehr engen Raum. ... Wenn diese Dinge sich nicht ändern, dann werde ich meinen Freunden ...vorschlagen, keine Zuschüsse mehr für die Universität zu bewilligen". Die Stadtverordneten von KPD und SPD reagierten entrüstet. „Was sollen wir denn erst sagen?", rief Robert Görlinger in den Saal, und mit der Frage „Wollen Sie eine Jesuiten-Universität haben?" sprang ihm der Kommunist Peter Stahl bei. In seiner Entgegnung auf Rings reklamierte Görlinger für die SPD „das Recht, mit noch viel größerem Nachdruck zu betonen, daß diese Universität den von uns vertretenen Schichten noch sehr wenig gibt".[144]

Im Frühjahr 1930 stand der Hochschule das Wasser finanziell bis zum Hals, und die Zentrumsfraktion im Stadtparlament drohte, dem Oberbürgermeister von der Fahne zu gehen. Adenauer kam nicht mehr umhin, um einen staatlichen Zuschuss für die Universität nachzusuchen. Albert Lauscher versprach zu helfen. Der Prälat sehe „unsere Schwierigkeiten", berichtete Eckert dem Oberbürgermeister Anfang Juli 1930, und wolle seine Zustimmung zu einem weiteren Zuschuss für die Frankfurter Universität gegebenenfalls sogar davon abhängig machen, wie sich die preußische Regierung dem Kölner Antrag stelle. Die Sozialdemokraten seien am Fortbestand der Frankfurter Universität nämlich „lebhaft interessiert".[145]

Mitte Juli verhandelte Adenauer in Berlin mit Ministerialdirektor Richter. Man zog in Betracht, dass „der Staat auf die Dauer die Hälfte des Betriebszuschusses übernehmen" sollte.[146] Optimistisch sprach Eckert bereits von einer „Vorvereinbarung".[147] Anschließend wandte er sich an Lauscher. Adenauer schlug vor, die Angelegenheit bei einem bevorstehenden Besuch Richters in Bonn weiter zu besprechen, und Eckert ersuchte Lauscher, ein Treffen mit dem Ministerialdirektor zu arrangieren. Eckert schmeichelte Lauscher, indem er sich überzeugt gab, dass gerade dessen „Patronat" bei Richter für eine Abänderung des Universitätsvertrages „von größter Bedeutung" wäre.[148] Noch am selben Tag dankte Adenauer Lauscher im Voraus für dessen „wertvolle, entscheidende Hülfe", die er der Kölner Universität zuteilwerden lasse.[149]

Doch es kam anders, denn die aktuelle Kampagne der KÖLNISCHEN VOLKSZEITUNG mit den gehässigen Angriffen auf Adenauer zeitigte ihre Wirkung. Lauscher ließ Eckert kurzerhand wissen, Richters Tagesprogramm in Bonn erlaube die erbetene Zusammenkunft nicht.[150] In der Woche darauf schrieb der Prälat dem Oberbürgermeister, es sei ihm „offen gestanden nicht unangenehm", dass ein Gespräch mit Richter nicht stattgefunden habe, denn er wäre Gefahr gelaufen, sich selbst und seine Fraktion der Regierung gegenüber für eine Sache zu engagieren, von welcher er nicht sicher sei, ob sie die Zustimmung der Fraktion fände.[151] Lauscher vergaß Adenauer nicht, dass der vor Jahresfrist nicht für einen katholischen Kandidaten als Nachfolger für den Romanisten Lorck eingetreten war, sondern Leo Spitzer nach Köln geholt hatte. Wenn Lauscher auch die Ansichten anderer Zentrumsabgeordneter vorschob, bereitete es ihm zweifellos einige Genugtuung, Adenauer damit zu konfrontieren, dass ihn die in Köln angeblich gepflegte „Imparität" bei Berufungen an die Universität nun im wahrsten Sinne des Wortes teuer zu stehen kommen würde.

Mit einem ausführlichen Brief an den Prälaten bemühte Adenauer sich Anfang August 1930, die in der KÖLNISCHEN VOLKSZEITUNG gegen ihn erhobenen Vorwürfe zu entkräften.[152] Nach einer Aussprache mit dem Oberbürgermeister machte Lauscher Ministerialdirektor Richter Anfang 1931 schließlich darauf aufmerksam, dass „noch in diesem Jahr etwas für die Universität Köln geschehen müsse". Doch Richter antwortete vorerst nicht, denn wie Lauscher berichtete, war die „Stimmung in Berlin für Köln nicht sehr freundlich". Es gehe „kaum ein Etat über die Bühne des Hauptausschusses im Reichs- und Landtag, ohne dass abfällige Hinweise auf Köln" erfolgten. Nun komme es ganz auf die Haltung des Finanzministers an, auf den er „leider wenig Einfluss" habe.[153]

Als Finanzminister amtierte der Liberale Hermann Höpker-Aschoff, der sich um einen ausgeglichenen Haushalt bemühte und den Ausgabenwünschen sei-

15 Staatsratspräsident Adenauer, 1931.

ner Ministerkollegen daher häufig widersetzte. Immerhin hatte Höpker-Aschoff, wie Eckert dem Oberbürgermeister vermelden konnte, 1929 anlässlich der Grundsteinlegung „unseren Finanzwünschen durchaus Gehör geschenkt"; wie man ihn aber weiter „interessieren" könnte, bleibe dahingestellt.[154]

Adenauers treuester Gewährsmann in Berlin war zweifellos Werner Richter. Im Januar 1931 suchte er diesen erneut auf und erörterte mit ihm eine Unterstützung der Kölner Universität im nächsten Etatjahr von „mindestens" 300.000 RM. Nach Richters Ansicht wäre dieser Betrag besser nicht aus den Mitteln zu nehmen, die der Haushaltsplan für Universitäten vorsah. Aber der Wegfall der pädagogischen Akademien im nächsten Jahr setze Beträge frei, aus denen Köln bedient werden könnte. Daher bat Adenauer Lauscher, bei den Haushaltsberatungen des Kultusministeriums auf diese Lösung zu drängen. Er erwarte nämlich in der Kölner Stadtverordnetenversammlung „gerade bei dem Universitäts-Etat … die größten Schwierigkeiten", zumal die Realsteuererhöhung¹⁵⁵ nur zum Teil genehmigt worden und folglich ein Ausgleich des Kölner Haushaltsplanes nicht mehr möglich sei.¹⁵⁶ Anfang Februar legte Adenauer in einer Eingabe dar, warum der Vertrag zwischen Preußen und der Stadt geändert werden müsse.¹⁵⁷

Für das Etatjahr 1930 hatten die Stadtverordneten den Zuschuss der Stadt zum Haushalt der Universität erstmals gegenüber dem Vorjahr gekürzt.¹⁵⁸ Um sie bei der Verabschiedung des nächsten Universitätsetats nicht weiter gegen sich aufzubringen, müsste der Oberbürgermeister mit einem nennenswerten staatlichen Zuschuss für die Universität aufwarten. Eckert sollte sich gemeinsam mit Adenauers Schwager, dem Finanzdezernenten Willi Suth, der Sache annehmen.¹⁵⁹ Doch was Lauscher den Kölner Oberbürgermeister Ende Januar 1931 vertraulich wissen ließ, erschwerte die Mission noch. Von seinem Parteifreund Staatssekretär Lammers hatte der Prälat erfahren, dass das Kultusministerium einen sorgfältig begründeten Antrag benötigte, um aktiv zu werden. Ein allgemeiner Hinweis auf die schwierige Finanzlage der Stadt Köln, „die dem Herrn Finanzminister selbstverständlich klar" sei, werde kaum zum Ziel führen. Der Antrag müsse „mit aller Beschleunigung" beigebracht werden, da die Beratung des Kultusetats im Hauptausschuss schon am 9. Februar beginne.¹⁶⁰

Eckert entwarf in aller Eile einen Antrag, den er Suth am 5. Februar unterbreitete.¹⁶¹ Gleichzeitig wandte sich Adenauer auf dem Dienstweg an das Kultusministerium. Er bezog sich auf seine Eingabe vom Januar, in der er begründet hatte, warum der Vertrag zwischen dem Staat Preußen und der Stadt Köln geändert werden müsse. Da eine grundsätzliche Neuregelung aber geraume Zeit benötige, bäte er den Minister, „der augenblicklichen Notlage zu steuern" und zu „erwirken, dass der Universität Köln zunächst in Form einer Subvention ein Zuschuss von 300.000 RM durch den Preußischen Staat gezahlt" werde. Die „Zurückschraubung" des Universitätsetats im vergangenen Jahr habe die Aufwendungen für die Institute und „namentlich auch für die Universitätsbibliothek" wesentlich eingeschränkt. Inzwischen sei der Bedarf durch höhere Pensionslasten „zwangsläufig" gestiegen, und Neuberufungen namentlich in der Medizinischen Fakultät hätten für die Ausstattung des wissenschaftlichen Apparats „erhebliche Opfer" erfordert. 1931 wachse der Bedarf daher mindestens auf die Höhe des Anspruchs von 1929, als er bei 2.145.000 RM gelegen habe. Auf dieser Höhe werde er sich auch nur dank der 6-prozentigen Gehaltskürzungen halten können. Doch habe die Kämmerei wiederholt betont, dass der städtische Zuschuss für die Universität 1931 wesentlich unter dem des Vorjahres bleiben müsse. Angesichts der „einschneidenden Kürzungen", die wegen der schwierigen Finanzlage der Stadt bei städtischen Einrichtungen vorgenommen werden müssten,[162] sei es „gänzlich ausgeschlossen, ... mit einem gegenüber 1930 nicht wesentlich gekürzten oder gar höheren Zuschuss an die Stadtverordneten-Versammlung heranzutreten". Auch wenn die Stadt nach dem geltenden Universitätsvertrag rechtlich gebunden sei, die vom Kuratorium festgesetzten Zuschüsse zum Universitätsetat zu tragen, lasse sich diese vor nahezu 12 Jahren getroffene Vereinbarung „infolge höherer Gewalt" nicht mehr aufrechterhalten. Nur „eine sofortige Hülfe des Staates" vermöge die 1919 „im wesentlichen aus nationalen Gründen wiedereröffnete Universität", die „über alles Erwarten aufgeblüht" sei, „vor dem Erliegen im kommenden Etatjahr zu bewahren".[163]

Adenauer berichtete Lauscher „ergebenst", dass er den geforderten Antrag gestellt habe, und bat den Prälaten, sich für diesen einzusetzen.[164] Lauscher wusste inzwischen von Richters Gespräch mit Adenauer „über die in der Universitätsangelegenheit zu unternehmenden Schritte". Er sei der Meinung, schrieb er dem Oberbürgermeister, dass der von Richter angeregte Modus procedendi mehr Erfolg verspreche als ein Antrag zum Kultusetat, und werde daher in der Sache „einstweilen nichts tun".[165] Gleichwohl unterbreitete er die Kölner Wünsche dem preußischen Ministerpräsidenten und Ehrendoktor der Kölner Universität Otto Braun am 11. Februar 1931 schriftlich.[166]

In einer Rede, die Lauscher anlässlich der Beratung des Kultusetats im Hauptausschuss des preußischen Landtags hielt, ging er zunächst ausgiebig auf grundsätzliche bildungspolitische Fragen ein. Am Schluss brachte er vor, dass die Universität Köln, wie schon „seit einer Reihe von Jahren" die Universität Frankfurt, künftig auch „der finanziellen Hilfe des Staates" bedürfe. Die Stadt könne „infolge des wirtschaftlichen Niedergangs, mit dem auch sie zu kämpfen" habe, „die schwere Last nicht mehr allein tragen". Andererseits sei die Universität Köln „schlechterdings unentbehrlich", denn die Bonner Universität „mit ihren 7000 Studenten" verkrafte keine weiteren Zugänge mehr. Die Universität Köln benötige schon im laufenden Jahr „Staatshilfe". Er erwarte, dass einem diesbezüglichen Antrag, welcher der Staatsregierung bereits vorliege, entsprochen werde.[167] Adenauer beeilte sich, Lauscher für seinen „tatkräftig(en)" Einsatz zu danken, und bat ihn, seine Bemühungen fortzusetzen.[168]

Ende März, nachdem er mit den beteiligten Ressorts Fühlung aufgenommen hatte,[169] reagierte der Ministerpräsident. Am 15. April empfing er Rektor Josef Kroll und Christian Eckert.[170] Wie Eckert berichtete, hatte Braun die Mittel bereits schriftlich und mündlich beim Finanzminister beantragt. Dessen Antwort stehe aber noch aus. Eckert riet Adenauer, sich bei Braun zu bedanken und auch an den Finanzminister zu schreiben, um diesen weiter in der Angelegenheit zu „interessieren". Entwürfe für beide Schreiben legte er bei und bat, diese „baldtunlichst zu unterzeichnen".[171] Adenauer tat, wie der geschäftsführende Vorsitzende des Kuratoriums ihm geheißen.[172] Da die Abgesandten der Kölner Universität ihn nicht persönlich hätten sprechen können, hieß es an den Finanzminister, wolle er, Adenauer, darum bitten, „zunächst durch eine einmalige Subvention in der erbetenen Höhe die Universität Köln in diesem Jahre vor dem Schlimmsten zu bewahren". Wie schon bei der Gründung der neuen Universität zog der Oberbürgermeister auch jetzt die nationale Karte: Die Stadt habe die „Staatsuniversität zu Köln" in den Monaten, als „das Schicksal der Rheinlande ganz ungewiss" war, aus „nationalen Interessen" wiedererrichtet und zwölf Jahre aus eigenen Mitteln erhalten. Aber jetzt bedürfe sie der „Hülfe", wenn das Geschaffene nicht „ernstlich gefährdet" werden solle. Der Minister möge „recht bald die letzte Entscheidung" herbeiführen.[173]

Als Adenauer kurz darauf in Berlin erneut mit Richter zusammentraf, erfuhr er, dass das Finanzministerium an einen Zuschuss in der gewünschten Höhe zwei Bedingungen knüpfte. Erstens müsse in Ostpreußen die Braunsberger mit der Königsberger Universität vereinigt werden und zweitens das Kultusministerium erklären, dass es den Bau neuer (Universitäts-)Kliniken in Bonn zurückstelle. Richter hielt diese Konditionen für inakzeptabel, zumal sie mit der Sache nichts zu tun hätten, und bezweifelte auch, dass das Finanzministerium „im Ernst" daran festhalten werde. Richter empfahl nunmehr, in Köln möglichst schnell einen Universitätsetat nach dem „Staatsschema" aufzustellen, damit das Finanzministerium keinen Vorwand habe, die Sache zu verzögern.[174] Adenauer wies Eckert und Suth an, einen entsprechenden Haushalt zu entwerfen.[175] Der sah im Rechnungsjahr 1932 u. a. 194.000 RM als Kapitaldienst für den Neubau vor.[176] Mitte Juni 1931 lagen dem Kultusministerium die Pläne für die Universitätshaushalte der Jahre 1931 und 1932 vor.[177] Einen Monat später war die Stadt Köln zahlungsunfähig und stellte den Schuldendienst teilweise ein.[178]

Während das Kultusministerium eine staatliche Beteiligung an den Kosten der Kölner Universität grundsätzlich billigte, ließ eine Zustimmung des Finanzressorts auf sich warten.[179] Erst am 26. November erhielt Adenauer eine Antwort auf sein Gesuch vom April, denn die Spitze des Ministeriums hatte inzwischen zweimal gewechselt.[180] Der neue Minister Otto Klepper sah „angesichts der ernsten Finanzlage des Staates" zu seinem „lebhaften Bedauern" keinen Weg, den Wünschen der Stadt Köln zu entsprechen.[181] Adenauer mochte sich mit dieser Antwort nicht abfinden und stattete Klepper Anfang Dezember 1931 einen Besuch ab.[182] Er setzte diesem auseinander, warum der preußische Staat eine „moralische Verpflichtung" habe, einen Teil der Kosten für die Kölner Universität zu übernehmen. Minister Höpker-Aschoff hätte ihm nämlich „kurz vor seinem Ausscheiden" zugesagt, dafür einen Posten von 50.000 RM in den Etat einzustellen. In einer „Aktennotiz" hielt Adenauer fest, dass Klepper die Zusage seines Vorgängers übernommen hätte.[183] In diesem Sinne informierte er Richter von der Unterredung und ersuchte ihn, sich beim Finanzminister „entsprechend zu verwenden".[184]

Anfang 1932 verifizierte Adenauer seine fragwürdige Aktennotiz. Es habe sich „infolge der katastrophalen Finanzlage Preussens ... das ganze Bild zu Ungunsten der Universität verschoben", sodass für das Rechnungsjahr 1932 inzwischen lediglich noch 50.000 RM „in ziemlich sicherer Aussicht" stünden.[185] Mit neuen Argumenten, angelehnt an Lauschers Rede vom Februar 1931, versuchte Adenauer Finanzminister Klepper zu einem Zugeständnis zu bewegen. Die Frankfurter Universität erhielte seit Jahren „die Hälfte der Kosten bezahlt", während Köln dem Staat die Aufwendung hoher Mittel erspare, indem es die überfüllte Bonner Universität entlaste. Sowohl das Kultusministerium als auch das Finanzministerium hätten seit zwei Jahren ihre „prinzipielle Geneigtheit" gezeigt, 50 Prozent der erforderlichen Zuschüsse für die Kölner Universität zu übernehmen. Erneut beteuerte Adenauer, Kleppers Vorgänger hätte ihm „ausdrücklich und bestimmt" zugesagt, dafür 50.000 RM in den Haushaltsplan einzustellen. Mit diesem geringen Betrag zeige der preußische Staat, dass er „im Prinzip" bereit sei, sich an den Kosten der Universität zu beteiligen. Das „Weglassen einer jeden Beihilfe" würde in Köln „viel böses Blut" erzeugen, wozu die Höhe der erbetenen Summe in keinem Verhältnis stehe. Die finanzielle Lage der Stadt sei ungleich schlechter als die des Staates. Adenauer bat Klepper eindringlich, „an dem früher von Ihrem Herrn Vorgänger eingenommenen Standpunkt festzuhalten".[186]

Ende Januar 1932 erhielt Adenauer von Richter die knappe Mitteilung, dass sich „die Einsetzung eines Postens von 50.000 RM in den nächstjährigen preußischen Staatshaushalt als Beitrag für die Kölner Universität" nicht habe verwirklichen lassen. Klepper habe ihm persönlich versichert, dass weder sein Amtsvorgänger noch er selbst versprochen hätten, den Posten in den nächsten Staatshaushaltsplan einzusetzen.[187] Aussage stand gegen Aussage, und Richter musste bezweifeln, ob Adenauer ihm die Wahrheit gesagt hatte. Der gab sich gegenüber Klepper „sehr erstaunt"[188] und machte den Minister in einem weiteren Schreiben darauf aufmerksam, in „welch schwierige Lage" er „auch persönlich" durch die abschlägige Entscheidung geraten sei. Auf die angebliche Zusage einer konkreten Summe kam er nicht mehr zu sprechen, verwies lediglich auf die „wiederholt" erklärte Bereitschaft der Staatsregierung, sich an den Kosten der Universität Köln „in erheblicher Weise" zu beteiligen.[189]

In der Woche darauf wandte Adenauer sich an den einstigen Kölner Stadtverordneten Bernhard Falk, der schon 1927 eine Änderung des Staatsvertrags gefordert hatte und inzwischen der DDP-Fraktion im preußischen Landtag vorsaß. Er bat ihn, seinen „ganzen Einfluss" geltend zu machen, damit Klepper „die Zusage des Herrn Höpker-Aschoff" einhalte. Es sei die Einsetzung jedes auch noch so geringen Betrages in den Staatshaushalt „von sehr großer prinzipieller Bedeutung", denn andernfalls entstünden in der Stadtverordnetenversammlung „grosse Schwierigkeiten wegen Bewilligung der Mittel für die Universität".[190] Falk versprach, sich umgehend beim Finanzminister zu verwenden.[191]

Am 1. März beschied Klepper auch Adenauers jüngstes Nachsuchen um Staatshilfe abschlägig. Eine rechtliche oder moralische Bindung des Staates lasse sich aus der behaupteten „prinzipielle(n) Geneigtheit" seines Amtsvorgängers, einen Anteil von 50 Prozent an den Zuschüssen für die Kölner Universität zu übernehmen, nicht herleiten. Die von Adenauer ebenfalls behauptete „bestimmte Zusicherung" von 50.000 RM könne er auch nach Rücksprache mit Höpker-Aschoff „nicht anerkennen".[192]

Nach dieser Abfuhr sprachen am 3. März, wie von Adenauer bereits im Dezember angeregt,[193] Rektor Bruno Kuske und Christian Eckert bei Ministerpräsident Braun vor. Der berichtete, dass der Finanzminister es „trotz wärmster Befürwortung" durch das Kultusministerium „kategorisch" ablehne, der Kölner Universität Finanzhilfe zu gewähren. Anders als im Falle der Stiftungsuniversität Frankfurt, deren Kapital von der Inflation „aufgezehrt" worden sei und deren Finanzierung sich seither Staat und Stadt teilten, habe Köln die Erlaubnis zur Errichtung einer Universität erst bekommen, nachdem die Stadt sich verpflichtet hätte, diese selbst zu unterhalten. Das Argument, Köln habe nicht nur aus „stadtkölnischen Interessen", sondern „auch in Wahrung der deutschen Belange auf dem linken Rheinufer" größere Opfer gebracht als Frankfurt, und die Betonung der „sozialen und politischen" Bedeutung der Universität hätten Braun schließlich zu einem – wie Eckert es nannte – „Zugeständnis" bewegt. „Streng vertraulich" habe der Ministerpräsident mitgeteilt, dass der vorliegende Etat nicht mehr verabschiedet, vielmehr zu „Makulatur" werde. Bei der Aufstellung eines neuen Etats nach den Wahlen wolle er sich erneut für die Kölner Universität einsetzen. Ebenfalls „vertraulich" teilte Braun den Kölner Emissären mit, es spiele bei der „schroffen Haltung" des Finanzministers auch die Tatsache eine Rolle, dass Köln dem Staat „Millionen Mark" an Steuern vorenthalten habe.[194]

Nach den Landtagswahlen am 24. April 1932, als die NSDAP mit 37 Prozent die meisten Stimmen erhielt, war der preußische Ministerpräsident de facto entmachtet, ein „neuer Etat", auf den er die Kölner vertröstet hatte, kam unter seiner Amtsführung nicht mehr zustande.

6.5 MACHTERGREIFUNG

Während sich an anderen deutschen Universitäten die Studenten politisierten und vor allem die Nationalsozialisten großen Zulauf bekamen, schien das politische Leben an der Kölner Universität lange „geradezu ereignislos" zu verlaufen. Dass die Mehrzahl der Studenten „politisch völlig uninteressiert" war, lag vor allem an ihrer Zusammensetzung. Die Anzahl „einheimischer, älterer und abschlußorientierter Studierender" war hier „offensichtlich größer" als anderswo. Doch die „liberaldemokratische Haltung der Mehrzahl der Unorganisierten" blieb „unsichtbar", und jene, die lauthals als Kämpfer für den ‚großdeutschen Gedanken' und für die ‚Stärkung des Deutschtums im bedrohten Westen' antraten, gaben vor, repräsentativ zu sein.[195] „Gelegentlich judenfeindliche Anschläge" beunruhigten Rektor Ferdinand Zinsser im Sommersemester 1929 nicht weiter, denn sie wurden, wie er seinem Kollegen an der Technischen Hochschule Aachen mitteilte, „von der Gruppe auf Vorhalt freiwillig zurückgenommen".[196] Ob solche Vorkommnisse zwischen dem Oberbürgermeister und seinem Schwiegervater besprochen wurden, ist ungewiss.

Eine Woche nach Zinssers beschwichtigender Erklärung erhielt Christian Eckert einen Brief von Robert Pferdmenges, der in diesen Monaten Großspender für den geplanten Universitätsneubau warb.

> Ich möchte sowohl für Herrn Alfred Leonhard Tietz persönlich als auch für die Firma Leonhard Tietz Aktiengesellschaft und für die Firma M. Lissauer & Co. von Ihnen die Erklärung haben, dass die Universität Köln bzw. die Stadt Köln sich verpflichten, dass während der fraglichen 10 Jahre es nicht seitens der Studentenschaft jüdischen Studierenden praktisch unmöglich gemacht wird, ihrem Studium an der Kölner Universität zu obliegen und dass seitens der Universitätsleitung weder ein Numerus clausus für jüdische Studierende eingeführt wird, noch auch jüdischen Professoren oder Dozenten wegen ihrer Zugehörigkeit zum Judentum das Lesen an der Kölner Universität offiziell oder inoffiziell erschwert wird.[197]

Die jüdischen Spender erbaten etwas, das sich an jeder preußischen Universität eigentlich von selbst verstand. Auch der neuen Kölner Universität hatte die Staatsregierung vor zehn Jahren eine Satzung gegeben, deren § 6 „die Berufung zu einem Lehramte … unabhängig von der religiösen und politischen Überzeugung oder Betätigung" forderte und, dass dem „lehramtlichen Wirken … aus solchen Gründen Schranken nicht gesetzt" werden dürften.

Doch nach jahrhundertelangen Erfahrungen regelmäßig wiederkehrender Verfolgung verfügten die jüdischen Kölner über ein empfindliches Sensorium dafür, wo ihnen Gefahr drohte. Der Antisemitismus war längst integraler Bestandteil der Ideologie der schlagenden Verbindungen geworden. Mit den „Eisenacher Beschlüssen" legten sich die Burschenschaften 1920 darauf fest, dass eine Taufe „die ererbten Rasseeigenschaften der Juden" nicht berühre.[198] Bereits 1919 hängte auch der neugegründete „Cölner Weiße Waffenring" in der Universität seine Satzung aus, nach der „jüdischen Kommilitonen … grundsätzlich" keine Satisfaktion mit der Waffe gegeben werde.[199] Die Universitätsleitung reagierte darauf lediglich formalistisch; der Anschlag habe dem Rektor entgegen den Bestimmungen vorab nicht zur Genehmigung vorgelegen. Auch bei weiteren rassistischen Angriffen gegen jüdische Kommilitonen bezog die Universitätsspitze nicht Position; der Senat weigerte sich 1920 sogar ausdrücklich, „zur Frage der Bekämpfung des Antisemitismus Stellung zu nehmen".[200]

Im November 1927 stimmten in Köln – bei einer Wahlbeteiligung von gut 56 Prozent – annähernd 80 Prozent der Studierenden gegen eine von Kultusminister Becker vorgelegte neue Studentenrechtsverordnung, die rassistischen Vereinigungen in der Studentenschaft entgegenwirken sollte.[201] Seit 1928 gewann der Nationalsozialistische Deutsche Studentenbund unter der neuen Führung Baldur von Schirachs an den deutschen Universitäten rasch an Einfluss. Die nationalsozialistischen Studenten bedrohten Kommilitonen und Dozenten, die sie unter rassistischen Kriterien als „Juden" einordneten, sodass die hehre Verpflichtung, wie sie § 6 der geltenden Satzung der Universität Köln festhielt, bald das Papier nicht mehr wert war, auf dem sie stand.

Wenn Kölner Unternehmer hofften, durch ihre Spenden für den Universitätsneubau jüdischen Studenten und Dozenten für die Dauer eines Jahrzehnts Schutz gegen die erstarkenden rassistischen Kräfte erkaufen zu können, nahmen sie an, der Oberbürgermeister könne diesen als eine Art Patron der „städtischen" Universität gewährleisten. Denn während die jüdischen Kölner ungeachtet wirtschaftlicher Erfolge und, ob getauft oder nicht, auch in der Kölner „guten" Gesellschaft Außenseiter blieben,[202] stießen sie bei Adenauer auf keinerlei Berührungsängste. Der Oberbürgermeister stand zu Louis Hagen oder Bernhard Falk, zu

Paul Silverberg oder dem Amerikaner Dannie Heineman in guter, ja freundschaftlicher Beziehung.[203] Adenauer war dem 1926 gegründeten „Komitee Pro Palästina" beigetreten und hatte sich seit diesem Jahr mit Nachdruck für die Berufung des Juristen Hans Kelsen und seit 1928 des Romanisten Leo Spitzer an die Kölner Universität eingesetzt. Eckert besprach Pferdmenges Anliegen umgehend mit dem Oberbürgermeister, Pferdmenges selbst und Tietz. Mit einem „Hinweis" auf § 6 des Universitätsstatuts ließ man es offenbar bewenden.[204] Dass Meno Lissauer auf Eckerts Vermittlung von der Universität eine Art „Schutzbrief" erhalten hätte, ist nicht wahrscheinlich. Doch war der jüdische Unternehmer bereit, weiter für den Universitätsneubau zu spenden.[205]

Während jüdische Kölner sich bereits bedroht fühlten, hatte die Universitätsverwaltung es 1929 nicht eilig, ein Anschlagbrett des offen republikfeindlichen und antisemitischen „Stahlhelms" entfernen zu lassen, dessen Landesverband Rheinland und Westfalen das preußische Innenministerium am 9. Oktober wegen eines illegalen Großmanövers verboten hatte. Als am 28. Oktober der DORTMUNDER GENERALANZEIGER von dieser Nachlässigkeit berichtete, fragte der preußische Ministerpräsident, der in Köln jüngst bei der Grundsteinlegung für den Neubau präsent gewesen war, beim Oberbürgermeister an, ob der Vorwurf des Blattes zutreffe. Das wäre nicht nur wegen der republikfeindlichen Haltung des „Stahlhelms" zu bedauern, sondern auch „im Hinblick darauf, dass für Rheinland-Westfalen der Stahlhelm verboten ist, geradezu polizeiwidrig". Braun legte Adenauer nahe, „da einmal nach dem Rechten" zu sehen, was – wie er bang anfügte – „hoffentlich nicht als Eingriff in die Lehr- und Forschungsfreiheit der Kölner Hochschule angesehen" werde.[206] Adenauer setzte sich mit Rektor Planitz in Verbindung und erfuhr, dass der Senat in seiner ersten Sitzung nach den Ferien angeordnet habe, die Ortsgruppe Universität Köln des „Stahlhelms" aufzulösen und dessen Anschlagbrett zu beseitigen. Dies sei inzwischen auch geschehen, aber nicht früher möglich gewesen, weil das Verbot in die Universitätsferien gefallen sei.[207]

Anlässlich der bevorstehenden Wiederwahl Adenauers zum Oberbürgermeister im Dezember 1929 bemühte sich Rektor Planitz, die im „Waffenring" zusammengeschlossenen, zumeist antisemitischen und republikfeindlichen schlagenden Studentenverbindungen zu einem Fackelzug am Abend nach der Wahl zu gewinnen, sei es doch sein Wunsch, der Studentenschaft Gelegenheit zu geben, Adenauer ihren „Dank in feierlicher Form ab(zu)statten".[208] Hatte der „Waffenring" diese Aktion zunächst zugesagt, berichtete Planitz dem Oberbürgermeister eine Woche später peinlich berührt, dass diese Zusage zurückgenommen worden sei.[209] Ob auch hier lediglich der vielzitierte „Adenauer-

Überdruß"²¹⁰ zum Tragen kam oder sich die organisierten Studenten bereits gegen den Kölner Oberbürgermeister formierten, der sich unbeirrt zur Republik bekannte, muss offenbleiben.

Am Tag nach Adenauers Wahl standen Angriffe der nationalsozialistischen Studenten gegen den Rektor und die Dekane auf der Tagesordnung einer Senatssitzung. Das Gremium sah jedoch von einer Stellungnahme ab. Bei der nächsten Reichsgründungsfeier am 18. Januar 1930 traten die NS-Studenten daher in der Aula der Universität wie selbstverständlich in Braunhemd und mit Hakenkreuzfahne auf.²¹¹ Es ist anzunehmen, dass auch Mitglieder des Kuratoriums diesem Spektakel beiwohnten. Am 7. Februar lud die Kölner Sektion des NS-Studentenbundes zu einem Vortrag des späteren Gauleiters von Koblenz/Trier ein, der „Juden und Marxisten" heftig angriff. Ein Oberstadtsekretär berichtete entsetzt über diese „Parteiversammlung", Tumulte und Beschimpfungen hätten „von akademischer Würde und Disziplin ... auch das letzte Restchen" verschwinden lassen.²¹² Weil die Veranstaltung unerlaubterweise in einem Hörsaal der Universität stattgefunden hatte, beschlossen Rektor und Senat am 17. Februar, die NS-Gruppe wegen Verstoßes gegen die Vorschriften für ein Jahr zu verbieten.²¹³

Am selben Tag teilte der Dekan der Wirtschafts- und Sozialwissenschaftlichen Fakultät dem Oberbürgermeister mit, dass die offenbar von Adenauer gewünschte Ehrenpromotion des Großspenders Alfred Tietz zum Doktor der Staatswissenschaften am 19. Januar 1930 erfolgen werde.²¹⁴ Im beigefügten Text der Laudatio hieß es, Tietz habe „mit den Einrichtungen seines Hauses in vorbildlicher Weise Forschung und Lehre zur Verfügung" gestanden. Adenauer gratulierte dem Unternehmer per Telegramm, nicht zuletzt zu der „ausgezeichneten Begründung".²¹⁵ Der WESTDEUTSCHE BEOBACHTER, das Organ der NSDAP im Rheinland, bemerkte zu der Ehrung: „Daß der Herr Alfred Leonard Tietz auch noch zum Ehrendoktor ernannt wurde, das paßt ganz in diese Republik und kennzeichnet den Geist unserer Hochschulen."²¹⁶ Beim Senat traf ein mit einem Hakenkreuz versehener anonymer Brief ein: „Sagen Sie uns um Himmels willen, worin die Leistungen eines Warenhausjuden bestehen, im Mittelalter hat man dem Juden das Handwerk verboten!"²¹⁷ Als Tietz' Ehrenpromotion im Rahmen der Universitätsgründungsfeier am 10. Mai verkündet wurde, scharrten rechtsgerichtete Studenten mit den Füßen und drückten so ihre Missbilligung aus. Der Senat beschloss daraufhin, die Korporationen im Sommersemester nicht mehr zum „Chargieren"²¹⁸ bei Universitätsfeiern einzuladen.²¹⁹ Vier Studenten, die nachweislich mitgescharrt hatten, wurde eine Relegation angedroht. Der Text einer Senatserklärung bezeichnete die Vorgänge ganz allgemein als „Störung der Gründungsfeier", erwähnte die gegen Alfred Tietz gerichteten Angriffe aber mit keinem Wort. Man hoffte weiterhin, antisemitische und nationalistische Aktionen durch Ignorieren bedeutungslos erscheinen lassen zu können.[220] Das Kuratorium, dessen Mitglieder das Verhalten der rechtsgerichteten Studenten auf der Gründungsfeier miterlebt hatten, regte auf der nächsten Sitzung an, die Universitätsfeiern, um Unruhen zu vermeiden, auf eine einzige im Jahr zu reduzieren. Heinrich von Stein erklärte sich sogar mit einem Wegfall der Mevissen-Feier einverstanden.[221] Diese „kölsche" Lösung entsprach ganz dem Pragmatismus des Oberbürgermeisters.

Die Angriffe der Zentrumspresse im Sommer 1930, die auch den Vorwurf enthielten, Adenauer habe sich für die Berufung „jüdischer" Professoren eingesetzt, boten den Kölner Nationalsozialisten eine Steilvorlage. Ende Juli brachte der WESTDEUTSCHE BEOBACHTER einen Artikel mit der Überschrift „Die fortschreitende Verjudung der Kölner Universität. Ein neuer Berufungsskandal, das Werk Adenauers". Das Blatt berief sich auf die KÖLNISCHE VOLKSZEITUNG, wenn es Adenauer als „Judenfreund" diffamierte und gegen eine „Verjudung" der Kölner Universität hetzte. Die Zentrumspresse sei aus ihrem „Dornröschenschlaf" erwacht, als sie den Skandal der Berufung eines jüdischen Dozenten erkannt und deswegen sogar Stellung gegen ihren Parteifreund Adenauer bezogen habe.[222]

In der Stadtverordnetenversammlung versuchte der Oberbürgermeister, das oft provokative Auftreten der vier Nationalsozialisten mithilfe der Geschäftsordnung in erträgliche Bahnen zu lenken. Dass er sie dabei auf seine süffisante Art nicht selten der Lächerlichkeit preisgab, vergaßen sie ihm nicht. Doch wie die Mehrheit seiner Zeitgenossen nahm Adenauer die nicht selten gegen ihn persönlich gerichteten Drohworte der Nationalsozialisten von der „großen Abrechnung", vom „Aufräumen" nicht ernst.[223] Daher unterschätzte er auch, welche Gefahr von den Umtrieben nationalsozialistischer Studenten ausging, obwohl diese sich stets damit brüsteten, dass ihre Bewegung siegen werde. Da die Universitätsspitze beschwichtigend und verharmlosend agierte, erfuhr der Oberbürgermeister und Kuratoriumsvorsitzende womöglich nicht einmal, was an der Hochschule schwärte.

Am 25. Februar 1931 erreichte das Auftreten der Nationalsozialisten an der Kölner Universität eine neue Qualität. Es gelang NS-Studenten unterstützt von SA-Leuten aus der Stadt, auf dem Gelände am Rheinufer eine „nationale Kundgebung" mit rund 600 Teilnehmern abzuhalten. Erstmals schritt die Polizei ein.[224] Unter der Schlagzeile „Kölner Universität unter Hakenkreuz-Terror" berichtete die RHEINISCHE ZEITUNG u. a. von groben körperlichen Angriffen gegen sozialdemokratische Flugblattverteiler. Es habe sich vermutlich um eine „planmäßig hervorgerufene Herausforderung" der Kölner NS-Studenten gehandelt, die „gegenüber anderen Universitätsstädten nicht zurückstehen" wollten. Das Blatt nahm an, diese Demonstration sei nur der „Auftakt" zu weiteren Aktionen gewesen, was die Universitätsverwaltung „zu schärfsten Maßregeln und dauernder Kontrolle" zwinge.[225]

Konrad Adenauer erfuhr von der Demonstration und dem Polizeieinsatz vorerst nur aus der RHEINISCHEN ZEITUNG, da Rektor Kroll es nicht für erforderlich hielt, ihn als Kuratoriumsvorsitzenden über die Ausschreitungen zu informieren. Nach der Lektüre des Artikels bat Adenauer um einen „wahrheitsgemäßen Bericht" über die Vorfälle,[226] den der Rektor bald lieferte. Kroll leitete sein Schreiben mit der Bemerkung ein, es hätten „die nationalsozialistischen Unruhen an der Universität ... keine besondere Bedeutung gehabt". Dann ließ er sich im Detail darüber aus, wie die Universitätsspitze bisher bei nationalsozialistischen Propagandaaktionen verfahren sei – in der wohl berechtigten Annahme, dass diese Vorgänge dem Oberbürgermeister nicht bekannt waren. Den Hergang der fraglichen „Demonstration" am 25. Februar schilderte Kroll ausführlich und detailliert: Um Nichtstudenten am Betreten der Universität zu hindern, habe er von Pedellen „Erkennungskarten revidieren" und weithin sichtbare Verbotsschilder gegen „das Abhalten politischer Veranstaltungen in der Universität" anbringen lassen. Es hätten sich vor der Universität rund 600 „Demonstranten" versammelt gehabt, darunter „viele Nichtstudenten und auch wohl Neugierige". Erst als sich „eine Keilerei zwischen Studenten verschiedener Richtungen zu entwickeln drohte", habe die Polizei den Universitätsplatz „in etwas schärferer Gangart" geräumt. Dabei seien die kontrollierenden Pedelle an der Tür zur Seite gedrängt worden und auch Nichtstudenten in die Universität gelangt. Von den 50 bis 60 „nationalsozialistischen Demonstranten", daran zu erkennen, dass sie „zu demonstrativen Rufen die Hand erhoben" – demnach den Hitlergruß brüllten –, habe niemand das Wort ergriffen. Eine „Versammlung" sei also nicht zustande gekommen, was er auch „keineswegs geduldet" hätte. Um 17 Uhr habe er die Eingangskontrollen aufheben lassen. Die ganze Angelegenheit sei „kaum der Rede wert", nur eine „künstliche und bestellte Mache" gewesen. Er habe es vermieden, „durch zu frühes und zu scharfes Eingreifen eine große Affäre daraus zu machen und dadurch für die Nationalsozialisten Propaganda zu schaffen". Diese hätten auch versucht, ihre Aktion mit einem Bericht im WESTDEUTSCHEN BEOBACHTER über das „Wüten der Polizei bis in die Hörsäle hinein" propagandistisch aufzuwerten. Er sehe der Zukunft „mit Ruhe entgegen".[227] Eckert bestätigte Krolls Darstellung. Die Vorgänge vom 25. Februar seien „nicht sehr ernst zu nehmen".[228] Beiden lag offenbar daran, dem Oberbürgermeister zu versichern, dass sie die Lage an der Universität unter Kontrolle hätten. Auf dem von Eckert bestätigten, „in seiner politischen Naivität ungemein instruktive(n)"[229] Bericht Krolls beruhte drei Wochen nach den Ereignissen der Kenntnisstand des Oberbürgermeisters. Adenauer ließ Krolls Bericht unkommentiert „z. d. A." gehen. Mochte der Rektor die Aktion der NS-Studenten als einen „Lufthieb" bezeichnet haben, die RHEINISCHE ZEITUNG hatte ihm die Einsicht voraus, dass mit derartigen Aktionen, wenn sie nur regelmäßig Grenzen überschritten, die Nationalsozialisten in Köln unaufhaltsam Terrain gewannen.

Im Sommersemester 1931 planten die NS-Studenten anlässlich des Jahrestages der Unterzeichnung des Versailler Friedensvertrages auch in Köln eine eigene Großkundgebung. „Besonnene Elemente", wie Rektor Kroll sie in einem Brief an den Reichskanzler nannte, wünschten hingegen eine gemeinsame Veranstaltung der gesamten Studentenschaft gegen die „Kriegsschuldlüge". Als Redner schlugen sie den Domprediger Dionysius Ortsiefer und Martin Spahn vor. Angesichts des zerrütteten Verhältnisses der Hochschullehrerschaft zu ihrem vorwiegend in Berlin weilenden Kollegen lehnte Kroll Spahn als Redner ab und bemühte sich stattdessen vergeblich, Reichskanzler Heinrich Brüning zu gewinnen. Obwohl der Rektor die Studentenschaft zu einer gemeinsamen Aktion aufforderte, hielten die NS-Studenten an ihrem Plan fest und luden zu einer „Anti-Versailles-Kundgebung" am 2. Juli als Redner Baldur von Schirach ein.[230] Bei der Veranstaltung kam es zu Tumulten und einem Einsatz der Polizei. Von Schirach versuchte vergeblich, sich durch Vorweisen eines fremden Studentenausweises einer Festnahme zu entziehen. Er wurde zu drei Monaten Gefängnis und einer Geldstrafe verurteilt, beides aber nie vollzogen.[231]

Während die NS-Studenten einen Propagandasieg feierten,[232] gingen die Universitätsinstanzen noch davon aus, es lediglich mit „Hitzköpfen" zu tun zu haben. Der neue Rektor Bruno Kuske hob das Verbot der Nationalsozialistischen Studentengruppe von Anfang 1930 auf. Der Senat bestätigte diese Entscheidung Mitte Dezember, genehmigte zugleich eine marxistisch-leninistische Vereinigung und ließ auch eine kommunistische Studentengruppe zu.[233] Diese „ausgewogene" Entscheidung sollte einer weiteren Radikalisierung vorbeugen. Man glaubte, die Nationalsozialisten „zähmen" zu können, indem man ihnen kontrollierbare politische Macht übertrug. Die Tragweite ihrer verbrecherischen Ziele lag außerhalb des Vorstellbaren.

Eine illegale Wahl zur verbotenen Allgemeinen Studentenschaft im Februar 1932 machten in Köln – bei einer Beteiligung von gerade einmal 22 Prozent –

nationalistische Gruppierungen unter sich aus. Die Tatsache, dass die liberale und die katholische Mitte keine Kandidaten aufgestellt hatten, begrüßte Rektor Kuske, da die Kölner Studierenden damit „gegen eine Politisierung der Studentenvertretung" eingetreten seien – eine Einschätzung, die bei der auch in Köln voranschreitenden Polarisierung nur als „weltfremd" bezeichnet werden kann.[234] Die Nationalsozialisten erhielten acht von 16 Sitzen.[235] Hatte der Vorsitzende des Ringes der Kölner Korporationen bei der Grundsteinlegung zum Universitätsneubau noch dazu aufgerufen, der „immer stärker werdenden Tendenz, die akademische Jugend parteipolitisch zu vereinnahmen", Widerstand entgegenzusetzen und sich stattdessen „in der Arbeit am deutschen Volk und in positiver Mitarbeit am heutigen Staat" auf einer „unpolitische(n) Grundlage" zu vereinen, war die Entwicklung über dieses arglose Ansinnen längst hinweggegangen.[236]

Einen Tag vor der preußischen Landtagswahl im April 1932, aus der die NSDAP als stärkste Fraktion hervorging, wandte sich Rektor Bruno Kuske hilfesuchend an den Oberbürgermeister. Zwar bahne sich nach den vorangegangenen Unruhen „eine Beruhigung an, sofern nicht ganz besondere Ursachen das wieder beeinträchtigen". Doch erfordere „die Pflege der persönlichen Beziehungen zur Studentenschaft zur Zeit ganz besondere Sorgfalt und Aufmerksamkeit". Es sei vor allem wichtig, „dass wir uns in ständiger Kleinarbeit um die Studierenden als Ganzes, sowie in den einzelnen Gruppen und womöglich Personen kümmern". Kuske schlug dem Oberbürgermeister vor, „eine Deputation von Studierenden", die er zusammenstellen wolle, zu empfangen, um sich mit ihnen „vom Standpunkt des Kuratoriums aus" zu unterhalten. Das sei eine „psychologische Angelegenheit". Es wäre „zweckmäßig", wenn Adenauer sich dafür „etwas Zeit" reserviere, um den Studierenden das Gefühl zu geben, der Kuratoriumsvorsitzende stünde ihnen „eingehender zur Verfügung".[237] Adenauer las aus Kuskes betont unaufgeregt vorgebrachter Bitte nicht heraus, wie ernst es diesem womöglich war. Er dankte dem Sozialdemokraten für die „Anregung bezüglich Pflege der persönlichen Beziehungen zur Studentenschaft". Doch müsse er zunächst zur Staatsratstagung nach Berlin reisen und wolle anschließend eventuell für kurze Zeit in Urlaub gehen. Danach werde er auf die Angelegenheit zurückkommen.[238] Dass der Oberbürgermeister dieser Ankündigung nachkam, ist weder belegt noch wahrscheinlich. Gerade ein zwangloses Zusammentreffen mit Studierenden dürfte seine Sache nicht gewesen sein.

Im Juni 1932 verhandelte ein Vertreter der Nationalsozialistischen Studentengruppe mit Rektor Kuske bereits auf Augenhöhe. Der Student bot an, seine Gruppe innerhalb der Universität nicht mehr in Uniform auftreten zu lassen.

Für „Einzelgänger" könne er aber keine Verantwortung übernehmen. Diese Erklärung genügte dem Senat, um zu empfehlen, einzelne Uniformträger zu ignorieren.[239] Kurz darauf zog der als Rektor vorgesehene Gustav Aschaffenburg seine Kandidatur zurück, weil ein anonymer Briefschreiber davor gewarnt oder damit gedroht hatte, dass „Nazi-Studenten" sich bei einer Wahl des jüdischen Psychiaters bereits darauf freuten, Unruhe in der Universität zu stiften und die Wohnung des Professors zu belagern. Aschaffenburg wollte im Interesse lernwilliger Studenten vermeiden, dass die Universität als Folge solcher Unruhen geschlossen würde. Da es ihm auch „um seine persönliche Unversehrtheit und den Schutz seiner Familie ging", ist sein Verhalten verständlich. Doch Rektor und Professoren setzten der Terrordrohung gegen ihren Kollegen keinen Widerstand entgegen und begnügten sich damit, Aschaffenburgs Rückzug zu bedauern.[240] Das war nichts anderes als ein moralischer Dammbruch.

Als Aschaffenburg sich gezwungen sah, auf das Rektoramt zu verzichten, lief bereits die Suche nach einem Nachfolger für den Rechtswissenschaftler Fritz Stier-Somlo, der im März 1932 an den Folgen eines Verkehrsunfalls gestorben war. Anfang Juni präsentierte die Fakultät eine Liste mit Kandidaten, verbunden mit dem Wunsch, es möge „in erster Linie mit Carl Schmitt" verhandelt werden, denn man lege „vor allem" Wert darauf, „einen Mann anerkannter Bedeutung zu gewinnen".[241] Dass Schmitt diesen Anspruch würde einlösen können, bezweifelte niemand. Es war indessen kein Geheimnis, dass er in seinen Schriften schon vor 1933 Stellung sowohl gegen das parlamentarische System als auch gegen eine pazifistische „Erfüllungspolitik" bezogen hatte und ein Wort wie „Judenpresse" zu seiner Alltagssprache gehörte.[242] Godehard Ebers äußerte sich gegenüber Eckert im Juni 1932 besorgt darüber, dass Schmitt „in schärfster sachlicher und persönlicher Gegnerschaft zu Kelsen" stehe. Mindestens ebenso wichtig fand er, dass Schmitt zwar vorgebe, ein Verfechter der katholischen Staatsrechtslehre zu sein, aber nicht mehr auf dem Boden der Kirche stehe.[243] Für dieses Urteil dürfte Ebers zum einen die Tatsache ausgereicht haben, dass Schmitt geschieden und wiederverheiratet war, zum andern das Geraune, er frequentiere regelmäßig den Berliner Straßenstrich.[244]

Im Laufe einer Unterredung mit Dekan Hans Planitz am 30. Juni 1932 erhob Adenauer Bedenken gegen eine Berufung Schmitts. Er begründete dies einerseits mit dessen „nicht einwandfreie(r) Stellungnahme ... in der Frage der wohlerworbenen Rechte"[245], andererseits aber auch damit, dass Schmitt ein „schwieriger Charakter" sei und von ihm eine „Zerstörung des harmonischen Verhältnisses zwischen den Kollegen" ausgehen könne. Zudem müsse Schmitts „Verhältnis zu Kelsen" berücksichtigt werden.[246] Adenauer hielt es für geboten, Werner Richter noch am selben Tag vom Vorschlag der Fakultät und deren Begründung zu informieren.[247] Seine Bedenken gegen Schmitt stellte er schließlich zurück – womöglich weil sogar der von ihm hochgeschätzte Hans Kelsen für Schmitt plädierte. Kelsen vertraute nämlich darauf, dass die traditionellen Regeln des fairen akademischen Diskurses zwischen ihm und Carl Schmitt auch im Falle der absehbaren Kontroverse gelten würden.[248]

Das Kuratorium schloss sich dem Wunsch der Fakultät an, „dass in erster Linie Carl Schmitt berufen" werde. Falls dieser dem Ruf nicht Folge leisten sollte, erbat das Kuratorium „nochmals Gelegenheit zur Stellungnahme". Erst drei Wochen später ging die Liste über den Oberpräsidenten an das Ministerium.[249] Schmitt erhielt den Ruf und verhandelte am 8. August in Berlin über sein Kölner Gehalt. Er argwöhnte, man habe ihm „ein großartiges Angebot (wie Kelsen)" nur gemacht, weil man ihn „von Berlin weghaben" wolle.[250] Mitte August teilte das Kultusministerium mit, Schmitt sei bereit, den Ruf anzunehmen, wenn ihm ein Grundgehalt von 15.000 und eine Honorargarantie von 12.000 RM bewilligt würden. Das Kuratorium möge sich damit einverstanden erklären.[251]

Im September bat Hans Kelsen, inzwischen zum Dekan gewählt, Schmitt mehrfach um ein Treffen.[252] In einem seiner Briefe drückte er die Hoffnung aus, „daß unsere Besprechung dazu führen wird, daß Sie den Ruf annehmen. Ich bin überzeugt, daß wir uns trotz aller wissenschaftlichen Gegensätze menschlich trefflich verstehen können". Schmitt erwiderte, dass er bestrebt sei, der Fakultät „Ehre zu machen und mit der Fakultät und jedem einzelnen ihrer Mitglieder in bester Kollegialität und Harmonie zusammenzuarbeiten".[253]

Am 19. September führte Oberbürgermeister Adenauer im Kölner Rathaus ein gut einstündiges Gespräch mit Carl Schmitt, um das dieser Anfang August gebeten hatte.[254] Man erörterte Schmitts „Aufgaben an der Universität Köln", und Adenauer brachte Verständnis dafür auf, dass Schmitt „als Gutachter der Reichsregierung bei den derzeitigen Verfassungsstreitigkeiten" – es ging um den Status der Regierung Braun nach dem Staatsstreich – momentan „von Berlin nicht abkömmlich" sei. Als Dienstantritt kam daher der 1. April 1933 in Betracht. Adenauer erklärte sich mit der vom Ministerium angebotenen Gehaltssumme einverstanden und bat Schmitt, den Ruf nach Köln „baldtunlichst" anzunehmen.[255] Dieser hielt in seinem Tagebuch fest: „… schließlich bei Adenauer im Rathaus, großes Entgegenkommen, nett politisiert, über Oberhaus[256], den Preußenschlag, Vergleichsmöglichkeiten in dem Prozeß".[257] Am 23. Oktober traf Schmitt in Köln auch mit Dekan Kelsen zusammen. Dessen Frau sei „klug" und er selbst „anscheinend nicht gefährlich", hielt Schmitt in seinem Tagebuch fest.²⁵⁸ Schmitt soll Kelsen bei dieser Gelegenheit die „Gipfelfreundschaft ... der beiden Großen in einer mediokren Fakultät" angeboten haben.²⁵⁹ Zunächst zögerte Schmitt noch, Berlin zu verlassen, wo er sein Netzwerk „mühevoll geknüpft" hatte und bereits die Nähe zur Staatsmacht genoss. Als Vertreter der Reichsregierung im Prozess gegen die staatsstreichartig abgesetzte preußische Regierung Otto Braun vor dem Leipziger Staatsgerichtshof befand er sich auf dem vorläufigen „Höhepunkt seiner Wirksamkeit".²⁶⁰ Erst am 11. November nahm er den Ruf auf das Ordinariat für Öffentliches Recht in Köln an.²⁶¹ Schmitt bereitete den Umzug seiner Familie in die Domstadt vor, anscheinend entschlossen, neben seinem „theoretischen Antipoden"²⁶² Kelsen zu lehren und dessen positivistische „reine Rechtslehre" mit seiner politischen Verfassungslehre zu konfrontieren.

Unterdessen war Adenauers ältester Sohn Konrad, „Koko" genannt, der zuvor auch in London Jura studiert hatte,²⁶³ an der Rechtswissenschaftlichen Fakultät von Franz Samuel Haymann mit einer Dissertation über das Thema „Die Gefahrtragung beim aufschiebend bedingten Kauf und beim Kauf mit Anfangstermin" promoviert worden. Die Arbeit erschien 1932 als Band 5 in den RECHTSWISSENSCHAFTLICHEN ABHANDLUNGEN, den Veröffentlichungen der Fakultät. Der stolze Vater versagte es sich nicht, dem Doktorvater per Brief zu attestieren, dieser Erfolg verdanke sich „in starkem Maße dem Interesse für die Jurisprudenz als Wissenschaft", das Haymann in seinem Sohn geweckt habe.²⁶⁴ Konrads Schwester Maria nahm im Frühjahr 1932 ein Sprachstudium in Paris auf und wechselte zum Sommersemester 1933 an die Kölner Universität.²⁶⁵

Am 10. Februar 1933 – knapp zwei Wochen, nachdem Hitler von Hindenburg zum Reichskanzler ernannt worden war – weihte Oberbürgermeister Adenauer das Universitätsmuseum ein. Dies dürfte seine letzte Amtshandlung in Zusammenhang mit der Universität gewesen sein.²⁶⁶ Das Kuratorium, das 1932 nur zweimal zusammengetreten war, hatte sich unter Konrad Adenauers Vorsitz zum letzten Mal am 19. Dezember 1932 getroffen. Ihm gehörten zuletzt außer drei Zentrumsleuten (Mönnig, Lohmer und Reuter) und zwei Sozialdemokraten (Beyer und Görlinger) ein DVP-Mann (Grundschöttel) und mit Hans Wecker auch ein Kommunist an.²⁶⁷

Seit Ende Februar, mit der faktischen Außerkraftsetzung der Grundrechte der Weimarer Verfassung nach dem Reichstagsbrand, war der Weg endgültig frei für eine Verfolgung der politischen Gegner der NSDAP. Nach den Reichstagswahlen vom 5. März 1933, aus denen die NSDAP als stärkste Partei hervorging, wehte bald auf der Kölner Universität wie auf anderen öffentlichen Gebäuden die Hakenkreuzfahne,²⁶⁸ und feiernde Nationalsozialisten zogen durch die

Straßen der Stadt.[269] Am 12. März gewann die NSDAP bei der Kommunalwahl 39 von 95 Sitzen in der Stadtverordnetenversammlung. Um angekündigten Gewaltakten gegen seine Person zuvorzukommen, reiste Adenauer am nächsten Morgen in aller Frühe nach Berlin, wo er auch die gegen ihn erhobene Anschuldigung, er habe öffentliche Gelder veruntreut und sei korrupt gewesen, aufklären wollte.[270] Von der Zentrumspartei, die sich wegduckte und ihn nicht gegen die „Vorwürfe, Verleumdungen und Beleidigungen" des Gauleiters Josef Grohé in Schutz nahm, fühlte er sich verraten.[271]

Am 13. März besetzten die Nationalsozialisten um 10 Uhr das Rathaus und erklärten Adenauer für abgesetzt. Noch am selben Tag installierte Grohé den früheren Prokuristen des Bankhauses Levy, Günter Riesen, als Nachfolger. Gemäß Staatsvertrag von 1919 stand einem Oberbürgermeister der Stadt Köln im Kuratorium der Universität der Vorsitz zu. Dieses Amt ging daher automatisch auf Riesen über. Zwar war dieser als Kuratoriumsvorsitzender gegenüber den Organen der Universität ebenso wenig weisungsbefugt wie vor ihm Konrad Adenauer. Doch verloren die liberal-demokratischen Professoren mit dem Wechsel an der Spitze der Stadt ihren politischen Rückhalt.[272] Am 13. April 1933 bemerkte Konrad Adenauer in einem Brief an Ella Schmittmann, „mit großem Bedauern" erfülle ihn „die Entwicklung an der Universität". Er „wünsche und hoffe sehr", dass es dort nicht zu „Ranküne" käme.[273]

ANMERKUNGEN

1 Http://www.100-jahre-sozialmedizin.de/CD_DGSMP/PdfFiles/Biografien/Krautwig.pdf (abgerufen am 28.12.2017).
2 Pabst 1976, S. 270.
3 Adenauer an Pfarrer Radecke am 3.3.1925 und Liste der zu erörternden Probleme. HAStK Best. 902/118/1, S. 257 f. u. S. 268.
4 Pabst 1976, S. 270.
5 KÖLNISCHE ZEITUNG vom 7.7.1926.
6 Schütz 2004, S. 95.
7 Ebd., S. 21.
8 Ebd., S. 23. Die maßgeblich von dem Sozialdemokratischen Arzt und Reichstagsabgeordneten Alfred Grotjahn konzipierte, sozialreformerisch orientierte „Sozialhygiene" vollzog in den zwanziger Jahren „den faustischen Schulterschluss" mit der Eugenik, der „Fortpflanzungshygiene". Die Vereinnahmungen der Eugenik durch sozialdarwinistische Ideologien gewannen mit der nationalsozialistischen Machtergreifung in Deutschland vollends die Oberhand (Ursula Ferdinand, Der „faustische Schulterschluss" in der Sozialhygiene Alfred Grotjahns: Soziale Hygiene und ihre Beziehungen zur Eugenik und Demographie, Basel 2006 (histsem.unibas.ch/index.php?id=3373&no_cache=1&file=471&uid=2546 [abgerufen am 10.1.2018]).

9 Die Fakultät war lediglich um ein Pharmakologisches Institut ergänzt worden (Peil u. a. 1988, S. 147; s. a. Gebauer 1997, S. 95).
10 Adenauer an Tilmann am 6.1.1927, UAK 67/160, Bl. 98.
11 Pabst 1976, S. 722.
12 Heimbüchel 1988, S. 552.
13 Tilmann an Adenauer am 15.1.1927, UAK 67/160, Bl. 94.
14 Gesprächsprotokoll Veit vom 2.7.1927, ebd., Bl. 76. Die Neubesetzung des Chefpostens der HNO-Klinik zog sich bis zum Sommer 1928 hin (Heimbüchel 1988, S. 553).
15 Protokoll der Fakultätssitzung am 6.7.1927, UAK 67/157, Bl. 280.
16 Gesprächsprotokoll Veit vom 30.10.1927, UAK 67/160, Bl. 62 f.
17 Veit an Adenauer am 6.11.1927, ebd., Bl. 70 f.
18 Adenauer an Veit am 17.11.1927, ebd., Bl. 72 f.
19 HAStK Best. 143/2.
20 Veit an Adenauer am 15.12.1927 (Vermerk: „nicht abgeschickt"), UAK 67/160, Bl. 50–52.
21 Veit an Adenauer am 1.3.1928, ebd., Bl. 48.
22 Veit an Walb am 18.5.1928, UAK 28/2, Bl. 307.
23 Adenauer an Walb am 25.3.1928, ebd., Bl. 310.
24 Veit an Müller am 24.11.1928, UAK 67/160, Bl. 17 f.
25 Bericht des Dekans vom 28.11.1928, ebd., Bl. 17.
26 Külbs hatte seit 1917 den Lehrstuhl für Innere Medizin inne und war Direktor der „Medizinischen Klinik II" (Augusta-Hospital).
27 Adenauer an Coerper am 23.1.1930, HAStK Best. 902/143/1, S. 1093 f.
28 Schriftenverzeichnis Külb, ebd., S. 1099 ff.
29 Auszug aus Richter an Adenauer am 23.12.1929, ebd., S. 1087.
30 Adenauer an Coerper am 23.1.1930, ebd., S. 1093 f.
31 Coerper an Adenauer am 27.1.1930, ebd., S. 1111 ff.
32 Adenauer an Coerper am 31.1.1930, ebd., S. 1117 f.
33 AN Adenauer vom 24.2.1930, ebd., S. 1171.
34 Adenauer an Coerper am 24.2.1930, ebd., S. 1173.
35 Coerper an Richter am 24.2.1930, ebd., S. 1169.
36 Coerper an Adenauer am 25.2.1930, ebd., S. 1175.
37 Richter an Adenauer am 1.3.1930, ebd., S. 1181 ff.
38 Richter an Coerper am 15.3.1930, ebd., S. 1223 ff.
39 Coerper an Adenauer am 24.2.1930, HAStK Best. 902/143/2, S. 853 ff.
40 Geheime AN Adenauer am 24.2.1930, HAStK Best. 902/137/2, S. 45 ff.
41 Adenauer an Richter am 4.3.1930, HAStK Best. 902/143/2, S. 869 ff.
42 Geheime AN Adenauer vom 24.2.1930, HAStK Best. 902/137/2, S. 45 ff.
43 Richter an Adenauer am 15.4.1930, HAStK Best. 902/143/2, S. 933 f.
44 Eckert an Adenauer am 1.8.1930, ebd., S. 937.
45 Golczewski 1988, S. 60. Den Internisten Hans Eppinger forderte Adenauers Nachfolger Riesen noch im April 1933 wegen seiner „engen, privaten Kontakte" zu Adenauer sowie Streitigkeiten mit Coerper persönlich auf, einen an ihn ergangenen Ruf nach Wien sofort anzunehmen, andernfalls er zum 1. Mai „beurlaubt" werden würde (Golczewski 1988, S. 60). „Nur der Wissenschaft ergeben" beschäftigte Eppinger sich spä-

ter mit KZ-Versuchen zur Salzwasserverträglichkeit. Durch Freitod entzog er sich einer Anklage im Nürnberger Prozess (ebd., S. 60 f.).
46 Pabst 1976, S. 716 u. S. 267.
47 Denkschrift betr. Ausbau der Philosophischen Fakultät vom 24.11.1925, zit. n. Court 2003, S. 38.
48 Haniel an Adenauer am 1.12.1927, HAStK Best. 902/141/3, S. 285 f.
49 Gamillscheg an Haniel am 11.11.1927, ebd., S. 287 ff.
50 Gamillscheg an Adenauer am 29.11.1927, ebd., S. 311.
51 Philosophische Fakultät an Kultusminister am 28.11.1927, ebd., S. 281 ff.
52 Https://www.deutsche-biographie.de/pnd124001548.html#ndbcontent (abgerufen am 8.6.2018).
53 Adenauer an Lammers am 2.12.1929, HAStK Best. 902/141/3, S. 297.
54 Courts 2003, S. 38.
55 Ebd., S. 42.
56 Schulz 2007, S. 82–84.
57 Pabst 1976, S. 291.
58 Schulz 2007, S. 295.
59 Ebd., S. 362.
60 Staatstelegramm Becker an Adenauer am 9.5.1928, http://carl-heinrich-becker.de/ (abgerufen am 10.10.2017).
61 Bock u. Marmetschke 2005, S. 167.
62 Schulz 2007, S. 360.
63 Bock und Marmetschke 2005, S. 167.
64 Mönnig war von 1902 bis 1933 Stadtverordneter der Zentrumsfraktion, seit 1913 deren Vorsitzender. Von 1908 bis 1933 gehörte er dem Rheinischen Provinziallandtag, 1921 bis 1933 auch dem Preußischen Staatsrat an. Er war stellvertretender Vorsitzender der Zentrumspartei auf Reichsebene und Vorstandsmitglied des Deutschen sowie des Preußischen Städtetags sowie als Teilhaber und Geschäftsführer der „Kölner Görreshaus GmbH" Mitverleger der KÖLNISCHEN VOLKSZEITUNG, deren „politisch-redaktionellen Teil" er verantwortete (Kleinertz, Everhard, „Mönnig, Hugo" in: Neue Deutsche Biographie 17 [1994], S. 662–664).
65 Nahen an Mönnig am 17. u. 22.12.1928, AEK CR 9 A, 4.
66 Courts 2003, S. 38.
67 Lauscher an Adenauer am 23.4.1929, HAStK Best. 902/141/2, S. 223 f.
68 Adenauer an Lauscher am 1.5.1929, ebd., S. 225.
69 Auskunft des Hochschulpfarrers Nielen über Hatzfeld, ebd., S. 245.
70 Adenauer an Lauscher am 6.5.1929, ebd., S. 229.
71 Lauscher an Adenauer am 11.5.1929, ebd., S. 231 ff.
72 Der den NS-Machthabern genehme Rektor Ernst Leupold bemerkte im April 1933, Richter wäre „in völlige Abhängigkeit von Adenauer geraten" gewesen, was sich „natürlich in der Zusammensetzung des Lehrkörpers" hätte auswirken müssen (Golczewski 1988, S. 70).
73 Court 2003, S. 41.
74 Kallen an Adenauer am 29.5.1929, HAStK Best. 902/141/2, S. 235 ff.
75 Dowe 2006, S. 301.
76 Stegerwald an Schulte am 17.10.1924, AEK CR 9 A, 6.

77 Dowe 2006, S. 242.
78 Adenauer an Nadler am 6.6.1929, HAStK Best. 902/141/2, S. 247.
79 HAStK Best. 902/141/3, S. 299 ff. und Best. 902/141/2, S. 213 ff.
80 Adenauer an Richter am 8.7.1929, ebd., S. 221.
81 Richter an Adenauer am 13.7.1929, ebd., S. 257.
82 Adenauer an Becker am 22.1.1929, HAStK Best. 902/137/2, S. 37.
83 AN vom 9.12.1929, ebd., S. 41–44.
84 Es gab eine Vorgeschichte. Demnach hatte Becker, trotz seiner bekanntermaßen liberalen und projüdischen Berufungspolitik Spitzer als in Marburg erstplatzierten Kandidaten Anfang 1924 nicht dorthin berufen, weil dadurch die Spaltung in der Philosophischen Fakultät noch vertieft worden wäre; denn an Spitzer, der als „Pazifist, Sozialist und Atheist" galt, entzündete sich die „antipositivistische, antisoziologistische und antipsychologistische Haltung der deutschen Geisteswissenschaften". Erst nachdem sich kein anderer Kandidat für Marburg gewinnen ließ, berief man Spitzer im Februar 1925. Weil es aber „zwei Jahre nach Spitzers von schwierigen Umständen begleiteter Ernennung wie eine Niederlage ausgesehen hätte", hatte Becker den Romanisten vorerst nicht nach Köln geben können. So die plausible Deutung von Courts (Courts 2003, S. 40).
85 Karl Vossler gilt als einer der bedeutendsten Romanisten der ersten Hälfte des 20. Jahrhunderts.
86 Auszug aus Niederschrift über Besprechung Adenauer und Richter am 20.2.1930, HAStK Best. 902/141/3, S. 309.
87 Courts 2003, S. 38.
88 Eckert an Adenauer am 5.3.1930, HAStK Best. 902/141/3, S. 307.
89 Abschrift der von Grimme unterfertigten Verleihungsurkunde vom 28.4.1930, HAStK Best. 902/141/2, S. 361 ff.
90 Zum Verhältnis Adenauers zu de Pange s. Bock u. Marmetschke 2005, S. 168.
91 Ebd.
92 Eintrag „Lichtenberger, Henri" in: Munzinger online/Personen – Internationales Biographisches Archiv, http://www.munzinger.de/document/00000000632 (abgerufen am 26.11.2017).
93 Bock u. Marmetschke 2005, S. 169.
94 Schulz 2007, S. 372.
95 Heimbüchel 1988, S. 454.
96 K am 18.2.1926, UAK 332/2.
97 Golczewski 1988, S. 115.
98 Kultusministerium an Rektor am 2.6.1928, UAK 42/3989, Bl. 304.
99 Lehmann an Adenauer am 10.11.1926, HAStK Best. 902/142/1, S. 173 f.
100 Heimbüchel 1988, S. 455.
101 Golczewski 1988, S. 116.
102 Kölnische Volkszeitung vom 20.6.1930.
103 Kölnische Volkszeitung vom 25.6.1930.
104 Nahens Anmeldung als Student war am 27.5.1929 gelöscht worden; ein Examen hatte er nicht abgelegt (UAK 600-55 Nr. 1471).
105 Nahen an Schulte am 22.12.1928, AEK CR 9 A, 4.
106 Eckert an Adenauer am 26.6.1930, HAStK Best. 902/173/4, S. 423 f.

107 Augustinus-Verein zur Pflege der katholischen Presse, gegründet 1878.
108 KÖLNISCHE VOLKSZEITUNG vom 14.7.1930.
109 Meuthen 1988, S. 32 f.
110 Wenge 2005, S. 228.
111 RHEINISCHE ZEITUNG vom 6.1.1922, zit. n. Wenge 2005, S. 312 f.
112 Golczewski 1984, S. 370; Heimbüchel 1988, S. 642.
113 RHEINISCHE ZEITUNG vom 15.7.1930.
114 KÖLNISCHE VOLKSZEITUNG vom 24.7.1930.
115 KÖLNISCHE VOLKSZEITUNG vom 17.7.1930.
116 Adenauer an die Redaktion der KÖLNISCHEN VOLKSZEITUNG am 17.7.1930, HAStK Best. 902/173/4, S. 425 f.
117 Kleinertz, Everhard, „Mönnig, Hugo" in: Neue Deutsche Biographie 17 (1994), S. 662–664.
118 Die Görreshaus GmbH, deren Gesellschafter Heinrich Maus, Julius Stocky und Hugo Mönnig waren, ging 1926 aus dem Verlag der KÖLNISCHEN VOLKSZEITUNG hervor und entwickelte sich zum bedeutendsten katholischen Verlagshaus in Deutschland.
119 Maus an Adenauer am 17.7.1930, HAStK Best. 902/173/4, S. 429.
120 Redaktionelle Anmerkung zum Leserbrief in der KÖLNISCHEN VOLKSZEITUNG vom 17.7.1930.
121 Beyer an Adenauer am 29.7.1930, HAStK Best. 902/138, S. 835 ff.
122 Einladung zur Sitzung des Kuratoriums am 7.11.1930, ebd., S. 809. Die Sitzung wurde auf den 14.11. verschoben.
123 Düwell 1976, S. 179 f.
124 Meuthen 1988, S. 34.
125 Lauscher an Adenauer am 29.7.1930, HAStK Best. 902/141/3, S. 241 f.
126 Als „Sozialpolitiker" bestand der Katholik Schmittmann auf der „Alleinherrschaft in seinem Fach" und duldete keinen Konkurrenten neben sich (Heimbüchel 1988, S. 409).
127 Adenauer an Lauscher am 4.8.1930, HAStK Best. 902/141/3, S. 243 ff.
128 Jahresbericht der Görres-Gesellschaft 1929/30, Köln 1931, S. 57, zit. n. Schulz 2007, S. 257 f.
129 *Manfred Baldus,* 70 Jahre Institut für Kirchenrecht und rheinische Kirchenrechtsgeschichte der Universität zu Köln 1931-2001. Vortrag anlässlich der jährlichen Zusammenkunft der Freunde und Förderer am 7. Dezember 2001 im Alten Senatssaal der Universität, http://www.kirchenrecht.jura.uni-koeln.de/15372.html (abgerufen am 27.1.2018).
130 Adenauer an Gescher am 6.11.1939, HAStK Best. 902/142/1, S. 307 f.
131 Gescher an Adenauer am 12.11.1930, ebd., S. 312–325.
132 Adenauer an Herwegen am 4.1.1932, HAStK Best. 902/141/2, S. 787.
133 Adenauer an Walter Lehmann am 4.1.1932, ebd., S. 791 f.
134 Adenauer an Herwegen am 4.1.1932, ebd., S. 787.
135 Finke an Adenauer am 7.1.1932, ebd., S. 783.
136 Adenauer an den Vorstand der Görres-Gesellschaft am 14.1.1932, ebd., S. 785.
137 Köhler 1994, S. 216.
138 VS am 17.7.1927.
139 Ebd.

140 „Erklärung (der SPD-Fraktion der Stadtverordnetenversammlung, H. E.) zur Universitätsfrage" o. D., HAStK Best. 902/140/2, S. 115–119.
141 VS am 29.7.1929.
142 Fuchs 1991, S. 207.
143 Koch 1985, S. 88.
144 VS am 14.4.1930.
145 Eckert an Adenauer am 3.7.1930, HAStK Best. 902/137/1, S. 573.
146 Richter an Eckert am 26.7.1930, ebd., S. 571. An dem Ergebnis, wie es das Protokoll festhielt, hatte Adenauer zunächst noch bemängelt, „es müsse noch deutlicher klargelegt werden, dass der laufende Staatszuschuss der Hälfte des jeweiligen Betriebszuschusses entspräche, der naturgemäß, namentlich nach Bezug des neuen Universitätsgebäudes, steigen wird". Eckert wandte sich deswegen noch einmal an Richter und erhielt eine Bestätigung (Eckert an Lauscher am 17.7.1930, ebd., S. 559 f.).
147 Eckert an Adenauer am 28.7.1930, ebd., S. 569.
148 Eckert an Lauscher am 17.7.1930, ebd., S. 559 f.
149 Adenauer an Lauscher am 17.7.1930, ebd., S. 565 f.
150 Lauscher an Eckert am 19.7.1930, ebd., S. 563.
151 Lauscher an Adenauer am 29.7.1930, HAStK Best. 902/141/3, S. 241 f.
152 Adenauer an Lauscher am 4.8.1930, ebd., S. 243 ff.
153 Lauscher an Eckert o. D. (Januar 1931), HAStK Best. 902/137/1, S. 580 f.
154 Eckert an Adenauer am 20.1.1931, ebd., S. 577.
155 „Realsteuer" ist eine überholte Bezeichnung für Grundsteuer und Gewerbesteuer.
156 Adenauer an Lauscher am 20.1.1931, HAStK Best. 902/137/1, S. 587 f.
157 Adenauer an Kultusministerium am 4.2.1931, HAStK Best. 902/137/1, S. 593 ff.
158 Kops u. a. 1988, S. 392. In Köln betrug die Summe, welche für einen Studenten aufgewendet wurde, 1930/31 mit 344 RM weniger als die Hälfte von Bonn. Köln stand an letzter Stelle der Skala, welche Halle mit 1720 RM anführte (Aufwendungen der preußischen Universitäten für einen Studierenden, HAStK Best. 902/140/28, S. 35).
159 AN vom 30.1.1931, HAStK Best. 902/137/1, S. 589 ff.
160 Lauscher an Adenauer am 28.1.1931, ebd., S. 583 f.
161 Eckert an Suth am 5.2.1931, ebd., S. 591.
162 Besonders nach der Bankenkrise im Sommer 1931 bemühte sich Adenauer, die städtischen Ausgaben stark einzuschränken (Henning 1976, S. 147).
163 Adenauer an Kultusministerium am 4.2.1931, HAStK Best. 902/137/1, S. 593 ff.
164 Adenauer an Lauscher am 7.2.1931, ebd., S. 597.
165 Richter an Adenauer am 7.2.1931, ebd., S. 599.
166 Geht hervor aus Braun an Lauscher am 27.3.1931, ebd., S. 607.
167 KÖLNISCHE VOLKSZEITUNG vom 17.2.1931.
168 Adenauer an Lauscher am 19.2.1931, HAStK Best. 902/137/1, S. 605.
169 Braun an Lauscher am 27.3.1931, ebd., S. 607.
170 AN vom 8.4.1931, ebd., S. 609.
171 Eckert an Adenauer am 17.4.1931, ebd., S. 619.
172 AN vom 20.4.1931, ebd., S. 608.
173 Adenauer an Höpker-Aschoff am 17.4.19931, ebd., S. 611 f.
174 AN Adenauers vom 23.5.1931, ebd., S. 623.
175 Ebd.

176 Suth und Berndorff an Oberbürgermeister am 11.6.1931, ebd., S. 625 f.
177 AN vom 12.6.1931, ebd., S. 624.
178 Https://www.konrad-adenauer.de/kalendarium/jahreskalender?year=1931 (abgerufen am 29.3.2018).
179 Kuske an Adenauer nach Unterredungen mit Grimme, Braun und Schleusener (Staatssekretär im Finanzministerium) am 12.8.1932, HAStK Best. 902/140/1, S. 327 f.
180 Zwischen Höpker-Aschoff und Klepper amtierte kurzzeitig noch Walther Schreiber.
181 Klepper an Adenauer am 24.11.1931, HAStK Best. 902/137/1, S. 631.
182 Adenauer an Klepper am 28.11.1931, ebd., S. 633.
183 AN vom 7.12.1931, ebd., S. 635.
184 Adenauer an Richter am 8.12.1931, ebd., S. 637.
185 AN Adenauer vom 5.1.1932, ebd., S. 645.
186 Adenauer an Klepper am 17.2.1932, ebd., S. 647 f.
187 Richter an Adenauer am 30.1.1932, ebd., S. 649.
188 Adenauer an Richter am 2.2.1932, ebd., S. 651.
189 Adenauer an Klepper am 9.2.1932, ebd., S. 655.
190 Adenauer an Falk am 17.2.1932, ebd., S. 657.
191 Falk an Adenauer am 20.2.1932, ebd., S. 659.
192 Klepper an Adenauer am 1.3.1932, ebd., S. 667.
193 AN vom 7.12.1931, ebd., S. 635.
194 Eckert an Adenauer am 4.3.1932, ebd., S. 669 f.
195 Golczewski 1988, S. 39 ff.
196 Zinsser an Rektor der TH Aachen am 21.6.1929, UAK 28/372, Bl. 18.
197 Pferdmenges an Eckert am 11.4.1929, UAK 9/2735.
198 Golczewski 1988, S. 34.
199 Ebd., S. 35.
200 Ebd., S. 38.
201 Ebd., S. 39 ff.
202 Meyer 1982, S. 56 f.
203 Https://www.konrad-adenauer.de/stichworte/aussenpolitik/israel-und-judentum (abgerufen am 4.4.2018).
204 Notizen Eckerts an Pferdmenges an Eckert am 11.4.1929, UAK 9/2735.
205 Meno Lissauer, der Leiter der Kölner Erz- und Metallhandelsfirma Lissauer & Co., gehörte dem Vorstand der Kölner Jüdischen Gemeinde an. Er emigrierte 1937 über Holland in die USA (Walk 1988, S. 240).
206 Braun an Adenauer am 9.11.1929, HAStK Best. 902/151/1, S. 939.
207 Adenauer an Braun am 11.11.1929, ebd., S. 941.
208 Planitz an Adenauer am 3.12.1929, ebd., S. 943.
209 Planitz an Adenauer am 9.12.1929, ebd., S. 947.
210 Morsey 1981, S. 87.
211 Meuthen 1988, S. 32.
212 Bericht des Oberstadtsekretärs Bechem vom 10.2.1930, UAK 28/372, Bl. 103.
213 Meuthen 1988, S. 32 f.
214 Seyffert an Adenauer am 17.1.1930, HAStK Best. 902/140/21, S. 1069.
215 Korrespondenz betr. Ehrenpromotion Tietz Anfang 1930, HAStK Best. 902/144/1, S. 1065 ff.

216 Heimbüchel 1988, S. 398.
217 Ebd.
218 Bedeutet „Antreten in Uniform".
219 Meuthen 1988, S. 32 f.
220 Heimbüchel 1988, S. 398. Alfred Tietz floh mit seiner Familie zunächst ins Saargebiet, dann nach Holland und 1940 nach Palästina.
221 Meuthen 1988, S. 33; Tagesordnung der Kuratoriumssitzung am 5.6.1930, HAStK Best. 902/138, S. 759 f.
222 Wenge 2005, S. 225.
223 Historisches Archiv der Stadt Köln 1976, S. 109.
224 Meuthen 1988, S. 34.
225 RHEINISCHE ZEITUNG vom 26.2.1931.
226 Adenauer an Eckert am 3.3.1931, HAStK Best. 902/151/1, S. 965.
227 Kroll an Eckert am 9.3.1931, ebd., S. 957–964.
228 Eckert an Adenauer am 16.3.1931, ebd., S. 965.
229 Morsey 1997c, S. 672, Anm. 47.
230 Meuthen 1988, S. 35.
231 Heimbüchel 1988, S. 379.
232 Noch 1940 feierte der WESTDEUTSCHE BEOBACHTER (10.8.1940) von Schirach dafür, dass er seinerzeit „Revolution" gemacht habe.
233 Meuthen 1988, S. 35.
234 Gloszewski 1988, S. 41.
235 Meuthen 1988, S. 36.
236 Rede Hans Allekottes am 26.10.1929, HAStK Best. 902/140/1, S. 191 f.
237 Kuske an Adenauer am 23.4.1932, HAStK Best. 902/139, S. 655 f.
238 Adenauer an Kuske am 27.4.1932, ebd., S. 659.
239 Meuthen 1988, S. 36.
240 Golczewski 1988, S. 47 f.
241 Dekan Planitz an Kultusministerium am 8.6.1932, HAStK Best. 902/142/1, S. 361 f.
242 Golczewski 1988, S. 298; Schuller 2010, u. a. S. 229 und passim.
243 UAK 17/5273, Bl. 6.
244 Nagel 2015, S. 86.
245 Am 4.7.1932 entkräftete Planitz Adenauers Sorge wegen Schmitts Ansicht zu den „wohlerworbenen Rechten" (HAStK Best. 902/142/1, S. 345).
246 UAK 17/5273, Bl. 12 f.
247 Adenauer an Richter am 30.6.1932, HAStK Best. 902/142/1, S. 367 f.
248 Meyer 1982, S. 144.
249 HAStK Best. 902/142/1, S. 375.
250 Schuller 2010, S. 207.
251 Kultusministerium an Kuratorium am 15.8.1932, HAStK Best. 902/142/1, S. 391.
252 Mehring 2009, S. 651, Anm. 64.
253 Schmitt an Kelsen am 7.10.1932 und Kelsen an Schmitt am 20.11.1932, zit. n. ebd., S. 295.
254 Da er die Reichshauptstadt wegen dringender Aufgaben nicht verlassen könne, sei er auch mit einer Zusammenkunft in Berlin einverstanden (Schmitt an Adenauer am 10.8.1932, HAStK Best. 902/142/1, S. 377).

255 AN Eckert vom 19.9.1932, ebd., S. 391.
256 Gemeint ist der Staatsrat.
257 Schuller 2010, S. 217.
258 Ebd., S. 227.
259 Meyer 1982, S. 144. Hans Kelsen wurde im April 1933 aufgrund des Gesetzes zur Wiederherstellung des Berufsbeamtentums als erster Ordinarius „beurlaubt", als Dekan abgesetzt und im September in den „Ruhestand" genötigt. Er emigrierte zunächst nach Genf, dann nach Prag und 1940 in die USA, wo er u. a. an den Universitäten Harvard und Berkeley lehrte (Golczewski 1988, S. 449).
260 Mehring 2009, S. 295.
261 Schmitt an Eckert am 11.11.1932, HAStK Best. 902/142/1, S. 357. Die Urkunde des Kultusministeriums für die Berufung auf den Kölner Lehrstuhl für Öffentliches Recht ist auf den 6. Dezember 1932 datiert (ebd., S. 399 f.).
262 Mehring 2009, S. 295.
263 Schwarz 1986, S. 298.
264 Adenauer an Haymann am 13.7.1932, HAStK Best. 902/142/1, S. 349. Franz Samuel Haymann wurde 1935 sowohl aus rassistischen Gründen als auch wegen seines politischen Engagements als linker Liberaler in den vorzeitigen Ruhestand versetzt und emigrierte 1938 nach England (Golczewski 1988, S. 145 f.).
265 Anmeldekarte Maria Adenauer, UAK Matrikelkarten.
266 WESTDEUTSCHER BEOBACHTER vom 10.2.1933.
267 HAStK Best. 902/138, S. 987 u. S. 1035. Am 12. Januar bestätigte das Stadtparlament die bisherigen Mitglieder in ihrem Amt (ebd.).
268 Meuthen 1988, S. 37.
269 Fuchs 1991, S. 221.
270 Romeyk 1985, S. 326.
271 Historisches Archiv der Stadt Köln 1976, S. 111 f.
272 Golczewski 1988, S. 59.
273 Morsey und Schwarz 1991, S. 110.

7 GENERALPAUSE

Aus Köln verjagt, standen Konrad Adenauer Jahre der Verbannung, Verfolgung und erzwungenen Untätigkeit bevor.[1] Ein Jahr lang zog er sich ins Kloster Maria Laach zurück. Etliche Monate verbrachte er – teils mit Familie – in Berlin, wo er 1934 im Zusammenhang mit dem „Röhm-Putsch" für einige Tage in Haft geriet. 1935 bezog die Familie ein gemietetes Haus in Rhöndorf. Nach seiner Ausweisung aus dem Regierungsbezirk Köln hielt sich Adenauer zeitweilig wieder in Maria Laach sowie im Schwarzwald und in einem Priestererholungsheim in Unkel auf. Während seine Geschwister ihren Lebensmittelpunkt in Köln behielten,[2] lebte Konrad Adenauer seit 1937 mit Gussie und den jüngeren Kindern weitgehend zurückgezogen, doch streng überwacht in einem eigenen Haus in Rhöndorf. So war der Politiker Konrad Adenauer gezwungen, zwischen 1933 und 1945 eine „Generalpause"[3] einzulegen. Auch die Verbindung zur Kölner Universität riss ab.

Die Einzigen, die dem abgesetzten Oberbürgermeister 1933 ihre Solidarität bekundeten, waren Mitglieder des Görresrings, des Bundes katholischer deutscher Jungakademiker. „Angesichts der politischen Ereignisse der letzten Tage", hieß es in einem Brief der Bundesleitung, der Mitte März 1933 an seine Privatadresse in der Max-Bruch-Straße ging,

> fühlen wir uns verpflichtet, Ihnen unsere uneingeschränkte Hochachtung für Ihr persönliches Auftreten in der Öffentlichkeit und unsere dankbare Anerkennung für die bisherigen Leistungen Ihrer staats- und kommunalpolitischen Tätigkeit auszusprechen, verbunden mit der aufrichtigen Versicherung unserer Anteilnahme an Ihrem persönlichen Wohlergehen.

Unterzeichnet hatten außer August Adenauers Sohn Kurt und Rektor Ebers, der Generalsekretär der rheinischen Zentrumspartei und spätere nordrhein-westfälische Kultusminister Wilhelm Hamacher, der Redakteur der KÖLNISCHEN VOLKSZEITUNG Josef Hofmann, der künftige Architekt Theodor Menken, der Bonner Theologieprofessor Arnold Rademacher, der spätere nordrhein-westfälische Landtagsabgeordnete Josef Roesch sowie Adolf Süsterhenn, der nach 1945 in der rheinland-pfälzischen CDU Karriere machen sollte.[4]

Ebers wagte sich ein weiteres Mal weit vor, als am 26. März der Oberpräsident und Staatskommissar Hans Fuchs in den Ruhestand versetzt wurde.⁵ An Fuchs wie an den abgesetzten Oberbürgermeister richtete er ein Dankschreiben. In seinem Brief an Adenauer hieß es am 30. März:

> Ihrem Weitblick, Ihrer Initiative und Ihrer Tatkraft verdankt die Universität ihre Wiedererrichtung, … ihren Ausbau zu einer der ersten Hochschulen des Reiches, und ihr neues stattliches und so überaus zweckmäßiges Haus, daß sie trotz der Ungunst der Zeiten hoffentlich doch noch in absehbarer Zeit wird beziehen können. Ein Monumentum aere perennius!⁶

Anfang April zitierte Riesen Ebers zu sich und forderte ihn auf zurückzutreten, da „die Geschichte einen rechtsstehenden Rektor verlange".⁷ Am 11. April nahm der Senat Kenntnis von Ebers Dankschreiben an Fuchs und Adenauer. Auf derselben Sitzung löste er sich selbst auf: „Um die Gleichschaltung durchzuführen, haben Rektor und Senat im Einverständnis mit dem Reichskommissar Rust sich zum Rücktritt entschlossen."⁸

Zum Nachfolger von Hans Fuchs als Staatskommissar hatte das Kultusministerium noch im März 1933 Peter Winkelnkemper ernannt, den „Hauptschriftleiter" des WESTDEUTSCHEN BEOBACHTERS. Christian Eckert hatte ihn 1930 an der Wirtschafts- und Sozialwissenschaftlichen Fakultät promoviert und setzte sich sogleich mit ihm in Verbindung. Er wolle „zur Verfügung … stehen", sobald Winkelnkemper dem Oberbürgermeister und Kuratoriumsvorsitzenden Riesen erstmals Bericht zu erstatten hätte. Eckert bekannte Winkelnkemper Anfang April auch, dass „in der zentralen Judenfrage … die Universität Köln die gleichen Linien einhalten (müsse) wie die übrigen preußischen Staatsuniversitäten". Es könne hier „in dieser Hinsicht weder mehr", noch dürfe „weniger geschehen". Im Zusammenhang mit der Besetzung einer Professur wies er den Staatskommissar eigens darauf hin, dass der Kandidat „nichtjüdischer Abstammung" sei.⁹ Der stramme Eifer, den Eckert auch in anderen Fällen an den Tag legte,¹⁰ nicht zuletzt sein „Schriftstück betreffend Judenfrage", zeigt, dass ihm „der nationalsozialistische Antisemitismus nicht prinzipiell zuwider war".¹¹ In der Hoffnung, auch unter den neuen Herren als geschäftsführender Vorsitzender des Universitätskuratoriums unabkömmlich zu sein, informierte er Oberbürgermeister Riesen über den Stand der Spendensammlung für den Universitätsneubau: Es liege „die Schwierigkeit bei der Hereinholung der Gelder … einmal in der Ungewißheit der Stifter über das Schicksal des Universitätsneubaus, zum andern in dem Umstand, daß viele Stifter Juden seien".¹²

Die „Ungewißheit" verflog, als sich Riesen selbst des Universitätsneubaus nachdrücklich annahm. Wohl in der Hoffnung, für das laufende Dienststrafverfahren gegen Adenauer belastendes Material zu finden, hatte er sogleich angeordnet, dass unter den „großen Bauvorhaben" besonders gründlich und vorrangig der Universitätsneubau unter die Lupe genommen werden sollte.[13] Doch bereits im Juni verfügte er, die seit März ruhenden Bauarbeiten wiederaufzunehmen.[14] Anfang September konnte ihm Eckert versichern, es sei bei den Banken rund eine halbe Million RM abrufbar, sodass „bei Fortführung des Baus alle eingehenden Neurechnungen laufend beglichen werden können".[15] Diese Summe stammte ganz überwiegend aus der „Sammlung Pferdmenges". Schließlich kontaktierte Eckert in Riesens Auftrag noch die Personen, die angeblich bereit gewesen waren, insgesamt rund 1,5 Mio. RM zur Verfügung zu stellen und deren Namen Anton Brüning Adenauer erst 1932 auf mehrfaches Drängen hin überlassen hatte.[16] Die „Spender" fielen aus allen Wolken und versicherten, von Brüning niemals wegen etwaiger Zuwendungen für Bauvorhaben in Köln angesprochen worden zu sein.[17] Damit hatte Eckert seine Schuldigkeit getan. Er wurde Ende September 1933 entlassen, und an seine Stelle trat Peter Winkelnkemper, der von nun an die Geschäfte des Kuratoriums in Personalunion mit seinem Amt als Staatskommissar führte. Eckert galt danach als „Opfer".[18] Bei der Familie Adenauer brachte er sich in Erinnerung, als er anlässlich des Todes von Domkapitular Johannes Adenauer im März 1937 – wie Josef Kroll, Albert Lauscher und Benedikt Schmittmann – kondolierte.[19]

Nach Eckerts Entlassung sorgte Robert Pferdmenges dafür, dass die für den Universitätsneubau zugesagten Spenden, soweit sie nicht bereits 1932 kapitalisiert worden waren, weiterhin flossen. Die anziehende Konjunktur erleichterte ihm dies. Es war dem Bankier zweifellos eine Herzensangelegenheit, das Bauwerk zu vollenden. Wenn er dabei wohl oder übel mit dem neuen Oberbürgermeister kooperieren musste,[20] mochte er davon ausgegangen sein, dass der im März 1933 gewählte Reichstag in den letzten zwölf Jahre bereits der achte war und das Kabinett Hitler das einundzwanzigste. Warum sollten Pferdmenges und die Spender nicht annehmen, dass der braune Spuk bei der Fertigstellung des neuen Universitätsgebäudes vorüber wäre? Auch Adenauers Parteifreund, der politisch erfahrene Rudolf Amelunxen, meinte 1933 in einem vertraulichen Gespräch mit dem abgesetzten Oberbürgermeister, die Herrschaft der Nationalsozialisten könne – pessimistisch gesehen – „noch zwei Jahre dauern".[21] Doch im April 1935 wurde das neue Universitätsgebäude in einem Meer von Hakenkreuzfahnen und unter Absingen des Horst-Wessel-Liedes eingeweiht. Den Stiftern hatte man einst notariell verbrieft, ihre Namen an exponierter Stelle im

Neubau anzubringen. Im Februar 1936 wurde im Boden der Eingangshalle eine Urkunde mit dem knappen Text „Die opferbereite Bürgerschaft der Stadt Köln hat dieses Haus gebaut 1929–1934" eingemauert. Mit dem Hinweis, damit sei ihnen Genüge getan, erhielten die Stifter eine Kopie dieser Urkunde.[22] Die Nationalsozialisten entledigten sich damit ihrer Verpflichtung, die Liste mit den Namen etlicher jüdischer Stifter zu veröffentlichen.[23]

Den Vorsitz des Vereins der Freunde und Förderer hatte zunächst, wie es § 10 der Satzung vorschrieb, als neuer Kuratoriumsvorsitzender Günter Riesen übernommen. Doch 1937, als Georg Schmidt den Oberbürgermeister ablöste, trat Hans Kühne, der Generaldirektor der Leverkusener Bayer-Werke, dieses Amt an. Dieses Unternehmen stellte fortan regelmäßig den Vorsitzenden; August Adenauer blieb ununterbrochen einfaches Mitglied.[24]

Zu Anton Brüning ging Konrad Adenauer auf Abstand, nachdem die Görreshaus AG, deren zweiter Aufsichtsratsvorsitzender der Bankdirektor war, am 1. Mai 1933 Konkurs angemeldet hatte. Brüning habe ihn „unter dem Deckmantel der Religion auf die verwerflichste Weise betrogen", schrieb er aus seinem Zufluchtsort Maria Laach an Dora Pferdmenges. „Seit Monaten hatte ich Verdacht gegen ihn, auch bez. seiner Religiosität …, … allerdings war ich auf Derartiges nicht gefasst. Ich habe ihn seit längerer Zeit für leichtsinnig und unordentlich und unwahr gehalten, aber nicht für einen kaltblütigen Betrüger."[25] Wie sich später herausstellte, hatte es sich bei den Summen, die von Brüning für den Universitätsneubau überwiesen worden waren, um veruntreute Gelder gehandelt, die vor allem aus dem Vermögen der Witwe Neuerburg stammten. Ende 1934, nachdem ein Strafverfahren wegen Veruntreuung, Betrugs und Konkursvergehens gegen ihn eingeleitet worden war, verzichtete Brüning auf die Ehrung, die ihm im November 1929 mit der Promotion zum Doctor honoris causa der Wirtschafts- und Sozialwissenschaftlichen Fakultät zuteilgeworden war.[26] Nachdem er im Sommer 1933 brieflich um Verzeihung gebeten hatte, reichte ihm der als Zeuge geladene Konrad Adenauer im Gerichtssaal als „Ausdruck der Vergebung" die Hand.[27]

Als das Kultusministerium im Februar 1934 alle Universitäten aufforderte zu prüfen, „bei welchen Ehrendoktoren … eine Entziehung des Dr. h. c. … gerechtfertigt" erscheine,[28] erörterten die Kölner Dekane sowie Vertreter der Ordinarien und der Dozentenschaft diese Frage. Die Wirtschafts- und Sozialwissenschaftliche Fakultät sah bei 14 von 18 lebenden Ehrendoktoren keinen Diskussionsbedarf, wohl aber in den „Fällen" Konrad Adenauer und Otto Braun, Christian Eckert und Johannes Meerfeld. In diesem Verfahren ging man es noch formaljuristisch an: Da keinem von ihnen die Reichsangehörigkeit aberkannt worden war und sich alle im Inland aufhielten, fehle die Rechtsgrundlage, um ihnen die Ehrendoktorwürde abzuerkennen.[29] Auch das gegen Adenauer von ihm selbst wegen der Vorwürfe „Korruption" und „Verschwendung" beantragte Dienststrafverfahren wurde im Juni 1934 eingestellt.[30]

Soweit sich nachweisen lässt, hielten von den Professoren der Kölner Universität nur Benedikt Schmitttmann und Friedrich von der Leyen noch Kontakt zu Konrad Adenauer. Schmittmann wurde 1933 als einer der Ersten „beurlaubt" und man nahm ihn unter entwürdigenden Umständen sogleich in „Schutzhaft". Er kam, nachdem Christian Eckert sich auf Bitten Ella Schmittmanns bei Winkelkemper für seine Entlassung eingesetzt hatte, nach gut zwei Monaten wieder frei, stand aber auf der Liste derjenigen, die im „Mobilmachungsfalle zu beseitigen" waren. Adenauers Rat, Deutschland zu verlassen, schlug der Freund aus. Benedikt Schmittmann wurde am 1. September 1939 verhaftet und ins Konzentrationslager Sachsenhausen transportiert, wo er am 13. September schwer misshandelt seinen Verletzungen erlag.[31] Friedrich von der Leyen wurde angeblich „auf eigenen Antrag" von seinen „amtlichen Verpflichtungen" entbunden, tatsächlich aber wegen „jüdischer Versippung" im Frühjahr 1937 aus dem Amt gedrängt.[32] Er besuchte Konrad Adenauer – „für mich der Oberbürgermeister von Köln" – im Sommer 1943 in Rhöndorf.[33]

Sohn Max legte nach Studienjahren in Freiburg, München und Köln Anfang Februar 1933 seine erste juristische Staatsprüfung ab, trat noch im selben Monat in Köln sein Referendariat an und bereitete sich auf die Promotion an der Kölner Universität vor. Als „Doktorvater" betreute Heinrich Lehmann seine Dissertation über das Thema „Der Zeitpunkt des guten Glaubens beim Eigentumserwerb vom Nichtberechtigten". Korreferent war Hans Carl Nipperdey.[34] Am 19. Juni 1935 fand die mündliche Prüfung statt.[35] 1936 erschien die mit „gut" bewertete Doktorarbeit im Würzburger Triltsch-Verlag. Im Januar 1937 bestand Max Adenauer die Zweite Juristische Staatsprüfung, verbrachte anschließend einen Studienaufenthalt in den USA und liebäugelte mit dem Gedanken, „dort auf Dauer zu bleiben".[36] Er lernte das amerikanische Universitätswesen kennen und bekannte später seine Sympathie für das kollegiale Verhältnis von Studenten und Professoren, das dort geherrscht habe.[37] Von 1938 bis zum Beginn des Krieges, als er eingezogen wurde, arbeitete Max in der Rechts- und Verwaltungsabteilung der Humboldt-Werke in Duisburg. 1941 heiratete er Gisela Klein, die an der Universität Köln studiert hatte und mit einer Dissertation über die Tapetenindustrie promoviert worden war.[38]

August Adenauer, der seinem Bruder Konrad in dessen Dienststrafverfahren beigestanden hatte,[39] hielt als Honorarprofessor an der Rechtswissenschaftli-

16 Max Adenauer, um 1938.

chen Fakultät im Wintersemester 1935/36 sowie im Sommersemester 1936 noch Lehrveranstaltungen ab und blieb im Prüfungsausschuss für Diplomkaufleute zuständig für das Fach „Rechtslehre". Das Vorlesungsverzeichnis für das Wintersemester 1936/37 führte ihn zwar noch als Honorarprofessor, zuständig für „Bürgerliches Recht und Handelsrecht", allerdings bereits mit dem Vermerk „liest nicht". Dieselben Einträge finden sich bis zum Ende des Krieges.[40] Ob der 1872 geborene, ältere Bruder des verfemten ehemaligen Kölner Oberbürgermeisters den neuen Herren nicht mehr genehm war oder aus Altersgründen zurücktrat, ließ sich nicht ermitteln.

Im August 1944, nach dem gescheiterten Attentat auf Hitler vom 20. Juli, verhaftete die Gestapo Tausende tatsächliche oder vermeintliche Regimegegner. Konrad Adenauer kam in das Gefangenenlager Köln-Deutz, ein Außenlager des KZ Buchenwald. Hier traf er neben Johannes Meerfeld[41] auch Bruno Kuske, der sich 1933 von seiner sozialdemokratischen „Vergangenheit" distanziert hatte, dennoch zunächst aus dem Staatsdienst entlassen, Anfang 1934 jedoch wiedereingestellt worden war.[42] Unter dem Nationalsozialismus konnte er seinen Gedanken von der politischen Vereinigung wirtschaftlich verbundener Räume weiterentwickeln. 1939 ernannte ihn das Reichwissenschaftsministerium zum Leiter einer „raumwissenschaftlichen Arbeitsgemeinschaft" an der Universität Köln.[43] Seit Kriegsbeginn beteiligte er sich maßgeblich an der „Germanischen Forschungsaufgabe", indem er etwa dem Reichssicherheitshauptamt die „wissenschaftliche" Legitimation für die Okkupation von Teilen der Niederlande, Belgiens und Westfrankreichs lieferte.[44] Rektor Friedrich Bering versicherte der Gauleitung nach Kuskes Gefangennahme, dass dessen Teilnahme an „staatsfeindlichen Machenschaften" gänzlich auszuschließen sei, dieser vielmehr für „eine Anzahl offizieller Reichsstellen" an kriegswichtigen Forschungen arbeite. Nach zwei Wochen war Kuske frei.[45]

Konrad Adenauer gelang am 10. August 1944 die Flucht. Daraufhin verhaftete die Gestapo seine Frau Gussie und erpresste von ihr unter Androhung von Gewalt gegen die minderjährigen Töchter Charlotte und Elisabeth den Aufenthaltsort ihres Mannes. Nach erneuter Festnahme wurde Adenauer dank des Einsatzes seines Sohnes Max, der dafür als Wehrmachtsoffizier Urlaub nahm, Ende November 1944 aus dem Gestapogefängnis von Brauweiler entlassen und kehrte drei Monate nach seiner Verhaftung zurück nach Rhöndorf.[46]

ANMERKUNGEN

1 Mehr dazu in den biografischen Studien über Adenauer von Morsey, Köhler, Schwarz, Berglar, Weymar, Koch u. a.
2 Morsey in Schwabe 1979, S. 84 f.
3 Berglar 1975, S. 49.
4 Solidaritäsbekundung des Görresrings vom 16.3.1933, StBKAH VI-A-10.
5 Meuthen 1988, S. 38.
6 Morsey u. Schwarz 1991, S. 511.
7 Golczewski 1988, S. 65. 1935 zwangsemeritiert, emigrierte Godehard Ebers nach Österreich. Er übernahm eine Professur an der Universität Innsbruck, wo man ihn nach dem sog. „Anschluss" im Frühjahr 1938 entließ, in „Schutzhaft" nahm und schließlich mit reduzierter Pension in den Ruhestand abschob (Grass 1951, S. 199 ff.).
8 Senatsprotokoll vom 11.4.1933, UAK 277P/4, S. 55.
9 Golczewski 1988, S. 67.
10 Weitere Beispiele s. ebd., S. 105, S. 106, S. 145, S. 156, S. 158, S. 180 u. S. 209.
11 Ebd., S. 67.
12 AN vom 8.4.1933, HAStK Best. 902/140/22, S. 69.
13 AN vom 25.4.1933, HAStK Best. 902/140/28, S. 55.

14 Meuthen 1988, S. 40.
15 Eckert an Beigeordneten Schaller vom 2.9.1933, HAStK Best. 902/140/22, S. 95 ff.
16 Auf der Liste standen außer einem Ingenieur aus den USA, einem Guts- und Brennereibesitzer aus dem Westfälischen und einer Reihe kleinerer Bankiers die Namen Werner Kehl (Vorstand Deutsche Bank) und Anny Neuerburg (HAStK Best. 902/140/2, S. 277). Neuerburg war die Witwe des 1923 verstorbenen Zigarettenfabrikanten Hubert Neuerburg, deren Vermögen Brüning treuhänderisch verwaltete.
17 Eckert an Riesen vom 18.9.1933, HAStK Best. 902/140/22, S. 103.
18 Eckert verlor seine Professur und auch sein Amt als zweiter Kuratoriumsvorsitzender. Es heißt, er sei wegen seiner Zusammenarbeit mit dem Kölner Arbeiter- und Soldatenrat im November/Dezember 1918, als ihm die Kölner Bürgerwehr unterstanden hatte, verleumdet worden (von Wiese 1949, S. 24). Im Mai 1935 beschloss der Senat, die Rektorenporträts von Eckert und Stier-Somlo aus dem Senatssaal entfernen zu lassen (Golczewski 1988, S. 279 f.).
19 Morsey u. Schwarz 1991, S. 302, S. 307 u. S. 618.
20 HAStK Best. 902/140/22, z. B. S. 215, S. 217 ff., S. 223 ff. u. S. 247.
21 Amelunxen 1960, S. 135.
22 Freitäger 2005b, S. 30 f.
23 Historisches Archiv der Stadt Köln 1976, S. 99 f.
24 Verzeichnis der Mitglieder des Vereins der Freunde und Förderer der Universität Köln (o. D., 1937/38), BAL 072-014-001 und 072-014-002.
25 Adenauer an Dora Pferdmenges vom 4.5.1933, https://www.konrad-adenauer.de/dokumente/briefe/1933-05-04-brief-dora-pferdmenges (abgerufen am 26.1.2018).
26 KÖLNISCHE ZEITUNG vom 10.11.1934.
27 Adenauer an Landgerichtsdirektor Fehr am 25.11.1934, Morsey u. Schwarz 1991, S. 234–236.
28 Rundschreiben des Kultusministeriums vom 12.2.1934, UAK 9/5.
29 Protokoll einer Sitzung am 2.3.1934, ebd.
30 Historisches Archiv der Stadt Köln 1976, S. 112; Henning 1976, S. 146.
31 Golczewski 1988, S. 184–196.
32 Ebd., S. 454.
33 Von der Leyen 1960, S. 244.
34 Juristische Fakultät, Promotionsalbum vom 28.7.1934 bis 2.7.1936, Nr. 6, UAK 598/5.
35 Personalakte Max Adenauer, LA NRW, BR-PE Nr. 10133.
36 Max Adenauer 1995, S. 138.
37 Max Adenauer im Gespräch mit Gustav Trampe am 27.5.1998, https://www.youtube.com/watch?v=5PrEOPcy858 (abgerufen am 4.1.2018).
38 Auskunft Konrad Adenauer am 22.12.2016.
39 Autobiophonischer Bericht August Adenauers o. D. (ca. 1951), StBKAH.
40 Vorlesungsverzeichnisse der Universität zu Köln, div. Jahrgänge.
41 Kleinertz u. Pabst 1976, S. 634.
42 Golczewski 1988, S. 355. 1936 distanzierte Kuske sich erneut von seiner SPD-Mitgliedschaft (ebd.).
43 WESTDEUTSCHER BEOBACHTER vom 26.6.1939.
44 Http://www.rheinische-geschichte.lvr.de/persoenlichkeiten/K/Seiten/BrunoKuske.aspx (abgerufen am 24.1.2018).
45 Engels 2006, S. 359 ff.
46 Adenauer 1995, S. 135 f.

8 NACHKRIEGSZEIT

8.1 DAS JAHR 1945

Am 6. März 1945, zwei Monate vor der deutschen Kapitulation, rückten amerikanische Truppen in Köln ein, das wie keine andere westdeutsche Großstadt im Krieg „zerstört und entvölkert" worden war.[1] Die Gebäude der Universität wiesen unterschiedlich starke Bombenschäden auf. Während die Lindenburg in Trümmern lag, war das neue Hauptgebäude mit der Aula weitgehend verschont geblieben[2]. Seit dem Frühjahr 1943 richtete sich hier die Stadtverwaltung ein, und zeitweilig kamen in dem Bau „ausgebombte" Kölner unter.[3]

Im Oktober 1944 hatte die Universität ihren Lehrbetrieb teils eingestellt, teils nach Marburg verlagert.[4] Seit Mitte November, nachdem Rektor Bering einen Nervenzusammenbruch erlitten und sich fluchtartig ins Sauerland zurückgezogen hatte,[5] verwaltete Joseph Kroll dessen Amt kommissarisch.[6] Er versah es pendelnd zwischen Köln und Marburg, wo er Vorlesungen hielt. Das Rektoratsbüro verlegte Kroll in das weniger gefährdete Bad Godesberg. Hier sammelte er einen Kreis von Professoren um sich: von Hippel und Nipperdey von der Rechtswissenschaftlichen, Schmalenbach, Seyffert und von Wiese von der Wirtschafts- und Sozialwissenschaftlichen Fakultät sowie den zwangsemeritierten Mediziner Otto Veit.[7]

Als Kroll im November 1944 das Amt übernahm und sich damit die Macht in der Universität erkennbar verschob, meldete sich Bruno Kuske bei ihm. Er schlug vor, die Universität aus der Trägerschaft der Stadt zu lösen.[8] Jetzt sei „der günstige Augenblick" gekommen, diese Verbindung, die ihren Sinn vollkommen verloren hätte, aufzulösen und die Universität „ans Reich zu bringen". „1933 gelang uns dieser Versuch noch nicht, wir waren im März damals froh, sie überhaupt retten zu können. Sie erinnern sich gewiß an unsere Bemühungen in jenen Tagen, als ich als Prorektor die Verhandlungen führte."[9] Kuske schien es – rund vier Monate vor der Befreiung – gleichgültig zu sein, wer das „Reich" politisch kontrollierte, das die Universität übernehmen sollte. Kroll hielt den Vorschlag in der gegebenen Situation für absurd. Derzeit gehe es um das reine Überleben, da lasse sich besser mit lokalen Instanzen verhandeln.[10] Denn vorerst schwebte über der Kölner Universität noch das Damoklesschwert einer endgültigen Aufhebung durch das Berliner Wissenschaftsministerium.[11] Kroll setzte alles daran, solches zu verhindern, indem er inmitten der Trümmerlandschaft die Existenz der Stadtuniversität als juristischer Person demonstrierte. „Wenn die Universität zu Köln – und Köln kennt jeder Soldat aus dem Osten und Westen –, wenn die Universität da ist, kann man sie nicht auflösen."[12]

Zehn Tage nach der Besetzung der Stadt beauftragte die US-Militärverwaltung den ehemaligen Kämmerer Willi Suth, in Köln eine neue Zivilverwaltung aufzubauen. Er und seine Frau Lilli, Konrad Adenauers Schwester, hatten die Ankunft der Amerikaner in Unkel erlebt, wohin sie nach der Zerstörung ihres Kölner Hauses im Mai 1942 gezogen waren. Vermutlich am 19. März bot der amerikanische Kommandant Lt. Col. R. L. Hiles dem 69-jährigen Konrad Adenauer an, wieder an die Spitze der Kölner Stadtverwaltung zu treten. Als Politiker erfahren und zugleich erklärter Gegner des Nationalsozialismus, erschien er den Amerikanern für dieses wichtige Amt geeignet.[13] Adenauer lehnte zunächst ab, weil ein solcher Schritt das Leben seiner Söhne Konrad, Max und Paul gefährdet hätte, die noch in der Wehrmacht dienten. Doch erklärte er sich bereit, „nach besten Kräften zu helfen".[14]

Als ein amerikanischer Offizier von Adenauer Auskünfte über einige kulturelle Fragen erbat, wusste dieser keinen Rat und ließ am 2. Mai den kommissarischen Rektor der Universität mit einem Dienstwagen aus Bad Godesberg holen. Wie Kroll sich erinnerte, bemerkte Adenauer im Kreis der anwesenden Amerikaner: „Ja, meine Herren, wie wäre es denn, jetzt müssen wir auch die Universität wieder in Gang setzen. Herr Kroll, was sagen Sie dazu? Kennen Sie noch Professoren?" Einige lebten in Bad Godesberg, einige könne er anderswo erreichen, habe er geantwortet und Adenauer daraufhin bemerkt: „Rektor werden Sie wohl erst am besten selbst. Haben Sie soviel Leute, daß Sie einen Senat bilden könnten?" Kroll bejahte dies, und Adenauer erklärte den Amerikanern, dass „der Fall" damit „erledigt" sei, Kroll werde „das weitere" veranlassen.[15] Die US-Militärverwaltung hatte keine Bedenken und ernannte den Rektor zugleich zum städtischen Dezernenten für Erziehung, Schule, Kunst und Wissenschaft.[16]

Mit Kroll stand ein Mann an der Spitze der Universitätsverwaltung, der „unbelastet" war und aufrichtig Abscheu gegenüber dem Nationalsozialismus und dessen Verbrechen empfand. Dabei scheute der Altphilologe keine drastischen Formulierungen. Sein Urteil über die Professoren der Medizinischen Fakultät fiel vernichtend aus. Diese hätten mit zwei Ausnahmen, „alle mehr oder weniger mit dem Nationalsozialismus ... gehurt".[17] Kroll fragte sich in den Wochen nach der Befreiung, „ob jemals die Stadt über die Mittel verfügen würde, die für eine Universität nötig sind", und ob die Militärbehörden die Wiedererrichtung einer Universität in Köln überhaupt genehmigen würden. Dabei ging er davon aus, dass der Vertrag von 1919 die Stadt nach wie vor verpflichtete, die Universität „vollkommen zu erhalten".[18]

Am 4. Mai, als die deutsche Kapitulation unmittelbar bevorstand, übernahm Adenauer die Geschäfte des Oberbürgermeisters. Er konnte auf dem aufbauen, was Willi Suth und andere bereits geleistet hatten. Noch ging es vordringlich darum, Nahrungsmittel für die zu Zehntausenden zurückströmende Stadtbevölkerung bereitzustellen und Wohnraum instand zu setzen. Dabei half es Adenauer, der des Englischen nicht mächtig war, außerordentlich, dass seit Mitte Juni die hochqualifizierte und erfahrene Dolmetscherin Amalie Goldkuhle in seinem Vorzimmer arbeitete. Sie begleitete ihn in den nächsten Monaten auch zu den Konferenzen bei der Militärregierung.[19] Goldkuhle war „auf eigenen Wunsch" aus der Firma Otto Wolff ausgeschieden, wo sie in der Konzernzentrale seit dem Waffenstillstand bereits Eingaben an die Militärregierung übersetzt hatte.[20] In einer anderen Version des Lebenslaufes vom selben Tag heißt es, das Unternehmen habe sie „auf Wunsch der Kölner Stadtverwaltung ohne Einhaltung der üblichen Kündigungsfrist" freigegeben, und in Goldkuhles Zeugnis, sie sei auf „dringende Anforderung des Herrn Oberbürgermeisters der Stadt Köln" ausgeschieden.[21]

Am 7. Juli kehrte Robert Görlinger, von dessen Tod „man in Köln ... überzeugt war", aus dem KZ Sachsenhausen nach Köln zurück. Schon vor 1933 als Führungspersönlichkeit anerkannt, begann er, die Sozialdemokratische Partei zu reorganisieren, deren Mitglieder sich bis dahin vorwiegend in informellen Gruppen getroffen hatten.[22] Etwa zwei Wochen nach seiner Rückkehr bat Adenauer den Politiker zu sich. Bei dieser Gelegenheit beschwerte sich Görlinger darüber, dass in der neuen Stadtverwaltung die Arbeiterparteien nicht vertreten seien. Deshalb sei „eine Zusammenarbeit aller antifaschistischen und demokratischen Kräfte der Kölner Bevölkerung" nicht möglich. Ferner protestierte er dagegen, die wieder zu eröffnenden Volksschulen nach Konfessionen zu trennen. Adenauer habe damit „eine fundamentale Streitfrage wieder aufgeworfen" und auch in diesem Bereich „die notwendige Zusammenarbeit torpediert", zumal sich die Kölner Sozialdemokraten bereits mit „führenden Zentrumsleuten und maßgeblichen Geistlichen der katholischen Kirche" – unter ihnen der bekannte Stadtdechant Robert Grosche, der für die Ökumene focht – darauf verständigt hätten, die von den Nationalsozialisten eingeführten Simultanschulen beizubehalten. Schließlich erinnerte Görlinger, der seit 1933 um sein Leben hatte fürchten müssen, Adenauer daran, dass „dasselbe Zentrum", mit dessen Zustimmung zum „Ermächtigungsgesetz" die NS-Diktatur 1933 an die Macht gelangt sei, im Kölner Rathaus den Nationalsozialismus begrüßt und erklärt habe, „sonst mit dem Marxismus nicht fertig" zu werden. Als Adenauer bemerkte, diese Erklärung sei eine „Gemeinheit" gewesen, entgegnete Görlinger, das Zentrum sei politisch so stark belastet, dass es „die Führung in der Zusammenfassung der antifaschistischen Kräfte" nicht übernehmen könne. Über das Treffen berichtete Görlinger dem britischen Geheimdienst.[23] Es hatte auch gezeigt, wie weit die Vorstellungen der beiden Politiker, mit welchen Kräften das Land wieder aufzubauen sei, auseinanderlagen – das betraf nicht zuletzt die von der Stadt finanzierte Universität.

Am 21. Juni hatten die Briten die Amerikaner als Besatzungsmacht abgelöst und Kroll im Amt bestätigt. Sie regten an, Universitätsgremien zu bilden, und ließen erkennen, dass ihnen an einer baldigen Wiedereröffnung der Universität lag[24], da sie dieser einen hohen Stellenwert für einen demokratischen Neubeginn in Deutschland beimaßen. Ohne dass es dafür bereits ein geregeltes Verfahren gegeben hätte, berief der zum kommissarischen Prorektor ernannte Hans Carl Nipperdey eine „Verfassungskommission" ein, der außer ihm selbst neun Professoren aller Fakultäten angehörten. Auf ihrer ersten Sitzung am 26. Juli setzte sie die Satzung von 1919 wieder in Kraft und hob alle von der nationalsozialistischen Regierung verfügten Änderungen auf.[25]

Obwohl sich das Kuratorium der Universität noch nicht konstituiert hatte, beanspruchte Oberbürgermeister Konrad Adenauer seine alten Rechte als dessen Vorsitzender. Wie zu Zeiten der Weimarer Republik kümmerte er sich sogleich um die Besetzung von Professorenstellen. Als es im Sommer 1945 um einen Nachfolger für den 1942 regulär emeritierten Philosophieprofessor Artur Schneider ging, empfahl er Rektor Kroll, „daß wir Herrn Guardini oder Herrn Dempf gewinnen müßten". Der Oberbürgermeister setzte sich mit dem 1939 zwangsweise emeritierten katholischen Religionsphilosophen Romano Guardini in Verbindung, erfuhr aber, dass dieser nicht nach Köln kommen wolle. Daraufhin lud er den katholischen Philosophen Alois Dempf zu Verhandlungen ein. Doch Dempf, dem 1938 an der Wiener Universität die Lehrbefugnis entzogen worden war, weil er in mehreren Schriften unverhohlen das NS-Regime abgelehnt hatte, wollte seiner Familie zuliebe in Wien bleiben.[26] Die Wiederbesetzung des Schneider-Lehrstuhls zog sich deshalb bis 1949 hin.

Da von den Alliierten noch keine Richtlinien für die „Entnazisierung" – so der zeitgenössische Terminus – des Lehrkörpers vorlagen, teilte eine „Personalkommission" die belasteten Professoren der Kölner Universität Anfang August in drei Gruppen ein: zum einen „gehobene Parteifunktionäre", dann Ordinarien, die *nach* ihrer Berufung in die NSDAP eingetreten waren, und schließlich unter dem Druck des Regimes ernannte Personen mit unzureichender wissenschaftlicher Qualifikation. Nipperdey wünschte, dass „jeder Fall individuell behandelt" würde.[27] Um den Betrieb bald wieder aufnehmen zu können, sollten mildernde Ausnahmeregelungen es einer Mehrzahl von Professoren ermöglichen weiterzuarbeiten.[28] Nipperdey wies die Fakultäten an, jeweils eine Dreierkommission zu bilden, um das verfügbare Personal zu beurteilen.[29] Zu den Professoren, die für die Rechtswissenschaftliche Fakultät tragbar waren, zählte Nipperdey auch August Adenauer.[30] Konrad Adenauers ältester Bruder, inzwischen 73 Jahre alt, lebte seit der Zerstörung seines Kölner Hauses mit seiner Frau Maria in Gilsdorf bei Bonn, wo er noch eine Anwaltspraxis betrieb.[31]

Am 3. August traf Konrad Adenauer mit dem von ihm geschätzten Otto Veit zusammen, um sich über den Stand der Dinge an den Kölner Kliniken und der Medizinischen Fakultät unterrichten zu lassen. Veit hielt auch in der Mangelsituation des Jahres 1945 die Grundsätze hoch, die er Ende der zwanziger Jahre gegenüber dem Oberbürgermeister verteidigt hatte. Im April, berichtete er, sei es „zunächst einmal im Interesse der ärztlichen Versorgung der Bevölkerung nicht zu vermeiden gewesen", dass „auch die Universitätskliniken mit Kräften besetzt" wurden, „die gerade greifbar waren". Fortan müsse aber der Grundsatz gelten, dass, so klein die Fakultät zurzeit noch sei, „die erforderlichen Maßnahmen in personeller Hinsicht auf dem acdemischen Wege erledigt" würden, also „über Fakultät und Kuratorium", nicht aber vom Gesundheitsamt. Andernfalls gerate Köln anderen Medizinischen Fakultäten, „ganz besonders auch Bonn gegenüber, in sachlicher und moralischer Hinsicht" wieder „ins Hintertreffen". Was die Universität insgesamt betreffe, lasse sich „überhaupt nicht leugnen, dass noch sehr viel Sand im Getriebe" sei. Wie bei „jeder Umwälzung" komme „manches ungeeignete und auch manches unsaubere Element hoch".[32]

Bruno Kuske begriff sich inzwischen wieder als Sozialdemokrat. Er legte sich im Sommer 1945 einen neuen Lebenslauf zurecht, konnte wegen seines KZ-Aufenthaltes sogar mit einer „Verfolgungsbiographie" aufwarten[33] und stahl sich auf die Seite der moralischen Sieger. Obwohl selbst nicht am Ort, berichte er, Robert Görlinger, inzwischen Vorsitzender der Ratsfraktion wie des SPD-Bezirks Obere Rheinprovinz und bald Mitglied des Gesamtvorstands der SPD,[34] beflissen über die Zustände an der Universität. Am 19. September 1945 beklagte er, dass dort ein „nicht erträgliches Führerprinzip" herrsche; am besten „distanziere" man sich.[35] Vermutlich spielte Kuske darauf an, dass Joseph Kroll vor der Einsetzung des Kuratoriums, um alles „schnell und ohne Instanzenweg" zu bewältigen, das „Amt des Rektors mit dem des Verwaltungschefs, also des Vorsitzenden des Kuratoriums, gekoppelt", diese Position also, wie Kroll selbst bekannte, „einfach usurpiert" hatte.³⁶ Kuske schrieb weiter, dass er immer zur Mitarbeit aufgefordert werde, aber, sobald er sich darum „ganz selbstlos" bemühe, auf eine „konfuse Kritik und auf Klatsch und Intrigen – auf das Bonzentum von Leuten" stoße, „die 20 Jahre und mehr Jahre jünger" seien als er.³⁷ Indem Kuske am 5. Oktober gegenüber Görlinger erklärte: „Meine Eindrücke von dem unentwegten Zentrumsklüngel verstärken sich immer mehr ..."³⁸, schloss er sich anbiedernd dessen berechtigten Klagen an.

Dabei hatte Kuske seine Dienste längst auch der politischen Konkurrenz angedient. In der irrigen Annahme, seine Expertise werde benötigt, um demnächst Friedensverhandlungen wie im Jahr 1919 zu führen, präsentierte er Adenauer noch vor dessen Ernennung zum Oberbürgermeister Unterlagen über das „ganze Gebiet zwischen Westgrenze und Weser, zwischen Nordsee und Rhein" als Grundlage für „Verhandlungen" einer zukünftigen Regierung „mit dem bisherigen Gegner".³⁹ Adenauer ging auf dieses Angebot nicht ein. Als er später von Kuske lediglich wissen wollte, wann dieser an die Kölner Universität zurückzukehren gedenke, lieferte der Professor ihm ein detailliertes Positionspapier zu deren Umgestaltung. Er forderte eine Neuordnung der wirtschafts- und sozialwissenschaftlichen Forschung auf der Grundlage der „bestehenden langjährigen Erfahrungen" sowie eine stärkere Konzentration der „einschlägige(n) gesamte(n) Arbeit für den deutschen Westen" auf die Stadt Köln. Um diese Pläne zu realisieren, müssten die Hochschulverwaltung und der Kurator „gestützt auf eine starke Autorität ... resolut durchgreifen" können.⁴⁰ Bei den „langjährigen Erfahrungen", die Kuske für sich ins Feld führte, handelte es sich auch um die Auftragsforschung, welche die Expansion des Deutschen Reiches in westliche Nachbarländer hatte legitimieren sollen. Der Oberbürgermeister ließ sich nicht auf Kuskes Ansinnen ein, auch wenn dieser für die Stadt Köln anscheinend Großes im Sinn hatte.⁴¹ Doch als Adenauer damit rechnete, dass die sowjetische Besatzungszone einen eigenständigen Wirtschaftsraum bilden würde, ersuchte er den Professor, wie aus den zwanziger Jahren gewohnt,⁴² um eine Expertise zu der Frage, „welche Folgerungen dies und der verlorene Krieg für die wirtschaftliche Struktur Deutschlands mit sich bringt und inwieweit man für Köln aus diesen Veränderungen Vorteile ziehen könnte".⁴³

Als die Dreierkommissionen der Fakultäten im September darüber berieten, welche Professoren wegen ihrer NS-Vergangenheit dem Lehrkörper nicht mehr angehören sollten, sprach Kuske sogleich bei Hans Fuchs vor, der inzwischen rehabilitiert und zum Oberpräsidenten der britischen Nordrhein-Provinz mit Amtssitz in Düsseldorf ernannt worden war. Er bat ihn, den an der Kölner Universität über ihn umlaufenden Gerüchten entgegenzutreten, nicht zuletzt dem

17 Verwaltungskonferenz 1945. Neben Oberbürgermeister Adenauer sein Schwager Willi Suth.

Vorwurf, er wäre SS-Mitglied gewesen. Fuchs ließ sich auf Kuske ein, und dieser reichte das wohlwollende Schreiben des Oberpräsidenten an Rektor Kroll weiter, um seine Position gegenüber den universitären Instanzen zu stärken.[44] Kuske, der 1944 am selben Tag wie Konrad Adenauer ins „Arbeitserziehungslager" Köln-Deutz eingeliefert worden war, berief sich auf den Kölner Oberbürgermeister als Zeugen für seine Inhaftierung.[45] Doch es sollte noch eine Weile dauern, ehe er wieder als Hochschullehrer antreten durfte. Erst im März 1947 erreichte er eine Einstufung als „unbelastet" und nahm seine alte Professur danach noch für einige Jahre wahr.[46]

Nachdem das Hauptquartier der Militärregierung die lokalen Stellen in den Universitätsstädten der britischen Zone Anfang August angewiesen hatte, so bald wie möglich mit dem Lehrbetrieb zu beginnen, stand die Frage einer Wiedereröffnung der Kölner Universität regelmäßig auf der Tagesordnung der Verwaltungskonferenzen, denen regelmäßig Adenauer als Oberbürgermeister vorsaß. Am 7. August berichtete Kulturdezernent Kroll, dass ein Offizier des Hauptquartiers nach einer genauen Prüfung befunden habe, die Wiederaufnahme des Universitätsbetriebs zum nächsten Wintersemester empfehlen zu können. Der Rektor solle Ende September einen formellen Antrag stellen. Aus diesem müsse genau hervorgehen, wie weit die Gebäude wiederhergestellt seien.[47]

Die Instandsetzung der Universitätsgebäude kam nur schleppend voran. Besorgt ermahnte Adenauer Kroll am 11. September in der Verwaltungskonferenz: „Sie müssen sich darüber klar sein, wenn wir jetzt nicht eröffnen, dann steht die Existenz der Univ[ersität] auf des Messers Schneide." Er halte es für wesentlich wichtiger, dass die Studenten, die jetzt aus der Gefangenschaft zurückkehrten, sofort eine Tätigkeit aufnehmen könnten, als dass die Oberschüler beschäftigt würden. Die Studenten seien „viel gefährdeter", womit er vermutlich auf deren mögliche politische Radikalisierung anspielte. Je länger der Universitätsbetrieb ruhte, desto größer erschien Adenauer auch die Gefahr, dass die Briten zu der Ansicht gelangen könnten, es gäbe bereits genug Hochschulen in ihrer Zone.[48] Ungeduldig verfolgte er den Fortgang der Bauarbeiten. Er bezweifelte, dass Kroll sich ausreichend um die Instandsetzung des Hauptgebäudes kümmerte, und wies den Rektor und Kulturdezernenten am 2. Oktober zurecht: „Bisher sehe ich nicht, daß irgendwelche Trümmer abgeräumt werden und daß überhaupt irgendetwas geschieht." Adenauer hielt es für „vollkommen ausgeschlossen", dass das Gebäude wie geplant bis zum 1. November hergerichtet wäre. „Nach Osten ist doch alles offen. Vielleicht interessieren Sie sich einmal dafür. Es kommt ja nicht nur auf das Innere der Hörsäle an. ... Wie denken Sie sich das überhaupt? ... Am dringlichsten ist es, den Kasten außen zu schließen, und dann kommen die Hörsäle. ... Lieber ein weniger instand gesetzter Hörsaal, als daß die Leute sich totfrieren."[49]

Um den Lehrbetrieb aufnehmen zu können, musste auch die Universitätsbibliothek wieder benutzbar gemacht werden. Deren Bestände waren zusammen mit wertvollen Gemälden des Wallraf-Richartz-Museums in Depots ausgelagert worden. Diese befanden sich, nachdem im Juli 1945 die französische Zone gebildet worden war, auf deren Gebiet.[50] Seit Anfang August unterhielt Adenauer vertrauensvolle Kontakte zu französischen Offizieren. Als Vermittler fungierte der Schweizer Generalkonsul Franz-Rudolph von Weiss, den er seit Langem gut kannte und der seinen Amtssitz aus dem zerstörten Köln nach Rhöndorf, ganz in die Nähe des adenauerschen Wohnhauses verlegt hatte. Am 4. August kam Adenauer bei Weiss zu einem zwanglosen Essen mit Oberstleutnant Mahieu zusammen,[51] dem Chef des Stabes von General Pierre Billotte, der im Hauptquartier der französischen Nordzone in Bad Ems residierte. Dabei sprach Adenauer an, dass sich die Bibliothek der Universität Köln und der größte Teil der wertvollsten Objekte des Wallraf-Richartz-Museums in der französischen Zone befänden und deren Rückführung „in der rheinischen Metropole den größten Jubel hervorrufen" würde. Adenauer ersuchte Weiss, Joseph Kroll nach Bad Ems zu General Billotte mitzunehmen, wo er mit diesem über die Bücher und Kunstwerke sprechen könne. Das geschah am 17. August. Billotte war bereit, Bücherkisten nach Köln zurückführen zu lassen, und sagte zu, mit den Gemälden „nach entsprechenden Abmachungen" ähnlich zu verfahren. Auch bat er Weiss, Adenauer für den 25. August zu einem Gespräch einzuladen.[52] Die provisorische französische Regierung unter Präsident General Charles de Gaulle wollte, aus welchen Motiven auch immer, den Westen Deutschlands auf Frankreich hin ausrichten und hofierte darum Männer wie Adenauer. Dieser trat die Reise gemeinsam mit Weiss an. Da General Billotte unerwartet für längere Zeit nach Paris abgerufen worden war, fand die von ihm erbetene Aussprache nicht statt. Doch traf Adenauer wenige Tage später im Haus des Schweizer Generalkonsuls mit Hauptmann Goussault, der rechten Hand Billottes, zusammen. In einem langen offenen Gespräch habe man „alle Probleme" erörtert, „die gelöst werden müssten, um eine geistige und später auch politische Annäherung herbeizuführen", hielt der Generalkonsul in seinem Bericht fest.[53] Adenauers Frankreichpolitik blieb folgenlos, weil die politische Entwicklung über sie hinwegging. Doch die Briten, die Adenauers Telefon überwachten, wussten von seinen hochbrisanten politischen Kontakten, die ihren Interessen zuwiderliefen.

Für den 1. Oktober ordnete die Militärregierung eine erste Versammlung der Stadtverordneten an. Sie berief 24 Mitglieder. Darunter waren die Sozialdemokraten Hans Böckler und Robert Görlinger, aber auch Robert Pferdmenges, jetzt Präsident der Industrie- und Handelskammer, sowie die katholische Lehrerin und Sozialpolitikerin Christine Teusch[54], die beide der konfessionsübergreifenden, in Köln gegründeten Christlich-Demokratischen Volkspartei angehörten. Das Gremium sollte in einem Hörsaal der Universität tagen, Rektor Kroll die Sitzung vorbereiten. Ob es ihm gelang, die im Gebäude herrschenden desolaten hygienischen Zustände rechtzeitig zu beheben, ist nicht überliefert.[55] Jedenfalls sprachen am 1. Oktober vor den Stadtverordneten zunächst der englische Stadtkommandant, dann der Oberbürgermeister sowie schließlich Hans Böckler, der in Köln und im Rheinland bereits den Deutschen Gewerkschaftsbund wieder aufbaute. Adenauer als Vorsitzender äußerte sich in seiner Rede unter anderem zufrieden darüber, dass man zu „unserer altbewährten Selbstverwaltung" zurückgefunden habe, sprach die Hoffnung aus, die Militärregierung möge in absehbarer Zeit den Zusammentritt eines von den Bürgern gewählten Stadtparlaments erlauben, und bekannte sich am Ende leidenschaftlich zur Demokratie. Am ausführlichsten aber ging er auf die augenfälligen Probleme ein, die es vor dem Winter in der Stadt zu bewältigen gelte, „um wenigstens einigermaßen erträgliche Verhältnisse zu schaffen".[56]

Dass die Vorbereitungen auf den Winter nur höchst unzureichend erfolgen könnten, weil die Alliierten beabsichtigten, der deutschen Bevölkerung keine Kohle zum Kochen zu geben, äußerte Adenauer in einem Interview, das die britischen NEWS CHRONICLE und die amerikanische Agentur ASSOCIATED PRESS am 5. Oktober 1945 mit ihm führten. Wenige Tage zuvor hatte Charles de Gaulle in einer international vielbeachteten Rede vorgeschlagen, es müssten „Franzosen und Deutsche einen Strich unter die Vergangenheit machen, zusammenarbeiten und eingedenk sein, daß sie Europäer seien". Von den Journalisten darauf angesprochen erklärte Adenauer, er wünschte, „dass einmal ein englischer Staatsmann von uns als Westeuropäer gesprochen hätte…" Auch verhehlte er den Presseleuten gegenüber nicht seine Ideen zu einer künftigen Ordnung Westeuropas, in deren Zentrum eine Politik des Ausgleichs zwischen einem westdeutschen Bundesstaat und seinen westeuropäischen Nachbarn stand.[57]

Am 6. Oktober, einen Tag nach dem freimütigen Interview, entließ der Militärgouverneur der Nordrhein-Provinz Adenauer fristlos als Oberbürgermeister von Köln. Bereits am 27. September hatten die Briten ungeachtet der diplomatischen Immunität von Generalkonsul Weiss dessen Amtsräume durchsucht; am 3. Oktober war außerdem Adenauers Freund Hans Fuchs, der die Kontakte zu den Franzosen guthieß, als Regierungspräsident seines Amtes enthoben worden.[58] In der schriftlichen Begründung für Adenauers Rauswurf hieß es u. a. lediglich, er habe bei der Beseitigung von Kriegsfolgen und der Vorbereitung der Stadt auf den nächsten Winter eklatant versagt. Weder seine Kontakte zu den Franzosen noch der, wie Görlinger geschrieben hatte, in der Stadt verbreitete starke Unmut gegen ein Wiederaufleben des „in Köln so bekannten Zentrumsklüngel(s)" wurden erwähnt. Der abgesetzte Oberbürgermeister hatte Köln innerhalb einer Woche zu verlassen. Er durfte „keinen weiteren Anteil an der Verwaltung oder dem öffentlichen Leben Kölns oder irgendeinem Teil der Nordrheinprovinz nehmen" sowie „weder direkt noch indirekt irgendeiner wie auch immer gearteten politischen Tätigkeit nachgehen". Bei Zuwiderhandeln drohte ein Militärgerichtsprozess.[59] Adenauers Zuständigkeiten gingen auf Willi Suth über, der das Amt bis zum 20. November verwaltete. Ihm folgte Hermann Pünder, der bis 1948 amtierte und in dieser Zeit auch den Verein der Freunde und Förderer der Universität wieder aufbaute.[60]

Über die Gründe der Briten, Adenauer seines Amtes zu entheben, ist viel spekuliert worden. Manches spricht dafür, dass die Entlassung im Rahmen einer großen Säuberungsaktion geschah, bei der die Briten lokale Amtsträger, die von den Amerikanern berufen worden waren, durch Leute ihrer Wahl ersetzten.[61] Auch die Tatsache, dass nach dem Regierungswechsel in London „die Engländer ... ein sehr enges Verhältnis zu den deutschen Sozialdemokraten" gehabt hätten, wie Adenauer in seinen Erinnerungen bemerkte,[62] kommt als Motiv infrage. Entscheidend dürfte aber gewesen sein, dass die Briten Adenauers fortgesetzte, perspektivisch auf Ausgleich bedachte politische Kontakte zu den Franzosen nicht länger duldeten und seine Fahrt nach Bad Ems das Fass zum Überlaufen gebracht hatte. Es handelte sich mithin um eine „ausgesprochen politische, sowohl partei- als auch außenpolitisch bzw. besatzungs- und deutschlandpolitisch motivierte Maßregelung" durch die britische Militärregierung.[63]

Empört über Adenauers Entlassung aus „geradezu lachhaft(en)" Gründen schrieb Amalie Goldkuhle, nunmehr Suths Mitarbeiterin, einen Brief an den Militärgouverneur der Provinz Nordrhein der Britischen Zone. Sie könne sich zwar kein Urteil über Adenauers Absetzung erlauben, wenn es in der Begründung aber heiße, dieser hätte „seine Pflichten gegenüber der Kölner Bürgerschaft nicht erfüllt", halte sie dem entgegen, dass der Oberbürgermeister alles getan habe, was in seinen Kräften stand.[64] Gut zwei Wochen lang konnte die Dolmetscherin noch für Willi Suth arbeiten, dann traf auch sie der Bannstrahl der Militärregierung. Wegen ihrer „groben Impertinenz" gegenüber dem Militärgouverneur wurde sie am 26. Oktober entlassen und ihr verboten, bei „irgendeiner Militärregierung oder öffentlichen Stelle Beschäftigung zu suchen".[65] Am Tag nach ihrer Entlassung stellte Suth Goldkuhle ein glänzendes Zeugnis aus.[66] In seinen „Erinnerungen" berichtete Adenauer, er habe sich danach um eine Anstellung „Fräulein Goldkuhles" bei der „Kölner Universitätsverwaltung" gekümmert,[67] für die sie bis dahin gelegentlich aushilfsweise gearbeitet hatte. Gewiss wollte er die wegen ihrer Loyalität zu ihm Gefeuerte versorgt wissen. Um den Schriftverkehr mit den britischen Behörden auf Englisch führen zu können, benötigte der Altphilologe Josef Kroll aber auch eine versierte und selbständig arbeitende Dolmetscherin. Es dauerte freilich bis zum Mai des nächsten Jahres, ehe die Militärregierung erlaubte, Goldkuhle als Dolmetscherin und Sachbearbeiterin im Sekretariat des Rektors einzustellen.[68] Mit der Begründung, sie dürfe sich gegenüber ihrer bisherigen Stelle bei der Stadt Köln finanziell nicht verschlechtern, erhielt sie eine übertarifliche Vergütung[69] und blieb bis zum Frühjahr 1948 hier tätig.[70]

Das britische Hauptquartier hob das gegen Adenauer verhängte Verbot der politischen Betätigung noch 1945 auf und bat ihn sogar, Mitte Dezember beim Reichstreffen der Gründer der Christlich-Demokratischen Union in Bad Godesberg als Redner anzutreten.[71] Auch nach dem Ende seiner Karriere als Kommunalpolitiker und Vorsitzender des Kuratoriums ließ Konrad Adenauer es sich nicht nehmen, noch einige Jahre lang die Entwicklung der Kölner Universität zu beeinflussen.

8.2 INTERVENTIONEN

Die Verhältnisse an der Kölner Universität stünden weiterhin „sichtlich unter dem schädlichen Einfluß Adenauers", schrieb Bruno Kuske Ende Oktober 1945 an Robert Görlinger. Adenauers Absetzung als Oberbürgermeister bedeute nicht viel, laufe doch, was er angestoßen habe, vorläufig weiter.[72] Kuske suchte fortgesetzt Görlingers Nähe, der wieder zu den führenden Politikern der Stadt gehörte, und versorgte ihn mit oft recht vagen Interna aus der Kölner Universität. Wenn Kuske Adenauers anhaltenden „schädlichen Einfluß" anprangerte, dürfte er damit gemeint haben, dass Adenauer de facto den kommissarischen Rektor Kroll ins Amt gesetzt, damit – wie bedacht auch immer – eine Weiche gestellt und die Richtung bei der Reorganisation der Universität weitgehend bestimmt hatte.[73] Nachdem die Briten am 24. Oktober die Wiedereröffnung der Universität erlaubt hatten, wählte das Professorenkollegium am 5. November Joseph Kroll zum Rektor und Otto Veit zum Prorektor. Der erste Nachkriegssenat trat zwei Tage später zusammen, und am 10. Dezember wurde die Universität feierlich eröffnet.

Mit der Ansprache, die Kroll hielt und die bei allem Pathos programmatischen Charakter trug, drückte er der Universität seinen Stempel auf. Der Rektor schilderte zunächst die Schwierigkeit, einen „Lehrkörper zusammenzustellen, der vom Ungeist der schmachvollen Jahre frei" sei.[74] Er beschrieb das Dilemma, zwischen einem „an Idealen orientierten Neubeginn" und der „pragmatischen Notwendigkeit, mit dem Vorhandenen – also auch mit den vorhandenen Menschen – zu operieren".[75] Zu diesem Zeitpunkt stand bereits fest, welcher Weg eingeschlagen werden sollte, um diesen Konflikt zu lösen. Auch an der Kölner Universität und erst recht, nachdem Anfang 1946 eine Kontrollratsdirektive die Entnazifizierung in britische Hände gelegt hatte,[76] wich moralischer Rigorismus zunehmend dem Bemühen, wichtige Institutionen – um fast jeden Preis – wieder „funktionsfähig" zu machen.[77] Krolls Leitvorstellungen aber, an denen sich eine Erneuerung der Kölner Universität orientieren sollte, lag jedweder Pragmatismus fern. Sie rankten sich, anknüpfend an die klassische deutsche Universitätstradition, um die Wertbegriffe „christlicher Humanismus" und „abendländische Kultur". Die 1919 gegründete Universität Köln, weitgehend ein Erbe berufsvorbereitender Fachschulen, erwähnte er nicht einmal. Stattdessen griff Kroll auf die Antike, das Mittelalter sowie den deutschen Idealismus zurück und hob deren „ewige Werte und Ordnungsstrukturen" hervor.[78] Diese seien dem Ungeist des Materialismus entgegenzusetzen. Jede „politische" Einflussnahme auf die Universität lehnte Kroll ab.

> Die erneuerte Kölner Universität will sich getragen wissen vom Kulturwillen des rheinischen Volkes. Sie bedarf zu ihrem Wirken der Freiheit, sie darf niemals zum Objekt oder Instrument der Parteipolitik werden. Das Volk muß über die Parteien hinweg einmütig sein in der uneigennützigen Pflege dieses empfindlichen Organismus.[79]

Eine solche Einstellung, die Kroll für „unpolitisch" hielt, blendete jedwede Reflexion über die NS-Zeit aus.

Konrad Adenauer teilte Krolls Ansicht, die Universität könne sich nur im „christlich-abendländischen" Geist erneuern. Von der Militärregierung als Oberbürgermeister eingesetzt, hatte er sich zurückhalten müssen, als sich bei Kriegsende in Köln Menschen zusammenfanden, um eine interkonfessionelle Partei zu gründen, die sich als „Volkspartei" ausdrücklich vom exklusiv katholisch geprägten Zentrum der Zeit vor 1933 absetzen wollte. Aber anlässlich seines 70. Geburtstags am 5. Januar 1946 lud Adenauer sieben Mitglieder des linken Flügels der Partei, die sich seit Ende 1945 einheitlich „CDU" nannte, nach Rhöndorf ein. Unter ihnen befand sich außer Karl Arnold aus Düsseldorf und Johannes Albers aus Köln, die beide der christlichen Gewerkschaftsbewegung entstammten, auch Christine Teusch. Der Kreis verständigte sich darauf, Adenauer beim ersten Treffen des Zonenausschusses der CDU am 22. Januar in Herford zu dessen vorläufigem Vorsitzenden zu wählen, und Anfang Februar übernahm er bereits die Leitung des Landesverbandes Rheinland der CDU.[80]

Konrad Adenauer, der die Verderblichkeit konfessioneller Enge nicht zuletzt als Vorsitzender des Kuratoriums der Kölner Universität bei den Auseinandersetzungen um die „Weltanschauung" von Professoren nur allzu gut kannte, begann seine zweite politische Karriere. Mit dem nach wie vor existierenden Zentrum zusammenzugehen, das sich nach Adenauers Ansicht als Partei diskreditiert hatte, kam für ihn nicht mehr infrage. Dazu mögen auch „ausführliche Gespräche über die Zukunft der Stadt und der Gesellschaft" beigetragen haben, die er gleich nach seinem Amtsantritt mit Stadtdechant Robert Grosche, dem einstigen Kölner Studentenpfarrer, geführt hatte.[81]

Nachdem die CDU am 1. März 1946 ein von Adenauer maßgeblich geprägtes Programm verabschiedet und ihn zu ihrem Vorsitzenden in der britischen Zone gewählt hatte, hielt der abgesetzte Kölner Oberbürgermeister eine Rundfunkrede, in der er das Parteiprogramm erläuterte. Unter anderem hieß es, der Nationalsozialismus sei „eine bis ins Verbrecherische hinein vorgetriebene Konsequenz" einer „sich aus der materialistischen Weltanschauung ergebenden Anbetung der Macht und Mißachtung des Wertes des Einzelmenschen". Deshalb müsse sich die zukünftige „kulturelle Arbeit" der jungen Partei auf die „christlich-abendländische" Kultur zurückzubesinnen, deren Kern „die hohe Auffassung von der Würde der Person und dem Werte jedes einzelnen Menschen" sei. Das Programm der CDU unterscheide von dem aller anderen Parteien die Überzeugung, dass „an die Stelle der materialistischen Weltanschauung ... wieder die christliche" zu treten hätte. Die Grundsätze der „christlichen Ethik" müssten „bestimmend werden für den Wiederaufbau des Staates und die Abgrenzung seiner Macht, für die Rechte und Pflichten der Einzelpersonen, für das wirtschaftliche, soziale und kulturelle Leben, für das Verhältnis der Völker zueinander".[82]

Am 24. März 1946 trat Adenauer als Zonenvorsitzender der CDU in Köln auf einer Wahlkampfveranstaltung seiner Partei auf. Der einzige Saal, der sich für Großveranstaltungen eignete, war die Aula der Universität. Sie diente als Aufführungs- und Versammlungsort, und hier spielte sich noch bis 1957 das Kulturleben der Stadt ab.[83] Kein Platz in der Aula blieb leer. Adenauers lange Grundsatzrede folgte in vielen Passagen seiner Rundfunkrede. Die Universität, bei der er zu Gast war, erwähnte Adenauer zunächst als eines von mehreren großen Projekten – der Messe, der Mülheimer Brücke, dem Niehler Hafen, den großen Wohnsiedlungen, dem Grüngürtel –, die „damals" gegen erhebliche Widerstände realisiert worden seien. Im weiteren Verlauf der Rede appellierte er an die Versammelten: „Die Universität lebt. Pflegt sie! Denkt daran, dass sie eine große Aufgabe hat, dass wir sie ins Leben zurückgerufen haben in schwerer Zeit und gefahrvoller Zeit als Hort deutschen Geistes am Rhein." Bei der dringend erforderlichen „Aufklärung und Belehrung" der „planmäßig irregeleitet(en)" Jugend darüber, „was der Nationalsozialismus und seine Führer in Wirklichkeit waren", müssten auch „unsere Universitäten und Hochschulen aller Art" mitwirken. Adenauer erklärte außerdem, die Universität Köln könne stolz darauf sein, dass sie einen „Märtyrer" wie Benedikt Schmittmann einst zu ihren Professoren habe zählen dürfen. Im Unterschied zu Kroll, für den der Nationalsozialismus über die Deutschen „hereingebrochen" war und der über Mitschuld oder Verantwortung kein Wort verlor, bekannte Adenauer, er habe sich

> seit 1933 oft geschämt, ein Deutscher zu sein, in tiefster Seele geschämt: vielleicht wusste ich mehr als manche andere von den Schandtaten, die von Deutschen an Deutschen begangen wurden, von den Verbrechen, die an der Menschheit geplant wurden.[84]

Wenige Tage nach Adenauers Rede in der Aula der Universität führten die Briten in ihrer Zone eine neue Gemeindeordnung ein, die für kreisfreie Städte wie Köln einen ehrenamtlichen unbesoldeten Oberbürgermeister als politischen Repräsentanten und einen hauptamtlichen besoldeten Oberstadtdirektor als vom Rat bestellten Chef der Verwaltung vorsah, der nicht dem Stadtparlament angehört.[85] Am 11. April 1946 ernannten sie Willi Suth zum ersten Oberstadtdirektor und zum Oberbürgermeister Hermann Pünder. Die neue Stadtverfassung mit der „Doppelspitze" wirkte sich auch auf die Besetzung des Kuratoriums der Universität aus. Die Briten bildeten es „aus Vertretern der in der Stadt tätigen Parteien". So beriefen sie außer Christine Teusch (CDU), Robert Pferdmenges (CDU) und Robert Görlinger (SPD), den das Stadtparlament bereits für die letzten beiden Amtsperioden vor 1933 ins Kuratorium entsendet hatte, Louis Napoleon Gymnich (KPD)[86] und den Bauunternehmer Peco Bauwens.[87] Das Kuratorium konstituierte sich am 7. Mai 1946 in seiner ersten Sitzung nach dem Krieg.[88] Der Vorsitz stand satzungsgemäß dem Oberbürgermeister zu; der Oberstadtdirektor nahm an den Sitzungen teil. Einen staatlichen Kurator gab es nicht mehr. Nach der Kommunalwahl am 13. Oktober 1946, bei der die CDU 53,4 Prozent und die SPD 34,6 Prozent der Stimmen erhalten hatten, gehörten dem Kuratorium vier CDU- und drei SPD-Vertreter an.[89] Die Stadtverordneten bestätigten Willi Suth als Oberstadtdirektor; er blieb bis 1953 im Amt und damit zugleich Mitglied des Kuratoriums.

Im August 1946 gründeten die Briten per Verordnung das Land Nordrhein-Westfalen, ernannten die Mitglieder des Landtags, den Ministerpräsidenten und die Mitglieder des Kabinetts. Dem ersten Landtag gehörte auch Christine Teusch an, die bereits in den Vorstand der CDU für die britische Besatzungszone gewählt worden war und im Kulturbeirat ihrer Partei saß. Die aus Parteilosen sowie aus Mitgliedern von Zentrum und FDP, SPD und der KPD bestehende Regierung trat am 30. August zusammen. Weil es der jungen CDU, deren

Landtagsfraktion Konrad Adenauer führte, nicht gelang, das Innen- und das Kultusministerium zu übernehmen, ging sie in die Opposition.

Bereits im Frühjahr 1946 hatte der achtköpfige Kulturbeirat der CDU über eine Reform des Hochschulwesens beraten. Ein Diskussionspapier benannte als Ziel die Schaffung einer „wesenhaft deutschen christlichen Universität", die sich „in den Dienst der Erneuerung und Ausbreitung der christlichen Lebenskräfte im Volk" stellen sollte. Dafür müsse institutionell gesichert werden, dass die verantwortlichen Politiker auf die Universitäten einwirken könnten. Das Kultusministerium hätte die aus Geistlichen, Parteipolitikern und Gewerkschaftsführern zusammengesetzten Kuratorien zu bestellen. Diese müssten wichtige Entscheidungsfunktionen erhalten wie „eine „Überwachung und Förderung der politischen und sozialen Erziehung der Studentenschaft", eine „Mitwirkung bei der Berufung von Professoren", eine Mitarbeit „bei der Regelung von organisatorischen und finanziellen Fragen der Hochschule" sowie bei der Bestellung von „Prüfungskommissaren für die Mitwirkung bei akademischen Prüfungen". Die Universität sollte durch den Rektor und zwei Professoren vertreten sein, allerdings nur mit beratender Stimme. Professoren wie Studenten gelte es, unter weltanschaulichen Gesichtspunkten auszulesen. Vor allem komme es darauf an, „das Monopol des auch heute noch an unseren Hochschulen herrschenden Liberalismus" zu brechen.[90] Ob der Zonenvorsitzende der CDU diesen weitreichenden Forderungen zustimmte, ist nicht überliefert.

Christine Teusch, in Hochschulfragen noch wenig versiert, hatte das Diskussionspapier vor der Zusammenkunft des Kulturbeirats Joseph Kroll vorgelegt, mit dem sie eng befreundet war[91] und der sie regelmäßig beriet.[92] Wenn sie auch die Forderung nach einer christlichen Universität im Prinzip unterstützte, ging ihr wie dem Stadtdechanten Grosche die Vorlage doch zu weit. Gegen die geforderten Eingriffe in die Universität brachte sie grundsätzliche Einwände vor: Ein christliches Universitätsideal sei in einem paritätischen Staat nur schwer zu verwirklichen; außerdem drohe, wirkten die Parteien auf die Universitäten ein, die Gefahr einer Politisierung. Problematisch sei auch, zumal wenn es um die Berufung von Professoren gehe, die Einflussnahme des Kuratoriums auf die innere Gestaltung der Universitäten.[93]

Das Programm, das der Kulturausschuss am Ende verabschiedete und das auch für die Kölner Universität gelten sollte, schwächte die Vorlage deutlich ab. Bei Neuberufungen war auf Qualifikation und „Volksnähe" zu achten, zwar auch auf politische wie weltanschauliche „Zuverlässigkeit", weniger aber auf parteipolitische Zugehörigkeit. Nach einer Übergangszeit von wenigen Jahren sollten die Universitäten sich selbst verwalten, und bei Berufungen sollte nach dem üblichen „Dreiervorschlag" der Fakultäten das Kultusministerium das letzte Wort haben. Dem Kuratorium bliebe ein Vetorecht, allerdings nur mit aufschiebender Wirkung. Um dem aktuellen Mangel an Hochschullehrern abzuhelfen, wollte man fürs Erste qualifizierte – allerdings unbezahlte – Privatdozenten heranziehen. Für die Kölner Universität wurde unter anderem vorgeschlagen, an deren mittelalterliche Tradition anzuknüpfen und einen Lehrstuhl für aristotelische Philosophie einzurichten sowie im Interesse einer „Ausrichtung der Kölner Universität nach dem Westen" den Austausch von Professoren mit westeuropäischen Nachbarländern fördern.[94] Jene Passage, die einen lediglich *vorübergehenden* Einfluss des Kulturministeriums und der beiden großen demokratischen Parteien bei der Berufung von Professoren vorsah, bei der die Parität zwischen diesen zu wahren sei, markierte Christine Teusch mit drei Ausrufungszeichen. Sie avancierte zur Sprecherin einer Richtung der Kölner und rheinischen CDU, die einen Ausgleich mit der Sozialdemokratie befürwortete und sich damit gegen Konrad Adenauer stellte.[95] Bei den Männern, mit denen sie es zu tun hatte und deren akademische Sozialisation großenteils ins Kaiserreich zurückreichte, machte sie sich nicht eben beliebt, wenn sie anstelle der traditionellen Männerbünde zu einer studentischen Geselligkeit riet, „ohne sich unnötig das Gesicht irgendwie zerschlagen zu wollen".[96]

Auch wenn Konrad Adenauer längst auf Landesebene agierte, behielt er doch die Kulturpolitik seiner Heimatstadt und vor allem die Entwicklung der Universität im Auge. Dagegen, dass 1946 „ausgerechnet in Köln" ein Sozialdemokrat Kulturdezernent wurde, protestierte er energisch: „Gerade in Köln, das doch auf dem Gebiet der christlichen Kultur führend und maßgebend für den ganzen deutschen Westen sein soll, ist das völlig unmöglich." Um seinen Vorwurf zu erhärten, führte er das Programm der Kölner Kulturtage an, die unter starker Beteiligung der Universität im Oktober 1946 unter dem Motto „Der Rhein und Europa" stattfanden. Adenauer fand es „unverständlich", dass man Nicolai Hartmann, der Max Scheler nahegestanden hatte, die Eröffnungsrede habe halten lassen. „Noch unverständlicher" sei es, den sozialdemokratischen niedersächsischen Kultusminister Adolf Grimme „mit einer Rede über die deutsche Jugend" zu betrauen, was „für einen politisch denkenden Menschen geradezu unfaßbar" sei. Derartiges schade „unserer Arbeit" außerordentlich, blickten doch nach wie vor viele Menschen auf Köln als „den Vorort rheinischer und christlicher Kultur".[97]

Adenauer behielt auch die Nachfolge Artur Schneiders im Auge, um die er sich schon im Sommer 1945 als Oberbürgermeister gekümmert hatte. Nachdem die französische Militärregierung den vom Ministerium schließlich berufenen Helmuth Plessner nicht von Freiburg hatte ziehen lassen[98] und auch der zweitplatzierte Robert Heiß abgesagt hatte,[99] stand die Wiederbesetzung des Lehrstuhls erneut an. Im März 1947 schrieb Stadtdechant Grosche einen „Bericht über die Vorgänge betr. die Besetzung einer Professur für Philosophie an der Universität Köln", den er an Adenauer und an den Kölner Erzbischof Josef Kardinal Frings schickte. Das führte zu einer Kontroverse über die weltanschauliche „Bindung" dieses Ordinariats. Während eine solche für Grosche nicht bestand, behauptete Adenauer genau das Gegenteil. Max Scheler sei von ihm (!) als „*katholischer* Philosoph" berufen worden und habe ihm gegenüber auch erklärt, dass er sich als ein solcher verstehe. Gleichzeitig mit Scheler sei ein Vertreter der liberalen sowie einer der sozialistischen Weltanschauung berufen worden. Schelers Professur sei „bewußt, gewollt und erklärt eine Professur der katholischen Weltanschauung" gewesen. Als Scheler „im Laufe der Zeit von seinen katholischen Weltanschauungen abwich" und daher „nicht mehr als Vertreter der katholischen Weltanschauung betrachtet werden konnte", habe man – gewissermaßen als Ersatz – Schneider „als Vertreter der katholischen Weltanschauung" berufen. Eine „Bindung" liege also durchaus vor. Mit fast drei Jahrzehnten Abstand zu den fraglichen Berufungen in der Anfangszeit der neuen Universität verwechselte Adenauer die Direktorenstellen am Forschungsinstitut für Sozialwissenschaften mit den Ordinariaten des Philosophischen Seminars und berücksichtigte auch nicht, dass Schneider berufen worden war, bevor Scheler, seinerzeit einer der drei Direktoren des Forschungsinstituts, überhaupt sein planmäßiges Ordinariat an der Philosophischen Fakultät angetreten hatte. Mit Adenauers ganz persönlicher Version der Ereignisse ließ sich eine konfessionelle „Bindung" des schneiderschen Lehrstuhls schwerlich belegen, sodass seine Intervention ins Leere lief. Ende 1948 billigte die Fakultät eine Dreierliste, auf der an zweiter Stelle der junge Karl-Heinz Volkmann-Schluck stand. Das Kuratorium, dem inzwischen Robert Görlinger vorsaß, stimmte dem Vorschlag im Januar 1949 zu und beauftragte den Oberbürgermeister, sich bei der Kultusministerin mit Nachdruck für die Berufung des Gelehrten einzusetzen, dem eine große Karriere vorausgesagt wurde.[100] Die Konfession eines Kandidaten spielte inzwischen keine Rolle mehr.

Wie schon während der Weimarer Republik und nachdem die Briten ihn längst als Kölner Oberbürgermeister abgesetzt hatten, baten Eltern Adenauer um Hilfe bei der Zulassung eines Sohnes oder einer Tochter an der Kölner Universität. So versprach er Ende 1946 der Witwe des Arztes Jacob Bungert, der von den Nationalsozialisten aus politischen Gründen verhaftet worden und im Gefängnis umgekommen war, sich bei Rektor Kroll für ihren Sohn zu verwenden, der, aus dem Krieg heimgekehrt, in Köln ein Medizinstudium aufnehmen wollte. Nachdem er die erbetenen Unterlagen erhalten hatte, leitete Adenauer den Antrag mit einem Empfehlungsschreiben an Rektor Kroll weiter.[101]

Nach einer Kabinettsumbildung stellte die CDU seit Ende 1946 erstmals Landesminister und, nachdem die Partei im April 1947 bei der ersten Landtagswahl in Nordrhein-Westfalen stärkste Kraft geworden war, mit Karl Arnold den Ministerpräsidenten einer Allparteienkoalition. Christine Teusch vertrat den Wahlkreis Köln Stadt III im Landtag. Die „überaus fleißige, gebildete und schlagfertige"[102] Politikerin übernahm auch den Vorsitz des Kulturausschusses.[103] Als Kultusminister Heinrich Konen sich nach wenigen Monaten zum Rücktritt entschloss, um Rektor der Bonner Universität bleiben zu können,[104] bot sich Christine Teusch als Nachfolgerin an, zumal ihre „starken Sympathien für den deutschen Sozialkatholizismus" sie mit dem Ministerpräsidenten verbanden.[105]

Teuschs Berufung durch Karl Arnold erfolgte gegen den Willen Konrad Adenauers. In einem persönlich gehaltenen Brief legte er der Parteifreundin seine Gründe dafür dar. Zum einen mache er sich Sorgen um ihre Gesundheit; dass er sich zuvor beim Kölner Dezernenten der Gesundheitsverwaltung nach Teuschs Belastbarkeit erkundigt hatte,[106] erwähnte er nicht. Zum andern sei er der Ansicht, dass „bei der gegenwärtigen Lage der Dinge sowohl im Kultusministerium Nordrhein-Westfalen wie in den beiden Zonen es nicht wünschenswert sei, daß eine Frau das Kultusministerium Nordrhein-Westfalen führe". Doch erkenne er die Entscheidung der Fraktion, der er vorsaß, „selbstverständlich auch innerlich" an. Teusch möge fortan auf ihre Gesundheit Rücksicht nehmen und „peinlichst auf sich achten". Mehr noch als die Sorge um Teuschs Gesundheit bewegte Adenauer aber offenbar, dass Joseph Schnippenkötter, ein Abteilungsleiter im Ministerium, der seinen kulturpolitischen Ansichten nahestand und gegen den Teusch sich in einer Kampfabstimmung durchgesetzt hatte,[107] unter der neuen Amtsinhaberin an Einfluss verlieren könnte. Daher bat er Teusch, „Herrn Schnippenkötter in viel größerem Umfang zur Mitarbeit heranzuziehen und ihn positiv zu unterstützen" als ihr Vorgänger. Denn jener habe „unmittelbar nach dem Zusammenbruch das Ideal der christlichen Erziehung" mit entworfen und das „völlig in Trümmern darniederliegende Schulwesen" wieder aufgebaut.[108] Adenauers Sorge um Teuschs Gesundheit und der seinerzeit wohl mehrheitsfähige Hinweis, dass eine Frau auf dem Ministersessel „nicht wünschenswert" sei, waren vorgeschoben. Wichtiger dürfte ihm gewesen sein, dass Teusch in der Kulturpolitik ein Zusammengehen mit den „Sozialisten" begrüßte[109] und mit ihr obendrein eine exponierte Vertreterin jenes Flügels der CDU antrat, der eine Lösung der deutschen Frage „primär national" und nicht, wie Adenauer, „europäisch" sah.[110]

Obwohl Adenauer die Ernennung von Teusch abgelehnt hatte, bot er sich als Vermittler zur Ministerin an, als Prorektor Otto Veit sich bei ihm im Spätherbst 1948 über die miserable Haushaltslage der Kölner Universität beklagte. Ausreichende öffentliche Mittel seien nicht zu erwarten, daher bemühe er sich um Spenden, um nach der Währungsreform „über den toten Punkt hinwegzuhelfen", hatte Veit geschrieben. Adenauer hielt Rücksprache mit Robert Pferdmenges, der inzwischen auch dem Landtag angehörte und in diesen Dingen besonders versiert war. Dann informierte er Otto Veit, dass es zum „gegenwärtigen Zeitpunkt" nicht möglich sei, „größere oder Dauerspender hereinzubekommen". In zwei bis drei Jahren werde die Situation hoffentlich eine andere sein, und man müsse versuchen, „bis dahin durchzukommen". Im Übrigen möge der Prorektor ihm mitteilen, wenn er „besondere Wünsche an Frau Minister Teusch ... bezüglich der Universität Köln" hätte.[111]

Im Unterschied zu anderen Bundesländern, in denen die Kultusministerien für Berufungen zuständig waren, oblagen diese in Nordrhein-Westfalen dem Kabinett. Adenauer kritisierte dies im Dezember 1948 in einem Schreiben an Teusch, befürchtete er bei diesem Verfahren doch „einen indirekten Einfluss SPD-naher Verbände, speziell des DGB". Gleichwohl versuchte er selbst, die Ministerin zu beeinflussen, als er sie zum Beispiel im Sommer 1949 eindringlich bat, „bei der Besetzung eines Lehrstuhls für Medizin einen Professor K. zu berücksichtigen". Sowohl der Dekan der Medizinischen Fakultät als auch sein – in Tübingen lebender – Schwiegervater Ferdinand Zinsser träten ausdrücklich für die Berufung dieses Kandidaten ein. Ferner wisse er von seinem Schwager Willi Suth, dass auch das Kuratorium und die Fakultät ihn haben wollten.[112]

Doch die Kultusministerin verwahrte sich gegen Adenauers Drängen. Es müssten im „Falle K." zunächst die Personalien der beiden anderen tüchtigen Professoren auf der Liste der Fakultät geprüft werden, ließ sie ihn wissen. Daraufhin entbrannte ein offener Streit zwischen Adenauer und Teusch.[113] Im Juli 1949 beschwerte er sich brieflich – „Persönlich!" – bei ihr über den schwindenden Einfluss der CDU im Kultusministerium. Teuschs Vorwurf, er habe „zahlreiche" Bitten in Zusammenhang mit der Berufung von Professoren an sie gerichtet, wies er zurück, gebe er doch nur „einem kleinen Teil" der an ihn herangetragenen Wünsche statt. Dass Teusch diese lediglich an eine „untere Instanz zur Erledigung weitergegeben" hatte, empörte Adenauer. Auch fehle ihm jedes Verständnis dafür, dass die stark beanspruchte Ministerin es in einem Brief als „unziemlich" bezeichnet hatte, dass der Fraktionsvorsitzende Druck auf sie auszuüben versuche. Adenauer vermutete unverhohlen, dass Teuschs „äußerst seltene Anwesenheit im Ministerium" die Ursache für den „äußerst gering(en)" Einfluss der CDU im Kultusministerium sei.[114]

Die Spannung zwischen Adenauer und der Kultusministerin wuchs noch, als es in Köln darum ging, den neu einzurichtenden Lehrstuhl für Politikwissenschaft zu besetzen. Militärregierung und deutsche Öffentlichkeit hatten nach Kriegsende die Einrichtung von Ordinariaten dieser Fachrichtung nachdrücklich begrüßt, um dadurch „ein deutliches Zeichen für den Willen zu einer demokratischen Neuorientierung der Universitäten und der deutschen Gesellschaft zu setzen".[115] Die Frage, an welcher Fakultät die Professur anzusiedeln sei, blieb lange umstritten, ehe sich die Wirtschafts- und Sozialwissenschaftliche Fakultät gegen die Rechtswissenschaftliche durchsetzte.[116] Als ebenso schwierig und langwierig erwies sich die Suche nach einem geeigneten Kandidaten. Zeitweilig wurde sogar der inzwischen in den USA naturalisierte Wilhelm Sollmann gehandelt.[117] Dieser hielt im Sommersemester 1949 Gastvorlesungen an der Kölner Universität und pflegte Kontakte zu Konrad Adenauer, der ihn im Juli auch als Ehrengast zur Eröffnung des ersten deutschen Bundestages einlud.[118] Doch zu einer Berufung Sollmanns kam es nicht, und nach diversen weiteren Sondierungen blieb am Ende auf Vorschlag des Kuratoriums und unterstützt von politischen Freunden der ehemalige Reichskanzler Heinrich Brüning übrig, der 1934 emigriert war und inzwischen an der Harvard University lehrte. Kultusministerin Teusch wollte dem früheren Zentrumspolitiker, der in der Weimarer Republik stets ihre Loyalität besessen hatte,[119] ein Stück „moralische Wiedergutmachung" widerfahren lassen[120] und ihm zugleich ein „gesichertes Einkommen und eine Pension" verschaffen.[121] Im September 1950 berief ihn das Düsseldorfer Kabinett.[122] Als der Harvard-Professor daraufhin im Sommer 1950 zu Verhandlungen nach Köln kam, reagierte Konrad Adenauer, inzwischen erster Kanzler der Bundesrepublik Deutschland, „außerordentlich nervös".[123] Denn hinter der Berufung des nach wie vor „national, mitteleuropäisch und merkantil" eingestellten Brüning[124] zum Professor der Kölner Universität vermutete er nicht nur den Wunsch, den ehemaligen Reichskanzler wirtschaftlich zu unterstützen, sondern auch eine Machenschaft der Kultusministerin, um einen politischen Gegenspieler zu etablieren. Brüning nahm den Ruf nach geraumer Bedenkzeit an und begann im Wintersemester 1951/52 mit Vorlesungen. Darin sparte er nicht mit scharfer Kritik an Adenauers „Westpolitik", die eine Wiedervereinigung Deutschlands verhindere.[125]

Konrad Adenauer, seine Frau Gussie und ihr minderjähriger Sohn Georg behielten nach dem Zweiten Weltkrieg ihren Wohnsitz in Rhöndorf. Als Gussie im Frühjahr 1948 an den Folgen ihrer in der Gestapohaft erlittenen Qualen starb, fand sie ihre letzte Ruhestätte auf dem dortigen Waldfriedhof. Mit der Wahl Adenauers zum Bundeskanzler im September 1949 wurde Bonn Ausgangsort seines politischen Wirkens. Hatte schon Paul, sein erster Sohn aus zweiter Ehe, vom Sommersemester 1941 an mit langen Unterbrechungen durch Kriegsdienst dem Theologischen Seminar der Universität Bonn angehört, um dann Priester zu werden, absolvierten die Töchter Charlotte und Elisabeth nach dem Zweiten Weltkrieg ihr Philologiestudium keineswegs in Köln, sondern ebenfalls an der Rheinischen Friedrich-Wilhelms-Universität, an der „Lotte" 1951 promoviert wurde. Georg studierte – wie einst sein Vater – in Bonn Rechtswissenschaften und schloss sein Studium hier 1963 mit der Promotion ab.[126] August Adenauer, der Bruder des Bundeskanzlers, inzwischen im achten Lebensjahrzehnt stehend, hielt dagegen an der Kölner Universität weiterhin als Honorarprofessor und bis zu seinem Tod 1952 Vorlesungen über Bürgerliches Recht und Handelsrecht.[127] 1949 gedachte man hier seines 25-jährigen Dienstjubiläums.[128]

Wie in Köln hatte auch in Bonn der Vorlesungsbetrieb zum Wintersemester 1945/46 wieder begonnen. Die finanzielle Trägerschaft für die Universität, so wollte es die Militärregierung, lag in den ersten Monaten nach Kriegsende bei der Kommune. Aber bereits im Herbst 1945 ging sie auf die nur kurz existierende Nordrhein-Provinz über.[129] Nach der Auflösung des Staates Preußen durch das Kontrollratsgesetz Nr. 46 wurden dessen Territorien 1947 in die neu formierten Länder integriert. Diese traten zugleich die Rechtsnachfolge für die vormaligen preußischen Gebiete an.[130] Aus den ehemals preußischen Hochschulen in Bonn, Aachen und Münster wurden nordrhein-westfälische Landesuniversitäten. In Köln dagegen blieb in der Tradition von 1919 die Stadt Trägerin der Universität. Doch anders, als Adenauer 1948 in seinem Schreiben an Otto Veit gehofft hatte, erholte sich diese auch nach der Währungsreform nicht von ihren Finanzsorgen. Der Anstieg der Studierendenzahlen von 2000 im Sommer 1946 auf 4000 im Sommer 1948 und bereits 5500 im Sommer 1950 verursachte laufend höhere Kosten. Die Beiträge aus der Stadtkasse, die von 2,5 Mio. RM im Jahr 1946 über 4 Mio. DM 1950 auf fast 8 Mio. DM 1952 wuchsen, belasteten den kommunalen Haushalt über Gebühr. Bereits 1945 hatte eine Auseinandersetzung begonnen, ob man erneut versuchen sollte, den Staat, also jetzt das junge Land Nordrhein-Westfalen, bei der Unterhaltung der Universität Köln in die Pflicht zu nehmen.

18 Adenauer mit Sohn Max auf dem großen Domfest, 1948.

8.3 STATUSSTREIT

Im Streit um den Status der Universität Köln ging es nach 1945 auch darum, wie mit ihr als Hinterlassenschaft Konrad Adenauers umzugehen sei. War die Kommune 1919 vom Oberbürgermeister leichtfertig in eine Lage manövriert worden, aus der sie sich nach 1945 endlich befreien musste, indem sie die Universität dem Land übergab? Oder musste die Kölner Alma Mater als einzigartiges kulturelles Erbe unter städtischer Kontrolle bleiben, auch wenn sie ein großes Loch in die Stadtkasse riss und absehbar mit den staatlichen Hochschulen nicht konkurrieren könnte? Um diese beiden Möglichkeiten drehte sich der Statusstreit, in dem die Adenauers zunächst zwar keine direkte Rolle spielten, aber der eine, Konrad, noch mit seinem Erbe präsent war und der andere, sein Sohn Max, das Ergebnis der Auseinandersetzung vertreten sollte.

Weil das von der preußischen Regierung 1919 erlassene Universitätsstatut 1945 wieder in Kraft trat, verfügte das mehrheitlich aus Vertretern der Stadt zusammengesetzte Kuratorium nach dem Zweiten Weltkrieg über dieselben Zuständigkeiten wie zu Zeiten der Weimarer Republik. Seit der Kommunalwahl vom Oktober 1946 stellten die Sozialdemokraten im Kuratorium drei der sieben Stadtverordneten.[131] Bei Abstimmungen unterlagen sie meist, da die Universitätsverwaltung in der Regel mit den vier Vertretern der CDU-Fraktion stimmte. Daher forderte die Kölner Sozialdemokratie nicht mehr nur wegen der finanziellen Engpässe, die Universität von der Stadt zu lösen, sondern wollte damit auch den dominierenden Einfluss konservativer Kräfte auf die Universitätspolitik zurückdrängen.

Ein möglicher Übergang der Kölner Universität auf das „Land" kam im Stadtparlament erstmals am 5. Dezember 1945 zur Sprache. Christine Teusch lehnte ihn entschieden ab.[132] Doch das Thema war auf dem Tisch, und fortan wurde regelmäßig über den Status der Universität debattiert. Dabei spaltete die Forderung nach einer Finanzierung durch die „Nordrhein-Provinz", dann durch das Land Nordrhein-Westfalen als Rechtsnachfolger Preußens die Gemüter entlang derselben Trennlinie wie die Frage, nach welchen Wertvorstellungen sich die Universität entwickeln sollte.

Anfang Mai 1946 verwies Willi Suths Stellvertreter, der Sozialdemokrat Martin Wirtz, auf die „große(n) Opfer" für die Universität, die sich in der Zeit „vor 1933" gelohnt hätten. Heute, da die Stadt „unendliche Not" leide, sei es ein „Gebot der Gerechtigkeit", dass der Provinzialrat „materielle Hilfe für diese stadteigene Universität" gewähre.[133] Robert Görlinger, seit März 1946 einer der Bürgermeister, rechnete den Stadtverordneten Anfang Juni 1946 vor, was die Universität die Kommune kostete. Nach seiner Kalkulation beliefen sich die laufenden jährlichen Zuschüsse ohne Gebäudekosten auf 4,3 Mio. RM; das war mehr als die Hälfte des Kulturetats. 1919, als die Stadt den Vertrag mit Preußen abgeschlossen und die Universität auf ihre „starken Schultern" genommen hatte, habe eine „grundlegend" andere Situation bestanden. Die Universität diene nicht allein der Stadt Köln und benötige daher wie die Universität Bonn oder die Technische Hochschule Aachen einen stärkeren Träger. „Wenn die Gelegenheit, den breiteren Träger zu suchen, jetzt nicht wahrgenommen wird, dann wird es auch später sehr schwierig sein, diese Notwendigkeit durchzusetzen."[134] Der Stadtverordnete Peco Bauwens hielt dagegen. Die Stadt müsse „diese Universität, die wir uns vor vielen Jahren wieder errungen haben, um das Andenken ihres Gründers Albertus Magnus wachzuhalten", trotz des „für diese Zeit erheblichen" städtischen Zuschusses „als *unsere* Universität" behalten. Christine Teusch pflichtete Bauwens bei. Ihr erschien es obendrein „aus wesentlichen politischen Gründen wünschenswert", in der britischen Zone eine Universität,

19 Josef Kroll, Rektor der Universität zu Köln 1930/1931 und von 1945 bis 1949.

die von einer Stadt getragen werde, weiterbestehen zu lassen. Die Kosten für den Universitätshaushalt lägen nach neuesten Berechnungen niedriger als nach Görlingers Kalkulation. Es sei einerlei, ob die Stadt die 3,5 Mio. RM für die Universität bei der Provinzialregierung im Rahmen ihres Stadthaushaltes von 50 Mio. oder von vornherein 50 Mio. abzüglich 3,5 Mio., also 46,5 Mio., anmelde und die Provinzialverwaltung als neue Trägerin der Universität direkt mit 3,5 Mio. belaste. Aber nach der „psychologischen und vor allem nach der politischen Seite" hin sei es ihr wichtig, eine „Vorentscheidung" zu verhüten, die der grundsätzlichen Einstellung ihrer Fraktion zuwiderlaufe, dass die Stadt Köln Trägerin der Universität bleibe.[135]

Rektor Josef Kroll sah in der Zugehörigkeit der Universität zu den städtischen Einrichtungen ebenfalls keinen Nachteil. In einem Brief an den britischen Nobelpreisträger Walter Norman Hawarth beschrieb er 1947 die „Sonderstellung" der Kölner Universität. Als „Ausdruck der finanziellen Hoheit an der Bestimmung des Geschickes der Universität" nehme die „kommunale Öffentlichkeit" teil, indem die Parteien, die diese repräsentierten, im Kuratorium der Universität vertreten seien. Dass die Interessen der Parteien mit denen der Universität nicht immer zusammenfielen, sei kein Problem, weil auch die Universitätsverwaltung und unabhängige Bürger dem Kuratorium angehörten. Kroll räumte ein, dass die Entwicklung der Kölner Universität momentan durch die Finanzschwäche der zerstörten Stadt gehemmt sei.[136] Doch teilte er die Ansicht des Oberbürgermeisters und Kuratoriumsvorsitzenden Hermann Pünder, der es ablehnte, Landeszuschüsse für die Universität zu erbitten, weil er „die Selbständigkeit dieser städtischen Einrichtung ... erhalten" wissen wollte.[137] Dafür mag auch gesprochen haben, dass sich die Vision von 1919, eine „katholische" Universität im protestantisch und dann zunehmend säkular ausgerichteten Preußen zu etablieren, nicht hatte realisieren lassen. Eine Universität unter der Hut der Stadt, deren Rathaus die CDU noch sicher beherrschte, mochte eine neue Chance dazu bieten. Als Köln in der zweiten Augusthälfte 1948 noch inmitten der Trümmer eine Woche lang die 700. Wiederkehr der Grundsteinlegung des Domes feierte, vergewisserte sie sich ihrer Bedeutung als geistig-religiöses Zentrum.[138]

Die SPD steuerte in der Frage der Trägerschaft weiterhin einen anderen Kurs. Anfang 1948 trat Kuske erneut an Görlinger heran. Die Universität müsse „von der Stadt losgelöst und wie Aachen, Bonn und Münster unmittelbar dem Land unterstellt" werden. Da die Kommune die Hochschule nicht mehr finanzieren könne, entfalle der „Kernpunkt des Vertrages" von 1919. Überdies würde „vom Land aus ... alles weit distanzierter und objektiver geregelt" werden und damit „der ganze persönliche Klüngel entfallen".[139] Nach Ansicht des sozialdemokratischen Stadtverordneten Josef Haubrich, dem zweiten Kulturausschussvorsitzenden, wäre die Stadt Köln, nachdem sie in drei Jahrzehnten 100 Mio. „Mark" an laufenden Zuschüssen für die Universität gezahlt und darüber hinaus noch „sehr erhebliche Mittel" investiert habe, wegen des Ausmaßes ihrer Zerstörung in Zukunft außerstande, *„allein* die Kosten für diese Universität zu tragen". Außerdem benötige Köln diese Mittel, „um die übrigen kulturellen Belange besser betreuen" zu können. Deshalb solle der Rat den Oberstadtdirektor beauftragen, „unverzüglich mit der Landesregierung Verhandlungen aufzunehmen mit dem Ziel der Übernahme der Universität Köln auf den Haushaltsplan des Landes Nordrhein-Westfalen". Der Stadtverordnete Fritz Fuchs, Mitherausgeber der KÖLNISCHEN RUNDSCHAU und Mitglied des Vorstandes der CDU-Fraktion, hörte die Alarmglocken läuten: Ehrlicherweise müsse die SPD in ihrem Antrag die Passage „auf den *Haushaltsplan* des Landes" weglassen, denn im Falle einer Kostenübernahme werde das Land die Universität „natürlich überhaupt" übernehmen. Der Antrag sei daher „von allergrößter Tragweite", denn wenn es auch eine Finanznot gebe, stünden doch „Werte" auf dem Spiel. Fuchs warnte zwar eindringlich davor, mit dem Land zu

20 Oberbürgermeister Ernst Schwering, Christine Teusch und Adenauer beim Domfest, 1948.

verhandeln, doch könne man „den Gedanken ruhig mal durchprüfen". Daraufhin wurde der SPD-Antrag an den Kulturausschuss überwiesen.[140] Dieser empfahl, mit dem Land lediglich über einen Anteil an den Kosten der Universität zu sprechen, nicht jedoch über deren Status.[141]

Seit Anfang 1948 gehörte Max Adenauer der Kölner Stadtverwaltung an. Weil diese wie alle Behörden verzweifelt nach „unbelasteten" Juristen suchte, hatte ihn der Oberstadtdirektor, sein Onkel Willi Suth, gefragt, ob er nicht Beigeordneter werden wolle. Max, der im November 1945 bei Klöckner-Humboldt-Deutz eingetreten war, entschied sich, von der Industrie in die Kommunalverwaltung zu wechseln.[142] Im Februar 1948 wählte ihn die Stadtverordnetenversammlung mit großer Mehrheit zum Dezernenten für Wirtschaft, Häfen und Verkehr. Angelegenheiten der Universität fielen nicht in sein Ressort, und er äußerte sich dazu auch nicht im Stadtparlament, an dessen Sitzungen er als Beigeordneter teilnahm.

Zum 1. Juni 1948 ging das Amt des Kölner Oberbürgermeisters von Hermann Pünder auf Ernst Schwering über, der damit auch dem Kuratorium der Universität vorsaß. Würde Schwering sich dem Gedanken, die Universität von der Stadt zu lösen, zugänglicher zeigen als sein Vorgänger? Görlinger, der inzwischen den Verlag der RHEINISCHEN ZEITUNG leitete, informierte das Kuratorium im Juli 1948 vom Antrag seiner Ratsfraktion. Eine Finanzierung durch das Land sei auch gerechtfertigt, weil die Universität nicht nur „unmittelbaren Interessen der Stadt Köln" diene, sondern „darüber hinaus Erziehungsaufgaben für das ganze Land" wahrnehme. Auch wären die Rechte der Stadt Köln gegenüber „ihrer" Universität nicht so groß, dass sie „den Aufwand von 2 ½ Millionen jährlich" lohnten. Jetzt, nach der Währungsreform, seien Planungen nötig, die nur „von der Warte des Ministeriums" ausgehen könnten. Rektor Kroll hielt Görlinger entgegen, der für die Kölner Universität von der Stadt gezahlte Zuschuss liege deutlich unter den Vergleichszahlen der Universitäten Bonn und Münster. „Am Ort übersehbare Betriebe" arbeiteten nun einmal wirtschaftlicher „als von einer Zentralstelle geleitete dislocierte Unternehmungen". Auch gingen die Städte stets sparsamer mit ihren Finanzen um als der Staat. Die „Schmalheit" der verfügbaren Mittel werde aufgewogen durch einen „kurzen Weg zu der geldgebenden Instanz". Auch entscheide das Land über die Bedürfnisse einer einzelnen Universität „nach der Gesamtlage aller betreuten Einrichtungen". Finanziert durch die Stadt könne die Kölner Universität hingegen „im allgemeinen fortschrittlicher sein" und die „Initiative des einzelnen" besser fördern. Das sei zwischen 1919 und 1933 bewiesen worden, als sie „in kurzer Zeit einen grossartigen Aufschwung" genommen habe. An die Stelle einer „Oberschicht", meinte Kroll, die bisher die Universität getragen habe, sei jetzt die Gesamtheit der Kölner Bürger getreten.

> Die Universität ist eine Institution oberhalb der Parteien, der alle gemeinsam dienen müssen, ohne daran verdienen zu wollen. Den Geist läßt man sich frei entwickeln, ihn reglementiert man nicht nach irgendwelchen Tagesbestrebungen. Die Mäcenatengesinnung, die das Hohe und Edle fördert, tut es nur der Sache und nicht um des Geschäftes willen. Diese Einstellung wird am ehesten in einer geschlossenen Gemeinschaft, einer Stadtgemeinde gepflegt.

In Zeiten wie den heutigen dürfe die Stadt ihr „höchstes Gut nicht weggeben", müsse an der Universität vielmehr „mit Klauen und Zähnen festhalten". Wenn der Staat sich an den Kosten beteiligte, werde „der jetzt schon vordringende staatliche Einfluss" noch wachsen und die Universität „im Zuge der allgemeinen Planung ihr eigenes, kölnisches Gesicht verlieren".[143]

Vom Kuratorium darum gebeten, befasste sich auch der Senat mit der Frage einer Finanzierung der Universität durch das Land. Er lehnte es ab, die Kosten zwischen der Stadt und dem Land aufzuteilen. Denn eine „finanzielle Mitbeteiligung" begründe die „Ingerenz des Staates", womit der „spezifische Charakter" der Universität „aufgegeben" werde. Die Belastung, die auch danach noch bei der Stadt bliebe, solle diese sich daher „besser ersparen".[144] Sollte die Stadt die Universität einmal nicht mehr finanzieren können, käme für den Senat nur eine „völlige Übergabe an den Staat" in Betracht.[145] Kroll hatte dem Senat zuvor einen Cocktail von Argumenten präsentiert, um eine fortgesetzte Trägerschaft der Stadt zu rechtfertigen. Dass er diese voraussetzte, um sein Ideal einer „christlich-abendländischen" Universität über die Zeit zu retten, sprach er nicht aus. Und wo, wenn nicht in Köln, wo die CDU im Stadtrat seit 1946 vier Fünftel der Mandate hielt, sollte es dafür noch eine Chance geben.

Bei der Kommunalwahl im Oktober 1948 errangen SPD und KPD zusammen genauso viele Ratssitze wie CDU und FDP.[146] Da eine Pattsituation herrschte, bestimmte am 15. November 1948 das Los Robert Görlinger zu Kölns erstem sozialdemokratischen Oberbürgermeister mit der Maßgabe, dass das Amt jährlich zwischen ihm und Ernst Schwering zu wechseln habe. Görlinger erklärte sogleich unmissverständlich, es sei für die Kommune „nicht mehr tragbar", eine Universität „aus eigenen Mitteln" zu finanzieren. Der Zuschuss von 3,5 Mio. DM, der bald nicht mehr ausreichen werde, entspreche genau jenem Betrag, den die Stadt für Volksschulen aufwende.[147] Doch wie schon Ende der zwanziger Jahre, als die SPD Konrad Adenauers Neubauplan abgelehnt hatte, spielte auch jetzt eine Rolle, dass die Universität sich nach dem Zweiten Weltkrieg nicht in die von den Sozialdemokraten erhoffte Richtung entwickelte. Sie stehe, gab Görlinger Anfang 1949 auf einer Kuratoriumssitzung zu bedenken, „Arbeiterkindern" nach wie vor kaum offen, verschlinge aber Mittel, die der Stadt bei der „Unterhaltung der Schulen, die für die Ausbildung weit größerer Kreise der Bevölkerung unbedingt notwendig" seien, fehlten.[148]

Im März 1949 legte die sozialdemokratische Fraktion ihren vor Jahresfrist schon einmal eingebrachten Antrag dem Rat in leicht veränderter Fassung erneut vor. Die Versammlung möge die Verwaltung beauftragen, „unter Hinzuziehung von Mitgliedern der Stadtvertretung unverzüglich Verhandlungen mit der Landesregierung wegen Übernahme eines wesentlichen Teils des Zuschußbedarfs der Universität Köln aufzunehmen". Die Stadt lege Wert darauf und sei auch bereit, weiterhin einen Teil der Kosten zu tragen.[149] Weil Köln inzwischen „finanzpolitisch das Wasser am Halse stand"[150], erkannte auch Bürgermeister Schwering an, dass der Staatsvertrag „einer Nachprüfung und völligen Erneuerung" bedürfe. Die Stadt Köln habe insgesamt „etwa 100 Millionen Goldmark" aufgewendet, „um diese Hochschule dem ganzen deutschen Volke zur Verfügung zu stellen". Nun verlange man eine Entlastung. Da der Antrag der SPD nichts „verbaue", erklärte Schwering, werde seine Fraktion ihm zustimmen. Erste Konsultationen mit der Landesregierung hätten bereits stattgefunden.[151]

Ohne sich vertraglich weiter zu binden, übernahm des Land Nordrhein-Westfalen im Frühjahr 1949 einmalig die Hälfte des Zuschussbedarfs zu den laufenden Kosten der Kölner Universität und steuerte von Fall zu Fall Mittel zum Wiederaufbau und für neue Anlagen bei. Das sei, erklärte Oberbürgermeister Görlinger, ein Verdienst von Christine Teusch, die dies „bei der Landesregierung erreicht" habe.[152] Man nahm in Kauf, dass das Finanzministerium künftig den Universitätsetat festsetzte und der Landesrechnungshof das Finanzgebaren der Universität prüfte.[153] Ernst Schwering empfand die Tatsache, dass die Stadt „ihre" Universität noch zur Hälfte finanzierte, als tröstlich. Behalte man doch „mit einer gewissen finanziellen Belastung" auch alle bisherigen Rechte. „Insbesondere wird man ohne uns niemals die altberühmte Kölner Universität aus dem Leben des deutschen Westens entfernen oder auch nur hinwegdenken können."[154] Mit dem Beginn der Landeszuschüsse für die Universität endete die Ära des ersten Nachkriegsrektors. Josef Kroll wurde zum Wintersemester 1949/50 von Gotthold Bohne abgelöst.

Im Dezember 1949 übernahm Ernst Schwering verabredungsgemäß wieder das Amt des Oberbürgermeisters. Als sich abzeichnete, dass der städtische Zuschuss abermals erhöht werden musste,[155] bemühte er sich, die im Vorjahr gewährte Finanzhilfe des Landes in eine dauerhafte zu verwandeln. Wie prekär die finanzielle Lage war, enthüllte der Verwaltungsdirektor der Universität im Kuratorium. Es könne, klagte er, kein Lehrstuhl der Medizinischen Fakultät von außerhalb besetzt werden, weil die Kliniken wegen zu geringer Baumittel nicht zureichend ausgestattet seien und ihre Instandsetzung „noch weit hinter dem Notwendigen" zurückliege.[156] Den Vorschlag von Josef Haubrich, sich um eine Stiftung der Industrie zu bemühen, sah das Kuratorium als nicht realisierbar an.[157]

Nach Gesprächen mit Oberbürgermeister Schwering und Oberstadtdirektor Suth berichtete Christine Teusch im März 1950 im Düsseldorfer Kulturausschuss, alle Seiten wünschten, möglichst bald einen Vertrag über eine 50-prozentige finanzielle Beteiligung des Landes an der Universität abzuschließen und diesem dafür eine Vertretung im Kuratorium einzuräumen.[158] Nachdem Nordrhein-Westfalen Mitte 1950 Mittel für den Bau einer orthopädischen Klinik in Aussicht gestellt hatte, beauftragte das Kuratorium Oberbürgermeister Schwering, der inzwischen auch dem Landtag angehörte, mit der Düsseldorfer Regierung zu verhandeln.[159]

Im Dezember 1950, nachdem das Amt des Oberbürgermeisters wieder auf Robert Görlinger übergegangen war, forderte die SPD einen höheren Anteil des Landes an den Zuschüssen zur Kölner Universität. Sie verwies auf die Hochschulen in Bonn und Münster, die jährlich 27 beziehungsweise 18 Mio. DM vom Land erhielten, während Köln sich mit 6 Mio. begnügen müsse. Die SPD wolle, argwöhnte indessen die CDU, „unsere Universität an das Land verkaufen". Doch Oberstadtdirektor Suth, den die Löcher in der Stadtkasse beunruhigten, ließ von der Kämmerei ermitteln, wie viel die Kommune für „ihre" Universität seit 1919 insgesamt aufgewendet hatte. Bei neuen Verhandlungen mit dem Land wollte man exakte Zahlen bereithalten. Diese lagen grob untergliedert nach „Laufenden Zuschüssen", „Außerordentlichen Leistungen" und „Kriegsschädenbeseitigungen" sowie nach Kategorien wie „Neubau", „Grundstücke" oder „errichtete Institute" im Januar 1951 vor.[160]

Befürworter und Gegner einer Umwidmung der Kölner Universität zu einer Landesuniversität standen sich weiterhin unversöhnlich gegenüber. Da die von der nordrhein-westfälischen Gemeindeverfassung vorgesehene Rollenverteilung zwischen dem Oberbürgermeister und dem Oberstadtdirektor „verschieden interpretiert" werden konnte, waren Spannungen strukturell angelegt, insbesondere dann, wenn die Inhaber der beiden Ämter, wie es während der Amtszeiten von Robert Görlinger als Oberbürgermeister[161] der Fall war, verschiedenen politischen Lagern angehörten.[162] Doch es fielen, wie Görlinger Anfang 1951 bemerkte, „die Zäune zwischen den Parteien", als die Stadt Konrad Adenauer und dem sozialdemokratischen Gewerkschaftsführer Hans Böckler Anfang Januar 1951 gleichzeitig die Ehrenbürgerwürde verlieh. Nach den Worten Theo Burauens handelte es sich bei diesem Akt um eine „Manifestation unserer Auffassung von einer wahren, erstrebenswerten Demokratie, die über alle Gegensätzlichkeiten hinweg Sache und Person zu trennen weiß". In seiner Dankesrede pries Konrad Adenauer die Selbstverwaltung als einen großen Segen. Diese habe, wie er aus langjähriger Erfahrung wisse, den Vorteil, dass, „gleichgültig welcher Partei man angehört, wenn man nur den Willen hat seiner Stadt zu nutzen, man letzten Endes zusammenkommt und zusammenarbeitet". Seine Worte ernteten „Bravo!"-Rufe und „Beifall!".[163] Nachdem die Exponenten der beiden großen politischen Lager in einem gemeinsamen Festakt geehrt worden waren, fand man künftig auch besser zusammen, wenn es um die Zukunft der Kölner Universität ging.

Gemeinsam traten Oberbürgermeister Görlinger (SPD), Oberstadtdirektor Suth (CDU) und Bürgermeister Schwering (CDU) im Kultusministerium bald zu einem weiteren Gespräch an.[164] Im November 1951 wählte der Stadtrat ver-

21 Die neuen Kölner Ehrenbürger Hans Böckler und Konrad Adenauer gratulieren sich gegenseitig, links Oberbürgermeister Robert Görlinger, 1951.

abredungsgemäß wieder Ernst Schwering zum Oberbürgermeister, der, nachdem die Kommunalwahl im Jahr darauf eine bürgerliche Mehrheit ergeben hatte, das Amt bis 1956 innehatte. In der ersten Hälfte des Jahres 1952 berieten Vertreter von Landesregierung, Universität und Stadt auf Drängen der SPD mehrfach intensiv darüber, wie die Rechtsverhältnisse der Universität Köln neu zu regeln seien.[165] Sie kamen überein, die Universität zum 1. April 1953 auf den Haushaltsplan des Landes zu übernehmen, während die Stadt 50 Prozent des jährlichen Zuschussbedarfs an das Land zahlen sollte.[166] Seit 1952 steuerte das Land auch die Hälfte des Zuschusses zu den Kliniken bei.[167]

Am 3. November 1952, knapp eine Woche vor der Kommunalwahl, trafen sich in Köln drei Unterhändler der Stadt mit Vertretern des Kultusministeriums. Man vertagte sich jedoch, um die Angelegenheit nach den Wahlen von einer neuen Stadtvertretung diskutieren zu lassen.[168] Doch fünf Tage später berichtete die nordrhein-westfälische Kultusministerin auf einer Wahlveranstaltung der Kölner CDU, dass die Universität seit Dezember 1947 vom Land

27 Mio. DM erhalten habe, obwohl sie in Deutschland als einzige eine rein städtische sei. Im laufenden Etat seien 5 Mio. DM für sie eingestellt. Darum müsse die Stadt Köln mit dem Land nun endlich einen Vertrag über den Status der Universität schließen. „Sollte sie aber darauf bestehen, dass die Universität städtisch bleibe, so könne sie natürlich mit Zuwendungen in dieser Höhe nicht mehr rechnen."[169] Es ist anzunehmen, dass auch der Beigeordnete Max Adenauer im Auditorium saß und die Warnung seiner Parteifreundin zur Kenntnis nahm.

Nach der Kommunalwahl blieben zwar die Stimmenanteile der beiden großen Parteien im Stadtparlament gleich, doch außer der FDP verschwanden alle kleineren Parteien, und in das von 44 auf 66 Sitze vergrößerte Kollegium zogen zusätzlich zwölf CDU- und neun SPD-Ratsherren ein.[170] Der SPD-Fraktion kam Teuschs Ankündigung wie gerufen. Noch im Dezember 1952 beantragte sie, der Oberbürgermeister möge mit der Landesregierung darüber verhandeln, dass vom 1. April 1953 an „die Finanzierung der Universität einschließlich der Kliniken in vollem Umfange vom Lande Nordrhein-Westfalen übernommen" werde. In der Begründung hieß es unter anderem, die Mittel der Stadt reichten nicht aus, um die Universität „auf dem Niveau der staatlichen Universitäten" zu erhalten. Angesichts dessen, was die Stadt bisher für die Universität geleistet habe, müsse sie aber weiterhin im Kuratorium vertreten sein, auch wenn sie sich an den Kosten nicht mehr beteilige.

Obwohl der Sprecher der CDU-Fraktion, Fritz Fuchs, davor warnte, die Frage des Status der Universität wegen der laufenden Verhandlungen mit der Landesregierung öffentlich zu debattieren, nahm sich die Versammlung des Themas in aller Breite an. Weil viele Mitglieder des neuen und vergrößerten Rates mit den Problemen der Universität kaum vertraut waren, ging Görlinger ausführlich auf deren Geschichte ein, die ihm als Stadtverordnetem seit 1919 bestens vertraut war. Er unterstrich die Verdienste von Sozialdemokraten wie Johannes Meerfeld und Konrad Haenisch und hob hervor, dass die SPD-Fraktion Jahr für Jahr den Posten für die Universität im Haushaltsplan zugestimmt habe, auch wenn ihr das wegen steigender Summen immer schwerer gefallen sei. Heute sei er stolz darauf, dass die Kölner Universität nach der Münchener die größte im Bundesgebiet sei. Die Kultusministerin habe erklärt, dass sie Zuschüsse im bisherigen Umfang nicht mehr durchsetzen könnte, wenn nicht ein Universitätsvertrag „endgültig eine klare Stellungnahme" herbeiführe. Was das Kuratorium anging, erklärte er erneut, dass dessen Einfluss ohnehin „gar nicht so groß" sei, da es nicht über Berufungen entscheiden, sondern „höchstens Putzfrauen und einige andere Leute" einstellen dürfe. Ein solches Recht sei mit 6 Mio. DM jährlich aber „zu teuer erkauft". Allein für die Kliniken müssten 25 bis 30 Mio. DM aufgewendet werden, damit sie überhaupt als „Universitätskliniken" gelten könnten. Das übersteige die Kraft der Stadt, und das Land werde unter den gegebenen Mehrheitsverhältnissen nicht bereit sein, mehr zu leisten als bisher. Oberstadtdirektor Willi Suth zeigte sich erfreut, dass Görlinger auch bei einer Übernahme sämtlicher Kosten durch das Land die Vorrechte der Stadt Köln gewahrt wissen wollte. Die „Vorleistungen im Rahmen von rund 100 Millionen Mark" rechtfertigten dies. Der Oberstadtdirektor, der kurz vor seiner Pensionierung stand, regte an, einen entsprechenden Passus in den SPD-Antrag aufzunehmen.[171]

Aber Fritz Fuchs trat auf die Bremse. Hinter dem Antrag der SPD stehe die Idee, „die Universität Köln für die Stadt aufzugeben". Doch gehe es um mehr als ein „Rechenexempel". Niemals habe man in Deutschland daran gedacht, „nur um die Not der Zeit zu lindern, Kulturgut wegzugeben, von dem man weiß, man bekommt es nie wieder". Wer garantiere, dass die „Eigenart der Kölner Universität" erhalten bleibe, wenn sie an das Land abgegeben werde? Der CDU-Stadtverordnete Herbert Britz pflichtete Fuchs bei und prangerte den Kleinmut der SPD an, dessen man sich schämen müsse bei dem Opferwillen, der bei der Gründung der Universität im Jahre 1919 geherrscht habe. Man sei dankbar für eine Kostenbeteiligung des Landes, „jedoch bereit, alle erforderlichen Opfer zu bringen, um die Universität mit ihren gesamten Einrichtungen unter maßgebendem städtischen Einfluss zu halten".[172]

Robert Görlinger bemühte sich erneut, der Versammlung die Illusionen zu nehmen, die sie sich über die Rechte der Stadt gegenüber der Universität zweifellos machte. Im Übrigen wende das Land gegen eine Beibehaltung der Kuratoriumsverfassung gar nichts ein, entspräche diese doch sogar der von der Kultusministerin angestrebten Universitätsreform. Auch bleibe die Universität, gleichgültig ob „Stadt Köln" oder „Land Nordrhein-Westfalen" darüberstehe, in Köln bestehen und diene weiterhin der Stadt. 1919 wäre niemand auf die Idee gekommen, die Universität als „stadtkölnische" zu betreiben, wenn das Land Preußen der Stadt eine Universität zugestanden hätte. Aber da es so nicht gekommen sei, dürfe man nicht schlussfolgern, dass die Stadt „dauernd freiwillig die Lasten aufbringen" müsse. Jetzt bestehe die letzte Möglichkeit, einen neuen Vertrag mit dem Land zu schließen. Doch die Ratsmitglieder, von denen viele zum ersten Mal mit dem Gegenstand konfrontiert waren, lehnten den Antrag der SPD ab und stimmten nach emotionsgeladener Debatte einem von Fritz Fuchs eingebrachten weniger weitreichenden Alternativantrag zu. In diesem ging es lediglich um Verhandlungen mit dem Ziel, den „berechtigten Interessen" des Landes, der Stadt und der Universität „nach den Grundsätzen loyaler Zusammenarbeit im Interesse des Ganzen" Rechnung zu tragen.[173]

22 Otto Dix: Bildnis Bürgermeister Robert Görlinger, 1951, gemalt im Auftrag Josef Haubrichs.

Da die Lage verfahren schien, versuchte Kultusministerin Teusch, den Kölnern die Zustimmung zu erleichtern. Im Kulturausschuss forderte sie Anfang 1953, ein Mitspracherecht für die Stadt Köln beizubehalten, da diese fortgesetzt große Verdienste um die Universität erwerbe.[174] Als der Rat der Stadt im März den Etat beriet, stand der „Universitätsvertrag" erneut auf der Tagesordnung. Oberbürgermeister Schwering berichtete über den Stand der Verhandlungen. Während das Land bisher „freiwillig" geholfen habe und seine Zuschüsse alljährlich neu hätten bewilligt werden müssen, solle es nunmehr „durch Abschluß eines Vertrages zu dauernden Zahlungen verpflichtet werden". Doch bringe der vorliegende Entwurf „gegenüber dem bisherigen Zustand keine finanzielle Erleichterung", da er die Stadt weiterhin verpflichte, die Hälfte der Zuschüsse zu tragen. Görlinger forderte bei dieser Gelegenheit erneut eine Übernahme der gesamten Kosten durch das Land.[175]

In der Stadtverwaltung hatte sich inzwischen ein Unterausschuss in mehreren Sitzungen mit dem „Universitätsvertrag" befasst. Zunächst schien es, dass man dem Land termingerecht zum 1. April einen Vorschlag unterbreiten könnte. Am 24. März kam Görlinger im Rat erneut auf den Vertrag zu sprechen und forderte, die Kölner Universität zu einer Landesuniversität umzuwidmen. Der CDU-Ratsherr Franz Lemmens befürchtete wiederum, dass Köln davorstehe, die Universität „mehr oder weniger aus der Hand zu geben"; denn wer die Kosten decke, wolle Einfluss nehmen. Der vom Land vorgelegte Vertrag sehe nicht so aus, „als ob wesentliche Rechte der Kölner Bürgerschaft bei der künftigen Gestaltung und Erhaltung der Universität gewahrt bleiben könnten". Wie etliche seiner Parteifreunde in den Jahren zuvor rief Lemmens, der Vorsitzende des Kölner Katholikenausschusses, auch 1953 noch dazu auf, „diese Frage nicht nur wirtschaftlich (zu) sehen", gelte es doch mit der Universität ein hohes Kulturgut zu sichern und notfalls zu verteidigen. Es sei „gewiß erfreulich", dass die Stadt sechs Millionen einspare, wenn das Land die Hälfte der laufenden Kosten decke. Aber sie dürfe das Geld nur annehmen, wenn eine „echte Mitwirkung der Kölner Bürgerschaft" gewährleistet bleibe.[176]

Als das Kuratorium den Vertragsentwurf am 2. April 1953 beriet, musste es sich eine Stellungnahme vorbehalten, weil die zuständigen Gremien der Stadt sich noch nicht geeinigt hatten.[177] Die Überhöhung der Kompetenzen des Kuratoriums zu einer „Mitwirkung der Kölner Bürgerschaft", die es um jeden Preis zu verteidigen gelte, erschwerte dem Stadtparlament eine beherzte Entscheidung. So verstrich der Termin, zu dem ein neuer „Universitätsvertrag" hätte abgeschlossen werden sollen.

Als Nachfolger seines Onkels Willi Suth, der mit 72 Jahren in den Ruhestand trat, wählte der Kölner Rat – mit den Stimmen der oppositionellen SPD[178] – Max Adenauer am 16. Juli 1953 zum Oberstadtdirektor. Mit 43 Jahren war er zwei Jahre älter als sein Vater bei dessen Wahl zum Stadtoberhaupt im Jahre 1917.

ANMERKUNGEN

1 Diederich 1976, S. 528.
2 Binding u. Müller 1988, S. 20.
3 Lemberg 2000, S. 31.
4 Ebd., S. 36.
5 Golczewski 1988, S. 286; Haupts 1996, S. 341.
6 Ebd. Das Berliner Ministerium hatte gegen diese Übernahme der Geschäfte lediglich „keine Einwände erhoben", Kroll aber entgegen einer von Görlinger 1946 vorgebrachten Behauptung offenbar nicht als Amtsträger „bestätigt". Daher zog Krolls kommissarische Weiterführung des Rektorats keine „Entnazifizierungskonsequenzen" nach sich (ebd., Anm. 56).
7 Haupts 1996, S. 341 f.
8 Dem inzwischen fast 70-jährigen Kuske war der Umzug nach Marburg erlassen worden; er leitete sein Institut von Gummersbach aus (Golczewski 1988, S. 356).

9 Engels 2007, S. 367.
10 Ebd.
11 Lemberg 2000, S. 36 f.
12 Interview Kroll 1967, UAK 191/6, S. 27.
13 Diederich 1976, S. 504.
14 Adenauer 1965, S. 20.
15 Interview Kroll 1967, UAK 196/6, S. 29.
16 Haupts 2007, S. 35. Kroll hatte das Amt vom 14.6.1945 bis zum 10.5.1946 inne (ebd.).
17 Ebd., S. 350. Das personelle Dilemma blieb insofern zunächst unbemerkt, als die Aufnahme des vollen Lehrbetriebs im Fach Medizin zum Wintersemester 1945/46 vornehmlich daran scheiterte, dass die Ausbildungsstätten in Trümmern lagen (Haupts 1996, S. 350).
18 Interview Kroll 1967, UAK 191/6, S. 28 f. u. S. 36.
19 Zeugnis vom 27.10.1945, HAStK Best. 725 A 832.
20 Lebenslauf A. Goldkuhle vom 15.6.1945, ebd.
21 Abschrift des Zeugnisses der Fa. Otto Wolff vom 20.6.1925, UAK 17/1720.
22 Dann 1981, S. 141 ff.
23 Görlinger, „Bericht über die Stimmung in der Kölner Bevölkerung" vom 22.7.1945, Historisches Archiv der Stadt Köln 1976, S. 122–124.
24 Haupts 1996, S. 331.
25 Golczewski 1988, S. 378; Haupts 2007, S. 36.
26 Adenauer an Stadtdechant Grosche am 7.3.1947, in: Morsey u. Schwarz 1983, S. 455 f.
27 Vermerk Nipperdeys an Protokoll der Personalkommissionssitzung am 9.8.1945, UAK 27/149.
28 Golczewski 1988, S. 380 f.
29 Der fragmentarischen Überlieferung dieser Prozedur ist zu entnehmen, dass etwa die Medizinische Fakultät, der auch Otto Veit angehörte, beschloss, insgesamt fünf Professoren zu „entfernen" (Golczewski 1988, S. 384 f.).
30 Hollstein 2007, S. 79.
31 Adenauer an Lehr am 16.2.1946, in: Morsey u. Schwarz 1983, S. 163 f.
32 AN Veit vom 3.8.1945 über Unterredung mit Adenauer, UAK 67/171.
33 Engels 2007, S. 365.
34 Allebrodt 2001, S. 39.
35 Kuske an Görlinger am 19.9.1945 (Auszug), HAStK Best. 905/47, S. 202.
36 Interview Kroll vom 19.2.1967, S. 37.
37 Kuske an Görlinger am 19.9.1945 (Auszug), HAStK Best. 905/47, S. 202.
38 Diederichs 1976, S. 520.
39 Engels 2007, S. 376.
40 Ebd., S. 373; Golczewski 1988, S. 357.
41 Engels 2007, S. 373.
42 Kuske hatte 1928 z. B. eine Auftragsstudie zur „binnenwirtschaftlichen Verflechtung" der Großstadt Köln angefertigt, um die ihn der Wirtschaftsenquete-Ausschuss der Stadt gebeten hatte (Kuske 1928; Besprechung in: KÖLNISCHE VOLKSZEITUNG vom 5.10.1928).
43 Engels 2007, S. 376. Bevor Kuske die Denkschrift vorlegen konnte, war Adenauer als Oberbürgermeister abgesetzt worden (Engels 2007, S. 376).

44 Engels 2007, S. 373 f.
45 Ebd., S. 371.
46 Golczewski 1988, S. 357.
47 VK am 7.8.1945, HAStK Acc. 2 A 1184, S. 126.
48 Diederich 1976, S. 514.
49 Kries 1995, S. 249 f.
50 Quarg 2002, S. 193.
51 Schwarz 1986, S. 453.
52 Küsters u. Mensing 1986, S. 198.
53 Ebd., S. 199.
54 Zu Leben und Wirken Christine Teuschs: Küppers 1997 und Zehender 2014.
55 VK am 21.9.1945, HAStK Acc. 2 A 1184, S. 151. Die sanitären Verhältnisse in der Universität hatten sich „zu einem katastrophalen Mißstand entwickelt", weil „ständig aus den umliegenden Stadtteilen in gewaltigen Fluten die Abwässer in den Kellern hochsteigen, sodaß u. a. die wenigen bislang mühsam in Ordnung gehaltenen Klosettanlagen unbrauchbar geworden sind und das Publikum dazu übergegangen ist, namentlich bei Regen und unter dem Schutz der Dunkelheit, die Bedürfnisse auf den Korridoren und in den Sälen zu verrichten". Die Kanalarbeiten in der Aachener Straße müssten daher „mit größter Beschleunigung zu Ende geführt" werden (ebd.).
56 VS am 1.10.1945.
57 Adenauer 1965, S. 34 f.
58 Henning Köhler, Adenauer wollte doch den „Rheinstaat", in: DIE ZEIT vom 5.12.1986. http://www.zeit.de/1986/50/adenauer-wollte-doch-den-rheinstaat (abgerufen am 5.2.2018).
59 Historisches Archiv der Stadt Köln 1976, S. 125.
60 Pünder trat erst 1967, nachdem Konrad Adenauer gestorben war, als Präsident des Vereins zurück und blieb dessen Ehrenpräsident (Niederschrift über die Mitgliederversammlung am 22.6.1967, BAL 072-014-001). Danach ging der Vorsitz erneut auf einen Generaldirektor der Bayerwerke über (ebd. 302-718). Max Adenauer und sein Bruder Konrad gehörten dem Verein der Freunde und Förderer der Universität an, Max saß jahrelang auch in dessen Beirat (BAL 072-014-003 und 302-718).
61 Diederich 1976, S. 527.
62 Adenauer 1965, S. 26.
63 Mensing 2007, S. 32.
64 Adenauer 1965, S. 38.
65 Hauptquartier der Militärregierung Stadtkreis Köln an Goldkuhle betr. „Disziplin" am 26.10.1945, HAStK Best. 725 A 832.
66 Zeugnis vom 27.101945, ebd.
67 Adenauer 1965, S. 38.
68 Militärregierung an Universität am 10.5.1946, UAK 17/1720.
69 AN des Kuratoriumsvorsitzenden Pünder vom 19.7.1946, ebd.
70 Kroll an Goldkuhle am 17.7.1946 und Goldkuhle an Kuratorium am 13.4.1948, ebd.
71 Adenauer 1965, S. 39.
72 Kuske an Görlinger am 27.10.1945, HAStK Best. 905/47, S. 203.
73 Allebrodt 2001, S. 45.
74 Ansprache Kroll am 10.12.1945, UAK 28/464.

75 Golczewski 1988, S. 388.
76 Haupts 2007, S. 26.
77 Golczewski 1988, S. 386.
78 Haupts 2001, S. 338 f.
79 Ebd., S. 339.
80 Zu den Anfängen der CDU in Köln: Arentz 1981, S. 117–135.
81 Http://www.rheinische-geschichte.lvr.de/Persoenlichkeiten/robert-grosche/DE-2086/lido/57c6d803506a94.74616954 (abgerufen am 10.1.2019).
82 Rundfunkrede Konrad Adenauers über das Programm der CDU, gehalten am 6. März 1946 über den Nordwestdeutschen Rundfunk, Köln o. J. (StBKAH I/02.03.). Auszug in Becker 1998, S. 1–9.
83 Haupts 2007, S. 48 f.
84 Https://www.konrad-adenauer.de/dokumente/reden/1946-03-24-uni-koeln (abgerufen am 20.3.2018).
85 Verordnung Nr. 21 der Militärregierung im Britischen Kontrollgebiet: Abänderung der Deutschen Gemeindeordnung („Revidierte Deutsche Gemeindeordnung") vom 1.4.1946.
86 Haupts 2001, S. 340 f.
87 Ebd., S. 341.
88 Meuthen 1988, S. 49.
89 Haupts 2001, S. 352.
90 Ebd., S. 342 f.
91 Ebd., S. 338, Anm. 11.
92 Zehender 2014, S. 208.
93 Haupts 2001, S. 343 f.
94 Ebd., S. 344.
95 Ebd., S. 345.
96 Zehender 2014, S. 214.
97 Adenauer an den Vorstand der CDU-Fraktion der Kölner Stadtverordnetenversammlung und sechs weitere führende Kölner CDU-Politiker am 25.10.1946, in: Morsey u. Schwarz 1983, S. 352 f.
98 Haupts 2007, S. 158.
99 Http://www.jochen-fahrenberg.de/uploads/media/Robert_Heiss_Vorl._Allgemeine_Psychologie-1937.pdf (abgerufen am 25.3.2018).
100 Haupts 2007, S. 167 f.
101 Adenauer an Bungert am 28.12.1946 u. Adenauer an Kroll am 7.3.1947, in: Morsey u. Schwarz 1983, S. 404 u. S. 714 f.
102 Pünder 1968, S. 313.
103 Haupts 2001, S. 345.
104 Adenauer an Erdmann am 11.11.1947, in: Morsey u. Schwarz 1984, S. 106.
105 Küppers 1997, S. 208.
106 Morsey u. Schwarz 1984, S. 525.
107 Küppers 1997, S. 209.
108 Adenauer an Teusch am 10.12.1947, Morsey u. Schwarz 1984, S. 119 f.
109 Haupts 2001, S. 345.
110 Küppers 1997, S. 208.

111 Adenauer an Veit am 8.12.1948, in: Morsey u. Schwarz 1984, S. 361 u. S. 624.
112 Eich 1987, S. 132.
113 Zehender 2014, S. 217.
114 Adenauer an Teusch am 18.7.1949, in: Morsey u. Schwarz 1985, S. 60 f.
115 Haupts 2003, S. 193.
116 Ebd., S. 194.
117 Ebd., S. 197 f.
118 Gisela Notz, „Sollmann, Friedrich Wilhelm", in: Neue Deutsche Biographie, Bd. 24, S. 553 f.
119 Küppers 1997, S. 206 f.
120 Morsey 1979, S. 208.
121 Hüttenberger 1973, S. 497.
122 Haupts 2003, S. 207.
123 Hüttenberger 1973, S. 497.
124 Küppers 1997, S. 209.
125 Haupts 2003, S. 208 f.
126 Mensing 2006, S. 13 f.
127 Neuhausen 1988, S. 281.
128 Autobiophonischer Bericht August Adenauers o. D. (ca. 1951), StBKAH.
129 Http://www.rheinische-geschichte.lvr.de/themen/Das%20Rheinland%20im%2020.%20 Jahrhundert/Seiten/DerNeubeginnderUniversitaetBonnnach1945.aspx (abgerufen am 20.5.2018).
130 Https://www.bundestag.de/blob/506192/a8fd3cacab28018692d605f670be03b5/aufloesung-des-staates-preussen---data.pdf (abgerufen am 10.1.2019).
131 Haupts 2001, S. 352.
132 Zehender 2014, S. 224.
133 Haupts 2007, S. 96.
134 VR am 3.6.1946.
135 VR am 13.6.1946.
136 Haupts 2001, S. 340.
137 K am 14.5.1947, UAK 261/278.
138 Fuchs 1991, S. 278 f.
139 Kuske an Görlinger am 10.1.1948, HAStK Best. 905/47, S. 19 u. S. 20.
140 VS am 15.3.1948, S. 150.
141 VS am 18.1.1952.
142 Max Adenauer im Gespräch mit Gustav Trampe am 27.5.1998, https://www.youtube.com/watch?v=5PrEOPcy858 (abgerufen am 4.1.2018), Personalakte Max Adenauer, LA NRW, BR-PE Nr. 10133.
143 K am 20.7.1948, UAK 42/3582a.
144 Senatsprotokoll vom 2.8.1948, UAK 42/3582a.
145 Haupts 2007, S. 94.
146 Ratswahl am 17.10.1948: CDU 19, SPD 17, KPD 5 und FDP 3 Sitze (Fuchs 1991, S. 380).
147 Haupts 2007, S. 93.
148 Ebd., S. 119.
149 VS am 10.3.1949.
150 So später die Erklärung Theo Burauens für Schwerings Einlenken (VR am 24.5.1949).

151 VS am 10.3.1949.
152 VS am 24.5.1949.
153 Im Düsseldorfer Finanzministerium war zwischen 1949 und 1953 Ludwig Adenauer, ein Sohn August Adenauers, als Ministerialrat tätig (Haunfelder 2006, S. 36).
154 Haupts 2007, S. 95.
155 Kops u. a. 1988, S. 400.
156 K am 2.2.1950, UAK 262/279.
157 K am 30.3.1950, UAK 261/279. Vorerst investierte die Industrie ihr knappes Kapital vor allem, um Kriegsschäden zu beheben, Investitionsrückstände aus den Kriegsjahren aufzuholen und auf zivile Produktionen umzustellen.
158 Zehender 2014, S. 224.
159 K am 7.8.1950, UAK 261/279.
160 Städtische Aufwendungen für die Universität Köln (11.1.1952), HAStK Best. 901/46.
161 15.11.1948 bis 9.12.1949 und 23.11.1950 bis 8.11.1951.
162 Jung 2001, S. 31.
163 VS am 4.1.1951.
164 Haupts 1996, S. 358.
165 Haupts 2001, S. 356.
166 Meuthen 1988, S. 54; Haupts 2007, S. 95.
167 VR am 3.3.1953.
168 Fuchs rückblickend in VR am 18.12.1952.
169 Görlinger nach einem Bericht der KÖLNISCHEN RUNDSCHAU vom 8.11.1952, VR am 18.12.1952.
170 Fuchs 1991, S. 381.
171 VR am 18.12.1952.
172 Ebd.
173 Ebd.
174 Zehender 2014, S. 224.
175 VR am 3.3.1953.
176 VR am 24.4.1953.
177 Haupts 2007, S. 95.
178 Herbers 2003, S. 173.

9 LANDESUNIVERSITÄT

9.1 VERNUNFTLÖSUNG

Am 1. Oktober 1953 wurde Max Adenauer als neuer Kölner Oberstadtdirektor vereidigt. Oberbürgermeister Schwering erinnerte bei dieser Gelegenheit an die feierliche Amtseinführung Konrad Adenauers vor 36 Jahren, am 18. Oktober 1917, im Hansasaal des Rathauses, bei der er wohl außer Willi Suth als Einziger der Anwesenden zugegen gewesen war.[1] Wenn der Sohn die Erinnerung daran als „eine Mahnung und ein Vorbild" begreife, werde er „Großes leisten und dieser Stadt und ihrer Bürgerschaft den denkbar besten Dienst tun". Welche Last bürdete Schwering mit diesen väterlichen Worten dem neuen Verwaltungschef auf! Bis 1956 bildete er mit dem ein Vierteljahrhundert jüngeren Max Adenauer die „Kommunale Doppelspitze" der Stadt Köln. Beider Befugnisse zusammengenommen deckten sich mit denen eines Oberbürgermeisters nach der alten preußischen Gemeindeordnung. Doch lief es den „Gewohnheiten und Mentalitäten der Verwaltung und Bevölkerung" entgegen, dass das „neue" Amt des Oberstadtdirektors eigentlich das bedeutsamere gegenüber dem des ehrenamtlichen Oberbürgermeisters war. Dessen repräsentatives Wirken in der Öffentlichkeit bescherte ihm jedoch größere Popularität.[2]

In seiner Antrittsrede äußerte sich Max Adenauer zu „brennenden Fragen" der Kölner Kommunalpolitik. Er forderte, dass alle Kölner ein auskömmliches Dasein haben müssten, ging auf die „Linderung der entsetzlichen Wohnungsnot" ein und auf die „Fürsorge für die alternden Leute". Zur „Wissensvermittlung und der Heranbildung einer staatsbewußten und moralisch gesunden Jugend" bedürfe es guter Schulen. Nötig seien auch „Kinderspielplätze, Sport- und Badeanlagen". Der neue Verwaltungschef streifte Themen wie „Denkmalpflege und Kultur", „Aufbau des Doms" und Errichtung „weiterer Brunnenanlagen"; er bemerkte, dass die Bebauung der Innenstadt ein „sehr wichtiges, aber schwieriges Problem" darstelle, und warnte „vor allzu engen Straßen". Er forderte, „die Verkehrsbetriebe zu modernisieren" und die Krankenanstalten weiter zu verbessern, beschwor den „Geist fruchtbarer Aussprache" und legte ein Bekenntnis zur kommunalen Selbstverwaltung ab.[3] Nur die Universität erwähnte er nicht. Doch sollten ihn die finanziellen Nöte, in welche die Stadt wegen „ihrer" Hochschule geriet, bis zum Ende seiner Amtszeit beschäftigen.

Bis zum Frühjahr 1953 war es nicht gelungen, einen Vertrag abzuschließen, der die Übernahme der Kölner Universität auf den Haushalt des Landes geregelt hätte. Das lag vor allem an zwei strittigen Fragen: Erstens ging es um die soziale Absicherung der Bediensteten der Stadt, die an der Universität mit ihren Kliniken und Instituten arbeiteten. Noch im August 1953 mahnte Robert Görlinger beim Oberbürgermeister an, dass für den „sozialpolitischen Teil des Vertrages" die Gewerkschaft ÖTV unbedingt einbezogen werden müsse.[4] Dies geschah, und der Vertragsentwurf enthielt bald einen detaillierten Sozialplan. Zweitens sorgte man sich, ähnlich wie 1919, als städtische Krankenanstalten zu Universitätskliniken umgewidmet wurden, dass sich die Kliniken, wenn sie nicht mehr der Stadt unterstünden, nach und nach der medizinischen Versorgung der Bevölkerung entziehen und stärker der Forschung widmen könnten.[5] Den Kliniken als einem wesentlichen Teil der städtischen Daseinsvorsorge hatte Max Adenauer im Oktober 1953 eine Passage seiner Antrittsrede gewidmet. Hier sei in letzter Zeit „manches Erfreuliche" geschehen, doch noch mehr bleibe in Zukunft zu tun. Die Stadt sei „weit davon entfernt", dass auf diesem Gebiet „zuviel geschehen könnte".[6]

Am 27. Februar 1954 unterzeichneten Oberbürgermeister Schwering als Vorsitzender des Kuratoriums und der Verwaltungsdirektor der Universität eine „Sonderabmachung", die eine Fülle von Fragen regelte.[7] So kam man überein, dass die Klinik- und Institutsdirektoren „in bisherigem Umfange" für die Stadtverwaltung unentgeltlich Untersuchungen durchzuführen und Gutachten abzugeben hätten. Städtische Krankenanstalten und Universitätskliniken sollten besondere Untersuchungs- und Behandlungseinrichtungen „wie bisher" wechselseitig unentgeltlich beanspruchen können. Das Gerichtsmedizinische Institut ging auf die Universität über. Bis zum Umzug in einen Neubau sollte die alte Orthopädische Klinik von der Stadt „für Rechnung der Universität" verwaltet werden. Die Medizinische und die Chirurgische Poliklinik, seinerzeit im städtischen Bürgerhospital untergebracht, wollte die Universität rückwirkend zum 1. April 1953 übernehmen. Das Bürgerhospital als Gebäude wie auch das dort untergebrachte Röntgeninstitut blieben Eigentum der Kommune, und die städtische „Hospital- und Wohlfahrtsapotheke" würde die Universitätskliniken und -institute fortan „gegen Berechnung" beliefern. Zukünftige gemeinsame Einkäufe der „Kliniksapotheke" und der „Hospital- und Wohlfahrtsapotheke" aus Gründen der Wirtschaftlichkeit wären „zu gegebener Zeit" zu prüfen. Der Anspruch der Kölner Bürger auf Behandlung in der „II. Pflegeklasse ohne Verpflichtung zur Zahlung von Arzthonorar" blieb gewahrt. Käme es in der Stadt zu einem „gehäuften Auftreten von Krankheiten, insbesondere von Infektionskrankheiten", werde die Universität auf Antrag der Stadt vorübergehend zusätzliche Betten bereitstellen. Mit der Sonderabmachung war für die Stadtverwaltung ein entscheidendes Hindernis für den Universitätsvertrag aus dem Weg geräumt.

Zwei Wochen zuvor war nach kurzer schwerer Krankheit Robert Görlinger gestorben. An seine Stelle trat als Fraktionsvorsitzender in der Stadtvertretung wie als Bürgermeister Theo Burauen. Fast zwei Jahrzehnte jünger als Görlinger, gehörte er einer neuen Generation an und zählte zu den „Hoffnungsträgern für Fraktion und Partei".[8] Wenige Tage nach der Unterzeichnung der Sonderabmachung stand der Universitätsvertrag am 4. März 1954 auf der Tagesordnung des Rates. Oberstadtdirektor Max Adenauer erläuterte den Stadtvätern „das Ergebnis eines dreijährigen harten Ringens". Bis zuletzt wären die Auffassungen von Universität, Stadt und Land in wesentlichen Punkten stark voneinander abgewichen. Obwohl er erst seit fünf Monaten im Amt war, hatte der frischgebackene Verwaltungschef offenbar schon maßgeblich daran mitgewirkt, dass nun ein Vertragsentwurf vorlag. Dieser stelle „wohl das Äußerste" dar, was sich „im Wege des Kompromisses" hätte erreichen lassen. Wer sich noch frage, ob es wirklich nötig sei, den Status der Universität zu ändern, dem rechnete Adenauer vor, dass von der Stadt 1951 rund 7 Mio. DM für ihre Universität aufgebracht worden seien; und während Bonn 21 Mio. und Münster 16 Mio. vom Land bekommen hätten, habe Köln dagegen nur 6,1 Mio. erhalten. Damit sei die Stadt „einfach nicht mehr in der Lage" gewesen, die Mindestvoraussetzungen für einen ordnungsgemäßen Lehrbetrieb zu schaffen. Eine Universität, deren Einrichtungen hinter dem technischen Fortschritt zurückblieben, sei aber nicht konkurrenzfähig und müsse gegenüber anderen Universitäten „nach und nach stark abfallen". Mit der Unterschrift unter den vorliegenden Vertragsentwurf werde die Universität nicht „verkauft", ihr vielmehr „wieder eine Grundlage geschaffen, um … ihr Ansehen, das sie aus der Vergangenheit herübergerettet hat, zu erhalten, und wenn möglich in der Zukunft noch zu mehren". Der Oberstadtdirektor übernahm auch den von Robert Görlinger mehrfach vorgebrachten Gedanken, dass die Stadtverwaltung im Jahre 1919, wäre es ihr nur möglich gewesen, für die neu zu gründende Kölner Universität gewiss „sehr gern" einen Vertrag abgeschlossen hätte, mit dem sie den übrigen preußischen Universitäten gleichgestellt worden wäre. Von Theo Burauen erntete Adenauer dafür den zustimmenden Zwischenruf „Ihr Vater bestimmt!"

Um die Skeptiker zu besänftigen, wies Adenauer ausdrücklich darauf hin, dass bei der Berechnung des Zuschussbedarfs „die Aufwendungen für den

Grunderwerb und die Kosten für den Wiederaufbau und den Ausbau der Universität und ihrer Institute ausgenommen" seien. Der Generalliegenschaftsdirektor erläuterte den Versammelten anhand eines Stadtplans, welche städtischen Grundstücke laut Vertrag auf die Universität übergehen und welche die Stadt der Universität bei erforderlichen Erweiterungen „in baureifem Zustand ohne Gegenleistung" übereignen oder für Zwecke der Universität erwerben müsste. Grundstücke, die vor dem 1. April 1953 der Stadt gehört hätten, seien, wenn die Universität sie nicht mehr benötige, nicht „für alle Zukunft verloren", sondern fielen an die Kommune zurück. Max Adenauer versicherte den Versammelten, dass der Vertrag die Rechte der bisher von der Stadt für den Universitätsbetrieb eingestellten Beamten, Angestellten, Arbeiter und Ärzte „in höchstmöglichem Umfang" wahre. Die Rechte des Kuratoriums würden zwar „eingeschränkt", was die Folge „eben des verstärkten Einflusses des Landes" auf die Universität sei. Doch glaube er, dass sich die Arbeit im Kuratorium in Zukunft „in der Praxis ... nicht wesentlich von der früheren unterscheiden" werde. Sogar Oberbürgermeister Ernst Schwering, der dem Kuratorium schon in den Jahren der Weimarer Republik angehörte hatte, pflichtete ihm mit dem Zwischenruf „Richtig!" bei. Neu, erklärte Adenauer, sei ein Verwaltungsausschuss, der die laufenden Geschäfte führe und dem Kuratorium darüber Bericht erstatte, damit es dazu Stellung nehmen könne. Für „ganz wesentlich" hielt der Oberstadtdirektor die „Schlußbestimmungen", die festlegten, dass „Maßnahmen, die den Bestand der Universität in Köln und ihre Fakultäten gefährden können, ... nur mit Zustimmung der Stadt Köln getroffen werden" dürften.

Max Adenauer beschwor die Versammelten, den Abschluss des Universitätsvertrages „nicht mehr hinauszuziehen", sonst drohe dieser zu scheitern. Wenn man dem Vertrag nicht in allernächster Zeit zustimme, könne er nicht mehr rückwirkend zum 1. April 1953 abgeschlossen werden. Man müsse der „Loyalität aller Verhandlungspartner" vertrauen; es gebe keinen Anlass zu vermuten, dass das Land vorhabe, „von uns etwas zu verlangen, was wir nicht im Geiste dieses Vertrages akzeptieren könnten".

Die Sprecher aller drei Ratsfraktionen kündigten an, ihre Mitglieder würden mehrheitlich für die Vorlage stimmen. Franz Lemmens[9] bekannte für die CDU, dass dies trotz erheblicher Vorbehalte „zwangsläufig" geschehe. Man träfe die Entscheidung „aus einer Notlage im Bewußtsein der Verantwortung". Lemmens Sorge galt insbesondere den verminderten Rechten des Kuratoriums, doch sei dieses „so stark wie die Persönlichkeiten, die wir entsenden". Da nicht das Land, sondern das Kuratorium den Kanzler der Universität vorschlage, sei eine Mitwirkung der Stadt gesichert. Josef Haubrich drückte seine Genugtuung aus, dass die CDU jene Argumente übernommen hätte, die von Görlinger und ihm selbst bereits im Frühjahr 1948 in der Stadtverordnetenversammlung vorgebracht worden wären. Darum falle es der SPD leicht, die Gründe der Vorredner für deren Zustimmung als ihre eigenen zu „adoptieren". Auch die SPD sei mit der Vorlage „nicht voll zufrieden", hätte es „natürlich lieber gesehen", wenn das Land die ganzen Kosten trüge. Trotzdem stimme sie zu, denn der Vertrag könne „in Zukunft auch noch verbessert" werden. Heinrich Walter Sondheim, Fraktionsvorsitzender der FDP, erkannte den „wunde(n) Punkt" des Vertrags: Köln müsse weiterhin 50 Prozent der Zuschüsse zahlen, ohne deren Gesamthöhe beeinflussen zu können. Das werde sich „peinlich auswirken", wenn das Land sich entschlösse, die Universität „mordsmäßig" auszubauen, aber auch, wenn es „den Daumen draufhält und sagt: Wir setzen die Universität kurz". Seine Fraktion stimme zwar mehrheitlich zu, aber „wegen dieses einen Punktes nicht sehr erfreut". Der CDU-Stadtrat Herbert Britz kündigte an, die Vorlage abzulehnen. Seine Bedenken seien „grundsätzlicher Art". Künftig werde nicht mehr in Köln, sondern im Kultusministerium und in den Ausschüssen des Landtags über den Ausbau der Kölner Universität entschieden. Mit dem Abschluss des Vertrags wären nicht zuletzt „die hunderte Millionen aus privaten großherzigen Spenden und aus den Steuermitteln der Kölner Bürger" für die Stadt „dahin". Außerdem enthalte der Entwurf einige „neuralgische Punkte". Als Arzt könne er sich vorstellen, dass die Universität ihre Kliniken nicht in dem für die Stadt erforderlichen Umfang ausbauen werde, weil sie deren bisherige Größe als für „Forschung und Lehre" ausreichend erachte. Als Mangel des Vertrags könne sich auch erweisen, dass man gegenüber den Kliniken nicht mehr weisungsbefugt sei, wenn beim Ausbruch einer Epidemie Krankenbetten in großer Zahl benötigt würden. Der Vertrag schütze die Stadt schließlich nicht gegen eine Verlagerung der Universität, etwas, was „in der preußischen Geschichte" vorgekommen sei.

Der Oberbürgermeister trat Ängsten, die Universität könnte – wie 1798 – erneut geschlossen werden, mit dem Argument entgegen, dass dies gegen den Willen der Eltern der 8220 Studentinnen und Studenten schlecht durchsetzbar sei. Und wie in zurückliegenden Debatten mehrmals Robert Görlinger bemühte sich nun Ernst Schwering, Illusionen über die Rechte des „alten" Kuratoriums zu zerstören. Diese seien bisher „verhältnismäßig gering" gewesen und änderten sich in dem neuen Vertrag „gar nicht wesentlich". In der „blutvollen Praxis" seien sie früher – also vor 1933 – jedoch „tatsächlich ... mit starkem Inhalt gefüllt" gewesen; an diese Tradition gelte es anzuknüpfen.

Wie der Oberstadtdirektor eingangs der Debatte bemerkt hatte, berührte die Loslösung der Universität von der Stadt das „kölsche Herz" und das „kölsche

Gemüt". Darum stellten alle Parteien die Zustimmung zum Universitätsvertrag dem Gewissen anheim und hoben den Fraktionszwang auf. In namentlicher Abstimmung nahm das Stadtparlament bei fünf Gegenstimmen und drei Enthaltungen bei der CDU sowie zwei Enthaltungen von FDP-Stadträten die Vereinbarung zwischen dem Land Nordrhein-Westfalen und der Stadt Köln sowie die Sonderabmachung über die Kliniken und medizinischen Institute an. Ferner sollte mit dem Land eine Zusatzvereinbarung getroffen werden, dass die Stadt genauso viele Vertreter ins Kuratorium entsenden dürfe, wie die Universität Fakultäten umfasse.[10]

Nach dem Vertrag übernahm das Land rückwirkend zum 1. April 1953 die Universität einschließlich der Institute und Kliniken, ihrer Einrichtungen sowie der Universitäts- und Stadtbibliothek in den Haushaltsplan des Landes. Von diesem Tag an flossen die Einnahmen aus dem Universitätsbetrieb dem Land zu, und es trug „die fortdauernden und einmaligen Ausgaben der Universität, insbesondere auch die Ausgaben für den Wiederaufbau und den Ausbau, im Rahmen des Haushaltsplanes des Landes". Die Stadt zahlte vom 1. April an jährlich einen Zuschuss von 50 Prozent des in der Haushaltsrechnung ermittelten Bedarfs. Ausgenommen davon waren die Aufwendungen für den Grunderwerb sowie die Kosten für den Wiederaufbau und den Ausbau der Universität einschließlich des Bedarfs für Neueinrichtungen und Erstausstattungen. § 5 regelte detailliert die Eigentumsrechte an den von der Universität genutzten Grundstücken. Die Stadt verpflichtete sich, bei der Beschaffung von Flächen für zukünftige Erweiterungsbauten der Hochschule zu helfen. Im Eigentum der Stadt blieben die aus ihren Mitteln bis zum 31. März 1952 erworbenen Bücher der Universitäts- und Stadtbibliothek, wurden der Universität aber auf Dauer „unentgeltlich und unwiderruflich" zur Verfügung gestellt.

Ein Stellenplan regelte die Übernahme der an der Universität tätigen nichtstädtischen Arbeiter, Angestellten und Beamten. Die dort beschäftigten städtischen Arbeiter, Angestellten und Beamten sollten in den Landesdienst übernommen werden. Arbeitern und Angestellten, die bei der Stadt höhere Bezüge erhalten hatten als vergleichbare Landesbedienstete, stand für sechs Jahre eine Ausgleichszahlung zu. Die Versorgungsbezüge der übernommenen Beamten sollte das Land zahlen, die Stadt diese jedoch entsprechend der bis zum 1. April abgeleisteten ruhegehaltsfähigen Dienstzeit erstatten. Die Anwartschaften der übernommenen städtischen Arbeiter und Angestellten auf Ruhegeld aus der Zusatzversorgungskasse der Stadt Köln blieben bestehen und waren von der Stadt auszuzahlen; später erworbene Ansprüche bediente das Land.

Das Kuratorium setzte sich nach dem Vertrag anders zusammen als bisher.

Ihm sollten der Oberbürgermeister der Stadt als Vorsitzender und der Oberstadtdirektor angehören, ferner der Rektor und der Prorektor sowie ein vom Kultusminister entsandtes Mitglied. Der Oberbürgermeister konnte zudem zwei Mitglieder aus dem Kreis der Stifter oder „der um die Universität verdienten Kölner Bürger" ernennen. Weitere vier Mitglieder wählte die Stadtvertretung. Auch die Dekane der Fakultäten sowie ein vom Senat der Universität zu wählendes Mitglied des Lehrkörpers sollten dem Kuratorium angehören. Anders als es der Staatsvertrag von 1919 vorgesehen hatte, verantwortete das „neue" Kuratorium weder den Haushalt der Universität, noch war es für den An- und Verkauf von Grundeigentum zuständig. Ihm oblag dagegen die „Mitwirkung bei der Verwaltung der Universität", die ihre Grenze in den von der Landesverfassung garantierten Selbstverwaltungsrechten der Hochschule fand. Das Gremium beriet über alle „grundsätzlichen, die Universität betreffenden Angelegenheiten" und den vom Verwaltungsausschuss vorgelegten Haushaltsentwurf. Außerdem durfte es zu den Berufungsvorschlägen der Fakultäten Stellung nehmen sowie Bedenken und Wünsche äußern, ferner „Vorschläge und Anregungen für die Gestaltung und den Ausbau des Universitätsbetriebes" vorlegen. Von einem vergleichbaren Recht hatte das „alte" Kuratorium unter Oberbürgermeister Konrad Adenauer nie Gebrauch gemacht. Das Gremium bestimmte aus seiner Mitte einen vierköpfigen „Verwaltungsausschuss" zur „Mitwirkung" bei der Verwaltung der Universität, dem in jedem Fall der Rektor und der Oberstadtdirektor angehörten. Dadurch, hatte Kultusministerin Teusch in einem Schreiben – noch an Oberstadtdirektor Willi Suth – bemerkt, werde „den Interessen der Stadt … bei der Verwaltung genügend Rechnung getragen".[11]

Der Vertrag empfahl vier Kuratoriumssitzungen pro Jahr und monatliche Sitzungen des Verwaltungsausschusses. Die einst auf Christian Eckert zugeschnittene Position des „geschäftsführenden zweiten Vorsitzenden" gab es nicht mehr. Stattdessen berief der Kultusminister auf Vorschlag des Kuratoriums einen Kanzler, der „im Einvernehmen mit dem Verwaltungsausschuss" als Landesbeamter sämtliche Geschäfte der Universität führte. Dienstvorgesetzter aller Angestellten und Beamten der Universität einschließlich des Kanzlers war der Rektor. Die Einnahmen und Ausgaben der Hochschule prüfte fortan der Landesrechnungshof, wobei das städtische Rechnungsprüfungsamt zu „beteiligen" war, wenn Prüfungen „an Ort und Stelle" stattfanden. Eine Schlussbestimmung gestand der Stadt das Vetorecht gegen eine Auflösung der Universität und gegen eine Verringerung der Fakultäten zu. „Im Auftrage des Rates der Stadt Köln" unterfertigten Oberbürgermeister Ernst Schwering, Oberstadtdirektor Max

23 Christine Teusch, von 1947 bis 1954 Kultusministerin in Nordrhein-Westfalen.

Adenauer und Stadtdirektor Ernst Fresdorf den Vertrag noch am Tag seiner Billigung durch das Stadtparlament.

Nachdem die Stadtverordnetenversammlung den Universitätsvertrag genehmigt hatte, musste Kultusministerien Teusch noch die Zustimmung des Kabinetts einholen. Die Vereinbarung änderte nämlich einen bestehenden Vertrag zwischen dem preußischen Staat und der Stadt Köln „zum Nachteil des Landes Nordrhein-Westfalen", was die Reichshaushaltsordnung nur in Ausnahmefällen zuließ. Einen solchen sah das Düsseldorfer Kabinett als gegeben an, „weil die Unterhaltung einer Universität wegen ihrer überregionalen Bedeutung nicht Angelegenheit einer Stadt, sondern des Landes" sei.[12] Am 23. März, vier Monate bevor ihre Amtszeit als Kultusministerin endete, setzte Christine Teusch ihre Unterschrift unter den Vertrag.[13]

Das neue Kuratorium konstituierte sich am 15. April 1954.[14] Ihm gehörten außer Ernst Schwering und Max Adenauer für die Kommune die Stadtverordneten Helmut Braubach und Josef Haubrich, beide SPD, sowie Franz Lemmens und Bürgermeister Fritz Fuchs, beide CDU, an. Am 19. Juli 1954 trat erstmals der Verwaltungsausschuss zusammen. Wie Bürgermeister Fritz Fuchs gehörte auch der Oberstadtdirektor diesem Gremium an. Als Mitglied des Kuratoriums und des Verwaltungsausschusses, aber auch in seinen Eigenschaften als Kölner Verwaltungschef wie als Leiter der Verwaltung für Wirtschaft und Verkehr setzte sich Max Adenauer für die Universität der Stadt ein.

9.2 MITTELSTANDSINSTITUT

Ein Projekt, das Max Adenauer besonders aufmerksam verfolgte, war die Gründung des sogenannten „Mittelstandsinstituts". Anfang 1955 wandte er sich an Bundeswirtschaftsminister Ludwig Erhard. Er habe der Presse entnommen, dass die Gründung eines Instituts für Fragen des Mittelstandes beabsichtigt sei. Ob seine Information tatsächlich aus der Zeitung stammte oder ob er einen Hinweis von seinem Vater erhalten hatte, sei dahingestellt.[15] Jedenfalls bat Max Adenauer offenbar als erster und vorerst einziger Oberstadtdirektor einer Universitätsstadt darum, die von ihm verwaltete Kommune als Sitz dieses Instituts in Betracht zu ziehen. Dies empfehle sich „vor allem durch die Universität", die das geplante Institut „wirksam unterstützen" könne. „Eindeutig" sprächen für Köln auch „zentrale Einrichtungen der Wirtschaft, des Handels und Gewerbes und der freien Berufe" sowie nicht zuletzt die „besonders günstigen Verkehrsverbindungen" nach Bonn und Düsseldorf. Die Historie der Stadt könne „als eine Geschichte des Bürgertums" verstanden werden; daher werde das „Mittelstands-Institut" hier „reiche Anregung" finden. Max Adenauer bat den Bundeswirtschaftsminister, diese „günstigen Voraussetzungen" bei seinen „Erwägungen" zu berücksichtigen und seinen Einfluss zugunsten der Stadt Köln geltend zu machen.[16]

Erhard ging ohne Zögern auf das Angebot des Oberstadtdirektors ein, und auch die Kölner Wirtschafts- und Sozialwissenschaftliche Fakultät bekundete ihr Interesse an der „Beheimatung" des Instituts.[17] Bereits Ende Januar 1955 fanden sich Vertreter des Wirtschaftsministeriums in der Universität ein. Sie wollten mit den Professoren Alfred Müller-Armack, Rudolf Seyffert und Friedrich Schlieper die Frage des Standorts eines „Universitäts-Instituts für Fragen des gewerblichen Mittelstandes" erörtern. Müller-Armack, der seit 1950 den Lehrstuhl für Wirtschaftliche Staatswissenschaften bekleidete, gehörte dem Bonner Wirtschaftsministerium seit 1952 als Leiter der Grundsatzabteilung an. Erhard ließ Max Adenauer bald darauf wissen, er teile die Ansicht, das Institut „in nicht allzu großer Entfernung von Bonn" anzusiedeln. Was die Persönlichkeit des Institutsleiters und die Frage der Finanzierung angehe, verhandele man allerdings noch mit den zuständigen obersten Landesbehörden. Sollten sich die Dinge in der von Adenauer gewünschten Richtung weiterentwickeln, würde er es sehr begrüßen, wenn die Stadt Köln ihr Interesse „durch Unterstützung der Wirtschafts- und Sozialwissenschaftlichen Fakultät bei der räumlichen Unterbringung des Instituts" bekundete.[18] Hocherfreut antwortete der Oberstadtdirektor, er sei „gerne" behilflich. In Köln mangle es derzeit nicht an Büro- und Verwaltungsräumen, und weitere Neubauten seien geplant, sodass man dem Institut sicherlich geeignete Vorschläge machen könnte.[19]

Ende März erklärte sich auch das Kuratorium damit einverstanden, ein „Mittelstandsinstitut" an der Kölner Universität anzusiedeln.[20] Daraufhin beschäftigte sich Anfang Mai die Wirtschafts- und Sozialwissenschaftliche Fakultät mit den Details der Gründung. Im Interesse der Institute, die sich bereits mit Mittelstandsfragen befassten, stimmten die Professoren der Errichtung zu. Als Leiter wurde Rudolf Seyffert, der an der Universität das 1928 gegründete Institut für Handelsforschung führte, „mit Rücksicht auf die enge Verbindung der Fragen der Handelsforschung mit denen der Mittelstandsforschung" vorgeschlagen. Das Institut müsse, das war der Fakultät wichtig, ihr zwar angegliedert sein, aber hauptsächlich aus Mitteln der öffentlichen Hand finanziert werden und „ohne andere Auflagen als die der ordnungsmäßigen Rechnungslegung" arbeiten können. Private Gelder dürften ihm nur über eine Förderungsgesellschaft zufließen und wenn gesichert sei, dass das Institut „frei und unabhängig" darüber verfügen könne. Seyffert schätzte den Jahresetat für Personal- und Sachausgaben auf mindestens 300.000 DM, bei kostenloser Bereitstellung von Raum und Heizung, Reinigung und dergleichen. Dekan Theodor Beste teilte dies Ende Mai dem Düsseldorfer Kultusministerium mit.[21]

Anfang Juni berichtete DIE ZEIT, „verschiedene Mittelstandskreise" und das Bundeswirtschaftsministerium strebten „die Errichtung eines unabhängigen, in enge Anlehnung an eine Universität geplanten Mittelstandsinstituts" an. Sie wollten dem Institut „keine einseitig wirtschaftswissenschaftliche, sondern eine wirtschafts- *und* sozialwissenschaftliche Aufgabe" stellen. Die Universität, welche den Zuschlag erhalten werde, müsse deshalb über eine „wirtschaftswissenschaftlich wie sozialwissenschaftlich gleich gut ausgebaute Fakultät" verfügen. „Bonn" und „Düsseldorf" seien daher offenbar geneigt, das neue Institut der Wirtschafts- und Sozialwissenschaftlichen Fakultät der Universität Köln „anzuvertrauen". Diese besitze bereits gut ausgebaute Institute und Seminare für Handwerks- und Handelsfragen. Es sei in Köln kein Geheimnis, dass die Stadtverwaltung unter Oberstadtdirektor Max Adenauer diese Pläne „lebhaft" unterstütze.[22] Auf den 22. Juli lud ein Ministerialdirektor des Bundeswirtschaftsministeriums mit gleichlautenden Schreiben den Kölner Oberstadtdirektor und Dekan Beste sowie dessen Professorenkollegen Seyffert und Müller-Armack zu einer „Besprechung im kleinen Kreis" nach Bonn ein, um über die Gründung und Unterbringung des geplanten Instituts zu reden.[23]

Die Standortfrage schien bereits zugunsten Kölns entschieden, als der frischgebackene Chef der CDU/CSU-Fraktion im Bundestag Heinrich Krone, ein enger Vertrauter des Bundeskanzlers, beim Bundeswirtschaftsminister schriftlich protestierte. Er kritisierte, dass die vorgesehene Besprechung „ausschließlich mit Vertretern der Universität und der Stadt Köln" stattfinden sollte, während man keine aus Bonn und Münster eingeladen habe. Ohne diese anzuhören, dürfe aber weder über die Leitung noch über den Standtort des Universitätsinstituts entschieden werden.[24] Ob die „Besprechung im kleinen Kreis" nach dieser Intervention noch stattfand oder Vertreter aus Bonn und Münster dazukamen, ist nicht überliefert; doch wurde die Standortfrage offenbar erst einmal vertagt.

Im November 1955 berichtete Rektor Hans Kauffmann im Verwaltungsausschuss über den Stand der Verhandlungen; man habe dem Kultusministerium vorgeschlagen, eine Besprechung aller Beteiligten einzuberufen.[25] Im Dezember lag dem Deutschen Bundestag eine Denkschrift vor, auf deren Basis das Plenum über die geplante Gründung eines Mittelstandsinstituts debattierte. Auch Bundeskanzler Adenauer gab eine längere Erklärung ab. Er schloss mit den Worten:

> Ich möchte sehr nachdrücklich sagen, daß es auch mir als eine absolute Notwendigkeit erscheint, für eine gesunde Weiterentwicklung unseres Staates in dieser besonders kritischen Zeit – ich meine jetzt nicht außenpolitisch kritisch, sondern wirtschaftlich kritisch und kritisch auf dem Wege der technischen Entwicklung –, dafür zu sorgen, daß der Mittelstand, d. h. die Schicht unseres Volkes, die sich unter eigener Verantwortung selbständig das Leben aufbaut, erhalten und ihr die Möglichkeit gegeben wird, auch wirklich mitzuarbeiten.

Zum Standort äußerte er sich – wohlweislich – nicht.[26] Aber seinem Sohn Max erschien der Zeitpunkt gekommen, die Sache erneut zur Sprache zu bringen. Als Oberstadtdirektor von Köln, doch unter dem Briefkopf der ihm nach wie vor direkt unterstehenden Verwaltung für Wirtschaft und Häfen meldete sich Adenauer am ersten Werktag des neuen Jahres wieder bei Ludwig Erhard. Die Stadt Köln bringe „traditionsgemäß dem Mittelstand ein besonderes Interesse" entgegen. Sie werde dem geplanten Institut 300 Quadratmeter Büroraum mietfrei zur Verfügung stellen, aber „Nebenkosten, wie Heizung, Licht und Reinigung leider nicht" übernehmen. Das Institut könne seine Arbeit „baldigst" aufnehmen. Besprechungen mit Vertretern des Wirtschaftsministeriums hätten ergeben, dass die Räume für die als „Zwischenstadium" gedachte Lösung bis zur Errichtung eines eigenen Neubaus ausreichten. In früheren Schreiben habe er bereits „auf die besonders günstigen Voraussetzungen für die Forschungsaufgaben des Mittelstandes" in Köln hingewiesen. Max Adenauer, der den Kultusminister bereits unterrichtet hatte, wiederholte seine Bitte, Köln als Sitz des Instituts zu wählen.[27]

Der Bundeswirtschaftsminister dankte dem Kölner Oberstadtdirektor für dessen Bereitschaft, Büroräume mietfrei zur Verfügung zu stellen. War im Referentenentwurf für das Schreiben noch von der „Hoffnung" die Rede gewesen, dass sich die Stadt Köln auch an der Finanzierung eines geplanten neuen Institutsgebäudes „mit einem namhaften Beitrag" beteiligen werde, enthielt die Endfassung stattdessen den Hinweis, die Verhandlungen mit dem Land Nordrhein-Westfalen über den Sitz des Instituts seien noch nicht abgeschlossen, und man werde „zu gegebener Zeit" erneut Verbindung mit der Stadt Köln aufnehmen.[28] Zwei Wochen später meldete Max Adenauers Bonner Kollege Johannes Langendörfer beim Kultusminister seinen Anspruch an, Bonn bei der Wahl eines Standorts für das Mittelstandsinstitut zu berücksichtigen.[29]

Es dauerte noch rund zwei Jahre, ehe das Institut am 20. Dezember 1957 gegründet wurde. Doch sah dieses am Ende ganz anders aus, als Adenauer gehofft hatte. Die jährlichen Kosten von 300.000 DM trugen zu zwei Dritteln der Bund und zu einem Drittel das Land. Vorstände des Instituts mussten Lehrstuhlinhaber an der Kölner oder der Bonner Universität sein. Erster Vorstandsvorsitzender wurde der Kölner Ordinarius Günter Schmölders, der 1949 gemeinsam mit Vertretern von Industrie und Banken, Verbänden und der öffentlichen Verwaltung das Finanzwissenschaftliche Forschungsinstitut an der Universität Köln reetabliert und daher gute Kontakte zur Wirtschaft hatte. Das Mittelstandsinstitut erhielt seine Postanschrift in Bonn, wo alle verwaltungstechnischen Angelegenheiten erledigt wurden. Die interdisziplinäre Forschung, die 1958 begann, fand an fünf Orten statt. In Köln arbeiteten seit dem 1. April 1958 die betriebswirtschaftliche Abteilung unter Rudolf Seyffert, die soziologische unter René König und die finanzwissenschaftliche unter Günter Schmölders. In Bonn forschten die volkswirtschaftliche Abteilung und jene für Konjunkturfragen. Um die Einheit nach außen zu demonstrieren, beschlossen die Vorstände 1963, alle fünf Abteilungen mit ihren Referenten und planmäßigen Assistenten als „Institut für Mittelstandsforschung" im Vorlesungsverzeichnis der Kölner Universität zu führen.[30] Dies mag Max Adenauer, der sich für die exklusive „Beheimatung" des Instituts in Köln eingesetzt hatte, eine kleine Genugtuung gewesen sein.

9.3 STADT UND LANDESUNIVERSITÄT

Zwischen 1954 und 1965 gehörte Oberstadtdirektor Max Adenauer als geborenes Mitglied dem sechzehnköpfigen Kuratorium der Universität wie dem vierköpfigen Verwaltungsausschuss an. Das Kuratorium tagte im Senatssaal und diskutierte vorwiegend über Personalfragen, ohne die Entscheidungen der Fakultäten oder des Ministeriums ernsthaft beeinflussen zu können. So lagen den Mitgliedern regelmäßig Stapel von schriftlichen Laudationes über die Kandidaten auf den „Dreierlisten" der Fakultäten sowie – auf Ersuchen Max Adenauers[31] – seit 1962 auch „Schrifttumsnachweisungen" vor. Hatte es 1930 an der Kölner Universität erst 69 ordentliche Professoren gegeben, stieg deren Zahl über 86 im Jahre 1950 bis zum Sommer 1965 auf 174 an, verdoppelte sich also innerhalb von 15 Jahren.[32] Dass ein Kölner Oberbürgermeister oder ein Oberstadtdirektor bei der Besetzung neuer Ordinariate oder der Berufung von Nachfolgern ähnlich aktiv geworden wäre wie Konrad Adenauer, ist nicht überliefert und hätte sich angesichts der Fülle an „Fällen" auch kaum machen lassen.

An den Zusammenkünften des Kuratoriums, meist vier pro Kalenderjahr, nahm Max Adenauer regelmäßig teil und ließ auch so gut wie keine Sitzung des Verwaltungsausschusses aus. Nach seiner Konstituierung trat dieser im zweiten Halbjahr 1954 noch viermal im Dienstzimmer des Rektors zusammen – zu oft, stellten die großenteils mit Ämtern überhäuften Herren fest und verabredeten, nicht öfter als zweimonatlich zu tagen. Schließlich fanden in der Regel drei Sitzungen des Verwaltungsausschusses pro Jahr statt, bei denen vorwiegend Haushaltsfragen beraten wurden. Die Interessen von Stadt und Universität berührten sich besonders dann, wenn es um Projekte ging, für die Bauland nötig war oder die in den städtischen Verkehr eingriffen. Als Chef der Kölner Stadtverwaltung wurde Max Adenauer immer wieder gebeten, bei der Suche nach geeigneten Liegenschaften für die rasch expandierende Universität zu helfen oder zwischen dem städtischen Bauamt und der Universität zu vermitteln, um Grundstückseinkäufe „möglicherweise zu erleichtern".[33]

1954 bemühte Adenauer sich darum, die unterschiedlichen Interessen auszugleichen, als die Hochschule das Gelände des Evangelischen Krankenhauses Weyertal erwerben wollte, das mitten im Universitätsquartier lag. Das Krankenhaus vertrat übrigens Robert Pferdmenges, nach wie vor Mitglied des Kuratoriums und inzwischen enger Berater des Bundeskanzlers in Wirtschafts- und Finanzfragen.[34] Obwohl die Stadt dem Krankenhaus ein Ersatzgrundstück anbot, kam der Handel lange nicht zustande. Der Kompromiss bestand 1961 schließlich darin, eine Wegschneise für Fußgänger und Radfahrer durch das Krankenhausgelände zu legen.[35] Im Januar 1955 erörterte der Verwaltungsausschuss die Raumplanung für den Neubau einer Frauenklinik. Max Adenauer erklärte sich bereit, die Pläne der „modernste(n) deutsche(n) Frauenklinik", nämlich jener in Darmstadt, zu beschaffen; die Klinik wurde 1965 fertiggestellt.[36] Im März 1955 wollte Adenauer sich dafür einsetzen, dass für neu zu berufende Professoren angemessene Wohnungen bereitgestellt würden.[37] Um den Direktor des Instituts für Physiologische Chemie Ernst Klenk in Köln zu halten, vermittelte er umgehend Baugelände für einen Institutsneubau und billigte Klenks zusätzliche Stellenwünsche.[38]

Im Frühjahr 1961 wurde der Oberstadtdirektor im Kuratorium gebeten, bis zur nächsten Sitzung Grundstücke in der Stadt nachzuweisen, auf denen die Universität kleinere Wohneinheiten für Studenten errichten könnte.[39] Da es in Köln keine bezahlbaren Liegenschaften mehr gab, bezog man das Umland in die Suche ein. Ein geeignetes Gelände fand sich in Hürth. Anfang 1961 stimmte das Kuratorium dem Bau der Studentenwohnungen zu.[40] Für den Fall, dass Schwierigkeiten bei den Verhandlungen mit der Gemeinde auftreten sollten, bot Max Adenauer wiederum seine Hilfe an.[41] Zwischen 1963 und 1966 entstand in Hürth-Efferen ein Studentendorf aus mehreren zwei- bis fünfgeschossigen Häusern und zwei Hochhäusern mit 13 Etagen.[42]

Nach dem Krieg waren zunächst alle verfügbaren Baumittel eingesetzt worden, um die weniger stark zerstörten Gebäude der Universität und die Kliniken wieder nutzbar zu machen und die medizinischen sowie die naturwissenschaftlichen Institute soweit zu reparieren, dass ein Lehrbetrieb notdürftig stattfinden konnte. Seit 1949 kam es wieder zu Investitionen in Neubauten. In der Amtsperiode Max Adenauers als Oberbürgermeister wurden 1955 die Orthopädische und die Augenklinik fertiggestellt, 1959 kam die Kinderklinik hinzu. 1960 folgten das Hochhaus der Wirtschafts- und Sozialwissenschaftlichen Fakultät sowie die Geowissenschaftlichen Institute, die bis 1966 in drei Bauabschnitten in Betrieb gingen. Das neue Gebäude der Universitäts- und Stadtbibliothek, der Bau des Philosophikums und die Untertunnelung der Universitätsstraße waren Großprojekte, deren Planung in der „Ära" Max Adenauer begann.[43]

Als der Senat die Stadt Ende 1958 bat, die Universitätsstraße zu untertunneln,[44] stimmte die Stadtverwaltung zu. Eine breite Brücke zwischen dem Altgebäude und den geplanten Neubauten auf der gegenüberliegenden Seite würde nicht nur das Zentrum eines zusammenhängenden Campus bilden, sondern darunter auch den Automobilverkehr glatter fließen lassen. Die Frage, wer die Kosten tragen sollte, blieb allerdings offen.

Für umfangreiche Bauprojekte der Universität, die der Stadtrat im Sommer 1959 genehmigte,[45] lagen im Frühjahr 1960 konkrete Pläne vor. „Kölner Universitäts-Planung für zehn Jahre. 17.000 Studenten und 170 Mill. DM Baukosten" lautete die Schlagzeile in der KÖLNISCHEN RUNDSCHAU. Die Universität, hieß es, sei zwar keine städtische mehr, als „Landesuniversität" aber auch keine Einrichtung, „die mit der Stadt und ihren Bürgern nichts zu tun" habe. Einerseits spüre die Stadt „sehr schmerzlich" den fünfzigprozentigen Anteil an den laufenden Kosten; andererseits stünden die Pläne der Universität „in engstem Zusammenhang mit der Stadtplanung". Was die Universität vorhabe, gebe „geradezu einen Anstoß zur gleichzeitigen Verwirklichung von städtischen Aufgaben". So habe zum einen die Suche der Universität nach einem geeigneten Gelände, um weiter zu expandieren, die Stadt angeregt, den Inneren Grüngürtel in den nächsten Jahren über die Zülpicher Straße hinaus bis zur Luxemburger Straße auszudehnen. Zum andern sei die Tieferlegung der Universitätsstraße zwischen Bachemer und Berrenrather Straße für die „allgemeine Verkehrsentwicklung unaufschiebbar" und für die Universität „geradezu lebensnotwendig". Die Planungen seien bereits weit fortgeschritten und man erwarte vom Land, dass es die Kosten teilweise übernehme.[46]

So sehr Max Adenauer am Gedeihen der Landesuniversität lag, wusste er darüber doch die Interessen der Stadt zu wahren. Wenn es um deren Wohl ging, kam es vor, dass er im Verwaltungsausschuss oder im Kuratorium keine Rücksicht auf die Tagesordnung nahm, um sein Anliegen vorzubringen. So befürchtete er zum Beispiel, dass die vorgesehene Zahl an Betten der neuen Hals-, Nasen- und Ohrenklinik für die Stadtbevölkerung nicht ausreiche.[47] Im November 1955 bat er im Verwaltungsausschuss zu prüfen, ob die Kliniken nicht mehr „Eiserne Lungen" anschaffen könnten, hätten doch die vier vorhandenen bei der letzten Welle von Polioerkrankungen nicht genügt.[48] Von der Tagesordnung abweichend, brachte Max Adenauer im Sommer 1965 seine Sorge um eine hinreichende medizinische Versorgung von Unfallopfern vor. Im Zuge der Massenmotorisierung erreichte deren Zahl im Laufe der sechziger Jahre einen Höchststand, der nicht nur in Köln die Kapazitäten der Unfallchirurgie überforderte. Ihm sei von einer „starke(n) Belegung der Neurochirurgischen Universitätsklinik mit Unfallverletzten" berichtet worden, und er erkundigte sich, ob nicht zusätzlich freie Betten in der Universitäts-Nervenklinik genutzt werden könnten. Der Dekan der Medizinischen Fakultät erklärte ihm, das Problem liege nicht in der Bettenkapazität, sondern es fehle an Möglichkeiten, mehr Operationen durchzuführen. Die Klinik könne Unfallverletzte, deren Zahl stark zunehme, nicht abweisen. Schwierige Operationen, die nur in der Neurochirurgischen Klinik erfolgen könnten, müssten regelmäßig hinausgeschoben werden.[49] Als das Institut für Physikalische Chemie am Severinswall 1957 Forschungsarbeiten mit radioaktivem Material plante, nahm Max Adenauer den Wissenschaftlern zwar ab, dass davon keine Gefahr für die Einwohner ausgehe, doch als Vertreter der Kommune fühlte er sich verpflichtet, „derartige" Versuche „mit Rücksicht auf die Stimmung in der Bevölkerung ... in einem so eng besiedelten Wohngebiet und in der Nähe eines Schulhofes" abzulehnen.[50] Zu einer Zeit, als die Kernenergie in der Bundesrepublik ihren politischen Durchbruch erlangte, sollte kein Anlass für Proteste gegen deren gefahrbringende Nutzung geboten werden.

Als Oberstadtdirektor war Max Adenauer akribisch darauf bedacht, Kosten zu vermeiden, welche die Universität verursachte. Für „Aufwendungen", die in der Krankenanstalt Merheim durch wissenschaftliche Arbeiten der Universitätsprofessoren „zusätzlich entstehen", müsse das städtische Gesundheitsamt einen „Unkostenbeitrag" erheben. Nach Ansicht der Mediziner ging der Umfang dieser Forschungen aber nicht über das hinaus, was „in jedem größeren Krankenhaus" an wissenschaftlicher Arbeit geleistet würde. Dennoch ließ Max Adenauer prüfen, ob „Ersatzzahlungen" an die Stadt gerechtfertigt seien, um diese gegebenenfalls vom Kultus- und vom Finanzministerium genehmigen zu lassen.[51] Als die Städtischen Bühnen nach Fertigstellung ihrer neuen Lokalitäten am Offenbachplatz 1957 die Aula der Universität räumten, musste man übereinkommen, welchen Anteil die Stadt an den Renovierungskosten tragen sollte. Schließlich bezahlte sie nur die Wiederherstellung des ursprünglichen Zustands, und das Land finanzierte den Ausbau.[52]

Wie stark Max Adenauer sich als Kölner Oberstadtdirektor für die „Landesuniversität" zuständig fühlte, veranschaulicht eine Begebenheit aus dem Jahr 1955. Während einer Ratssitzung unterbreitete ihm jemand die neueste Ausgabe der in Köln erscheinenden NEUEN ILLUSTRIERTEN, die einen Skandal aufdecken wollte. Für tödlich verunglückte Menschen, die gerichtsmedizinisch untersucht werden müssten, gebe es in der Stadt nur zwei „Eisschränke". Leichen zu identifizieren, die notgedrungen außerhalb dieser Schränke lägen, sei den Angehörigen besonders an heißen Sommertagen nicht zuzumuten. Dieser Missstand dauere an, weil Universität und Stadt sich um die Zuständigkeit stritten. Max Adenauer erklärte dazu, dass erstens die Stadt mit der Universität in keinem

24 Dekan Joseph Straub überreicht Adenauer die Ehrenpromotionsurkunde der neuen Mathematisch-Naturwissenschaftlichen Fakultät, 1956.

Streit liege und zweitens die Kommune ohnehin nicht für die betreffende Anlage im Augusta-Hospital zuständig sei. Doch werde er die Angelegenheit „nachprüfen lassen, weil wir als Stadt Köln ein Interesse daran haben, daß auch bei der Universität die Dinge in Ordnung sind". Gegen die NEUE ILLUSTRIERTE veranlasste er presserechtliche Schritte.[53] Um das Leichenhaus aus dem Augusta-Hospital herauszunehmen, das allzu zentral lag, stellte die Stadt 1963 ein Gelände am westlichen Rand des Friedhofs Melaten für ein neues Gerichtsmedizinisches Institut bereit.[54]

Dass eine Deutsch-Isländische Gesellschaft 1955 ausgerechnet in Köln gegründet wurde, stand in einem Bezug sowohl zur Universität als auch zum Oberstadtdirektor: In der Kölner Universitäts- und Stadtbibliothek befand sich nach wie vor die Sammlung des Islandforschers Heinrich Erkes. Der Verein trat als Nachfolgorganisation der von Erkes mitgegründeten einstigen Kölner Vereinigung der Freunde Islands an, der Konrad Adenauer noch als Beigeordneter beigetreten war. Sie hatte sich 1937 aufgelöst, um sich nicht von den Nationalsozialisten vereinnahmen zu lassen.[55] Max Adenauer, der bereits als Knabe lebhaftes Interesse für Island gezeigt hatte, gehörte dem Gründungsvorstand der neuen Gesellschaft an.[56]

Im Sommer 1954 hatte das Kuratorium über einen Antrag der Philosophischen Fakultät zu befinden, die mathematisch-naturwissenschaftlichen Fächer auszugliedern und in einer neuen, fünften Fakultät zusammenzufassen. In Köln war dieser Schritt immer wieder von einer Fraktion um Josef Kroll blockiert worden, die mit Rückendeckung aus dem Kultusministerium unter Christine Teusch eine solche Abspaltung für unvereinbar mit ihrem Ideal des „christlichem Humanismus" und der damit verbundenen „universitas litterarum" hielt. Beachtenswert ist, dass Max Adenauer zur Mehrheit gehörte, die den Antrag befürwortete, während seine Parteifreunde, Stadtrat Franz Lemmens und Oberbürgermeister Schwering, sich enthielten.[57] Werner Schütz, seit Sommer 1954 Teuschs Nachfolger im Kultusministerium, billigte die Teilung der Philosophischen Fakultät im Oktober 1954; zum 1. April 1955 trat sie in Kraft.[58] Noch am selben Tag wählte der Kölner Stadtrat, wie es ihm nach dem Staatsvertrag von 1954 zustand, ein fünftes Mitglied aus seinen Reihen ins Kuratorium.[59]

Die neue Mathematisch-Naturwissenschaftliche Fakultät mochte nicht hinter ihren vier Schwestern zurückstehen, die Oberbürgermeister Konrad Adenauer vor Jahrzehnten zum Ehrendoktor promoviert hatten. Im Januar 1956, anlässlich seines 80. Geburtstages, überreichten Abgesandte der Kölner Universität dem Bundeskanzler im Palais Schaumburg eine Urkunde, die ihn zum Doctor honoris causa auch der jüngsten Fakultät der Kölner Universität erhob.

9.4 ABSCHLUSS

Bereits im August 1954 lehnte Oberstadtdirektor Max Adenauer im Kuratorium den Etatentwurf der Universität für 1955 ab. Er hielt die Mehrbelastung, die damit auf die Stadt zukam, für zu hoch. Immerhin schloss er noch im November 1954 eine Vereinbarung mit dem Finanzministerium, nach der Baumittel für Universität und Kliniken, die 100.000 DM überstiegen, als „Einmalige Ausgaben" ausgewiesen werden durften und dann allein durch das Land zu finanzieren waren.[60] Als der Verwaltungsausschuss im Sommer 1955 den Entwurf des Haushaltsplans für das kommende Jahr behandelte, erklärte Adenauer, eine weitere Steigerung des Zuschusses für die Universität lasse sich „mit der Finanzkraft der Stadt Köln nicht in Einklang" bringen, zumal nicht absehbar sei, bis zu welcher Grenze dieser noch anwachsen werde. Bereits jetzt betrage der auf die Stadt entfallende Anteil 10 Prozent ihres Gewerbesteueraufkommens. Im nächsten Haushaltsjahr müsse sich der Verwaltungsausschuss, bevor er den Etat aufstelle, mit den Forderungen der Universität befassen, verlangte der Oberstadtdirektor, um bereits in diesem Stadium „eine Prüfung der Notwendigkeiten" vornehmen zu können. Von Kanzler Friedrich Schneider wollte er wissen, ob nicht „wie bei anderen Verwaltungen, bei als notwendig anerkannten zusätzlichen Stellen die Mittel hierfür durch Einsparung an anderer Stelle" aufgebracht werden könnten. Der Kanzler schloss dies aus; die kontinuierlich steigenden Studentenzahlen erlaubten keine Einsparungen beim „Lehrpersonal". Die angeforderten neuen Stellen seien „echter Mehrbedarf".[61]

Der Vertrag von 1954 war nicht einmal ein Jahr in Kraft, da hielt Theo Burauen die Zeit für gekommen, „wieder einmal im Kultusministerium oder im Landtag unsere Stimme geltend zu machen", seien doch seine Freunde und er der Ansicht, „daß wir diese Kosten in dieser Höhe auf Dauer nicht tragen können".[62] Bereits im Sommer 1955 erklärte auch Max Adenauer im Kuratorium, die Stadt Köln müsse angesichts der nicht absehbaren Entwicklung des Zuschusses für die Universität in den nächsten Haushaltsjahren „gegebenenfalls an das Land herantreten..."[63] Der sozialdemokratische Stadtrat und zweite Vorsitzende des Kulturausschusses Josef Haubrich pflichtete ihm bei; die Vereinbarung mit dem Land müsse revidiert, der Anteil der Stadt auf eine feste Summe begrenzt werden.[64]

Als Max Adenauer den wachsenden Zuschuss für die Universität im Frühjahr 1956 während der Haushaltsdebatte des Rates kurz ansprach, „dankte" ihm Josef Haubrich süffisant dafür, dass er „wenigstens mit einem Satz auf die Position hingewiesen" habe, die seines Erachtens „die Schlüsselposition unseres ganzen Kulturetats" sei. Zwar habe der Oberstadtdirektor angedeutet, dass der Vertrag mit dem Land noch verbessert werden müsse, doch wundere es ihn, dass „nicht allseitig in derselben Richtung marschiert" werde. Nach Meinung seiner Fraktion müsse die Verwaltung noch im laufenden Jahr mit dem Land verhandeln. Theo Burauen pflichtete seinem Parteifreund bei: Es gehe darum, dass „endlich das Unrecht wiedergutgemacht" werde, welches das damalige Land Preußen, dessen Rechtsnachfolger Nordrhein-Westfalen sei, der alten Universität Köln zugefügt habe.[65]

Weil sich die berechtigten Forderungen der Fakultäten nach zusätzlichen Lehrstühlen kaum mehr überschauen ließen, bat das Kuratorium im Sommer 1956 darum, diese nach ihrer „Dringlichkeit" aufzulisten. Eine solche Liste legte der Senat dem Verwaltungsausschuss auch vor.[66] Abstriche kamen jedoch nicht infrage. Der vom Finanzministerium genehmigte, abermals höhere Universitätsetat lasse den Zuschuss der Stadt für Universität und Kliniken gegenüber dem Vorjahr um 1 Mio. DM ansteigen, erklärte Max Adenauer im November 1956 vor dem Verwaltungsausschuss. Zugleich lehnte das Ministerium es ab, das bisher von der Stadt getragene Forschungsinstitut für Sozial- und Verwaltungswissenschaften und einen Titel für die Erstattung von Unkosten, die bei der Nutzung der Krankenanstalten in Merheim für Forschungszwecke anfielen, in den Universitätsetat aufzunehmen.[67]

Nachdem Ministerpräsident Karl Arnold im Februar 1956 durch ein konstruktives Misstrauensvotum gestürzt worden war, trat Paul Luchtenberg (FDP) als Kultusminister in das neue Kabinett Fritz Steinhoff (SPD) ein. Zuerst wurde Max Adenauer bei ihm vorstellig. Mitte August suchte Oberbürgermeister Schwering, der seit 1950 dem Düsseldorfer Landtag angehörte, im Kultusministerium den Abteilungsleiter Hans von Heppe auf. Er trug diesem vor, dass die „ständig steigenden Lasten der Stadt Köln für die Universität" es „auf die Dauer nicht möglich" machten, „die im Kölner Universitätsvertrag vorgesehene Regelung innezuhalten". Er bat darum, zu einer „für die Stadt tragbaren und die Universität nicht schädigenden Lösung" zu gelangen. Von Heppe wies dieses Ansinnen mit dem Hinweis zurück, dass der Vertrag vom März des vorvergangenen Jahres „zu jung sei, um mit Aussicht auf Erfolg jetzt schon eine grundlegende Änderung zu erreichen". In den Verhandlungen, die zu diesem Vertrag geführt hätten, sei „wiederholt die Frage der völligen Übernahme der Kölner Universität auf das Land aufgeworfen worden; auch der Finanzminister sei gar nicht grundsätzlich gegen diese Lösung gewesen". Damals hätten aber sowohl die Stadt Köln als auch Kultusministerin Teusch an der „Mitträgerschaft" festgehalten. Er, von Heppe, habe „zwar volles Verständnis dafür", dass der jährlich steigende Zuschuss „die Stadt bedrücke und wahrscheinlich in absehbarer Zeit auch den Rahmen übersteigen werde, den sich die Stadt bei den seinerzeitigen Verhandlungen über den neuen Vertrag vorgestellt habe", doch dürfe man nicht vergessen, dass die Stadt aus der Universität, vor allem durch die Universitätskliniken, auch Vorteile ziehe. Schwering sah ein, dass sich eine „grundlegende Änderung" bereits für 1957 schwerlich erreichen ließe, brachte aber eine schrittweise „Änderung der Prozentverhältnisse" am Zuschuss ins Gespräch. Die Stadt wolle nicht, dass die Universität wegen der geringen Finanzkraft Kölns Schaden nehme; doch sei es ihr bei „gleich weiter steigenden" Zuschüssen „ganz unmöglich", sich auf die Dauer im vereinbarten Umfang an der Finanzierung zu beteiligen. Von Heppe wies Schwering darauf hin, dass Köln einen „besonders großen Nachholbedarf" habe und das Kultusministerium entschlossen sei, der Stadt in den nächsten drei bis vier Jahren „wesentlich größere Bausummen bereitzustellen". „Dies dürfe nicht durch eine Verringerung des Zuschusses der Stadt gefährdet werden."[68] Dennoch beantragte Schwering – indem er sich die Forderung der Kölner SPD zu eigen machte – in einem Schreiben an den Ministerpräsidenten am 12. Oktober 1956, zwei Wochen vor der Kölner Kommunalwahl, die vollständige Befreiung der Stadt von den Zuschüssen.[69]

Im Herbst 1956 ließ sich absehen, dass die Kommune in den nächsten zehn Jahren rund 100 Mio. DM aufbringen müsste, wenn es bei einer hälftigen Beteiligung am Zuschussbedarf der Universität bliebe. Das entsprach jener Summe, welche die Stadt bis zur Übernahme der Hochschule auf den Landeshaushalt seit 1919 insgesamt in „ihre" Universität investiert hatte. Die Zahl der Studenten, die 1949 noch 4588 und beim Abschluss des Staatsvertrags 1954 schon 8781 betragen hatte, belief sich 1957 bereits auf 10.279.[70] Anders als zunächst vermutet, handelte es sich dabei keineswegs um „bald auslaufenden Nachholbedarf".[71]

Bei der Kommunalwahl im Herbst 1956 eroberten die Sozialdemokraten erstmals die Mehrheit der Ratssitze[72] und stellten von November 1956 bis Ende 1973 mit Theo Burauen den Kölner Oberbürgermeister. Damit bestand die „Doppelspitze" aus Vertretern zweier konkurrierender Parteien. Wie bereits vor dem Staatsvertrag wurde im Stadtrat regelmäßig über die wachsenden Kosten der Universität debattiert. Burauen nannte die Aufwendungen für die Universität und die Universitätskliniken Anfang 1957 „kommunalfremd". Daher müsse sie endlich das Land übernehmen.[73] Der Begriff „kommunalfremd" war neu in der seit Jahren währenden Debatte und ließ die Stadtväter noch einmal aneinandergeraten. Fritz Fuchs, der jahrelang dem Kulturausschuss vorgesessen hatte, wies diesen Terminus entschieden zurück. Träfe er zu, „hätten die Männer, die Kölner Bürger, die schon lange vor dem ersten Weltkrieg den Plan faßten und auch durchsetzten, die Handelshochschule zu gründen, und die sich nachher dafür einsetzten die Universität auszubauen, ja ihre Mühe und Arbeit auf ein kommunalfremdes Gebiet gelenkt und die Stadt mit Dingen belastet, die kommunalfremd" seien. Mit einer solchen Überschreitung ihrer Kompetenzen hätte die Stadt das Recht auf Landeshilfe von vornherein verwirkt gehabt. Doch stimmte jetzt auch Fuchs dem Appell der Verwaltung „rückhaltlos" zu, dass „mit aller Kraft" versucht werden müsse, „beim Land eine andere Verteilung der Lasten zu erreichen".[74]

Dass mit den Studentenzahlen der Lehrkörper wachsen müsste, bezweifelte Oberstadtdirektor Adenauer nicht. Doch als dem Verwaltungsausschuss im Februar 1957 die Pläne für einen – dringend erforderlichen – Neubau der Universitäts- und Stadtbibliothek vorlagen, läuteten bei ihm die Alarmglocken. Für Baukosten hätte zwar vertragsgemäß das Land aufzukommen, doch die Vergrößerung des Raumvolumens musste den von der Stadt zu tragenden Anteil an den laufenden Kosten noch einmal beträchtlich erhöhen.[75] Der Regierungspräsident rechnete in einem Bericht an den Innenminister vor, welche geringen

Mittel der Kommune zur freien Verfügung stünden, um Kriegsschäden zu beseitigen und die notwendigsten Investitionen zu tätigen, und ersuchte darum, die Stadt Köln bei den Zuschüssen zum Universitätsetat zu entlasten.[76] Max Adenauer bat auch Rektor Hermann Jahrreiß, im Ministerium vorzubringen, dass die Kommune „in absehbarer Zeit nicht mehr in der Lage sein werde", den kontinuierlich wachsenden Zuschussbedarf im vorgesehen Umfang zu tragen – was „unter Umständen" den weiteren Ausbau der Universität verzögern könne.[77] Im August kam die knappe Rückmeldung des Regierungspräsidenten, dass die Bemühungen des Innenministers, „die Stadt von den Universitätslasten zu befreien", erfolglos geblieben seien.[78]

In der Haushaltsdebatte im Stadtrat forderte Theo Burauen 1958, Düsseldorf dazu zu bewegen, die Universität völlig auf den Landeshaushalt zu übernehmen; denn es liege im Interesse einer „ungehinderten, für die Forschung und Lehre so notwendigen Entwicklung" der Hochschule, wenn der Staatsvertrag revidiert werde.[79] Jetzt bekannte auch der FDP-Ratsherr Alfred Fuhlrodt, es sei an der Zeit, „energisch" eine Revision des Vertrags von 1954 zu verlangen. Ernst Schwering, der Vorsitzende der CDU-Ratsfraktion, räumte ein, es hätten „die Auffassungen über die Möglichkeiten, die Universitätslast abzuwälzen, … gewechselt". In den ersten Jahren nach dem Krieg sei „die Erinnerung an die frühere Schließung der Kölner Universität und die Nichtwiederbegründung in Köln, sondern in Bonn noch sehr lebendig" gewesen. Heute aber sei die Kölner Universität als zweitgrößte in der Bundesrepublik „so fest gegründet …, daß Sorgen, die damals noch aus der Vergangenheit den einen oder anderen bedrückten, nicht mehr bestehen".[80] Dem konnte sich ein Teil seiner Fraktion noch nicht anschließen.

John van Nes Ziegler, der 1956 für die SPD in den Rat gewählt worden war und Theo Burauen als Fraktionsführer abgelöst hatte, bestand Anfang 1958 darauf, die Gemeinde von „nicht echten kommunalen Aufgaben" zu befreien. Das betreffe zuallererst die Universität. Der städtische Zuschuss liege inzwischen bei über 11 Mio. DM und wachse jährlich um rund 1 Mio. an. An dieser einen übergroßen Position kranke der Kulturhaushalt; 11 Mio. würden „einfach weggeben" für eine Aufgabe, die eigentlich eine „Landesaufgabe" sei. Burauen warf der CDU vor, sie sei zu einer Zeit, „als das Land die Universität übernehmen wollte", nicht bereit gewesen, diese abzugeben, und habe „zweifellos" verkannt, welche Belastungen auf sie zukämen. Dieses „Prestige", erklärte Joseph Haubrich, habe die Stadt inzwischen exakt 62.304.672 DM gekostet. Hoffentlich gelinge es der Verwaltung in absehbarer Zeit, das Land zur vollständigen Übernahme der Kosten zu bewegen. Notfalls könne die Stadt die Zahlungen auch von sich aus sperren, denn der Universitätsvertrag habe „seine Grundlage völlig verloren".[81]

Im Juli 1958 endete in Nordrhein-Westfalen das Intermezzo der sozial-liberalen Koalition. Vier Tage nach der Bildung der neuen CDU-Landesregierung wandte Max Adenauer sich an den neuen Innenminister Joseph Hermann Dufhues, in dessen Ressort sein Vetter Ludwig als Ministerialdirigent die Kommunalabteilung leitete. Auf neun Schreibmaschinenseiten begründete der Kölner Oberstadtdirektor ausgefeilt in einer Art Memorandum, warum die Stadt von ihrem Anteil an den Kosten der Universität befreit werden müsse. Da nach dem Vertrag von 1954 „über die Finanzgebarung der Universität ausschließlich der Wille des Landes ausschlaggebend" sei, beschränke sich die Rolle der Stadt Köln „praktisch" darauf, „abgesehen von einer ehrenvollen Beteiligung an den Sitzen im Kuratorium" eine „ihr vorgelegte Rechnung" zu einem Anteil zu begleichen, den die Universitätsvereinbarung vorschreibe. Die Bediensteten der Universität seien Landesbedienstete, die Grundstücke und Gebäude der Universität seien dem Land unentgeltlich übereignet worden. Die Kölner Universität sei demnach „eine Veranstaltung des Landes, deren Vermögen im Eigentum des Landes steht". Ihre Gestaltung erfolge „ausschließlich nach den kulturpolitischen Auffassungen des Landes". So sehr sich die Stadt bemühe, ihren finanziellen Pflichten nachzukommen, so sehr fühle sie sich „im Interesse und aus der Verantwortung für ihre Bürger verpflichtet, darauf hinzuweisen, daß sie auf die Dauer nicht mehr in der Lage" sei, diese zu erfüllen, „ohne lebenswichtige Interessen ihrer Bürger zu vernachlässigen". 1953/54 hätten die Unterhändler der Stadt nicht voraussehen können, dass der Zuschuss zum Universitätshaushalt die Mittel, die „für nicht zwangsläufige Ausgaben" übrigblieben, immer stärker einschränken würde. Seit dem Inkrafttreten der Vereinbarung steige „der Anteil der Universitätslasten an den zur freien Verfügung der Stadt verbleibenden allgemeinen Deckungsmitteln nach Abzug der von ihr aufzubringenden fixen Kosten ständig und in zunehmendem Maße". Der Kölner Oberstadtdirektor belegte mit Zahlen, warum es die Landesregierung „ihrer größten und schwer kriegszerstörten Gemeinde" nicht versagen dürfe, die Universitätslasten ganz zu übernehmen, denn man zwinge sie, „trotz fehlender Schulen, Krankenhäuser, Brücken und ausreichend breiter Straßen" alle Investitionen für absehbare Zeit einzustellen. Er bat den Innenminister als Leiter der obersten Kommunalaufsichtsbehörde, das Kultusministerium und das Finanzministerium umgehend zu Verhandlungen mit der Stadt zu bewegen. Köln möge bereits für das Rechnungsjahr 1959 von den Lasten aus der Universitätsvereinbarung von 1954 freigestellt werden.[82] Werner Schütz, der wieder Kultusminister geworden war, erhielt eine Durchschrift mit der Bitte, dem von der Stadt Köln vorgetragenen Anliegen sein „persönliches Interesse (zu) widmen und die Auffassung der Stadt Köln (zu) teilen".[83] Keine zwei Wochen später sprach auch Friedrich Schneider, der Universitätskanzler, im Kultusministerium vor. Man teilte ihm mit, es müsse die Haltung der Landesregierung zunächst mit den beteiligten Ressorts abgestimmt werden. Es komme aber eine schrittweise Reduktion der Beteiligung infrage, wenn die Stadt weiterhin für 30–40 Prozent des Zuschusses für die Kliniken aufkäme.[84]

Erst im Februar 1959 verhandelten Oberstadtdirektor Max Adenauer und Ernst Schwering mit dem Finanzministerium und erneut mit Schütz. In Begleitung Schwerings sprach Adenauer auch bei Ministerpräsident Franz Meyers vor. Im März berichtete Schwering im Kölner Stadtrat, dass die Verhandlungen „auf gutem Boden" begonnen hätten. Nun hoffe man, dass es „den vereinten Bemühungen der von Herrn Haubrich angerufenen Landtagsabgeordneten in Verbindung mit dem Oberstadtdirektor und wer sonst noch helfen kann", gelingen werde, in dieser Sache voranzukommen.[85]

1959 betrug der städtische Zuschuss für die Universität bereits 11,4 Mio. DM und wäre gemäß der geltenden Vereinbarung mit dem Land bis 1961 auf 15 Mio. gestiegen.[86] Dabei wies auch der Universitätshaushalt längst Engpässe auf. Das Land bewillige bei Personalwünschen inzwischen nur noch „das Dringendste", klagte der neue Kanzler Wolfgang Wagner; die „Zufälligkeit des Freiwerdens von Lehrstühlen" entscheide darüber, „wann und wo die wissenschaftlichen Einrichtungen personalmäßig verstärkt werden können".[87] Das engte den Spielraum für eine planvolle Entwicklung der Universität ein.

Im Sommer 1959 erklärte sich Finanzminister Artur Sträter[88] damit einverstanden, den städtischen Zuschuss von 1961 jährlich um ein Fünftel abzubauen, wenn die Stadt gewisse Gegenleistungen erbringe.[89] Daraufhin ersuchte die Stadt Kultusminister Schütz, umgehend die dafür erforderlichen Schritte einzuleiten.[90] Im November ließ dieser den Kölner Oberstadtdirektor wissen, man wolle sich für das Rechnungsjahr 1961 um eine Änderung des Universitätsvertrages bemühen.[91]

Es begab sich aber, dass Ludwig Adenauer noch 1959 vom Innenministerium ins Kultusministerium wechselte, wo er zum Staatssekretär aufstieg. Hier nahm er am 26. Januar 1960 an einer Besprechung zwischen Finanzminister Sträter und Kultusminister Schütz teil. Die Forderungen der Stadt Köln erschienen beiden Ministern „grundsätzlich berechtigt", und man beschloss, die Verhandlungen mit der Stadt Köln wieder aufzunehmen, und zwar unter der Federführung des Kultusministeriums sowie unter Beteiligung des Finanzministeriums, da es um die Revision eines Vertrages zulasten des Landes ging. Man einigte sich darauf, dass die Stadt weiterhin die Kliniken bezuschussen und für den Ausbauplan der Universität kostenlos Grundstücke bereitstellen sollte. Die Frage einer Untertunnelung der Universitätsstraße wäre in die Verhandlungen einzubeziehen. Mit dem schrittweisen Abbau des Zuschusses der Stadt zum Universitätshaushalt wollte man eventuell schon 1961 beginnen. Ludwig Adenauer sollte den Kölner Oberstadtdirektor, seinen Cousin Max, und einen von diesem zu benennenden weiteren Vertreter der Stadt zu einer Besprechung einladen. Da im Finanzministerium die Haushaltsberatungen Mitte April begönnen, sei Eile geboten.[92]

Die Besprechung, zu der Max Adenauer mit dem Kämmerer Karl Linpinsel[93] antrat, fand am 17. März 1960 statt.[94] Der Staatssekretär sandte dem Oberstadtdirektor eine Zusammenfassung der Ergebnisse,[95] und innerhalb weniger Tage ließ dieser die Kosten für die „Freimachung" der von der Universität benötigten Baugrundstücke „im neuen Erweiterungsgelände" ermitteln. Sie beliefen sich auf ungefähr 400.000 DM. Aber auch, wenn dabei noch nicht die Kosten für alle eventuell infrage kommenden Flächen hätten ermittelt werden können, sollten die Verhandlungen nach Max Adenauers Ansicht nicht unterbrochen werden. Für eine Untertunnelung der Universitätsstraße veranschlage die Stadt rund 20,5 Mio. DM; mit dem Bundesverkehrsministerium liefen Vorverhandlungen über einen Zuschuss. Was die Universitätskliniken anging, stellte die Stadt eine eigenwillige Berechnung an. Rund 40 Prozent der Pflegetage entfielen dort auf Patienten, die keine Kölner seien. An eigene Krankenhäuser zahle die Stadt rund 5 DM Zuschuss pro Pflegetag, dem entspräche eine jährliche Summe von 1,725 Mio. DM für Kölner Patienten in den Unikliniken. Der Hauptausschuss hatte den Oberstadtdirektor ermächtigt, auf folgender Basis zu verhandeln: Die für den Ausbauplan benötigten Grundstücke gehen entschädigungslos an das Land, und die Stadt Köln trägt die Freimachungskosten; die Stadt stimmt der Untertunnelung zu und führt diese aus, wenn Bund und Land zwei Drittel der Kosten übernehmen; die Stadt beteiligt sich mit pauschal 5 DM pro Tag an den Pflegekosten für Kölner Patienten in den Unikliniken, wenn diese nicht bereits anderweitig abgegolten werden. Max Adenauer hoffte, dass die Verhandlungen nun bald mit einem Vertreter des Finanzministeriums fortgesetzt werden könnten; bei der Gelegenheit werde man weitere Berechnungen und Lagepläne vorlegen. „Dankbar" wäre er, wenn das Kultusministerium bereits bei der Anmeldung der Universitätskosten für den Haushaltsplan 1961 davon ausginge, dass – abgesehen von den für die Kölner Patienten in den Universitätskliniken weiterhin geleisteten Beiträgen – diese bereits das Land Nordrhein-

Westfalen trüge. Nur die im Behördenverkehr unübliche Schlussformel „mit freundlichen Grüßen" verriet, dass Absender und Empfänger mehr als ein Dienstweg verband.[96]

Die Besprechung im Finanzministerium fand erst Ende Mai statt. Vom Finanzministerium und vom Kultusministerium nahmen jeweils zwei Ministerialräte daran teil, aus Köln Kämmerer Linpinsel und ein Stadtrechtsrat sowie ein Vertreter der Universitätsverwaltung. Weder Max noch Ludwig Adenauer waren zugegen. Das Finanzministerium erklärte seine grundsätzliche Bereitschaft, den 50-prozentigen Zuschuss der Stadt Köln schrittweise abzubauen: 1961 auf 40 Prozent und bis 1964 auf 10 Prozent; danach entfiele er. Für die Universitätskliniken sollte der Zuschuss in gleicher Weise bis auf 20 Prozent gesenkt werden und dann diese Höhe behalten. Als Gegenleistung sollte die Stadt die von der Universität benötigten Grundstücke bereitstellen und die Freimachungskosten tragen. Die Stadt würde die Universitätsstraße bauen, wenn Bund und Land sich nennenswert an den Kosten beteiligten. Die Vertreter des Finanzministeriums erwarteten ferner bestimmte Zusagen der Stadt als Trägerin der Musikhochschule, der Bauingenieurschule und der Maschinenbauschule sowie den Abschluss eines Grundsatzvertrages über die Sporthochschule. Mit „besonderem Nachdruck" forderten sie, dass der derzeitige Einfluss der Stadt im Kuratorium, wenn diese nur noch die 20 Prozent für Kliniken zahle, nicht bestehen bleiben dürfe.[97] Weil die „in der historischen Entwicklung begründeten Voraussetzungen" wegfielen, sei das Kuratorium in seiner jetzigen Form nicht mehr zu akzeptieren, denn die städtischen Vertreter könnten das Land z. B. bei der Aufstellung des Universitätshaushalts mit hohen Kosten belasten, ohne dass die Stadt diese mitzutragen hätte. Das Kultusministerium und der Vertreter der Universität hingegen wünschten „grundsätzlich auch weiterhin" eine Präsenz der Stadt im Kuratorium; das liege „nur im Interesse des jetzt einsetzenden grosszügigen Ausbaus der Universität Köln". Kerp nahm zudem seine Warnung vor „verwaltungsmässigen Schwierigkeiten" ins Protokoll auf, die nämlich entstünden, wenn „die akademischen Organe der Universität ... sich mit diesen Problemen zu beschäftigen" hätten.[98] Der Vermerk des Kultusministeriums betonte, dass die Stellung des Kanzlers der Universität Köln, die sich „im Interesse der staatlichen Hochschulverwaltung ganz ausserordentlich bewährt habe", eng mit der Stellung des Kuratoriums verbunden sei". Die Vertreter der Stadt, für die der Haushalt der Kommune Priorität genoss, erklärten, „jeder vom Land vorgeschlagenen Lösung zustimmen" zu wollen, gestattete ihnen doch die Finanzlage Kölns keine sentimentalen Erwägungen mehr. Aber man dürfe dem Rat der Stadt keinen Anlass bieten, „sich hier einzuschalten", weshalb es wohl besser wäre, ein Kuratorium mit Stadtvertretern beizubehalten.[99] Die Frage, welche Rolle dieses in Zukunft spielen sollte, wurde vertagt. Am 7. Juni paraphierte Ludwig Adenauer den Vermerk eines Ministerialrats des Kultusministeriums über die Besprechung.[100]

Bereits am 10. Juni übersandte der Kölner Oberstadtdirektor dem Kultusministerium den Vorentwurf der Stadt für einen revidierten Universitätsvertrag. Am 19. Juni stimmte die Stadt den Grundstücksforderungen des Finanzministeriums zu.[101] Die Beratungen über den Landeshaushalt 1961 waren im Gange – doch aus Düsseldorf kam keine Rückmeldung. Der Wechsel an der Spitze des Finanzministeriums von Artur Sträter auf Joseph Pütz am 6. August lähmte den Betrieb. Am 15. September wandte Max Adenauer sich besorgt an den neuen Finanzminister. Dem Vernehmen nach bleibe es im Landeshaushaltsplanentwurf für 1961 bei der hälftigen Leistung der städtischen Zuschüsse für die Kölner Universität. Das stehe im Widerspruch zu den geführten Verhandlungen über eine schrittweise Befreiung der Stadt von diesen Kosten, die bereits 1961 nur noch 40 Prozent der Zuschüsse betragen sollten. Für die Stadt Köln sei das „nicht zumutbar". Er habe über die Verhandlungen mit den Düsseldorfer Ministerien laufend im Hauptausschuss berichtet, und alle Fraktionen erwarten jetzt, dass die Landesregierung zu den abgegebenen Erklärungen stehe.[102] Eine Durchschrift ging an das Kultusministerium.[103]

Bereits am nächsten Tag beschloss das Kabinett, dass im Entwurf des Haushaltsplanes für 1961 der Zuschuss der Stadt Köln von 50 auf 40 Prozent des Bedarfs zu senken sei. Am 1. Oktober stimmte die Stadtverordnetenversammlung dem Vertragsentwurf zu, und schon vier Tage später präsentierte Kultusminister Schütz dem Kabinett eine Vorlage zur Neufassung des Vertrags vom Frühjahr 1954. Eine Mitwirkung des Landtags war nicht erforderlich, da die Novelle lediglich die Vereinbarung vom März 1954 ersetzen sollte, die ebenfalls nicht vom Landtag beschlossen worden war, wohl, weil auch der Staatsvertrag von 1919 nicht der Genehmigung des – preußischen – Landtags bedurft hatte. In der Begründung der Kabinettsvorlage hieß es, „der verstärkte Ausbau aller Universitätseinrichtungen und die bessere personelle und sachliche Ausstattung der Universität, die angesichts des Ansteigens der Zahl der Studierenden von rund 8100 im Sommersemester 1953 auf rund 13.800 im Sommersemester 1960 und der Zunahme der Aufgaben infolge der fortschreitenden Entwicklung in Wissenschaft und Forschung unerläßlich waren", hätten sich „naturgemäß auch auf den Kostenanteil der Stadt Köln ausgewirkt". Der Zuschuss der Stadt, der sich 1953 noch auf rund 7 Mio. DM belaufen habe, sei nach dem Haushaltsansatz für 1960 auf rund 13 Mio. DM angewachsen und eine weitere Erhöhung bereits abzusehen. Die Einnahmen der Stadt Köln hätten sich jedoch nicht in gleicher Relation erhöht. Vor allem bleibe die Zuwachsrate der nach Abzug der ständigen fixen Kosten der Stadt verbleibenden allgemeinen Deckungsmittel erheblich hinter dem Anstieg des Zuschussbedarfs der Universität zurück. Die überwiegende Mehrzahl der Studierenden der Universität zu Köln stamme aus dem Land Nordrhein-Westfalen, und der Ausbau wie der Unterhalt der Universität bildeten „eine kulturelle Aufgabe des Landes von erstem Range". Dies rechtfertige es, die Beteiligung der Stadt Köln an den Kosten der Universität „auf ein tragbares Mindestmaß" zurückzuführen.[104] Am 11. Oktober nahm die Landesregierung „zustimmend davon Kenntnis", dass der Kultusminister die neue Vereinbarung „abschließen und unterzeichnen" werde.[105]

Der neugefasste Vertrag wich im Wesentlichen in vier Punkten von der bisherigen Rechtslage ab. Der von der Stadt zu leistende Beitrag zum Universitätshaushalt wurde bis 1965 bis auf einen Zuschuss von 20 Prozent für die Universitätskliniken abgebaut. Die Stadt übereignete der Universität weiteren Grundbesitz. Die Zusammensetzung des Kuratoriums trug der neuen Situation Rechnung, indem außer dem Oberbürgermeister der Stadt Köln als Vorsitzendem nur noch zwei statt bisher fünf Mitglieder vom Rat der Stadt gewählt und vom Kultusminister drei Persönlichkeiten aus dem Kreis der Stifter und Förderer berufen wurden, während bisher der Oberbürgermeister zwei Persönlichkeiten aus diesem Kreis ernannt hatte. Fortan gehörte dem Kuratorium auch der Regierungspräsident an, was den staatlichen Einfluss stärkte. Dafür war das Kultusministerium nicht mehr vertreten, und auch der Prorektor der Universität gehörte dem Kuratorium nicht mehr an. Statt „Beratung und Mitwirkung" stand dem Gremium fortan eine „beratende" Mitwirkung zu, und der Kanzler musste seine Geschäfte nicht mehr „im Einvernehmen" mit dem Verwaltungsausschuss, sondern nur noch unter dessen „beratender Mitwirkung" führen. Die fortbestehende Schlussbestimmung, es dürften „Maßnahmen, die den Bestand der Universität in Köln gefährden könnten, ... nur mit Zustimmung der Stadt Köln getroffen werden", mutete an wie aus einer fremden Zeit. Wer wusste überhaupt noch, warum die Stadtväter 1954 auf dieser Klausel bestanden hatten? Eine kleine redaktionelle Änderung in § 1 führte dazu, dass aus dem Namen „Universität Köln" nun offiziell wieder „Universität zu Köln" wurde, wie es auch die Satzung von 1919 vorgegeben hatte. Die Vereinbarung wurde am 24. Oktober von Kultusminister Schütz sowie von Max Adenauer und Kämmerer Karl Linpinsel „im Auftrage des Rates der Stadt Köln" unterschrieben und trat am selben Tag in Kraft.[106]

Der revidierte Vertrag fand ein lebhaftes Echo in der Presse. Noch am selben Abend berichtete der Westdeutsche Rundfunk ausführlich. Man könne „überhaupt nicht sagen, dass Köln seiner Universität den Rücken gekehrt" habe, hieß es da. Es habe „nur die Grenzen seiner Kraft erkannt und nüchtern die Folgen eines Vorschlages des Wissenschaftsrates abgewogen", der den Ausbau der Universitäten und Hochschulen in der Bundesrepublik verlange, insbesondere die Steigerung der Ausgaben für Lehre und Forschung um 30 bis 50 Prozent. Das würde „den Rahmen kommunaler Institutionen einfach sprengen". Der Ruf der Kölner Universität werde unter dem neuen Vertrag nicht leiden. Wie Göttingen für Mathematik und Marburg für evangelische Theologie, Berlin und Heidelberg für Rechts- und Staatswissenschaften werde die Kölner Universität ihre Anziehungskraft für Wirtschafts- und Sozialwissenschaften behalten. Über Berufungen habe schon immer „der Minister" entschieden, und was das „Lokalkolorit" angehe, so sei dessen Charakter „nach wie vor ganz in die Hand der Kölner" gelegt. „Praktisch" ändere sich durch den neuen Vertrag also gar nichts – außer für den Stadtkämmerer, der werde „schmunzeln".[107]

Eine Zusatzerklärung zum novellierten Universitätsvertrag hielt fest, dass die Stadt Köln im Einvernehmen mit dem Land und der Universität „die Untertunnelung der Universitätsstraße in Köln oder eine etwa gewünschte Ersatzmaßnahme" durchführen werde, „wenn der Bund und das Land die Zuschußfähigkeit des Vorhabens im üblichen Umfang" anerkennten. Doch zunächst bestand beim Bundes- wie beim Landesverkehrsministerium „wenig Neigung", sich an dem Projekt zu beteiligen, berichtete Max Adenauer Ende 1960 im Verwaltungsausschuss. Um hier etwas zu bewegen, sei „ein Schritt des Kultusministeriums" nötig, weshalb der Kanzler die Angelegenheit dort noch einmal schriftlich unterbreiten sollte.[108] Erst im Dezember 1962 war die Finanzierung der Untertunnelung so weit geklärt, dass der Stadtrat den Plan für eine Umgestaltung der Universitätsstraße billigen und die Verwaltung beauftragen konnte, vor dem Hauptgebäude einen „Kraftfahrzeugtunnel" anlegen zu lassen.[109] Als dieser 1966 fertig war, verfügte die Universität zu Köln als einzige deutsche Großstadtuniversität über einen zentralen Campus,[110] wie es Konrad Adenauer bereits Ende der zwanziger Jahren gern gesehen hätte.

Als sich das Kuratorium im Januar 1961 mit dem Haushaltsvoranschlag befasste, was, wie Max Adenauer kritisierte, aus Zeitnot „nur flüchtig" geschehen konnte, stellte der Oberstadtdirektor zufrieden fest, das Zahlenwerk rechtfertige die vollständige Übertragung der Kölner Universität auf das Land, weil die Stadt „mit derart steigenden Kosten überfordert" gewesen wäre.[111] Doch es zeichnete sich deutlich ab, dass trotz des sinkenden Anteils der Stadt am

Zuschuss für die Universität dessen absolute Höhe noch zunahm. Am 31. Januar 1962 erging ein Schreiben Max Adenauers an den Kultusminister mit der Bitte, „den Universitätsvertrag zu einer erneuten Überprüfung im Kabinett zur Debatte zu stellen", um die Stadt Köln „sofort gänzlich" aus der Finanzierung der Universität zu entlassen.[112] Eine Abschrift dieses Bittbriefes „Unter Umschlag, persönlich" erhielt „Staatssekretär Ludwig Adenauer". In einem kurzen Anschreiben bat der Kölner Oberstadtdirektor, der sich auf ein Telefongespräch seines Cousins vom selben Tag mit Kämmerer Linpinsel bezog, „um persönliche Kenntnisnahme und Befürwortung meiner Bitte".[113] Das Schreiben an den Kultusminister enthielt am nächsten Tag den handschriftlichen Vermerk des Staatssekretärs „Herrn Minister als Eingang vorzulegen".

Als Max Adenauer keine Antwort erhielt, wandte er sich im Sommer d. J. mit einem weiteren Schreiben an den Kultusminister, nun mit der Bitte, die Stadt mit Beginn des Rechnungsjahres 1963 endgültig von ihrer Pflicht zur Beteiligung an den Universitätskosten zu befreien.[114] Im selben Monat wechselte Ludwig Adenauer nach seinem Zwischenspiel im Kultusministerium als Staatssekretär in das Innenministerium unter Willi Weyer (FDP), in dem er sich in den Kabinetten Meyers II und III bis zu seiner Pensionierung wieder vor allem Fragen der Kommunalreform widmete. Ende September 1962 beschied das Kultusministerium, das seit dem 26. Juli Paul Mikat führte, den hartnäckigen Kölner Oberstadtdirektor abschlägig.[115]

Im Oktober 1962, zwei Jahre nach der Unterzeichnung des revidierten Vertrags, beteuerte van Nes Ziegler im Stadtrat, die Entwicklung rechtfertige völlig den Entschluss, die Kosten der Universität auf das Land „überzuleiten". Die von der Stadt zurzeit noch aufzubringenden 20 Prozent beliefen sich nämlich bereits auf ungefähr dieselbe Summe, die sie zwei Jahre zuvor zahlen musste, als ihre Verpflichtung noch bei 40 Prozent gelegen hatte. Der SPD-Fraktionsvorsitzende erinnerte auch daran, dass die Stadt der Universität über finanzielle Hilfe hinaus Grundstücke für Erweiterungsbauten überlasse. Die erhebliche finanzielle Unterstützung für den Bau eines Studentendorfs in Efferen, zu dem sich inzwischen alle Fraktionen bereitgefunden hätten, zeuge ebenfalls davon, dass die Universität „nicht nur in der Vergangenheit und aus Gründen der Tradition", sondern auch gegenwärtig noch eng mit Köln verknüpft und „ein Bestandteil unserer Stadt" sei und bleibe.[116]

Doch bereits im Januar 1963 beklagte Heinrich von Stein V, der in der Nachfolge seines Vaters als Vertreter der Stifter dem Kuratorium angehörte, der Zuschuss der Stadt für die Universität mit 3,7 und für die Kliniken mit 4,5 Mio. DM sei „noch immer ziemlich hoch". Er befürchtete zudem, dass die

Gründung der Ruhr-Universität in Bochum im Landeshaushalt zu Kürzungen für Köln führen könnte, eine Sorge, die sich als unberechtigt erwies.[117] An den Planungen der 1965 eröffneten Ruhr-Universität Bochum war maßgeblich Ludwig Adenauer als Staatssekretär des Kultusministeriums beteiligt gewesen.[118] Der Haushalt der Universität für 1965 wurde bereits auf 48,2 und jener der Klinik auf 42,4 Mio. DM veranschlagt. Damit betrug der Zuschussbedarf – ohne einmalige Ausgaben – insgesamt 57,9 Mio. DM. Zufrieden konstatierte Oberbürgermeister Burauen im Januar 1964 auf einer Kuratoriumssitzung, bei der Max Adenauer erstmals fehlte, diese Zahlen bestätigten, dass es richtig gewesen sei, 1960 mit dem Land eine neue „Universitätsvereinbarung" abzuschließen.[119]

Im Herbst 1964 brachte Max Adenauer zum letzten Mal den Haushaltsplanentwurf für die Stadt im Rat ein. Er konnte von einer „erfreuliche(n) Entlastung" berichten, die durch den Wegfall des Zuschusses für die Universität eintrete, während dieser im laufenden Jahr noch 3 Mio. DM betragen habe. Als Zuschuss für die Universitätskliniken, der sich unverändert auf 20 Prozent belief, waren 1965 rund 4,2 Mio. DM aufzubringen, gut 345.000 DM mehr als im laufenden Jahr.[120] Van Nes Ziegler zeigte sich erfreut über diese Entwicklung, die seine Fraktion bereits „vor vielen Jahren" gefordert habe. Sie sei „gerade rechtzeitig" eingetreten. Selbstverständlich wolle man die „enge Verbindung zwischen Stadt und Universität", die ja auch „in der Mitwirkung im Kuratorium und Verwaltungsausschuß zum Ausdruck" komme, „weiterführen und vertiefen".[121]

Nachdem die SPD bei der Kommunalwahl im September 1964 die absolute Mehrheit errungen hatte, kündigte Max Adenauer im November an, nach Ablauf seiner ersten Amtsperiode als Oberstadtdirektor nicht zur Wiederwahl anzutreten.[122] Bei der Sitzung des Kuratoriums am 27. September 1965 fehlte er entschuldigt. Oberbürgermeister Burauen verlas ein Schreiben, „in dem Herr Oberstadtdirektor Dr. Adenauer sein Ausscheiden als Mitglied des Kuratoriums anzeigt und zugleich seinem Dank für die stets gute und fruchtbare Zusammenarbeit Ausdruck verleiht". Burauens Vorschlag, Adenauer zur nächsten Kuratoriumssitzung einzuladen, um ihm für seine Mitwirkung in diesem Gremium zu danken, fand allgemeine Zustimmung.[123] Noch am 27. September ernannte der Senat der Universität Adenauer zum Ehrensenator.[124] Seine Amtszeit als Oberstadtdirektor endete am 1. Oktober 1965.

Max Adenauer trat im Herbst 1965 in den Vorstand der Rheinisch-Westfälischen Boden-Credit-Bank ein. An der Kuratoriumssitzung am 10. Dezember nahm „Oberstadtdirektor a. D. Bankdirektor Dr. Adenauer" als „Gast" teil. Theo Burauen dankte ihm „mit herzlichen Worten für seine langjährige Mitarbeit im Kuratorium, die weit über eine pflichtgemäße Teilnahme hinaus stets von innerer Verbundenheit zur Universität getragen" gewesen sei. Adenauer habe „für den Wiederaufbau und Ausbau der Universität vieles getan und erreicht und damit das heutige Bild der Universität maßgeblich mitgestaltet". Max Adenauer erklärte, er werde „der Universität und ihren Anliegen" auch in Zukunft „seine aufgeschlossene Teilnahme erhalten" und insbesondere „auf eine engere Verbindung zwischen der Stadt und ihren Bürgern und der Universität hinwirken".[125]

ANMERKUNGEN

1   Gemeinsam mit Suth unterstützte Schwering seinerzeit den Ersten Beigeordneten Konrad Adenauer in den kriegswirtschaftlichen Abteilungen (VS am 1.10.1953).
2   Herbers 2003, S. 496 f.
3   VR am 1.10.1953.
4   Görlinger an Schwering am 15.8.1953, HAStK Acc. 2 A 194, Bl. 32.
5   Die Lasten der Universitätskliniken in Bonn und Münster trug allein das Land (Haupts 2001, S. 356).
6   VR am 1.10.1953.
7   Sonderabmachungen über Regelung von Einzelfragen der Universitätskliniken und medizinischen Institute anlässlich des Abschlusses eines neuen Universitätsvertrages vom 27.2.1954, HAStK Best. 901/47.
8   Jung 2001, S. 51.
9   Lemmens galt als „der entscheidende Verbindungsmann" der Kölner CDU zur katholischen Kirche (Herbers 2003, S. 169).
10 VR am 4.3.1954.
11 Teusch an Oberstadtdirektor der Stadt Köln (Suth) am 21.7.1953, HAStK Acc. 2 A 194.
12 Kabinettsache betr. Vereinbarung über die Universität Köln vom 20.3.1954, LANW, AR 458 Nr. 457.
13 Vereinbarung zwischen dem Land Nordrhein-Westfalen, vertreten durch den Kultusminister, und der Stadt Köln, vertreten durch den Oberstadtdirektor über die Universität Köln (Abschrift), HAStK Best. 901/47; s. a. UAK 61/12.
14 Zehender 2014, S. 224 f.
15 Zeitungsberichte zur Planung eines „Mittelstandsinstituts" finden sich erst im Frühsommer 1955.
16 Adenauer an Erhard am 17.1.1955, BAK B 102/14938 2.
17 Enthalten in Erhard an Adenauer am 4.2.1955, ebd.
18 Erhard an Adenauer am 4.2.1955, ebd.
19 Adenauer an Erhard am 14.2.1955, ebd.
20 Meuthen 1988, S. 56.
21 Beste an Kultusministerium am 24.5.1955, BAK B 102/14938 3.
22 Http://www.zeit.de/1955/22/mittelstandsinstitut (abgerufen am 11.3.2018).
23 Michel an Max Adenauer am 15.7.1955, BAK B 102/14938 3.
24 CDU/CSU Fraktion des Bundestages an Erhard am 20.7.1955, ebd.

25 Niederschriften über Sitzungen des Verwaltungsausschusses 1954 ff., UAK 261/15 b.
26 Selbach 1967, S. 266.
27 Adenauer an Erhard am 2.1.1956, BAK B 102/14938 1.
28 Erhard an Adenauer am 23.1.1956, ebd.
29 Langendörfer an Schütz am 8.2.1956, ebd.
30 Institut für Mittelstandsforschung (Hg.) 2018, S. 10, S. 12 u. S. 18. 1975 erfolgte eine Gliederung in eine Bonner und eine Kölner Forschungsgruppe; 1982 wurden beide Gruppen in Bonn zusammengeführt (Peil 1988, S. 125).
31 K am 18.12.1961, UAK 332/3.
32 Henning u. a. 1988, S. 317 f.
33 VA am 19.111955, UAK 261/15.
34 KÖLNISCHE RUNDSCHAU vom 26.3.1960.
35 K am 28.7.1961, UAK 332/3.
36 Kops u. a. 1988, S. 407.
37 VA am 26.3.1955, UAK 261/15.
38 VA am 11.6.56, ebd.
39 K am 4.2.1961, UAK 332/3.
40 Meuthen 1988, S. 58.
41 K am 19.5.61, UAK 261/226.
42 Es entstand durch eine Initialspende Ulrich Haberlands, Vorstand der Bayer AG und Ehrendoktor der Mathematisch-Naturwissenschaftlichen Fakultät, in Höhe von 1 Mio. DM an die Universität Köln und das Kölner Studierendenwerk im Jahr 1960.
43 Kops u. a. 1988, S. 407.
44 Meuthen 1988, S. 57.
45 Ebd.
46 KÖLNISCHE RUNDSCHAU vom 2.4.1960.
47 Eine neue Klinik wurde im Frühjahr 1961 eingeweiht (Meuthen 1988, S. 58).
48 VA am 19.11.1955, UAK 261/15. 1952 war es in der BRD annähernd eintausend Erkrankungsfällen gekommen; die nächste „Welle" stand bevor; erst seit 1961 gibt es einen wirksamen Impfstoff gegen Poliomyelitis (https://www.nlga.niedersachsen.de/infektionsschutz/krankheitserreger_krankheiten/polio/polioeradikation/historie-der-poliomyelitis-in-deutschland-19302.html [abgerufen am 25.5.2018]).
49 K am 26.7.1965, UAK 332/4.
50 VA am 22.2.1957, UAK 261/15.
51 VA am 8.5.1956, ebd.
52 VA am 22.2.1957, UAK 261/15; Fuchs 1991, S. 292.
53 VR am 10.2.1955.
54 VA am 12.2.1963, UAK 261/15.
55 Https://www.ub.uni-koeln.de/sammlungen/islandica/index_ger.html (abgerufen am 15.4.2018).
56 Jucknies 2006, S. 6. Seit 1980 vertrat Max Adenauer Island als Generalkonsul für die Regierungsbezirke Köln und Arnsberg.
57 K am 23.7.1954, UAK 261/229.
58 Meuthen 1988, S. 56.
59 VR am 1.4.1955.
60 K am 30.11.1954, UAK 261/229.

61 VA am 15.7.1955, UAK 261/15b.
62 VR am 10.2.1955.
63 K am 16.7.1955, UAK 261/229.
64 K am 14.8.1954, ebd.
65 VR am 8.2.1956.
66 K am 18.8.56, UAK 261/15.
67 K am 16.11.56, ebd.
68 Vermerk v. Heppe vom 14.8.1956 zur Unterredung mit Schwering am 13.8.1956, LANW AR, 1243 Nr. 427.
69 Erwähnt in Max Adenauer an Innenminister des Landes NRW am 28.7.1958, ebd.
70 Hennig 1988, S. 294.
71 Kops u. a. 1988, S. 405.
72 SPD 32, CDU 29, FDP 5 Sitze.
73 VR am 22.1.1957.
74 VR am 30.1.1957.
75 VA am 22.2.1957, UAK 261/15.
76 Erwähnt und zitiert in: Max Adenauer an Innenminister des Landes NRW am 28.7.1958, LANW AR, 1243 Nr. 427.
77 VA am 1.6.1957, UAK 261/15.
78 Erwähnt und zitiert in: Max Adenauer an Innenminister des Landes NRW am 28.7.1958, LANW AR, 1243 Nr. 427. Als Innenminister amtierte Hubert Biernat im Koalitionskabinett (Februar 1956 bis Juli 1958) von Ministerpräsident Fritz Steinhoff.
79 VR am 16.1.1958.
80 VR am 27.2.1958.
81 Ebd.
82 Max Adenauer an Innenminister des Landes NRW am 28.7.1958, LANW AR, 1243 Nr. 427.
83 Max Adenauer an Kultusminister am 28.7.1958, ebd.
84 Vermerk auf Schreiben Max Adenauers an Kultusminister am 28.7.1958, ebd.
85 VR am 5.3.1959.
86 Fuchs 1991, S. 297.
87 K am 12.12.59, UAK 261/230.
88 Ein Schwiegersohn von Otto Boelitz, der in der Aufbauphase der Kölner Universität als preußischer Kultusminister amtierte.
89 Erwähnt in Max Adenauer an Finanzminister am 15.9.1960, LANW AR, 1243 Nr. 430.
90 Erwähnt in ebd.
91 Ebd.
92 Vermerk vom 30.1.1960 über Besprechung betr. Universitätsvertrag mit der Stadt Köln am 29.1.1960, LANW AR, 1243 Nr. 427.
93 Linpinsel verwaltete die Stadtkasse vom 15.12.1954 bis zum 30.6.1964.
94 Erwähnt in Max Adenauer an Ludwig Adenauer am 29.4.1960, LANW AR, 1243 Nr. 427.
95 Erwähnt in ebd.
96 Max Adenauer an Ludwig Adenauer am 29.4.1960, ebd.
97 Vermerk van Medem vom 2.6.1960, LANW AR, 1243 Nr. 427.

98 Niederschrift Kerps über Besprechung am 30.5.1960 (ausführlicher und anders akzentuiert als die Niederschrift van Medems), LANW AR, 1243 Nr. 430.
99 Ebd.
100 Vermerk van Medem vom 2.6.1960, LANW AR, 1243 Nr. 427.
101 Max Adenauer an Pütz am 15.9.1960, LANW AR, 1243 Nr. 430.
102 Ebd.
103 Max Adenauer an Schütz am 15.9.1960, ebd.
104 Die Kabinettsprotokolle der Landesregierung von Nordrhein-Westfalen, 4. Wahlperiode, Kabinettsvorlage des Kultusministers vom 5.10.1960 (http://www.archive.nrw.de/LAV_NRW/jsp/edition.jsp?expandId=1054&id=1&archivNr=185&naviId=5127&y=0 [abgerufen am 10.1.2019]).
105 Die Kabinettsprotokolle der Landesregierung von Nordrhein-Westfalen, 4. Wahlperiode, 660. Kabinettssitzung am 11.10.1960 (http://www.archive.nrw.de/LAV_NRW/jsp/edition.jsp?expandId=1037&id=1&archivNr=185&naviId=3697&y=600 [abgerufen am 10.1.2019]).
106 Beilage zum Amtsblatt des Kultusministeriums 12. Jg. 1960, Nr. 12, S. 1-3.
107 Abschrift eines Kommentars im Westdeutschen Rundfunk am 24.10.1960, LANW AR, 1243 Nr. 431.
108 VA am 20.12.1960, UAK 261/15.
109 VR am 19.12.1962.
110 Meuthen 1988, S. 62.
111 K am 22.2.1961, UAK 332/3.
112 Max Adenauer an Kultusminister am 31.1.1962, LANW AR, 1243 Nr. 426.
113 Max Adenauer an Ludwig Adenauer am 31.1.1962, ebd.
114 Max Adenauer an Kultusminister am 6.7.1962, ebd.
115 Kultusminister an Oberstadtdirektor von Köln am 26.9.1962, ebd.
116 VR am 18.10.1962.
117 K am 20.2.1963, UAK 332/3 u. 4.
118 Haunfelder 2006, S. 36.
119 K am 20.1.1964, UAK 332/4.
120 VR am 15.10.1964.
121 VR am 10.11.1964.
122 Zur Niederlage der CDU bei der Kölner Kommunalwahl 1964: Herbers 2003, S. 338 ff.
123 K am 27.9.1965, UAK 332/4.
124 Freitäger 2005a, S. 13.
125 K am 10.12.1965, UAK 332/4.

SCHLUSS

Warum wollte der junge und ehrgeizige Oberbürgermeister Konrad Adenauer in Köln unbedingt eine Universität ins Leben rufen? Bildungspolitische Erwägungen standen zweifellos nicht im Zentrum seiner Überlegungen. 1919 verhielt es sich vielmehr nicht anders als im Spätmittelalter, als Universitäten – trotz anderslautender feierlicher Beteuerungen – in erster Linie um des Prestiges willen gegründet wurden, sei es eines Herrschergeschlechts oder eben des Patriziats von Köln, der größten Stadt in Mitteleuropa.[1] Auch jetzt ging es – wie man Adenauer vorwarf – um „Stadteitelkeit" und um „persönliche Eitelkeit",[2] ließen doch den Oberbürgermeister die Erfolge seines verstorbenen Kollegen Franz Adickes nicht schlafen,[3] der in Frankfurt noch unmittelbar vor dem Ersten Weltkrieg die Universität hatte eröffnen können. Eine Universität war die Perle in Adenauers Vision von einer modernen Großstadt, zu welcher der Grüngürtel, ein Bebauungsplan und die Eingemeindungen, die Häfen und die Brücken sowie das Stadion oder die Messebauten gehörten. Jedes dieser Projekte nutzte der Stadt auf seine Weise, stärkte nicht zuletzt Kölns Identität und wirkte somit vorteilhaft nach innen wie nach außen.

Konrad Adenauer pokerte hoch, als er der preußischen Regierung in den revolutionären Nachkriegsmonaten versicherte, die in Köln vorhandenen höheren Fachschulen ließen sich „ohne Finanzopfer des Staates" zu einer Universität „ausbauen". „Berlin" genehmigte die Gründung einer Universität in Köln, schloss aber finanzielle Zuschüsse – was der Normalfall gewesen wäre – kategorisch aus. Wenn Kurt Düwell findet, Adenauer habe „die Tat in einer denkbar ungünstigen Zeit vollbracht",[4] oder Hermann Pünder diese Neugründung als „fast ein Wunder" bezeichnet hat,[5] wird man ihnen entgegenhalten müssen, dass die „Zeit" dafür günstiger nicht hätte sein können, ja, es nicht übertrieben erscheint, von einem Kairos zu sprechen. Adenauer bewies – wie in seinem späteren Politikerleben noch oft – ein Gespür für den richtigen Augenblick und nutzte die Chance, die sich ihm bot. Weder in den Wochen vor dem Januar 1919 noch kurze Zeit später wäre die Gründung einer Universität konzessioniert worden – trotz Adenauers Angebot, dass dem Land keine Kosten entstünden. Für dieses unverhoffte Entgegenkommen gab es einen Hauptgrund: Adenauer erschien „Berlin" als der Politiker im Rheinland, der die Reichseinheit gegen autonomistische und separatistische Bestrebungen verbürgen konnte. Dagegen dürfte die Hoffnung der Revolutionsregierung, als Zeichen des bildungspolitischen Neuanfangs in Köln etwas Beispielhaftes zu schaffen, zweitrangig gewesen sein.

Um die Universität zu gründen, reichte die vom preußischen Kabinett erteilte Konzession jedoch nicht aus. Die entscheidende Hürde bestand vielmehr darin, das Kölner Dreiklassen-Stadtparlament von einem Projekt zu überzeugen, das Mittel in unbekannter Höhe erfordern würde. Adenauer gelang es, eine Koalition heterogener Kräfte in der Stadtverordnetenversammlung zu schmieden, indem er den Abgeordneten einen Leitgedanken anbot, dem sich in der politischen Situation, in der sich das Deutsche Reich befand, niemand verweigern konnte: die Universität als Bollwerk gegen die akute Gefahr einer drohenden „Verwelschung" der Rheinlande zu errichten. Auch die vermeintliche Herrlichkeit der untergegangenen mittelalterlichen Kölner Universität und deren angebliche Gründung durch die „Bürger" wurden 1919 beschworen, um die Finanzierung einer wiederum „städtischen" Universität zu erlangen. Schließlich verbanden sich mit der Gründung der Universität unterschiedliche Interessen. Die Sozialdemokraten träumten von einer Reformuniversität, das Zentrum wollte mit einer städtischen Universität der antiklerikalen Berliner Hochschulpolitik etwas entgegensetzen. Wider Erwarten entwickelte sich die Universität Köln in den zwanziger Jahren zu einem Magneten für Studierende und rückte rasch zur zweitgrößten Universität in Preußen auf.

Die Bereitschaft der Parteien des Stadtparlaments, der Universität die Mittel zuzugestehen, die sie für den Aufbau und eine erfolgreiche Entwicklung benötigte, schwand im Laufe der zwanziger Jahre. Denn ihre jeweiligen Hoffnungen, die sie an deren Gründung geknüpft hatten, waren enttäuscht worden. Doch um die Medizinische Fakultät vor dem Niedergang zu bewahren, mussten in Köln die Voraussetzungen für ein vorklinisches Studium geschaffen und, weil eine chronische Raumnot bald den Unterricht beeinträchtigte, neue Hörsäle, Institute und Bibliotheksgebäude errichtet werden. Wohl und Wehe der Universität hingen davon ab, ob es gelänge, Spenden und Stiftungen in nennenswertem Umfang für diese Vorhaben einzuwerben.

Adenauer konnte private Mittel in beträchtlicher Höhe für die Universität mobilisieren. Mit dem Verein der Freunde und Förderer, dessen Vorsitzender er war, scharte der Oberbürgermeister einen handverlesenen Kreis ebenso betuchter wie einflussreicher Persönlichkeiten in einem 40-köpfigen Verwaltungsrat um sich. Er lud zu exklusiven Essen ein, die jedem Teilnehmer zur Ehre gereichten. Schon die Gewissheit, einem privilegierten Zirkel anzugehören, band diese Herren langfristig an die Universität, und als Multiplikatoren wirkten sie in ihre Kreise hinein. Allein die Veröffentlichung nach oben offener Mitgliedsbeiträge wies die Geber als wirtschaftlich erfolgreich aus. Beiträge und Spenden, die der Verein gut anlegte, warfen alljährlich Summen ab, die den Fakultäten durch manchen finanziellen Engpass halfen.

Sowohl die Vorklinik als auch der Neubau des Hauptgebäudes wären ohne die Hilfe von Großspendern nicht zu verwirklichen gewesen. Einen erfolgreichen Pilotversuch stellte die Sammlung für die Einrichtung des vorklinischen Studiums dar. Die Spenden gingen direkt an den Oberbürgermeister, der den Zuwendern mit persönlichen Briefen dafür dankte. Bei den Sammlungen für den Neubau kann man bereits von einem veritablen „Fundraising" sprechen, das mit Bedacht betrieben und für das nicht zuletzt ein dienliches Umfeld geschaffen wurde. So ließ man etwa, auch um sich das Wohlwollen potentieller nichtkatholischer Großspender zu erhalten, einen a. o. Professor für Psychologie und Jesuitenpater, den man als Vertreter seines Faches an der Kölner Universität durchaus gebraucht hätte, nach Prag ziehen.

Dass die „selbstlosen" Spenden für den Geber steuerlich abzugsfähig waren, spielte beim Fundraising keine geringe Rolle. Entscheidend war jedoch, dass Adenauer im Zentrum dieses systematischen Akquirierens stand. Denn große Spenden gab man nicht irgendjemandem, handelte es sich doch um einen Einsatz, der nüchtern berechnet sein wollte. Wer ein Projekt Konrad Adenauers mitfinanzierte, erwartete sich davon die Gewogenheit eines über Preußens Grenzen hinaus respektierten Mannes. Dem jungen Kölner Oberbürgermeister, der nicht zuletzt für eine prosperierende Stadt stand, schien die Zukunft zu gehören. Darum investierte man in ihn. Gustav Stresemanns „Stoßseufzer" im Jahre 1925, die Oberbürgermeister seien neben den Großindustriellen die „Könige der Gegenwart ..., mächtiger als die Minister", war vor allem auf Adenauer gemünzt. Ihn zeichnete aus, dass er seine vielen Ämter „zugunsten der Interessen seiner Vaterstadt, oder genauer: zur leichteren und rascheren Durchsetzung der zunächst und vor allem von ihm selbst definierten Kölner Interessen" nutzte.[6] So war für Adenauer Kommunalpolitik auch nie „bloße Lokalpolitik", vielmehr bemühte er sich erfolgreich bei zentralen Institutionen „um die Förderung der allgemeinen kommunalen Interessen und der besonderen lokalen Politik".[7]

Der Oberbürgermeister fand Helfer und Mittelsmänner. Ohne Zugpferde wie einen Dannie Heineman oder einen Otto Wolff wären die erforderlichen 100.000 RM für die Vorklinik 1924/25 nicht zusammengekommen. Ohne einen Ehrenmann wie Robert Pferdmenges und dessen Sammlung bei Unternehmern aller Konfessionen wäre der Neubau nicht projektiert worden; und ohne das überraschende Eingreifen eines geltungssüchtigen Schwindlers wie Anton Brüning hätte das Stadtparlament den Baubeginn vermutlich nicht genehmigt.

Beim Neubau motivierte die Stifter auch die notarielle Verbürgung, dass ihre Namen im fertigen Gebäude an exponierter Stelle veröffentlicht würden, und nicht wenigen Spendern und Stiftern winkte die Ehrenpromotion durch eine Fakultät der Kölner Universität. Die hierarchische Gliederung der Gesellschaft der untergegangenen Monarchie bestand in den Köpfen fort. Doch Nobilitierungen und Titulierungen gab es in der Weimarer Republik nicht mehr. Adenauer verstand es, die Ehrenpromotionen der Kölner Universität als Ersatz anzubieten. Dabei agierte er wie ein Fürst. Die Ehrungen erschienen als persönliche Gunstgewährung – freilich erst, nachdem dafür in der Regel ein ansehnlicher Preis entrichtet worden war. Da der Oberbürgermeister einem frischgebackenen „Ehrendoktor" stets vor der offiziellen Bekanntgabe eines Fakultätsbeschlusses gratulierte, durfte er als derjenige gelten, dem der Ausgezeichnete seinen „Titel" zu verdanken hatte. Als Vermittler gegenüber den Fakultäten, die über Ehrenpromotionen zu entscheiden hatten, trat Christian Eckert an. Nur allzu berechtigte Bedenken aus akademischer Sicht entschärfte er ein ums andere Mal mit dem Hinweis darauf, dass die Universität ohne die einfließenden Spenden wesentlich schlechter ausgestattet, wenn nicht in ihrem Fortbestehen gefährdet wäre. Ohne die regen Vermittlungsbemühungen eines Christian Eckert hätte der fragwürdige „Handel" mit Ehrendoktoraten nicht derart in Gang kommen können.

Christian Eckert, der sich die Funktion eines „geschäftsführenden Vorsitzenden" des Kuratoriums auf den Leib geschneidert hatte, stand Adenauer in der Gründungsphase als treibende und in den folgenden Jahren als eine in Hochschulfragen versierte Kraft zur Verfügung. Seine Interessen deckten sich partiell mit denen des Oberbürgermeisters, und Adenauer war auf Eckerts – bisweilen nur vorgetäuschte – Expertise angewiesen. Da er sich ihn nicht wie einen städtischen Dezernenten unterordnen konnte, legte Adenauer besonderen Wert darauf, seine Position als *erster* Vorsitzender des Kuratoriums zu betonen. Denn bei allen Verdiensten, die Eckert sich um die Universität erwerben mochte – der Oberbürgermeister wollte die zentrale Figur bleiben, auf die alles zulief. Dabei mag Eitelkeit im Spiel gewesen sein; doch festigte Adenauers Pochen auf Vorrang auch seine politische Autorität, die ihm das Regieren der Stadt und die Einflussnahme auf die Universität erleichterte. Dass er hinter Adenauer stets im zweiten Glied blieb, störte den smarten Wissenschaftsmanager Eckert wenig, überwog doch der Vorteil, in dieser Konstellation die „Geschäfte" der Universität weitgehend eigenständig führen zu dürfen. Im Schatten des Oberbürgermeisters und Kuratoriumsvorsitzenden konnte sich Eckert vortrefflich profilieren. Wie anpassungsfähig er war, zeigte sich 1933 nach Adenauers Sturz. Für Adenauers erfolgreiche Interventionen bei der Berufung von Ordinarien gab weniger seine formale Stellung als Vorsitzender des Kuratoriums den Ausschlag als vielmehr der Respekt, den man ihm als Politiker in Köln und im Rheinland, in Preußen und im Reich entgegenbrachte. Auch wenn er gegenüber dem Berliner Kultusministerium nicht selten ohne Abstimmung mit dem Kuratorium auftrat, diente ihm dieses zur Legitimation, ja, es kam vor, dass er sich hinter einem Beschluss des Gremiums versteckte. Besonders in den späten zwanziger Jahren setzte sich Adenauer kompromisslos und oft im Alleingang zum Wohle der Universität sowie im Geiste der Republik ein. Er machte sich sogar Feinde unter seinen „Freunden" im Zentrum, indem er gegenüber ihren Zumutungen, sich für minderqualifizierte katholische Kandidaten einzusetzen, klar Position bezog.

In keinem anderen Politikbereich, in dem der Oberbürgermeister agierte, prallten die „Weltanschauungen" der versäulten Parteien so scharf aufeinander, wie bei der Berufung von Professoren. Die unguten Erfahrungen, die Adenauer hier sammelte, mögen dazu beigetragen haben, dass er für die nach 1945 fortbestehende konfessionell festgelegte Zentrumspartei nicht zu haben war und sich nachdrücklich für den Aufbau einer interkonfessionellen christlichen Union als neuer politischer Kraft einsetzte.

Die letzten drei Jahre seiner Tätigkeit als Kölner Oberbürgermeister wurden für Adenauer „die aufreibendsten und am wenigsten erfreulichen".[8] Die Stadtkasse war leer, und Köln wies die höchste Pro-Kopf-Verschuldung unter den Großstädten auf. Um die Fraktionen des Stadtparlaments bei der Verabschiedung des Universitätshaushalts im Boot zu halten, strengte er sich an, vom Staat zumindest einen kleinen Zuschuss zur Finanzierung der Universität zu erhalten. Damit wäre die Tür zu einer Revision des Vertrags von 1919, der ja eine solche staatliche Finanzierung grundsätzlich ausschloss, einen Spalt breit, mehr symbolisch denn real, geöffnet worden. Dass der Oberbürgermeister dabei erfolglos blieb, ging beinahe im Krisentaumel unter, der die gesamte Republik erfasst hatte.

Nachdem Adenauer aus dem Amt verjagt worden war, fiel innerhalb kürzester Zeit auch die Universität kampflos an die nationalsozialistischen Machthaber. Nicht weil der Vorsitz des Kuratoriums satzungsgemäß auf Adenauers Nachfolger im Amt des Oberbürgermeisters überging, gelang ihre „Gleichschaltung" so reibungslos, sondern weil der überzeugte Republikaner Konrad Adenauer als Rückhalt der liberalen Fraktion der Professoren ausfiel, die wohl längst eine Minderheit bildeten. Während der Zeit des „Dritten Reiches" riss die Verbindung Konrad Adenauers zur Universität seiner Heimatstadt weitestgehend ab, während sein Bruder August fortgesetzt als Honorarprofessor wirkte. Beider Söhne und Töchter studierten hier noch oder machten Examen.

Nach dieser „Generalpause"[9] setzte sich Konrad Adenauer als von den Siegern ernannter Oberbürgermeister energisch für die Wiedereröffnung und – auch nach seiner erneuten Absetzung noch – für eine weltanschauliche Ausrichtung der Kölner Universität ein, die uns heute befremdet, vordergründig als Rückfall in eine Zeit weit vor der Neugründung im Jahre 1919 vorkommen mag. Doch waren „Christentum" und „Abendland" Begriffe, die nach der humanitären Katastrophe des Nationalsozialismus für viele offenbar „den Schlüssel zur angemessenen Deutung der Zeitsituation" bildeten.[10] Sie sollten der Domstadt in den fünfziger Jahren noch einmal eine kurze Blüte als „Vorort des Katholizismus in Deutschland" sichern. Nur als „städtische", das heißt als von der Stadt finanzierte und daher auch ideologisch von ihr geprägte Universität, ließe sich diese auf die Ideale „Christentum" und „Abendland" ausrichten. In Köln schien die Hegemonie der christlichen Partei auf Dauer gestellt zu sein, und der von Konrad Adenauer 1945 eingesetzte Rektor Josef Kroll stand noch bis in die fünfziger Jahre für diese Orientierung.

Nach seiner Wahl zum Bundeskanzler fehlte Adenauer bald schlichtweg die Zeit, sich nennenswert in Angelegenheiten der Stadt Köln wie auch „ihrer" Universität einzumischen. Als sich die Entscheidung des Bundeswirtschaftsministeriums allzu lange hinzog, ein „Mittelstandsinstitut" – am Ende auch nur teilweise – an der Kölner Universität anzusiedeln, half es den Kölnern auch nicht, dass ihr einstiger Oberbürgermeister in Bonn die Richtlinien der Politik bestimmte.

Als 1953 Max Adenauer, vom Rat einstimmig gewählt wie sein Vater 1917 zum Oberbürgermeister, in der Heimatstadt als Oberstadtdirektor antrat, fand er eine festgefahrene Debatte um den künftigen Status der Kölner Universität vor. Seit 1945 prallten im Stadtparlament die Ansichten hart aufeinander, wie mit der Universität künftig zu verfahren sei. Sollte diese bei der Kommune bleiben, mithin in deren Haushalt geführt und weiterhin unter ihrem Einfluss stehen oder aus finanziellen wie politischen Gründen in die Normalität einer nordrhein-westfälischen Landesuniversität entlassen werden? Während viele seiner Parteifreunde von der CDU lange an einer städtischen Universität festhielten und wehmütig verklärte Blicke in deren gern bis ins Spätmittelalter zurück verlängerte Geschichte warfen, forderte die SPD wegen des rapide steigenden Zuschussbedarfs, der den Stadthaushalt immer stärker belastete, „mehr

Staat" und sah für die Universität eine gute Zukunft nur unter der Obhut des Landes Nordrhein-Westfalen. Ein groß angelegtes Fundraising, wie es Konrad Adenauer in den zwanziger Jahren so erfolgreich betrieben hatte, lag in den fünfziger Jahren jenseits des Denkbaren.

Max Adenauer erkannte nüchtern an, dass es sowohl im Interesse der Stadt als auch der Wettbewerbsfähigkeit der Universität lag, diese aus dem kommunalen Etat zu lösen, sie von der Stadt zu emanzipieren und damit auch die – überschätzten – Rechte des Kuratoriums aufzugeben. Zunächst konnte sich eine Mehrheit des Stadtparlaments nicht dazu durchringen, auf Mitwirkungsrechte gegenüber der Universität ganz zu verzichten. Dass sich die Stadt darum 1954 in einem mit dem Land Nordrhein-Westfalen geschlossenen Vertrag noch verpflichtete, die Hälfte des jährlichen Zuschussbedarfs für die Universität zu zahlen, kam sie von Jahr zu Jahr teurer zu stehen. Im Kuratorium und im Verwaltungsausschuss der Universität bemühte sich Max Adenauer unterdessen nach Kräften, die Interessen von Universität und Stadt auszugleichen. Als es schließlich darum ging, die Konditionen für eine längst überfällige vollständige Befreiung der Stadt von den Universitätszuschüssen auszuhandeln, amtierte vorübergehend Ludwig Adenauer, ein Cousin des Oberstadtdirektors, als Staatssekretär im Düsseldorfer Kultusministerium – was diesen Prozess, der für den städtischen Kulturhaushalt einen Befreiungsschlag bedeutete, zügig zum Abschluss geführt haben mag. Hatte Konrad Adenauer Köln einst kurz entschlossen zu einer Universität „ohne Finanzopfer des Staates" verholfen, setzte sich Max Adenauer dafür ein, die Stadt stufenweise von einer „kommunalfremden" Aufgabe zu entlasten. Der Vertrag, den Oberbürgermeister Konrad Adenauer 1919 mit dem Land Preußen geschlossen hatte, wurde 1960 durch einen von seinem Sohn Max mitunterfertigten Staatsvertrag mit dem Land Nordrhein-Westfalen revidiert. Nunmehr eine Hochschule des Landes, schloss die Universität zu Köln nach Jahren finanzieller Engpässe zu ihren Schwestern in Bonn und Münster auf.

Konrad und Max Adenauer waren keine klassischen Parteipolitiker, und ihr Erfolg verdankte sich nicht selten der Kooperation mit dem politischen Konkurrenten. Gerade im Fall der Universität gingen sie ihren Parteifreunden gelegentlich ein Stück voran, ja, setzten sich gegen Widerstände aus den eigenen Reihen durch. Dabei handelte es sich oft um Fragen, die den weltanschaulichen Kern „ihrer" Partei berührten. Noch nicht mehrheitsfähig und seiner Zeit voraus war auch Konrad Adenauer in den zwanziger Jahren gewesen, wenn er die Kölner Universität als einen Ort herausstellte, von dem aus den westlichen Nachbarländern die Hand zu einem dauerhaft friedlichen Miteinander gereicht werden sollte.

Max Adenauer hat viel für die Entwicklung der Stadt Köln getan. Doch stand es ihm als Oberstadtdirektor im Rahmen der geltenden Gemeindeordnung nicht zu, „Politik" zu machen. Sein Vater war als Oberbürgermeister noch eine „einsame" Spitze gewesen und konnte sich in aller Öffentlichkeit anrechnen lassen, was er für die Stadt auf den Weg gebracht und erfolgreich zu Ende geführt hatte. Max mochte sich der großen Auftritte erinnern, die seinem Vater bei Einweihungen oder Grundsteinlegungen einst möglich gewesen waren. Nach dem Zweiten Weltkrieg lebten in der Bevölkerung wie in der Verwaltung „Gewohnheiten und Mentalitäten" fort, die im Oberbürgermeister die bedeutsamere Person der Doppelspitze sahen.[11] Verglichen mit der Amtszeit des Vaters verlief die des Sohnes in der Wahrnehmung der Zeitgenossen recht glanzlos. Auch dass Max Adenauer vor sechs Jahrzehnten den Kollaps des städtischen Kulturhaushalts abgewendet und die neue Universität vor dem Niedergang bewahrt hat, scheint als Grund zum Feiern nicht annähernd so spektakulär zu sein wie die einhundertste Wiederkehr des Datums ihrer Gründung im Juni 1919.

ANMERKUNGEN

1 Schwinges 1998, S. 7.
2 Von Below, zit. n. Eckert an Adenauer am 9.1.1924, HAStK Best. 902/137/1, S. 437 f.
3 Zit. n. Hayashima 1984, S. 124.
4 Düwell 1976, S. 170.
5 Pünder 1967.
6 Morsey 1997a, S. 607.
7 Hofmann 1981, S. 36.
8 Morsey 1997b, S. 615.
9 Berglar 1975, S. 49.
10 Herbers 2003, S. 71 u. S. 370.
11 Ebd., S. 497.

ANHANG

ABKÜRZUNGEN

AEG	Allgemeine Elektricitäts-Gesellschaft
AEK	Archiv der Erzdiözese Köln
AN	Aktennotiz
AR	Abteilung Rheinland
BAK	Bundesarchiv Koblenz
BAL	Bayer Archiv Leverkusen
DDP	Deutsche Demokratische Partei
DIHT	Deutscher Industrie- und Handelskammertag
DNVP	Deutschnationale Volkspartei
DVP	Deutsche Volkspartei
GStPK	Geheimes Staatsarchiv preußischer Kulturbesitz
HAStK	Historisches Archiv der Stadt Köln
IHK	Industrie- und Handelskammer
KDF	Katholischer Deutscher Frauenbund
K	Beschlussbuch des Kuratoriums der Universität 1919–1932; Protokolle des Kuratoriums der Universität zu Köln 1945 ff.
KZ	NS-Konzentrationslager
LANW	Landesarchiv Nordrhein-Westfalen
NRW	Nordrhein-Westfalen
NSDAP	Nationalsozialistische Deutsche Arbeiterpartei
ÖTV	Gewerkschaft Öffentliche Dienste, Transport und Verkehr
StBKAH	Stiftung Bundeskanzler Adenauer Haus, Rhöndorf
UAK	Universitätsarchiv Köln
VA	Niederschrift der Sitzung des Verwaltungsausschusses der Universität zu Köln
VK	Niederschrift der Sitzung der Verwaltungskonferenz
VR	Verhandlungen des Rates der Stadt Köln
VS	Verhandlungen der Stadt-Verordneten-Versammlung 1857–1929; Stenographische Verhandlungsberichte der Kölner Stadtverordnetenversammlung 1930–1933; Verhandlungen der Stadtverordnetenversammlung zu Köln 1945–1946; Verhandlungen der Stadtvertretung zu Köln 1947–1952

QUELLEN- UND LITERATURVERZEICHNIS

Archive

Bundesarchiv Koblenz
Geheimes Staatsarchiv preußischer Kulturbesitz
Landesarchiv Nordrhein-Westfalen
Historisches Archiv der Stadt Köln
Universitätsarchiv Köln
Archiv der Erzdiözese Köln
Stiftung Bundeskanzler Adenauer Haus
Bayer Archiv Leverkusen

Gedruckte Quellen und Literatur

Adenauer, Konrad, Erinnerungen 1945–1953, Stuttgart 1965.
Adenauer, Konrad, Die Gefahrtragung beim aufschiebend bedingten Kauf und beim Kauf mit Anfangstermin, Röhrscheid 1932.
Adenauer, Konrad, Adenauer als Präsident des Preußischen Staatsrats, in: Stehkämper (Hg.) 1976, S. 355–404.
Adenauer, Max, Der Zeitpunkt des guten Glaubens beim Eigentumserwerb von Nichtberechtigten, Würzburg 1936.
Adenauer, Max, Vater und Sohn, in: Trampe (Hg.) 1995, S. 135–139.
Allebrodt, Barbara, Robert Görlinger – Oberbürgermeister von Köln, in: Dülffer (Hg.) 2001, S. 39–48.
Amelunxen, Rudolf, Ehrenmänner und Hexenmeister. Erlebnisse und Betrachtungen, München 1960.
Arentz, Hermann-Josef, Die Anfänge der Christlich-Demokratischen Union in Köln, in: Dann (Hg.) 1981, S. 117–138.
Becker, Felix (Hg.), Konrad Adenauer: „Die Demokratie ist für uns eine Weltanschauung." Reden und Gespräche 1946–1967, Köln 1998.
Beilage zum Amtsblatt des Kultusministeriums 12. Jg. 1960, Nr. 12, Düsseldorf 1960.
Berg, Christa (Hg.), Handbuch der deutschen Bildungsgeschichte, Bd. 4. 1870–1918, Von der Reichsgründung bis zum Ende des Ersten Weltkriegs, München 1991.
Berglar, Peter, Konrad Adenauer. Konkursverwalter oder Erneuerer der Nation? Göttingen/Zürich 1975.
Binding, Günther und Georg Müller, Die Bauten der Universität zu Köln, Köln 1988.
Blotevogel, Hans Heinrich (Hg.), Kommunale Leistungsverwaltung und Stadtentwicklung vom Vormärz bis zur Weimarer Republik, Köln 1990.

Boelitz, Otto, Der Aufbau des preußischen Bildungswesens nach der Staatsumwälzung, Leipzig 1924.

Bonn, Moritz Julius, Die Aufgaben der Handelshochschule München, in: Die Aufgaben der Handelshochschule München. Reden und Begrüßungen anlässlich der feierlichen Eröffnung, München 1911, S. 15–24.

Borst, Otto, Zusammenfassung, in: Schwabe (Hg.) 1981, S. 201–210.

Brunn, Gerhard, Köln in den Jahren 1945 und 1946. Die Rahmenbedingungen des gesellschaftlichen Lebens, in: Dann (Hg.) 1981, S. 35–72.

Clemens, Gabriele, Martin Spahn und der Rechtskatholizismus in der Weimarer Republik, Mainz 1983.

Court, Jürgen, Adenauer als Hochschulpolitiker, in: Die politische Meinung Nr. 400 (2003), S. 37–42.

Dann, Otto, Die Anfänge der Sozialdemokratie in Köln nach dem Zweiten Weltkrieg, in: ders. (Hg.) 1981, S. 139–169.

Dann, Otto (Hg.), Köln nach dem Nationalsozialismus, Wuppertal 1981.

Danzer, Gerhard, Wer sind wir? Auf der Suche nach der Formel des Menschen: Anthropologie für das 21. Jahrhundert – Mediziner, Philosophen und ihre Theorien, Ideen und Konzepte, Berlin/Heidelberg 2011.

Deeters, Joachim, Die Vorfahren Konrad Adenauers, in: Stehkämper (Hg.) 1976, S. 21–31.

Deres, Thomas, Es gab nicht nur Adenauer, in: Rita Wagner (Hg.), Konrad der Große. Die Adenauerzeit in Köln 1917–1933, Köln 1917, S. 67–71.

Die Kabinettsprotokolle der Landesregierung von Nordrhein-Westfalen, 4. Wahlperiode (http://www.archive.nrw.de/LAV_NRW/jsp/edition.jsp?expandId=20&id=1&archivNr=185&naviId=20&y=0 [abgerufen am 10.1.2019]).

Die Universität Köln im ersten Jahrfünft nach ihrer Wiederaufrichtung 1919 bis 1924, Köln 1925.

Diederich, Toni, Adenauer als Kölner Oberbürgermeister von Mai bis Oktober 1945, in: Stehkämper (Hg.) 1976, S. 499–530.

Dowe, Christopher, Auch Bildungsbürger. Katholische Studierende und Akademiker im Kaiserreich, Göttingen 2006.

Dreher, Klaus, Der Weg zum Kanzler. Adenauers Griff nach der Macht, Düsseldorf/Wien 1972.

Dülffer, Jost (Hg.), „Wir haben schwere Zeiten hinter uns". Die Kölner Region zwischen Krieg und Nachkriegszeit, Köln 1996.

Dülffer, Jost (Hg.), Köln in den 50er Jahren. Zwischen Tradition und Modernisierung, Köln 2001.

Düwell, Kurt, Gründung und Entwicklung der Rheinisch-Westfälischen Technischen Hochschule Aachen bis zu ihrem Neuaufbau nach dem Zweiten Weltkrieg. Darstellung und Dokumente, in: Hans Martin Klinkenberg, Rheinisch-Westfälische Technische Hochschule Aachen 1870–1970, Stuttgart 1970, S. 19–176.

Düwell, Kurt, Universität, Schulen und Museen. Adenauer wissenschafts- und bildungspolitische Bestrebungen für Köln und das Rheinland (1917–1932), in: Stehkämper (Hg.) 1976, S. 167–206.

Ebert, Simon, Konrad Adenauers Beziehungen zur Sozialdemokratie in Köln in der Weimarer Republik, in: Geschichte in Köln 53 (2006), S. 99–120.

Ebert, Simon, Wilhelm Sollmann, Sozialist – Demokrat – Weltbürger (1881–1951), Bonn 2014.

Eckert, Christian, Ein Forschungsinstitut für Sozialwissenschaften, in: Annalen für soziale Politik und Gesetzgebung 6 (1919), S. 17–34.

Eckert, Christian, Die Wiedererrichtung der Universität, in: Universität Köln 1929, S. 53–74.

Eckert, Christian, Das Forschungsinstitut für Sozialwissenschaften in Köln, in: Ludolph Brauer, Albrecht Mendelssohn-Bartholdy und Johannes Lemcke (Hg.), Forschungsinstitute. Ihre Geschichte, Organisation und Ziele, Bd. 2, Hamburg 1930, S. 289–300.

Eckert, Willehad P., Kleine Geschichte der Universität Köln, Köln 1961.

Eich, Klaus-Peter, Schulpolitik in Nordrhein-Westfalen 1945–1954, Düsseldorf 1987.

Engels, Marc, Die „Wirtschaftsgemeinschaft des Westlandes". Bruno Kuske und die wirtschaftswissenschaftliche Westforschung zwischen Kaiserreich und Bundesrepublik, Aachen 2007.

Erdmann, Karl Dietrich, Adenauer in der Rheinlandpolitik nach dem Ersten Weltkrieg, Stuttgart 1966.

Eröffnungsfeier der Universität Köln. Reden gehalten bei der Akademischen Feier in der Aula der Universität am 20. Juni 1919, Köln 1919.

Estelmann, Frank und Olaf Müller, Angepasster Alltag in Germanistik und Romanistik. Franz Schultz und die Frankfurter Germanistik, in: Kobes, Jörn und Jan-Ottmar Hesse (Hg.), Frankfurter Wissenschaftler zwischen 1933 und 1945, Göttingen 2008, S. 34–45.

Freitäger, Andreas, Prof. Dr. Friedrich Moritz (1861–1938). Arzt – Lehrer – Forscher, Begleitheft zur Ausstellung anlässlich des 100-jährigen Gründungsjubiläums der Kölner Akademie für praktische Medizin, Köln 2004.

Freitäger, Andreas, Ehrenbürger und Ehrensenatoren der Universität zu Köln 1925–2004, Köln 2005 (Freitäger 2005a).

Freitäger, Andreas, Facetten der Kölner Universitätsgeschichte zwischen Weimarer Republik und demokratischem Neubeginn, Köln 2005 (Freitäger 2005b).

Freitäger, Andreas, K. und K. op kölsch, in: Peter Hanau u. a. (Hg.), Engagierte Verwaltung für die Wissenschaft, Festschrift für Johannes Neyses, Köln 2007, S. 81–102.

Freitäger, Andreas, Christian Eckert (1874–1952), Forum: Universitätsarchiv, Heft 2, Köln 2013.

Frielingsdorf, Volker, Konrad Adenauers Wirtschaftspolitik als Kölner Oberbürgermeister (1917–1933), Basel 2002.

Fuchs, Peter (Hg.), Chronik zur Geschichte der Stadt Köln, Bd. 2, Köln 1991.

Füllenbach, Elias H., Ein Außenseiter als Sündenbock? Der Fall Josef Nadler, in: Kritische Ausgabe 2 (2004), S. 25–30.

Gebauer, Christian, Die Lindenburg zu Köln (1848–1965), Köln 1979.

Geldmacher, Erwin, Wirtschafts- und Sozialwissenschaftliche Fakultät, in: Universität Köln 1919, S. 89–148.

Golczewski, Frank, Kölner Universitätslehrer und der Nationalsozialismus, Köln 1988.

Grass, Nikolaus, Die Kirchenrechtslehrer der Innsbrucker Universität, Innsbruck 1951.

Haenisch, Konrad, Staat und Hochschule. Ein Beitrag zur nationalen Erziehungsfrage, Berlin 1920.

Hansmeyer, Karl-Heinrich und Friedrich-Wilhelm Henning (Hg.), 600 Jahre Kölner Universität. Reden und Berichte zur Geschichte, Gegenwart und Zukunft der Universität, Köln 1989.

Hasenack, Wilhelm, Zur Geschichte des deutschen Handelshochschul-Wesens, in: Betriebswirtschaftliche Forschung und Praxis 8 (1956), S. 609–629.

Haunfelder, Bernd, Nordrhein-Westfalen. Land und Leute 1946–2006. Ein Biographisches Handbuch, Münster 2006.

Haupts, Leo, Befreiung durch Restauration. Der Neubeginn an der Universität Köln im Herbst 1945, in: Dülffer (Hg.) 1996, S. 330–354.

Haupts, Leo, Die Stadt Köln, „ihre" Universität und die Parteien. Von der städtischen Universität zur Landesuniversität 1945–1954, in: Dülffer (Hg.) 2001, S. 337–360.

Haupts, Leo, Heinrich Brüning und die Besetzung des Lehrstuhls für Politische Wissenschaften an der Universität zu Köln. Ein Beitrag zur demokratischen Neuorientierung nach 1945, Jahrbuch des Kölnischen Geschichtsvereins 74 (2003), S. 193–211.

Haupts, Leo, Die Universität zu Köln im Übergang vom Nationalsozialismus zur Bundesrepublik, Köln 2007.

Häussermann, Ekkard, Konrad Adenauer und die Presse vor 1933, in: Stehkämper (Hg.) 1976, S. 207–247.

Hayashima, Akira, Zur Geschichte der Kölner Handelshochschule, in: Kwansei Gakuin University Annual Studies, Nishinomiya/Japan 30 (1981), S. 181–218.

Hayashima, Akira, Der Kölner Weg zum Promotionsrecht. Zur Geschichte einer deutschen Handelshochschule, in: Kwansei Gakuin University Annual Studies, Nishinomiya/Japan 31 (1982), S. 21–88.

Hayashima, Akira, Die Frequenz der deutschen Handelshochschulen 1898–1920, in:

Kwansei Gakuin University Annual Studies, Nishinomiya/Japan 33 (1984), S. 121–152.

Hayashima, Akira, Die Absolventen der deutschen Handelshochschulen im ersten Vierteljahrhundert ihres Bestehens, in: Jens Blecher und Gerald Wiemers (Hg.), Universitäten und Jubiläen. Vom Nutzen historischer Archive, Leipzig 2004, S. 34–45.

Heimbüchel, Bernd, Die neue Universität. Selbstverständnis – Idee und Verwirklichung, in: ders. und Klaus Pabst, Das 19. und 20. Jahrhundert, Köln 1988, S. 101–692.

Henckmann, Wolfhart, Max Scheler, München 1998.

Henning, Friedrich-Wilhelm, Christian Eckert (1874–1952), in: ders., Kölner Volkswirte und Sozialwissenschaftler. Über den Beitrag Kölner Volkswirte und Sozialwissenschaftler zur Entwicklung der Wirtschafts- und Sozialwissenschaften, Köln 1988, S. 1–13.

Henning, Friedrich-Wilhelm u. Günther Schulz (Hg.), Von der Landwirtschaft zur Industrie. Wirtschaftlicher und Gesellschaftlicher Wandel im 19. und 20. Jahrhundert. Festschrift für F.-W. Henning zum 65. Geburtstag, Paderborn 1996.

Henning, Friedrich-Wilhelm u. a., Statistik der Studierenden, des Lehrkörpers und der Promotionen, in: Meuthen (Hg.) 1988, S. 286–395.

Herbers, Winfried, „Denn die Zeit von 1948 bis 1960 war doch in den Anfängen fürchterlich und am Ende nicht leicht." Ernst Schwering in der Kölner Lokalpolitik, in: Dülffer (Hg.) 2001, S. 15–38.

Herbers, Winfried, Der Verlust der Hegemonie. Die Kölner CDU 1945/46–1964, Düsseldorf 2003.

Historisches Archiv der Stadt Köln, Konrad Adenauer. Seine Zeit – Sein Werk, Katalog zur Ausstellung aus Anlass des 100. Geburtstages am 5. Januar 1976, Köln 1976.

Hochhaus, Heinrich, Die ersten zehn Jahre der Kölner Akademie für praktische Medizin, in: Festschrift zur Feier des zehnjährigen Bestehens der Akademie für praktische Medizin in Cöln, Bonn 1915, S. 1–43.

Hofmann, Wolfgang, Oberbürgermeister als politische Elite im Wilhelminischen Reich und in der Weimarer Republik, in: Schwabe (Hg.), S. 17–38.

Hofmann, Wolfgang, Zwischen Rathaus und Reichskanzlei. Die Oberbürgermeister in der Kommunal- und Staatspolitik des Deutschen Reiches von 1890 bis 1933, Stuttgart 1974.

Hollstein, Thorsten, Die Verfassung als „Allgemeiner Teil". Privatrechtsmethode und Privatrechtskonzeption bei Hans Carl Nipperdey (1895–1968), Tübingen 2007.

Horlebein, Manfred, Kaufmännische Berufsbildung, in: Berg (Hg.) 1991, S. 404–410.

Höroldt, Dietrich, Die Rivalität der Universitätsstädte Köln und Bonn, in: Hans Blum (Hg.), Aus kölnischer und rheinischer Geschichte, Köln 1969, S. 189–214.

Hüttenberger, Peter, Nordrhein-Westfalen und die Entstehung seiner parlamentarischen Demokratie, Siegburg 1973.

Institut für Mittelstandsforschung Bonn (Hg.), 60 Jahre IfM Bonn, Bonn 2018 (https://www.ifm-bonn.org/fileadmin/data/redaktion/ueber_uns/dokumente/Chronik-IfM-Bonn.pdf [(abgerufen am 10.1.2019]).

Jaenicke, Lothar und Frieder W. Lichtenthaler, Ein Kaiser-Wilhelm-Institut für Köln! Emil Fischer, Konrad Adenauer und die Meirowsky-Stiftung, in: Angewandte Chemie 115 (2003), S. 746–750.

Jarausch, Konrad H., Universität und Hochschule, in: Berg (Hg.) 1991, S. 313–344.

Jucknies, Regina, Heinrich Erkes (1864–1932), Sonderdruck aus der Zeitschrift Island 15 (2009).

Jung, Werner, Theo Burauen, der kölsche Versöhner. „Volks-OB" in der Zeit des Wiederaufbaus und des Wirtschaftswunders, in: Dülfer (Hg.) 2001, S. 49–71.

Kaiser, Stephanie und Jens Lohmeier, Aus der Geschichte des Anatomischen Institutes der Universität zu Köln – Die Nutzung Hingerichteter im „Dritten Reich", in: Geschichte in Köln 63 (2016), S. 159–193.

Kallen, Gerhard, Rheinische Geschichte bis zum Zusammenbruch des zweiten Reiches, in: Grenzland im Westen. Ein Heimatbuch vom Rhein, Bd. 1, Düsseldorf 1940.

Kegel, Gerhard (Hg.), Heinrich Lehmann: Ein großer Jurist der Rheinlande, Jugend und Beruf. Seine Lebenserinnerungen, Köln 1976.

Kellenbenz, Hermann, Die Kölner Handelshochschule, in: Die Universität zu Köln 1919–1969, Basel 1969.

Keussen, Hermann, Die alte Universität Köln 1388–1798, in: Universität Köln 1919, S. 11–50.

Klein, Annika, Korruption und Korruptionsskandale in der Weimarer Republik, Göttingen 2014.

Kleinertz, Everhard, Konrad Adenauer als Beigeordneter der Stadt Köln (1906–1917), in: Stehkämper (Hg.) 1976, S. 33–78.

Kleinertz, Everhard, Der Kanzleirat Johann Konrad Adenauer, die Stiftung Cremer und das Universitätsstudium seiner Söhne August und Konrad, in: Jahrbuch des Kölnischen Geschichtsvereins 73 (2002), S. 105–162.

Kleinertz, Everhard, Konrad Adenauer, Viktor Schnitzler und die Kölner Konzertgesellschaft, in: Jahrbuch des Kölnischen Geschichtsvereines 79 (2008), S. 77–138.

Kleinertz, Everhard und Klaus Pabst, Die Kölner Beigeordneten 1906–1933, in: Stehkämper (Hg.) 1976, S. 619–661.

Klötzer, Wolfgang, Franz Adickes, Frankfurter Oberbürgermeister 1891–1912, in: Schwabe (Hg.) 1981, S. 39–56.

Koch, Peter, Konrad Adenauer. Die Biografie, Düsseldorf 2004.

Köhler, Henning, Adenauer und die rheinische Republik. Der erste Anlauf, 1918–1924, Opladen 1986.

Köhler, Henning, Adenauer. Eine politische Biographie, Berlin 1994.
Kölner Adressbuch 1919, Teil 1, Köln 1919.
Kops, Manfred u. a., Handelshochschule und Universität im Lichte ihrer Haushaltspläne, in: Meuthen (Hg.) 1988, S. 377–467.
Kries, Renate, Die Wiedereröffnung der Universität zu Köln 1945, in: Georg Mölich und Stefan Wunsch (Hg.), Köln nach dem Krieg. Facetten der Stadtgeschichte, Köln 1995, S. 240–264.
Küppers, Heinrich, Christine Teusch, in: Rheinische Lebensbilder, Bd. 16, Köln 1997, S. 197–216.
Kuske, Bruno, Stellung und Eigenart der Kölner Universität, in: Universität Köln 1919, S. 231–284.
Kuske, Bruno, Die Großstadt Köln als wirtschaftlicher und sozialer Körper, Köln 1928.
Küsters, Hanns Jürgen und Hans Peter Mensing, Kriegsende und Neuanfang am Rhein. Konrad Adenauer in den Berichten des Schweizer Generalkonsuls Franz-Rudolph von Weiss 1944–1945, München 1986.
Ladendorf, Heinz, Der Neubau der Universität, in: Jahrbuch der Universität zu Köln 1969, Köln 1969, S. 37–48.
Lehmann, Heinrich, Rechtswissenschaftliche Fakultät, in: Universität Köln 1919, S. 129–148.
Lemberg, Margret, Schließung oder Verlegung. Die Kölner Universität im Wintersemester 1944/45, in: Geschichte im Westen 15 (2000), S. 31–48.
Leyen, Friedrich von der, Leben und Freiheit der Hochschule, Köln 1960.
Löffler, Klemens, Die Universitäts- und Stadtbibliothek, in: Universität Köln 1919, S. 285–291.
Lübbe, Hermann, Was heißt: „Das kann man nur historisch erklären"?, in: Theodor Schieder und Kurt Graubig (Hg.), Theorieprobleme der Geschichtswissenschaft, Darmstadt 1977, S. 148–163.
Mader, Wilhelm, Max Scheler in Selbstzeugnissen und Bilddokumenten, Reinbek 1980.
Mehring, Reinhard, Carl Schmitt – Aufstieg und Fall, München 2009.
Mensing, Hans Peter, Die Adenauer-Memoiren. Entstehung, Zielsetzung, Quellenwert, in: Historisches Jahrbuch 114 (1994), S. 396–411.
Mensing, Hans Peter, Konrad Adenauer und die Universität Bonn, Uniclub-Heft Nr. 2 (Hg. Universitätsclub Bonn), Bonn 2006.
Mensing, Hans Peter, Aus Adenauers Nachlass, Köln 2007.
Mergel, Thomas, Zwischen Klasse und Konfession. Katholisches Bürgertum im Rheinland 1794–1914, Göttingen 1994.
Meuthen, Erich (Hg.), Die neue Universität. Daten und Fakten, Köln 1988.
Mevissen, Gustav, Jahresbericht der Kölner Handelskammer für 1856, Köln 1856.

Meyer, Hans, Ein Deutscher auf Widerruf. Erinnerungen, Bd. 1, Frankfurt/M. 1982.

Mommsen, Hans, Die verspielte Freiheit. Der Weg der Republik von Weimar in den Untergang 1918 bis 1933, Propyläen Geschichte Deutschlands Bd. 8, Frankfurt/Berlin 1989.

Morsey, Rudolf, Brüning und Adenauer – zwei deutsche Staatsmänner, Düsseldorf 1972.

Morsey, Rudolf, Vom Kommunalpolitiker zum Kanzler, in: Konrad-Adenauer-Stiftung (Hg.), Konrad Adenauer. Ziele und Wege, Mainz 1972, S. 13–81.

Morsey, Rudolf, Konrad Löw, Peter Eisenmann, Konrad Adenauer. Leben und Werk, München 1976.

Morsey, Rudolf, Christine Teusch, in: Walter Först (Hg.), Aus dreißig Jahren. Rheinisch-Westfälische Politiker-Porträts, Köln 1979, S. 200–209.

Morsey, Rudolf, Konrad Adenauer, Oberbürgermeister von Köln 1917–1933, in: Schwabe (Hg.) 1981, S. 77–96.

Morsey, Rudolf, Leben und Überleben. Konrad Adenauer im Dritten Reich, in: Geschichte im Westen 2 (1992), S. 135–142.

Morsey, Rudolf, Von Windhorst bis Adenauer. Ausgewählte Aufsätze zu Politik, Verwaltung und politischem Katholizismus im 19. und 20. Jahrhundert, Paderborn 1997.

Morsey, Rudolf, Konrad Adenauer. Oberbürgermeister von Köln 1917–1933, in: Morsey 1997, S. 593–607 (Morsey 1997a).

Morsey, Rudolf, Der Staatsmann im Kölner Oberbürgermeister Adenauer, in: Morsey 1997, S. 608–619 (Morsey 1997b).

Morsey, Rudolf, Adenauer und der Nationalsozialismus, in: Morsey 1997, S. 620–685 (Morsey 1997c).

Morsey, Rudolf und Hans-Peter Schwarz (Hg.), bearbeitet von Hans Peter Mensing, Adenauer [Rhöndorfer Ausgabe]. Briefe 1945–1947, Berlin 1983.

Morsey, Rudolf und Hans-Peter Schwarz (Hg.), bearbeitet von Hans Peter Mensing, Adenauer [Rhöndorfer Ausgabe]. Briefe 1947–1949, Berlin 1984.

Morsey, Rudolf und Hans-Peter Schwarz (Hg.), bearbeitet von Hans Peter Mensing, Adenauer [Rhöndorfer Ausgabe]. Briefe 1949–1951, Berlin 1985.

Morsey, Rudolf und Hans-Peter Schwarz (Hg.), bearbeitet von Hans Peter Mensing, Adenauer [Rhöndorfer Ausgabe]. Adenauer im Dritten Reich, Berlin 1991.

Müller, Guido, Weltpolitische Bildung und akademische Reform. Carl Heinrich Beckers Wissenschafts- und Hochschulpolitik 1908–1930, Köln/Wien 1991.

Müller, Reiner, Medizinische Fakultät, in: Universität Köln 1919, S. 149–195.

Müller, Tobias, Der Einfluss der Milieus auf den politischen und sozialen Aufstieg Konrad Adenauers bis zum Oberbürgermeister der Stadt Köln, München 2008.

Nachrichtenamt der Stadt Köln (Hg), Wilhelm Sollmann. Zum hundertsten Geburtstag am 1. April 1981, Köln 1981.

Nagel, Anne C., Johann Popitz. Eine Biographie, Köln 2015.

Napp-Zinn, Anton Felix und Michel Oppenheim (Hg.), Festschrift zu Ehren des Herrn Geheimen Regierungsrates Christian Eckert anlässlich der Vollendung seines 75. Lebensjahres, Mainz 1949.

Neuhausen, Christiane, Honorarprofessoren, in: Meuthen (Hg.) 1988, S. 277–285.

Nota, Jan H., Max Scheler. Der Mensch und seine Philosophie, Fridingen 1995.

Offerhaus, Ulrich, Familie und Bankhaus Seligmann in Koblenz und Köln, Koblenz 2016.

Ortmann, Rolf, Die jüngere Geschichte des Anatomischen Instituts der Universität zu Köln 1919–1980, Köln 1986.

Pabst, Klaus, Adenauers Personalpolitik und Führungsstil, in: Stehkämper (Hg.) 1976, S. 249–294.

Pabst, Klaus, Der Kölner Universitätsgedanke zwischen Französischer Revolution und preußischer Reaktion (1794–1918), in: Bernd Heimbüchel und Klaus Pabst, Das 19. und 20. Jahrhundert, Köln 1988, S. 1–99.

Pabst, Klaus, „Blut und Boden" auf rheinische Art. Gerhard Kallen, der Nationalsozialismus und der „Westraum", in: Burkhard Dietz u. a. (Hg.), Griff nach dem Westen, Teil 2, Münster 2003, S. 945–978.

Peil, Peter, Die akademischen Einrichtungen und ihre Leiter, in: Meuthen (Hg.) 1988, S. 85–275.

Phillips, David, Zur Universitätsreform in der britischen Besatzungszone 1945–1948, Köln/Wien 1983.

Pohl, Hans, Deutsche Bankiers des 20. Jahrhunderts, Stuttgart 2008.

Pünder, Hermann, Politik in der Reichskanzlei. Aufzeichnungen aus den Jahren 1929–1932, Stuttgart 1961.

Pünder, Hermann, Konrad Adenauer – Meister der Selbstverwaltung, in: Der Städtetag, N. F. 19 (1967), S. 291–297.

Pünder, Hermann, Von Preußen nach Europa, Stuttgart 1968.

Quarg, Gunter, Ganz Köln ist voller Bücherschätze. Von der Ratsbibliothek zur Universitäts- und Stadtbibliothek 1602–2002, Köln 2002.

Recker, Marie-Louise, Konrad Adenauer. Leben und Politik, München 2010.

Reden gehalten bei der Versammlung von Dozenten der Kölner Hochschulen und der Akademie für praktische Medizin am 17. Januar 1919 im Hansasaal des Rathauses, Köln 1919.

Reulecke, Jürgen, Zur städtischen Finanzlage in den Anfangsjahren der Weimarer Republik, in: Archiv für Kommunalwissenschaften 21 (1982), S. 199–219.

Rheinisch-Westfälisches Wirtschaftsarchiv (Hg.), Die Geschichte der unternehmerischen Selbstverwaltung in Köln 1914–1997, Köln 1997.

Romeyk, Horst, Adenauers Beziehungen zum Rheinischen Provinzialverband und zu staatlichen Behörden, in: Stehkämper (Hg.) 1976, S. 295–354.

Romeyk, Horst, Verwaltungs- und Behördengeschichte der Rheinprovinz 1914–1945, Düsseldorf 1985.

Sack, Birgit, Zwischen religiöser Bindung und moderner Gesellschaft. Katholische Frauenbewegung und politische Kultur in der Weimarer Republik (1918/19–1933), Münster 1998.

Schanz, Günther, Wissenschaftsprogramme der Betriebswirtschaftslehre, in: Franz Xaver Bea und Marcell Schweitzer (Hg.), Allgemeine Betriebswirtschaftslehre, Band 1: Grundfragen, Stuttgart ^{10}2009.

Scheid, Werner, Ansprache bei der Trauerfeier am 26.4.1967 (Sonderdruck), o. O. o. J. (Köln 1967).

Schlemmer, Martin, Los von Berlin. Die Rheinstaatsbestrebungen nach dem Ersten Weltkrieg, Köln 2007.

Schmalenbach, Eugen, Fünfjahresbericht der Wirtschafts- und Sozialwissenschaftlichen Fakultät der Universität Köln 1919–1924, Köln 1924.

Schuller, Wolfgang (Hg.), Carl Schmitt. Tagebücher 1930 bis 1934, Berlin 2010.

Schulz, Günther, Konrad Adenauer 1917–1933. Dokumente aus den Kölner Jahren, Köln 2007.

Schütz, Horst, Gesundheitsfürsorge zwischen humanitärem Anspruch und eugenischer Verpflichtung. Entwicklung und Kontinuität sozialhygienischer Anschauungen zwischen 1920 und 1960 am Beispiel von Prof. Dr. Carl Coerper, Husum 2004.

Schwabe, Klaus (Hg.), Oberbürgermeister. Büdinger Forschungen zur Sozialgeschichte 1979, Boppard 1981.

Schwarz, Hans-Peter, Adenauer. Der Aufstieg 1876–1952, Stuttgart 1986.

Schwinges, Rainer, Prestige und gemeiner Nutzen. Universitätsgründungen im deutschen Spätmittelalter, in: Berichte zur Wissenschaftsgeschichte 21 (1998), S. 5–17.

Selbach, Josef (Hg.), Konrad Adenauer. Bundestagsreden, Bonn 1967.

Soénius, Ulrich S. und Jürgen Wilhelm (Hg.): Kölner Personenlexikon, Köln 2008.

Stehkämper, Hugo (Hg.), Konrad Adenauer, Oberbürgermeister von Köln. Festgabe der Stadt Köln zum 100. Geburtstag ihres Ehrenbürgers am 5. Januar 1976, Köln 1976.

Stehkämper, Hugo, Benedikt Schmittmann (1872–1939), in: Zeitgeschichte in Lebensbildern. Aus dem deutschen Katholizismus des 19. und 20. Jahrhunderts, Bd. 6, Mainz 1984, S. 29–49.

Steigleder, Gerd Klaus, Zur Geschichte der Universitäts-Hautklinik Köln, in: Der Hautarzt 28 (1977), S. XV–XVI.

Szöllosi-Janze, Margit (Hg.), Zwischen ‚Endsieg' und Examen. Studieren an der Universität Köln 1943–1948 – Brüche und Kontinuitäten, Nümbrecht 2007.

Szöllösi-Janze, Margit, Die Wiedereröffnung der Kölner Universität 1945, in: Szöllosi-Janze (Hg.) 2007, S. 7–18.

Thieß, Karl, Universität im Kampf. Zwei Rektoratsreden, Köln 1924.

Trampe, Gustav (Hg.), Die Stunde Null. Erinnerungen an Kriegsende und Neuanfang, Stuttgart 1995.

Uexküll, Gösta von, Adenauer, Reinbek 1976.

Ullmann, Hans-Peter, Der deutsche Steuerstaat. Geschichte der öffentlichen Finanzen, München 2005.

Universität Köln 1919–1929, o. O. o. J. (Köln 1929).

Vierhaus, Rudolf (Hg.), Deutsche Biographische Enzyklopädie, Bd. 9, München/Leipzig ²2008.

Von Bianco, Franz Joseph, Versuch einer Geschichte der Universität und der Gymnasien der Stadt Köln, Köln 1833.

Von Hehl, Ulrich, Adenauer und die Kirchen, Bonn 1999.

Von Mevissen, Gustav, Denkschrift betreffend der Errichtung einer Handelsakademie in Köln, verfaßt bei Gelegenheit seiner ersten Schenkung zu diesem Zwecke im Jahre 1879, Köln 1879.

Von Wiese, Leopold, Köln im November und Dezember 1918, in: Napp-Zinn und Oppenheim 1949, S. 19–25.

Von Wiese, Leopold, Erinnerungen, Köln/Opladen 1957.

Walk, Joseph (Hg.), Kurzbiographien zur Geschichte der Juden 1918–1945, München 1988.

Weber, Adolf, Die Cölner Hochschule für kommunale und soziale Verwaltung. Ihre Notwendigkeit, ihr Aufbau, ihre Lehrziele, Köln 1912.

Wegener, Gertrud, Die Wahl Konrad Adenauers zum Oberbürgermeister von Köln im Jahre 1917, in: Stehkämper (Hg.) 1976, S. 79–122.

Wende, Erich, C. H. Becker. Mensch und Politiker. Ein biographischer Beitrag zur Kulturgeschichte der Weimarer Republik, Stuttgart 1959.

Wenge, Nicola, Integration und Ausgrenzung in der städtischen Gesellschaft. Eine jüdisch-nichtjüdische Beziehungsgeschichte Kölns 1918–1933, Mainz 2005.

Weyer, Johann Peter, Konrad Adenauer, in: Franz-Josef Heyen (Hg.), Rheinische Lebensbilder, Bd. 13, Köln 1993, S. 115–136.

Weymar, Paul, Konrad Adenauer. Die autorisierte Biographie, München 1955.

Wintgen, Robert, Philosophische Fakultät, in: Universität Köln 1919, S. 197–230.

Zehender, Kathrin, Christine Teusch. Eine politische Biographie, Düsseldorf 2014.

ABBILDUNGSNACHWEIS

Archiv der sozialen Demokratie / Friedrich Ebert Stiftung, Bonn: 21
Konrad Adenauer Stiftung / Peter Bouserath: 23
Bundesarchiv: 15 (Ausschnitt)
Familie Adenauer, Köln: 16
Historisches Archiv der Stadt Köln: 1, 9
Museum Ludwig, Köln/Foto: © Rheinisches Bildarchiv, rba_d031459/© VG Bild-Kunst, Bonn 2019: 22
Renate Gruber, Köln: 17
Stiftung Bundeskanzler Adenauer Haus, Rhöndorf: 2, 3, 6, 10, 11, 12, 14
Ullstein Bild – Robert Sennecke: 13
Universitätsarchiv Köln: 4, 7, 8, 19, 24
© VG Bild-Kunst, Bonn 2019: 5
Walter Dick Archiv Köln: 18, 20

PERSONENREGISTER

Konrad Adenauer (1876–1967) und sein Sohn Max (1910–2004) wurden nicht ins Personenregister aufgenommen.

Abderhalden, Emil 29, 30
Abel, Adolf 199, 205
Adelmann, Sigmund Maria Graf 101, 196
Adenauer, August 7, 11–14, 17 f., 27, 30, 85, 108, 111–113, 115, 118, 139, 281, 284–287, 293, 310, 314, 329, 372
Adenauer, Auguste („Gussie"), geb. Zinsser 88 f., 171, 220, 281, 287, 309
Adenauer, Charlotte („Lotte"), verh. Multhaupt 287, 310
Adenauer, Elisabeth („Libet"), verh. Werhahn 287, 310
Adenauer, Emilie („Lilli"), verh. Suth 12, 13, 290
Adenauer, Emma, geb. Weyer 14–17, 88, 104, 123
Adenauer, Ernst 7
Adenauer, Georg 309 f.
Adenauer, Gisela, geb. Klein 285
Adenauer, Hanna 7, 112
Adenauer, Hans 7, 113
Adenauer, Helena, geb. Scharfenberg 11 f., 88
Adenauer, Johann Conrad 11–15
Adenauer, Johannes 11–13, 89, 283
Adenauer, Konrad („Koko") 7, 16, 113, 271, 290
Adenauer, Kurt 7, 113, 281
Adenauer, Ludwig 7, 112, 329, 353–357, 360 f., 373
Adenauer, Maria („Ria"), verh. Reiners 16 f., 271
Adenauer, Maria, geb. Greven 14, 293

Adenauer, Paul 290, 310
Adenauer, Resi, verh. König 7
Adickes, Franz 21, 26, 28, 367
Albermann, Max 87
Albers, Johannes 301
Allen, Henry T. 186, 187
Althoff, Friedrich 245
Amelunxen, Rudolf 283
Arnold, Karl 301, 307, 350
Aschaffenburg, Gustav 269
Bauwens, Peco 303, 312
Becker, Carl Heinrich 28, 33–35, 39, 42 f., 45–48, 50 f., 53, 55, 60, 73–76, 82–84, 91, 99, 101 f., 105, 109, 116, 120 f., 134–138, 142 f., 155, 157, 167, 169, 170 f., 187, 191, 196, 213–215, 234, 239 f., 262, 275
Becker, Friedrich Wilhelm 11, 15 f.
Beckerath, Herbert von 183
Below, Georg von 180
Bering, Friedrich 287, 289
Berndorff, Max 231
Bertram, Ernst 118 f., 121
Beste, Theodor 340 f.
Beyer, Georg 95, 118–120, 127, 129–133, 150–152, 191, 248, 251, 272,
Beyerle, Konrad 107, 109–111
Biernat, Hubert 364
Billotte, Pierre 296 f.
Blüthgen, Fritz 189, 220
Böckler, Hans 297, 319 f.
Boelitz, Otto 90, 101, 138, 154, 157 f., 167, 364

Personenregister 389

Bohne, Gotthold 318
Braubach, Helmut 338
Brauer, Theodor 165, 250
Braun, Otto 167, 187, 208, 213 f., 219, 257, 260, 263, 270 f., 284
Breitscheid, Rudolf 42 f., 46 f., 136
Bremer (Pfarrer) 166
Briefs, Götz 89
Brinckmann, Albert Erich 164, 201 f.
Britz, Herbert 322, 335
Brües, Otto 189 f.
Brügelmann, Dietrich 194
Brugger, Emily 51, 89
Brugger, Philipp 15, 43, 48, 50 f., 53, 74 f., 100 f., 105, 114, 116–118, 120, 184
Brüning, Anton 171, 206, 211–213, 217, 283 f., 288, 370
Brüning, Heinrich 267, 309,
Bungert, Jacob 306, 319,
Burauen, Theo 319, 333, 349, 351 f., 361,
Bürger, Johann 51
Coenders, Albert 110, 124
Coerper, Karl 225 f., 228–232, 273
Cremer, Dietrich 12
Curtius, Ernst Robert 48
Darapsky, August 166,
De Gaulle, Charles 297 f.
De Pange, Jean 241
Dech, Johannes 237
Dempf, Alois 292
Deutsch, Felix 184–186
Dix, Otto 163, 234, 323
Driesch, Hans 113–115, 122, 127, 129, 162
Dufhues, Joseph Hermann 353
Duisberg, Carl 181, 194, 196
Ebers, Godehard Josef 103, 106 f., 110 f., 165 f., 220, 269, 281 f., 287

Eckert, Christian 8, 9, 19, 22–27, 30, 32–36, 41, 43–45, 48 f., 51–54, 57–61, 64 f., 67, 69–71, 73–75, 77, 82–87, 90, 96–100, 104 f., 107–109, 112, 116–122, 127–152, 155, 157–164, 166, 168–171, 174, 176, 180–190, 193, 195, 202, 206, 210, 213 f., 226 f., 229, 240, 245, 249, 252–258, 260 f., 263, 266 f., 269, 277, 282–285, 288, 337, 370 f.
Eichen (Oberlehrer) 144, 146
Einstein, Albert 234, 162
Engelking, Ernst 231
Eppinger, Hans 231, 273
Erhard, Ludwig 339, 341
Erkes, Heinrich 18, 71, 95, 97 f., 141, 347
Falk, Bernhard 18, 62, 71, 81, 191, 204, 252, 260, 262
Finke, Heinrich 252
Fischbeck, Otto 46, 89
Fischer, Emil 29, 30
Flechtheim, Julius 111
Foch, Ferdinand 63
Fresdorf, Ernst 338
Frings, Josef 306
Froberger, Josef 47
Fuchs, Fritz 314, 321 f., 338, 351
Fuchs, Hans 102, 167–169, 171, 177, 196, 213, 241, 248, 282, 294 f., 298
Fuchs, Hedwig 89
Fuhlrodt, Alfred 352
Furtwängler, Märit 33, 158
Gamillscheg, Ernst 233
Gescher, Franz 251
Gide, André 234
Goldkuhle, Amalie 291, 299
Görlinger, Robert 204 f., 208 f., 248, 253, 272, 292–294, 297 f., 300, 303, 306, 312–314, 316–324, 332 f., 335

Gothein, Eberhard 21, 60
Goussault (frz. Offizier) 279
Graven, Hubert 196
Greven, Caroline, geb. Clasen 14
Greven, Johann Josef 14
Greven, Wilhelm 14, 108, 124
Grimme, Adolf 240, 305
Grohé, Josef 372
Groote, Everhard von 123
Groote, Rudolf von 101 f.
Grosche, Robert 165, 291, 302, 304, 306
Grosse, Karl 181, 194
Grotjahn, Alfred 272
Grundschöttel (Stadtverordneter) 95, 271
Guardini, Romano 292,
Gymnich, Louis Napoleon 303
Haas, August 18
Haberer, Hans von 231
Haberland, Ulrich 363
Haenisch, Konrad 42 f., 46–49, 52, 56, 58, 62, 65, 75 f., 81 f., 129, 136, 142, 321
Hagen, Louis 18, 53, 64, 70 f., 81, 93, 95, 143, 181–184, 194, 201, 210, 212, 246, 262
Hahn-Pohlschröder, Hedwig 196
Hamacher, Wilhelm 166, 177, 281
Hamspohn, Johann 28, 74, 184–186, 192
Hartmann, Nicolai 165, 177, 305
Hashagen, Justus 115, 155 f.
Hatzfeld, Helmut 236–239, 241, 251
Haubrich, Josef 314, 318, 323, 334, 338, 349, 352, 354
Hawarth, Walter Norman 313
Haymann, Franz Samuel 271, 280
Heimerich, Hermann 234
Heimsoeth (Stadtverordneter) 95
Heineman, Dannie 183, 186, 192, 219, 242, 263, 369

Heiss, Hans 234, 236
Heiß, Robert 306
Helfritz, Hans 74–76
Heppe, Hans von 350
Herriot, Édouard 234
Herwegen, Ildefons 83, 106, 109, 251
Hiles, R. L. 290
Hitler, Adolf 246, 271, 283, 286
Hoeber, Karl 189, 284
Hoffmann, Adolf 42, 54 f.
Hofmann, Josef 281
Hölken, Wilhelm 127–129, 192
Hoover, Herbert 186
Höpker-Aschoff, Hermann 213f., 254 f., 259 f., 278
Horion, Johannes 182, 196
Horndasch, Max 189 f.
Humboldt, Wilhelm von 11, 31
Jahrreiß, Hermann 352
Kahl, Wilhelm 86, 137 f., 166
Kaiser, Johann 95, 204 f.
Kallen, Gerhard 156, 166, 237–239
Kauffmann, Hans 341
Kausen, Hermann 14
Kelsen, Hans 242 f., 245 f., 250, 263, 269, 270 f., 280
Kirschbaum, Theodor 53, 95, 191
Kleefisch, Johannes 23, 184, 195
Klenk, Ernst 344
Klepper, Otto 258–260
Konen, Heinrich 307
König, René 342
Körner, Joseph 121
Krautwig, Peter 23, 80, 95, 191, 195, 225
Kroll, Josef 166, 257, 266 f., 283, 289 f., 292 f., 295–297, 299–301, 303 f., 306 f., 315–318, 324 f., 348, 372
Krone, Heinrich 341

Kruse, Friedrich 183, 194
Küchler, Walther 239, 241
Kühne, Hans 284
Külbs, Franz 229 f.
Kuske, Bruno 22, 156, 185, 209, 260, 267 f., 286–289, 293–295, 300, 314, 324 f.
Lammers, Aloys 187, 233, 239, 256
Landmann, Ludwig 234
Langen, Arnold 181, 210
Langendörfer, Johannes 342
Laué, Walter 22
Lauscher, Albert 155, 172, 236 f., 245, 249 f., 253–257, 259, 283
Lehmann, Heinrich 7, 103, 104, 106 f., 114, 136, 139, 220, 243, 250, 285
Lemmens, Franz 324, 334, 338, 348, 362
Lerch, Eugen 232 f.
Leupold, Ernst 274
Leyen, Friedrich von der 27, 177, 285
Lichtenberger, Henri 242
Lindemann, Hugo 32, 75, 187
Lindworsky, Johannes 201 f., 222, 245, 251
Linpinsel, Karl 355 f., 358, 360, 364
Lissauer, Meno 261, 263, 278
Litt, Theodor 114 f., 138
Lohmer, Hubert 95, 271
Lorck, Etienne 232, 235, 254
Luchtenberg, Paul 350
Luckenbach (Pedell) 112
Luppe, Hermann 234
Luther, Hans 186
Mahieu (franz. Offizier) 296
Maier, Albert 53, 70 f., 93
Mallinckrodt, Gustav Wilhelm von 53
Maltzan, Adolf Georg von („Ago") 186
Mann, Thomas 234
Maus, Heinrich 64, 248, 276

Meerfeld, Johannes 37, 43, 47–49, 86, 184, 284, 286, 321
Meesmann, Alois 231
Meirowsky, Emil 29, 193
Meirowsky, Max 28, 29, 62
Menken, Theodor 281
Mevissen, Gustav von 19, 20–22, 59, 64, 67, 70
Mevissen, Mathilde von 12, 21, 60
Meyers, Franz 354, 360
Mikat, Paul 360
Mitteis, Heinrich 111
Moldenhauer, Paul 104, 187
Mönnig, Hugo 17, 53, 64, 70, 81, 95, 177, 188 f., 220, 235–237, 238, 248, 250, 271, 274
Moritz, Friedrich 28 f., 53, 57 f., 64, 87, 98, 197, 227, 229–231
Müller, Karl Alexander von 155
Müller, Reiner 229
Müller-Armack, Alfred 329, 341
Nadler, Josef 117–121, 126, 238 f., 245, 250 f.
Nahen, Heinrich 165, 235 f., 245 f.
Naumann, Otto 48
Neven DuMont, Alfred 182, 188–190, 220
Nipperdey, Hans Carl 285, 289, 292 f.
Nockher, Ludger 95
Nottarp, Hermann 106 f., 109–111, 124
Oehme, Adolf 181
Oertel, Ernst 192, 220
Ortsiefer, Dionysius 267
Panzer, Friedrich 116 f.
Pferdmenges, Dora 284
Pferdmenges, Robert 64, 181, 188 f., 201–203, 206 f., 211, 217, 261, 263, 283, 297, 303, 308, 344, 369

Planitz, Hans 105–110, 111, 124, 214, 263, 269, 279
Plessner, Helmuth 306
Preysing, Hermann 59, 226 f.
Prion, Willi 184
Pröbsting, August 191, 192, 227 f., 231
Proenen, Franz 182, 194
Pünder, Hermann 298, 303, 314 f., 326, 367
Pütz, Joseph 357
Radbruch, Gustav 104 f.
Rademacher, Arnold 281
Richter, Werner 114, 121, 149 f., 152–155, 159, 161, 164, 187, 192 f., 195 f., 221, 229–232, 236 f., 239–241, 254 f., 257–259, 270, 274, 277
Riesen, Günter 272 f., 282–284
Rings, Johannes 17, 64, 66, 72, 166, 201 f., 222, 237, 244, 253
Roesch, Josef 281
Rohlfs, Gerhard 239, 241,
Scheidemann, Philipp 87
Scheler, Max 32–34, 48, 75, 96, 107, 113, 115, 118, 129, 157–166, 170, 176 , 245 f., 250, 305 f.
Scheler, Wolfgang Heinrich 39
Schirach, Baldur von 262, 267, 279
Schirrmeyer, Ludwig 93
Schlieper, Friedrich 339
Schmalenbach, Eugen 17, 22, 57, 289
Schmidt, Alfred 63 f.
Schmidt, Georg 284
Schmitt, Carl 269–271, 279 f.
Schmittmann, Benedikt 7, 15, 27, 31 f., 96, 98, 123, 141, 276, 283, 285, 302
Schmittmann, Helene („Ella"), geb. Wahlen 123, 272, 285
Schmölders, Günter 342

Schneider, Artur 114 f., 118, 129, 138, 166, 199, 292, 305 f.
Schneider, Friedrich 349, 354
Schnippenkötter, Joseph 307
Schnitzler, Richard von 181
Schnitzler, Viktor 70
Schollen, Franz 103 f.
Schröer, Arnold 60, 139
Schulte, Karl Joseph 111, 144, 165 f., 182, 218, 236
Schulte, Maximilian 53, 82, 95
Schultz, Franz 117–120, 127
Schütz, Werner 348, 353 f., 357 f.
Schwering, Ernst 16, 315, 317–320, 323, 331 f., 334 f., 337 f., 348, 350, 352, 354, 362
Seyffert, Rudolf 213, 289, 339–342
Sierp, Hermann 166, 183
Silverberg, Paul 64, 181, 263
Sobernheim, Curt 189
Solf, Wilhelm 160 f.
Sollmann, Wilhelm 18, 37, 41, 43, 49, 64, 81, 95, 105, 204, 246, 309
Sondheim, Heinrich Walter 335
Sonnenschein, Carl 24
Spahn, Martin 113, 115, 144–156, 162, 166, 173
Speyer, James 189
Spitzer, Leo 232–234, 237, 241 f., 254, 263, 275
Stahl, Peter 253
Starck, Karl von 181
Stegerwald, Adam 101, 145, 173, 238
Stein, Johann Heinrich III von 22
Stein, Johann Heinrich IV von 22, 60–63, 92, 95, 97, 162, 165, 180, 182 f., 194, 265,
Stein, Johann Heinrich V von 360

Steinbüchel, Theodor 165 f., 251
Steinhoff, Fritz 350, 364
Stier-Somlo, Fritz 52, 55, 57, 59, 82, 188, 103, 123, 167–169, 196, 269, 288
Stocky, Julius 248, 276
Sträter, Artur 354, 357
Straub, Joseph 347
Strauss, Ottmar 181 f., 194
Südekum, Albert 31, 42–44, 46 f., 62,136
Süsterhenn, Adolf 281
Suth, Wilhelm („Willi") 13, 16, 195, 206, 256, 258, 290 f., 295, 298 f., 303, 308, 312, 315, 318 f., 322, 324, 331, 337, 362
Swoboda, Karl 252
Teusch, Christine 297, 301, 303–305, 307–309, 312, 315, 318, 321, 323, 337 f., 348, 350
Thiess, Karl 183
Tietje, Hans 193 f.
Tietz, Alfred 261, 263–265, 279, 181
Tillmann, Fritz 146
Tilmann, Otto 183, 195, 226 f., 231
Unger, Ernst 204
Unger, Rudolf 118, 121, 245
Van Nes Ziegler, Jan 352, 360 f.
Van Norden, Jakob 181, 188
Vaterrodt, Johann Adam 252
Veit, Otto 196–198, 227–229, 289, 293, 300, 308, 310, 325
Volkmann-Schluck, Karl-Heinz 306
Vossler, Karl 241, 275
Wagner, Wolfgang 354
Walb, Ernst 205, 229
Wallraf, Ferdinand Franz 14
Wallraf, Max 15–17, 19, 22 f., 25–27
Weber, Adolf 24
Weber, Max 44, 50, 142

Wecker, Hans 271
Weiss, Franz-Rudolph von 296–298
Wende, Erich 102, 105–109
Weyer, Emilie, geb. Wallraf 14
Weyer, Emanuel 14
Weyer, Johann Peter 14
Weyer, Max 104
Weyer, Willi 360
Wiese, Leopold von 32, 59, 75, 184, 219, 289
Wilhelm II. 145
Winkelnkemper, Peter 282 f., 285
Winkler, Emil 232–234
Wintgen, Robert 166
Wirtz, Martin 312
Wolff, Martin 109
Wolff, Otto 181 f., 193 f., 206, 222, 234, 291, 369
Wolfgarten, Hans 135 f.
Zapf, Georg 181
Ziekursch, Johannes 156, 175, 241 f.
Zinsser, Charlotte 220
Zinsser, Ferdinand 7, 23, 27, 29, 88, 192, 195, 212, 261, 308